À mon Maître,

M. Émile LEVASSEUR

MEMBRE DE L'INSTITUT
PROFESSEUR AU COLLÈGE DE FRANCE ET AU CONSERVATOIRE DES ARTS ET MÉTIERS

Hommage de profonde et respectueuse reconnaissance.

DES

AGGLOMÉRATIONS URBAINES DANS L'EUROPE CONTEMPORAINE

ESSAI
sur les causes, les conditions, les conséquences de leur développement

THÈSE POUR LE DOCTORAT
présentée à la Faculté des lettres de l'Université de Paris

PAR

M. PAUL MEURIOT
PROFESSEUR AGRÉGÉ D'HISTOIRE AU LYCÉE D'AMIENS, LAURÉAT DE L'INSTITUT

PARIS
BELIN FRÈRES, LIBRAIRES-ÉDITEURS
RUE DE VAUGIRARD, 52

1897

DES AGGLOMÉRATIONS URBAINES DANS L'EUROPE CONTEMPORAINE

ESSAI

sur les causes, les conditions, les conséquences de leur développement

THÈSE POUR LE DOCTORAT

présentée à la Faculté des lettres de l'Université de Paris

PAR

M. PAUL MEURIOT

PROFESSEUR AGRÉGÉ D'HISTOIRE AU LYCÉE D'AMIENS, LAURÉAT DE L'INSTITUT

PARIS

BELIN FRÈRES, LIBRAIRES-ÉDITEURS

RUE DE VAUGIRARD, 52

1897

DES
AGGLOMÉRATIONS URBAINES
DANS L'EUROPE CONTEMPORAINE

PRÉFACE

En 1893, l'Académie des sciences morales et politiques avait donné comme sujet de concours pour le prix Bordin l'étude de l'émigration et de l'immigration contemporaines, soit à l'intérieur d'un même Etat, soit d'un Etat de l'Europe à un autre, enfin de l'émigration actuelle vers les régions extra-européennes. L'Académie a bien voulu honorer notre mémoire d'une de ses récompenses et c'est ce qui nous a encouragé à poursuivre le genre d'études que le concours de 1893 nous avait donné l'occasion de pratiquer avec un vif intérêt. Mais dans notre précédent travail nous n'avions fait que toucher à la question des agglomérations urbaines, aux causes et conséquences de leur formation et nous n'avions traité que partiellement du mouvement des migrations internes particulier aux divers Etats de l'Europe. C'est précisément cet ensemble de phénomènes que nous avons l'intention d'étudier dans le présent ouvrage.

C'est donc un travail de statistique et de démographie comparées que nous nous sommes proposé de faire sur les transformations que le développement des groupements urbains a amenées dans la population des différents Etats de l'Europe. Dire que l'étude de la population est un des éléments primordiaux de l'histoire est aujourd'hui inutile; mais cependant il n'y a pas longtemps que l'on a vraiment compris l'importance de cette question. S'il est, en effet, une chose qu'en général les historiens de l'antiquité ou du moyen âge aient négligée (le plus souvent, faute de documents) c'est bien la connaissance de la population, de ses transformations, de leur influence sur l'histoire. De temps à autre, les écrivains y font allusion, mais sans insister plus.

Au seizième siècle, certains esprits se rendent compte de la valeur de l'étude positive des faits, autrement dit de la statistique, et c'est chose curieuse que de voir, par exemple, Bonaventure Despériers définir à l'avance les divers objets auxquels cette science se peut appliquer et, en premier lieu, la population. « Un curé, disait-il, un » vicaire, un simple prêtre, je le prêche et le sollicite » tant que je puis qu'il fasse livre, non seulement de » ceux qui naissent et meurent dans la paroisse, mais » aussi des races et feux, et de l'état de ses paroissiens, » et de l'étendue et richesse de sa dite paroisse (1). »

Toutefois, la population n'a commencé vraiment à être étudiée dans ses mouvements et ses rapports avec l'état général d'un pays, que lorsque l'économie politique et l'histoire sociale ont pris de l'importance, c'est-à-dire au dix-huitième siècle. En France, Vauban d'abord, puis Moheau, Deparcieux, le marquis de Mirabeau, Lavoisier s'occupent de cette question; en Allemagne, Achenwall, Schlœtzer, surtout Sussmilch; en Angleterre, Adam Smith, Arthur Young et après eux, Malthus.

Mais c'est à Macaulay, que revient l'honneur d'avoir, le premier, montré l'importance de l'étude de la population dans l'histoire et de l'avoir prouvée lui-même dans son si intéressant tableau de l'Angleterre à la fin du dix-septième siècle. Depuis, cette étude a eu cause gagnée.

(1) Despériers veut encore que chaque « pays, ville, village, bourg, église, château, mai» son, etc., famille, montagne, pré, bois, etc., ait son livre ou, pour le moins, son chapitre en » plus grand livre; laquelle chose donnera un singulier plaisir à ceux qui viendront après » nous, quand ils pourront savoir d'où ils sont venus. »

Voy. *Discours non plus mélancoliques que divers*, de Bonaventure Despériers, cité par M. de Foville : *La statistique et ses ennemis*.

Il est juste d'ajouter que, au seizième siècle, Etienne Pasquier dans ses *Recherches de la France* et Guy Coquille dans son *Histoire du Nivernais* ont donné quelques indications statistiques. Mais l'ouvrage statistique le plus complet du seizième siècle en France est le *Secret des finances de la France* par Froumenteau (1581).

Comment, en effet, un pays est-il peuplé? Quels sont les rapports de la population avec le sol, l'industrie, etc.? autant de questions auparavant négligées auxquelles l'histoire moderne est tenue de répondre (1).

Du reste, pour satisfaire à ces exigences nouvelles de la science, l'écrivain d'aujourd'hui profite de documents que les siècles précédents connaissaient peu ou point. La plupart des Etats de l'Europe possèdent des publications statistiques où, à chaque dénombrement, sont notées toutes les transformations de la population. En France, dans la Grande-Bretagne, en Allemagne (pour l'Empire et chaque Etat de l'Empire), en Autriche-Hongrie, en Italie, chaque dénombrement est l'occasion de travaux considérables de ce genre. Et d'autres Etats moins importants ne demeurent pas en arrière : les statistiques des trois royaumes scandinaves, de la Belgique, de la Suisse, publient des documents aussi variés qu'intéressants.

Il est vrai que les publications de cette sorte n'ont point toujours, dans l'opinion, la faveur qu'elles méritent. Ce sont des chiffres, s'écrie-t-on parfois à la vue des calculs de la statistique, et le mot suffit à en détourner l'attention. *Græcum est, non legitur!*

Mais ces chiffres ne sont-ils pas eux-mêmes des documents qui, au même titre que d'autres, intéressent l'histoire? Sans doute, ces documents ont besoin d'être éclairés par une interprétation critique; mais, de ce côté, le sort de la statistique ne lui est-il pas commun avec l'archéologie, la paléographie, bref, avec toutes les sciences auxiliaires ou, plus justement, les sciences mères de l'histoire? Est-ce qu'aujourd'hui des œuvres de valeur ne témoignent pas de ce que peut l'esprit de recherche critique appliqué aux choses de la statistique? Tels sont, en France, les travaux de M. Emile Levasseur, de MM. de Foville, Block, Juglar, Cheysson, Turquan, Bertillon, etc.;

(1) « One of the first objects of an inquirer. who wishes to form a correct notion of the » state of a community at a given time. must to be ascertain of how many persons that com- » munity then consisted. » Macaulay; *Hist. of England*, ch. III.

en Allemagne, ceux de Wappaeus, de MM. Engel, G. Mayr, Neumann, etc.; en Autriche, ceux de MM. de Inama-Sternegg et Rauchberg; en Angleterre, ceux de MM. Leone Levi, Craigie, Giffen, Ogle, etc.; en Italie, les nombreux ouvrages dus à M. Bodio ou publiés sous sa direction.

Ces travaux et d'autres encore ont désormais assuré à la statistique une place considérable parmi les sciences sociales : si, en effet, elle est, comme on l'a heureusement défini, *l'étude numérique des faits sociaux* (1), on peut dire que sans elle toute étude sociologique est fantaisiste ou déclamatoire. Nous n'ignorons pas combien est délicat l'usage des données statistiques, ni ce qu'il exige de connaissances à la fois d'ordre général et spécial. Aussi ne nous dissimulons-nous point la difficulté de notre tâche ni les trop nombreux défauts qu'on pourra reprocher à notre travail. A vrai dire, nous avons touché, dans cette étude, à une multitude de questions dont beaucoup nécessiteraient à elles seules un ouvrage complet. Notre excuse est que nous avons voulu présenter, dans son ensemble, un phénomène intéressant l'histoire et la géographie contemporaines.

Une telle œuvre nous aurait été impossible si nos recherches n'avaient été facilitées, de part et d'autre, par de bienveillants concours. C'est pour nous un agréable devoir que de remercier encore ici le savant éminent autant que profondément bon qui nous a fait l'honneur d'accepter la dédicace de ce livre, et qui a été l'initiateur et le guide de nos études. Nous adressons également l'expression de notre vive gratitude à M. Georges Blondel, professeur à la Faculté de droit de Lyon, qui, en même temps que de ses conseils, nous a fait profiter de ses nombreuses relations à l'étranger; à M. le Dr Jacques Bertillon, directeur des travaux statistiques de la ville de Paris, qui a mis très obligeamment à notre service sa riche bibliothèque démographique; à M. Marcel Dubois,

(1) Cette définition, aussi précise que concise, est de M. Levasseur. *Histoire de la population*, I, p. [illegible]

notre maître de Sorbonne qui a bien voulu parfois nous donner d'utiles avis.

A l'étranger, nos demandes de renseignements ont trouvé le meilleur accueil auprès de MM. von Philippovich, doyen de la Faculté de droit à l'Université de Vienne; von Inama-Sternegg et Rauchberg, directeur et sous-directeur de la statistique autrichienne; Sedlaszek, chef de la statistique de Vienne; Karl Oldenberg, privat docent à l'Université de Berlin et secrétaire du *Sozial politik verein*; de Jekelfalussy, directeur de la statistique hongroise et Annensky, chef de la statistique de Saint-Pétersbourg. M. Cobo de Guzman, directeur de l'institut de statistique à Madrid; MM. Sidenbladh, Kiaer et Marcus Rubin, chefs des bureaux de statistique de Suède, Norvège, et Danemark, ont bien voulu nous communiquer des renseignements très utiles.

Enfin M. Bodio, l'éminent directeur de la statistique italienne, et M. Guillaume, directeur de la statistique suisse, ont eu l'amabilité de nous faire parvenir des documents nombreux et différentes explications dont nous avions besoin. Nous prions tous ces savants de croire à notre bien sincère reconnaissance des services qu'ils nous ont rendus (1).

Grâce à leur obligeance, nous avons pu avoir sur beaucoup de points qui nous intéressaient des documents abondants et de la date la plus récente. Nous avons ainsi pu mener à bonne fin ce travail dont nous voudrions pouvoir dire qu'il est (c'est de notre part un mot bien ambitieux) une contribution à l'histoire de la civilisation contemporaine.

(1) C'est également un devoir pour nous de remercier ici de leurs bons offices à notre égard MM. de Foville, membre de l'Institut, directeur de la Monnaie, Cauchy et Boivin, chefs de bureau au Ministère des finances, et Emile Renoult, attaché au contrôle de la Banque de France, qui a bien voulu revoir plusieurs de nos graphiques.

BIBLIOGRAPHIE

Pour un ouvrage comme celui-ci, qui touche à tant de questions diverses, le nombre de livres que nous avons consultés est relativement restreint. Autant que cela nous a été possible, nous avons travaillé sur les documents originaux, c'est-à-dire sur les grandes collections de renseignements statistiques (dénombrements, enquêtes agricoles, etc.), publiés dans les divers États de l'Europe. Aussi, dans la bibliographie que nous avons établie ici, avons-nous laissé de côté les ouvrages de seconde main que l'on trouvera cités au fur et à mesure que nous aurons à leur emprunter quelque chose. Nous nous sommes borné à mentionner les collections de documents originaux, ainsi que les périodiques dont nous nous sommes servi : nous n'y avons joint, en fait d'autres ouvrages, que ceux qui, outre leur valeur critique, renfermaient eux-mêmes des documents de première main. Nous avons cru utile de dire quelques mots sur l'organisation de la statistique dans les différents pays de l'Europe et de faire suivre notre bibliographie d'un tableau indiquant pour chaque État la période de dénombrement et la date du dernier recensement effectué jusqu'à ce jour (1).

(1) Sur l'organisation de la statistique en France et à l'étranger et les publications faites par les différents services statistiques, on consultera avec fruit la *Statistique officielle en France* et *la Population française* (I, p. 60, 61), de M. Levasseur.

FRANCE

Ce fut François de Neufchâteau qui créa, sous le Directoire, le premier bureau de statistique au ministère de l'intérieur, en 1797. Il fut réorganisé par Chaptal, ministre de l'intérieur sous le Consulat : celui-ci ordonna le premier dénombrement général de la France, en 1801 (1). Le second recensement fut également effectué sous Napoléon Ier, en 1806. De cette date jusqu'à 1831, il n'y eut qu'un seul dénombrement, celui de 1821 : en 1811, 1816 et 1826, on se borna à une évaluation approximative de la population. Mais après 1830, le gouvernement français, stimulé par l'exemple de l'Angleterre, institua un bureau de statistique au ministère du commerce, sous la direction de Moreau de Jonnès, qui commença vraiment la série de nos grandes publications statistiques. En même temps, un dénombrement nouveau avait eu lieu en 1831, et depuis cette époque, nos recensements se sont constamment effectués tous les cinq ans (2).

Collections :

Documents statistiques sur la France. 1 vol. in-4°.

Archives statistiques (agriculture, industrie, commerce, etc.). 1 vol. in-4°.

Statistique de la France (1re série). Territoire. Population. 1837. 1 vol. in-4°. (Contient le dénombrement de 1836 et les dénombrements antérieurs, et le mouvement de la population par département, de 1801 à 1836.)

Statistique de la France. Agriculture. 1840-1841. 4 vol. in-4°.

— Industrie. 1847-1852. 4 vol. in-4°.

Statistique de la France (2e série). Territoire et population. 1 vol. in-4°. (Dénombrement de 1851 et documents antérieurs (3).

Statistique de la France. Résultats du dénombrement de la population en 1856. 1 vol. in-4°.

Statistique de la France. Résultats du dénombrement de la population en 1861. 1 vol. in-4°.

Statistique de la France. Résultats du dénombrement de la population en 1866. 1 vol. in-4°.

Statistique de la France. Mouvement de la population en 1851, 1852, 1853. 1 vol. in-4°.

Statistique de la France. Mouvement de la population en 1854. 1 vol. in-4°.

— — 1855, 1856, 1857. 1 vol. in-4°.

Statistique de la France. Mouvement de la population en 1858, 1859, 1860. 1 vol. in-4°.

Statistique de la France. Mouvement de la population en 1861, 1862, 1863, 1864, 1865. 1 vol. in-4°.

(1) Ce premier dénombrement fut publié en l'an X (1802) avec ce titre : *Tableau général de la nouvelle division de la France en départements, arrondissements, communes et justices de paix, d'après les lois des 28 pluviose an VIII et 8 pluviose an IX, indiquant la population, l'étendue territoriale et le nombre des communes par chaque justice de paix et arrondissement communal.*

Voy. Levasseur : *la Population française*, I, p. 300 et suivantes.

(2) Il n'y a eu qu'une exception : le dénombrement qui devait se faire en 1871, suivant celui de 1866, a eu lieu en 1872.

(3) C'est en 1851 que le dénombrement tint compte pour la première fois de l'âge, de l'état civil, de la profession des individus.

Statistique de la France. Prix et salaires à diverses époques, 1863.
— — Statistique agricole décennale de 1852. 2 vol. in-4°, 1858-1860.
Statistique de la France. Statistique agricole décennale de 1862. 2 vol. in-4°, 1868.
Statistique de la France. Statistique de l'industrie, 1861-1865.
Statistique de la France (nouvelle série). Statistique annuelle de 1871-1884. 1 vol. in-4° pour chaque année.
Statistique de la France. Dénombrement de 1872. 1 vol. in-4°.

Depuis 1876, chaque recensement fait l'objet de deux publications, l'une du ministère de l'intérieur, l'autre du ministère du commerce. Celle-ci est l'œuvre, aujourd'hui, de l'Office du travail.

1° Ministère de l'intérieur : *Dénombrement de la population.* 1 vol. in-8°. (Donne la population normale et municipale, agglomérée et éparse, par département, arrondissements, cantons, communes.)

2° Ministère du commerce et de l'industrie : *Résultats statistiques du dénombrement de ....* 1 vol. grand in-8°, avec tableaux, cartes, etc.
Enquête agricole décennale de 1882. 1 vol. in-8°, 1887 (publiée par le ministère de l'agriculture). — L'enquête de 1892 n'a pas encore paru.

Périodiques :

Annuaire de l'Economie politique (1) (publié par M. Block).
Annuaire du bureau des Longitudes (la partie statistique est l'œuvre de M. Levasseur).
Annuaire statistique de la France (publié depuis 1878).
Bulletin (mensuel) *de Statistique et de Législation comparée* (publié par le ministère des finances depuis 1877).
Journal de la Société de statistique de Paris (mensuel). — Cette Société a été fondée en 1860.
Bulletin du ministère de l'Agriculture (depuis 1882).

Autres documents :

Mémoires des intendants sur l'état des généralités, dressés pour l'instruction du duc de Bourgogne. Tome Ier, Mémoire de la généralité de Paris (publié par M. de Boislisle, 1881).
Vauban. — *La Dime royale.* 1707.
Saugrain. — *Dénombrement du royaume de France, par généralités, élections, paroisses, feux.* 1709.
Boulainvilliers. — *Etat de la France.* 6 vol., Londres, 1727, 1728.
Deparcieux. — *Essai sur la probabilité de la vie humaine,* 1746.
Expilly. — *Dictionnaire géographique, historique, politique de la France* (1762-1770).
Expilly. — *De la population de la France,* 1769.
Moheau. — *Recherches et considérations sur la population de la France.* 1778.
Necker. — *L'Administration des finances de la France.* 3 vol., 1785.
Des Pommelles. — *Mémoire sur la population de toute la France,* 1789.
Lavoisier. — *De la richesse territoriale du royaume de France,* 1791.

(1) De nombreux renseignements statistiques sont publiés dans certains autres périodiques, notamment le *Journal des Economistes,* l'*Economiste français,* la *Réforme sociale,* etc.

HERBIN. — *Statistique générale et particulière de la France et de ses colonies,* 1803.

PEUCHET. — *Statistique élémentaire de la France,* 1805.

PEUCHET et CHANLAIRE. — *Description topographique et statistique de la France.*

CHAPTAL. — *L'Industrie française.* 2 vol., 1819.

GUERRY. — *Essai sur la statistique morale de la France,* 1834-1844.

Ach. GUILLARD. — *Éléments de statistique humaine ou Démographie comparée,* 1855.

BLOCK. — *Statistique de la France.* 2 vol., 1875.

CHEYSSON. — *Album de statistique graphique,* 1887.

DE FOVILLE. — *Essai sur le morcellement,* 1885.

— *La France économique,* 1889.

LEVASSEUR. — *La Population française.* 3 vol., 1889-1892.

Dictionnaire encyclopédique des sciences médicales.

VILLE DE PARIS

Collections :

Recherches statistiques sur la ville de Paris et le département de la Seine. 6 vol. : 1° Années 1817-1818; 2° Années 1819-1821, et Documents rétrospectifs; 3° Années 1822, 1823; 4° Années 1825, 1826; 5° Années 1827-1836; 6° Années 1837-1856. (Publication capitale pour toute la première partie du siècle.)

Résultats statistiques du dénombrement de la ville de Paris (publication très documentée faite en 1881, 1886 et 1891, avec rappel des dénombrements antérieurs).

Cartogrammes et diagrammes relatifs à la population parisienne et à la fréquence des principales maladies à Paris (1865-1887).

Périodiques :

Bulletin de statistique municipale (mensuel, de janvier 1865 à décembre 1879).

Annuaire statistique de la ville de Paris (depuis 1880).

Bulletin hebdomadaire de statistique municipale (depuis 1880).

Tableau mensuel de statistique municipale (depuis 1885).

GRANDE-BRETAGNE

Dans la Grande-Bretagne, le dénombrement ou *census* est effectué tous les dix ans, depuis 1801. A cette époque eut lieu le premier recensement officiel en Angleterre et Galles, et en Écosse; en Irlande, on ne l'effectua qu'en 1821. Le bureau de statistique a été créé en 1832, au *Board of trade,* et on institua, en 1836, le *Registrar general office,* qui centralisa tous les documents relatifs à l'état civil. Cette fondation était contemporaine de celle de la Société de statistique de Londres (1835).

Collections :

Census of England and Wales (1). (Donne les résultats de chaque dénombrement et se publie en 3 volumes : 1° Superficie, population, maisons, etc., des *ancient and administrative counties;* 2° Superficie, population, mai-

(1) Le titre officiel est : Report on the Census of England and Wales in — as presented to both Houses of Parliament by Command of Her Majesty.

sons, etc., des *registration districts and sub-districts* et des *sanitary areas*, *tenements*, etc., ainsi que le mouvement de la population d'un recensement à l'autre pour chaque *registration division*, *county*, etc.; 3° Population suivant l'âge, l'état civil, les professions, etc.)

Census of Scotland.

Census of Ireland.

Census of England and Wales. London. (Sous ce titre, on réunit dans une seule publication tout ce qui a trait à Londres.)

General Report on the agricultural labourer, 1891. (Vaste enquête sur la condition des travailleurs ruraux à différentes époques.)

Leone Levi. — *Wages and earnings of the working classes.*

Périodiques :

The financial Reform Almanak (publication annuelle).

The Statesmen Year book (publication annuelle).

Tables relating to emigration and immigration.

Statistical Abstract for United Kingdom.

Annual report of registrar general of births, marriages and deaths for England and Wales (la même publication a lieu pour l'Ecosse et pour l'Irlande).

Annual summary of births, deaths and causes of deaths (Londres et grandes villes anglaises).

Annual report of the local Government Board (Londres).

The metropolitan Year book, etc. (Londres).

Journal of the Royal Statistical Society (publication trimestrielle).

BELGIQUE

Le royaume belge a eu, dès sa formation, un bureau de statistique spécial et, en 1841, une Commission centrale de statistique. Celle-ci, sous l'impulsion de Quetelet, notamment, prépara le premier dénombrement officiel de la Belgique, celui de 1846, dont la publication est considérée par les savants comme un modèle. Depuis, des recensements généraux ont eu lieu en 1856, 1866, 1880 et 1890 : on peut penser que, désormais, les dénombrements se feront tous les dix ans.

Collections :

Statistique de la Belgique; recensement général de la population. 2 vol.

Statistique de la Belgique : Agriculture. 3 vol. (Le tome Ier, qui renferme les préliminaires et les cartes, est particulièrement intéressant.) — La dernière statistique parue est celle de 1880 : celle de 1895 est en cours de publication.

Périodique :

Annuaire statistique de la Belgique (contient beaucoup de renseignements concernant les dénombrements antérieurs à 1890).

PAYS-BAS

Le royaume des Pays-Bas a eu son bureau de statistique créé en 1826, et son premier dénombrement est de 1830, le second de 1840. A partir du troisième, en 1849, le recensement a eu lieu tous les dix ans.

Collection :

Uitkomsten der..... tienjaerlijksche Volkstelling in het koningkrijk der Nederlanden. (Cet ouvrage donne le dénombrement général du royaume : il y a, en outre, une publication spéciale pour chaque province.)

Périodiques :

Statistick van den loop der bevolkning van Nederland... (Relevé annuel de l'état civil par provinces et communes du royaume.)

Annuaire statistique des Pays-Bas (*Jaarcifers*).

EMPIRE ALLEMAND

Plusieurs des Etats qui forment aujourd'hui l'Empire allemand ont eu leur bureau de statistique dans les premières années du siècle : la Prusse, en 1810 ; la Bavière, en 1813 ; le Wurtemberg, en 1818, et la plupart des autres Etats, avant 1830. Aujourd'hui, il y a en Allemagne un bureau de statistique pour l'empire (*Kaiserliches Statistisches Amt*), et, en outre, tous les Etats ont leur bureau de statistique particulier. Il en est de même des principales villes. — Le dénombrement a lieu dans tout l'empire, tous les cinq ans, en décembre, à partir de 1875 (1).

Collections :

Statistik des deutschen Reichs. Erste Reihe. — Cette première série forme 63 volumes (1871-1883).

Statistik des deutschen Reichs. Neue Folge. — Cette deuxième série forme déjà 88 volumes (1884-1895). — Cette publication s'applique à toute espèce de matières. — Les résultats du dénombrement quinquennal sont donnés dans le volume intitulé : *Die Volkszählung im deutschen Reich.*

Il y a eu, dans l'empire, deux recensements des professions, en 1882 (5 juin) et en 1895 (1er juin). Le premier a été publié sous le titre de : *Die Ergebnisse der allgemeinen Berufszählung vom 5 Juni 1882*, en 3 volumes : 1° *Berufsstatistik des Reichs und der kleineren Verwaltungsbezirke* ; 2° *Berufsstatistik der deutschen Grossstädte* ; 3° *Berufsstatistik der Staaten und grosseren Verwaltungsbezirke.*

Le recensement du 1er juin 1895 n'est pas encore publié : les résultats préalables ont seulement paru dans les *Vierteljahreshefte zur Statistik* de 1896.

Die Verhältnisse der Landarbeiter in Deutschland (publication très importante faite sous la direction du professeur Weber), dans les *Schriften des Vereins fur Socialpolitik* (tomes LIII, LIV, LV), à Leipzig, 1892.

Ergebnisse der Volkszählung vom .... im Konigreich Preussen sowie in den Furstenthümern Waldek und Pyrmont (publication particulière pour le recensement du royaume de Prusse : les autres Etats allemands publient aussi à part leurs dénombrements).

Die Volkszählung der Stadt Berlin (publiée par le bureau de statistique de Berlin, après chaque dénombrement ; le recensement de 1875 contient beaucoup de renseignements relatifs aux dénombrements antérieurs).

(1) Le premier dénombrement de l'Empire avait eu lieu en 1871.

Périodiques :

Almanach de Gotha (paraît depuis 1764 et est publié en différentes langues).
Allgemeines Statistisches Archiv.
Monatshefte zur Statistik des deutschen Reichs.
Vierteljahreshefte zur Statistik des deutschen Reichs. (Cette publication remplace la précédente depuis 1892.)
Statistisches Jahrbuch für das deutsche Reich.
Jahrbücher für Nationalökonomie und Statistik (publiés par le professeur Conrad, Iéna).
Zeitschrift des K. preussischen Stat. Bureaus (depuis 1860).
Statistisches Handbuch fur den preussischen Staat.
Statistische Correspondenz (Berlin).
Beiträge zur Statistik des Konigreichs Bayern. Munich.
Zeitschrift des K. Bayerischen Stat. Bureaus. Munich.
Zeitschrift des K. Sachsischen Stat. Bureaus. Dresde.
Wurttembergische Jahrbücher. Stuttgard.
Stat. Jahrbuch fur das Grossherzogthum Baden. Karlsruhe.
Stat. Jahrbuch fur die grossen Stüdte des deutschen Reichs.
Stat. Jahrbuch der Stadt Berlin.
Mittheilungen des Stat. Amtes der Stadt Berlin, etc.

Ouvrages divers :

SUSSMILCH. — *Die göttliche Ordnung in den Veranderungen des menschlischen Gechlechts, aus der Geburt, dem Tode und der Fortplanzung erwiesen*, 1741.
HOFFMANN. — *Die Bevölkerung des preussischen Staates*, 1837.
NEUMANN. — *Beiträge zur Geschichte der Bevölkerung in Deutschland seit dem Anfange dieses Jahrhundertes* (le tome III, œuvre du Dr Markow, renferme beaucoup de renseignements : *Das Wachstum der Bevölkerung und die Entwickelung der Aus- und Einwanderungen, Ab- und Zuzüge in Preussen*, etc., *von* 1824 *bis* 1885).
BOEHM et WAGNER. — *Die Bevölkerung der Erde* (publication continuée par Wagner et Supan).
Kuno FRANKENSTEIN. — *Die Arbeiterfrage in der deutschen Landwirthschaft.* (C'est un abrégé de l'ouvrage du professeur Weber cité plus haut.)

AUTRICHE-HONGRIE

Les deux parties de la monarchie austro-hongroise publient aujourd'hui leurs documents séparément. C'est en 1828 que l'Autriche organisa son bureau de statistique : les derniers dénombrements ont eu lieu en 1857, 1869, 1880 et 1890. Ces trois dernières dates ont été aussi celles du dénombrement dans la Hongrie. Le recensement paraît donc devoir se faire tous les dix ans de l'un et l'autre côté de la Leitha.

AUTRICHE

Collections :

Tafeln zur Statistik der oesterreichischen Monarchie, 5 vol. (1849-1865).
Mittheilungen aus dem Gebiete der Statistik (1852-1871). *Bevölkerung der im Reichsrathe vertretenen Länder.* 1860. *Die Ergebnisse der Volkszählung .... in den im Reichsrathe vertretenen Konigreichen und Ländern.* 1880 et 1890.

Tomes I, II, XXXII de la collection appelée : *Oesterreichische Statistik* (publiée par la Commission impériale-royale de statistique). — Les résultats du dénombrement sont donnés en quatre *heften* : 1° *Die summarischen Ergebnisse der Volkszählung* ; 2° *Die Bevölkerung nach Heimatsberechtigung und Geburtigkeit* ; 3° *Die Bevölkerung nach grossen Kategorien von Ortschaften* ; 4° *Die Wohnungsverhaltnisse in den grösseren Städten.*

Die Ergebnisse der Volkszählung der Residenzstadt Wien (dénombrement de Vienne).

Périodiques :

Statistisches Jahrbuch der oesterreichischen Monarchie (1863-1868).

Oesterreichisches Statistisches Handbuch (depuis 1882).

Statistische Monatschrift.

Hubner's geographisch Statistische Tabellen aller Länder der Erde (édité par M. Juraschek ; publication annuelle).

HONGRIE

Collections :

Stat. Ungarische Mittheilungen (donne le dénombrement du royaume ; cette publication est faite en allemand et en hongrois).

Die Haupstadt Budapest (publie le dénombrement de la capitale hongroise en 1881 et 1891 [1]).

Périodiques :

Evkönyi Magyar Statistikai (*Statistisches Jahrbuch für Ungarn*).

Bulletin annuel des finances des grandes villes (publié par M. Korösi, à Budapest depuis 1877).

Bulletin hebdomadaire de statistique internationale (publié par M. Korösi, à Budapest depuis 1878).

Statistikai havi füzetek (*Monatshefte des statistischen Bureaus, von Budapest* — depuis 1873 — en hongrois).

SUISSE

C'est à la fin du siècle passé, en 1798, qu'eut lieu le premier dénombrement fédéral ; le second ne fut effectué qu'en 1837. Mais c'est seulement depuis 1850, date du troisième recensement, que cette opération s'est faite à des intervalles déterminés. A partir de cette époque, un dénombrement fédéral a eu lieu tous les dix ans : des considérations particulières ont seules été cause d'un changement dans la date du dernier recensement (on l'a fait en 1888 au lieu de 1890).

Collection :

Recensement fédéral (*Eidgenossische Volkszählung*), publié en 3 volumes : 1° Population générale : cantons, districts, communes, etc. ; 2° Population par âge, sexe, état civil ; 3° Population par profession.

(1) Les recensements de 1857 et 1870 sont donnés dans les *Resultate der Pester Volkszählung vom Jahre.....* et dans *Die Kön. Freistadt Pest im Jahre*, 1870.

Périodiques :

Mouvement de la population de la Suisse (publication annuelle).
Zeitschrift für die schweizerische Statistik.
Annuaire de la Suisse (depuis 1890).

ITALIE

Les premiers recensements officiels faits en Italie l'ont été dans les Etats pontificaux (1816) et dans le Piémont (1819). Lors de la constitution du royaume d'Italie, un dénombrement général fut effectué (1861), et depuis, il a été renouvelé deux fois après deux périodes décennales, en 1871 et en 1881. L'opération a été ajournée en 1891. Mais la Direction de la statistique italienne publie des travaux qui ne sont pas seulement intéressants pour le royaume, mais pour tous les autres Etats. C'est à Rome, du reste, que paraissent les publications émanées de l'Institut international de statistique.

Collections :

Censimento della popolazione del regno d'Italia.
Annali di Statistica.
Confronti Internazionali.

Périodiques :

Movimento dello stato civile.
Annuario statistico italiano.
Statistica della emigrazione italiana (depuis 1876).
Bulletin de l'Institut international de statistique. (Cet Institut a été fondé en 1885 et tient un congrès tous les deux ans.)

Autres documents :

Bodio. — *Di alcuni indici misuratori del movimento economico in Italia.*
— *Notizie sulle condizioni demografiche, edilizie ed amministrative di alcune grandi città italiane ed estere nel* 1891-1893 (renferme de nombreux documents statistiques sur les villes d'Italie et d'Europe).

ESPAGNE

En Espagne, ce sont les ministres éclairés de Charles III qui ordonnèrent le premier dénombrement du royaume; il eut lieu en 1787 (1). Mais il ne fut suivi d'aucun autre avant la seconde moitié de ce siècle. Il fallut, pour provoquer un nouveau recensement, la fondation, en 1856, de la *Comisión de Estadística gene-*

(1) La statistique espagnole dit avec raison de ce premier dénombrement : « *El espíritu* » *analítico* que se desenvuelve en el último tercio del siglo XVIII, aplicado principalmente » á las manifestaciones científicas y literarias, *elevó la Estadística en Europa á la cate-* » *goría de ciencia;* y en España se determinan esos aficiones con la formacion del Censo » de 1787 y Nomenclátor dado á luz en 1789, en cuyos libros palpitan los alientos y los des- » velos de una administración honrada, inteligente y vigorosa. »
(*Nomenclator de España*, 1888, p. 28. *Consideraciones generales*).

ral del Reino, devenue plus tard la *Junta consultativa del Instituto geographico y estadistico*. En 1857 et en 1860, deux dénombrements furent effectués ; le dernier, surtout, fait autorité. Depuis 1860, un seul recensement a eu lieu, en 1887, et il n'y a pas de date fixée pour le prochain.

Collections :

Población de España, 1857.
Censo de la población de España, 1860.
Censo de la población de España, 1887.
Nomenclator de España, 1863. (Cet ouvrage, qui se rapporte au recensement de 1860, donne des renseignements statistiques sur toutes les communes ou groupes de population du royaume ; il a été publié en 5 volumes, de 1863 à 1871.)
Nuevo Nomenclator de España, 1876. (C'est l'abrégé de l'ouvrage précédent.)
Nomenclator de España, 1888. (Résumé des résultats du recensement de 1887.)

Périodique :

Reseña geografica y estadistica.

PORTUGAL

Le Portugal n'a pas de dénombrements à intervalles déterminés. Deux recensements ont été effectués dans le dernier quart du siècle, en 1878 et en 1890.

Périodique :

Annuario estatistico do reino do Portugal.

RUSSIE (1)

L Empire russe n'a pas encore fait un dénombrement général de sa population : le premier recensement doit être effectué cette année (1897), par les soins du Comité central de statistique (ministère de l'intérieur). Toutefois, la Finlande et quelques villes importantes ont des dénombrements particuliers.

Collections :

Statistique de l'empire de Russie (en russe).
Bidrag till Finlands officiela Statistik (particulier à la Finlande).
Saint-Pétersbourg, d'après le recensement de 1890 (publication très documentée, en russe avec quelques indications en français).

(1) On trouvera tous les renseignements relatifs aux publications statistiques de la Russie dans la *Bibliographie de la statistique russe*, de M. Troïnitsky.

Périodiques :

Annuaire statistique de l'empire de Russie (en russe).
Commerce extérieur de la Russie par la frontière d'Europe (publication du ministère des finances; donne des renseignements sur l'immigration et l'émigration).
Mouvement de la population de la Russie (publication annuelle du Comité central de statistique).
Mouvement de la population de Finlande (en finlandais).
Annuaire statistique de la Finlande (en finlandais).

ÉTATS BALKANIQUES

Ces États n'ont eu des dénombrements réels qu'à une époque récente et leurs publications statistiques sont encore peu nombreuses.

Collections :

Recensement général de la Grèce, 1889.
Statistique de la Bulgarie, 1890.
Statistique de Serbie. Dénombrement de 1895.
Miscarea populatiunei (publication du royaume de Roumanie).

DANEMARK

Le bureau de statistique a été créé, dans le Danemark, en 1850; mais les documents danois donnent la population du royaume en 1801 et en 1840. A partir de 1860, le dénombrement est effectué tous les dix ans.

Collections :

Danmarks Statistik : Resultaterne af Folketællingen (donne le dénombrement du royaume).
Folkemængden i Kongeriget Danmark for Kjøbstæderne of Landsognene, etc. (population du Danemark : villes et communes rurales).
Statistiske Oplysninger om Stad Köbenhavn.
Forelöbig opgörelse af Folketællingen for Köbenhavn of Nabokommuner (résultat préalable du recensement pour Copenhague et les communes voisines), 1er février 1895.

SUÈDE-NORVÈGE

1° SUÈDE

Une commission de statistique a fonctionné en Suède dès le dix-huitième siècle, et la statistique suédoise donne la population du royaume à partir de 1751. Dans notre siècle, un dénombrement a eu lieu en 1816, et à partir de 1840, il a été effectué par période décennale.

Collection :

Bidrag till Sveriges officiella Statistik : Befolkningsstatistik (contient le recensement de la population, avec rappel des recensements antérieurs).

Périodique :

Statistik Tidskrift.

2° NORVÈGE

En Norvège, l'institution du bureau de statistique est de 1845; mais les résultats des dénombrements sont donnés à partir de 1801, et, de 1815 à 1875, le recensement a eu lieu tous les dix ans. Le dernier dénombrement, au lieu d'être effectué en 1885, l'a été le 1er janvier 1891 : il a ainsi coïncidé avec celui de la Suède.

Collection :

Norges officielle Statistik : Befolkningsstatistik (donne le dénombrement du royaume).

Périodique :

Tabeller vedkommænde Folkemængdens Berægelse i Aaret..... (donne le mouvement de la population pour chaque année).

ÉTATS-UNIS

Dès leur origine même, les Etats-Unis ont eu un service de statistique organisé : leur premier dénombrement a eu lieu en 1790, et depuis, il a été procédé à l'opération tous les dix ans. Dans l'espace d'un siècle, l'Union a donc eu onze dénombrements généraux; la publication du « Census » fédéral est faite par le *Census Office* du département de l'intérieur; en outre, les Etats et les principales villes ont des publications statistiques particulières.

Collection :

(Eleventh) Census of the United States.

Périodiques :

Statistical Abstract of the United States.
Report of the Department of Agriculture.
Quartely report of the Chief of the Bureau of Statistics, Treasury Department relative to the imports, exports, immigration and navigation, etc. (publication trimestrielle; donne des renseignements très importants sur l'immigration aux Etats-Unis).

Périodes de dénombrement et dates du dernier recensement dans les Etats de l'Europe et aux Etats-Unis.

ÉTATS	PÉRIODES DE DÉNOMBREMENT	DATES DU DERNIER RECENSEMENT
France........	Tous les cinq ans.	29 mars 1896.
Empire allemand.	id.	2 décembre 1895.
Grande-Bretagne.	Tous les dix ans.	5 avril 1891 (1).
Autriche-Hongrie.	id.	31 décembre 1890 (2).
Belgique.......	id.	id.
Pays-Bas.......	id.	31 décembre 1889.
Danemark......	id.	1er février 1890.
Suède.........	id.	31 décembre 1890.
Norvège.......	id.	1er janvier 1891.
Italie..........	id.	31 décembre 1881.
Suisse.........	id.	1er déc. 1888 (au lieu de 1890).
Espagne.......	Pas de période fixe.	31 décembre 1887.
Portugal.......	id.	1890.
Russie.........		1897.
Grèce..........		1889.
Roumanie......		1890.
Bulgarie.......		1890.
Serbie.........		1895.
Turquie........	?	?
Etats-Unis......	Tous les dix ans.	1890 (3).

(1) Le dénombrement a lieu en même temps dans les colonies anglaises : les *Census* de l'Inde, du Canada, des colonies australiennes sont des œuvres considérables.
(2) Un recensement particulier pour la Bosnie et l'Herzégovine a eu lieu en 1885 et en 1895.
(3) Le Japon publie un Annuaire statistique et un Résumé statistique.

PREMIÈRE PARTIE

Les faits

CHAPITRE Ier

Du développement moderne des villes

SOMMAIRE. — Du progrès de la population totale de l'Europe dans notre siècle. — Du progrès des agglomérations urbaines, en particulier. — Les grandes villes de l'Europe en 1800, 1850 et aujourd'hui : leur rapport à la superficie et à la population de l'Europe.

Du progrès de la population totale de l'Europe dans notre siècle. — Un des phénomènes les plus considérables de l'histoire au dix-neuvième siècle a été sans contredit la formation et le développement inouï des agglomérations urbaines. Sans doute, le développement des villes n'est pas un fait nouveau dans l'histoire des sociétés; l'antiquité et le moyen âge ont également connu ce phénomène et, de part et d'autre, il a coïncidé avec une civilisation avancée. Mais jamais le progrès des grandes agglomérations d'hommes n'a eu un caractère à la fois d'intensité et d'universalité comme dans notre siècle; jamais le développement des villes n'a eu une prépondérance aussi évidente sur le reste de la population. Et cela est d'autant plus remarquable que la population de notre Europe a suivi, au dix-neuvième siècle, une constante progression. Que cette progression soit due, en grande partie, au développement de l'activité économique sous toutes ses formes, cela est incontestable. Mais un élément primordial intervient dans l'histoire démographique de notre siècle, c'est la paix presque continue dont l'Europe a joui depuis 1815. Non que notre âge n'ait connu des guerres et de désastreuses; mais qu'est leur durée si on la compare à celle des guerres du dix-septième et du dix-huitième siècle, pour ne pas remonter plus haut? Le long règne de Louis XIV compte, par exemple, quarante-cinq années de guerre; celui de Louis XV, dix-sept. Pour l'Europe occidentale, nous arrivons, pour la période 1610-1789, à un total d'environ quatre-vingt-dix ans de luttes internationales (soit une moyenne d'une année sur deux), pendant lesquelles les différents peuples de l'Europe se sont épuisés en hommes, en argent, en ressources de toute espèce. Et, après cette série de luttes, arrive la période de la Révolution, qui n'est elle-même qu'une guerre de près d'un quart de siècle (1792-1815) de la France républicaine et impériale contre les diverses coalitions. Que sont, près de ces luttes continues, les guerres de la période contemporaine? Si importantes qu'aient été celles-ci, elles peuvent se résumer en quelques années à peine : elles n'occupent guère qu'une année sur vingt et leur théâtre a été bien plus localisé qu'autrefois. Mathématiquement, on s'est battu dix fois moins que dans la période précédente, et, surtout grâce au progrès du droit des gens et de la science, les guerres (ceci n'est plus un paradoxe pour personne) ont été moins désastreuses qu'auparavant. Il a suffi de bien peu de temps, par exemple, à la France pour se relever des maux de la guerre de 1870-1871, alors qu'il a fallu un siècle et plus à l'Allemagne pour se relever de la guerre de Trente-Ans.

On comprend donc combien cette période de paix — au moins relative — qui commence à partir de 1815, a dû être favorable au développement de la population. — En 1801, la population de l'Europe n'était guère estimée à plus de 175 millions; — elle atteignait, d'après les évaluations de M. Levasseur (1), 216 millions vers 1830, environ 300 en 1870 et elle est aujourd'hui d'à peu près 370 millions. On peut prévoir qu'elle sera à la fin du siècle de 380 millions : la population de l'Europe aura ainsi augmenté de 230 millions depuis 1815, soit de 117 p. 100

Du progrès des agglomérations urbaines, en particulier. — Mais si la paix a permis plus librement l'expansion de la population, d'autres causes générales ont contribué à la condenser dans ces vastes agglomérations que nous connaissons. L'exploitation de la houille, l'invention de la machine à vapeur et ses applications, voilà les deux causes essentielles de ce phénomène. En effet, de même qu'auparavant la proximité des forêts localisait certaines industries (forges, verreries, fonderies, etc.), aujourd'hui, ce sont les bassins houillers qui déterminent cette localisation (2), mais la houille fournit à l'industrie un aliment d'une toute autre puissance que le combustible végétal. D'autre part, c'est le développement de la machinerie à vapeur (3) qui a vraiment créé la grande industrie en même temps qu'elle a établi entre toutes les

(1) Voy. Levasseur : *la Population française*, I, p. 318.

(2) Vers 1800, la consommation de la houille en France était de moins de 1 million de tonnes; elle est aujourd'hui de 32. En Angleterre, la production était de 5 millions de tonnes en 1800 et elle est aujourd'hui de 190.

(3) La consommation du coton peut donner une idée du progrès de l'industrie, en Angleterre par exemple : en 1770, l'Angleterre recevait d'Amérique 8 balles de coton; en 1840, 2 millions et demi; en 1890, 7 millions et demi.

branches du travail humain une solidarité que les temps passés ne pouvaient pas connaître. Ce qui caractérisait le travailleur d'autrefois, c'était l'universalité dans une spécialisation, dans un métier déterminé; ce qui le caractérise aujourd'hui, c'est une spécialisation dans l'ensemble d'une industrie générale. — Avec l'industrie, et nécessairement, le commerce a pris un essor nouveau, soit pour lui apporter les matières premières, soit pour écouler ses produits. — Et la facilité des communications, due également à la vapeur, a non seulement contribué à peupler davantage les villes, mais aussi à mettre à leur portée les subsistances qui leur sont nécessaires. Or, c'est cette révolution économique qui explique avant tout la formation des grandes agglomérations urbaines. — En outre, notre siècle voyait la chute définitive du servage qui, en libérant l'homme à l'égard de la terre, donnait plus de mobilité à la société. Enfin, plus le progrès de la démocratie s'est accentué, plus s'est agrandi, en tous sens, le rôle de l'Etat et plus se sont multipliés ses offices : de là, une nouvelle cause d'agglomération d'hommes en particulier dans les capitales.

Les grandes villes de l'Europe, en 1800, en 1850 et aujourd'hui : leur rapport à la superficie et à la population de l'Europe. — Sous l'influence de ces diverses causes, le progrès des villes a dépassé de plus en plus, dans notre siècle, celui du reste de

Répartition et population globale des villes de plus de 100000 habitants en Europe, vers 1800.

ÉTATS	NOMBRE de VILLES	VILLES	POPULATION
France.	3	Paris, Lyon, Marseille.	766000
Grande-Bretagne.	2	Londres, Dublin.	1100000
Allemagne	2	Berlin, Hambourg.	272000
Autriche.	1	Vienne.	230000
Russie.	3	St-Pétersbourg, Moscou, Varsovie.	550000
Danemark.	1	Copenhague.	100000
Espagne-Portugal.	3	Madrid, Barcelone, Lisbonne.	500000
Italie.	5	Naples, Milan, Rome, Palerme, Venise.	950000
Pays-Bas	1	Amsterdam.	215000

la population. Au commencement du siècle, alors que l'Europe comptait 150 millions d'habitants, il y avait 21 villes de plus de 100000 âmes (non compris Constantinople) et leur population globale n'atteignait pas 2700000 habitants, soit la 65e partie de celle de l'Europe (1,6 p. 100).

Répartition et population globale des villes de plus de 100000 habitants en Europe vers 1870 et vers 1895.

ETATS (1)	1870		1895	
	NOMBRE DE VILLES	POPULATION GLOBALE (EN MILLIERS)	NOMBRE DE VILLES	POPULATION GLOBALE (EN MILLIERS)
Grande-Bretagne. .	18	7120	30	10760
Empire allemand. .	10	2200	28	7270
France.	9	3280	12	4780
Russie	6	1860	12	3540
Italie.	10	2050	12	3020
Autriche-Hongrie. .	3	1200	6	2450
Espagne	2	520	5	1200
Portugal	2	320	2	350
Belgique	4	670	4	1000
Pays-Bas.	2	400	3	800
Suède-Norvège . . .	1	144	3	500
Danemark	1	170	1	408
Turquie	1	500?	2	1000?
Roumanie.	1	142	1	220
Grèce.	»	»	1	110
Suisse (2).	»	»	1	106

Si l'on compare le nombre de ces grandes villes à la population de l'Europe en 1800, on constate qu'il y avait une ville de 100000 habitants pour 8300000 de l'ensemble. En 1850, le nombre de grandes villes était de 42, avec près de 9 millions d'habitants, soit 3,8 p. 100 de la population totale de l'Europe. En 1870, on comptait 70 villes de plus de 100000 âmes avec une population globale de 20 millions, soit 6,66 p. 100 de celle

(1) Il ne faudrait pas se montrer surpris si quelques données du texte ne coïncidaient pas absolument avec les chiffres de ce tableau : nous avons dressé ceux-ci d'après les plus récentes publications.

(2) Ce chiffre (106000) est la population calculée de Zurich.

de l'Europe : c'était une ville par 4300000 habitants de l'ensemble et cette proportion n'a fait que s'accentuer depuis. A l'époque actuelle (vers 1890-95) l'Europe compte plus de 120 agglomérations (121) dépassant 100000 âmes et leur population totale qui est environ de 37 millions d'habitants équivaut au dixième de celle de l'Europe. C'est une grande ville pour 3000000 d'habitants : cette dernière proportion a donc diminué de plus de moitié depuis 1800 (exactement de 63 p. 100). — De 1870 à nos jours, la population de l'Europe a augmenté de 20 p. 100; celle des villes de plus de 100000 âmes, de 52 p. 100. — En d'autres termes, malgré le progrès de la population totale, sa relation au nombre des grandes villes a toujours été diminuant au profit de celles-ci. En 1800, pour 1000 habitants de l'Europe, on n'en comptait que 15 dans les grandes villes : en 1850, cette proportion n'était encore que de 34; elle s'élevait à 63 en 1870, et enfin elle atteint 100 aujourd'hui.

On rendrait aussi sensible le développement des grandes agglomérations, si on examinait leur rapport successif à la superficie de l'Europe. Au début du siècle, on ne pouvait compter qu'une ville de plus de 100000 âmes par 450000 kilomètres carrés (abstraction faite des terres polaires), ou par 236000 kilomètres carrés, si on laisse de côté la Russie. — La répartition des grandes villes était donc, pour l'ensemble de l'Europe, ce qu'elle est à peu près aujourd'hui pour la Russie. En 1870, on comptait une ville de plus de 100000 habitants par 134000 kilomètres carrés (Russie comprise) et aujourd'hui il y en a une par 75000 kilomètres carrés, c'est-à-dire que sur le même espace où nous trouvions, il y a près d'un siècle, une seule grande ville, il y en a six aujourd'hui.

Mais, suivant les grandes régions de l'Europe, la relation des villes importantes varie par rapport à la population totale et à la superficie. — Dans le nord-ouest (France, Grande-Bretagne, Belgique et Hollande) on compte une ville de plus de 100000 âmes par 1850000 habitants de l'ensemble; cette proportion beaucoup plus forte pour la France (3160000), est bien moindre pour la Grande-Bretagne (une grande ville pour 1310000). Dans l'Europe centrale, la moyenne est de une ville de 100000 habitants par 2700000 habitants; mais il faut remarquer que dans cette région sont comptées la Suisse, l'Autriche-Hongrie, où les agglomerations de cette catégorie sont rares, tandis que l'empire allemand se rapproche, sous ce rapport, de la proportion de l'Europe nord-ouest (une ville par 1940000 habitants, en 1895.) — Dans l'Europe méridionale, il n'y a qu'une grande ville par 3150000 habitants; car, si cette proportion s'abaisse pour l'Italie à 2500000 (moins que la France), cet abaissement est compensé par la rareté des grandes cités dans les péninsules ibérique et balkanique. La relation de la population totale au nombre des villes de plus de 100000 âmes est moindre dans l'Europe du nord (une ville pour 2230000 habitants, dans les Etats scandinaves), mais elle dépasse tout ce que nous venons de voir en Russie (une ville pour 8 millions, environ).

Pour 1000 habitants de la population totale, l'Europe nord-ouest en compte 200 dans les agglomérations de plus de 100000 âmes (284 pour la Grande-Bretagne; 304 pour l'Angleterre proprement dite). — Dans l'Europe centrale, cette proportion est de 96 p. 1000 (140 p. 1000 en Allemagne); dans l'Europe méridionale, elle est de 80 (100 en Italie). — La proportion se relève à 97 p. 1000 dans l'ensemble des Etats scandinaves et s'affaisse à 35 pour la Russie, qui est ainsi bien au-dessous de la moyenne de l'Europe (100 p. 1000).

ÉTATS (1)	Combien d'habitants dans le pays pour une ville de plus de 100000 habitants.		Sur 1000 habitants de la population totale, combien dans les villes de plus de 100000 hab.		Combien de kil. car. par ville de plus de 100000 hab.
	1871	1891	1871	1891	1891
France	4011000	3160000	82	119	44660
Allemagne	4530000	1940000	52	140	19300
Autriche-Hongrie	12000000	6833000	32	63	104175
Grande-Bretagne	1860000	1311000	230	284	10900
Angleterre et Galles	1892000	1208000	258	310	6300
Ecosse	1130000	1008000	220	275	20000
Irlande	2700000	2353000	93	128	42000
Italie	2680000	2500000	76	100	24660
Russie	13700000	8330000	22	35	450000
Belgique	1250000	1636000	135	156	7375
Pays-Bas	1820000	1510000	108	175	11000
Espagne	5660000	3400000	30	70	98400
Suède et Norvège	5963000	2260000	24	80	258000
Danemark	1784000	2172000	101	174	»

(1) On comparera ce tableau avec celui qui donne la population des Etats de l'Europe à différentes périodes.

De même, par rapport à la superficie, la répartition des grandes agglomérations diffère avec les régions. L'Europe a, en moyenne, nous l'avons vu, une ville de plus de 100000 habi-

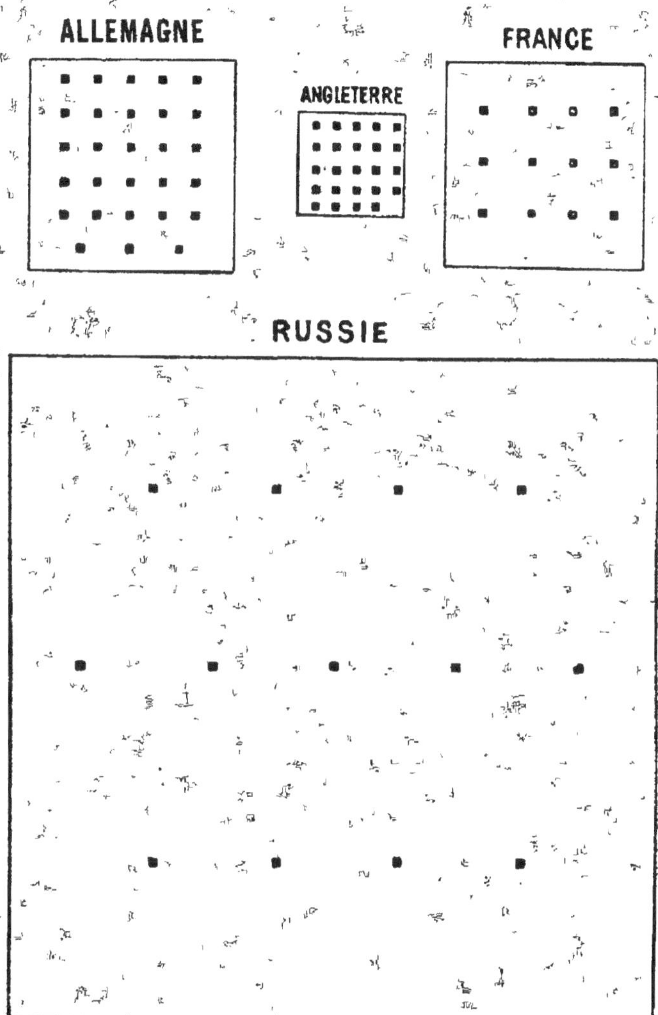

Fig. 1, 2, 3, 4. — Relation des villes de plus de 100000 habitants à la superficie totale de l'Angleterre, l'Allemagne, la France et la Russie (1895).

tants par 75000 kilomètres carrés. Dans le nord-ouest, cette proportion n'est que de 19000 kilomètres carrés (44600 en France), et s'abaisse même à 7300 kilomètres carrés en Belgique, à 5500 en Angleterre proprement dite; soit une grande ville pour une superficie inférieure à celle de la moyenne de nos départements. — Dans l'Europe centrale, on compte une grande agglomération par 39000 kilomètres carrés (19300 kilom. car. pour l'empire allemand). — Dans l'Europe méridionale, la

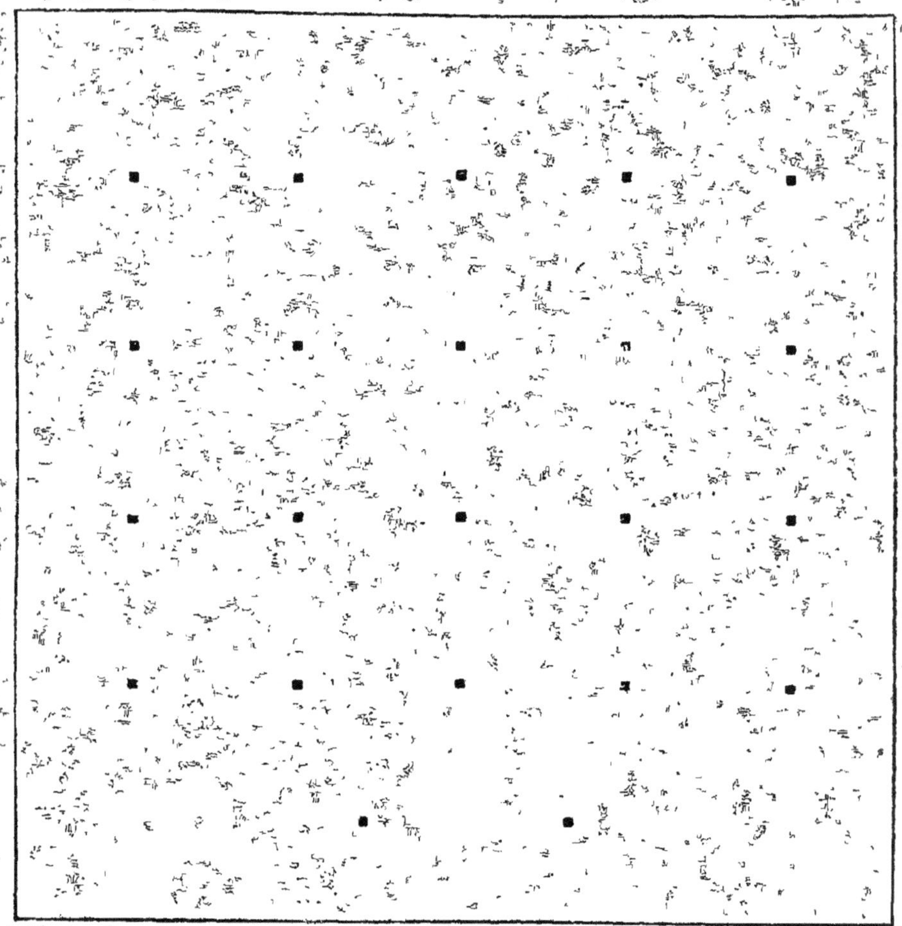

Fig. 5. — Relation des villes de plus de 100 000 habitants à la superficie totale de l'Europe en 1801.

proportion est de 63000 kilomètres carrés (24600 pour l'Italie); elle s'élève dans l'Europe septentrionale à 230 000; et enfin en Russie il n'y a qu'une grande ville par 346000 kilomètres carrés (le gouvernement d'Arkhangel non compris). Ainsi, sur le même espace où il y a en Russie, une ville de plus de

100 000 habitants, il y en aurait en France 8 et dans l'Angleterre propre, 63.

Au point de vue de la répartition générale des agglomérations urbaines, on peut faire deux parts dans l'Europe : à

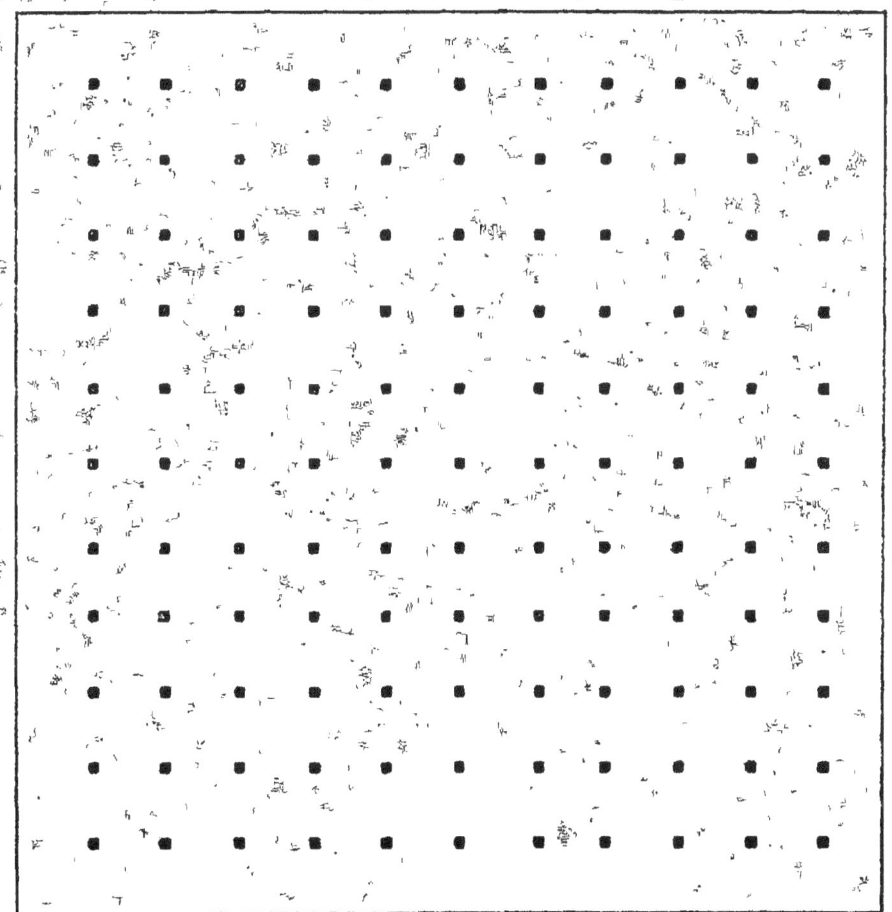

Fig. 6. — Relation des villes de plus de 100 000 habitants à la superficie totale de l'Europe en 1895.

l'ouest, l'Europe proprement dite, la vieille Europe historique, plus riche en villes; à l'est, le monde russe, qui en est plus dépourvu. Une ligne tirée du Niemen au Bosphore marque assez nettement la frontière des deux Europes, limite indiquée du reste par la géographie elle-même. Cette frontière range ainsi à l'ouest la Pologne qui, par sa religion, se rattache à la civilisation latine. Ces deux grandes régions de l'Europe sont d'étendue à peu près égale, 5 millions de kilomètres carrés environ. — Mais, tandis qu'à l'ouest, nous comptons au moins 111 villes de plus de 100000 habitants, soit une par 2400000 habitants et par 41500 kilomètres carrés, il n'y en a dans l'est que 10, soit une par 10 millions d'habitants et par 440000 kilomètres carrés. — Ainsi l'Europe russe qui compte plus de la moitié de l'étendue de l'Europe et 28 p. 100 de sa population, ne renferme que 8 pour 100 de ses grandes villes.

Tel est, dans ses lignes générales, le développement des agglomérations urbaines dans l'Europe moderne. — Les graphiques que nous donnons ci-dessus ont pour but de rendre plus sensible la relation des grandes villes à la superficie de quelques Etats, considérés séparément, et à celle de l'Europe en 1801 et à l'époque actuelle.

Population et densité des Etats de l'Europe en 1801, 1850, 1890-95, et leurs rapports respectifs à la population totale de l'Europe, à chacune de ces trois périodes.

ETATS	Superficie actuelle (en milliers de kil. car.)	POPULATION (en milliers d'hab.)			DENSITÉ (par kilom. car.)			POUR 1 000 HABITANTS DE L'EUROPE combien dans chaque Etat		
		en 1801	en 1850	en 1890-95	en 1801	en 1850	en 1890-95	en 1801	en 1850	en 1890-95
Grande-Bretagne et Irlande	313	16,3	27,4	38,1	52	88	123	93	104	104
Pays-Bas	33	2,8	3	4,7	85	93	142	16	12	12
Belgique	29,5	3,4	4,4	6,1	102	151	207	16	16	17
Grand-duché de Luxembourg	2,6	»	0,2	0,2	»	»	80	»	»	»
France	536	27,4	35,8	38,3	51,6	67	73	158	137	104
Europe occidentale	*914,1*	*50*	*70,8*	*87,4*	*55*	*76*	*96*	*283*	*267*	*237*
Empire allemand	540,5	28	35,6	52,2	52	66	96	160	138	142
Autriche-Hongrie	677	(25) chiffre incertain	30	42	»	44	62	?	114	115
Suisse	41	1,8	2,4	3	44	57	73	10	9	8
Europe centrale	*1.258,6*	*43?*	*69*	*97,2*	*35?*	*55*	*77*	*277*	*261*	*265*
Suède	450,6	2,8	3,5	4,8	6	8	11,1	16	16	16
Norvège	325,4	0,9	1,4	1,9	3	4	6,1	6	6	5
Danemark	42,1	1,1	1,4	2,1	26	37	57	7	7	6
Europe septentrionale	*818,1*	*4,8*	*6,7*	*8,8*	*5,8*	*8*	*10*	*29*	*28*	*27*
Russie	5.477	35	54	100	6	10	18	200	215	271
Europe orientale	*5.477*	*35*	*54*	*100*	*6*	*10*	*18*	*200*	*215*	*271*
Portugal	89	2,9	3,8	4,7	32	43	52	16	16	12
Espagne	497,2	11	15	17,5	22	30	35	62	55	48
Italie	296	17,5	24	31	60	80	104	100	95	85
Turquie	175	9,5	14	5,5			32			15
Bosnie (à l'Autriche)	51,1	à la Turquie		1,5			28			4
Bulgarie-Roumélie	100		*Id.*	3,1			32			8
Serbie	48,6		*Id.*	2,1	16	26	47	33	60	6
Roumanie	131,4		*Id.*	5,5			41			15
Monténégro	9		*Id.*	0,2			22			»
Grèce	64,7	à la Turquie	1,6	2,2			33			6
Etats Balkaniques	579,8	9,5	15,6	20,1	16	26	34	33	60	54
Europe méridionale	*1.482*	*41?*	*58,4*	*73,3*	*28*	*39*	*49*	*212*	*222*	*200*
Total de l'Europe	**9.950**	**175**	**260**	**366**	**18**	**26**	**37**	**1000**	**1000**	**1000**

CHAPITRE II

Du caractère des populations urbaines.

SOMMAIRE. — Comment la distinction entre les villes et les campagnes n'a plus aujourd'hui de fondement juridique. — La différence entre les villes et les campagnes ne consiste pas exclusivement dans le genre de vie des habitants. — Le véritable indice d'une population urbaine ne peut être la population globale, mais la population agglomérée. — Que l'agglomération, résultant des conditions du sol, ne doit pas être confondue avec l'agglomération urbaine. — Des divers modes de définir la population urbaine en France et dans d'autres Etats. — La loi de Levasseur.

Comment la distinction entre les villes et les campagnes n'a plus aujourd'hui de fondement jurique. — La distinction entre les populations urbaine et rurale est chose relativement nouvelle — surtout en France — dans le langage de la statistique. Sans doute, bien avant que la statistique fût une science, on faisait une différence entre la population des villes et celle des campagnes; mais cette différence était moins basée sur le chiffre de la population que sur le caractère et les privilèges des agglomérations désignées du nom de villes. En France, en Angleterre, en Allemagne, ce terme semblait réservé aux groupements ayant eu une situation politique particulière (communes, bourgs avec charte, villes impériales). La distinction de telles villes et des campagnes était donc officielle : elle était d'autant moins réelle que des agglomérations nouvelles se formaient dans les divers Etats de l'Europe. En effet, en France, en Allemagne, des villes se constituaient en dehors des anciennes; ce phénomène était surtout visible en Angleterre lorsque, au dix-huitième siècle, le progrès de la grande industrie amena le développement d'agglomérations nouvelles, hors les vieux bourgs qui rejetèrent ces populations plus jeunes (1). Il était donc nécessaire de déterminer la distinction des villes et des campagnes par un autre élément que le caractère juridique; d'autant plus que ce caractère lui-même tendait à disparaître. En France, la Révolution effaçait

(1) Voy. Boutmy : *le Développement de la Constitution et de la société politique en Angleterre*, p. 178, 179.

toute différence légale entre les villes et les campagnes; et cette égalité était nettement indiquée par le fait que toute espèce d'agglomération recevait dès lors le terme identique de « commune». On peut regretter peut-être que ce mot désigne tout aussi bien les plus grandes agglomérations que les plus petites; mais, par là même, disparaissait toute trace de différence entre la situation auparavant privilégiée des villes et celle des groupements ruraux.

Une transformation semblable s'est produite dans la majeure partie de l'Europe; mais, dans les autres pays latins, l'égalité administrative des communes paraît moins étrange que chez nous. D'abord, leur nombre est fort inférieur au nôtre; par exemple, en Italie, on ne compte que 8257 communes (population moyenne : 3630 hab.), en Espagne (1), que 9287 (moyenne : 1880 hab.) tandis qu'en France nous avons, comme on sait, 36170 communes (1896) ce qui donne une population moyenne de 1060 habitants par unité, donc bien inférieure à celle des communes italiennes ou espagnoles, et cela, malgré la population bien plus forte de nos grands centres.

De même, en Allemagne (2), la chute de presque toutes les villes libres au début de ce siècle devait amener l'égalité des populations; elle allait se trouver consacrée par l'abolition successive du servage et la reconnaissance de la liberté de résidence (1848). Il ne subsiste plus, dans la plupart des Etats allemands et en Autriche, qu'une distinction administrative entre les villes et les campagnes; il en est de même en Angleterre entre les bourgs municipaux et les paroisses, et aussi en Hongrie entre les villes avec *municipe* ou *magistrat* et le reste du pays. Quant à la Belgique, la Hollande, la Suisse, elles ont le régime français. Ainsi, les différences juridiques des villes et des campagnes ou ont disparu ou se sont partout atténuées.

La différence entre les villes et les campagnes ne consiste pas exclusivement dans le genre de vie des habitants. — Le genre

(1) Il n'y a en Espagne que 3167 communes au-dessous de 500 habitants; en France, il y en a 18054.

(2) Pour les agglomérations non appelées *villes*, la statistique prussienne distingue deux éléments : 1° les districts domaniaux (*Gutsbezirke*); 2° les communes rurales proprement dites (*Landgemeinden*). Les premiers sont d'anciens biens seigneuriaux (*Rittergüter*), qui sont toujours administrés par leur propriétaire auquel incombent du reste toutes les dépenses d'ordre public. Les Landgemeinden forment un corps municipal.

de vie des habitants peut-il, à défaut d'une distinction légale, être un criterium pour déterminer le caractère urbain ou rural d'une population? La statistique suisse, par exemple, classe les districts suivant trois catégories, industriels, mixtes et agricoles et le progrès des premiers est parallèle à celui des villes. Toutefois, il convient d'observer que toute population dite rurale n'est pas nécessairement agricole. Ce n'est pas de la culture du sol que vivent nos villages et bourgs du littoral; et, d'autre part, y a des populations rurales qui vivent de l'industrie. Il arrive aussi que dans les villes secondaires se trouve une population agricole de quelque importance. Ce qui le prouve c'est qu'il n'y a pas une corrélation absolue entre le total des populations rurales et agricoles. Ainsi notre population agricole était estimée (1891) à 17435000 individus; ou 45,5 p. 100 du total de la France; or, la population rurale comptait 24031900 habitants, soit une proportion de 62,6 p. 100. L'élément agricole ne représente que 72 p. 100 de l'élément rural, en admettant (ce qui n'est pas exact) que toute population agricole soit aussi rurale (1). La différence est encore plus sensible en Angleterre, où la population rurale est de 8200000 habitants, et la population agricole seulement de 1311000, soit une proportion de 15 p. 100 à peine à la population rurale totale (2). Et, tandis que celle-ci augmente, quoique faiblement, la population agricole diminue d'une façon constante.

En Allemagne, il n'y a pas davantage de corrélation absolue entre la population dite agricole et la population dite rurale. La première était évaluée, en 1882, à 19225000 personnes, or, en 1885, la population rurale comptait 26376000 habitants et elle avait encore diminué de 192000 unités en 1890; mais, même

(1) De 1886 à 1891, la population rurale de la Fran[illegible] avait diminué de 420000 habitants, tandis que la population agricole ne décroissait que de 260000.

(2) Un statisticien anglais, M. Craigie, cite quelques exemples qui montrent combien dans certains comtés (ceux qui ont 66 p. 100 de population urbaine) il y a peu de corrélation entre les populations rurale et agricole.

Sur 100 habitants de la population totale, combien appartiennent :

COMTÉS	A LA POPULATION RURALE	A LA POPULATION AGRICOLE
Lancastre.	10	1,8
West-Riding.	17	2,8
Middlesex.	18	3
Stafford.	23	2,8
Warwick.	24	3,7
Chester.	32	5

en admettant une plus sensible diminution à l'époque actuelle, il s'en faudrait encore de beaucoup que la population rurale coïncidât avec l'ensemble de la population agricole que le dernier dénombrement professionnel estime à 18501000 (1). En Belgique, d'autre part, la population des petites agglomérations rurales augmente, tandis que la population agricole diminue constamment. Enfin, même dans les Etats plutôt ruraux, il n'y a pas coïncidence entre les deux populations. Par exemple, dans le Danemark, la population rurale était en augmentation de 1881 à 1890 tandis que la population agricole diminuait assez sensiblement, puisqu'au lieu de représenter 467 p. 1000 en 1880, elle ne représentait plus que 379 p. 1000 en 1890.

D'autre part, certaines régions présentent un phénomène inverse : non seulement, leur population agricole augmente, mais elle est plus considérable dans les grandes agglomérations que dans les plus petites. L'exemple de la Galicie autrichienne est très curieux sous ce rapport, comme on en peut juger par le tableau suivant :

Sur 1000 habitants combien

VIVENT DE :	DANS LES COMMUNES DE PLUS DE 2000 HABITANTS	DANS LES COMMUNES DE MOINS DE 2000 HABITANTS
Agriculture.	902	448
Industrie.	50	201
Commerce.	29	209
Professions libérales.	20	142 (2)

Il y a donc en Galicie, beaucoup de gros bourgs qui ne sont pas autre chose que des agglomérations agricoles. Au contraire, dans les bourgs ruraux, la proportion de la population agricole diminue parce que le petit commerce, surtout la petite industrie font vivre un grand nombre de personnes. De même en Hongrie, des centres agricoles — non qualifiés officiellement de villes — atteignent parfois une population très forte. En 1890, la statistique hongroise distinguait 38 communes (3) de plus de 10000 ha-

(1) Voy. *Die Hauptergebnisse der Berufszählung vom 14 juni 1895* dans les *Vierteljahreshefte zur Statistik der deutschen Reichs* 1896 (*Ergänzungsheft*).

(2) Rauchberg : *Die Bevölkerung Oesterreich's*, 1890, p. 317.

(3) Ces 38 communes avaient (1890) une population globale de 543000 habitants et occupaient une superficie de 6460 kilomètres carrés, soit une moyenne de 170 kilomètres carrés par commune (plus du double de Paris).

bitants appartenant à cette catégorie, et quelques-unes dépassaient même 20000 âmes. Mais toutes, étant donné leur caractère agricole, occupaient une superficie considérable.

En résumé, les termes de population rurale et de population agricole ne peuvent s'entendre de façon synonyme. Sans doute, comme nous le verrons dans la suite, plus les agglomérations augmentent, plus le caractère agricole s'atténue ; mais la profession des habitants ne peut être prise comme criterium exclusif pour distinguer les éléments urbain et rural de la population.

Le véritable indice d'une population urbaine est la population non globale, mais agglomérée. — Ce criterium, le demanderons-nous au chiffre global de la population et quel sera le chiffre adopté? En France, le premier essai qui ait été fait pour distinguer les deux populations (1), est l'œuvre de M. Moreau de Jonnès, en 1836 ; cet essai partait d'un principe défectueux. En effet, il prenait pour base de la distinction le chiffre de 3000 habitants, et comptait à part la population au-dessus et au-dessous. Dans la statistique de 1836, il n'est pas question, il est vrai, de population urbaine et rurale, mais plutôt d'un classement de la population totale en deux catégories. Mais, même ainsi compris, ce calcul ne pouvait donner qu'une idée très fausse de la répartition de la population. Dans les régions où les communes sont formées de nombreuses annexes, on comptait comme villes beaucoup d'unités administratives qui, somme toute, n'étaient qu'un ensemble de hameaux. La Bretagne, par exemple, sur un total de 2616000 habitants, en avait 1000000 dans les communes de plus de 3000 âmes. Or, en 1846, lorsqu'on prit pour base du calcul, non la population totale, mais la population agglomérée à partir de 2000 habitants, la population urbaine de la Bretagne ne se trouva être que de 452000, sur un ensemble de 2794000 habitants.

Pour qu'une population soit dite urbaine, il ne peut donc suffire qu'elle atteigne un certain chiffre, même élevé ; le véritable indice d'une population urbaine doit être l'*agglomération*, c'est-à-dire la réunion sur un espace relativement restreint d'une population plus ou moins considérable. Quelle est en effet la rai-

(1) Voy. *Statistique de la France*, I, p. 280. La distinction faite entre les villes et les campagnes en 1790, et dont nous reparlerons plus bas, ne reposait pas sur des données numériques.

son d'être à l'origine des villes? La nécessité pour les hommes de se grouper, soit pour mieux assurer leur sécurité, soit pour échanger leurs produits (1). De ces groupements d'hommes sur un point donné résulte nécessairement un développement économique, social, intellectuel dont nos grandes cités ne sont que l'expression plus ou moins séculaire. Non seulement il y a agglomération matérielle par le fait que l'on bâtit et habite pour ainsi dire, côte à côte; mais il y a aussi une solidarité plus étroite entre les habitants du même groupement, qui ont davantage besoin les uns des autres. On peut donc dire que le groupement rural est avant tout caractérisé par l'uniformité de la vie, le groupement urbain, au contraire, par la diversité.

Suffit-il en effet qu'il y ait agglomération pour qu'il y ait une vie urbaine, en d'autres termes, les villes sont-elles en proportion directe de la tendance des populations à se grouper? C'est ici le lieu de dire un mot des conditions géographiques du groupement des populations sur un sol déterminé.

Que l'agglomération, résultant des conditions du sol, ne doit pas être confondue avec l'agglomération urbaine: — Comme l'a démontré M. Levasseur (2) les populations ont une tendance à vivre plus disséminées dans les régions granitiques en raison de l'abondance des sources; plus concentrées, au contraire, sur le sol calcaire, crétacé ou tertiaire où l'eau est plus rare. Tandis qu'un département, comme la Meuse, a 586 communes municipales pour 859 sections de commune, un autre, comme le Finistère compte 7882 sections pour 291 communes : la moyenne des communes y est de 2740 habitants, dépassant la limite des agglomérations urbaines, tandis qu'en réalité, la majeure partie de la population est absolument rurale.

D'après la carte (*fig.* 7), on peut voir que, dans tout le nord et le sud, la population a une tendance à se grouper; dans l'ouest et le centre, elle vit plus disséminée. Ce mode influe-t-il sur la formation des populations urbaines : cela n'apparaît pas bien clairement, si on laisse de côté le midi où, de tout temps,

(1) Ratzel. *Anthropogéographie*, II, p. 464 : « *Der Verkehr wirkt städtebildend,* » et p. 430 : « *Die meisten Städte sind aus Dörfern hervorgegangen, denen im Laufe der Jahrhunderte eine Bedeutung zufiel oder beigelegt wurde, welche sie an Volkszahl oder allgemeiner Wichtigkeit wachsen liess.* »

(2) Levasseur : *Op. cit.*, I, p. 430.

la population rurale a vécu en agglomérations plus importantes qu'ailleurs. Si nous considérons (voy. le tableau, page 45) d'une

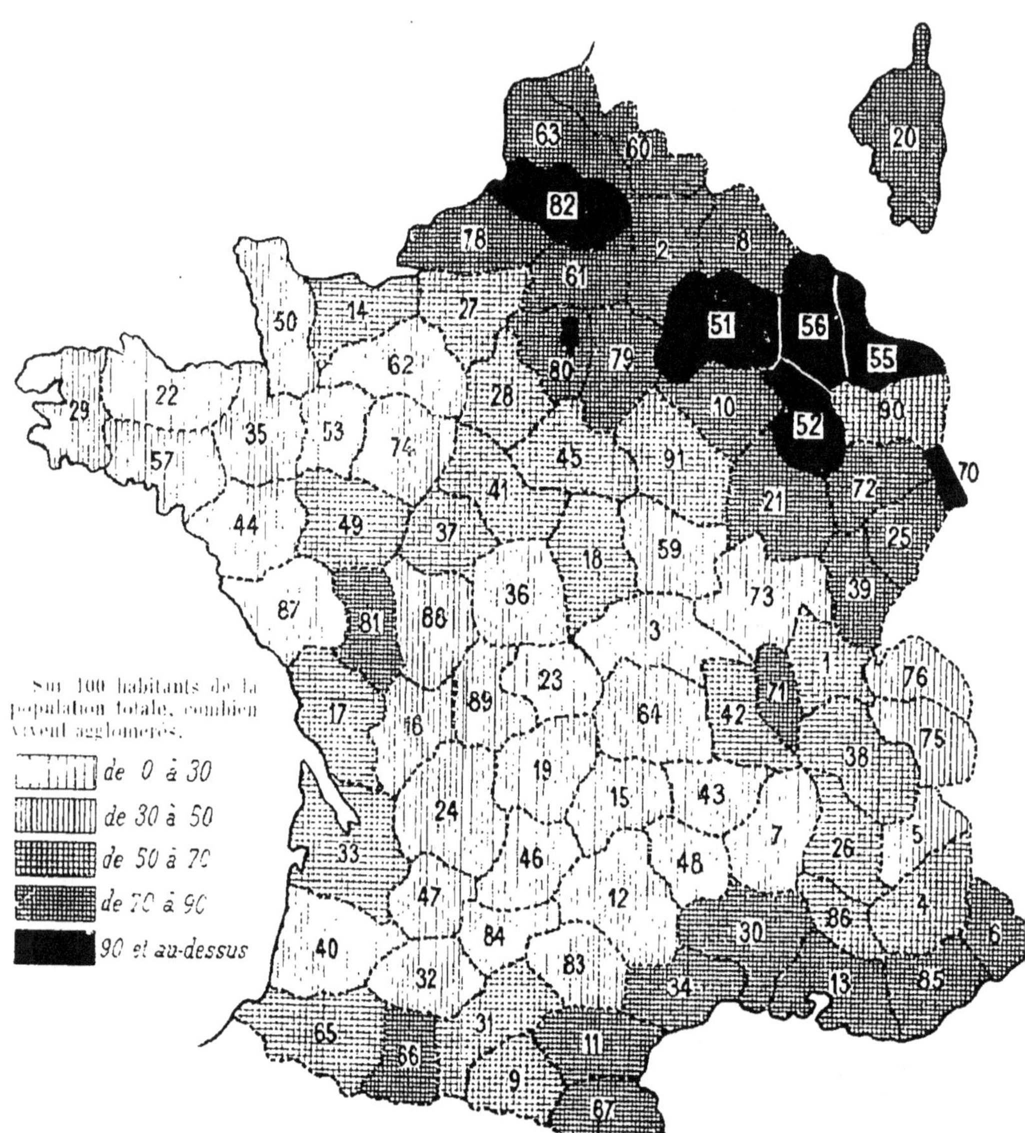

Fig. 7. — Carte de la population agglomérée en France (1891) (1).

part les départements où la population agglomérée est très nombreuse, d'autre part, ceux où elle est en petite proportion, on ne

1. Les numéros des départements sont les mêmes que ceux des cartes qui ont rapport aux migrations intérieures, pages 110-111.

voit pas qu'il y ait une correspondance absolue entre le degré d'agglomération et le caractère urbain. Sans doute, les départements de la première catégorie ont une population urbaine plus forte, mais à de rares exceptions, elle est inférieure à la moyenne, tandis que la population agglomérée la dépasse beaucoup.

Tableau comparé de la population agglomérée et de la population urbaine (1).

I. DÉPARTEMENTS À POPULATION AGGLOMÉRÉE	PROPORTION p. 100 DE LA POPULATION agglomérée	urbaine	II. DÉPARTEMENTS À POPULATION DISSÉMINÉE	PROPORTION p. 100 DE LA POPULATION agglomérée	urbaine
Meuse	94,7	22	Côtes-du-Nord	27	10
Belfort	93,9	48,6	Morbihan	34,3	17,9
Meurthe-et-Moselle	93,7	39,6	Finistère	37	24
Haute-Marne	91,2	22,6	Ille-et-Vilaine	38	24,6
Somme	90,9	31,8	Manche	38,5	22,7
Marne	90,8	45	Orne	38,9	21,2
Aube	89,1	32	Creuse	28	10,5
Ardennes	88,2	29,5	Corrèze	32,5	16,1
Aisne	86	28,7	Dordogne	35	14
Seine-et-Oise	84,5	38,8	Cantal	36,2	11,7
Côte-d'Or	84,5	30	Haute-Vienne	38	30,5
Oise	83,6	24,9	Lot	39,1	12,1
Haute-Saône	83,2	16,5	Aveyron	40	18,1
Doubs	80,9	32,3	Haute-Loire	40	18,1
Moyenne pour la France	63,4	37,4			

Le même phénomène de dissémination se rencontre, par exemple, dans la Suède et la Norvège, où des communes de population relativement élevée ne sont pas comptées parmi les villes : ce sont des groupements municipaux, non des agglomérations continues. C'est ainsi que la moyenne des communes suédoises est de 1950 habitants, celle des communes norvégiennes de 3820 : la constitution du sol, granitique, comme en Bretagne, donne des résultats démographiques analogues.

(1) D'après le *Dénombrement de la France* en 1891.

Nous trouvons des faits semblables en Espagne (voy. la carte, *fig.* 8). Dans la région septentrionale, la population agglomérée

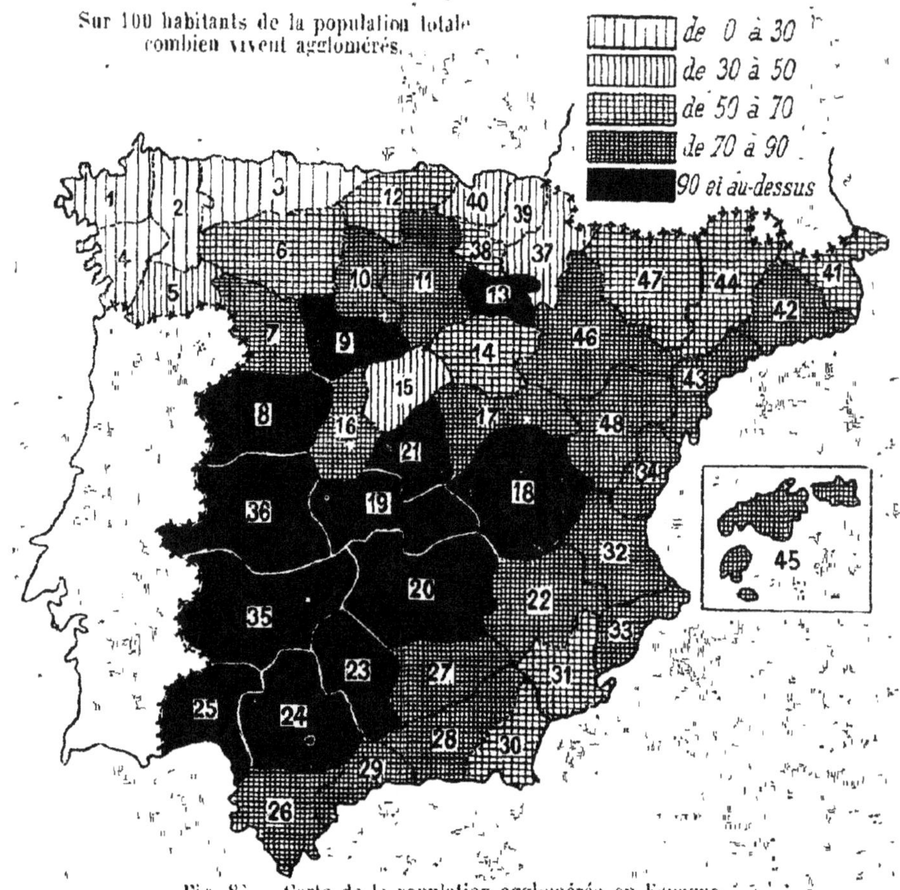

Fig. 8. — Carte de la population agglomérée en Espagne (population dite agglomérée et réunie) en 1887 (1).

est fort au-dessous de la moyenne de l'Espagne (70,33 p. 100) (2) : elle descend le plus bas dans la Galice (8,2 p. 100 dans la province de Lugo). En Galice, la population moyenne d'une com-

(1) Numéros d'ordre des provinces de l'Espagne : 1. La Corogne. — 2. Lugo. — 3. Oviédo. — 4. Pontevedra. — 5. Orense. — 6. Leon. — 7. Zamora. — 8. Salamanque. — 9. Valladolid. — 10. Palencia. — 11. Burgos. — 12. Santander. — 13. Logrono. — 14. Soria. — 15. Ségovie. — 16. Avila. — 17. Guadalajara. — 18. Cuença. — 19. Tolède. — 20. Ciudad-Real. — 21. Madrid. — 22. Albacète. — 23. Cordoue. — 24. Séville. — 25. Huelva. — 26. Cadix. — 27. Jaën. — 28. Grenade. — 29. Malaga. — 30. Almeria. — 31. Murcie. — 32. Valence. — 33. Alicante. — 34. Castellon de la Plana. — 35. Badajoz. — 36. Cacerès. — 37. Pampelune. — 38. Alava. — 39. Guipuzcoa (San Sebastian). — 40. Biscaye (Bilbao). — 41. Gérone. — 42. Barcelone. — 43. Tarragone. — 44. Lérida. — 45. Baléares. — 46. Saragosse. — 47. Huesca. — 48. Teruel.

(2) D'après le *Censo de la Poblacion* (1887) et le *Nomenclator de España* (1888).

mune est de 6000 habitants, au moins. Dans les Asturies, trois communes avec une population globale de 65300 habitants n'en ont pas plus de 3600 agglomérés. Dans la province de Pontevedra (Galice) une commune de 25000 habitants (la Estrada) n'en a même pas 1000 agglomérés. Voilà qui dépasse beaucoup la proportion de Lambezellec dans notre Finistère (1).

Par contre, sur le plateau des Castilles, pauvre en eau, et en Andalousie, la population agglomérée atteint de fortes proportions (95 p. 100 dans les provinces de Tolède et Madrid, 96 p. 100 dans celle de Séville), et la population moyenne des communes y diminue (2).

En Italie, moins encore qu'ailleurs, les termes d'agglomération globale et de population urbaine ne peuvent être pris l'un pour l'autre. La moyenne de la population agglomérée était pour le royaume (1881) de 58,66 p. 100 : Mais il y a de grandes différences entre les provinces. Dans le nord (Piémont, Ligurie. Lombardie) la population vit en groupes de moindre importance, soit sous l'influence de la nature du sol ou du régime de la propriété. Au contraire, dans l'Emilie et dans tout le sud, la population est groupée dans de grandes agglomérations qui, la plupart, ont un caractère absolument rural (voy. la *figure* 9). Par exemple, tandis que le Piémont compte 1486 communes, la Lombardie 1900, l'Emilie n'en a que 312 et la Sicile 260 (3). Ce sont donc des raisons d'ordre local qui déterminent ces groupements, non le progrès du commerce ni de la vie industrielle et intellectuelle, agents ordinaires des concentrations urbaines.

Des différentes modes de définir la population urbaine : en France. — Nous allons maintenant exposer quelle limite les différentes statistiques assignent aux populations urbaine et rurale; mais, quelle que soit cette limite, nous verrons que les agglomérations urbaines se développent surtout par en haut c'est-à-dire en raison même de leur importance et non suivant une série progressive de bas en haut, comme on pourrait le croire. C'est là une loi générale que nous aurons à préciser à la fin de ce chapitre.

(1) Population de Lambezellec en 1896 : 16416 habitants, dont 1514 agglomérés.

(2) Dans la province de Burgos, la population moyenne des communes n'est que de 650 habitants.

(3) C'est la province de Côme, en Lombardie, qui compte le plus grand nombre de communes (513).

Depuis 1846, nous avons l'habitude de compter comme urbaine toute population *agglomérée* d'au moins 2000 habitants,

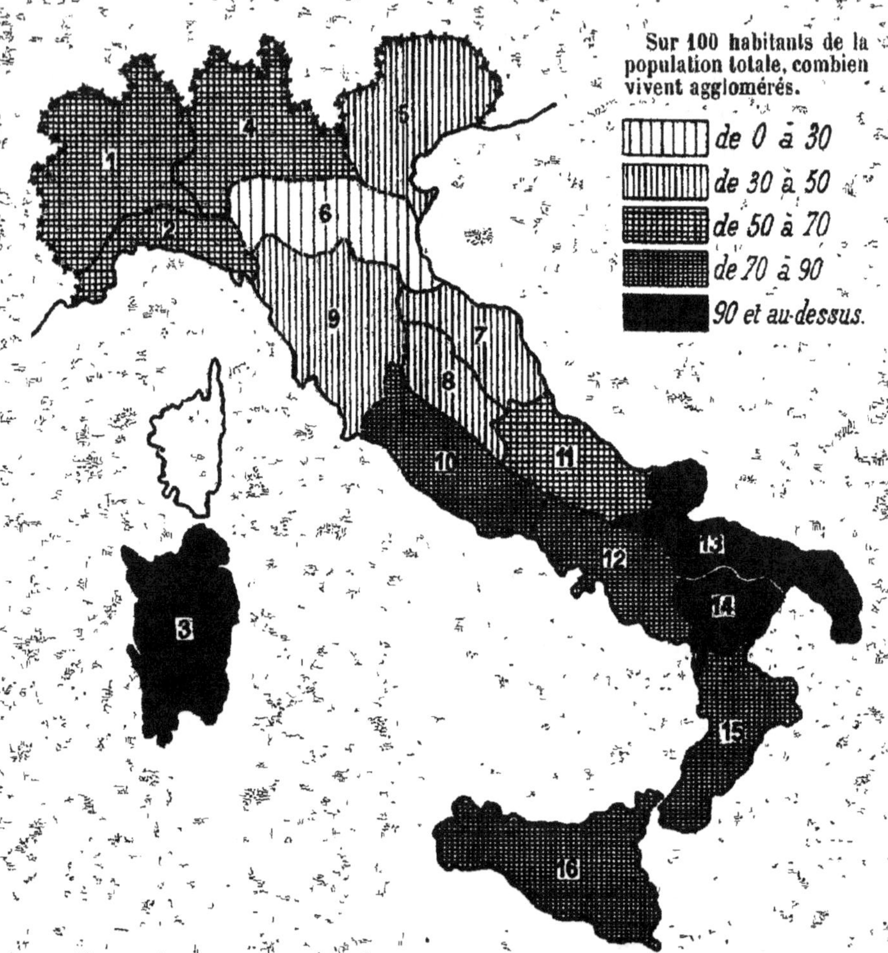

Fig. 9. — Carte de la population agglomérée en Italie (1881) (1).

et cette division est peut-être la meilleure que l'on puisse trouver. En effet, quand nous parlons d'un groupement urbain en particulier nous entendons une population douée d'une certaine cohésion, qui peut s'accroître plus ou moins, mais, en tout cas, ne peut que légèrement diminuer. Est-ce à cette idée que répond la limite adoptée par notre statistique officielle?

(1) Numéros d'ordre des régions (compartimenti territoriali) de la carte de l'Italie : 1. Piémont. — 2. Ligurie. — 3. Sardaigne. — 4. Milanais. — 5. Vénétie — 6. Emilie. — 7. Marches. — 8. Ombrie. — 9. Toscane. — 10. Rome. — 11. Abruzzes et Molizes. — 12. Campanie (Naples). — 13. Pouille. — 14. Basilicate — 15. Calabre — 16. Sicile.

Cela est vraisemblable, car c'est surtout, lorsque les groupements ont atteint ce degré d'agglomération (1), qu'ils ont une tendance à ne pas diminuer. C'est que déjà une ville, dont 2000 habitants sont agglomérés, a une certaine cohésion, des traditions, même une action économique dans un certain rayon. Elle peut, sous certaines influences, voir sa population fléchir, mais non se réduire dans la proportion des populations dites rurales. La catégorie des petites villes (c'est-à-dire de celles qui sont sur la limite de 2000 hab. agglomérés) diminue plutôt par le passage de groupements à une catégorie supérieure que par le passage de communes urbaines à l'état de communes rurales. D'autre part, le passage de groupes ruraux à l'état urbain ne s'effectue pas d'une façon constamment progressive et n'a pas une influence sensible sur le développement global d'une population urbaine. Ce serait en effet une idée fausse que de se représenter les couches d'une population à l'état de développement continu et en séries. Ceci peut être vrai d'un pays où les communications sont difficiles, de façon que chaque groupement vive, en quelque sorte, de ses seules forces et s'accroisse exclusivement par l'excédent de la natalité. Mais dans nos Etats, où se produit le phénomène de l'émigration rurale, il y a une limite, au-dessous de laquelle il y a tendance à décroître, tandis qu'au-dessus il y a tendance à augmenter, c'est-à-dire à persister dans le caractère urbain.

Suivant un procédé de la statistique allemande, nous avons divisé nos communes urbaines en quatre catégories : 1° les villes rurales, de 2000 à 5000 habitants; 2° les petites villes, de 5000 à 20000 habitants; 3° les villes moyennes, de 20000 à 100000 habitants; 4° les grandes villes de plus de 100000 habitants. (Voy. le tableau, page 50.)

On peut remarquer que le nombre des communes urbaines augmente d'abord assez peu de 1872 à 1876, puis plus fortement dans les deux périodes suivantes, mais demeure presque stationnaire de 1886 à 1891, période pendant laquelle la dernière catégorie n'augmente que d'une unité. Tandis que de 1872 à 1891, le nombre des grandes villes, villes moyennes et petites s'accroît respectivement dans la proportion de 1/3,

(1) Voici comment la *Statistique de la France* (t. II, p. 19), définit l'agglomération : « La population agglomérée est ..... celle des maisons contiguës ou réunies entre elles par les parcs, jardins, vergers, chantiers, ateliers ou autres *enclos* de ce genre. »

1/2, 1/6, celle-ci n'est pour les villes rurales que 1/12. Ces villes n'ont pas vu décroître le chiffre global de leur population : mais ce chiffre, qui représentait en 1872 20 p. 100 de la population urbaine totale, n'en était plus en 1891 que 17 p. 100.

Le passage de communes de l'état urbain à l'état rural et réciproquement n'affecte le total que d'une manière insensible. Par exemple, de 1886 à 1891, 29 communes ont cessé officiellement d'être urbaines et 35 le sont devenues.

Communes urbaines de la France classées par catégories (population en milliers).

DATES DES dénombrements	COMMUNES DE 2000-5000 habitants		COMMUNES DE 5000-20000 hab.		COMMUNES DE 20000-100000 hab.		COMMUNES DE plus de 100000 hab.	
	Nombre	Population	Nombre	Population	Nombre	Population	Nombre	Population
1872	660	2214	368	3310	65	2414	9	3296
1876	665	2240	381	3440	73	2744	9	3553
1881	676	2268	407	3738	79	2985	10	4105
1886	714	2404	416	3810	89	3289	11	4263
1891	715	2432	424	3832	92	3460	12	4587

Or, les premières n'ont perdu, dans l'ensemble, que 4500 âmes; les autres n'en ont gagné que 7500. Le changement global, est donc insignifiant, de l'un et l'autre côté. Les villes de cette catégorie représentent comme un élément stable entre les populations rurales qui diminuent et les populations vraiment urbaines qui s'accroissent. L'augmentation porte surtout, en effet, sur les agglomérations importantes : Prenons le chiffre de 20000 habitants comme limite des petites et des grandes villes ; nous voyons que de 1872 à 1891, cette dernière catégorie a augmenté de 42 p. 100, tandis que la première n'a gagné que 16 p. 100. C'est donc bien par en haut que se fait l'accroissement des groupes urbains (1).

En Allemagne. — L'Allemagne a adopté le chiffre de 2000 habitants comme limite de population rurale et urbaine.

(1) Si on considérait, au contraire, la classe des petites agglomérations, qui vient après la dernière catégorie des communes urbaines (c'est-à-dire les bourgs de 1000 à 2000 habitants agglomérés) on constaterait leur diminution (de 8 p. 100, de 1876 à 1891).

Mais là, comme en France. nous pouvons constater le faible accroissement des petites villes : ce que montre le tableau suivant :

Villes de l'Allemagne classées par catégories.

	NOMBRE	POPULATION en 1871	NOMBRE	POPULATION en 1890
Grandes villes (de plus de 100 000 hab.).	8	1 968 537	24	5 631 000
Villes moyennes (de 20 000 à 100 000 h.).	75	3 147 272	125	4 610 921
Petites villes (de 5000 à 20 000 hab.).	529	4 588 364	629	5 674 487
Villes rurales (de 2 000 à 5 000 hab.).	1 716	5 086 625	1 721	5 078 592

Le tableau ci-dessus n'a trait sans doute qu'aux villes proprement dites et non à toute la population urbaine : celle-ci compte en effet de nombreuses agglomérations (Landgemeinden, Marktflecken, etc.), dont beaucoup forment les annexes des grandes cités et qui ne sont pas officiellement qualifiées de villes (1). Il ne peut donc y avoir identité absolue entre le total de la population dite urbaine et celui de la population des villes (la première comptait, en 1890, 23243000; l'autre, 20995000 âmes). Mais précisément, parce que le tableau précédent néglige les agglomérations suburbaines, il n'en fait que mieux ressortir la part de plus en plus prépondérante qui revient aux grands centres (*Grossstädte* et *Mittelstädte*) dans la population globale des « villes ». En 1871, cette proportion n'était que de 35 p. 100; elle s'élevait à 48,5 p. 100 en 1890 : au contraire, la part des villes rurales baissait de 34 à 24 p. 100.

En Autriche (2). — En Autriche, on compte aussi comme population plutôt urbaine tous les groupements à partir de 2000 habitants, mais cela ne se fait et ne peut se faire qu'avec certaines réserves. Par exemple, dans des régions rurales comme la Bukowine, une forte proportion de la population vit dans les communes de 2000 à 5000 habitants (360 p. 1000) sans qu'on puisse qualifier vraiment ces centres

(1) En 1895, l'empire allemand renfermait 52 agglomérations, appelées *Landgemeinden*, de plus de 10 000 habitants, avec une population totale de 900 000 habitants.

(2) « Durch die Grenze von 2000 Einwohnern sollen die *überwiegend* ländlichen von den » *mehr städtischen* Wohnplätzen getrennt werden ».

Voy. *Die Ergebnisse der Volkszählung vom 31 december 1890*, III, 1.

de communes urbaines. On pourrait faire la même observation, mais moins caractérisée, pour la Galicie, et pour le Vorarlberg. Mais si nous faisons deux catégories de communes urbaines, l'une au-dessous de 10000, l'autre au-dessus, nous voyons que la première, qui représentait en 1880, 148,3 p. 1000 de la population totale de l'Autriche, n'en représentait plus en 1890 que 147 p. 1000 : au contraire, la catégorie supérieure passait d'une proportion de 128 p. 1000 à 158. C'est donc le même phénomène que dans les deux Etats précédents

En Hongrie. — En Hongrie, la distinction des populations urbaine et rurale ne repose pas sur des données statistiques, mais a un caractère juridique ou administratif. Prendre pour limite le chiffre de 2000 habitants, amènerait de grosses confusions, car on compterait dans la population urbaine ces grandes agglomérations essentiellement rurales dont nous avons déjà parlé plus haut.

On ne compte comme villes que les cités formant un municipe ou pourvues d'une municipalité propre. (*Städte mit Municipium oder mit geordnetem Magistrat*). — Les premières, comme les *Municipal Boroughs* (1) en Angleterre sont des unités administratives, absolument distinctes de la province où elles se trouvent. Il peut arriver que, dans cet ensemble de villes, quelques-unes aient une population assez faible (plusieurs, en 1890, avaient moins de 2000 hab.) et d'une façon générale, elles augmentent assez lentement, sauf Budapest, dont nous verrons les progrès hors de toute proportion avec ceux du reste de la population.

En Angleterre et en Ecosse. — L'Angleterre n'a pas non plus ou plutôt a cessé d'avoir une limite statistique précise pour distinguer la population urbaine et rurale. Pendant longtemps, on s'arrêta au chiffre de 2000 habitants : mais à partir de 1881 (2) on classe sous le nom de population urbaine tous les districts sanitaires urbains (*urban sanitary districts*) : ceux-ci

(1) Les municipes de Hongrie sont au nombre de vingt-cinq, savoir : Arad, Baja, Budapest, Debreczin, Gyor (Raab), Hod Mezö Vasarhély, Kassa (Kaschau), Keskemet, Kolosvar, Komorn, Maros-Vasharhély, Nagy-Varad (Gross. Wardein), Pancsova, Pecs (Funfkirchen), Presbourg, Selmecz, Soprony (Œdenburg), Szabadka (Maria-Theresiopel), Szathmar, Szegedin, Szekes-Fejervar (Stuhlweissemburg), Temesvar, Usvidek (Neusatz), Versecz, Zombor.

(2) Il y avait 966 *urban sanitary districts* en 1881 et 1006 en 1891.

comprennent tous les bourgs, ayant une administration élue, avec leurs annexes, dont la détermination appartient au *Local Governement Board*. Les districts ruraux sont composés d'unions de *paroisses*. Celles-ci du reste, peuvent contenir de petites villes, comme les districts urbains enveloppent des annexes rurales. Ces districts, qui sont des unités administratives, peuvent avoir une population parfois minime : par exemple, en 1891, on en comptait 94 de moins de 2000 habitants, et, parmi eux, 18 de moins de 1000 habitants (1). Mais cela est sans importance, car tout l'accroissement urbain porte sur les grands centres, à peu près : ainsi les districts urbains de moins de 20000 âmes, qui représentaient en 1881 26,3 p. 100 de la population urbaine totale, n'en représentaient plus en 1891 que 24,3 p. 100.

L'Ecosse, comme l'Angleterre, distingue les districts urbains et ruraux. Parmi ceux-ci, on classe à part les districts de l'Ecosse et des îles (*mainland rural* et *insular rural districts*) et on répartit les villes en trois catégories : *principal*, *large*, *small towns*. Mais, comme en Angleterre, les petites villes ont un accroissement faible : elles avaient augmenté de 6,3 p. 100 de 1881 à 1891, tandis que les autres gagnaient 14 p. 100.

Belgique et Pays-Bas. — Dans un pays de population aussi dense que la Belgique, il est difficile d'adopter le même chiffre qu'en France pour délimiter les populations urbaines et rurales. S'il ne s'agissait que de la région méridionale, on pourrait user du même procédé que chez nous, car le plateau ardennais n'a pas une densité forte et il est certain qu'une agglomération de 2000 âmes y a déjà un caractère de ville. Ce qui le prouve, c'est que ces groupements y sont relativement rares : dans les trois provinces de Limbourg, Luxembourg et Namur, il n'y a que 57 villes de plus de 2000 habitants avec 228000 habitants ; c'est-à-dire 29 p. 100 de la population totale, ce qui n'a rien d'exagéré. Mais dans le reste du royaume, cette proportion serait de 78 p. 100 : ce qui n'est pas admissible pour des régions aussi agricoles que les Flandres.

Aussi la statistique belge, sans employer les termes de

(1) Le plus infime était dans le Lancastre, Childwall, avec 200 âmes.

populations urbaine ou rurale, compte-t-elle seulement à part les villes d'au moins 5000 âmes. Et c'est sur les villes de cette catégorie que porte surtout l'accroissement de la population : de 1880 à 1890, leur part dans l'augmentation totale du royaume était de 94,3 p. 100. Ainsi même dans ce pays de population si dense, où les groupements sembleraient comme devoir se pousser les uns les autres de bas en haut, il n'y a vraiment de progrès qu'à partir d'une certaine limite.

Les Pays-Bas, pas plus que la Belgique, ne distinguent deux éléments de population : comme le royaume voisin, ils classent seulement à part les communes de plus de 5000 habitants. Mais ce classement ne saurait donner une idée de la population urbaine. Comment en effet considérer comme telle la majeure partie de la population de la Frise, de Groningue, de l'Over-Yssel? Or, ces provinces renferment de nombreuses communes de plus de 5000 âmes et cependant sont essentiellement rurales. Dans la Frise (1), les groupements de cette catégorie sont dans les proportions de 90 p. 100 et seulement de 66,5 p. 100 dans la Hollande du sud, où la vie urbaine est beaucoup plus développée. On ne peut donc pas établir une distinction des populations urbaine et rurale sur une pareille base : on considère simplement à part les villes de plus de 20000 âmes et il ne semble pas qu'on puisse adopter une autre manière de faire.

On pourrait comparer à cette méthode l'usage de la Suisse, qui ne distingue pas non plus les deux éléments de population, mais compte seulement, dans une classe spéciale les villes de plus de 10000 âmes. Et ces villes, comme nous le verrons, ont la plus grande part à l'accroissement général.

Etats scandinaves. — Les royaumes scandinaves distinguent officiellement les populations urbaine et rurale, mais cette distinction n'est pas déterminée par un maximum quelconque de population; le Danemark, par exemple, classe à part les communes urbaines proprement dites (***Kiobstaederne***) et les districts ruraux (***Landdistrikterne***). Mais, dans la première catégorie se rencontrent des groupes parfois minimes : 20 com-

(1) Dans la Frise, 303000 habitants, sur un total de 336000, étaient comptés (1893) dans les communes de plus de 5000 âmes. Dans la Hollande méridionale, la proportion n'était que de 677000 pour 1021000 habitants.

munes urbaines sur 68 ont moins de 2000 âmes (1). On y ajoute, il est vrai, des centres appelés « places de commerce » (*handelspladser*), dont quelques-uns ne sont que les faubourgs d'agglomérations plus grandes (ainsi Frederiksberg, près Copenhague). Mais ici, comme partout, la part des petites villes dans l'accroissement total de la population urbaine est presque nulle : elle n'avaient guère en 1890 que la même population qu'en 1860.

En Suède, la catégorie des villes comprend des villes proprement dites (*Städer*) et d'autre bourgs (*Köpingar*); mais parmi les villes, un grand nombre (32 sur 92) ont moins de 2000 âmes, et parmi les *Köpingar*, 2 seulement sur 20 dépassent ce minimum : l'ensemble de tous ces petits groupements n'atteint guère que 55000 habitants, c'est-à-dire 6,1 p. 100 de la population urbaine totale.

La Norvège ne reconnait qu'une seule classe de communes urbaines (2) (*Byer*), par opposition aux communes rurales (*Bygder*). Près de la moitié de ces groupes urbains ont moins de 2000 âmes et leur rapport à l'ensemble de la population urbaine n'est que 6,4 p. 100 : quant à leur accroissement, il a été nul, durant la dernière période (1875-1890).

Italie. — Dans les pays méridionaux, la distinction est aussi délicate à faire entre l'élément urbain et rural, étant donnée l'habitude inhérente à la majeure partie de ces populations de vivre à l'état aggloméré. D'abord (en 1861) on avait compté comme population urbaine toute agglomération d'au moins 6000 âmes, et aux recensements de 1871 et 1881 on dénombra à part la population agglomérée. Mais un pareil procédé ne peut donner des résultats exacts que dans les pays du nord, comme le Piémont et la Lombardie, où les communes sont nombreuses et où un groupement de 6000 habitants tranche sur le reste de la population. Il n'en est pas de même dans la plupart des régions de l'Italie, surtout dans l'Emilie ou dans le sud, où la population vit groupée dans un nombre restreint de grandes agglomérations. Aussi les documents italiens ont-ils fini par abandonner toute espèce de classement de population basé sur le

(1) La plus petite était Mariager, avec 760 habitants.

(2) La plus petite commune urbaine de la Suède dépassait à peine 500 âmes (Sigtuna, 512) et, en Norvège, n'atteignait même pas ce chiffre, Holmsby, 467.

chiffre des habitants : ils comptent seulement à part les villes chefs-lieux de provinces, ce qui exclut sans doute du total certains groupements urbains, mais suffit à montrer la part prépondérante des grandes villes dans l'accroissement général de la population.

Espagne. — En Espagne, au contraire, on distingue trois classes de population : *agglomérée, réunie, disséminée.* La première comprend toute population groupée dans un ensemble ou unité (*entidad*) d'au moins 5000 habitants ; la seconde, toute agglomération de plus de 100 maisons et au delà jusqu'à 5000 habitants ; le reste est la population disséminée. On considère comme population rurale les deux dernières catégories : la première représente la population urbaine (1). Ces trois classes (agglomérée, réunie, disséminée) sont dans la proportion respective de 27,6, 42,7, 29,7 p. 100 de la population totale. La limite de 5000 âmes pour les populations urbaines nous paraît bien choisie : la plus forte proportion de ces villes se rencontre surtout dans les régions où différentes causes provoquent naturellement le développement urbain (Catalogne, Andalousie, Nouvelle-Castille, etc.). La proportion est, par contre, très faible dans la Galice et les Asturies. Quant à la population dite *réunie*, elle n'est nullement en rapport avec la population agglomérée : ce qui indique qu'elle n'a pas un caractère nécessairement urbain.

Etats extra-européens : les Etats-Unis. — Il n'est pas sans intérêt de voir comment l'on compte les populations urbaine et rurale dans certains Etats extra-européens : nous prendrons comme exemple, les Etats-Unis et l'Inde anglaise. La statistique américaine ne compte comme urbaine que les groupements d'au moins 8000 âmes. Le choix de ce chiffre relativement élevé s'explique par le développement rapide de la population : mais les unités dites urbaines ne sont pas partout identiques. En général, dans les États de l'ouest, on ne compte comme groupes urbains que ceux qui ont une charte municipale et leurs limites sont

(1) « Se ha considerado poblacion urbana, la que reside en entidades.... que constan » de 5000 ó mas habitantes y vive ademas aglomerada en grupos de edificios que forman » calles y plazas. »
Voy. *Nomenclator de España*, p. 34.

fixées par la loi qui les établit (*Incorporation Act*). Au contraire, dans les Etats de la Nouvelle-Angleterre, on divise le comté en un certain nombre de *towns*, qui reçoivent également des chartes, mais contiennent une part plus ou moins grande de population rurale. A la différence de nos pays d'Europe, les Etats-Unis voient leurs villes de toute catégorie augmenter constamment : cependant, la part des grandes agglomérations dans le total de la population urbaine s'accroît : ainsi, en 1870, les villes de plus de 40000 habitants formaient les 64,8 p. 100 de l'ensemble de la population urbaine; en 1890, cette portion était de 68,1 p. 100.

L'Inde. — Dans l'Inde britannique, malgré le caractère éminemment rural de la population, on classe à part l'élément urbain. La limite adoptée est le chiffre de 5000 âmes, bien qu'on descende parfois au-dessous. Cette limite n'est peut-être pas assez élevée : il y a en effet une disproportion singulière entre le nombre des villes de plus de 20000 âmes et les groupements inférieurs; sur 2035 localités urbaines, 227 seulement appartiennent à la première catégorie. Il y a évidemment dans la seconde beaucoup de localités purement rurales. Du reste, l'accroissement des localités de plus de 20000 habitants était plus sensible que celui des groupements inférieurs : il était, de 1881 à 1891, de 10,3 p. 100, tandis que pour les autres la proportion n'était que de 7,5 p. 100.

Que les groupes urbains s'accroissent le plus souvent en raison de leur importance même. La loi de Levasseur. — Nous venons de voir toute une série de modes différents pour évaluer les populations urbaine et rurale. Mais que pouvons-nous dégager de cet exposé? D'abord, c'est que la limite à déterminer entre les deux éléments de population n'est pas chose facile, que de tous les modes de distinction employés, aucun ne répond à l'absolue réalité. Peut-être le système que nous suivons en France est-il le moins criticable, puisqu'il tient compte à la fois du chiffre brut de la population et de son degré d'agglomération. Mais — et c'est là le point capital qui résulte de notre exposé — le moyen par lequel nous déterminons les populations urbaines et rurales importe en somme assez peu. Nous avons vu, en effet, que partout les groupements inférieurs n'avaient qu'une part très peu sensible dans l'augmentation de la population urbaine, que celle-ci s'accroissait surtout dans les catégories supérieures. Ce mode d'accroissement justifie donc la loi établie par M. Levasseur et ainsi formulée : « *La force d'attraction des groupes humains est, en général, proportionnelle à la masse* (1). »

Cette loi peut sembler infirmée par ce fait que des agglomérations secondaires (de 20000 à 100000 hab.) ont une augmentation — et cela par immigration — plus forte que les grandes villes. Mais les villes de ce genre ne se trouvent que dans le voisinage des grands centres : ce sont des villes de banlieue, dont l'accroissement est, par conséquent, un résultat de l'importance de la métropole, à laquelle elles se rattachent. Cette apparente contradiction ne fait donc que fortifier la loi que nous avons énoncée et dont toute la suite du livre pourra montrer la vérité.

(1) Voy. *la Population française*, II, p. 355.

CHAPITRE III

De l'influence de la géographie sur la situation des villes.

SOMMAIRE. — Que la situation des villes est due avant tout à des causes d'ordre naturel. — Les villes de l'Europe occidentale : 1° France; 2° Grande-Bretagne; 3° Belgique et Pays-Bas. — Les villes de l'Europe centrale : 1° Allemagne; 2° Autriche-Hongrie; 3° Suisse. — Les villes de l'Europe septentrionale et orientale : 1° Etats Scandinaves; 2° Russie. — Les villes de l'Europe méridionale : 1° Péninsule Ibérique; 2° Italie; 3° Péninsule Balkanique. — Situation des villes par rapport à l'altitude et à la latitude.

Que la situation des villes est due avant tout à des causes d'ordre naturel. — Avant de procéder à l'examen des groupes urbains de l'Europe, nous voudrions marquer, d'une façon générale, la part de la géographie dans leur formation. La position des villes, en effet, n'est pas l'œuvre du pur hasard ou de l'arbitraire de tel fondateur célèbre. Leur situation est due à la nature même; et qui étudierait la carte d'une région encore sans habitants, pourrait y déterminer à l'avance l'emplacement des villes, une fois que cette région aurait atteint une certaine densité de population. Ce sont les influences naturelles qui contribuent le plus puissamment à grouper les hommes, soit la mer qui facilite les relations, soit les dispositions du cours d'un fleuve, soit la rencontre des régions de plaine et de montagne, ou des formations géologiques différentes, etc. Ajoutons à tout cela une autre influence également capitale, celle de la houille; la nécessité pour nos industries de s'établir à proximité des bassins houillers a provoqué la création ou le développement de villes (1) qui auraient pu, sans cela, demeurer très secondaires, ou même ne pas exister du tout. Il y a deux éléments que la géographie doit considérer dans la formation des groupements urbains : l'un, qui tient à la configuration du sol, l'autre, à sa constitution interne (houille, minerais, etc.). Le premier — qui n'est pas le moins intéressant à mettre en lumière — est universel et per-

(1) Témoin les villes de l'Angleterre septentrionale, de la région de la Ruhr, en Allemagne, ou de la Flandre française.

manent, aussi visible dans le développement des cités de l'antiquité que du monde contemporain. Le second élément est, en quelque sorte, plus local et accidentel et son action se montre surtout à notre époque.

Les villes de l'Europe occidentale : 1° France. — Deux régions de plaines et de montagnes alternées, telle est, d'une façon générale, la figure du sol français. C'est d'abord la grande plaine qui des Pyrénées va se confondre dans les Flandres avec la plaine germanique, en ne laissant à l'ouest que des massifs isolés ; puis une série de montagnes intérieures (Massif central, Morvan, plateau de Langres, de Lorraine, Vosges) ; enfin une nouvelle plaine, celle du Rhône, et de nouveaux soulèvements, les Alpes et le Jura. Ces deux dépressions, les seuils qui les unissent sont, avec le littoral, la région par excellence de nos grandes agglomérations. Dans aucun pays peut-être, des routes naturelles ne s'ouvrent d'une façon plus précise aux relations des hommes : les voies romaines, comme nos chemins de fer, ont suivi ces directions.

Tout a été dit sur les avantages de la situation de Paris au carrefour des grandes routes de la mer, des vallées convergentes de l'est et du nord, de la plaine de l'Orléanais, cette Mésopotamie française, comme l'appelle Kohl (1). Mais il n'est pas inutile de faire remarquer que cette position est le passage nécessaire du nord vers la Loire : l'île où s'élève la Cité facilitait le passage, tandis qu'en amont et en aval, des marais encombraient les rives du fleuve. De plus, Elie de Beaumont a assez démontré comment les couches concentriques du bassin neustrien ont dû déterminer l'importance de Paris, en faisant en quelque sorte affluer la vie vers l'Ile-de-France. Et en effet, dans un rayon de 100 kilomètres de Paris, nous ne rencontrons que des villes médiocres : c'est au delà que se trouve une ceinture d'agglomérations plus considérables : Amiens, Rouen, Orléans, Troyes, Reims, ces deux dernières situées près des crêtes du bassin parisien. Leur distance de Paris — à vol d'oiseau — est visiblement la même. A la différence des grandes cités du Nord, Lille et Roubaix, qui ne s'expliquent que par le développement industriel favorisé

(1) « Der bezeichnete Fluss-Isthmus zwischen Paris und Orléans ist mithin das wichtigste » Mesopotamien von Frankreich. »
Kohl : *Die geographische Lage der Hauptstädte Europas*, p. 140.

par la houille, Amiens et Rouen ont leur signification géographique. Amiens est au croisement des routes de Paris à la mer et de la basse Seine au nord : elle s'est assise à l'endroit du fleuve le plus proche de Paris et où le confluent de plusieurs cours d'eau fait d'elle comme l'*île de la Picardie*. Rouen s'est élevée au sommet d'un tournant du fleuve, non à l'intérieur dans la presqu'île où elle eût été comme emprisonnée. Quant au Havre, c'est une ville relativement toute récente (1517) et elle doit beaucoup aussi à des causes extérieures, telles que les progrès de la navigation à vapeur qui l'ont tant rapprochée de l'Amérique. La situation d'Orléans s'explique toute seule, puisqu'elle réunit les deux routes de la Loire moyenne et inférieure, et toutes les voies de la France centrale y aboutissent nécessairement. Une telle ville ne pouvait s'établir au sud du fleuve, adossée aux marais de Sologne, ni plus au nord, dans la plaine dépourvue d'accidents de terrain et de grands cours d'eau. A la hauteur d'Orléans, la plaine s'élargit sur toute la vallée de la Loire, que jalonnent Tours et Angers, deux villes de confluent ou à peu près; enfin Nantes, dans une courbure de fleuve, au débouché de deux vallées, est le dernier lieu de passage de la Loire avant son estuaire.

De la Loire à la Garonne, il n'y a pas de grandes cités, tant les deux fleuves semblent drainer la population, et aussi, la plaine est trop étroite entre le littoral de l'Aunis et les derniers plateaux du Limousin. Les villes de cette région à l'intérieur sont assez rapprochées des confins du Massif central et non sans analogie avec celles de l'Allemagne moyenne : telles Bourges, Périgueux. Plus en avant, Poitiers et Angoulême, dans l'axe réciproque des vallées de la Charente et du Clain, commandent le seuil du Poitou et marquent une double étape de la Loire à Bordeaux.

Nous arrivons aux métropoles de la Garonne. D'abord, ce qui doit nous frapper concernant Bordeaux, c'est que cette ville occupe la rive gauche de la Garonne, tandis que les ports des fleuves océaniques sont généralement situés sur leur droite (1). Bordeaux est là et ne pouvait être que là, sous peine de déchéance. Plus en amont, elle est privée de la marée: plus en aval, elle s'adosse aux sables du Médoc; dans l'Entre-

(1) Tel est le cas de Lisbonne, Porto, Nantes, le Havre, Anvers, Brême, Hambourg.

Deux-Mers, elle est le jouet des inondations; sur la rive droite de la Gironde, elle est privée, en partie, du débouché de l'Aquitaine et rencontre la concurrence de La Rochelle, si longtemps pénible à Bordeaux. L'autre cité de la Garonne doit son développement à sa position aux confins des dernières croupes pyrénéennes et de la plaine, au lieu de convergence de plusieurs vallées (Ariège, Gers, Tarn) (1), et surtout à l'angle du fleuve qui le rapproche le plus du seuil de Naurouze et de la Méditerranée : Toulouse est vraiment la ville de l'isthme français (2).

En dehors de la plaine occidentale de France, sont les massifs de Bretagne et de Normandie : l'un et l'autre repoussent les grandes cités. Dans la Normandie et le Maine les villes sont situées au débouché des vallées (Le Mans, Laval) ou à proximité de la mer (Caen). En Bretagne, la seule grande cité intérieure, Rennes, est excentrique à l'Armorique dans une dépression bien marquée, sur la route directe de la basse Loire à la Manche (distance : 160 kilomètres). En dehors de Rennes, toutes les villes bretonnes sont sur la mer (de 14 villes de plus de 10000 habitants, 11 sont des ports) : sur 327000 habitants de population urbaine comptés dans les départements plus exclusivement bretons du Morbihan, Finistère et Côtes-du-Nord, en 1891, 261000, soit 80 p. 100, vivaient sur le littoral.

L'autre dépression de la région française (Rhône, Saône) qui conduit de la Méditerranée aux fleuves du nord est trop étroite pour fournir une sphère d'action à de nombreux grands centres. Au nord, les villes ne sont que des stations au sortir des monts (Dijon, Châlon, Mâcon) et toute la vie de la région s'est concentrée sur Lyon, cette métropole comparée si souvent à Bâle. Mais elle a sur elle l'avantage d'un confluent de premier ordre et d'un croisement de routes importantes. A la différence de tant de villes qui ont dû éviter un confluent, Lyon a pu prendre cette situation, car elle s'est établie sur le rocher qui le domine en face d'un promontoire du massif intérieur sur la rive de la Saône (Fourvières); plus tard, elle descendit dans la plaine. Vers elle aboutissent les routes du Jura et des Alpes : elle

(1) Le Tarn s'approche à 25 kilomètres de Toulouse, alors que son confluent en est à 65 kilomètres.

(2) C'est ce que remarquait Strabon lorsqu'il disait : « Ἵδρυται δὲ Τολῶσσα κατὰ τὸ στενότατον τοῦ ἰσθμοῦ τοῦ διείργοντος ἀπὸ τῆς κατὰ Νάρβωνα θαλάττης τὸν ὠκεανόν. » IV, I, 14.

est tout proche de la Loire et située à mi-route de la Méditerranée au Rhin (1).

Etroite, comme celle de la Saône, la vallée du Rhône inférieur ne possède pas de grandes villes : celles-ci sont installées un peu à l'écart du confluent de cours d'eau dangereux et à l'endroit où la vallée prend quelque largeur (Valence, Avignon). C'est sur le littoral que la vie urbaine s'est ramassée; mais, tandis que la côte du Languedoc écarte les villes vers l'intérieur (Montpellier, Nîmes) celle de Provence les attire et leur importance se résume dans la métropole de Marseille. Celle-ci a profité sans doute de circonstances historiques, qui, à travers le temps, ont accéléré sa prospérité, telles que le mouvement des croisades au moyen âge et le percement de l'isthme de Suez à notre époque; mais qui pourrait nier que la position de Marseille n'ait été favorisée par la proximité du Rhône, puisque les bouches du fleuve étaient rebelles à l'établissement d'un grand port et le sont devenues de plus en plus? Toulon, comme Brest, s'explique par les avantages de sa situation militaire; quant aux stations hivernales du littoral (Nice, surtout), leur situation géographique n'a rien de particulier. Bref, si l'on considère les trois départements des Bouches-du-Rhône, Var et Alpes-Maritimes, on constate que 80 p. 100 de leur population urbaine est groupée sur la côte (673000 sur 851000, en 1891). C'est donc la même proportion qu'en Bretagne.

Placé en dehors des grandes routes de la région française, le Massif intérieur est nécessairement pauvre en grandes villes. Il ne renferme qu'un seul grand centre, Saint-Etienne, dont le développement tout moderne est dû à la houille et à l'industrie. Clermont-Ferrand et Limoges n'ont point cette importance, l'une au débouché de la plaine de la Limagne, l'autre encore au milieu des formations primaires, mais à un endroit d'où rayonnent au sud de nombreuses vallées issues du plateau limousin. A part ces agglomérations, il n'y a dans le Massif intérieur que des villes très médiocres (sauf Roanne et Castres, foyers industriels); du reste, si l'on excepte la Loire, il n'y a dans toute cette région que 17 p. 100 de population urbaine.

Au nord du Massif intérieur s'étend une autre région très

(1) De Lyon à Marseille, comme de Lyon à Bâle, la distance, à vol d'oiseau, est de 280 kilomètres.

dépourvue aussi de grands centres (1) : c'est tout le pays montagneux, du Morvan au plateau de Lorraine : bien rares sont les groupements qui dépassent seulement 20000 habitants; au sud, le Creusot n'existe que par l'industrie; au nord, les villes de Lorraine sont situées sur un sillon de dépression du bassin de la Seine au Rhin (Bar-le-Duc, Nancy, Lunéville). Encore faut-il tenir compte de leur situation frontière qui leur vaut un accroissement factice (les garnisons).

Enfin, la dernière région dénuée de villes de premier ordre est celle du Jura et des Alpes. La région jurassique, de l'Aar au Doubs, ne possède pas une seule grande cité; les vallées calcaires, comme l'a remarqué Elie de Beaumont, sont trop étroites pour favoriser, en général, l'éclosion de grandes agglomérations. Aussi les vallées du Jura ne renferment-elles que de petits centres; c'est sur les confins que sont les villes importantes (en France, Besançon; en Suisse, Neuchâtel). Encore faut-il observer que ces deux villes sont respectivement une étape de Lyon et de Genève à Bâle et à la vallée du Rhin. De même, dans la région alpestre, il n'y a qu'une ville importante, Grenoble, qui doit son existence en partie à la vallée du Graisivaudan dont elle est le débouché, puisque dans le coude analogue du Rhône, la ville correspondante n'est qu'une bourgade (Saint-Genix).

En résumé, sur douze grandes villes de France, six sont sur nos fleuves principaux, deux sur la mer; quatre sont à l'écart des fleuves (Reims, Roubaix, Lille, Saint-Etienne). Nos grandes cités ne sont donc pas sollicitées par la mer, comme celles des péninsules, ni non plus le produit plus exclusif de l'industrie, comme celles de l'Angleterre : elles doivent leur développement autant à leur position qu'au mouvement économique.

2° *Grande-Bretagne.* — L'isolement de la Grande-Bretagne a rendu la plupart de ses villes indépendantes des routes du commerce européen. C'est l'industrie et le développement du commerce d'outre-mer qui ont influé sur la formation des grandes cités britanniques : aussi, jusqu'à une époque assez récente, l'Angleterre n'avait-elle pas (Londres excepté) de villes importantes.

(1) Si l'on tire une ligne joignant les villes de Nevers, Dijon, Besançon, Nancy, Reims, Troyes, on circonscrit ainsi un espace de 30000 kilomètres carrés environ, dans lequel il n'y a que deux villes de 20000 âmes (Epinal, Châlons).

Comme dans toutes les îles ou presqu'îles, les métropoles commerciales se sont établies sur les côtes. Des vingt-huit villes de plus de 100000 habitants, comptées en Angleterre et en Écosse, en 1891, quatorze sont des ports. Il y a, comme en Italie, une condensation de la population sur le littoral. A l'intérieur, en dehors des foyers industriels, il n'existe pas une seule grande cité (comme Florence, en Italie) qui doive son développement au commerce ou aux traditions historiques. Cela tient sans doute au peu d'épaisseur du pays. Quel centre important aurait pu se former au sud, entre Londres et Bristol, distantes seulement de 150 kilomètres? A l'intérieur, ce sont les bassins houillers seuls qui, en facilitant le développement de l'industrie, ont provoqué la formation des grands centres urbains d'aujourd'hui. Cela est évident, qu'il s'agisse du Lancashire avec Manchester, Salford, Oldham, etc., du Stafford, du Derby, du West-Riding, etc. D'autre part, ceraines régions à forte population urbaine, celles du Glamorgan, du Northumberland et Durham sont en même temps maritimes et houillères.

Mais si l'industrie et le commerce ont beaucoup fait pour le progrès des villes anglaises, la géographie n'y est-elle pas aussi pour quelque chose? Considérons Londres, par exemple. Au premier abord sa situation peut sembler étrange puisqu'elle est excentrique au pays. Mais, outre que la position de Londres s'explique par le caractère insulaire de l'Angleterre, quelle meilleure situation peut-on imaginer que celle de cette métropole assise sur la Tamise, au début de son estuaire, en face des bouches des fleuves de l'Europe centrale? Cette position n'est-elle pas unique? Comme Hambourg, Londres occupe le sommet d'un angle formé au nord par la côte anglaise, au sud-est par le littoral des Pays-Bas, qui prolonge celui de l'Angleterre méridionale. La géologie a dû aussi avoir son action sur le développement de Londres, comme sur celui de Paris : il est remarquable que ces deux capitales de notre civilisation occidentale sont également environnées d'une série de formations concentriques, tertiaires, crétacées, jurassiques, primaires. Les collines du Weald et des Downs au sud, les Chiltern-hills au nord enveloppent assez exactement le bassin de Londres et font converger vers ce même point les routes du sud, de l'ouest et du nord de l'Angleterre. La situation de Bristol sur l'Avon et non plus en amont, sur l'estuaire de la Severn, ne s'explique que parce que, à cette hauteur, débouche la route de la Tamise.

Les agglomérations d'origine plus récente ne sont pas sans rapport avec la structure du pays. Très rarement, ces grandes villes se trouvent dans la plaine proprement dite, mais plutôt sur la limite des collines de l'intérieur, où se rencontrent du reste les dépôts carbonifères. Par exemple, Birmingham est sur le seuil de séparation des bassins de la Severn et du Trent; les grands centres du West-Riding sont adossés à l'est de la chaîne pennine, comme ceux de Lancashire à l'ouest.

En Ecosse, les groupements urbains sont dans les basses terres, dans l'espèce d'isthme qui rattache la vieille Calédonie à l'Angleterre. Edimbourg et Glasgow sont au double seuil de la même dépression, marquée par les vallées de la Clyde et du Forth; Dundee et Aberdeen sont elles-mêmes à l'extrémité du Strathmore, cette route qui s'étend entre les Grampians et la chaîne côtière (1). Ainsi, même ces villes, qui semblent pour la plupart un produit de l'industrie moderne, ont aussi leur raison d'être géographique.

Quant à l'Irlande, comme elle n'a ni houille ni fer, ses villes sont exclusivement en fonction de sa position insulaire; ce sont des ports dont le développement est subordonné à leurs relations avec l'extérieur : tel est le cas de Dublin qui tire ses avantages de sa proximité de l'Angleterre, et de Belfast, espèce d'annexe industrielle de la Grande-Bretagne sur le sol irlandais.

3° *Belgique et Pays-Bas.* — Dans ces deux royaumes voisins, la situation des villes n'a pas la même raison d'être; en Belgique, la position de chacune peut géographiquement s'expliquer : en Hollande, c'est l'ensemble d'une région particulière qui y a déterminé le groupement des villes. Des quatre grandes cités belges, trois sont dans la dépression septentrionale : Anvers, Bruxelles, Gand. La situation d'Anvers sur un coude de l'Escaut est commandée par l'embouchure même du fleuve, qui fait de cette ville un des débouchés de l'Europe centrale. Gand est ville de confluent et bénéficie, comme ses semblables, du commerce de deux vallées. Bruxelles est située au pied des dernières formations tertiaires de la Belgique, à la limite des deux

(1) Sur l'importance de cette route, voy. *Etats et nations de l'Europe*, de M. Vidal de Lablache, p. 204.

races du royaume et au lieu d'intersection des diagonales qui coupent la Belgique (Anvers, Charleroi — Ostende, Gand, Liège). Il n'est pas inutile de noter que les trois villes de la plaine sont à égale distance l'une de l'autre et forment comme les trois extrémités d'un triangle équilatéral.

Liège semble un peu à l'écart. Elle est une étape commerciale naturelle, d'abord en raison de son double confluent (Meuse — Ourthe — Vesdre) et ensuite parce que, assise sur une courbure du fleuve, elle est presque sur la limite de l'Ardenne et des terrains tertiaires : son bassin houiller a sans doute contribué à sa fortune; mais il n'y a pas une ville de cette importance, dans le Borinage, si riche en minerais. Une autre raison géographique explique aussi l'importance de Liège : elle tient le milieu de la route de l'Escaut au Rhin, à égale distance d'Anvers et de Cologne. A l'exception d'Anvers, les trois autres grandes villes belges sont placées sur une même ligne oblique, de l'Allemagne rhénane à la mer du Nord.

En Hollande, plus encore qu'en Belgique, les villes importantes se trouvent concentrées dans un cercle très restreint : Amsterdam, Rotterdam, La Haye, Utrecht, sont réparties sur une surface qui ne dépasse pas 1500 kilomètres carrés, et dont le périmètre n'atteint même pas 160 kilomètres, soit à peu près le camp retranché de Paris. La position des villes est surtout due à l'ensemble du caractère de la région. Ce n'est pas au nord que peuvent se former les grandes cités, car les provinces de Groningue et Frise sont isolées des voies de communication par les marais de Bourtange, comme le pays de la moyenne Meuse l'est par ceux de Peel. Le mouvement s'est donc porté vers les bouches du Rhin et la mer. Or, le Rhin a une double embouchure : le Zuyderzée et la Meuse.

D'un côté, s'est élevée Amsterdam sur une sorte de détroit entre un lac et le golfe, et son nom, comme celui de Rotterdam dit assez quels efforts ont été nécessaires pour assurer son existence. Rotterdam est établie non sur le Leck, proprement dit, dont les eaux sont insuffisantes, mais sur la Meuse devenue une des bouches du Rhin. Quant à Utrecht, elle rappelle un lieu de passage des Romains; la Haye n'est qu'une ville de résidence, sans aucune explication géographique, sinon que la capitale de la Hollande ne pouvait qu'être dans le voisinage de la mer.

Les villes de l'Europe centrale : 1° *Allemagne*. — Il nous faut, pour la distribution des villes, distinguer en Allemagne, quatre régions : la plaine du nord et de l'est, le littoral, le pays rhénan et le sud.

Il y a longtemps que les villes de la plaine germanique ont été divisées en *Randstädte* et *Brückenstädte;* les premières établies au pied des hauteurs de l'Allemagne médiane ; les autres, situées au point de passage des fleuves. Mais il s'en faut que toutes les villes, réalisant ces conditions, soient devenues des grandes cités. Constatons d'abord que dans toute l'Allemagne orientale, au delà de l'Oder, il n'y a pas, à l'intérieur, une seule grande ville. Cela tient non seulement à la nature du pays, pauvre et marécageux, mais aussi au peu d'épaisseur de l'Allemagne nord-est, de la Wartha au Niémen. Mais à partir de l'Oder, et surtout de l'Elbe, les villes populeuses se présentent. Breslau est sur le seuil de la plaine silésienne, en aval du confluent de l'Ohla, qui, doublant en amont le cours de l'Oder rend le passage du fleuve plus difficile. Dans la Saxe, Chemnitz ne se distingue pas (sinon par son développement industriel) des autres villes situées au débouché des passages de l'Erz-Gebirge ; mais Dresde et Leipzig ont, au point de vue géographique, une position originale. Dresde est à la sortie de l'Elbe du plateau de Bohême, en amont d'une dépression marquée jadis par des marais. Quant à Leipzig, ce n'est pas le hasard qui en a fait une grande place de commerce et un lieu de rencontre pour les armées : située dans le triangle formé par la Saale, l'Elbe et l'Erz-Gebirge, elle est, à la limite de la plaine, sur la grande transversale de l'Allemagne sud-ouest-nord-est ; en outre, elle est le point de convergence nécessaire des routes des Monts Métalliques, du Franken-Wald et des monts de Thuringe. Auprès de ces monts et du Harz se trouve une série de villes, telles que : Halle, Magdebourg, Brunswick, Hanovre, qui doivent leur importance actuelle à leur industrie. Mais ces villes ont eu pour origine des lieux de passage fréquentés : Halle, Brunswick, Hanovre sont situées entre les derniers rayonnements du Harz et des plaines marécageuses jadis infranchissables. De même, Magdebourg, entre les dernières ondulations du Fläming et des collines subhercyniennes est le dernier point où l'Elbe est encore facile à franchir : elle est du reste, la dernière grande ville de son cours avant Hambourg.

Entre Elbe et Oder, Berlin semble devoir son existence à la seule politique, et on a pu dire qu'elle était devenue ville « par ordre royal (1) ». Il est bien vrai que Berlin, comme d'autres capitales ou, si l'on veut, plus qu'aucune autre, a grandi avec la fortune de ses princes, les Hohenzollern; mais, si l'influence de l'histoire est ici évidente, est-ce à dire que sa situation géographique n'ait pas mis Berlin à même de profiter des avantages de la politique? Entre les *Randstädte* et les villes maritimes, Berlin est comme un trait d'union. Elle est tout à fait en plaine (à 25 m. d'altitude), dans une dépression qui ouvre une voie naturelle de Francfort-sur-l'Oder à Magdebourg; mais, à cette hauteur, les faibles ondulations du Barnim et de Teltow s'abaissent de chaque côté de la Sprée; celles de Teltow ne sont que les derniers avancements du Fläming, qui envoie ses maigres eaux (la Nuthe) dans la direction de Berlin. C'est le rapprochement de ces monticules en face d'une île de la Sprée (2), qui a fait de cet endroit un lieu de passage, le seul qui, avec Lübben, se rencontre des marécages de la Spréewald à ceux de la Havel. Mais, Berlin avait l'avantage d'être plus au centre et sur la grande voie qui conduit du nord-est au sud-ouest de l'Allemagne. Elle était ainsi plus favorisée que les autres villes de la Marche, Köpenik, Spandau, Brandebourg, et voilà pourquoi celles-ci, longtemps rivales de Berlin, ont dû lui céder le pas, quand la puissance politique et économique de la région s'est développée. Mieux, en effet que ces villes, Berlin est à portée de l'Elbe et de l'Oder et au point de croisement des diagonales qui conduisent de Leipzig à Stettin, de Breslau à Hambourg. Ce sont ces raisons qui expliquent comment le développement de Berlin a coïncidé avec celui de ces différents grands centres.

Parmi les grandes villes maritimes de l'Allemagne, aucune n'est directement sur la mer; le littoral, plat ou bordé de lagunes ne permet guère aux villes de s'établir tout contre la mer, comme sont les ports de Ligurie et de notre Provence. Les grands ports de la Baltique ou de la mer du Nord sont sur les estuaires des fleuves; telles sont Kœnigsberg, Dantzig, Stettin, Lübeck; Kiel, placé au fond d'une baie (*föhrde*)

(1) Lavisse : *Essai sur l'Allemagne impériale*, p. 260.

(2) M. Hahn rapproche le nom de cette île, Köln du slave Kolm, Golm, qui signifie hauteur s'élevant d'un fond marécageux. (*Die Städte der deutschen Tiefebene*, p. 16, 17).

bénéficiera sans doute du canal allemand des deux mers, mais elle est, comme Lübeck, sur la route de Cologne à la Baltique et aux Etats scandinaves. Les grands ports de la mer du Nord, Hambourg et Brême, sont également des stations échelonnées sur cette voie : toutes deux sur la rive droite de leurs fleuves respectifs, elles se sont élevées aux confins de la *Geeste* sablonneuse et des *Märschen* humides et fécondes du littoral. Hahn signale la position particulièrement avantageuse de Hambourg au sommet de l'angle formé par la côte du Jutland et celle de la Frise.

Mais, entre ces grandes villes maritimes et les *Randstädte* de l'intérieur, il y a une région où les groupements urbains importants font complètement défaut. Si nous joignons par une ligne Stettin, Hambourg, Brême, au nord; Berlin, Magdebourg et Hanovre, au sud, nous enveloppons un espace d'environ 40000 kilomètres carrés, et c'est à peine si sur cette étendue se rencontrent quelques villes de plus de 20000 habitants (Lunebourg et Stendal). Cette région de plateaux sablonneux, de lacs, fait l'effet d'un désert entre une double haie de grandes cités.

La grande artère fluviale qui sillonne toute l'Allemagne occidentale, s'offre tout naturellement à l'établissement des villes, escales de la navigation ou lieu de passage. Et, en effet, les cités ne manquent pas dans la vallée du Rhin, soit qu'elles doivent leur fondation aux Romains (celles de gauche, surtout), soit qu'elles datent de temps plus modernes. D'abord, dans la plaine de Bade et Alsace, le lit incertain du fleuve a rejeté de côté les villes; elles se sont établies à l'écart au débouché des routes des Vosges et du Schwarzwald (Strasbourg, Fribourg, Carlsruhe, etc.). Lorsque le fleuve commence à se discipliner, les villes réapparaissent; telles, Spire, Worms, aujourd'hui déchues, puis les villes de confluent, Mannheim et ses aînées, Mayence et Coblentz. — Mais ces deux dernières sont peu favorisées par leur caractère militaire et la médiocrité de leur arrière pays; de plus, Mayence trouve la concurrence de Francfort, admirablement située au débouché d'une plaine fertile et au carrefour des routes du Mein et du Weser. Là, où le Rhin est définitivement en plaine, s'élève Cologne, puis Dusseldorf et à droite les villes industrielles du bassin de la Ruhr, qui font face à Crefeld sur la gauche du fleuve. Ces villes datent d'hier, mais Aix-la-Chapelle n'a pas dû au hasard d'être la métropole de l'Austrasie : elle tient le milieu entre le Rhin et le coude de la Meuse, à Liège. Ce qui explique pourquoi Cologne, dans l'axe de cette route, a une toute autre importance que Wesel, par exemple.

L'Allemagne du sud est relativement denuée de grandes cités; trois seulement y dépassent 100000 habitants (Munich, Nuremberg, Stuttgard). — Ces villes ont ceci de particulier, qu'elles ne sont pas situées sur le grand fleuve de l'Allemagne méridionale. Elles sont essentiellement des villes de plateau et semblent avoir concentré la population autour d'elles dans un certain rayon. Sur le plateau franconien, Nuremberg est avec la ville jumelle Furth, le seul centre de population du Danube au Mein. Stuttgard est le point central du Wurtemberg, à mi-route du Rhin au Danube. Munich semble une création purement artificielle, mais n'est-elle pas, comme Augsbourg au pied des Alpes bavaroises et plus que celle-ci, au cœur de la vieille Bavière et au débouché des routes des Alpes?

2° *Autriche-Hongrie.* — Les deux métropoles de la monarchie austro-hongroise ont une situation sensiblement analogue dans la vallée du Danube. Toutes deux font face aux derniers contre-forts des Alpes : Vienne, dans son développement, a été rejoindre le fleuve et Budapest en couvre les deux rives. L'une et l'autre capitale sont aux portes des défilés franchis par le Danube, Vienne après le Wienerwald et Budapest après les passes de Waitzen. Vienne n'est pas seulement une étape de la grande voie européenne d'ouest en est, mais c'est vers elle que convergent les routes qui viennent de la Bohême ou de l'Allemagne du nord par la vallée de la Morawa. Budapest a nécessairement remplacé Presbourg dont l'horizon était trop étroit dans la petite Hongrie et a grandi avec les succès de la politique madgyare. Graetz est située à l'endroit où la Mühr échappe aux resserrements des Alpes, et élargit sa vallée sur la grande route de l'Adriatique au Danube. Trieste doit son importance à son port, devenu, depuis la perte de Venise, le seul débouché maritime de l'Autriche, comme Fiume de la Hongrie. Au nord de Vienne, Brunn en Moravie est sur la route du Danube à l'Oder et à la Vistule; quant à Prague, elle s'est élevée au cœur même de la Bohême, au point de convergence de toutes les routes du quadrilatère. Autour d'elle, sur le périmètre du pays, se sont établies des villes qui en gardent les abords; plus nombreuses au nord-ouest et nord-est, où les cols sont fréquents — plus rares au sud-ouest, où il y a fort peu de passages et au sud-est, sur le plateau de Moravie.

Les villes de Galicie et Bukowine, au pied des Karpathes, ont une symétrie que nous retrouverons en Italie pour les villes de l'Emilie, au nord de l'Apennin : parmi les trois grandes cités, Czernowitz, Cracovie, Lemberg, celle-ci est la plus importante aujourd'hui. Elle a, par rapport aux autres, une situation plus centrale, dans la région entre Bug et Dniester, en face de la Russie, à égale distance des frontières de Roumanie et d'Allemagne.

3° *Suisse.* — Les villes importantes de la Suisse ont, en général, une remarquable symétrie géographique; c'est en effet, entre Jura et Alpes, sur le plateau que nous trouvons presque toutes les agglomérations urbaines, sauf Bâle, à l'écart vers le nord. Mais là sont Genève, Lausanne, Neuchâtel, Berne, Lucerne, Zurich et même Saint-Gall. Sans doute, ces villes sont établies de préférence à l'extrémité des lacs, là où le fleuve change de régime et favorise ainsi l'établissement d'une population plus nombreuse; mais leur situation est plutôt au point de contact de la montagne et de la plaine : Berne est une autre ville que Thun, à la pointe de son lac. Genève, Lausanne, Berne, Zurich, sont, en somme, sur une même ligne, au pied des contreforts alpestres et leur altitude ne diffère pas sensiblement; leur cote (1) moyenne est à 443 mètres; ce qui est le niveau moyen de la plaine en Suisse.

Mais la position de ces villes n'est pas seulement indiquée par la nature même du pays, mais aussi par le rapport de la topographie de la Suisse avec celles des régions voisines. La plaine helvétique, en effet, du Léman au lac de Constance, est la route transversale de nos pays du Rhône et de la Méditerranée à l'Allemagne du sud et au Danube; les villes

(1) Genève est à 379 mètres; Lausanne, à 489; Lucerne, à 438; Zurich, à 412, et Berne, à 538.

suisses(1) (et Constance en fait géographiquement partie) en jalonnent les étapes. Les deux lacs (Léman et Bodensee) ne sont-ils pas, du reste, comme les portes de sortie de la région helvétique? Mais, tandis que vers le sud, celle du lac Léman est seule et que les routes du Jura aux Alpes convergent nécessairement vers Lausanne et Genève, il y a, vers le nord, deux portes, celle du Bodensee, où Constance, Byzance helvétique, s'élève sur un détroit entre la Suisse et la Germanie et celle de la vallée moyenne du Rhin, vers l'Allemagne et la France, par le seuil de Belfort. Cette route est commandée par Bâle, fondation des Romains, comme Constance. Sa situation n'est pas en rapport avec celle des autres villes suisses : Bâle est plutôt rhénane qu'helvétique. Son altitude, une des plus basses de la Suisse du nord (265 m.) la met en dehors du plateau helvétique, et sa position est avant tout la conséquence du coude du Rhin, à l'entrée de la plaine alémannique et à la fin des rapides qui marquent le cours du fleuve depuis Schaffhouse.

Les villes de l'Europe septentrionale et orientale : 1° Etats scandinaves. — La disposition des capitales scandinaves justifie encore ce que nous avons dit de la situation des villes dans les régions insulaires ou péninsulaires. Il est évident que le Sund a déterminé l'emplacement de Copenhague, comme l'extrême sommet de l'angle formé par les côtés du Kattégat et du Skager-Rack a déterminé celui de Kristiania. Quant à Stockholm, n'est-elle pas au centre de la Baltique, en face de la route du golfe de Finlande? Mais la situation de ces villes a été aussi influencée par la géographie intérieure des différents pays (2). La capitale danoise ne pouvait pas s'installer sur la côte ouest du Jutland, malgré l'avantage de la proximité de l'Angleterre : son caractère inhospitalier repousse la population à l'est et de préférence vers les détroits. — D'autre part, ni la Norvège(3), ni la Suède ne possèdent de villes à l'intérieur : mais la plaine du Glommen inférieur — la seule de la Norvège — n'a-t-elle pas eu son influence sur le choix de l'emplacement de Kristiania,

(1) Berne est presque à égale distance des deux lacs.

(2) Parmi les villes danoises dépassant 10 000 habitants, aucune ne se trouve sur la côte occidentale du Jutland.

(3) Ratzel compare, à ce sujet, la Norvège à la Finlande, à l'Ecosse et à l'Irlande (*Anthropogéographie*, II, p. 488).

vu la pauvreté du pays en arrière des anciennes cités, telles que Bergen et Drontheim (1)? Enfin en Suède, Stockholm et Gothembourg, comme Edimbourg et Glasgow en Ecosse, gardent les extrémités d'une dépression, marquée par les lacs et le canal actuel de Gothie entre les monts du Svealand et le plateau du Smaland : c'est là, du reste, que sont groupées la plupart des villes intérieures de la Suède. On voit donc que la topographie interne des Etats scandinaves a eu, comme la mer ambiante, son influence sur la formation des principales villes des trois royaumes.

2° *Russie.* — Même dans la plaine de l'Europe orientale, la localisation géographique des villes apparaît assez nettement.

Sans doute, Kharkow et Lodz doivent leur développement à l'exploitation des houilles et à l'industrie; Lodz, comme Kichenef, a été aussi favorisée par sa position près de la frontière. Mais les villes de l'intérieur ont une explication géographique plus précise. A l'ouest, Varsovie, près du double confluent de la Narew-Bug, occupe le centre du bassin de la Vistule, des Karpathes à la mer, en face de la Wartha et la plaine allemande : la politique, en la plaçant entre les frontières de la Prusse et de l'Autriche, a accru la valeur de sa position. Vilna n'est pas sur un cours d'eau considérable mais à la jonction nécessaire des deux voies de Kőnigsberg et Varsovie sur Saint-Pétersbourg, et elle est, de plus, une station sur la route du Niémen à la trouée entre Düna et Dniéper. Au sud, Kiew est presque au confluent du Dniéper et de la Desna, sur la ligne des hauteurs ouralo-karpathiques; elle a été longtemps le point de passage nécessaire, à l'est des marais de Pinsk. Moscou, au cœur de la Sousdalie, n'a pas été sans cause comme le réduit de la vieille Russie, au temps de la poussée germanique et tartare; elle est en effet, placée entre les deux lignes de hauteurs de la plaine russe, au contact de la zone des forêts et de celle des terres fertiles : de plus, Moscou est un point d'arrêt tout indiqué entre la trouée Duna-Dniéper, vraie porte de la Grande Russie et les grands marchés de Nijni-Nowgorod et Kasan. Ces deux villes de la

(1) Ratzel pense que le remplacement de Drontheim par Kristiania marque un changement dans le développement historique de la Norvège. « Diese Entwickelung entspricht dem » allmählichen Heraustreten Norwegens aus nordischozeanischer Isolierung und der Annä- » herung an gesammteuropäische Verhältnisse und Interessen. » (II, p. 490.)

Volga sont ou à peu près des villes de confluent, sur la route des pays tartares, comme Saratof, au dernier coude, où le fleuve se rapproche de Moscou avant de couler vers le sud.

Quant aux autres grandes cités de l'empire russe, ce sont des ports. Odessa, au sud, a grandi avec la mise en valeur du *Tchernoziom*. Riga et Saint-Pétersbourg sont toutes deux des villes d'embouchure; le commerce et la politique ont beaucoup fait pour leur fortune. Mais il ne faut pas oublier que, grâce aux lacs et aux canaux russes, Saint-Pétersbourg est devenu le débouché, sur la Baltique, des grandes voies fluviales de l'intérieur.

Les villes de l'Europe méridionale. — Comme les péninsules du nord, celles de l'Europe méridionale ont leurs principales villes sur le littoral, en général; mais elles possèdent aussi, par contre, de grands centres à l'intérieur. Cette différence peut s'expliquer par le caractère partiellement continental de ces presqu'îles (au nord surtout).

1° *Péninsule ibérique.* — Cette région est d'une régularité presque géométrique, et il semble que la situation des villes doive s'en ressentir. Aussi Kohl et après lui Ratzel (1) ont-ils voulu établir que les villes de la péninsule ibérique étaient postées sur une série de lignes concentriques, autour de la capitale. Ainsi, autour de Madrid, un premier cercle serait formé par Avila, Tolède; un deuxième, par Valladolid, Ciudad-Réal; un troisième, par Léon, Cordoue; enfin, le dernier, par les villes du littoral. Mais n'est-ce pas très arbitraire de subordonner ainsi la position de toutes les villes à un groupement central, dont la formation leur est, du reste, postérieure? N'est-ce pas négliger singulièrement la structure intérieure de la péninsule et ses routes naturelles? Or, quelle est cette structure? Un plateau intérieur, bordé de deux dépressions au nord et au sud, de terrasses sur les autres côtés. Comment mettre alors sur la même ligne concentrique des villes de plateau et de vallée, Léon et Cordoue, par exemple? D'ailleurs, les villes maritimes ont en elles-mêmes leur raison d'être, absolument indépendante de la ville centrale. C'est incontestable pour Porto et Lisbonne, deux villes d'embouchure et qui résument toute la vie écono-

(1) Ratzel, *Anthropogéographie*, I, p. 154. — Kohl, *Der Verkehr und die Ansiedlungen*.

mique du Portugal. Elles sont les *emporia* naturels du commerce de l'Atlantique comme Cadix au sud; Malaga, Valence, Barcelone sont ceux du commerce méditerranéen.

Ratzel remarque, du reste (1), avec justesse que les villes maritimes prennent d'autant plus d'importance qu'elles doivent davantage au commerce extérieur et sont plus indépendantes de leur périphérie la plus proche. N'est-ce pas le cas des ports de la péninsule ibérique, en particulier de Lisbonne et Barcelone? Séville seule est au débouché d'une région plus riche, mais c'est un port tout à fait intérieur et qu'on ne peut comparer aux autres.

Il n'y a vraiment à l'intérieur qu'une seule grande ville, la capitale. Mais le développement de Madrid (2) tient-il surtout à ce qu'elle occupe le milieu géométrique de la péninsule, ou, au moins, du plateau des Castilles? Peut-être; mais il y a aussi une autre raison. Deux routes, en effet, conduisent des bouches du Tage à la vallée de l'Ebre : l'une par Salamanque, Valladolid, Burgos, villes de la vieille Castille; l'autre, par Badajoz, Madrid ou Tolède, dans la nouvelle Castille, sur Saragosse. L'existence de cette dernière ville s'explique de cette façon et aussi parce qu'elle est au débouché des routes pyrénéennes et à proximité des voies qui mènent à Barcelone. Madrid n'est donc pas seulement le centre de l'Espagne, mais une étape essentielle de la diagonale qui unit les deux mers de la péninsule. Si l'on tient compte qu'à la fin du seizième siècle le Portugal et le Roussillon étaient unis à l'Espagne, on voit que l'existence de Madrid ne tient pas, comme on le croit trop souvent, à un pur caprice de Philippe II.

2° *Italie.* — La situation des villes italiennes s'explique différemment, suivant qu'on considère la plaine du nord ou la péninsule de l'Apennin. Dans le nord, elles s'écartent en général du Pô dont les rives sont peu sûres; elles sont situées aux débouchés des pays des Alpes et de l'Apennin. De Udine au nord à Rimini au sud, elles s'échelonnent sur une même ligne — presque un vaste cercle — parallèle aux montagnes de la péri-

(1) Ratzel, *op. cit.*, II, p. 487.

(2) Kohl cite comme étant le centre mathématique de l'Espagne le bourg de Pinto, près de Madrid (du latin *punctus*), et il rappelle que Tolède était souvent nommée, au moyen âge, *umbilicus Hispaniæ* (*Die Hauptstädte Europas*, p. 87).

phérie, et leur importance est en raison directe des routes qui y aboutissent. Turin, maîtrise tous les passages des Alpes, à l'ouest; Milan est le point de convergence des routes du nord et le cœur de l'Italie continentale; Bologne est au débouché des voies principales de l'Apennin, au point de contact de la grande route Rome-Florence-Venise et de la voie Emilienne qui longe le pied de l'Apennin, de Plaisance à Rimini. Vérone a moins d'importance, car elle ne commande que la voie de l'Adige et du Tyrol, et on peut encore descendre sur l'Italie par la Brenta, cette *strada d'Allemagna* que suivait le commerce de Venise à Augsbourg. Mais, sur toute la côte de l'Italie septentrionale, d'un développement de 250 kilomètres, il n'y a pas une seule ville notable. La côte les a repoussées, et c'est à l'abri des lagunes que s'est élevée Venise, qui a l'avantage d'être à portée des passes alpestres du nord-est.

Au contraire, dans toute l'Italie du sud, les grandes villes sont sur la mer ou à proximité. En Sicile : Palerme, Catane, Messine, sont également des ports et il n'y a, à l'intérieur, que des villes secondaires. Dans la péninsule proprement dite, sur cinq grandes villes, il y a trois ports, Gênes, Livourne, Naples. Gênes, au fond de son golfe, domine l'angle formé par les deux côtés de sa *rivière;* elle semble ainsi s'enfoncer dans le corps de la péninsule comme au-devant des routes alpestres du nord. Livourne, qui remplace Pise et Naples ont l'avantage d'être le débouché d'une région interne bien déterminée (Toscane, Campanie).

Quant à Rome, elle est, à coup sûr, aujourd'hui, en dehors des grandes routes du commerce international, et les envasements du Tibre ne lui permettent pas de profiter de sa situation à la fois maritime et continentale, que vantait Cicéron. Mais, qu'elles qu'aient été les vicissitudes historiques de Rome, peut-on nier même aujourd'hui la valeur de sa position géographique? Elle occupe vraiment le centre de la péninsule (de Gênes à Rome, la distance est la même que de Rome au golfe de Tarente). Son fleuve, outre qu'il est vraiment le fleuve maître de la péninsule, est par lui-même la route de la plaine du nord, comme ses affluents sont celles de l'Adriatique.

A l'intérieur, les villes importantes ne se rencontrent que dans la partie la plus large de la péninsule; telles sont Pérouse et Florence. De toutes les métropoles de l'Italie du sud, celle-ci;

la plus éloignée de la mer (80 kilomètres), est située à l'endroit où l'Arno échappe aux montagnes, et est la grande étape, au pied de l'Apennin, de la voie Rome-Bologne.

Remarquons que toutes ces villes sont établies sur le flanc occidental de l'Apennin. A l'est, au contraire, nous ne rencontrons que des villes moins importantes; phénomène qui s'explique par une double raison. Il n'y a pas de ce côté des bassins fluviaux assez larges dont elles pourraient être le débouché et l'Adriatique n'est pas une route de commerce comme la mer Intérieure. C'est seulement sur la côte de la Pouille que peuvent se développer certains centres (Brindisi, Otrante, Bari), car l'arrière-pays est plus ouvert et la côte plus à proximité des ports du Levant.

3° *Péninsule Balkanique.* — Dans cette péninsule, comme en Italie, il nous faut distinguer deux régions : le bassin du Danube inférieur, toujours comparé au cours du Pô dans l'Italie du nord et la péninsule proprement dite. Comme le Pô dans la plaine lombarde, le Danube, dans la plaine roumano-bulgare, ne retient pas de puissantes agglomérations. D'ouest en est, il n'y a que des lieux de passages : celui qui a le plus d'avenir est sans doute Nicopolis, sur la route de Sophia à Bucarest et en Russie et au centre de celle des Alpes de Transylvanie aux Balkans par la double vallée de l'Aluta et de l'Isker. Les villes situées près du Balkan n'ont ni l'importance, ni la symétrie de celles qu'on rencontre au pied de l'Apennin et des Karpathes : c'est que ces chaînes s'arrêtent assez brusquement sur la plaine, tandis que le Balkan se termine par une haute plaine sur la rive droite du Danube, où s'élèvent les villes bulgares.

Parmi les villes roumaines, Bucarest, dont la situation rappelle celle de Milan, et Jassy sont au débouché des Karpathes; Galatz est au dernier tournant du Danube, presque au double confluent du Sereth et du Pruth, avantage que ne possède pas Silistrie, adossée à la Dobroudja. Les capitales de la Serbie et de la Bulgarie ont aussi leur importance : Belgrade commande l'entrée de la plaine hongroise; quant à Sophia, on la comparerait assez volontiers à Madrid (1). Située à peu près à la même alti-

(1) Altitude de Madrid: 625 mètres.
— Sophia, 565 —

tude, elle occupe presque le centre de toute la péninsule, au croisement des routes du Danube sur Constantinople et Salonique.

Les autres villes de la péninsule, à l'exception d'Andrinople, sont des ports. Il est superflu de dire l'excellente position de Constantinople, aux confins de l'Europe et de l'Asie. Mais Salonique aussi est un débouché de l'Europe centrale vers le Levant, et Athènes se trouve placée comme à l'extrémité de la chaîne d'îles qui rattache le monde grec d'Asie à celui de l'Europe. A l'intérieur, Andrinople est heureusement située, à la convergence des routes de l'ouest (Maritza) et du nord (Toundja), entre le Balkan, le Bosphore et l'Archipel.

En résumé, si nous laissons de côté la Roumanie et l'Italie du nord qui sont des parties continentales, nous constatons que sur les dix-neuf grandes cités que possèdent les péninsules de l'Europe méridionale, quatorze sont établies sur la mer ou à proximité.

Situation des villes par rapport à l'altitude et à la latitude. — Avant de quitter ce chapitre, quelques considérations nous paraissent utiles concernant la situation des villes par rapport à l'altitude et au climat. D'une manière générale, les grandes agglomérations se sont formées à de faibles hauteurs. Humbolt estime l'altitude moyenne de l'Europe à 205 mètres; nos grandes métropoles sont donc fort au-dessous, même Vienne (1), qui est encore dans la région alpestre (à 157 mètres). Cette hauteur moyenne n'est guère dépassée que par Madrid (625), Munich (520), Prague (260), qui occupent le centre de plateaux (2), ou chez nous par Saint-Etienne, ville d'industrie. Mais, en dehors de cette ville, deux seulement de nos grands centres dépassent le niveau de 100 mètres (Lyon, à 174, Toulouse, à 120) et tous les autres (sauf Reims) sont au-dessous de 40 mètres. De même en Allemagne, seules quelques villes du sud dépassent la cote de 100 mètres (Breslau, Dresde); mais celles qui marquent la naissance de la plaine sont aux environs de 40 mètres également (Magdebourg, 45, Cologne, 36). Enfin, même en Italie, au pied

(1) Altitude de Paris, 26 mètres.
— Berlin, 25 —

(2) En dehors de l'Europe, c'est également dans les régions de plateaux que nous trouvons des villes importantes à de hautes altitudes. Par exemple, en Asie Mineure et dans l'Iran, Siwas et Téhéran sont à plus de 1000 mètres, et Kaboul à plus de 1700. En Amérique, dans les régions tropicales, Mexico, Bogota, Quito, atteignent ou dépassent 2500 mètres d'altitude.

des Alpes, l'altitude des villes n'est pas en rapport avec la proximité des montagnes voisines : Turin à 80 kilomètres des Alpes n'est plus qu'à 239 mètres d'altitude et Milan est une ville de plaine.

Population de la Suisse répartie par altitudes.

ALTITUDE	TOTAL DE LA POPULATION	PROPORTION p. 100 DE LA POPULATION SUISSE	NOMBRE ET NOMS DE VILLES	POPULATION DES VILLES	PROPORTION p. 100 DE LA POPULATION GLOBALE DES VILLES
De 202 à 299 m.	137 558	5,3	1 : Bâle.	69809	14,1
» 300 » 399 »	268 083	9,2	1 : Genève.	71800	14,3
» 400 » 499 »	1 022 981	35,	6 { Bienne, Schaffouse, Zurich, Neufchâtel, Lucerne, Winterthur. }	170000	36,
» 500 » 599 »	555 376	19,1	3 { Berne, Lausanne, Fribourg. }	92000	19,3
» 600 » 699 »	293 146	10,	1 : Saint-Gall.	27390	5,8
» 700 » 799 »	225 479	7,5	1 : Hérisau.	12937	2,7
» 800 » 899 »	142 961	4,8			
» 900 » 999 »	116 686	4,	2 { Locle, Chaud-de-Fond. }	36730	7,6
» 1000 » 1499 »	138 079	4,6			
Au-dessus de 1500 m.	17 401	0,5			

Les données de la statistique suisse nous permettent de faire, à ce sujet, une intéressante comparaison, car elles établissent la population d'après les différences du niveau du sol. Le tableau précédent indique à la fois la répartition de la population totale et de celle des villes principales suivant des cotes déterminées : on peut voir que, de même que la population globale, celle des centres importants est surtout groupée au-dessous de 600 mètres, et que, de 400 à 500 mètres (niveau bien inférieur à la moyenne de la Suisse) nous trouvons la plus forte proportion de la population globale et urbaine à la fois.

Les agglomérations humaines fuient donc les hautes altitudes; elles ne fuient pas moins les latitudes extrêmes. En Europe, nous n'avons pas de climat extrême vers le Sud : aussi nos grandes villes peuvent-elles se rencontrer sous nos latitudes les plus méridionales. Mais il n'en est pas de même au Nord; là, elles s'arrêtent vers le 60°, où se trouvent Christiania, Stockholm, Saint-Pétersbourg. Sur le 58° nous n'avons que Gothenbourg et sur le 57°, Aberdeen et Riga. A partir du 56°, les grandes villes sont plus nombreuses et de là au 50°, sont comprises toutes celles de l'Angleterre, des Pays-Bas, de l'Allemagne et de la France septentrionale. En allant jusqu'au 45°, on engloberait la majeure partie des grands centres de l'Europe (1).

Dans les autres parties du monde, nous rencontrons le même phénomène. Dans l'Amérique du Nord, aucune ville n'atteint le 50° : Québec est à 47° (46°,48',17"). Dans la zone tropicale américaine, il n'y a de villes que là où les hauteurs compensent la situation en latitude (Bogota, Quito) : c'est plus au Sud que se présentent les ports du Brésil et de La Plata. En Afrique, les groupements populeux n'existent que dans les régions plus tempérées du Nord et du Sud. De même, en Asie (Indoustan, Indo-Chine, Chine, Japon), les villes sont plus rares dans la zone tropicale (2). Quant aux cités d'Australie, elles sont au-dessous du 20° sud. M. Metchnikof (3) a remarqué que, d'une façon générale, les plus considérables agglomérations urbaines sont situées entre l'isotherme 16° et l'isotherme 4°. Sur le premier sont : Saint-Louis, Lisbonne, Rome, Constantinople, Changhaï, Tokio ; l'autre, passe par Québec, Christiania, Stockholm, Saint-Pétersbourg, Moscou. L'isotherme 10° indique presque l'axe central de cette zone et c'est sur cette ligne que se trouvent les capitales les plus importantes : Chicago, New-York, Londres, Paris, Vienne, Odessa, Pékin; au sud de l'isotherme 16°, les grandes villes ne sont qu'à

(1) Latitude de Vienne, 48°,13'.
— Paris, 48°,50'.
— Londres, 51°,31'.
— Berlin, 52°,31'.
Moyenne : 50°,22'.

(2) Villes de plus de 100000 habitants situées dans la zone :

	TEMPÉRÉE	TORRIDE
Afrique	4	1
Asie	71	15
Océanie	3	2
Amérique du Nord	28	3
Amérique du Sud	4	3

(3) Léon Metchnikof, *la Civilisation et les grands fleuves historiques*, p. 59 et 60. Le *Census*, des Etats-Unis, publie des études fort intéressantes sur la répartition géographique de la population pour la grande république américaine.

l'état d'exception (la Nouvelle-Orléans, le Caire, Calcutta, Canton, etc.). Sur un total de trente-huit villes de plus de 400 000 habitants comptées aujourd'hui dans l'univers entier, six au plus (Rio-de-Janeiro, Bombay, Calcutta, Madras, Bangkok et Canton) sont situées dans la zone tropicale. L'hémisphère boréal, qui est aussi celui des plus grands groupements d'hommes, renferme la presque totalité des villes de cette catégorie. Elles sont particulièrement nombreuses (vingt-huit) au delà du 40° Nord, entre le 100° de longitude Ouest et le 40° de longitude Est de Paris : elles occupent ainsi le centre de l'hémisphère dit continental, foyer par excellence de la civilisation moderne.

CHAPITRE IV

La population urbaine en France.

SOMMAIRE. — Progrès de la population des villes, principalement dans la dernière moitié de notre siècle. — Relation comparée des populations urbaine et rurale. — De l'immigration dans l'ensemble des populations urbaines et en particulier dans les grands centres. — Développement de la population globale et des populations urbaine et rurale par grandes régions. — Etude régionale du mouvement de la population française. — L'immigration et l'émigration par départements, de 1821 à 1840, de 1846 à 1865 et de 1872 à 1891. — Les habitants nés hors de leur département de résidence : leur nombre croissant. — Mouvement comparé de la population française de 1801 à 1846, de 1846 à 1896. — La dépopulation rurale démontrée par le nombre croissant des petites communes.

Progrès de la population des villes, principalement dans la dernière moitié de notre siècle. — Si grand qu'ait été en France le développement de nos agglomérations urbaines, il n'est pas comparable, assurément, à celui des villes anglaises, et cependant, jusqu'au commencement de notre siècle, l'Angleterre, sous ce rapport, était en retard sur la France. Vers 1801, il n'y avait pas en Angleterre une seule ville de plus de 100000 âmes, Londres excepté; il y en avait deux en France, hormis Paris (Lyon et Marseille) et d'autres villes les suivaient de près (Bordeaux, Rouen, etc.). On comptait, en 1801, sur le territoire actuel de la France, quatre-vingt-six villes de plus de 10000 habitants (sans Paris) avec 1890000 habitants, tandis qu'à la même époque, l'Angleterre (sans Londres) n'en comptait que cinquante et une avec moins de 1100000 habitants (1086000). Mais dès la première moitié du siècle, l'Angleterre prend l'avance et l'a toujours gardée, si sensibles qu'aient pu être les progrès de nos villes. Dès 1831, elle avait déjà cinq villes de plus de 100000 âmes, tandis que la France n'en possédait toujours que deux; en 1836, la population des villes de plus de 20000 y atteignait 2200000 habitants ou 6 p. 100 du total, tandis qu'en France les agglomérations de cette catégorie ne comprenaient que 1920000 habitants ou 5,4 p. 100 de la population totale.

C'est seulement dans la seconde moitié du siècle que les

grandes villes augmentent chez nous en nombre et en population. — En 1846, il n'y en avait encore que quatre avec Paris et leur population globale était de 1540000 habitants (488000 sans Paris) ou 4,03 p. 100 de celle de la France (1), mais en 1866, ce nombre était de huit avec 3126000 habitants ou 8,21 p. 100 du total ; en 1876, il s'élevait à neuf avec 3520000 ou 10,50 p. 100 du total (2), et aujourd'hui nous comptons douze villes de plus de 100000 âmes renfermant 4780000 habitants, soit 12,42 de la population totale. — La population globale de ces villes et leur proportion à la population de la France entière n'ont donc pas cessé d'augmenter. — Nos agglomérations actuelles de plus de 100000 habitants (Paris compris) n'avaient, en 1801, que 1300000 habitants à peine. — De 1801 à 1836, elles augmentent de 440000 habitants, soit 34 p. 100 ; de 1836 à 1866, de 1700000 ou 97 p. 100 ; enfin de 1866 à 1896, leur accroissement est de 1300000, ou 38 p. 100. — Mais le progrès de nos grandes villes (Paris excepté) n'atteint pas une aussi forte proportion que celui de la capitale. Tandis, en effet, que Paris a augmenté de 370 p. 100 depuis 1801, l'augmentation des autres grandes villes a été de 240 p. 100 (voy. la *fig.* 10).

En 1866, la France (abstraction faite de l'Asace-Lorraine) comptait soixante-neuf villes de plus de 20000 habitants avec une population globale de 5390000 habitants ; à l'heure actuelle, il y a sur notre territoire cent quinze villes de cette catégorie renfermant, au total, 8760000 habitants ou à peu près 23 p. 100 de l'ensemble de notre population au lieu de 14 p. 100 en 1866. En comptant les villes de 10000 à 20000 âmes, on arrive à un total de 247 agglomérations renfermant 10500000 habitants, soit 27 p. 100 de la population de la France.

(1) Il importe de tenir compte, lorsque nous parlons de l'accroissement des centres urbains, de la perte de l'Alsace-Lorraine, où Strasbourg dépasse de beaucoup aujourd'hui 100000 âmes (135000 en 1895), et Mulhouse en a plus de 80000 (83000 en 1895). On peut affirmer que cette ville demeurée française serait notablement plus peuplée, car de nombreuses industries se sont transportées de ce côté-ci de la frontière, surtout à Belfort. La perte de l'Alsace nous a donc privés de deux agglomérations urbaines importantes.

(2) Rapport successif de la population de nos grandes villes à la population totale de la France :

1801.....	2,81	1846.....	4,03	1876.....	10,50
1811.....	2,81	1851.....	4,51	1881.....	11,14
1821.....	3,20	1856.....	5,23	1886.....	11,40
1831.....	3,26	1861.....	7,70	1891.....	11,90
1836.....	3,60	1866.....	8,21	1896.....	12,42
1841.....	3,73	1872.....	9,10		

Relation comparée des populations urbaine et rurale. — Plus

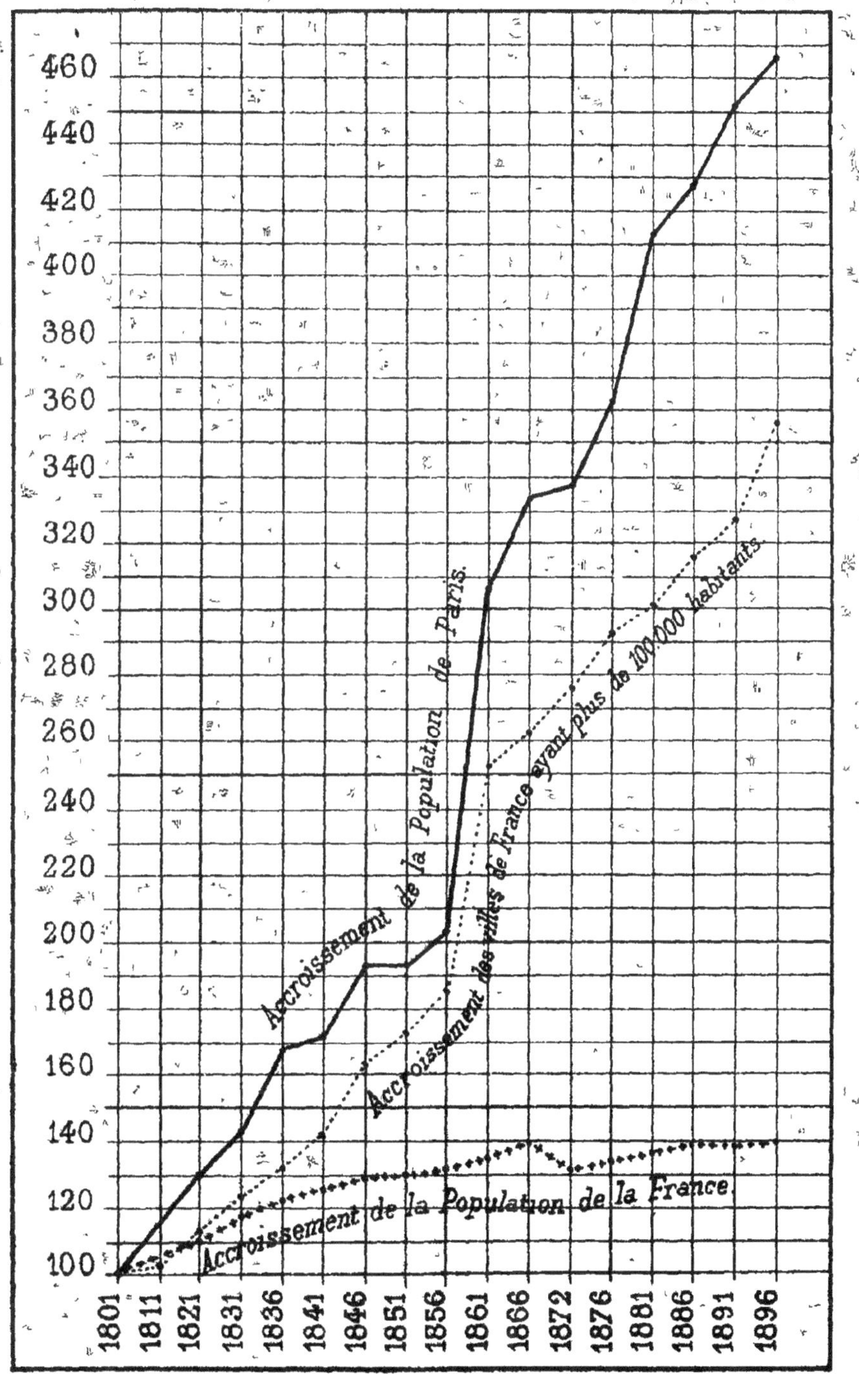

Fig. 10. — Accroissement comparé de la population de Paris, des villes de plus de 100 000 habitants et de la France entière depuis 1801, la population en 1801, étant réduite à 100.

nous allons, plus la population des grandes villes s'accroît et, avec elles, d'une façon générale, la population urbaine. Un document publié par l'ordre de la Constituante (1), en 1790, estimait la population des villes et bourgs de la France à 5709000 habitants et celle des campagnes à 20521000 : leur proportion respective était donc de 21,76 et 78,24 p. 100. Dans le même temps, le chevalier des Pommelles donnait aux villes 4881000 âmes et 19524000 aux campagnes : c'était une proportion sensiblement analogue (20,33 et 79,67 p. 100 (2). Mais ces évaluations ne pouvaient qu'être très vagues et ce fut seulement, comme on sait, en 1846 que la statistique française adopta une limite précise (2000 hab. agglomérés) pour distinguer les populations urbaines des populations rurales : le tableau suivant indique leur marche depuis cette époque.

Mouvement comparé des populations urbaine et rurale en France de 1846 à 1896.

ANNÉES	POPULATION URBAINE TOTALE	SON RAPPORT A LA POPULATION TOTALE	POPULATION RURALE TOTALE	SON RAPPORT A LA POPULATION TOTALE
1846	8646743	24,4	26753743	75,6
1851	9135459	25,5	26647711	74,5
1856	9844828	27,3	26294536	72,7
1861	10789766	28,9	26596547	71,1
1866	11595348	30,5	26471716	69,5
1872	11234900	31,1	24868022	68,9
1876	11977396	32,4	24928392	67,6
1881	13096542	34,8	24575506	65,2
1886	13766508	35,9	24452395	64,1
1891	14311292	37,4	24031900	62,6
1896	15030000	39,5	23487000	60,5

Ainsi, la population urbaine qui représentait à peine le quart de la population totale en 1846, en représentait en 1896 beaucoup plus du tiers. A chaque dénombrement, on constate son augmentation, sauf de 1866 à 1872, en raison des pertes

(1) Ce document dont l'autorité est, du reste, fort contestable, a été publié par Arthur Young. (*Voyage en France*, II. 317.)

(2) Des Pommelles. (*Mém. sur la population de toute la France*, p. 15.)

territoriales faites en 1871 : encore cette décroissance n'est-elle qu'apparente : en effet, elle n'atteint que le chiffre de 361 000 habitants, tandis que, en 1866, la population urbaine des deux départements de l'Alsace et de la Moselle était de

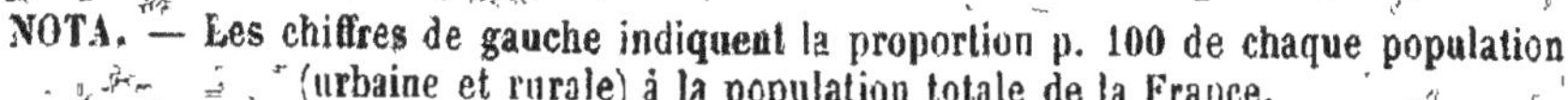
NOTA. — Les chiffres de gauche indiquent la proportion p. 100 de chaque population (urbaine et rurale) à la population totale de la France.

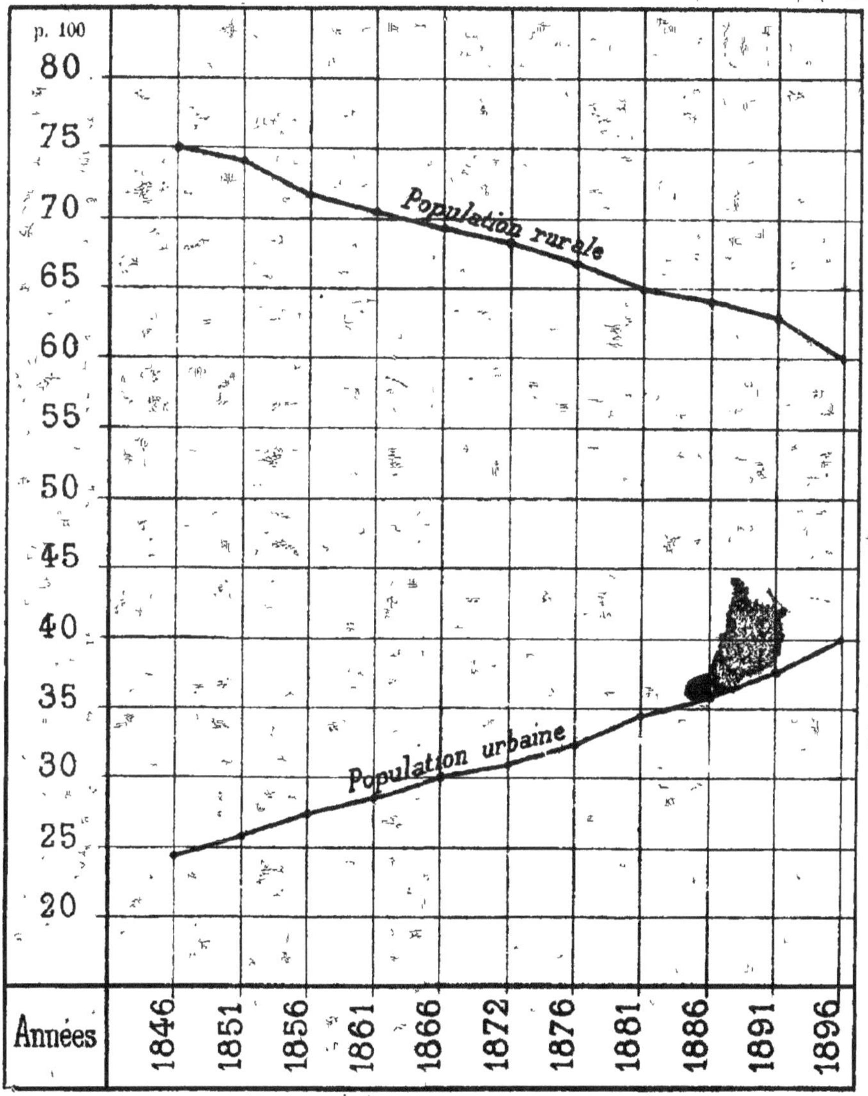

22. — Mouvement comparé de la population urbaine et de la population rurale en France de 1846 à 1896.

561 000. Inversement, la population rurale est en diminution presque constante, à part deux périodes de relèvement, de 1856 à 1861 et de 1872 à 1876. Mais cette décroissance est

surtout sensible depuis 1872 : dans les vingt années qui s'étendent de 1846 à 1866, la population rurale avait seulement diminué de 282000 habitants ou 1,06 p. 100, tandis que, dans un même laps de temps, de 1872 à 1891, la perte a été de 837000 habitants ou 3,40 p. 100. Il y a donc en France une diminution, non seulement relative, mais absolue, de la population rurale et c'est ce qui n'arrive ni en Allemagne ni en Angleterre où cependant le développement urbain est plus prononcé que chez nous. En Angleterre, la population rurale n'a pas cessé de s'accroître; en Allemagne, elle est demeurée presque stationnaire depuis 1871, et dans la dernière période (1890-95), elle s'est notablement relevée dans le royaume de Prusse. Et cette différence entre ces deux pays et la France est d'autant plus accusée que, chez nous, le nombre des groupements ruraux qui passent à l'état de villes est relativement restreint et nous avons vu combien cela influait peu sur le développement de l'un ou l'autre élément de la population. Il y a donc bien en France une diminution absolue de la population rurale. Un graphique dont nous empruntons les éléments aux travaux de M. Turquan donne une idée très nette du développement, en sens contraire, des deux catégories de la population (voy. la *fig.* 11). Le savant statisticien suppose, qu'il y aura équilibre entre elles vers 1920 : en admettant (si l'on calcule d'après les données du dernier dénombrement) que la France ait alors 39 millions et demi d'habitants, notre population urbaine serait même alors fort au-dessous de ce qu'elle est actuellement en Angleterre et en Allemagne.

De l'immigration dans l'ensemble des populations urbaines et en particulier dans les grands centres. — En attendant, l'accroissement (1) de notre population urbaine, non seulement

(1) Si l'on réunit les trois périodes quinquennales 1876-81, 1881-86, 1886-91, on arrive aux résultats suivants :

	POPULATION URBAINE	POPULATION RURALE
	—	—
Il y avait en 1876	11 977 396	24 928 392
Excédent de naissances de 1876 à 1891	81 016	1 468 681
Il y aurait dû avoir en 1891	12 058 412	26 397 073
Il y a eu —	14 311 292	24 031 900
Différence	+ 2 252 880	— 2 365 173
	provenant de l'immigration.	provenant de l'émigration.

égale, mais dépasse celui de notre population totale, et cela d'une façon constante depuis 1876. Ce qui prouve suffisamment le mouvement de migration des campagnes vers les

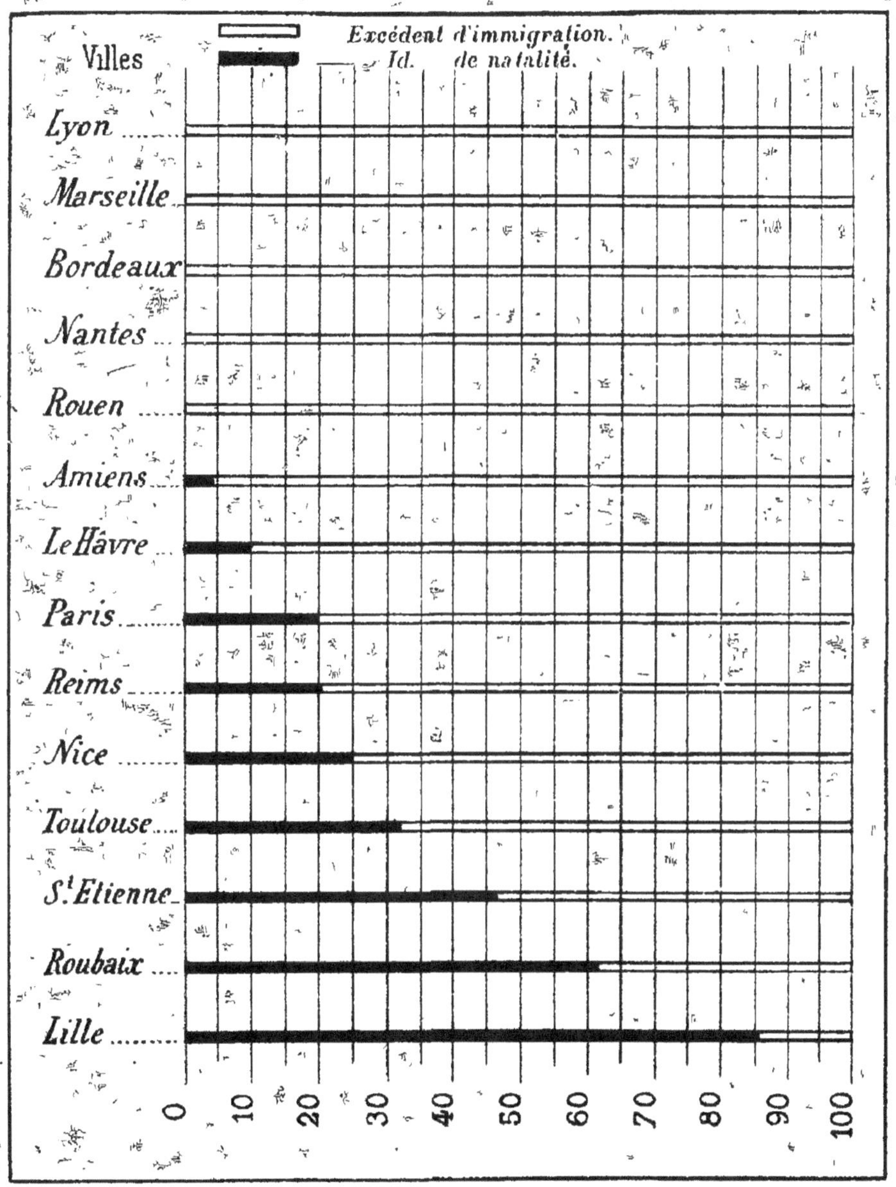

Fig. 12. — Part proportionnelle de l'excédent d'immigration et de l'excédent de natalité dans l'accroissement des principales villes de France (1872-1891).

villes. De 1876 à 1881, la population rurale perdait par émigration 821000 habitants (3,3 p. 100) : de 1881 à 1886, la perte était de 455000 (1,9 p. 100) et de 1886 à 1891, de

585000 (2,4 p. 100). Dans la population urbaine, le très faible excédent des naissances constaté dans les deux premières périodes disparaissait dans la dernière, de 1886 à 1891, et toujours cette population augmentait presque exclusivement par immigration, de 1080000 ou 9,1 p. 100 (1876-81), de 626000 ou 4,9 pour 100 (1881-86), de 518000 ou 3,9 p. 100 (1886-91). C'est surtout la décroissance de l'immigration étrangère qui fait la diminution de l'immigration urbaine lors de la dernière période.

Ici encore, la situation démographique de la France diffère de celle de l'étranger. Dans la plupart des autres États, la population urbaine a un excédent plus ou moins considérable de natalité; chez nous, il n'existe pas, et c'est presque uniquement par de nouveaux arrivants que nos populations urbaines se recrutent. Ce phénomène est plus sensible si l'on compare le mode d'accroissement des grandes villes de France, d'Allemagne et d'Angleterre. Dans ces deux derniers pays, comme du reste en Belgique et en Hollande, il y a, dans toutes les grandes cités, un excédent de naissances qui contribue pour une part plus ou moins notable à l'augmentation totale. En France, de 1872 à 1891, l'accroissement des villes de plus de 100000 habitants (en 1891) a été de 1045000, et sur ce total, 890000, ou 87 p. 100, étaient dus à l'immigration. Dans cinq de ces agglomérations sur douze, l'immigration constituait à elle seule tout l'accroissement et dans les autres, sauf dans les grandes villes du Nord, sa part était considérable (voy. la *fig.* 12).

Développement de la population globale et des populations urbaine et rurale par grandes régions. — Il est donc tout naturel que le progrès de la population urbaine influe sur celui de la population totale : nous pouvons le constater en suivant le développement de l'une et de l'autre d'après les *fig.* 13 et 14. Le premier graphique que nous devons encore aux travaux de M. Turquan donne le mouvement de la population totale de la France, répartie en six grandes régions depuis 1801; le second, dressé par nous, représente la marche de la population urbaine suivant les mêmes régions depuis 1846. Bien que nous ne devions pas suivre cette division pour notre compte, nous croyons cependant qu'elle exprime assez bien la différence que la formation des groupes urbains a exercée sur le mouvement général de notre population. Les régions que distingue la direction de la statistique française sont le Nord, le Centre, le

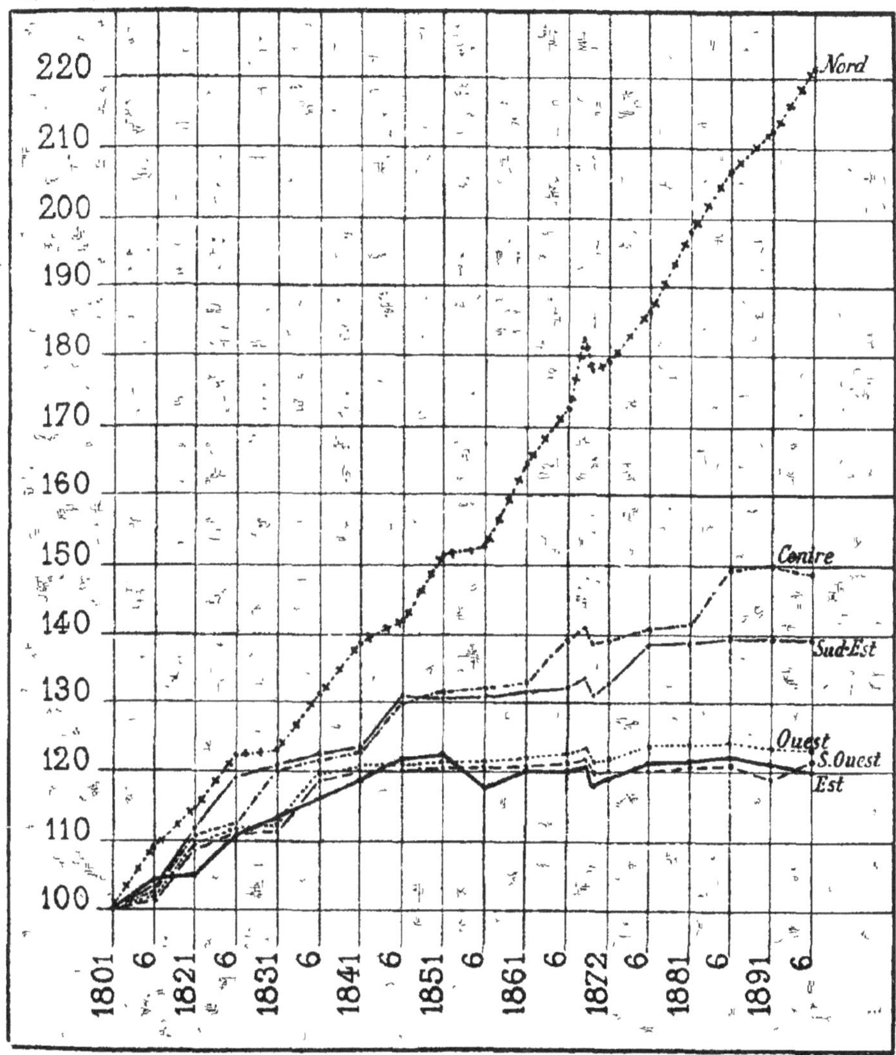

Fig. 13. — Développement comparé de la population totale dans les différentes régions de la France de 1801 à 1896, la population en 1801 étant réduite à 100.

Sud-Est, l'Ouest, l'Est et le Sud-Ouest (1). La région du Nord, à

(1) Le *Nord* comprend : la Flandre, l'Artois, la Picardie, l'Ile-de-France;
Le *Centre* — l'Orléanais, l'Auvergne, le Lyonnais, le Bourbonnais, la Touraine, le Nivernais, le Limousin, la Marche;
Le *Sud-Est* — Nice, Avignon, le Languedoc, la Corse, la Provence, le Dauphiné, la Savoie, le Roussillon;
L'*Ouest* — la Normandie, la Bretagne, le Maine, l'Anjou, le Poitou, l'Angoumois, l'Aunis et Saintonge;
L'*Est* — la Bourgogne, la Champagne, la Lorraine, l'Alsace, la Franche-Comté;
Le *Sud-Ouest* — la Guyenne et Gascogne, Béarn et Navarre, Foix.

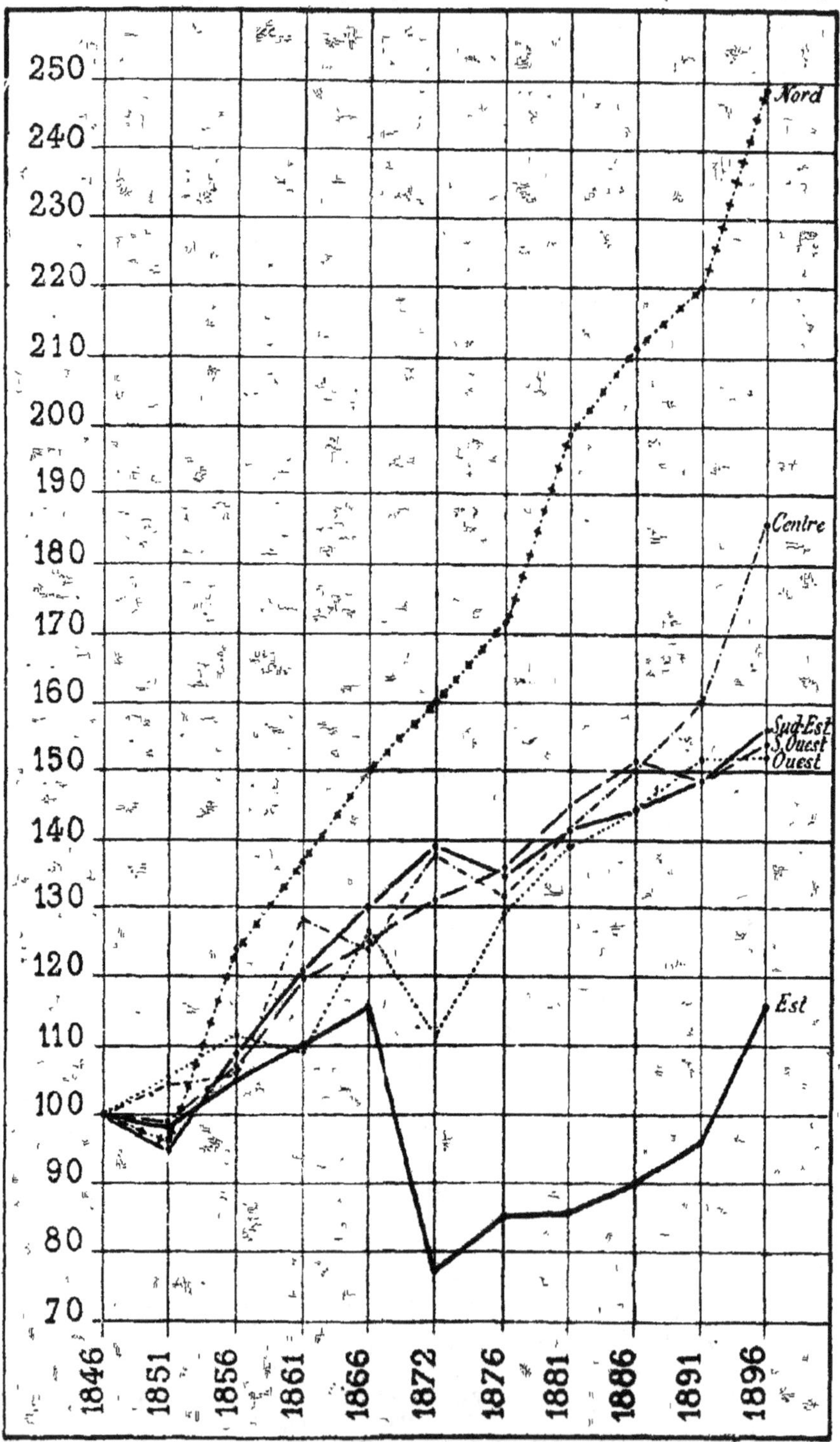

Fig. 14. — Développement comparé de la population urbaine dans les différentes régions de la France de 1846 à 1896, la population en 1846 étant réduite à 100.

Population depuis 1801 des villes de France, ayant plus de 100 000 habitants en 1896, (en milliers sauf pour 1896) (1).

VILLES	1801	1811	1821	1831	1836	1841	1846	1851	1856	1861	1866	1872	1876	1881	1186	1891	1896 Population totale.	1896 Population agglomérée.
(2) 1. Paris	548	622	en 1817 713	785	900	935	1 053	1 053	1 174	1 696	1 825	1 851	1 988	2 269	2 344	2 447	(1) 2 536 834	2 536 834
2. Lyon (3)	109	106	149	134	150	(1) 190	221	234	256	318	323	323	342	376	401	436	466 028	398 867
3. Marseille	111	102	109	145	146	147	186	198	215	261	300	312	318	360	376	403	442 239	332 515
4. Bordeaux	91	93	89	99	99	99	125	131	140	162	194	194	215	221	240	252	256 906	239 806
5. Lille	54	61	64	69	72	71	75	75	89	131	154	158	162	178	188	201	216 276	160 723
6. Toulouse	50	51	52	60	77	76	94	94	92	113	127	124	131	140	147	149	149 963	124 187
7. Saint-Étienne	16	18	19,1	33	41	46	50	56	94	92	96	110	126	123	117	133	136 036	120 300
8. Roubaix	8	8	18	»	»	»	31	34	»	49	65	75	83	91	100	115	124 661	113 900
9. Nantes	73	82	68	78	76	76	94	96	101	113	112	118	122	124	127	122	123 902	107 137
10. Le Havre	16	17	21,1	23	25	43	31	28	62	74	75	86	92	105	112	116	119 470	117 009
11. Rouen	87	87	86,7	88	92	90	99	100	94	102	100	102	105	106	107	112	113 219	106 825
12. Reims	20	31	31	36	38	39	44	45	48	55	60	72	81	93	97	104	107 963	99 001
Total	1 135	1 175	1 420	1 550	1 716	1 772	2 103	2 144	2 360	3 164	3 431	3 425	3 735	4 186	4 356	4 590	4 793 491	4 457 104

(1) Les chiffres de ce tableau et du tableau suivant sont ceux de la population de droit et non de la population de fait, c'est-à-dire présente au moment du dénombrement. Nous y joignons pour 1896, les chiffres de la population agglomérée afin qu'on puisse mieux juger de la physionomie même des villes.

(2) Ces numéros désignent le rang occupé par chaque ville sous le rapport de la population en 1896.

(3) Y compris la Croix-Rousse, la Guillotière et Vaise, annexés définitivement en 1856.

Villes de France ayant de 20000 à 100000 habitants de population totale en 1896
(population en milliers sauf pour 1896).

VILLES	1801	1836	1866	1896 Population totale.	1896 Population agglomérée au chef-lieu.
(1)					
13. Nancy	29,7	31,4	49.9	96306	83668
14. Toulon	20,5	35,3	77,1	95276	70843
15. Nice	»	»	50,1	93760	69140
16. Amiens	40,3	46,1	61	88731	74808
17. Limoges	20,5	29,7	53	77703	64718
18. Angers	33	35,9	54,8	77164	69484
19. Nîmes	38,8	43	60,2	74601	66905
20. Brest	27	29,7	79,8	74538	64144
21. Montpellier	33,9	35,5	35,6	73931	62717
22. Tourcoing	12,1	»	38,2	73352	55705
23. Rennes	25,9	35,5	49,2	69937	57249
24. Dijon	21	24,8	39,1	67735	58355
25. Orléans	36,1	40,2	49,1	66700	56915
26. Grenoble	23,5	28,9	40,4	64002	50084
27. Tours	22	26,6	42,4	63267	56706
28. Le Mans	17,2	23,1	45,2	60075	49665
29. Besançon	30	29,7	46,9	57556	36942
30. Calais	2,6	»	30	56740	50818
31. Versailles	25	29,2	44	54874	42812
32. Saint-Denis	3,9	9,3	26,1	54432	52531
33. Troyes	23,8	25,5	35,6	52998	50676
34. Clermont	24,4	32,4	37,6	50870	38913
35. Saint-Quentin	10,4	20,5	32,6	48868	44912
68. La Rochelle	18	14,8	18,7	28276	22426
69. Castres	15,3	17,6	21,3	28204	19595
70. Narbomie	9	10,7	17,1	27824	23223
71. Vincennes (Seine)	1,9	3	14,5	27450	22949
72. Aubervilliers (Seine)	1,8	2,2	9,2	27332	27064
73. Nevers	13,7	16,9	20,7	27108	22864
74. Montreuil (Seine)	3,6	3,5	9,2	27087	27005
75. Bayonne	13,1	15,9	26,3	26988	22278
76. Châlons-sur-Marne	11,1	12,9	17,6	26630	20434
77. Epinal	7,3	9,5	11,8	26525	18580
78. Chalon-sur-Saône	10,4	12.4	19,9	26288	23962
79. Valence	7,5	10,9	20,1	26212	20785
80. Arras	19,3	23,4	25,7	26144	20600
81. Cambrai	13,8	17.8	22,2	25603	14306
82. Pautin (Seine)	0,9	1,9	8,5	25586	25476
83. Vienne	10,3	16,4	24,8	24977	20997
84. Ivry (Seine)	0,9	3,9	10.1	24919	22228
85. Arles	17,1	20	26,3	24567	12755
86. Alais	9,6	13,5	19,9	24382	18249
87. Asmères (Seine)	0,3	0,5	5,4	24317	23231
88. Tarbes	6,7	12,6	15,6	24197	19425
89. Châteauroux	8,1	13,8	17,1	23863	20016
90. Niort	15	18,1	20,7	23674	20909

36. Béziers	33,9	35,5	27,7	48 042	41 706	91. Blois	13,3	13,6	20	23 542	18 191
37. Levallois-Perret (Seine)	»	»	15,7	47 315	46 886	92. Chartres	14,4	14,7	19,4	23 183	19 213
38. Boulogne-sur-Mer	11,3	25,7	40,2	46 807	45 538	93. Wattrelos (Nord)	»	»	13,1	22 731	10 597
39. Caen	30,9	41,8	41,5	45 380	37 457	94. Agen	10,8	13,4	18,2	22 730	18 389
40. Avignon	21,4	31,7	36,5	45 107	32 156	95. Lunéville	9,7	12,8	15,1	22 600	16 857
41. Bourges	15,3	25,3	30,1	43 587	33 257	96. Bastia	9	13	21,5	22 552	20 357
42. Lorient	19,9	16,9	37,6	41 894	36 434	97. Montceau-les-Mines	»	»	3,3	22 467	6 792
43. Cherbourg	11,4	19,3	37,2	40 783	32 461	98. Dieppe	20	16,8	19,9	22 139	20 955
44. Dunkerque	21,4	23,8	33	39 718	37 860	99. Moulins	13,2	15,2	19,8	22 215	19 039
45. Poitiers	18,2	22	31	38 518	30 572	100. Vannes	8,7	11,6	14,5	22 189	15 532
46. Angoulême	14,8	16,9	25,4	38 068	30 616	101. Verdun	10,4	10,5	12,9	22 151	12 780
47. Boulogne (Seine)	2,4	5,9	17,3	37 418	36 984	102. Chambéry	10,3	18,2	20,9	21 762	15 596
48. Perpignan	11,1	17,6	25,2	35 088	25 433	103. Saint-Brieuc	8	11,3	15,8	21 685	14 326
49. Rochefort	15	15,4	30,1	34 392	28 695	104. Albi	9,6	11,8	16.2	21 490	14 983
50. Roanne	6,9	9,9	19,3	33 912	32 321	105. Saint-Omer	20	19,2	22	21 481	17 503
51. Clichy (Seine)	1,5	3,6	13,6	33 895	33 742	106. Saint-Dié	5,3	7,9	10,4	21 396	16 015
52. Pau	8,5	12,6	24,5	33 012	28 345	107. Le Puy	15,9	14,9	19,5	20 793	1[illegible] 305
53. Neuilly (Seine)	1,6	7,6	17,5	32 730	30 784	108. Fougères (Ille-et-Vil.)	7,2	9,3	9,6	20 735	[illegible]240
54. Cette	9	»	24,1	32 729	31 422	109. Ajaccio	6	9	84,5	20 561	17 398
55. Le Creusot	»	»	23,8	32 034	19 713	110. Saint-Maur (Seine)	0,5	1	5,6	20 503	20 186
56. Montluçon	4,4	»	18,6	31 595	29 213	111. Saintes	10,1	9,5	11,5	20 285	15 485
57. Douai	18,2	19,1	24,1	31 397	20 006	112. Cognac	2,8	3,8	9,4	20 228	18 932
58. Périgueux	6,3	11,5	20,4	31 313	27 784	113. Sedan	10,5	13,7	15	20 163	16 472
59. Saint-Nazaire	»	»	18,8	30 813	24 994	114. Courbevoie	1,3	2,4	9,8	20 105	18 844
60. Saint-Ouen	0,6	0,9	5,8	30 715	30 601	115. Châtellerault	8,4	9,7	14,2	20 014	14 722
61. Valenciennes	7,5	10,9	20,1	29 912	23 692						
62. Laval	14,1	17,8	27,1	29 853	24 807	*Total*	2 301	1 586	2 633	3 967 797	3 192 675
63. Armentières	5,2	»	15,5	29 603	26 614	Villes de plus de 100 000 habitants en 1896	1 155	1 716	3 432	4 793 491	4 457 104
64. Montauban	21,9	23,8	25,9	29 470	17 394						
65. Carcassonne	15,2	18,9	22,1	29 298	23 770						
66. Aix	23,6	24,6	28,1	28 903	19 180						
67. Belfort	4,4	5,6	8,4	28 715	20 943	*Total général*	2 656	3 312	6 004	8 761 468	7 649 779

(1) Ces numéros d'ordre prennent la suite de ceux du tableau précédent.

Paris, 21.7 p. 100. Sans compter la capitale, la population urbaine y a augmenté de 158 p. 100 depuis 1846. La région du Centre vient ensuite : elle doit en effet à l'influence des agglomérations du Rhône et de la Loire d'avoir vu sa population totale et sa population urbaine suivre la même progression, bien qu'elle ne contienne que 12 p. 100 de la population urbaine

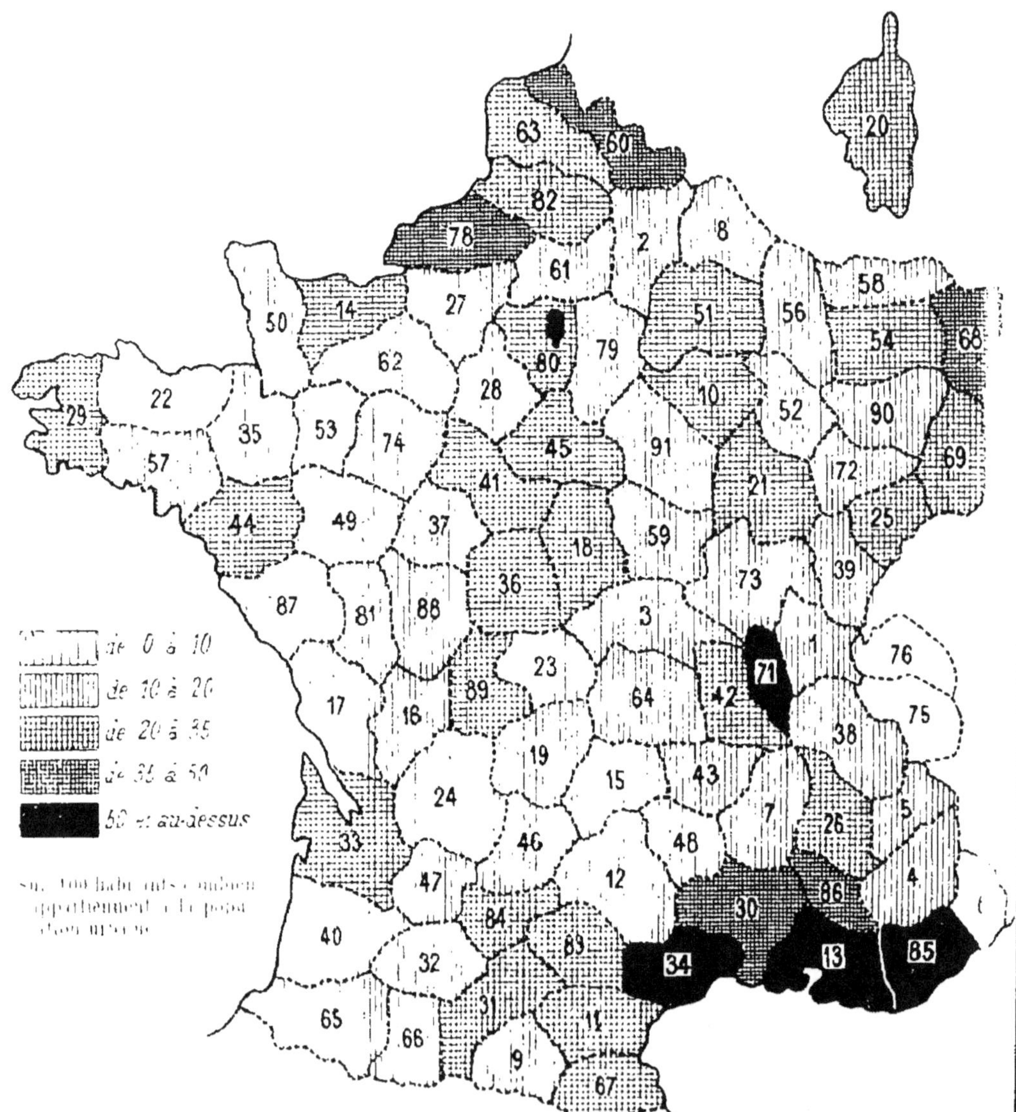

Fig. [illegible]. — Carte de la population urbaine de la France en 1846.

totale des départements plus exclusivement ruraux du Massif central étant compris dans cette région.

cause de Paris et de ses grands centres industriels vient, de beaucoup la première, sous le double rapport du progrès de la population globale et de la population urbaine : à elle seule, elle renferme 38 p. 100 de cette population.

Le troisième rang est occupé sur l'une et l'autre figure par la région du Sud-Est où le caractère rural et la diminution des

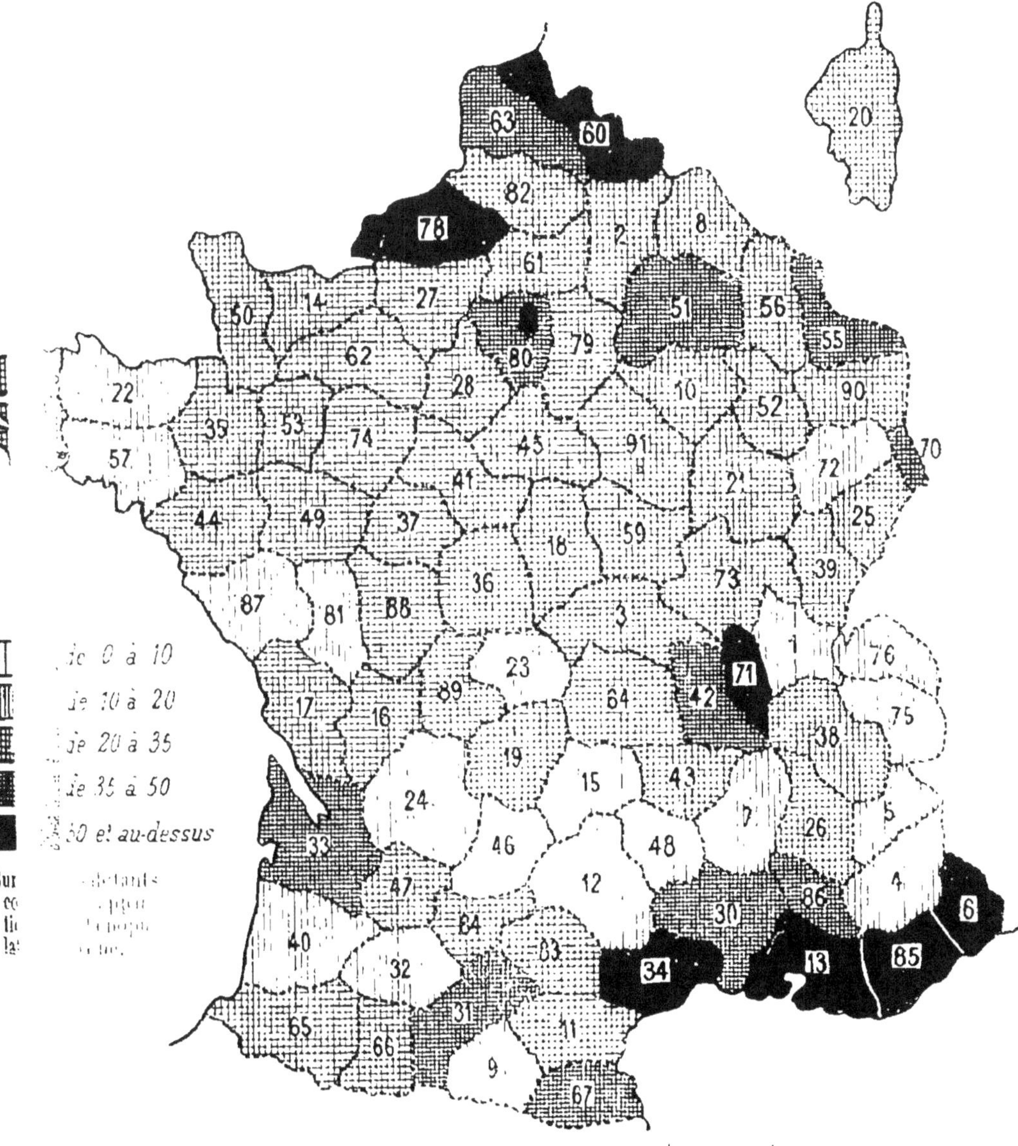

Fig. 16.

départements alpestres sont compensés par la population urbaine et l'accroissement global des départements méditerranéens. Le

Sud-Ouest et l'Ouest suivent une marche à peu près identique; mais l'Est demeure fortement en arrière, pour le développement de sa population urbaine en raison même de la perte de l'Alsace-Lorraine. Et cependant tel a été le développement de la population urbaine dans cette région qu'elle est presque aujourd'hui au même niveau qu'en 1866; de 1872 à 1896, la population urbaine de l'Est a augmenté de 50 p. 100.

Pour que l'on puisse mieux juger du mouvement comparé des populations urbaine et rurale, nous avons dressé deux cartes de la répartition de la population urbaine par département, en 1846 et en 1896 (Voy. les *fig.* 15 et 16). Partout cette population a augmenté : seules, les régions des Alpes, du Massif central, de l'Ouest en partie, présentent peu de progrès de la population urbaine sur l'ensemble de la population. En 1846, 50 départements avaient moins de 20 p. 100 de leur population qualifié d'urbaine; en 1896, 22 départements seulement sont dans cette situation; en 1846, la population urbaine représentait plus de 40 p. 100 de la population totale dans 8 départements, et en 1896, dans 17 (1).

Etude régionale du mouvement de la population française. — Nous allons maintenant étudier, pour chaque région de la France, le mouvement comparé de la population totale et de la population urbaine, des immigrations et émigrations : comme nous voulons, autant que possible, considérer chaque région suivant son caractère géographique, nous n'adopterons pas ici la division du service statistique de la France, dont nous nous sommes servis plus haut.

Région du Nord. — Les départements de cette région, Nord, Pas-de-Calais, Somme, sont tous populeux, mais inégalement, la Somme bénéficiant beaucoup moins que les deux autres du développement industriel. Au début du siècle, leur population globale était de 1730000 habitants ou 6,3 p. 100 du total, quoique le Nord eût déjà une avance marquée et dépassât même la Seine; en 1846, cette population était de 2400000, et 1896, 3260000 ou plus de 8 p. 100 de notre population totale.

(1) Pour ne pas surcharger de chiffres ce chapitre, nous donnerons en appendice à la fin du volume le total pour chaque département de la population urbaine et de la population rurale en 1846 et en 1896.

Mais cette augmentation revient surtout au Nord, (50 p. 100) dont la population actuelle (1811000), équivaut à 60 p. 100 de celle de la région et ensuite au Pas-de-Calais : la Somme, au contraire, est en décroissance sur 1846.

En 1846, la population urbaine de la région était de 792000 âmes; ce qui donnait déjà une proportion de 33 p. 100 de la population totale; en 1896, elle était de 1786000, ou 55 p. 100, dont plus de 1200000 pour le seul département du Nord. Elle avait plus que doublé dans l'espace de moins d'un demi-siècle et dépassait notablement l'accroissement total de la région. C'est qu'en effet, la population rurale diminue soit par le passage de communes rurales au rang de communes urbaines, soit par la décroissance des communes rurales elles-mêmes. Dans le Nord, les arrondissements plus ruraux de Cambrai et Hazebrouck sont ceux qui ont le moins gagné, et presque tout l'accroissement porte, en somme, sur les centres urbains : la seule agglomération, Lille, Roubaix, Tourcoing, absorbe plus du tiers de l'augmentation totale de 1866 à 1896 (160000 sur 420000) et aujourd'hui cette agglomération (y compris Wattrelos) atteint plus de 430000 âmes, soit près du quart du département total.

Dans le Pas-de-Calais, les villes les plus importantes ne marquent pas un progrès sensible; mais tout l'accroissement depuis 1846 est aux trois quarts fourni par l'arrondissement houiller de Béthune.

Enfin dans la Somme, la décroissance est générale, sauf pour l'arrondissement d'Amiens, grâce au chef-lieu. De 1866 à 1896, la ville s'accroissait de 27000 âmes, tandis que le département diminuait du même chiffre.

Région parisienne. — Comme celle du Nord, la région de l'Ile-de-France offre un accroissement considérable; en 1801, sa population était de 2127000 habitants; elle passait en 1846 à 3142000 et enfin elle atteint aujourd'hui 5300000, soit plus de 13 p. 100 du total de la France. Mais la Seine, à elle seule, représente 63 p. 100 de cette région; en laissant de côté l'agglomération parisienne que nous étudierons à part, on constate une grande différence dans le développement des départements de l'Ile-de-France. L'Aisne est en baisse constante depuis 1876 et sa population actuelle est revenue presque à son chiffre de 1841 : la seule ville de Saint-Quentin a gagné 16000 âmes (ce qui est relativement peu) de 1866 à 1896, tandis que le département en perdait plus de 20000. L'Oise offre le type de l'immobilité dans sa population : de 1836 à nos jours, ce département a à peine varié de quelques milliers d'habitants, dans le sens de l'accroissement. Bien qu'il ne possède aucun grand centre, sa population urbaine a gagné près de 70 p. 100 depuis 1846 et représente plus du quart du total du département en 1896.

Dans Seine-et-Marne, où les grandes villes font également défaut, la population urbaine s'accroit moins fortement (50 p. 100 depuis 1846); et la population totale se maintient grâce sans doute à la proximité de Paris : depuis 1861, en effet, la décroissance n'a affecté que les deux arrondissements les plus éloignés de la capitale (Provins et Coulommiers).

C'est également le voisinage de Paris qui fait l'accroissement de la Seine-et-Oise, qui représente aujourd'hui 34 p. 100 de l'Ile-de-France (hormis la Seine) : la majeure portion de son augmentation revient en effet à la partie de l'arrondissement de Versailles qui confine à l'agglomération parisienne. De là l'accroissement considérable de la population urbaine (167 p. 100 depuis 1846.)

Normandie. — La région normande est connue pour un pays de dépeuplement, au sens littéral du mot, en raison de l'excédent constant de la mortalité. Cette diminution affecte la basse Normandie; la Seine-Inférieure bénéficiant de ses centres industriels. Les départements normands (celui de la Seine-Inférieure excepté) avaient en 1801, 1780000 habitants et 1968000 en 1846 : aujourd'hui leur population globale n'est que de 1596000, soit une diminution de 20 p. 100 sur 1846 et même de 10 p. 100 sur 1801. Même la population urbaine de cette région s'accroît peu, de 20 p. 100 à peine depuis 1846, et elle est presque demeurée stationnaire de 1866 à 1896. Les communes rurales, en effet, restent dans leur état ou décroissent et, parmi les groupements urbains, les deux principaux, Caen et Cherbourg, n'ont que peu augmenté depuis 1866.

Dans la haute Normandie, les conditions sont tout autres : tout l'accroissement porte sur les deux arrondissement industriels de Rouen et du Havre. En 1801, ils formaient la moitié du département (306000 sur 609000); en 1846, ils représentaient 56 p. 100 de la population totale; en 1866, 60 p. 100, et en 1896, 67 p. 100.

Tandis que de 1846 à 1896, la population du département augmentait d'environ 80000 habitants, celle de ces deux arrondissements s'accroissait de 130000. On voit quelle diminution a frappé ainsi les autres.

La population urbaine a augmenté de 61 p. 100 depuis 1846 et constituait (1896) 55 p. 100 de la population totale. Sur ce chiffre (468000), Rouen et le Havre prennent la moitié : si Rouen, en effet, est demeuré presque stationnaire depuis 1846, c'est de cette époque à peu près (qui coïncide avec les progrès de la navigation à vapeur) que datent les progrès de sa rivale.

Région de l'Ouest : Bretagne, Maine, Anjou. — La population de l'ensemble de la Bretagne, qui était de 2200000 en 1801, passe à 2792000 en 1846 et à 3175000 en 1896. Malgré ce constant progrès, on peut remarquer que le taux d'accroissement est moindre dans la dernière période, car, comme nous le verrons, l'émigration gagne de plus en plus et le département des Côtes-du-Nord est en diminution. De 1846 à 1896, la population urbaine avait plus que doublé (de 337000 à 722000), mais la population rurale n'augmentait que de 5 p. 100 dans la même période. Quant aux grands centres de la province, leur développement n'a pas suivi la même marche : de 1801 à 1836, Rennes avait fait quelque progrès, tandis que Nantes et Brest demeuraient stationnaires; ces trois villes s'accroissent sensiblement de 1836 à 1866, mais depuis cette époque Rennes seule a continué ses progrès; Brest n'a plus retrouvé sa population de 1866, et Nantes a aujourd'hui (depuis 1886) une tendance à fléchir devant la concurrence de Saint-Nazaire.

Le Maine et l'Anjou forment une région intermédiaire entre la Bretagne et les provinces du Centre-Loire : comme celles-ci, elle ne renferme pas de villes de premier ordre, mais à la différence de la Bretagne, c'est une région de décroissance. La population globale des trois départements, qui s'était élevée de 1068000 à 1346000 de 1801 à 1846, tombait en 1896 à 1260000.

La décroissance était particulièrement sensible dans la Sarthe, qui suivait le sort de la Normandie. Par contre, la population urbaine avait gagné près de 100000 âmes (1846-1896); mais les trois villes principales (Angers, le Mans, Laval), qui avaient beaucoup progressé de 1836 à 1866, ont eu un développement beaucoup moindre depuis cette époque.

Région de la Loire : Bourbonnais, Nivernais, Berry, Orléanais, Touraine. — L'ensemble de cette région n'a point manifesté de décroissance jusqu'en 1891. Mais son accroissement, de 1846 à 1891, a été sensiblement plus lent que dans la période précédente et aujourd'hui (1896) il y a diminution. La population de cette région du Centre-Loire, qui s'élevait en 1801 à 1922000 habitants et à 2400000 en 1846, atteignait 2660000 en 1896. L'augmentation de la population urbaine (de 472000 à 692000) représentait 85 p. 100 de l'accroissement total. Parmi les villes, dont aucune du reste ne mérite le nom de grande agglomération, plusieurs n'ont que peu participé à ce progrès : Chartres, Blois, Châteauroux, Nevers, Moulins, ont peu varié depuis 1866. Il y a eu un progrès plus marqué dans le centre industriel de Montluçon; Bourges et surtout Orléans ont vu beaucoup augmenter leur importance depuis trente ans : elles absorbent plus de la moitié de l'augmentation de leurs départements respectifs de 1872-1896.

Tours a fait les mêmes progrès qu'Orléans depuis 1872 et, bien que son accroissement paraisse se ralentir, il dépasse de beaucoup celui du département.

Poitou et Charentes. — Dans l'ensemble, cette région présente un accroissement constant jusqu'au dernier dénombrement de 1891; elle a diminué dans la dernière période quinquennale.

La population globale, qui était de 1425000 en 1801, passait à 1850000 en 1846 et s'élevait seulement à 1934000 en 1896.

C'est que si le Poitou augmente, les Charentes, par suite de la crise du vignoble, sont en diminution sur 1846.

En 1846, la population urbaine de la région était de 246000 habitants, en 1896, de 398000; elle avait ainsi plus gagné que la population totale et le progrès tenait beaucoup plus à l'accroissement des communes rurales qu'à celui des villes principales. Celles-ci, du reste, ne sont que secondaires et, sauf Angoulême, elles n'ont que peu augmenté dans la période contemporaine.

Région du Massif Central (1). — Cette région n'a point, dans son ensemble, subi autant de diminution que d'autres contrées plus favorisées. Sa population actuelle (3145000 en 1896) n'est pas beaucoup au-dessous du chiffre de 1846 (3189000) et elle est supérieure au total de 1801 (2642000). La décroissance, il est vrai, se manifeste de plus en plus à l'époque contemporaine, car si quelques départements de cette région maintiennent et même augmentent leur population (ceux du Limousin par exemple), la majeure partie la voit diminuer. L'accroissement de la population urbaine a été relativement faible depuis 1846 (seulement 35 p. 100) et sa relation à la population totale (18,3 p. 100) est une des moindres que l'on puisse trouver en France. Cette région, en effet, ne renferme que des centres peu importants, qui ne sont, en somme, que des villes rurales ; deux seulement font exception, Limoges et Clermont-Ferrand. Au début du siècle, leur population était à peu près la même avec une avance au profit de la capitale de l'Auvergne ; en 1836, leur situation respective n'avait pas changé mais en 1866, Limoges avait une avance qu'elle n'a plus perdue ; et depuis, ses progrès ont été plus que le double de ceux de Clermont.

Région du Lyonnais. — Cette région, grâce aux métropoles de Lyon et Saint-Étienne et à ses centres industriels secondaires, présente un accroissement encore plus considérable que la région du Nord. De moins de 600000 habitants en 1801, la population atteint 1000000 en 1846 et s'élève à 1464000 aujourd'hui, soit un accroissement de 46 p. 100 depuis un demi-siècle et plus des trois cinquièmes de cette augmentation reviennent au Rhône.

De 1846 à 1896, la population urbaine du Lyonnais s'est accrue de 128 p. 100 et atteint aujourd'hui plus de 60 p. 100 de la population totale ; mais la part des deux métropoles dans l'accroissement global n'est pas le même. Depuis 1846, Saint-Étienne ne participe que pour 48 p. 100 à l'augmentation de la Loire ; tandis que, dans celle du Rhône, la part de Lyon est de 80 p. 100. C'est que, depuis vingt ans, la population de Saint-Étienne n'augmente que lentement ; celle de Lyon ne cesse de faire de grands progrès et contient aujourd'hui plus de la moitié de la population du département (56 p. 100).

(1) Provinces du Limousin, Marche, Auvergne et départements de l'Ardèche, Haute-Loire, Lozère, Lot et Aveyron.

Région de la Garonne (1). — Bien plus que le Massif Central, le pays compris entre ce massif et les Pyrénées est une région de dépopulation, soit par défaut de natalité, soit par émigration. De 1801 à 1846, son accroissement avait été de 31 p. 100 (de 3250000 à 4250000); mais depuis la population est descendue au-dessous de 4000000, malgré le progrès de la Gironde qui a gagné plus de 200000 âmes. Les autres départements ont donc fait *in globo* une perte au moins égale; tous, en effet, ont diminué sur 1846. De cette époque à 1896, la population urbaine de la région est passée de 770000 à 1135000 habitants; la moitié de cette augmentation revient aux deux seules villes de Bordeaux et Toulouse, car, en dehors d'elles, il n'y a que des centres secondaires. Elles étaient déjà des agglomérations notables en 1801, Bordeaux avec 91000 et Toulouse avec 54000 âmes : et de 1801 à 1846, la capitale du Languedoc avait fait plus de progrès que celle de l'Aquitaine. L'époque contemporaine au contraire a vu se développer beaucoup la population de Bordeaux qui, avec sa banlieue (2), est aujourd'hui le double de Toulouse. Mais Toulouse s'est agrandi, tandis que son département a baissé : Bordeaux participe seulement pour 30 p. 100 à l'accroissement de la Gironde (1846-1896).

Région méditerranéenne (3). — L'accroissement de la région méditerranéenne est continu, sauf pour quelques départements (Aude, Gard), qui sont atteints aujourd'hui de diminution. En 1801, la population totale de cette région était de 1587000, en 1846, de 2144000, et enfin elle atteint 2652000 en 1896. Mais, ici, comme en Bretagne, ce sont les arrondissements maritimes, c'est-à-dire ceux où sont groupées les villes, qui bénéficient de l'accroissement : sur une augmentation totale de plus de 500000 âmes pour la région de 1846 à 1896, leur part était de 392000, ou 90 p. 100. La population urbaine s'accroissait plus que la population totale; de 1866 à 1896, elle gagnait plus de 400000 habitants, tandis que l'ensemble de la population n'augmentait pas de plus de 200000. A côté des centres

(1) Départements des Basses-Pyrénées, Hautes-Pyrénées, Landes, Gers, Gironde, Dordogne, Lot-et-Garonne, Tarn-et-Garonne, Tarn, Haute-Garonne et Ariège.

(2) En 1896, la population globale de Talence, le Bouscat, Cauderan, Bègles, dépassait 40000 habitants.

(3) Pyrénées-Orientales, Aude, Hérault, Gard, Bouches-du-Rhône, Var, Alpes-Maritimes. La Corse n'est pas comprise dans nos calculs.

secondaires presque immobiles, comme Aix et Arles, il y en a d'autres qui ont fait des progrès sensibles, tels que Narbonne, Carcassonne, Béziers, Cette, Perpignan, Alais, Nîmes et Montpellier qui sont devenus des villes importantes, et celle-ci a surtout gagné dans la dernière période. Toulon, après un fort accroissement de 1836 à 1866, était demeurée stationnaire et n'a repris ses progrès que récemment (1); mais Nice a presque doublé sa population depuis 1866, et touche à 100000 âmes aujourd'hui. Marseille a quadruplé, dans le cours de ce siècle : de 1801 à 1836, elle n'avait guère gagné que 25000 habitants (de 111000 à 146000), mais dans les deux périodes suivantes, 1836-1866 et 1866-1896, elle s'accroît de 150000 habitants chaque fois et sa population représente aujourd'hui 67 p. 100 de celle du département au lieu de 36 p. 100 en 1846.

Région alpestre (2). — Les pays alpestres font contraste avec les pays méditerranéens, car leur diminution s'accentue avec l'époque contemporaine. Après s'être élevée de 1610000 à 2005000 habitants de 1801 à 1846, cette région s'est abaissée à 1850000, soit une perte de 11,5 p. 100, et la décroissance est générale. Cette dépopulation a son influence sur le développement de la population urbaine qui, dans l'espace de trente ans (1861-1896) n'a gagné que 5 p. 100 (de 405000 à 430000). Ce qui caractérise cette région, c'est aussi l'absence des grands centres sauf Grenoble, dont le progrès a été plus sensible depuis 1866 que dans tout le demi-siècle précédent. Au contraire, depuis cette date, les autres villes de second ordre, Avignon, Valence, Vienne, Chambéry, avancent beaucoup plus lentement.

Région de l'Est : Franche-Comté et Bourgogne. — Dans sa généralité, cette région est moins peuplée qu'en 1846 : elle avait alors 2657000 habitants et n'en a plus aujourd'hui que 2513000. Cette population est seulement de 13.5 p. 100 supérieure au chiffre de 1801 (2212000), tous les départements sont en diminution sur 1846 sauf celui de Saône-et-Loire qui a, lui aussi, une tendance

(1) Encore est-il bon d'ajouter que l'accroissement de Toulon porte surtout sur la population comptée à part (notamment la garnison).

(2) Départements des Basses-Alpes, Hautes-Alpes, Vaucluse, avec provinces du Dauphiné et de Savoie.

à fléchir. Par contre, la population urbaine s'est élevée de 400000 habitants (1846) à près de 600000 en 1896 : elle gagne donc beaucoup, tandis que l'ensemble de la population diminue, et cependant la région ne renferme pas de grandes agglomérations : la plus considérable, Dijon, stationnaire dans toute la première partie du siècle, a beaucoup augmenté depuis 1872, notamment : en dehors de sa capitale, la Bourgogne ne possède que des centres secondaires dont l'accroissement est moindre depuis 1866 qu'auparavant (Chalon, le Creusot). Quant à la Franche-Comté, son seul centre notable, Besançon, qui surpassait Dijon jusqu'en 1881, est aujourd'hui distancé par la capitale bourguignonne.

Région du Nord-Est : Champagne, Lorraine. — L'une et l'autre province de cette région augmentent dans leur ensemble : la Champagne avait en 1801, 1020000 habitants et son chiffre actuel 1240000 dépasse de bien peu celui de 1846 (1216000). La Lorraine avec Belfort avait, sur son territoire actuel, 1098000 habitants en 1872 elle en a aujourd'hui 1266000.

Mais cette augmentation porte exclusivement sur les centres urbains. Dans la Champagne, la population urbaine a gagné 74 p. 100 depuis 1846 (de 246000 à 445000). Dans cette province la diminution serait générale sans la Marne, qui bénéficie de l'accroissement de Reims surtout, et dans l'Aube, Troyes s'accroît constamment, tandis que décroît le département. Reims et Troyes avaient la même population au début du siècle (aux environs de 20000 hab.); mais, dès la première moitié du siècle, Reims prend l'avantage, et les deux villes se développent surtout depuis 1872 : elles gagnent toutes deux à l'immigration alsacienne.

Dans la Lorraine, c'est aussi cette immigration qui fait l'accroissement. De 1872 à 1896, la population urbaine gagne 170000 habitants (de 223000 à 393000), et Nancy, devenue la grande ville universitaire, militaire et commerciale de l'Est, a presque doublé depuis cette époque. Quant au Haut-Rhin, sa population a augmenté de 50 p. 100 et la majeure partie de l'accroissement porte sur Belfort.

L'immigration et l'émigration française par départements de 1821 *à* 1840, *de* 1846 *à* 1865 *et de* 1872 *à* 1891. — Pour mieux juger de ce phénomène dans notre pays, nous l'avons étudié à trois périodes différentes, mais d'égale durée : la première, de 1821 à 1840; la seconde, de 1846 à 1865 et la troisième, de 1872 à 1891. C'est à ces trois périodes que correspondent les cartes (voy. *fig.* 17, 18, 19) et le tableau des pages 110 et 111. On

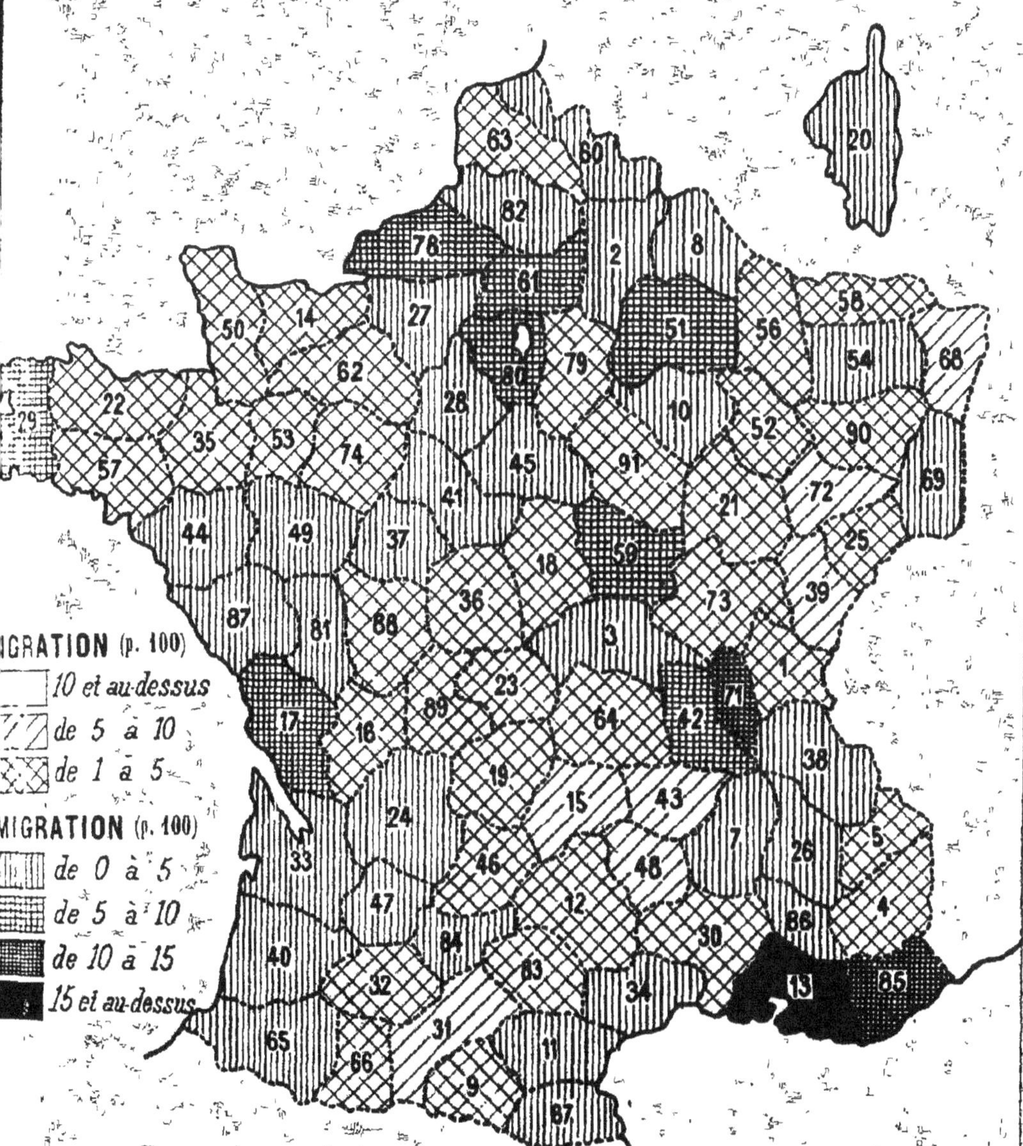

Fig. 17. — Carte de l'immigration et de l'émigration dans les départements français de 1821 à 1840.

peut ainsi voir quelles transformations les migrations internes ont subies en France, dans une grande partie de notre siècle. Dans les deux dernières périodes, le mouvement s'est particulièrement accentué dans le sens de l'immigration et de l'émigration. Ainsi, de 1821 à 1840, dans sept départements seulement, l'un ou l'autre excédent dépassait 5 p. 100 : partout ailleurs, il était au-dessous de cette proportion, preuve de la stabilité relative de la

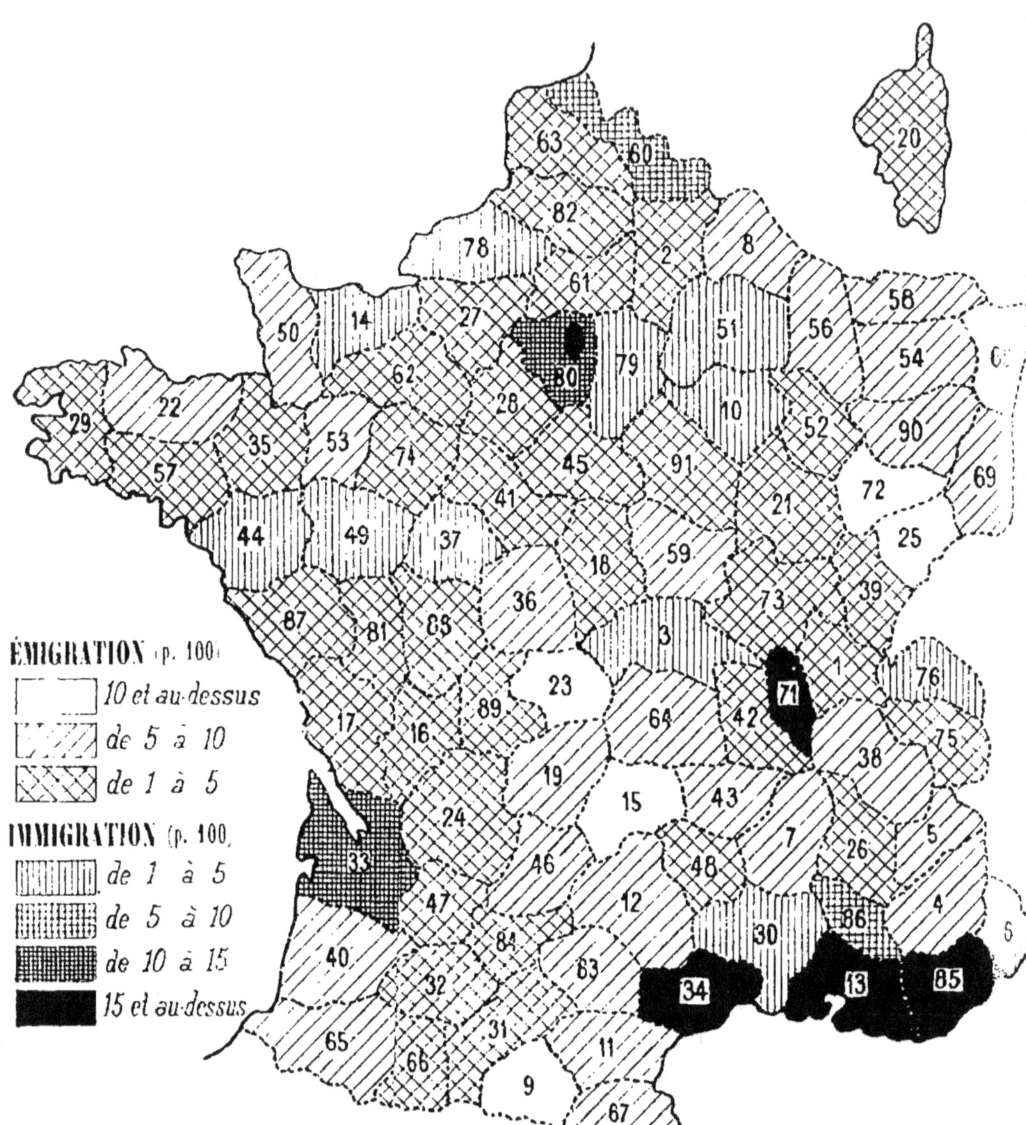

Fig. 18. — Carte de l'immigration et de l'émigration dans les départements français de 1845 à 1866.

population : l'émigration affectait, du reste, la minorité des départements (40). C'est le phénomène inverse qui se produit depuis : de 1846 à 1865, 66 départements, et de 1872 à 1891, 60 ont un excédent d'émigration : dans les deux périodes, également, le nombre des départements où l'excédent d'émigration ou d'immigration dépasse 5 p. 100 s'élève à 49. Il semble donc que, de l'une à l'autre des deux dernières périodes, l'émigration ne

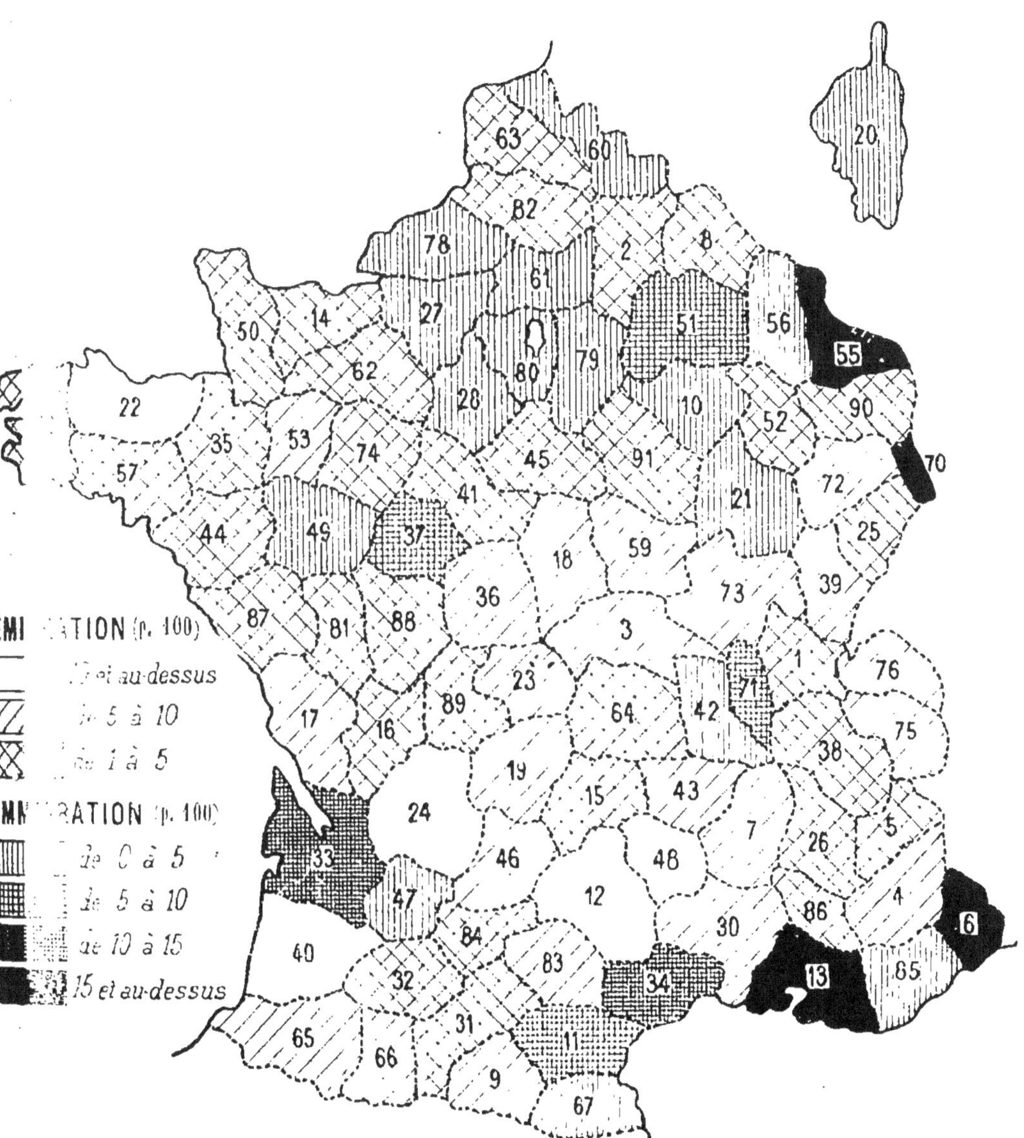

Fig. 19. — Carte de l'immigration et de l'émigration dans les départements français de 1872 à 1891.

progresse pas dans l'ensemble. Mais, d'une part, il faut tenir compte des changements que les événements politiques ont amenés dans la région de l'Est, par exemple et d'autre part, dans

Tableau par départements de l'immigration (+) et de l'émigration (—)

NUMÉROS D'ORDRE	DÉPARTEMENTS	TOTAL DE L'IMMIGRATION (+) OU DE L'ÉMIGRATION (—) (1).			PROPORTION POUR 100 HAB.			PROPORTION POUR 100 HAB. DES INDIVIDUS NÉS HORS DE LEUR DÉPARTEMENT DE RÉSIDENCE	
		1821-1840	1846-1865	1872-1891	1821-1840	1846-1865	1872-1891	1861	1891
1	Ain	—6500	—4460	—10504	—2	—1,2	—3	8,5	14.2
2	Aisne	+17230	—10000	—16772	+3,7	—1,8	—3	6,5	14.1
3	Allier	+10150	+6000	—20157	+3,6	+2	—5,1	6	[illegible]
4	Basses-Alpes	—4290	—13780	—9220	—3	—9	—6,8	4	[illegible]
5	Hautes-Alpes	—1930	—9810	—5304	—1,6	—7	—5	5,5	11.1
6	Alpes-Marit^mes (2)		+2970	+55050		+1,5	+28	4,5	14.2
7	Ardèche	+7330	—35120	—28984	+2,4	—9	—8	5	7.2
8	Ardennes	+3390	—21000	—8482	+1,2	—6,5	—2,6	7	11.2
9	Ariège	—9610	—32000	—19435	—4,1	—11,8	—8	3	6.1
10	Aube	—5930	+800	+12872	—4,1	+0,3	+5	11	20.9
11	Aude	+760	—27900	+25846	+0,3	—10	+9	6	15.2
12	Aveyron	—13400	—29400	—47475	—4	—7,8	—11,7	3,5	[illegible]
13	Bouches-du-Rhône	+52700	+114500	+90178	+16	+27	+16,3	18	28.2
14	Calvados	—2500	+ 98	—1515	—0,5	+0,02	—0,3	9,5	16.5
15	Cantal	—22200	—33420	—7946	—9	—13	—3,4	3	10.1
16	Charente	—3700	—7420	—14515	—1	—2	—4	7,5	13.8
17	Charente-Inférieure	+28950	—3640	—22531	+7	—0,8	—5	8,5	12.2
18	Cher	—9450	—8920	—21116	—4	—3	—6.3	11	13
19	Corrèze	—4500	—31000	—10242	—1,6	—10	—5,6	3,5	7.2
20	Corse	+3400	—5600	+569	+1,9	—2,4	+0,2	1,5	16.1
21	Côte-d'Or	—2370	—16450	+9494	—0,7	—4	+2,5	10	18.4
22	Côtes-du-Nord	—18100	—51500	—70735	—3,3	—8	—11	9	4.5
23	Creuse	—4000	—34500	—17507	—1,6	—12	—6	2	8.2
24	Dordogne	+1300	—24500	—47622	+0,3	—4,8	—10	3,5	7.6
25	Doubs	+7000	—36200	—6448	+3	—12	—2	10	[illegible]
26	Drôme	+4700	—9600	—6696	+1,7	—3	—2	13,5	15.1
27	Eure	+10200	—250	+234	+2,4	—0,08	+0,06	10,5	20.5
28	Eure-et-Loir	+300	—5150	+6413	+0,1	—1,7	+2,3	10	17.6
29	Finistère	+29900	—19200	—4206	+6	—3	—0,6	4	5.8
30	Gard	—11500	+2800	—10631	—3,4	—0,7	—2,4	9	15.7
31	Haute-Garonne	—23000	—3000	—599	—6	—0,6	—0,1	9,5	15.1
32	Gers	—2700	—9950	—5044	—0,9	—3	—1,7	5	10
33	Gironde	+14200	+78200	+85360	+2,7	+13	+10,7	14,5	27.7
34	Hérault	+8100	+69700	+45767	+2,5	+18	+10,4	11	19.8
35	Ille-et-Vilaine	—4000	—10700	—11814	—0,8	—2	—2	4	9.8
36	Indre	—1500	—17100	—20761	+0,6	—7	—7	6,5	9.5
37	Indre-et-Loire	+5900	+600	+17164	+2,1	+0,2	+5,4	10	20.7
38	Isère	+ 50	—32800	—12884		—5,5	—2,4	3	11.2
39	Jura	—21300	—11600	—19659	—7	—3,7	—7	6	11.8
40	Landes	+2900	—27500	—42742	+1,1	—9,4	—10.8	3	4
41	Loir-et-Cher	+3000	—2600	—7365	+1,3	—1	—2,7	10	11.6
42	Loire	+20700	+11100	+914	+6	+2,4	+0,16	13	14.8
43	Haute-Loire	—20400	—21200	—30193	—7	—7	—10	2	5.6
44	Loire-Inférieure	+15500	+15200	—13848	+3,5	+3	—2.3	11	10.7
45	Loiret	+3600	—6000	—2473	+1,2	—1,8	—0,7	10	16.4
46	Lot	—7700	—14300	—23474	—2,8	—5	—8,4	3,5	6.5

(1) Nous devons faire observer que pour les deux premières périodes nos calculs n'ont pu avoir une précision aussi rigoureuse que pour les dernières.

durant les trois périodes 1821-1840, 1846-1865 et 1872-1891.

NUMÉROS D'ORDRE	DÉPARTEMENTS	TOTAL DE L'IMMIGRATION (+) OU DE L'ÉMIGRATION (−). 1821-1840	1846-1865	1872-1891	PROPORTION POUR 100 HAB. 1821-1840	1846-1865	1872-1891	PROPORTION POUR 100 HAB. DES INDIVIDUS NÉS HORS DE LEUR DÉPARTEMENT DE RÉSIDENCE 1861	1891
47	Lot-et-Garonne...	+8400	−1000	+2865	+2,7	−0,3	+0,9	3,5	13,4
48	Lozère......	−9000	−300	−20844	−7	−0,3	−15	2	4,9
49	Maine-et-Loire...	+20400	+8600	+3301	+4,6	+1,7	+0,7	8	13,1
50	Manche......	−24000	−35000	−22614	−4	−5,7	−4,1	3	7,3
51	Marne.......	+23000	+11000	+40514	+7,5	+3	+10	10	25,1
52	Haute-Marne.	−4200	−8000	−7616	−1,7	−3	−3	7	16,1
53	Mayenne	−13800	−22000	−16764	−4	−6	−5,2	6	11,4
54	Meurthe.....	+7000	−32300		+1,8	−8			
55	Meurthe-et-Moselle			+63140			+18	8	23,4
56	Meuse.......	−2200	−29600	+7822	−0,9	−9	+2,8	7	18,2
57	Morbihan....	−3400	−16000	−24068	−0,8	−3	−5	7	6,5
58	Moselle	−15000	−45000		−4	−10		6	
59	Nièvre	+15500	−17000	−23169	+6	−5,6	−7	7	13,6
60	Nord	+45500	+74000	+7230	+5	+6,5	+0,5	9	6,2
61	Oise	+21200	+3400	+13414	+6	+0,8	+3,3	11	21,6
62	Orne	−9000	−21000	−13653	−2,1	−4,8	−3,4	6,5	15,6
63	Pas-de-Calais.	−12800	−21000	−14871	−2	−3	−1,9	5	9,8
64	Puy-de-Dôme.	−19700	−41000	−1720	−3,5	−6,6	−0,3	3,5	5.6
65	Basses-Pyrénées..	+4500	−40000	−33487	+1,1	−8,8	−8	3	6,1
66	Hautes-Pyrénées..	−3600	−12700	−12149	−1,4	−5	−5,2	4	7,1
67	Pyrénées-Orientales	+7000	−12000	+1131	+6	−7	+0,7	4	5,7
68	Bas-Rhin....	−39000	−67000		−8	−11,5		3	
69	Haut-Rhin...	+9000	−32500		+2,4	−7			
70	Haut-Rhin (Belfort)			+19085			+33		35,8
71	Rhône	+49000	+108000	+42494	+13	+19	+6,4	28	35
72	Haute-Saône .	−16500	−42000	−30374	−5,3	−12	−10	5,5	9,8
73	Saône-et-Loire...	−4600	−21600	−45400	−0.9	−3,4	−8	6	9.8
74	Sarthe	−7500	−18600	−2434	−1	−4	−0,57	8	13,4
75	Savoie		−4500	−16817		−1,7	−6,5	4	8,4
76	Haute-Savoie.		+1000	−20976		+0,3	−9,5	1,5	4,8
77	Seine.......	+308000	+830000	+803729	+37	+70	+36,5	57	57,6
78	Seine-Inférieure..	+45800	+13400	+16475	+7	+1,8	+2	11	14,6
79	Seine-et-Marne..	−5000	+11000	+15115	−1,5	+3	+4,5	15	25,9
80	Seine-et-Oise.	+32000	+62500	+28185	+7,6	+13	+5	24	42,2
81	Deux-Sèvres .	+400	−10800	−6541	+0,1	−3	−2	6	9,9
82	Somme......	+6000	−13000	−7838	+1,1	−2,5	−1,6	6	11,7
83	Tarn.......	−4600	−24000	−17466	−1,5	−6,6	−5,1	3.5	7,6
84	Tarn-et-Garonne..	+1000	−7400	−457	+0,4	−3	−0,2	7	12,3
85	Var........	+17700	+45000	+13020	+5,8	+16	+4,5	15,5	19
86	Vaucluse	+4600	+22600	−13392	+2	+9	−5	10	11
87	Vendée......	+7300	−17000	−13716	+2,3	−4,5	−3,4	6	5,2
88	Vienne......	−1400	−11500	−7913	−0,5	−3,9	−2,5	7,5	11,6
89	Haute-Vienne.	+400	−11700	−5731	+0,1	−3.8	−1,7	5	10,9
90	Vosges......	−8000	−30000	−1784	−2,2	−7	−0,5	5	9
91	Yonne	−700	−12500	−9345	−0,2	−3,4	−2,6	8	14.7
								11,8	16,8

2) Pour la période 1846-1865, les calculs concernant les départements des Alpes-Maritimes, de la Savoie et Haute-Savoie et du Var ont été restreints aux années 1861 à 1865.

plus d'un département, l'émigration s'est arrêtée par la suite de l'abaissement de la natalité et même a fait place à un excédent d'immigration. Or, c'est là un phénomène qu'il faut toujours noter, mais qu'on ne remarque pas assez généralement quand on étudie les migrations internes : l'émigration résultant de l'excédent de la natalité est une bien meilleure preuve de santé, de force pour une population, que l'immigration provoquée par le phénomène contraire.

Suivant les périodes, le mouvement migratoire varie de sens et d'intensité dans les différentes régions de la France. Le Nord a un excédent d'immigration dans les deux premières périodes, malgré l'émigration constante du Pas-de-Calais; mais de 1872 à 1891, l'émigration l'emporte dans l'ensemble : le Nord ne maintient plus qu'un faible excédent d'immigration; ce département manifeste donc le même caractère qu'un de nos précédents graphiques (voy. la *fig.* 12) montre pour ses grandes villes, celui d'une population qui se suffit à elle-même et tend à repousser l'immigration.

L'Ile-de-France ne cesse pas, grâce à Paris, d'être la région par excellence d'immigration. Nous étudions ailleurs l'immigration dans Paris même; disons simplement que l'immigration du département de la Seine a singulièrement augmenté dans les deux dernières périodes (829000 et 803000 au lieu de 307000 de 1821 à 1845). Mais celle du reste de la région a diminué de 1872 à 1891 à cause de l'émigration de l'Aisne surtout : elle s'est aussi restreinte dans Seine-et-Oise.

Dans la Normandie, il y avait eu immigration assez faible d'ailleurs de 1821 à 1840. Mais elle fait place dès lors à un excédent d'émigration et cela malgré le phénomène inverse dont la Seine-Inférieure est le théâtre. L'émigration porte surtout sur l'Orne et la Manche ; le Calvados et l'Eure offrent l'exemple d'une population qui décroît sans doute, mais où le mouvement migratoire est presque nul.

La région de l'Ouest a eu, dans les deux dernières périodes, un excédent d'émigration, assez sensible surtout de 1872 à 1891, malgré une immigration qui n'a pas cessé en Anjou. Le Finistère et la Loire-Inférieure étaient les départements qui bénéficiaient de l'immigration, en raison de leurs centres militaires et industriels : mais depuis, l'émigration est devenue générale dans toute la région de l'Ouest et, de 1872 à 1891, aucune région, sauf celle du Massif Central, n'a fourni plus d'émigrants : ce qui s'explique par la forte natalité du pays.

Le Poitou et les Charentes ont suivi la même marche, à peu près, que la Bretagne : leur excédent d'immigration de la première période a fait place à une émigration, particulièrement forte de 1872 à 1891 et dont la majeure partie (57 p. 100) revient à l'Aunis-Saintonge et à l'Angoumois. Elle est de 4,3 p. 100 dans ces deux départements et de 3 p. 100 dans le Poitou.

Les pays de la Loire avaient aussi un excédent d'immigration dans la première partie du siècle : mais, de 1846 à 1865, il disparaît, sauf dans l'Allier et l'Indre-et-Loire, et de 1872 à 1891, ne se maintient plus qu'en Touraine et Eure-et-Loir, et cela grâce à la faible natalité du pays. La proximité de Paris, qui rejette toujours une partie de sa population vers la province, agit aussi pour contre-balancer l'émigration de l'Orléanais. Mais la Nièvre, grâce aux progrès des communications, est devenue de plus en plus un foyer d'émigration.

Le Massif Central n'a pas changé sous ce rapport : à toutes les périodes, il est au premier rang ; toutefois, son émigration très forte, surtout de 1846 à 1865, s'est restreinte dans la période suivante. Cela est surtout visible pour les départements de l'Auvergne (1), soit que le développement de certains centres ait retenu la population, soit que la natalité ait baissé et que le pays ait (au moins relativement) cessé d'être surpeuplé.

La région Sud-Ouest a vu aussi progresser son émigration dans les deux dernières périodes, mais ce mouvement est en partie compensé par l'immigration de la Gironde, due surtout à l'agglomération bordelaise. Sans cette influence, le Sud-Ouest aurait presque le même contingent d'émigrants que le Massif Central. Quant à l'immigration du Lot-et-Garonne, elle semble provoquée uniquement par l'excédent de la mortalité.

La région méditerranéenne a été de tout temps un foyer d'im-

(1) **Émigration des départements de l'Auvergne.**

	1821-1840	1846-1866	1872-1891
Puy-de-Dôme	19 662	40 755	1 720
Cantal	22 219	33 422	7 946
	41 881	74 177	9 666

migration : sauf dans les Pyrénées-Orientales et l'Aude, de 1846 à 1865, et dans le Gard, de 1872 à 1891, l'immigration y est générale : elle a beaucoup gagné dans la dernière période, à cause de l'influence de Nice. Sur 220000 immigrants de 1872 à 1891, 145000, où 66 p. 100, reviennent aux deux départements des Bouches-du-Rhône et des Alpes-Maritimes. Sans leur contingent considérable d'immigrants, les Bouches-du-Rhône diminueraient sensiblement; il en serait de même de l'Hérault et du Var.

Les pays des Alpes ont aujourd'hui un excédent notable d'émigration, surtout dû à l'influence de la Savoie : dans la première période, il y avait eu, dans la région, un très faible excédent d'immigration, mais depuis, l'émigration a atteint tous les départements.

La région du Lyonnais augmente aussi par immigration; mais beaucoup moins dans la dernière période que dans les deux précédentes : de 1872 à 1891, l'immigration a été de 43000 au lieu de 120000 de 1846 à 1865, et 70000 de 1821 à 1840. Dans la Loire surtout, cet excédent s'est beaucoup restreint; il a été presque nul dans la dernière période, soit parce que la natalité y est forte, soit parce que l'immigration y est contre-balancée par un contre-courant d'émigration.

La région de l'Est a eu, de 1821 à 1840 et de 1846 à 1865, un excédent d'émigration et, sous ce rapport, elle était la première de toutes les régions de la France (y compris le Massif Central). C'est que cette émigration était provoquée par la forte natalité de nos départements de l'Alsace surtout. Depuis 1871, au contraire, l'immigration a prédominé, grâce à l'arrivée des immigrants alsaciens-lorrains dans les régions de la frontière. C'est ainsi que dans la Meurthe-et-Moselle et le Haut-Rhin, la proportion de l'immigration est de 18 et 33 p. 100. Mais partout ailleurs, il y a émigration, sauf dans la Côte-d'Or et l'Aube, où l'immigration n'arrive pas à combler les vides faits par l'excédent de mortalité, et dans la Marne où, grâce au développement industriel, l'immigration est de 10 p. 100 (1872-1891).

Les habitants nés hors de leur département de résidence : leur nombre croissant. — La mobilité progressive de la population, due au mouvement migratoire, est démontrée par l'augmentation du nombre des individus demeurant hors de leur lieu de naissance. Rien que dans la période de 1886-1891, le chiffre des personnes recensées hors de leur commune de naissance avait augmenté de 785000 et était de 9425636, ou 25 p. 100 de la population totale.

De 1861 à 1891, la proportion des habitants nés hors de

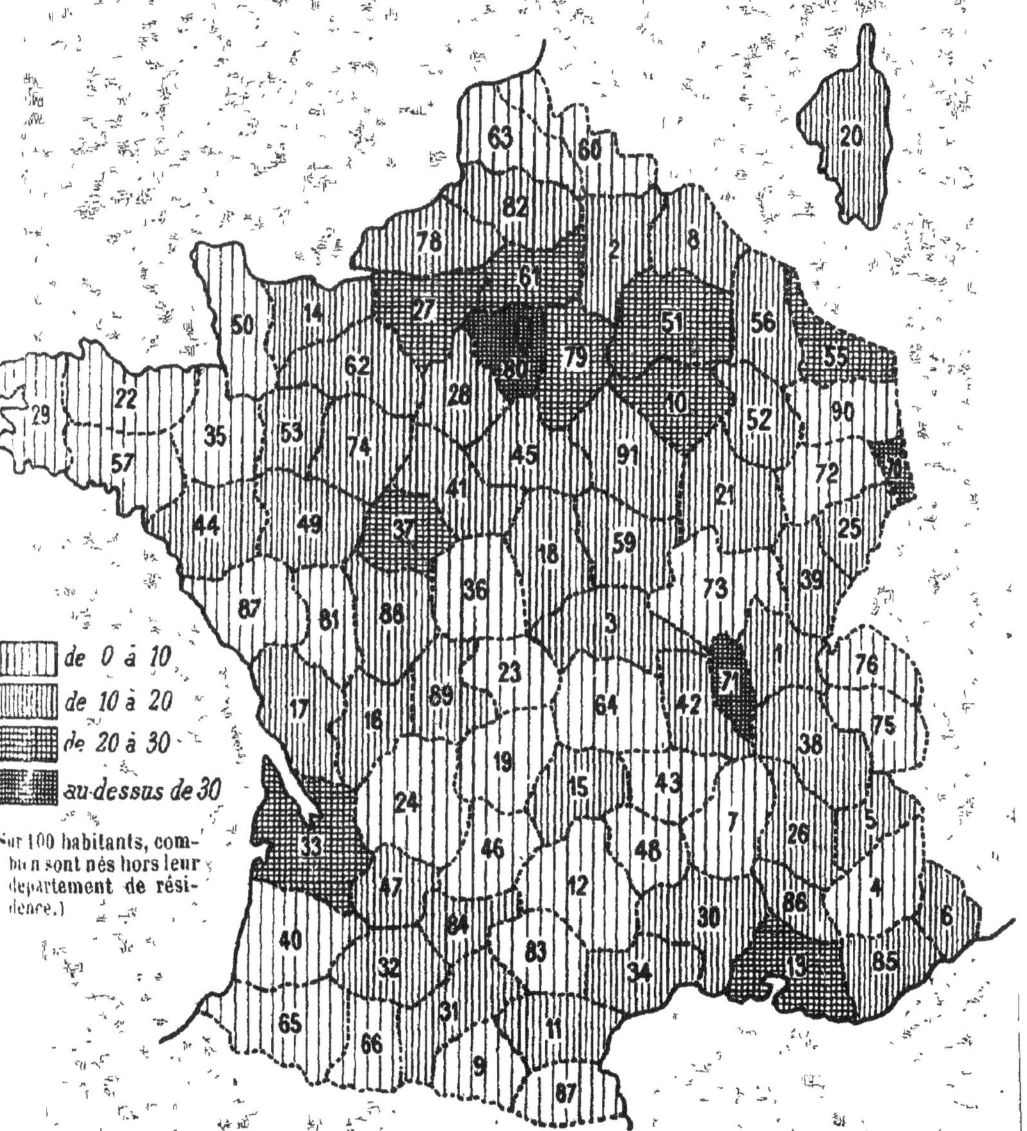

Fig. 20. — Carte de la population née hors du département de résidence (1891).

leur département de résidence s'est beaucoup accrue, elle était de 11,8 p. 100 en 1861, de 13,3 p. 100 en 1872, de 16,8 en 1891 : au total, 6117227 personnes n'habitent pas leur département de naissance, au lieu de 3883579 en 1861. On peut suivre la proportion de cette population par département d'après le tableau de la page 110, et la carte (*fig.* 20) qu'on peut comparer avec le tableau et les cartes des migrations.

La moyenne de cette population (16,8 p. 100 pour la France) est surtout dépassée dans la Seine (57,6 p. 100), Seine-et-Oise (42,2), Belfort (35,8), Rhône (35), Bouches-du-Rhône (28), Gironde (27); or, tous ces départements ont un excédent d'immigration.

La proportion est, au contraire, très basse dans les départements à émigration, tels que ceux des Alpes (8,4 et 4,8 dans la Savoie et Haute-Savoie), du Massif Central (4,9 dans la Lozère, 5,6 dans la Haute-Loire et l'Aveyron, 7,2 dans la Corrèze), de l'Ouest (4,6 dans les Côtes-du-Nord) et du Sud-ouest (4 p. 100 dans les Landes).

Mouvement comparé de la population française de 1801 *à* 1846 *et de* 1846 *à* 1891. — La concentration de la population dans les régions industrielles et urbaines est bien visible encore si l'on suit, d'un dénombrement à l'autre, le total des départements qui augmentent ou de ceux qui diminuent.

D'une façon générale, jusque vers 1846, les départements en décroissance sont rares ; même dans les départements où se produit l'émigration, l'augmentation naturelle suffit à combler et au delà, les vides. Jusque vers le milieu du siècle, jamais, entre deux recensements, on ne constate de diminution dans plus de douze départements. Même en n'admettant qu'avec réserve les données antérieures à 1840, il y a là un fait dont il faut tenir compte. A partir de 1851, la diminution s'étend à un plus grand nombre de départements (1), jusqu'à 55 de

(1) **Nombre de départements dont la population a diminué ou augmenté de 1801 à 1891.**

ANNÉES	AUGMENTATION	DIMINUTION	ANNÉES	AUGMENTATION	DIMINUTION
1801-1811	80	6	1856-1861	57	29
1811-1821	79	7	1861-1866	58	31
1821-1826	86		1866-1872	14	73
1826-1831	80	6	1872-1876	68	19
1831-1836	84	2	1876-1881	53	34
1836-1841	74	12	1881-1886	55	32
1841-1846	81	5	1886-1891	32	55
1846-1851	64	22	1891-1896	24	63
1851-1856	32	54			

1886 à 1891, et 63 de 1891 à 1896 (abstraction faite de la période 1866-1872). Au début du siècle, la décroissance ne tenait guère qu'à des causes accidentelles : elle n'affectait pas toute une région dans son ensemble ; mais à partir du milieu

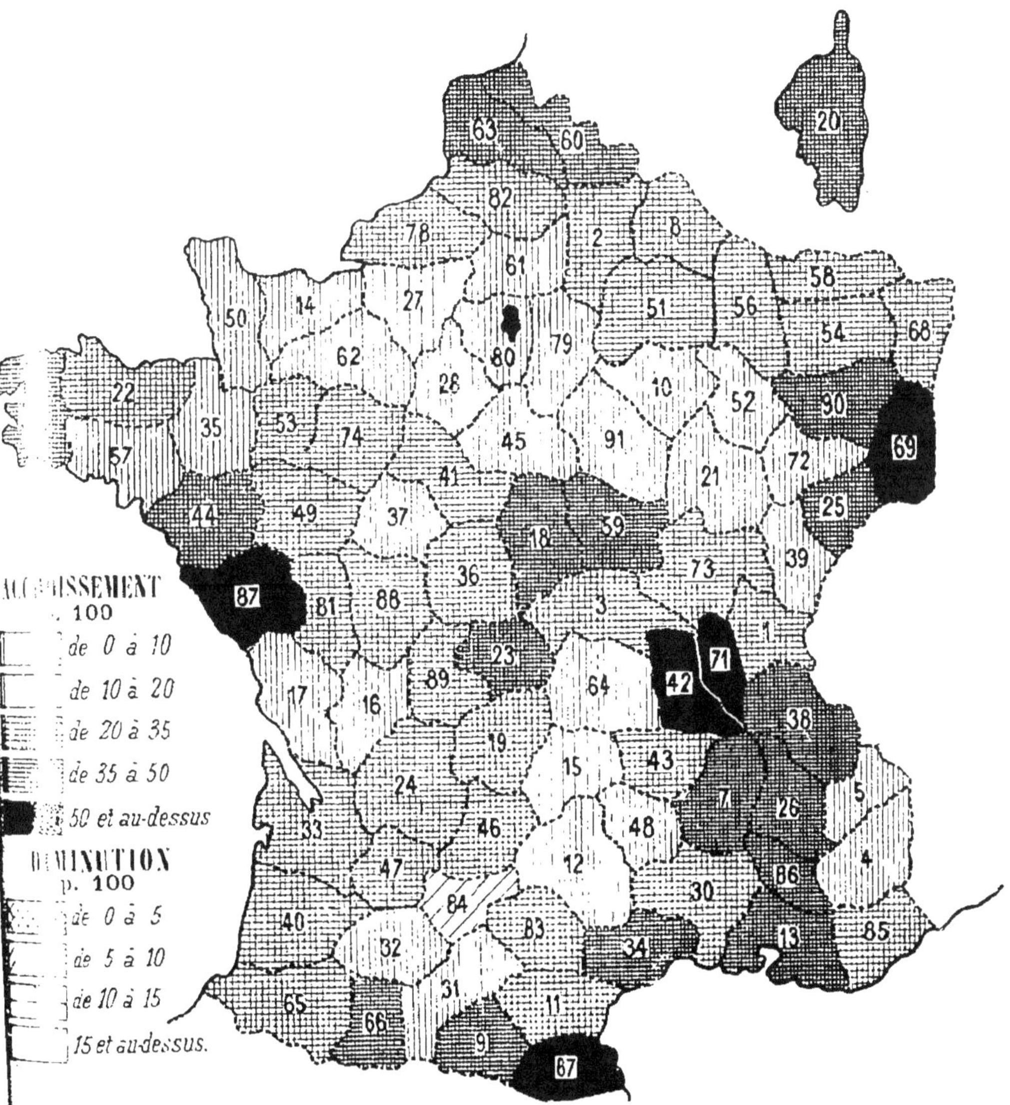

Fig. 21. — Mouvement de la population française par département (1801-1846).

du siècle, lorsque la grande industrie prend son essor et que les communications deviennent plus faciles, ce sont des régions entières qui voient diminuer leur population. Désormais, la décroissance affecte presque sans interruption les groupes de départements à forte population rurale, ceux de la Normandie, des Alpes, du Massif Intérieur, des Pyrénées, etc.

Suivant l'exemple de M. Levasseur, qui considère l'an-

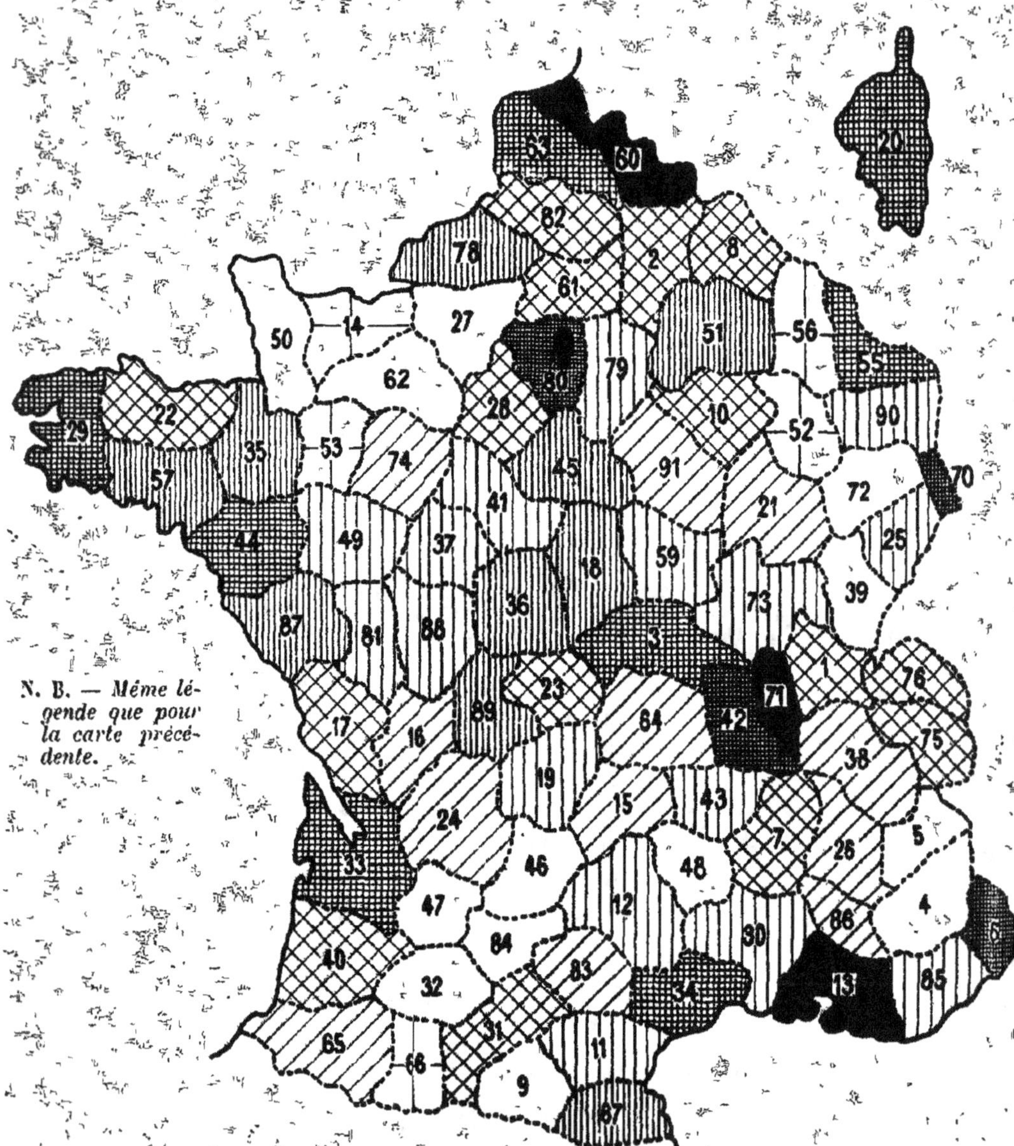

Fig. 22. — Mouvement de la population française par département (1846-1896).

née 1846 comme le point de départ, en quelque sorte, des mouvements migratoires dans la population, nous avons pris cette année comme point de partage des deux grandes périodes du mouvement de la population dans notre siècle. Nous avons ainsi dressé deux cartes du développement de la population par département, correspondant aux deux périodes 1801-1846 et 1846-1896. On peut voir, par ces cartes (*fig.* 21 et 22), quelle différence il y a entre l'une et l'autre période.

Dans la première période, l'augmentation est, pour ainsi dire, universelle ; dans la seconde, elle porte à peine sur la moitié des départements (40) : elle n'atteint guère un taux élevé (25 p. 100 par exemple), que dans les départements où la population urbaine est en grande proportion (1), Seine, Seine-et-Oise, Bouches-du-Rhône, Belfort, Gironde, Rhône, etc. Ainsi, plus de la moitié de nos départements, est aujourd'hui moins peuplée qu'il y a cinquante ans : leur diminution globale était de 1260000 habitants. Et, si, pour descendre dans le détail, on considère les arrondissements, on constate que les trois cinquièmes (207), équivalant à la moitié de notre sol ont une population inférieure à celle de 1846; leur diminution totale est de 2260000 habitants (2). La population française a donc subi depuis un demi-siècle, une révolution d'autant plus profonde dans sa répartition que son augmentation, dans l'ensemble, a été peu sensible.

La dépopulation rurale démontrée par le nombre croissant des petites communes (3). — La diminution constante et absolue de la population des campagnes en France a pour effet d'augmenter

(1) Nous donnerons, en Appendice, la population de tous les départements et arrondissements en 1801, 1846 et 1896, avec leur superficie, leur densité et le chiffre maximum de leur population dans ce siècle.

(2) Si l'on compare la population des cantons de la France de 1876 à 1896, on constate que 65 p. 100 ont diminué (1 880 sur 2 899). Ainsi, plus on examine de plus petites unités de population, plus on constate la généralité de la diminution.

(3) **Communes françaises classées par catégories.**

	EN 1851	EN 1861	EN 1876*	EN 1891	EN 1896
Au-dessous de 500 habitants	15 684	16 347	16 442	17 590	18 054
De 501 à 1 000 habitants	11 955	11 757	10 867	10 169	9 951
De 1 001 à 5 000 habitants	8 756	8 787	8 237	7 816	7 657
De 5 001 à 10 000 habitants	278	298	306	337	337
De 10 001 à 20 000 habitants	98	111	122	124	134
Au-dessus de 20 000 habitants	66	70	82	104	117

* La perte de l'Alsace-Lorraine nous a privés de 1 689 communes.

sans cesse, le nombre des petites agglomérations rurales. Dans les régions où la population rurale s'accroît normalement, par exemple en Belgique, en Hongrie, le chiffre des petites communes diminue de plus en plus. En France nous constatons le phénomène inverse. Si l'on considère les communes rurales de moins de 500 habitants, on voit constamment leur nombre grandir d'un dénombrement à l'autre, depuis 1851. Mais le fait est particulièrement sensible à l'époque contemporaine ; de 1876 à 1896, les communes de cette catégorie se sont élevées de 16442 à 18044, soit une augmentation de 1592 ou de 9,4 p. 100. C'est à peine si, sur l'ensemble de la France, il y a une quinzaine de départements où le nombre de ces groupements ruraux n'ait pas diminué : ces départements appartiennent aux régions où il y a accroissement absolu de la population rurale telle que la Bretagne, le Poitou, etc., ou aux régions industrielles telles que le Nord où les petits groupements peuvent bénéficier du voisinage des centres populeux : ce cas est celui des départements qui confinent à Paris, la Seine-et-Oise et la Seine-et-Marne. — L'augmentation du nombre des petites communes est surtout manifeste dans les régions des Alpes, du Jura, de la Normandie, de la Picardie (1) et aussi dans la région de l'Est. Et dans cette catégorie de communes de moins de 500 habitants, ce sont encore les plus petites qui voient augmenter leur nombre : les communes de moins de 300 âmes s'élevaient de 8521 en 1876 à 10216 en 1896, et dans cette catégorie, les communes de 100 à 200 habitants avaient augmenté leur nombre d'un quart, celles de moins de 100 habitants, d'un tiers. Plus l'on descend ainsi dans le chiffre global des habitants, plus la catégorie augmente d'unités. Ce n'est donc pas à une diminution seulement de notre population rurale que nous assistons, mais à un véritable anéantissement et on peut presque prévoir le jour où un grand nombre de groupements ruraux auront cessé d'exister sur notre sol.

(1) Pour le département de la Somme, nous avons fait le compte des petites communes en 1846 et 1896. En 1846, ce département comprenait 410 communes de moins de 500 habitants dont 205 de moins de 300 habitants ; en 1896, les communes de cette catégorie étaient au nombre de 544 et parmi celles-ci 336 avaient moins de 300 âmes. Le total des groupements ruraux de moins de 300 habitants s'est donc augmenté de 121 ou 60 p. 100 dans l'espace d'un demi-siècle.

CHAPITRE V

La population urbaine dans la Grande-Bretagne.

SOMMAIRE. — Que le développement des villes est, en Angleterre, un phénomène tout moderne : leur rapport successif à la population totale. — Population urbaine et rurale. — Développement de la population dans les grandes régions de l'Angleterre : le Nord et le Sud. — Considérations plus particulières touchant chacune des régions anglaises. — Les migrations internes en Angleterre. — Population urbaine de l'Ecosse. — Les migrations internes en Ecosse. — Les villes irlandaises.

Que le développement des villes en Angleterre est un phénomène tout moderne : leur rapport successif à la population totale. — « Au seul nom d'Angleterre, nous nous représentons — une capitale immense et, en dehors d'elle, 20 villes de plus de 100000 habitants — des districts entiers où les maisons gagnent sans cesse et se rejoignent (1). »

Telle est, en effet, l'image de l'Angleterre actuelle et nous avons peine à nous figurer qu'il n'en a pas toujours été ainsi. Or, tout ce grand développement industriel et urbain de l'Angleterre est de date récente. Par le nombre et l'importance de ses villes, l'Angleterre était, à la fin du dix-septième siècle, en retard sur la France, l'Italie, l'Allemagne, et rien n'annonçait l'essor qu'elle devait prendre dans cette voie. A la fin du dix-septième siècle, l'Angleterre proprement dite qui atteint aujourd'hui 27500000 habitants en comptait à peine 5500000, soit 41 par kilomètre carré (un peu plus de la densité actuelle de l'Espagne). Il n'y avait, à vrai dire, qu'une seule grande cité, Londres, dont la population (530000 hab.) pouvait être celle de Paris à cette époque (2). Son rapport à la population totale du royaume était alors plus élevé qu'aujourd'hui (le dixième au

(1) Boutmy, *Op. cit.*, p. 168.

(2) Macaulay nous raconte comment le chiffre de cette population était exagéré, communément, dans des proportions fabuleuses : « *Even intelligent Londoners ordinarily talked of London as containing several millions of souls.* » Beaucoup affirmaient sans hésiter que Londres avait augmenté de *deux millions* de l'avènement de Charles Ier à la Restauration (1625-1660). — *Hist. of England*, ch. III.

lieu du sixième actuellement). Cette forte agglomération préoccupait déjà les politiques ; les Stuarts essayèrent d'enrayer le développement de Londres, comme nos rois, celui de Paris. N'empêche que Londres atteignait 958000 habitants en 1801 : elle avait augmenté de 80 p. 100 dans le cours du dix-huitième siècle, tandis que dans le même laps de temps, le royaume gagnait 55 p. 100. La disproportion n'était, en somme, pas très grande entre l'un et l'autre accroissement.

Mais en dehors de la capitale, il n'y avait, à la veille du dix-huitième siècle, que deux villes de moyenne importance, la cité industrielle de Norwich et le port de Bristol, qui comptaient à peine 30000 âmes. Les villes qui venaient ensuite étaient les vieilles cités historiques (1) aujourd'hui délaissées, telles que York, Exeter, Winchester, Shrewsbury et aucune d'elles n'avait plus de 10000 habitants. Quant aux grands centres industriels d'aujourd'hui, ce n'étaient que des bourgades : les deux métropoles du Lancashire (Liverpool et Manchester) ne dépassaient pas 10000 âmes; celles du West-Riding (Leeds, Sheffield) atteignaient, au plus, 12000, à elles deux; Birmingham et Nottingham donnaient ensemble le même total.

Si l'on ajoute à ces six dernières villes Bristol et Norwich, on arrive ainsi à un total de 100000 âmes (93000) pour l'ensemble de ces cités, dont chacune aujourd'hui dépasse ce chiffre, — la plupart de beaucoup. C'était dans le Sud, dans la vieille Angleterre que se trouvait alors, avec la majorité des villes, la plus grande partie de la population, puisqu'en 1693 on ne donnait pas à l'archevêché d'York (2) plus de 1/7 du royaume entier. Une des conséquences de la révolution économique du dix-huitième siècle sera, en développant les villes, de peupler, en quelque sorte, toute cette région presque déserte de l'Angleterre du Nord. Tout ce pays de landes, de pâtures et de forêts (3), dont la densité n'excédait pas beaucoup alors celle de la Russie d'aujourd'hui (20 hab. par kil.

(1) Il est bien entendu que la déchéance de ces villes n'est que relative : elles ont toutes une population supérieure à celle qu'elles comptaient à la fin du dix-septième siècle.

(2) Comtés d'York, Chester, Lancastre, Westmoreland, Cumberland, Northumberland et Durham.

(3) Macaulay fait une description très curieuse de cette Angleterre du Nord. Aucun voyageur, dit-il, ne s'y aventurait sans avoir fait son testament et tel était le dénûment du pays que les juges (judges on circuit) allant de Newcastle à Carlisle devaient se munir de provisions, car le pays ne fournissait aucune ressource.

car.) va être appelé à une vie nouvelle par l'exploitation des houilles, le progrès des industries du fer ou des tissus, etc. Aucune région n'a plus profité de la transformation économique et sociale qui s'est accomplie en Angleterre depuis tantôt un siècle et demi.

C'est, en effet, surtout à partir du milieu du siècle passé que le « bloc de fer et de houille » qui gisait ignoré et inexploité sous le sol britannique commence vraiment à se révéler. — En même temps, le régime de la grande propriété s'établit par le triomphe de l'*enclosure*, qui élimine les petits propriétaires et raréfie les travailleurs ruraux, désormais rejetés vers les villes. L'Angleterre prend alors la physionomie que nous lui connaissons : d'Etat presque exclusivement rural, elle devient la grande puissance industrielle et commerciale, par excellence.

Cette transformation a son influence immédiate sur le développement urbain, qui, déjà, est sensible au début du dix-neuvième siècle. Sans doute, aucune ville, en dehors de Londres, n'arrive encore à 100000 habitants ; mais ce chiffre est bien près d'être atteint par Liverpool (82000), Manchester et Birmingham (76000 et 70000) qui laissent derrière elles Bristol (61000). Leeds et Sheffield sont aussi devenus des centres notables (53000 et 45000), tandis que la capitale industrielle du Sud, Norwich, demeure presque stationnaire (36000).

L'ensemble des villes que nous citions plus haut avec un total de 100000 habitants à peine, en compte alors (1801) 460000 ; elles ont augmenté de 364 p. 100; et déjà l'Angleterre propre possède 17 agglomérations de plus de 20000 âmes, 21 de 10000 à 20000.

En 1801, la population des villes qui dépassent aujourd'hui 100000 habitants est de 685000 et, avec Londres, de 1642000, soit 20 p. 100 de la population de l'Angleterre ; désormais, leur progrès ne doit plus s'arrêter, surpassant même celui de la métropole. Tandis, en effet, que Londres a augmenté de 336 p. 100 de 1801 à 1891, ces villes ont gagné 558 p. 100 : leur population globale équivaut à celle de Londres, même en ajoutant à cette dernière Croydon et West-Ham. Mais si l'accroissement respectif de Londres et des autres grandes villes diffère beaucoup, à considérer leur point de départ en 1801, cette différence porte surtout sur la première partie du siècle :

à partir de 1841, leur développement est, pour ainsi dire, parallèle (voy. les tableaux pages 125 et 126).

Si rapide qu'ait été le progrès de la population du royaume,

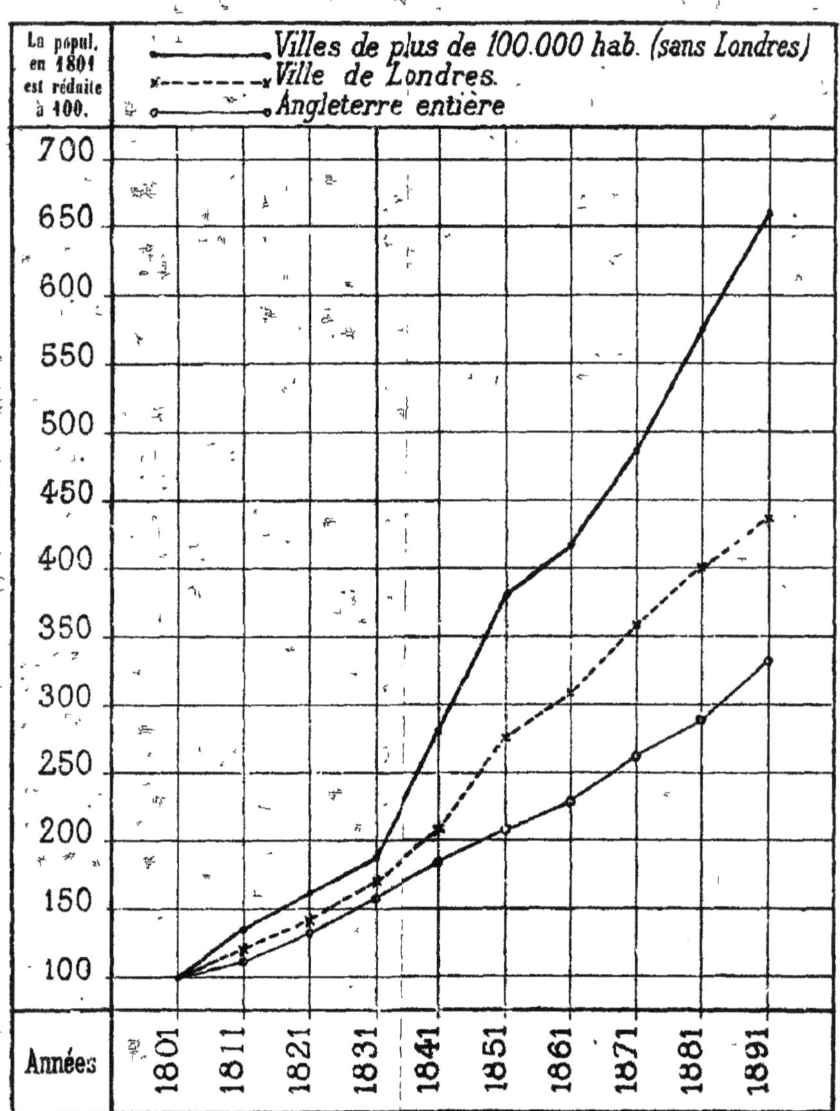

Fig. 23. — Développement comparé de la population de l'Angleterre entière des villes de plus de 100 000 habitants (sans Londres) et de Londres (1801-1891).

(228 p. 100), celui des grandes cités le dépasse encore de beaucoup (430 p. 100, Londres compris), de 1801 à 1891. On peut constater par un graphique (voy. la *fig.* 23) que, dès le début, l'écart n'est pas très sensible ; mais à partir de 1851, la

distance s'accuse de plus en plus. De 1841 à 1851, les grandes villes ont proportionnellement leur plus grande augmentation et leur part maxima dans l'accroissement de la population anglaise (1400000 sur 1980000, soit 75 p. 100).

Population de l'Angleterre proprement dite, des villes de plus de 100000 habitants en 1891 et de Londres (1801-1891).

	VILLES DE PLUS DE 100000 HAB. EN 1891	LONDRES	TOTAL DE la population des villes de plus de 100000 hab. (LONDRES COMPRIS)	ANGLETERRE (TOTAL)
1801	684000	958000	1642000	8350800
1811	828000	1138000	1966000	9553000
1821	1060000	1378000	2438000	11281900
1831	1283000	1654000	2937000	13090500
1841	1900000	1948000	3848000	15002900
1851	2573000	2632000	5205000	16921900
1861	2853000	2803000	5656000	18954400
1871	3276000	3267000	6543000	21495100
1881	3915000	3816000	7731000	24614000
1891	4497000	4211000	8708000	27501000

Dans les deux premières périodes décennales, elle n'était que de 324000 sur 1200000 (1801-1811) et de 472000 sur 1800000 (1811-1821). La proportion s'affaisse de 1851 à 1861, et, si depuis, la part des grandes villes dans l'augmentation totale s'est relevée, elle n'a jamais atteint le même degré que de 1841 à 1851. Il faut dire que, depuis, les villes de moins de 100000 habitants ont eu un développement considérable et que beaucoup d'entre elles ne sont que les faubourgs des grands centres. — Toutefois, les villes de plus de 100000 âmes n'en contiennent pas moins une portion notable de la population anglaise ; en 1801, ces mêmes cités renfermaient 20 p. 100 de la population totale ; en 1851, 30,8 p. 100 ; depuis, cette proportion s'est peu accrue : elle est (1891) de 32,8 p. 100 (en comptant West-Ham et Croydon).

Mais c'est déjà un phénomène inouï que, dans un Etat, le tiers de la population habite les grandes agglomérations. Bien entendu, ces villes se sont acheminées plus ou moins vite

Population des grandes villes anglaises (sauf West-Ham et Croydon) de 1801 à 1891 (en milliers).

VILLES	1801	1811	1821	1831	1841	1851	1861	1871	1881	1891
Londres	958	1138	1378	1654	1948	2632	2803	3267	3816	4211
Liverpool	82	104	138	201	286	376	444	493	552	518
Manchester	76	91	129	187	243	316	358	351	465	505
Birmingham	70	82	101	144	183	233	296	343	401	429
Leeds	53	62	83	123	152	172	207	259	309	367
Sheffield	45	53	65	91	111	135	185	240	284	324
Bristol	61	71	85	104	125	137	154	182	206	221
Bradford	13	16	26	43	66	104	106	145	183	216
Nottingham	28	34	40	50	52	57	74	86	187	212
Hull	29	37	44	52	67	84	97	122	154	200
Salford	18	24	32	50	68	85	102	125	176	198
Newcastle	33	32	41	53	70	88	109	128	145	186
Portsmouth	33	41	46	50	53	72	95	113	128	159
Leicester	17	23	31	40	51	60	68	95	122	142
Oldham	21	29	38	50	60	72	94	82	111	131
Sunderland	24	25	31	40	53	67	86	98	116	131
Blackburn	12	15	22	27	36	46	63	76	104	120
Brighton	7	12	24	42	49	69	87	90	107	115
Bolton	18	24	32	42	51	61	70	83	105	115
Preston	12	17	24	33	51	69	83	85	96	107
Norwich	36	36	50	61	62	68	75	80	87	101

vers leur état actuel et le nombre de ces cités populeuses a varié au cours de ce siècle. On a déjà vu qu'en 1801, Londres, seule, dépassait 100000 habitants, et dix ans après, ce chiffre n'était encore atteint que par Liverpool. En 1821, deux nouvelles unités s'ajoutent à cette liste qui comprend six villes; en 1831, sept, puis huit en 1841 et 1851. Ce chiffre est de dix en 1861, douze en 1871, mais passe d'un coup à dix-neuf (1881), et finalement à vingt-trois (1891). Il a donc presque doublé en vingt ans. L'Angleterre compte donc une ville de plus de 100000 âmes par 1064000 habitants et 5700 kilomètres carrés : c'est une proportion qu'on ne trouve nulle part, même en Belgique.

Si l'on ajoute les villes du pays de Galles, d'Ecosse et d'Irlande, le total est de 29, avec près de 10850000 habitants (soit 27,8 p. 100 de la population totale). Ces villes renferment plus du quart de la population de la Grande-Bretagne. Notons seulement que les villes de 50000 à 100000 âmes ne sont pas moins de quarante-deux pour la Grande-Bretagne, dont trente-six pour l'Angleterre : leur population qui était de 1450000 en 1871, était en 1891 de 2880000, dont 2460000 pour l'Angleterre seule : ce qui joint au total des grandes villes, représente un ensemble de près de 11000000 d'habitants, soit 40 p. 100 de la population totale. Enfin, si l'on considérait la population des villes à partir de 10000 habitants, on verrait que celle-ci atteint 17826000 habitants, c'est-à-dire 61,4 p. 100 de l'ensemble de l'Angleterre proprement dite (1).

Population urbaine et population rurale. — Mais la situation respective des populations urbaine et rurale n'est pas la même en Angleterre qu'en France, par exemple. Chez nous, la population rurale diminue d'une façon absolue et constante depuis 1846; en Angleterre, malgré l'extrême développement des centres urbains, la population rurale s'augmente sans cesse de 1801 à 1891, car la diminution en 1881 n'est qu'apparente ; elle ne résulte que d'un changement dans la détermination statistique des deux éléments de population. (Voy. ce que nous avons dit, pages 52 et 53).

Jusqu'en 1841, la population rurale l'emporte sur l'autre ;

(1) L'ensemble des villes d'Angleterre et Galles ayant plus de 50 000 habitants en 1891 était peuplé de 4 828 000 âmes en 1841 et de 11 872 000 en 1891, soit un accroissement de 7 000 000 ou 146 p. 100 dans l'espace d'un demi-siècle (*Census of England*, 1891, IV, 103).

mais, malgré son accroissement très sensible, sa proportion à la population totale diminue ; en 1801, elle représentait près de 60 p. 100 (59,4) ; elle n'est plus que de 51,7 p. 100 en 1841 et tombe à 45,2 en 1871 et enfin, à 28,3 p. 100 en 1891. Dans la dernière période (1881-1891), son augmentation n'a été que de 3,28 p. 100, la plus faible de toutes les périodes décennales avec celle de 1841-1851 (5,88 p. 100). La population urbaine avait déjà plus que doublé de 1801 à 1841 : elle était à cette

Population urbaine et rurale de l'Angleterre et Galles (1801-1891) (1).

ANNÉES	POPULATION URBAINE TOTALE	Accroissement p. 100	RAPPORT A LA POPULATION TOTALE	POPULATION RURALE TOTALE	Accroissement p. 100	RAPPORT A LA POPULATION TOTALE
1801	3615240		40,6	5277291		59,4
1811	4247800	17,5	41,6	5916460	12,1	58,4
1821	5212075	22,7	43,4	6788660	14,7	56,6
1831	6394170	22,7	46,1	7502630	10,5	53,9
1841	7679737	20,1	48,3	8229400	9,7	51,7
1851	9213950	19,9	52,2	8713667	5,8	47,8
1861	10717260	16,3	53,4	9348964	7,3	46,6
1871	12576630	17,3	54,8	10135640	8,4	45,2
1881	18046000		69,4	7928250		30,6
1891	20802770	15,2	71,7	8198240	3,2	28,3

époque presque la moitié de la population totale (48,3). Il est bon de remarquer que, même dès 1801, sa proportion (40,6

(1) **Développement de la population urbaine et rurale d'Angleterre et Galles (la population en 1801 étant réduite à 100).**

ANNÉES	POPULATION URBAINE	POPULATION RURALE	ANNÉES	POPULATION URBAINE	POPULATION RURALE
1801	100	100	1851	255	165
1811	117	112	1861	297	178
1821	144	129	1871	350	193
1831	177	142			
1841	220	156	1881	100	100
			1891	115	103

Proportion (p. 100 hab. de la population totale) de la population urbaine dans les comtés et régions de l'Angleterre et Galles en 1801, 1851, 1891.

COMTÉS	1801	1851	1891
Surrey	30	27	60
Kent	35	47	62
Sussex	35	51	59
Hamps	34,5	46	62
Berks	35,5	40	42
Sud-Est	27	30	60
Wilts	47	49	38
Dorset	31	32,8	37
Devon	34,7	45	57,6
Cornwall	23,7	30	35,8
Somerset	20	29,5	43
Sud-Ouest	33	37	45,2
Essex	18	23	67
Suffolk	15,7	20	39
Norfolk	39	36	42,8
Est	23	26	54
Middlesex	13	73	90
Hertford	25	27	31
Buckingham	36	32	26
Oxford	28	36	46
Northampton	20	30	49
Huntingdon	30	30	36
Bedford	20	30	45
Cambridge	27	30	44
Sud-Milieu	24	29	56
Gloucester	46,4	53	66,4

COMTÉS	1801	1851	1891
Hereford	20	27	29
Monmouth	21	24	75
Shrops	45	48	33,5
Stafford	46,1	57	78,5
Worcester	29	47	57,2
Warwick	53	70	78,3
Ouest-Milieu	41	51	68,8
Leicester	28	42	63
Rutland	19	18	
Lincoln	25	31	45
Nottingham	34	34	61,6
Derby	21	30	60
Nord-Milieu	25	34	57,2
Chester	24,5	50	71,8
Lancastre	55,3	70	92
Nord-Ouest	50	66	89
York	35	47,2	83,9
York	35	47,2	83,9
Durham	45	46,7	65,6
Northumberland	40	50	71
Cumberland	38,2	43,7	60
Westmoreland	20	21	38
Nord	40	46	65
Galles-Nord	15	20	31
Galles-Sud	20	30	60
Galles	16	28	52,5

p. 100) était un peu plus élevée que celle de la population urbaine de la France en 1896 (39,7 p. 100). A partir de 1851, la population urbaine l'emporte et finalement elle atteint presque les trois quarts de la population totale (71,9 p. 100 en 1891). L'augmentation de la période 1881-1891 est moindre, sans doute, que dans les périodes antérieures; mais la proportion diminue en raison même de la masse qui s'accroît. D'autre part, le moment viendra où la population rurale diminuera d'une façon absolue comme en France. On peut se rendre compte, dans le détail, des progrès de la population urbaine en Angleterre par le tableau (page 129) qui donne la proportion de cette population, par chaque comté et grande région d'Angleterre et Galles, en 1801, 1851 et 1891.

Au commencement du siècle, une seule de ces régions, celle du Nord-Ouest, avait la moitié de sa population à l'état urbain ; en 1851, cette proportion n'est encore atteinte que par l'Ouest-Milieu, mais, en 1891, elle est dépassée par toutes les régions, sauf par le Sud-Ouest, dont la proportion (45,2 p. 100) est pourtant supérieure à celle de la population urbaine de la France. Il est facile de se convaincre que le progrès est surtout au Nord. Si nous prenons la division que nous avons adoptée plus bas de l'Angleterre, en deux régions, celles du Sud-Est et du Nord-Ouest, nous constatons que la proportion de la première, dans l'ensemble de la population urbaine, est en diminution constante (1). En 1801, elle représentait 61,6 du total de la population urbaine (32,4 p. 100, sans Londres) : en 1851, cette proportion n'était plus que de 51,5 p. 100 et 25, 8 p. 100, Londres non compris; enfin, en 1891, elle tombe à 44,9 p. 100 et à 24,4 p. 100, sans l'agglomération londonienne.

Si des grandes régions, nous passons aux comtés, nous constatons que si quelques-uns ont vu augmenter considérablement leur population urbaine, tels que les comtés londoniens, le York, le Lancastre, dans d'autres comtés, par contre, cette population

(1) **Population urbaine des régions du Sud-Est et Nord-Ouest de l'Angleterre, en :**

RÉGIONS	1801	1851	1891
Sud-Est (avec Londres).	2 112000	4 750 000	9 256 000
— (sans Londres).	1 154000	2 388 000	5 015 000
Nord-Ouest.	1 503000	4 463 000	11 547 000

n'augmente pas et même décroît. C'est le cas du Wilts, du Buckingham, du Shrops, où la diminution atteint les petits centres du pays.

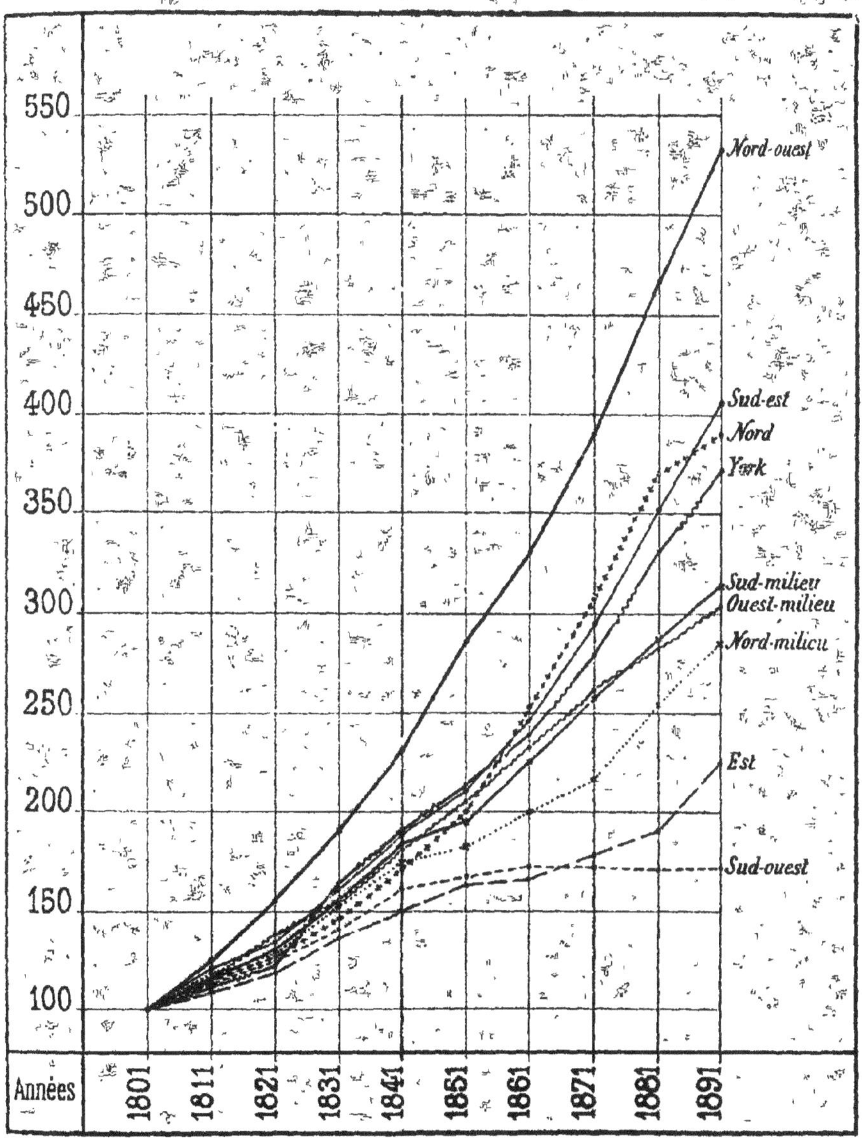

Fig. 24. — Développement de la population dans les grandes régions de l'Angleterre (*Registration-Divisions*) de 1801 à 1891, la population en 1801 étant réduite à 100.

Développement de la population dans les grandes régions de l'Angleterre : le Nord et le Sud. — Le développement de la population urbaine influe sur celui de la population globale de chacune des régions anglaises ; celles-là progressent surtout qui possèdent de grandes agglomérations. Toutes les régions augmentent il est vrai, mais avec de notables différences (voy. la *fig.* 24). Tandis que la moyenne d'accroissement pour l'Angleterre est 228 p. 100, le Sud-Ouest ne gagne que 72 p. 100 ; l'Est, 125 p. 100, et cela grâce au développement de la banlieue de Londres dans l'Essex. C'est ce qui explique aussi l'augmentation des régions Sud-Est et Est-Milieu (305 et 215 p. 100), auxquelles appartiennent les comtés londoniens de Kent, Surrey et Middlesex. Le Nord-Milieu et l'Ouest-Milieu, qui renferment un certain nombre de comtés agricoles, ne gagnent que 185 et 205 p. 100 ; mais le Nord, l'York, le Nord-Ouest (Lancashire et Chester) s'accroissent respectivement de 287, 273 et 433 p. 100. Le tableau que nous donnons ci-dessous permet de suivre le développement de toutes les régions anglaises à chaque période décennale de 1801 à 1891.

Population de l'Angleterre par grandes régions (*Registration-divisions*) de 1801 à 1891 (en milliers).

RÉGIONS	1801	1811	1821	1831	1841	1851	1861	1871	1881	1891
Sud-Est	1 066	1 292	1 475	1 698	1 950	2 211	2 586	3 098	3 715	4 322
Est	715	805	905	1 004	1 072	1 148	1 173	1 253	1 377	1 611
Sud-Milieu	1 457	1 712	1 966	2 275	2 583	2 874	3 321	3 726	4 146	4 552
Sud-Ouest	1 104	1 262	1 419	1 595	1 742	1 805	1 835	1 880	1 853	1 897
Ouest-Milieu	1 150	1 363	1 630	1 778	2 064	2 320	2 641	2 935	3 250	3 504
Nord-Milieu	656	777	875	996	1 121	1 226	1 304	1 427	1 665	1 840
Nord-Ouest	865	1 090	1 323	1 671	2 062	2 486	2 934	3 380	4 098	4 656
York	859	1 019	1 173	1 372	1 592	1 797	2 033	2 436	2 886	3 209
Nord	475	547	613	701	808	947	1 117	1 356	1 615	1 844

On pourrait répartir ces *registration-divisions* en deux groupes, renfermant un nombre égal de comtés, vingt et un (York comptant pour trois). Ces deux groupes, l'un plus au sud (Sud-Est, Sud-Ouest, Est, Sud-Milieu), l'autre plus au nord, ont à peu près la même superficie (63000 et 67000 kilom. car.). Comparons ces deux régions en 1801, 1851 et 1891. Au début du siècle, la population du Sud (1) était de 4342000 habitants, soit 52 p. 100 du total ; celle du Nord, 4008000 habitants. En 1851, le Sud compte 8038000 âmes, le Nord, 8622000 : la proportion de la première région s'est

(1) Y compris le Monmouth que nous ne comptons pas avec le pays de Galles comme fait généralement la statistique anglaise.

abaissée à 48 p. 100; enfin, en 1891, cette proportion tombe à 45 p. 100, le Sud comptant 12384000 habitants, tandis que le Nord en a 14803000. L'équilibre est définitivement rompu à son profit; sa densité globale est de 220 habitants par kilom. car., tandis que celle du Sud est de 196 et, sans la métropole, de 130. L'accroissement total du Nord a été de 276 p. 100; il n'a été, dans le Sud, que de 185, et sans Londres, de 141 p. 100.

Mais, en ne tenant pas compte de la répartition un peu arbitraire des *registration-divisions*, on pourrait grouper les comtés anglais d'une façon plus géographique. Tirons, par exemple, une ligne de l'embouchure de la Severn (Bristol) à l'Humber (à la hauteur de Great-Grinsby); nous divisons ainsi l'Angleterre en deux régions très nettement caractérisées; au Nord et à l'Ouest, toute la nouvelle Angleterre, celle des « Indes Noires » et de l'industrie; au Sud et à l'Est, la vieille Angleterre, en grande majorité rurale, et où, à part la métropole, les villes de plus de 100000 âmes sont rares (Bristol, Portsmouth, Brighton, Norwich avec West-Ham et Croydon de l'agglomération londonienne). Cette région du Sud-Est, qui correspond à peu près à la province ecclésiastique de Cantorbéry, contient 24 comtés (1) avec une superficie totale de 73450 kilomètres carrés, soit plus de la moitié de l'Angleterre. En 1801, sa population était de 4830000 habitants, ou 58 p. 100 de la population de l'Angleterre : le Nord-Ouest ne comptait que 3476000 habitants. Au milieu du siècle, en 1851, le Sud-Est, avec 8928000 habitants, ne représente plus que 53,6 p. 100 du total, tandis que le Nord-Ouest atteint 7994000 habitants. Enfin en 1891, cette dernière région dépasse 14000000 et le Sud-Est n'arrive qu'à 13501000, soit 48,9 p. 100 de l'ensemble : si l'on faisait abstraction de Londres, sa population tomberait à 9290000 (34 p. 100). Depuis 1801, l'accroissement (2) du

(1) La région Sud-Est comprend les *registration-divisions* du Sud-Est, Est, Sud-Ouest, Sud-Milieu et les comtés de Rutland, Lincoln, et Gloucester.

(2) **Population des régions Sud-Est et Nord-Ouest (1801-1891) (chiffres exprimés en milliers).**

RÉGIONS	1801	1811	1821	1831	1841	1851	1861	1871	1881	1891
Sud-Est (avec Londres).	4 830	5 131	6 403	7 296	8 163	8 928	9 835	10 950	12 156	13 501
Sud-Est (sans Londres).	3 860	3 993	4 625	5 612	6 215	6 293	7 032	7 683	8 340	9 290
Nord-Ouest	3 476	4 424	4 878	5 794	6 834	7 994	9 119	10 545	12 458	14 000

Nord-Ouest a été de 10524000 habitants, ou 303 p. 100, tandis

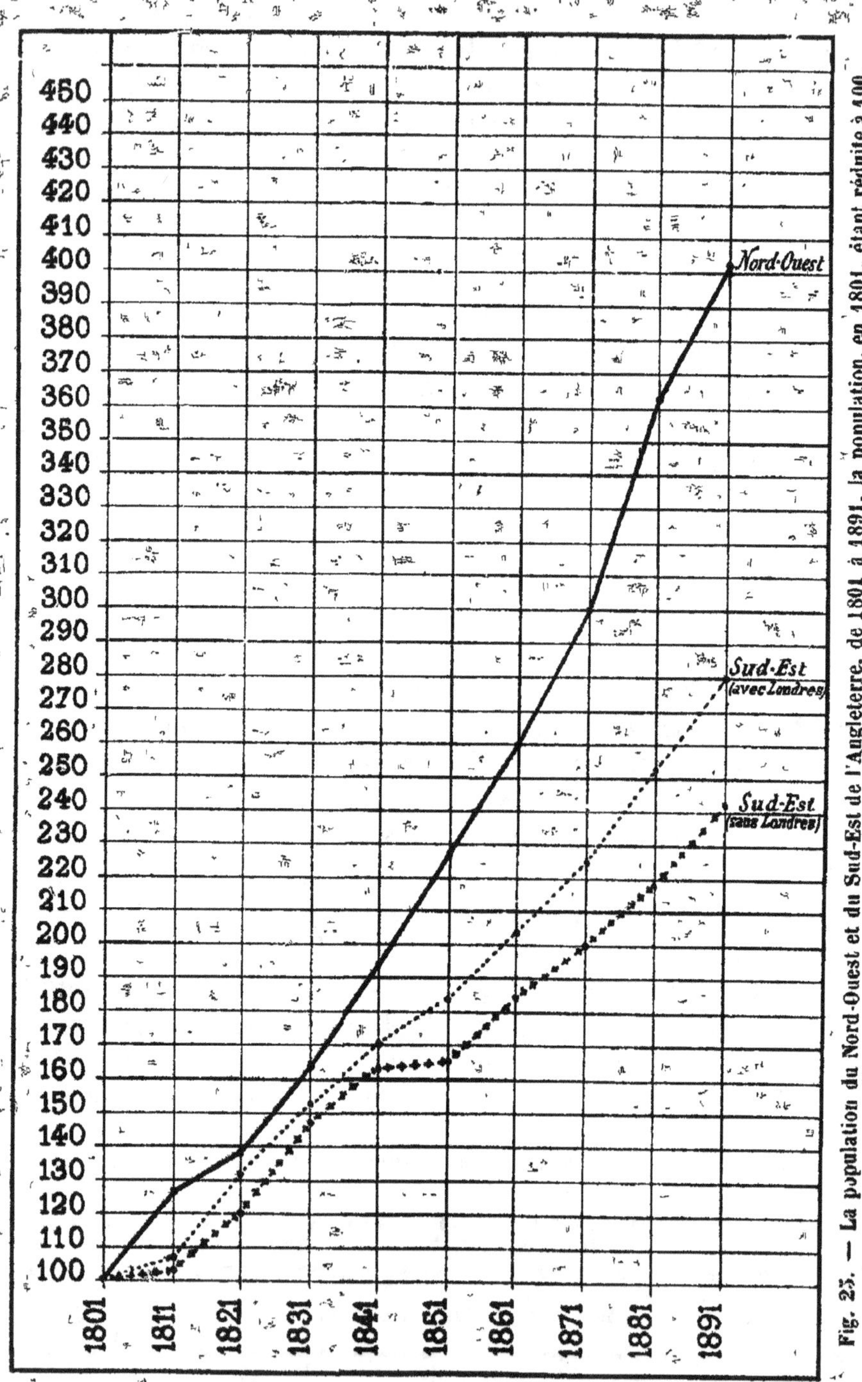

Fig. 25. — La population du Nord-Ouest et du Sud-Est de l'Angleterre, de 1801 à 1891, la population, en 1801, étant réduite à 100.

que le Sud-Est n'a gagné que 8671000 habitants, ou 179 p. 100

et, sans compter Londres, 5430000 habitants, ou 138 p. 100 (voy. *fig.* 25). Dans le Sud-Est, la densité n'est que de 183 habitants par kilomètre carré (126, sans Londres); elle est, dans le Nord-Ouest, de 245.

Considérations plus particulières touchant chacune des régions anglaises. — De toutes les régions de l'Angleterre, aucune (même y compris le pays de Galles) n'a aussi peu gagné (72 p. 100) de 1801 à 1891, que le Sud-Ouest. Le Sud-Ouest est, en effet, plutôt agricole et nous verrons plus bas quel contingent il fournit à l'émigration. Dans la première partie du siècle (1), sa population avait suivi une marche ascendante (de 1104000 en 1801 à 1805000 en 1851), mais depuis, elle n'a même pas augmenté de 100000 habitants (1897000 en 1891). Elle ne renferme qu'un seul groupe dépassant 100000 âmes (Plymouth-Devonport) et ensuite n'a que des villes secondaires. Sur les cinq comtés de cette région, trois ont diminué ou diminuent : le Dorset est en décroissance depuis 1871, le Cornwall depuis 1861 (2); le Devon n'augmente que grâce à Plymouth. Au Nord, le Wilts, après une diminution de 1841 à 1861, remonte péniblement, et Bath (3), longtemps une des villes importantes d'Angleterre, s'accroît à peine maintenant. Quant au Somerset, après avoir été stationnaire de 1851 à 1861, il a réalisé, depuis, à lui tout seul, les deux tiers de l'accroissement de la région; Bristol lui envoie le trop-plein de sa population.

Dans cette région, la densité est restée relativement faible (91 par kilom. car.) et nulle part, la population rurale ne présente une aussi forte proportion. De 67 p. 100 en 1801, elle

(1) **Population des comtés du Sud-Ouest.**

COMTÉS	1801	1851	1891
Cornwall	192280	355550	322580
Devon	340300	567098	631760
Dorset	114450	184207	194480
Somerset	273800	443926	484320
Wilts	183820	254220	264960

(2) Le Cornwall a perdu 47000 habitants depuis 1861 : cette décroissance est surtout causée par la décadence des mines d'étain.

(3) Population de Bath en 1871 : 52557;
— — 1891 : 51843.

était encore de 63 p. 100 en 1851 ; quoique tombée à 55 p. 100 (1891), elle n'en reste pas moins la plus forte de toutes les régions anglaises. Ainsi, cette région qui ne contient même pas 7 p. 100 de la population totale de l'Angleterre, renferme 12,7 p. 100 de l'ensemble de la population rurale.

Le Sud-Est fait un contraste sensible avec la région précédente : c'est en effet, la partie de l'Angleterre méridionale qui a le plus augmenté. C'est que, parmi les comtés (1) de cette région, deux sont des comtés londoniens (Kent et Surrey). Mais, outre une partie de Londres, elle renferme des villes importantes : par exemple, Portsmouth et Southampton représentent près du tiers de la population du Hampshire ; Brighton, le cinquième de celle du Sussex. En 1801, le Sud-Est n'était que le huitième de la population anglaise ; aujourd'hui, elle en est presque le sixième. Mais, abstraction faite de Londres, la proportion serait la même en 1891 qu'en 1801. Les comtés londoniens sont en effet ceux qui ont le plus gagné, 400 p. 100; il en est de même des comtés maritimes (Sussex, Hamps) qui ont augmenté de 260 p. 100, tandis que, à l'intérieur, le Berckshire n'a vu que doubler sa population. Cette région n'est pas, à coup sûr, rurale ; toutefois, de 1801 à 1891, sa population rurale a constamment gagné ; elle est encore aujourd'hui de 40 p. 100 du total, grâce au caractère agricole d'une partie de Kent, de Sussex, etc.

La région de l'Est offre à peu près les mêmes caractères que celle du Sud-Est, elle est aussi agricole que maritime, et renferme très peu de grands centres, sauf Norwich qui s'est relevée depuis quelque temps. Elle bénéficie du voisinage de la métropole, dont la banlieue s'étend jusque sur l'Essex. Son accroissement global a été de 125 p. 100 depuis 1801 : il porte

(1) **Population des comtés du Sud-Est.**

COMTÉS	1801	1851	1891
Berks	110 500	170 065	238 500
Hants	219 290	405 300	690 880
Kent	308 667	615 766	1 142 300
Surrey	268 213	683 000	1 730 900
Sussex	159 471	336 850	550 500
Kent sans Londres	258 200	481 000	807 000
Surrey sans Londres	107 000	201 000	521 200

surtout, sur la dernière période (1861-1891) : dans ces trente années, la région de l'Est (1) a plus augmenté que dans tout le reste du siècle. Cette différence nous semble surtout venir de l'extension du Londres suburbain : en effet, de 1801 à 1861, les comtés de Suffolk et de Norfolk gagnent 284000 habitants et Essex 177000. Au contraire, dans la dernière période, Essex (malgré la diminution de ses districts agricoles) augmente de 380000 habitants, et les deux autres comtés, de 54000 seulement : encore, cet accroissement appartient-il surtout aux villes (Ipswich et Norwich). C'est, du reste, l'Essex qui donne à cette région une forte proportion de population urbaine, tandis, en effet, qu'il en compte 67 p. 100, cette proportion n'est que 41 p. 100 pour les comtés de Norfolk et Suffolk réunis.

La région Sud-Milieu (2) est encore plus exclusivement agricole que l'Est. Son accroissement ne doit pas nous faire illusion ; sur les 3 millions que représente cet accroissement, près de 2 millions et demi reviennent à Middlesex, comté londonien. Ce comté qui, en 1801, ne contenait que 56 p. 100 de la population de la région, en renferme aujourd'hui 71,4 p. 100. Tandis que le Middlesex a quadruplé depuis 1801, le reste de la région n'a guère fait que doubler sa population. En effet, à part la portion qui, dans ce comté, appartient à l'aggloméra-

(1) **Population des comtés de l'Est.**

COMTÉS	1801	1851	1891
Essex	227 600	369 300	785 300
Norfolk	273 400	442 700	456 400
Suffolk	214 400	337 200	369 300

(2) **Population des comtés du Sud-Milieu.**

COMTÉS	1801	1851	1891
Middlesex	818 000	1 886 600	3 251 000
Id. (sans Londres)	72 000	141 000	564 000
Bedford	63 400	124 500	160 700
Buckingham	108 100	163 720	185 100
Cambridge	89 300	185 400	188 300
Hertford	97 400	167 300	220 100
Huntingdon	37 500	64 180	57 700
Northampton	131 500	212 400	302 000
Oxford	112 000	170 440	185 900

tion londonienne, on ne voit pas, dans toute cette région, de puissant centre d'attraction : aucune cité n'atteint 100000 âmes. A l'exclusion du Middlesex, la région est loin d'avoir un progrès continu : elle augmente sensiblement dans la première partie du siècle jusqu'en 1841 (370 000 hab.) ; après avoir éprouvé une décroissance en 1851, elle se relève, mais, depuis 1861, elle n'a pas augmenté de 200 000 habitants. Elle renferme, en effet, des comtés qui diminuent : Cambridge et Huntingdon.

Quant à la population rurale, elle est de 44 p. 100; mais en réalité, le Middlesex mis à part, elle est de 60 p. 100, soit une des plus fortes de l'Angleterre.

Nous touchons à la région du Nord avec les groupements du Nord-Milieu et de l'Ouest-Milieu que l'on peut, du reste, considérer comme une transition entre l'Angleterre méridionale et septentrionale : elles renferment également une partie agricole stationnaire ou en décroissance et une partie industrielle en progrès. L'ensemble des deux groupes(1) a eu, depuis 1801, un accroissement assez considérable (190 p. 100), mais sa proportion au total de la population anglaise n'a pas changé (environ 1/5). Leur progrès respectif n'a pas suivi la même marche : dans la région du Nord-Milieu, l'augmentation est de

(1) **Population des comtés du Nord-Milieu.**

COMTÉS	1801	1851	1891
Derby	161 500	296 000	527 000
Leicester	130 000	230 300	373 000
Lincoln	208 000	407 200	472 000
Nottingham	140 000	270 400	445 000
Rutland	16 300	23 000	20 500

Population des comtés de l'Ouest-Milieu.

COMTÉS	1801	1851	1891
Gloucester	250 000	458 800	600 000
Hereford	88 000	115 500	115 900
Monmouth	45 000	157 400	252 000
Shrop	169 000	229 300	236 000
Stafford	242 000	608 700	1 083 000
Warwick	206 000	475 000	805 000
Worcester	146 000	277 000	413 000

187 p. 100 ; dans l'Ouest-Milieu, de 197. Mais, dans les deux régions l'accroissement est le fait des comtés houillers et industriels où se trouvent les principales agglomérations. Ces comtés des deux régions (Gloucester, Warwick, Stafford, Derby, Leicester, Nottingham) sont sur une même ligne entre les comtés montueux de l'Ouest, voisins du pays de Galles (Shrop, Hereford) et ceux de la plaine agricole de l'Est (Lincoln, Rutland).

L'une et l'autre régions ont leurs comtés de diminution : dans le Nord-Milieu, le petit comté de Rutland, le seul d'Angleterre où la population soit exclusivement rurale, est moins peuplé qu'en 1841 ; le Lincoln, qui a doublé sa population depuis 1801, a peu gagné dans les sept dernières périodes décennales (0,6 p. 100). L'augmentation porte sur les trois comtés de Leicester, Nottingham et Derby où les villes de ce nom sont devenues des centres importants : leur population globale a gagné près de 200 p. 100 depuis 1851.

L'Ouest-Milieu diminue dans le Shrop et le Hereford qui ont à peine la même population qu'en 1851 : mais tous les autres comtés s'accroissent, notamment le Warwick, le Stafford. Ici sont les agglomérations du district « des poteries » ; là, Birmingham (qui a sextuplé depuis 1801) et les localités voisines (West-Bromwich, Walsall, Wolverhampton) ; même au Sud, Bristol a quadruplé dans le cours du siècle. La population urbaine, dans l'ensemble, y est plus considérable que dans le Nord-Milieu (68,5 au lieu de 57, 2 p. 100). Déjà, cette forte proportion annonce le Lancashire.

De toutes les régions anglaises (1), aucune n'a plus gagné que le Nord-Ouest (Chester et Lancastre). En 1801, elle ne représentait que le dixième (865000 hab.) de la population anglaise ; aujourd'hui, le sixième (4657000) : elle a augmenté, depuis 1801, de 433 p. 100, et cet accroissement est surtout très sensible dans le Lancashire, foyer incomparable de commerce et d'industrie. Ce seul comté, avec près de 4 millions d'âmes (3926000),

(1) **Population des comtés du Nord-Ouest.**

COMTÉS	1801	1851	1891
Chester	192300	455700	730000
Lancastre	673400	2031200	3926800

est plus que le double de notre département du Nord, avec une superficie moindre (4880 kilom. car.).

En 1801, il ne possédait que trois villes de plus de 20000 hab. — Aujourd'hui, ce seul comté renferme à lui seul quinze cités de plus de 50000 âmes, avec une population totale de 2257000 habitants, soit 58 p. 100 de l'ensemble. Les seules villes de plus de 100000 habitants comptaient, en 1891, 1650000 âmes dont plus d'un million pour Liverpool-Manchester.

Aucune région ne contient une aussi forte proportion de population urbaine (89 p. 100) : elle atteint 92 p. 100 dans le Lancashire : autant dire que l'élément rural n'y existe pas.

Un phénomène analogue (1) (quoique moins sensible) se produit dans le Yorkshire ou, plus spécialement, dans le West-Riding, l'autre grande région industrielle du Nord. En 1801, une seule ville de ce comté dépassait 50000 âmes (Leeds) ; aujourd'hui, il en compte huit avec 1428000 habitants (44 p. 100 et 48 p. 100 dans le West-Riding). Cette partie du comté, qui n'en est pas la moitié comme étendue, contient 76 p. 100 de sa population. Cette région, jointe au Lancashire, représente la plus forte agglomération urbaine qu'il y ait au monde : la population rurale n'y est que de 15 p. 100 à peine, et les villes de plus de 100000 âmes (Leeds, Bradford, Sheffield) renferment 38 p. 100 de la population totale. — Les autres régions du comté ont aussi augmenté : mais leur accroissement est surtout dû à celui d'un centre important. C'est le cas de Hull pour l'East-Riding et de Middlesbrough pour le North-Riding.

Le Nord (2) a relativement plus gagné que le comté d'York,

(1) **Population du comté d'York.**

COMTÉS	1801	1851	1891
West-Riding	»	1325000	2441000
East-Riding	»	221000	399400
North-Riding	»	215000	368000
York (total)	859000	1761000	3200400

(2) **Population des comtés du Nord.**

COMTÉS	1801	1851	1891
Cumberland	117200	195400	266000
Durham	149400	391000	1016500
Northumberland	168000	303500	506000
Westmoreland	40800	58300	66100

puisque c'était là, au début du siècle, la région plus particulièrement déserte de l'Angleterre. La population a quadruplé depuis 1801, et cette augmentation se manifeste surtout dans le Durham et le Northumberland avec Newcastle, Northshields, Southsields, Sunderland. Mais le Durham, à lui seul, a gagné 582 p. 100 depuis 1801 et il représente 65 p. 100 de l'accroissement totale de la région.

C'est ce qui explique pourquoi la proportion de la population urbaine (65 p. 100) y est plus forte aujourd'hui que dans toutes les régions du sud de l'Angleterre.

Le pays de Galles n'est pas un de ceux qui ont le moins gagné. Comme notre Bretagne, il a eu une augmentation constante depuis 1801 ; cet accroissement a été plus prononcé dans les deux dernières décades, grâce au progrès des villes. Celles-ci forment un seul et même groupe dans le Sud (Cardiff, Swansea, Tydvil, Ystradyfodg) (1) dans le comté de Glamorgan (2). Or, ce comté, tout en dépassant les autres en 1801, n'était pas sensiblement plus peuplé ; mais dès 1841, sa prépondérance s'affirme et il représente (1891) 46 p. 100 du pays tout entier. — C'est surtout le Glamorgan qui fait l'augmentation du pays de Galles, car il renferme beaucoup de comtés en décroissance : en 1851, le recul commence avec Anglesey, Merioneth, Montgomery, Radnor, et, depuis, s'est étendu à tous les autres comtés, sauf Glamorgan, Caernarvon et Caermarthen.

D'une façon générale, grâce à l'influence du Glamorgan, le Sud a eu une part de plus en plus grande dans la population. En 1801, elle n'était guère de moitié (53,2 p. 100) ; elle atteint 59 p. 100 en 1851, et enfin, en 1891, elle est de 67 p. 100; et sur le total de la population urbaine, il y en a 80 p. 100 pour le Sud.

(1) **Population du nord et du sud du pays de Galles (en milliers).**

RÉGIONS	1801	1821	1831	1841	1851	1861	1871	1881	1891
Nord	252	368	360	496	412	436	453	507	501
Sud*	288	330	446	515	593	675	764	853	1 000

* Les comtés de la région sud sont ceux du Glamorgan, Pembroke, Radnor, Montgomery, Cardigan et Caermarthen.

(2) Ystradyfodg, qui avait 75 000 habitants en 1891, n'en comptait que 2 700 en 1841. Cardiff a 129 000 et Swansea 90 000 hab. (1891).

Immigration (+) et émigration (—) des comtés

COMTÉS ET RÉGIONS	POPULATION EN 1871	EXCÉDENT DES NAISSANCES OU DES DÉCÈS	POPULATION telle qu'elle aurait dû être EN 1891	POPULATION RÉELLE EN 1891	IMMIGRATION + OU ÉMIGRATION —	PROPORTION P. 100 HAB. EN 1871
1. Surrey	365279	126284	491563	521200	+ 29639	+ 8,1
2. Kent	629126	203129	832255	807000	— 25255	— 4
3. Sussex	417456	121902	539358	550442	+ 11084	+ 2,7
4. Hamps	544684	151307	695991	690806	— 5105	— 0,9
5. Berks	196475	67032	263507	238446	— 25061	— 13,2
Sud-Est	2152850	669654	2822504	2807850	— 14654	— 0,7
6. Middlesex	264854	119426	384276	564300	+ 180024	+ 68,5
7. Hertford	192226	52425	244651	220125	— 24525	— 13
8. Buckingham	175879	44156	220035	185190	— 34845	— 20
9. Oxford	177975	46694	224669	185938	— 38731	— 21,8
10. Northampton	243891	82217	326108	302184	— 23924	— 10
11. Huntingdon	63708	13356	77064	57772	— 19922	— 30
12. Bedford	146257	43008	189265	160729	— 28536	— 19,8
13. Cambridge	186906	49299	236205	188362	— 47843	— 26
Sud-Milieu	1452200	450505	1902200	1864500	— 37700	— 2,6
14. Essex	466636	185726	652162	785400	+ 133238	+ 28,9
15. Suffolk	348870	109002	457871	369350	— 88520	— 25,9
16. Norfolk	438656	128749	567405	456476	— 110929	— 26,2
Est	1253700	423477	1677177	1611200	— 75977	— 6
17. Wilts	257117	62677	319794	264969	— 54825	— 21,3
18. Dorset	195537	44952	240489	194487	— 46002	— 25
19. Devon	602374	125067	726451	631767	— 94684	— 15
20. Cornwall	362343	64928	427271	322589	— 104722	— 29
21. Somerset	463483	117529	581012	484326	— 96686	— 20,8
Sud-Ouest	1880000	411100	2291000	1897000	— 394000	— 21,1
22. Gloucester	534640	128067	662707	599974	— 62733	— 11,8
23. Monmouth	195445	73586	269034	252260	— 13774	— 7,5
24. Hereford	125370	24278	149648	115986	— 33662	— 26,4

et régions d'Angleterre et Galles (1871-1891).

COMTÉS ET RÉGIONS	POPULATION EN 1871	EXCÉDENT DES NAISSANCES OU DES DÉCÈS	POPULATION telle qu'elle aurait dû être EN 1871	POPULATION RÉELLE EN 1891	IMMIGRATION + OU ÉMIGRATION —	PROPORTION P. 100 HAB. EN 1871
25. Shrop	248111	62246	310357	236324	— 74033	—30
26. Stafford	858326	353032	1211358	1083273	—128085	—15
27. Worcester	338837	110646	449483	413756	— 35727	—10,7
28. Warwick	634189	211438	845627	805070	— 40657	— 6,3
Ouest-Milieu	2935000	982700	3917700	3504000	—413000	—14,1
29. Leicester	269311	100552	369863	373693	+ 3830	+ 1,4
30. Rutland	22073	5396	27469	20659	— 6810	—30,9
31. Lincoln	436600	122859	559458	472778	— 86680	—20
32. Nottingham	319758	138537	458295	445600	— 12695	— 4
33. Derby	379394	123817	503211	527886	+ 24675	+ 6,8
Nord-Milieu	1427000	491160	1918600	1840000	— 78600	— 5,5
34. West-Riding	1874600	588437	2463048	2441164	— 21884	— 1,1
35. East-Riding	268466	96852	365318	399412	+ 34094	+13
36. North-Riding	293278	98634	391912	368240	— 23672	— 8,9
York	2436350	783923	3220273	3209000	— 10373	— 0,4
37. Chester	561200	166206	727407	730052	+ 2645	+ 0,5
38. Lancastre	2819495	867336	3686831	3926798	+239967	+ 8,5
Nord-Ouest	3380700	1033542	4414242	4656800	+242600	+ 7,2
39. Durham	685089	329788	1014877	1016449	+ 1572	+ 0,2
40. Northumberland	386646	128093	514739	506096	— 8643	— 2,3
41. Cumberland	220253	70578	290831	266550	— 24281	—10,9
42. Westmoreland	65010	17215	82325	66098	— 16227	—25
Nord	1356000	535650	1891650	1844000	— 47650	— 3,5
43. Sud	764350	261595	1025945	1048300	+ 22355	+ 3
44. Nord	452729	90637	541417	470600	— 70817	—17
Galles	1217130	352232	1569362	1518900	— 48162	— 4

Les migrations internes en Angleterre. — Les immigrations et émigrations suivent le mouvement général de la population et,

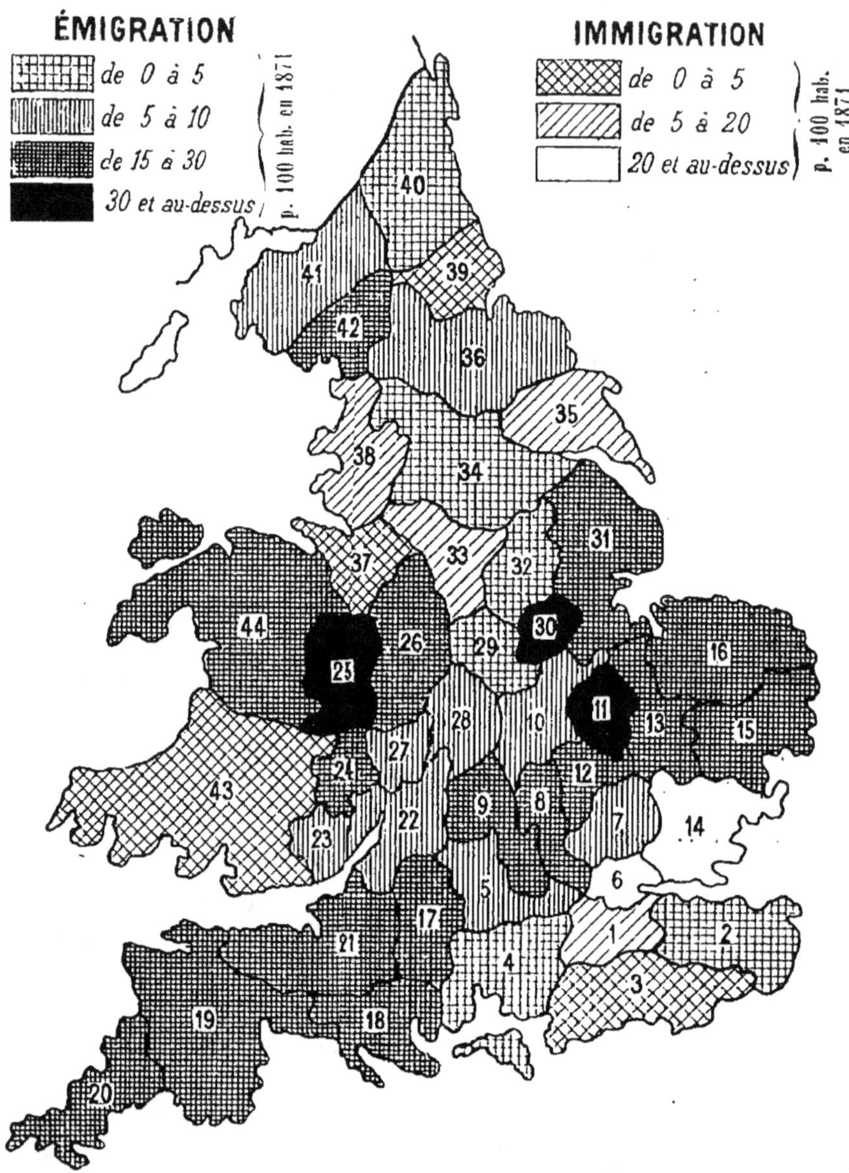

Fig. 26. — Carte de l'immigration et de l'émigration dans les comtés anglais, 1871-1891 (les numéros de la carte sont ceux du tableau, pages 142 et 143).

dans l'ensemble, l'émigration se produit plutôt au Sud, l'immigration au Nord (voy. *fig.* 26). Dans toute l'Angleterre méridionale, l'émigration est générale, sauf dans les centres voisins de Londres qui reçoivent le trop-plein de la capitale et quelques régions du centre (Leicester, Derby) : l'immigration atteint son maximum dans le Middlesex (68,5 p. 100) et l'Essex (28,9 p. 100). Le maximum d'émigration est donné par le Sud-Ouest, surtout avec le Cornwall (29 p. 100) et le Dorset : elle est également très prononcée dans les régions agricoles de l'Est (par exemple dans le Rutland et le Huntingdon, 30 p. 100) et dans les pays montueux de l'Ouest (30 p. 100 dans le Shrop). Dans les régions du Nord, par (exemple, le Nord-Ouest et York), il y a immigration sur l'ensemble ; en réalité, elle ne porte que sur le Nord-Ouest (8,5 p. 100 dans le Lancashire) et l'East-Riding, à cause du développement de Hull et surtout de Middlesborough (1).

Dans certains comtés industriels, où cependant la population augmente beaucoup, West-Riding, Stafford, Warwick, il y a émigration. Cela tient d'abord aux parties rurales que renferment ces comtés, ensuite à leur forte natalité.

Quant aux grandes villes, elles tendent aussi à rejeter en dehors d'elles l'excédent de population que leur donne leur natalité. Si l'on considère, par exemple, les seize grands districts urbains de l'Angleterre, on voit que leur immigration a constamment baissé depuis 1851, mais surtout de 1881 à 1891. Dans cette dernière période, elle n'a été que de 175700 au lieu de 475600, 486400 et 525140 dans les trois périodes respectives de 1871-1881, 1861-1871, 1851-1861. De nombreuses villes de plus de 100000 âmes ont vu l'excédent de leur natalité dépasser leur augmentation, Liverpool, Birmingham, Bristol, Nottingham, Leicester, etc. Liverpool a perdu par émigration 16 p. 100, et Birmingham, 8 p. 100. Nous verrons un phénomène analogue se produire à Londres. Par contre, l'immigration continue à Leeds, Newcastle, Oldham, etc... En réalité, les agglomérations ne cessent pas leurs progrès : les banlieues en profitent (2).

Population urbaine de l'Ecosse. — En Ecosse, comme dans le pays de Galles, la concentration de la population se produit sur un petit espace, la région des Basses-Terres du Sud et Sud-Est.

(1) Middlesborough a grandi comme une ville d'Amérique. Au commencement du siècle, ce n'était qu'un hameau (200 hab. en 1801 et 400 en 1831) ; elle atteint 5700 habitants en 1841, 19000 en 1861 ; 39000 en 1871 et enfin 75000 en 1891.

(2) Dans cette partie de notre chapitre, nous avons utilisé et complété l'étude de M. Rawenstein : *The laws of Migration* (1885).

Le tableau suivant indique le développement des différentes régions de l'Ecosse à trois périodes différentes.

RÉGIONS (1)	1801	1851	ACCROISSEMENT p. 100 1801-1851	1891	ACCROISSEMENT (+) ou DIMINUTION (—) p. 100 1851-1891
Nord.	96000	126000	31,5	118200	— 6,4
Nord-Ouest. . .	134000	179000	33,8	166100	— 7,8
Nord-Est. . . .	227000	350000	53,6	434600	+ 24
Sud.	143000	216000	51	204000	— 5,7
Est-Milieu . . .	346000	534000	54	625900	+ 19
Ouest-Milieu. .	160000	236000	47	314500	+ 38
Sud-Ouest. . .	318000	881000	180	1560800	+ 89
Sud-Est.	222000	382000	73	608800	+ 60

Ainsi les deux seules régions du Sud-Ouest et du Sud-Est, où la population augmente le plus, ne contenaient en 1801, que 32,4 p. 100 de la population totale : cette proportion était de 43,4 en 1851 et atteint 53,7 en 1891. Trois régions sont moins peuplées aujourd'hui qu'au milieu du siècle : Nord, Nord-Ouest et Sud; dans les deux premières, tous les comtés sont en décroissance, la plupart depuis 1851, et toute cette région des Highlands proprement dits a une des plus faibles densités de l'Europe (10 à 11 par kilom. car.). Dans le Sud, également montueux, tous les comtés diminuent depuis 1851, sauf Roxburgh : l'émigration est sollicitée par les progrès industriels des Basses-Terres ou du nord de l'Angleterre ou même de l'Ulster irlandais.

Les autres régions qui augmentent, ont toutes des comtés en diminution, sauf celle du Sud-Ouest où l'accroissement est général : sa proportion à la population de l'Ecosse est aujourd'hui de près de 40 p. 100, au lieu de 19,5 en 1801. Environ les deux

(1) Nord : comtés de Orkney et Shetland, Caithness, Sutherland;
Nord-Ouest : Ross et Cromarty, Inverness;
Nord-Est : Nairn, Elgin et Murray, Banff, Aberdeen, Kincardine;
Sud : Roxburgh, Dumfries, Kircudbright, Wigtown;
Est-Milieu : Forfar, Perth, Fife, Kinross, Clackmannan;
Ouest-Milieu : Stirling, Dumbarton, Argyll, Bute;
Sud-Ouest : Renfrew, Ayr, Lanark;
Sud-Est : Linlithgow, Edimbourg, Haddington, Berwick, Peebles, Selkirk.

tiers de la population de cette région appartiennent au comté de Lanark (1045000 sur 1560000). C'est le comté de Glasgow.

Toutes les grandes agglomérations écossaises se trouvent en somme dans la dépression méridionale du royaume et l'ensemble de ces villes a eu un développement rapide dans notre siècle. En 1801, la population des *principal towns* (Glasgow, Edimbourg, Dundee, Aberdeen, Greenock, Leith, Paisley, Perth) n'était que de 275000 habitants; elle était en 1861 de 656000, et en 1891 de 1590000, soit 40 p. 100 du total. Leur augmentation était (de 1801 à 1891) de 400 p. 100; celle de l'Ecosse, quoique très sensible, était de 150 p. 100.

A elles seules, les villes de plus de 100000 habitants (1), comptaient 1106000 âmes (soit plus du quart de la population totale), groupées dans les quatre cités de Glasgow, Edimbourg, Dundee et Aberdeen. Elles ne comptaient en 1811 que 227000 habitants, et 880000, en 1871.

Les autres catégories de villes (*large and small towns*) étaient aussi en accroissement : dans la dernière période décennale, l'augmentation de la population urbaine était, pour l'ensemble, de 12 p. 100, tandis que la population rurale baissait de 1 p. 100.

Les migrations internes en Ecosse. — Mais tel est, en Ecosse, l'excédent de natalité, et si grande est l'émigration d'outre-mer, qu'aucune région, dans son ensemble, n'augmente par immigration : de 1881 à 1891, toutes ont un excédent d'émigration, plus particulièrement sensible dans le Nord et les comtés montueux du Sud, dont nous avons vu la décroissance, moindre dans les Basses-Terres en général. Du reste, à chacune des trois périodes décennales, depuis 1861, l'accroissement de l'Ecosse a toujours été inférieur à sa natalité.

Pour les villes, il se produit en Ecosse le même phénomène qu'en Angleterre. Comme l'indique le tableau suivant, les prin-

(1) **Population des principales villes d'Écosse.**

VILLES	1801	1811	1871	1891
Edimbourg	83000	103000	197000	261200
Glasgow	30000	110000	477000	565700
Dundee	»	29000	119000	155600
Aberdeen	»	35000	88100	122000

cipales villes, subissent une légère émigration, tandis qu'il y a immigration dans les villes secondaires qui, pour la plupart, ne sont que des villes de banlieue.

Émigration et immigration en Écosse (1881-1891).

	POPULATION 1881	EXCÉDENT DES NAISSANCES	POPULATION telle qu'elle aurait dû être	POPULATION réelle 1891	ÉMIGRATION — ou IMMIGRATION +	PROPORTION de l'émigration ou de l'immigration p. 100 HAB. EN 1891
Principles villes.	1411536	179877	1591413	1589874	— 1539	— 0,18
Grandes villes...	388797	66863	455660	468533	+ 12873	+ 3,1
Petites villes.....	790796	118700	909696	840288	— 69408	— 8,9
Districts ruraux.	1144444	145315	1289759	1134408	— 155351	— 13,6

Les villes irlandaises. — L'Irlande se présente sous des conditions tout à fait particulières, étant donnée sa dépopulation : elle a, en effet, perdu plus de 40 p. 100 de ses habitants depuis 1841 (de 8175000 à 4704000 en 1891). Cette perte résulte soit de l'émigration vers la Grande-Bretagne, soit surtout de l'émigration hors d'Europe. L'Irlande, en effet, est essentiellement rurale et ne renferme que les deux centres de Dublin et de Belfast. Eux seuls ont vraiment un développement, surtout Belfast, la cité industrielle de l'Ulster. Dublin, qui était déjà importante au début du siècle, est, parmi les grandes villes, une de celles qui ont le moins gagné.

Mais, à part ces deux agglomérations (qui ne représentent que 11 p. 100 du total), la décroissance est générale; de 1841 à 1891, le Munster a perdu 51 p. 100, le Leinster 40; le Connaught 49 et l'Ulster 33 p. 100. Des 17 villes qui, après Dublin et Belfast, dépassaient 10000 âmes en 1841, 12 ont diminué (y compris Cork et Limerick).

Aussi, l'Irlande, ne fournissant pas de foyer à l'immigration, est-elle celui des trois royaumes dans lequel se trouve la plus forte proportion de population autochtone (97,8 p. 100 en 1881, au lieu de 91 en Ecosse et 95,6 en Angleterre et Galles). On comptait à la même époque, en Angleterre et en Ecosse, 781000 personnes nées en Irlande, tandis qu'on ne comptait en Irlande que 91600 personnes d'origine anglaise ou écossaise (1).

(1) D'après les *Laws of Migration* de Rawenstein.

Les Irlandais sont en particulier nombreux dans les agglomérations de l'Ecosse et dans tout le nord de l'Angleterre; par exemple, en 1891, sur 304000 individus d'origine irlandaise comptés en Angleterre, 184000 appartiennent au Nord-Ouest (Chester et Lancastre). Ce sont là, avec Londres, les régions par excellence de l'émigration interne des Irlandais.

CHAPITRE VI

La population urbaine en Belgique et aux Pays-Bas.

Sommaire. — Importance particulière de la population urbaine en Belgique. — L'émigration et l'immigration. — La population répartie suivant l'origine. — Les villes des Pays-Bas. — L'émigration et l'immigration dans les Pays-Bas.

Importance particulière de la population urbaine en Belgique. — La Belgique, comme l'Angleterre et l'Allemagne, voit se

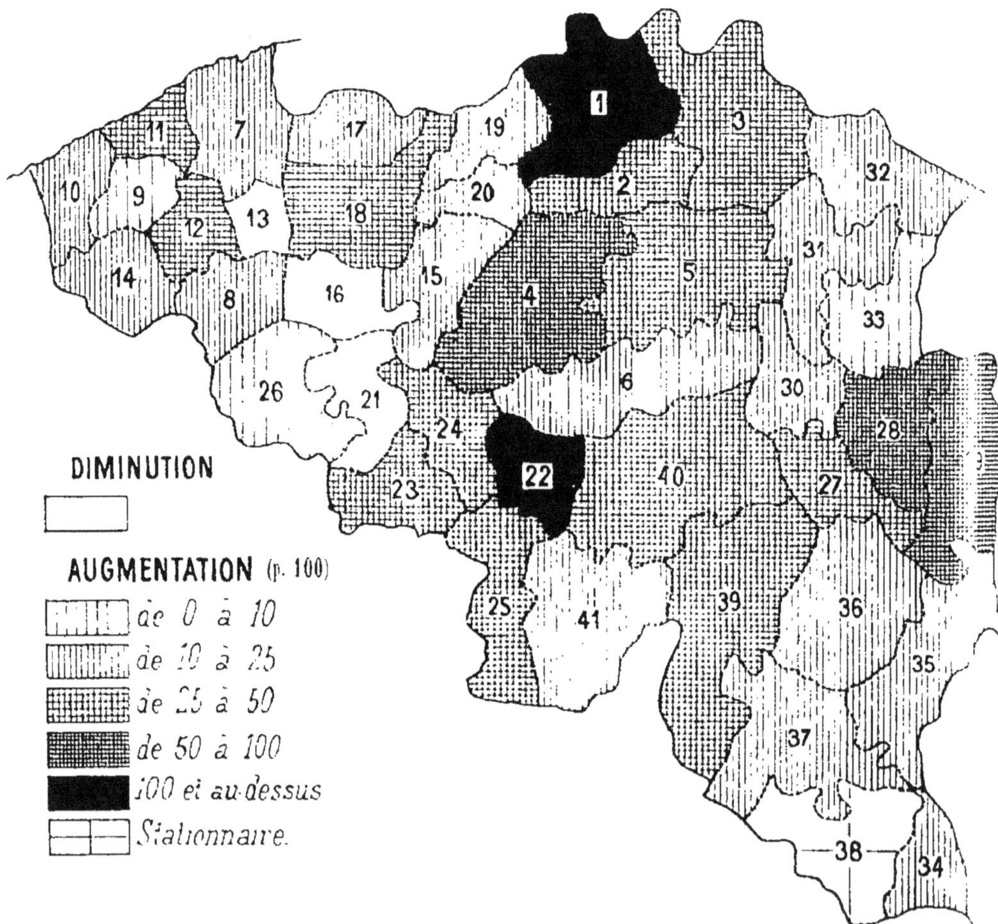

Fig. 27 [1]. — Mouvement de la population dans les arrondissements de la Belgique de 1846 à 1890.

développer, et sa population totale et la population de ses

1 Les numeros de cette carte et de la carte suivante sont ceux du tableau des pages 152, 153.

villes, dans de grandes proportions. Néanmoins, elle tend de plus en plus à devenir un Etat urbain ; et si la population ne diminue pas dans l'ensemble de chaque province, la décroissance affecte pourtant un certain nombre d'arrondissements, et les provinces sont loin d'avoir un égal développement. Si nous suivons leur population depuis 1846, nous constatons une augmentation globale très forte dans les provinces industrielles, telles que Anvers, Brabant, Hainaut et Liège ; mais l'accroissement est moindre dans les Flandres, plutôt agricoles, et les provinces de l'Ardenne (Luxembourg, Limbourg, Namur). Tandis que la proportion de l'accroissement total du royaume a été de 41 p. 100 (1846-1890), il est de 60 p. 100 pour le premier groupe de provinces, et seulement de 18 p. 100 pour l'ensemble des autres. Sur 1 715 000 habitants, gagnés par la Belgique depuis 1846, 1 353 000 (ou près de 80 p. 100) reviennent aux provinces d'Anvers, Brabant, Hainaut et Liège, et leur population totale qui représentait, en 1846, 52, 2 p. 100 de celle du royaume, en représente aujourd'hui 60 p. 100 (1).

A part un léger affaissement dans les Flandres, de 1846 à 1856, le progrès est général et continu. Mais pour s'en rendre mieux compte, il faut considérer des unités de population plus petites que les provinces, c'est-à-dire les arrondissements (voy. le tableau des pages 152, 153 et la *fig.* 27). Les arrondissements industriels et à forte population urbaine sont ceux qui gagnent le plus : Liège, 90 p. 100; Bruxelles, 91 p. 100; Anvers, 120 p. 100; Charleroi, 150 p. 100; par contre, trois arrondissements ruraux (Thielt et Audenarde, dans les Flandres, Ath dans le Hainaut) ont

(1) **Développement de la population des provinces belges depuis 1846 (la population en 1846 étant réduite à 100).**

PROVINCES	1846	1856	1866	1880	1890
Anvers	100	107	116	144	173
Brabant	100	107	118	141	160
Flandre occidentale	100	97	99	107	115
Flandre orientale	100	98	101	117	119
Hainaut	100	107	118	133	161
Liège	100	111	122	146	168
Limbourg	100	103	105	114	120
Luxembourg	100	103	105	110	112
Namur	100	109	114	121	123
Le Royaume	100	104	111	127	141

Population de la Belgique par arrondissements

ARRONDISSEMENTS ET PROVINCES	SUPERFICIE en kilomètres carrés	POPULATION en 1846	POPULATION en 1890	ACCROISSEMENT OU DIMINUTION p. 100 DE LA POPULATION (1846-1890)	DENSITÉ DE LA POPULATION en 1846	DENSITÉ DE LA POPULATION en 1890
1. Anvers.	971	189590	416478	119	195	427
2. Malines	503	116223	160818	38	231	318
3. Turnhout . . .	1356	100541	127447	27	74	93
Anvers	2831	406354	704733	74	142	247
4. Bruxelles . . .	1107	376362	721359	91	340	655
5. Louvain. . . .	1128	174013	222574	28	153	200
6. Nivelles	1048	140982	159858	13	135	149
Brabant.	3283	691257	1103791	60	210	343
7. Bruges.	654	119291	137967	15	181	211
8. Courtrai. . . .	443	141664	168476	12	320	368
9. Dixmude. . . .	343	46991	49882	7	138	148
10. Furnes.	284	30744	33812	10	108	119
11. Ostende	296	44006	62968	43	149	213
12. Roulers	297	84663	96223	32	289	329
13. Thielt	305	72047	69414	— 4	240	229
14. Ypres	611	103628	115898	11	165	189
Flandre occident[le]	3235	643084	734640	16	199	239
15. Alost.	471	138251	164221	19	293	350
16. Audenarde . .	412	106872	100758	— 6	260	256
17. Eecloo.	362	56056	63165	12	159	176
18. Gand.	906	277552	354479	28	305	392
19. Saint-Nicolas.	499	116623	147584	17	232	295
20. Termonde. . .	350	96920	115246	19	277	329
Flandre orientale.	3000	793264	945453	19	264	319

et provinces (1846-1890).

ARRONDISSEMENTS ET PROVINCES	SUPERFICIE en kilomètres carrés	POPULATION		ACCROISSEMENT ou DIMINUTION p. 100 DE LA POPULATION (1846-1890)	DENSITÉ DE LA POPULATION	
		en 1846	en 1890		en 1846	en 1890
21. Ath.	493	93 666	91 295	— 2	190	185
22. Charleroi . . .	561	131 025	327 928	150	235	585
23. Mons.	611	158 927	227 155	43	265	372
24. Soignies. . . .	547	95 938	134 008	40	173	248
25. Thuin	908	85 585	112 955	31	95	125
26. Tournay. . . .	600	149 567	151 459	1,5	249	252
Hainaut.	3 721	714 708	1 044 800	47	192	286
27. Huy.	721	75 408	94 450	25	104	130
28. Liège.	757	223 209	421 954	90	300	554
29. Verviers. . . .	998	104 077	173 373	66	104	173
30. Waremme . .	418	50 134	64 929	22	119	154
Liège.	2 895	452 828	754 706	66	155	260
31. Hasselt.	909	77 832	95 620	23	86	106
32. Maaseyck . . .	865	36 993	44 594	21	43	51
33. Tongres. . . .	638	71 087	82 798	15	112	131
Limbourg.	2 412	185 913	223 012	20	77	98
34. Arlon.	320	26 707	33 312	22	83	104
35. Bastogne . . .	989	32 853	37 237	13	33	38
36. Marche.	937	37 674	43 794	16	40	47
37. Neufchâteau .	1 450	46 787	53 065	15	32	37
38. Virton	720	42 244	42 321	0	60	60
Luxembourg. . . .	4 418	186 253	208 729	12	42	49
39. Dinant.	1 570	70 523	89 129	27	45	57
40. Namur.	1 124	140 852	184 713	31	127	163
41. Philippeville .	965	52 128	58 307	11	54	60
Namur	3 660	263 503	332 149	27	73	93
Le royaume. . .	**29 457**	**4 337 610**	**6 147 041**	**41**	**148**	**208**

diminué depuis 1846 et d'autres dans l'Ardenne (Marche, Neufchâteau, Virton, Philippeville) baissent depuis 1880.

Ce mouvement de recul est néanmoins peu sensible ; l'augmentation, en somme, est générale et se produit sur l'ensemble des communes. Ce qui le prouve, c'est que — à l'inverse de ce qui arrive en France — le nombre des petites agglomérations diminue. Par exemple, en 1846, les communes de moins de 1000 habitants étaient au nombre de 1303 ; ce nombre tombe à 1259 en 1866 et à 1197 en 1890, et cette diminution affecte surtout les communes de moins de 500 habitants.

Les fortes agglomérations augmentent de nombre et de population. Les communes de plus de 5000 âmes qui, dans ce pays de population très dense, représentent plus particulièrement la population urbaine, passent de 112 en 1846 à 191 en 1890. Leur population était, il y a cinquante ans, de 1415000 habibitants ou 32,7 p. 100 du royaume ; elle était, en 1866, de 1781000 ou 34,9 p. 100 du royaume ; enfin, en 1890, cette population s'élevait à 2895000 et représentait 47,8 p. 100 du total de la Belgique, soit près de la moitié.

Le tableau de la page 157 donne la population des villes de plus de 5000 habitants pour toutes les provinces belges depuis 1846, et leur proportion à la population de chaque province aux divers dénombrements. On ne s'étonnera pas de voir la province d'Anvers tenir la tête par la forte proportion de sa population urbaine, étant donné le développement de sa capitale et de ses centres industriels. Il en est de même pour le Brabant, le Hainaut, Liège. La situation des Flandres peut paraître plus surprenante à cause de leur caractère plus agricole ; mais il faut tenir compte de l'extrême densité du pays, qui concentre nécessairement la population, et du développement historique des villes flamandes que l'industrie moderne a, en quelque sorte, ressuscitées. Néanmoins, et par le nombre et par la population globale de leurs villes, les Flandres ont vu diminuer leur importance relative. En 1846, elles avaient près de la moitié des villes belges de plus de 5000 habitants (51 sur 112) ; en 1890, elles n'en possédaient guère que le tiers (66 sur 191), et leur population qui, en 1846, constituait 40 p. 100 de la population urbaine de la Belgique, n'en représentait plus que 28,2 p. 100 en 1890.

Dans les provinces de la région de l'Ardenne, le nombre des

villes urbaines est demeuré le même en 1890 qu'en 1846, et leur population n'a gagné que 3 p. 100 depuis cette dernière date : leur rapport à la population urbaine, total déjà fort minime en 1846, a encore baissé beaucoup depuis (de 4,7 p. 100 à 3 p. 100).

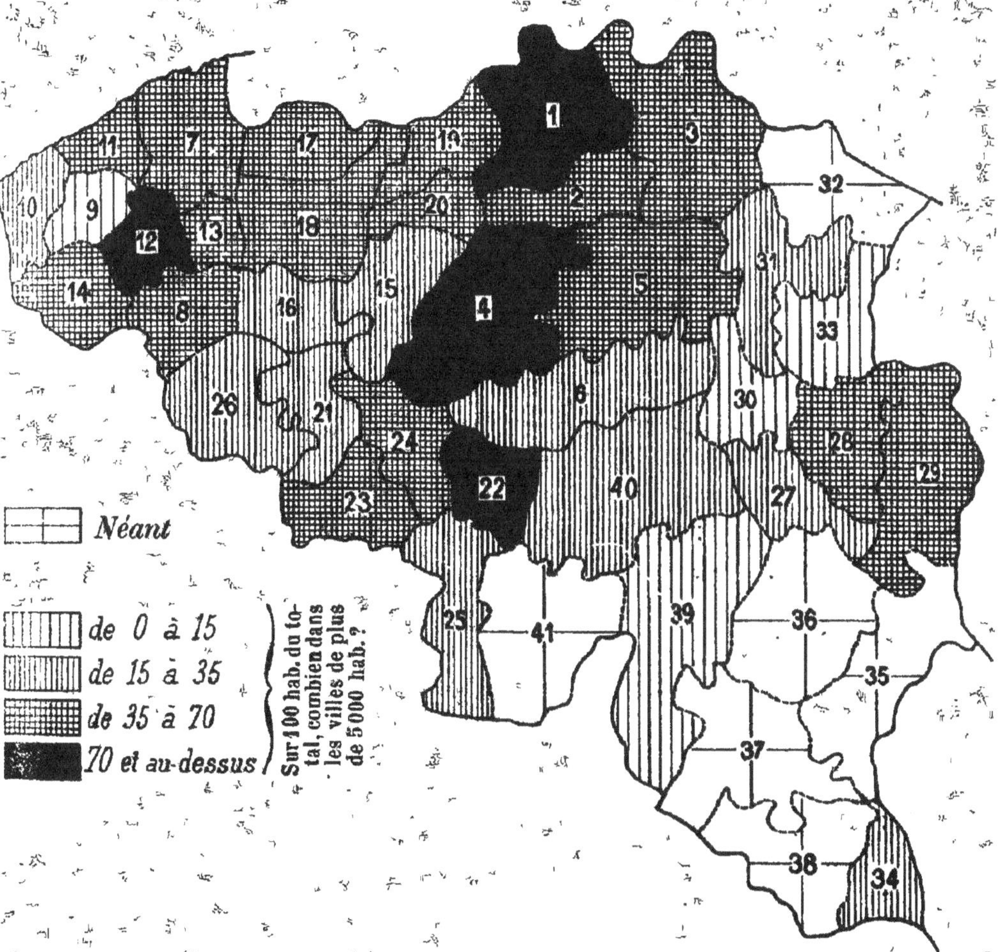

Fig. 28. — Population des villes de plus de 5000 habitants, en Belgique.

Il en est tout autrement du groupe de provinces dont nous avons déjà signalé l'accroissement hors de pair, Anvers, Brabant, Hainaut, Liège. De 1846 à 1890, leurs agglomérations urbaines ont augmenté de plus du double (de 54 à 118 p. 100) et leur proportion à la population urbaine est passée de 55 p. 100 à 70 p. 100.

Ce que Philippe II disait de la Flandre « *Flandriam con-*

tinuam urbem » peut, avec vérité, s'appliquer aujourd'hui au Hainaut : en effet, sur cent quatre-vingt-onze communes de plus de 5000 âmes comptées dans le royaume en 1890, plus du quart (cinquante et une) étaient situées dans cette seule province, et l'arrondissement de Charleroi en possédait vingt-quatre pour sa part, soit une par 23 kilomètres carrés.

La carte que nous avons dressée (voy. *fig.* 28) donne, pour chaque arrondissement de la Belgique la proportion de la population urbaine (villes de plus de 5000 hab.) à la population totale. On voit quelle différence existe, sous ce rapport, entre la région du Midi et celle du Nord. Dans cette dernière, un seul arrondissement a moins de 15 p. 100 de sa population dans les villes de plus de 5000 hab. Au contraire, dans tout le pays de l'Ardenne, plusieurs arrondissements sont totalement dépourvus de villes de cette catégorie.

En somme, malgré l'accroissement considérable du royaume, celui de la population urbaine atteint une proportion beaucoup plus forte que le reste de la population (1). De 1846 à 1890, les villes de plus de 5000 âmes avaient gagné 78 p. 100 (moyenne de la Belgique : 41 p. 100), l'autre portion du royaume, seulement 19 p. 100. Il est à remarquer que, si les grandes villes augmentent plus que les autres, les villes de la catégorie suivante (de 20000 à 100000 hab.), s'accroissent moins que les centres plus petits. Mais ceci tient simplement à ce que nous comptons dans la première catégorie les communes de l'agglomération bruxelloise, qui dépassent 20000 habitants et dont le développement est considérable.

L'émigration et l'immigration. — A l'égard du mouvement migratoire, nous possédons des documents très complets pu-

(1) **Population des villes de Belgique par catégories.**

VILLES AYANT EN 1890	1846	1856	1866	1880	1890
Plus de 100000 habitants	467000	547600	620240	846500	981000
De 20 à 100000 habitants	336000	372400	394000	478000	561000
De 5000 à 20000 habitants	894000	905000	996000	1194800	1425000
Total des villes	1697000	1825000	2010000	2519300	2967000
Le reste du royaume	2685000	2704000	2829000	2990000	3180000

Nombre et population des villes de 5000 habitants dans chaque province de Belgique aux différents dénombrements (1846-1890).

PROVINCES	1846			1856			1866			1880			1890		
	NOMBRE DES COMMUNES	POPULATION TOTALE	RAPPORT p. 100 à la population de la province	NOMBRE DES COMMUNES	POPULATION TOTALE	RAPPORT p. 100 à la population de la province	NOMBRE DES COMMUNES	POPULATION TOTALE	RAPPORT p. 100 à la population de la province	NOMBRE DES COMMUNES	POPULATION TOTALE	RAPPORT p. 100 à la population de la province	NOMBRE DES COMMUNES	POPULATION TOTALE	RAPPORT p. 100 à la population de la province
Anvers	9	180800	45	9	201537	47	10	228163	49	16	340758	51	19	455055	65
Brabant	16	270900	40	19	335464	45	19	381789	47,3	22	526194	52,6	27	646207	58,7
Flandre occidentale.	25	256170	40	22	236796	37,6	23	246231	36,9	28	292738	42,6	33	344894	47
Flandre orientale. .	26	319370	40	25	320149	41,3	27	343872	43	30	399809	45,7	33	462221	49
Hainaut.	22	185120	26,3	27	238611	31	34	302873	36,2	49	460954	48,2	51	526255	53,1
Liège.	7	137400	30,6	9	174489	34,6	11	209952	37	14	278267	42,3	21	373082	50,2
Limbourg.	3	27000	15,4	3	27631	14,2	3	27650	14,2	3	31959	15,2	3	34721	15
Luxembourg	1	5400	3	1	5465	2,8	1	5426	2,8	1	7149	3,5	1	8029	4
Namur	3	33660	12,7	3	37270	13,1	3	35417	11,7	3	38949	12,2	3	44210	13
Le Royaume	112	1415860	32,7	118	1577382	34,7	131	1781373	35	166	2376777	45	191	2894694	48

bliés par la statistique belge, qui nous permettent d'étudier ce phénomène, pour chaque période décennale, pendant l'espace d'un demi-siècle (1840-1890).

Anvers, le Brabant, Liège, sont principalement les foyers d'immigration. Dans la première période (1840-1850), la province d'Anvers a une forte immigration (47 p. 100 de son accroissement); mais, après cette période qui suit l'établissement de la libre navigation de l'Escaut — et qui coïncide avec la décroissance précédemment signalée dans les Flandres, — le mouvement se ralentit. Dans les périodes suivantes (1850 à 1860 et 1860 à 1870), l'augmentation répond à l'excédent de la natalité; il y a même un excédent — très léger — d'émigration. Mais à partir de 1870, l'immigration fournit un contingent notable de l'accroissement de la province, 23 p. 100 de 1870 à 1880 et 27 p. 100, de 1880 à 1890.

Dans le Brabant, il y a immigration constante par l'influence de Bruxelles. Elle est très forte, notamment dans la première période (53 p. 100 de l'augmentation totale), mais très légère de 1850 à 1860 (3 p. 100), et depuis, elle est toujours au-dessous de l'excédent de natalité (15, 9,5, 15 p. 100).

Dans la province de Liège, il y a aussi immigration constante et les deux plus fortes proportions se placent dans la première et la dernière période (40 et 28 p. 100 de l'augmentation totale). Il semblerait qu'à ces foyers on dût ajouter le Hainaut; mais cette province ne s'accroît par immigration que dans les deux premières périodes; à partir de 1860, l'accroissement de la population est constamment inférieur à l'excédent de natalité. Ce phénomène tient à la forte natalité du pays et aussi à l'émigration de quelques régions rurales de la province dont nous avons vu, tout à l'heure, la décroissance.

Mais il n'y a vraiment, dans le royaume, que deux foyers d'émigration : la Flandre et l'Ardenne. Dans la première période, les deux provinces de Flandre perdent, par émigration, 24000 habitants (dont 19000 pour la Flandre occidentale); dans les deux périodes suivantes, la Flandre occidentale ne subit que des pertes insignifiantes; l'émigration atteint dans la Flandre orientale, la somme de 53000 habitants. Enfin, l'émigration a été surtout sensible depuis 1870 à 1880 dans les deux provinces.

Quant à la région de l'Ardenne (Limbourg, Luxembourg,

(1) Immigration (+) et Emigration (—) des provinces de Belgique de 1840 à 1890 et des grandes villes de 1870 à 1890.

PROVINCES	De 1840 à 1850		De 1850 à 1860		De 1860 à 1870		De 1870 à 1880		De 1880 à 1890	
	TOTAL	p. 100	TOTAL	p. 100	TOTAL	p. 100	TOTAL	p. 100	TOTAL	p. 100
Anvers	+ 20022	+ 5,4	— 470	— 0,04	+ 900	+ 0,2	+ 18800	+ 3,8	+ 35500	+ 6,3
Brabant	+ 60617	+ 9,8	+ 1400	+ 0,2	+ 12200	+ 1,5	+ 9600	+ 1,1	+ 18500	+ 2
Flandre occidentale	— 29557	— 4,7	— 400	— 0,07	— 1800	— 0,3	— 30100	— 4,6	— 9800	— 1,3
Flandre orientale	— 15246	— 2	— 30200	— 4	— 23000	— 2,9	— 30800	— 3,6	— 19400	— 2,2
Hainaut	+ 15000	+ 2,3	+ 6400	+ 0,9	— 2000	— 0,25	— 11100	— 1,3	— 9700	— 1
Liège	+ 23700	+ 5,7	+ 16700	+ 4	+ 15100	+ 3	+ 5600	+ 1	+ 26000	+ 4
Limbourg	— 2000	— 1,2	— 3400	— 1,9	— 9000	— 4,9	— 8200	— 4	— 9200	— 4,3
Luxembourg	— 2200	— 1,3	— 7400	— 3,9	— 11300	— 5,6	— 14100	— 7	— 14400	— 6,2
Namur	+ 4600	+ 1,8	— 8200	— 3	— 16500	— 5,5	— 21000	— 7	— 12000	— 3,8
GRANDES VILLES: Bruxelles							— 2939	— 1,9	+ 5640	+ 3,3
Faubourgs (2)							+ 57032	+ 40	+ 24503	+ 16,4
Agglomération bruxelloise							+ 54093	+ 17,8	+ 30143	+ 7,4
Anvers							+ 25649	+ 20	+ 37900	+ 23
Gand							+ 3762	+ 3	+ 7798	+ 5,9
Liège							+ 8589	+ 8,1	+ 17129	+ 14

(1) Nous avons dressé ce tableau d'après les documents publiés dans les divers *Recensements* de la Belgique et dans l'*Annuaire statistique de la Belgique*, 1890-1894. — Pour la période antérieure à 1870, les calculs sont approximatifs.

(2) Ces faubourgs sont : Anderlecht, Etterbeck, Ixelles, Laeken, Molenbeck, Saint-Gilles, Saint-Josse-ten-Node et Schaerbeck.

Namur), son émigration est continue depuis 1840 ; elle est d'abord plus forte dans le Limbourg, puis dans le Luxembourg. Sa proportion est considérable, puisque, de 1840 à 1890, elle atteint 22,9 p. 100 de la population comptée à cette première date ; elle n'est en Flandre que de 13 p. 100.

Nous avons vu plus haut le développement comparé des différentes catégories des villes belges et nous avons constaté que les grandes cités occupent le premier rang. En 1846, la population des villes ayant aujourd'hui plus de 100000 âmes (1) était de 467000 habitants, ou 10,7 p. 100 du royaume : en 1866, elle s'élevait à 620000 (13 p. 100), et en 1890, à 981000 ou 16,3 p. 100 du total. Mais le développement de ces villes ne suit pas la même progression : cette différence apparaît clairement si l'on réduit à 100 leur population en 1846.

Développement progressif des grandes villes belges de 1846 à 1890.

VILLES	1846	1856	1866	1880	1890
Anvers	100	115	132	191	253
Bruxelles (avec faubourgs)	100	124	140	197	231
Liège	100	118	131	160	195
Gand	100	106	112	128	145

Gand se trouve donc en retard sur les autres grandes villes qui correspondent, du reste, aux trois foyers d'immigration que nous venons de signaler. Cette ville était, en 1846, la deuxième du royaume, la seule, après Bruxelles, qui dépassât 100000 habitants. Mais, Anvers lui enlève ce rang en 1866 et

(1) **Population successive des grandes villes belges (1801-1896).**

VILLES	1801	1846	1856	1866	1880	1890
Anvers	62000	88500	102700	117200	169100	224000
Bruxelles seul	66000	123900	152800	158000	162500	176000
Bruxelles avec faubourgs		200000	246000	288400	392800	458700
Liège	50000	76000	89400	99100	123100	147600
Gand	56000	103000	109000	115300	131400	148700

sa population, qui dépassait à peine celle de Liège en 1890, doit lui être inférieure aujourd'hui. Et cependant, malgré l'émigration flamande, Gand s'accroît par l'immigration, qui lui donne successivement, de 1870 à 1880 et de 1880 à 1890, 38 et 44 p. 100 de son augmentation. Anvers a, dans ces deux périodes, le même nombre absolu d'immigrés, d'où une diminution relative de 1880 à 1890 ; mais la proportion de l'immigration n'en demeure pas moins grande (62 et 50 p. 100). A Liège sa part dans l'accroissement de la ville augmente de 53 à 58 p. 100. Il en est de même à Bruxelles, si on considère l'ensemble de l'agglomération (51 et 53 p. 100).

Bref, si on regarde l'immigration des trois provinces d'Anvers, du Brabant et de Liège, on voit que l'immigration de leurs capitales dépasse celle de l'ensemble de la province, dans les deux périodes 1870-1880 et 1880-1890. Il y a donc un mouvement d'émigration soit de ces provinces vers d'autres régions, soit — ce qui est beaucoup plus vraisemblable — de l'intérieur de ces provinces vers leurs capitales.

La population répartie suivant l'origine. — Du reste, le mouvement migratoire se démontre ici, comme partout, par la diminution de la population originaire du lieu de résidence. En 1846, sa proportion était de 702 sur 1000 habitants du total ; elle s'abaisse en 1856 (691 p. 1 000), mais se relève quelque peu en 1866 (694 p. 1000), et ce fait tient évidemment à la moindre importance du développement urbain dans la période 1856-1866. Mais la baisse reprend vite en 1880 et en 1890 (672 et 652 p. 1000).

La proportion de la population née hors de la commune de résidence est en raison directe de l'immigration ; ainsi, elle augmente très fortement, à Liège (de 91 p. 100), dans le Brabant (de 96 p. 100), à Anvers (de 101 p. 100), de 1846 à 1890. Dans le Hainaut, elle ne gagne que 55 p. 100 ; mais dans les Flandres occidentale et orientale, l'accroissement n'est que de 22 et 17 p. 100. Pour l'Ardenne, il n'est que de 20 p. 100, dans le Limbourg, de 30 p. 100, dans le Luxembourg, mais plus élevé à Namur (51 p. 100). Le total de la population née hors de la commune de résidence atteint, sur l'ensemble, 1943000 et 2140000 avec les étrangers, soit 35,4 p. 100 de la population du royaume ; cette proportion est plus du double de celle de la France (18,8 p. 100). Cette catégorie de population est

Répartition de la population par lieu de naissance dans les provinces belges, de 1846 à 1890.

PROVINCES	NÉS DANS UNE AUTRE COMMUNE QUE CELLE DE LEUR RÉSIDENCE					NÉS A L'ÉTRANGER				
	1846	1856	1866	1880	1890	1846	1856	1866	1880	1890
Anvers	114386	126339	134910	174442	229511	15213	13432	13511	21836	28706
Brabant	218280	248842	276257	368586	429195	15643	18660	17680	32982	36976
Flandre occidentale	189025	187775	190679	207326	232190	10000	8287	7502	10434	12773
Flandre orientale	215225	209891	209837	225720	253874	6885	6127	5958	8718	11089
Hainaut	215225	207280	230972	293681	333561	13540	12994	13801	19522	25886
Liège	138489	162904	176853	216939	264479	14098	17997	24025	33158	38175
Limbourg	45100	48356	46614	49818	54368	6253	6163	5388	4896	4776
Luxembourg	34249	38059	38777	42290	44875	9338	7997	7396	7990	8210
Namur	66710	76603	76332	87965	101102	3582	3123	2835	3733	4892
Le Royaume	1197126	1306049	1381231	1666771	1943155	94822	94780	98096	143261	171483

naturellement plus considérable dans les villes, que dans le reste du pays : elle est de 41,2 p. 100 dans les villes de plus de 5000 habitants et de 30,2 p. 100 pour le reste du royaume (1). Pour les agglomérations de plus de 100000 âmes, la proportion est de 52 p. 100; mais elle varie beaucoup suivant les villes; tandis qu'elle est très élevée (2) à Bruxelles (62 p. 100), elle est relativement faible dans les autres villes, (45 p. 100 à Liège, 44,3 p. 100 à Gand et 40 p. 100 à Anvers). Sur le total de la population non autochtone comptée dans les quatre métropoles de la Belgique en 1890, plus de la moitié (58 p. 100) appartient à la seule ville de Bruxelles.

Les villes des Pays-Bas. — Les Pays-Bas ont, comme la Belgique, un nombre relativement grand de groupes urbains, et même le rapport de la population des villes de plus de 20000 âmes à la population totale, y est plus fort qu'en Belgique (31,5 p. 100 au lieu de 22,8 p. 100). Mais l'accroissement des villes (3) ne suit pas la même règle dans les deux royaumes. En Belgique, le développement des agglomérations

(1) **Composition de la population des principales villes de Belgique (1890).**

VILLES	POPULATION TOTALE	NÉS dans la commune	dans une autre commune du royme	à l'étranger
Bruxelles	176138	86736	74496	16831
Les faubourgs	282612	90452	181072	18376
Agglomération bruxelloise	458750	177188	255568	35207
Anvers	224012	129139	75481	22732
Gand	148729	96370	47935	2714
Liège	147660	84782	50018	14468

(2) La proportion est de 51 p. 100 pour la ville propre et de 70 p. 100 pour les faubourgs.

(3) **Population totale des Pays-Bas et des villes de plus de 20000 habitants (en milliers) de 1830 à 1889.**

ANNÉES	LE ROYAUME	VILLES DE plus de 20000 hab.	ANNÉES	LE ROYAUME	VILLES DE plus de 20000 hab.
1830	2613	665	1869	3719	936
1840	2860	730	1879	4012	1115
1849	3056	773	1889	4511	1411
1859	3309	850			

urbaines dépasse constamment et de beaucoup celui du royaume, étant donnée la puissance de l'industrie du pays. En Hollande, cette différence est beaucoup moindre.

De 1830 à 1849, l'augmentation du royaume des Pays-Bas et de ses villes de plus de 20000 habitants est la même; dans une deuxième période (1849 à 1869), les villes n'ont encore qu'un léger avantage; mais à partir de 1869, elles prennent définitivement la tête. Dans l'ensemble, de 1830 à 1889, elles ont augmenté de 112 p. 100 et le royaume de 73 p. 100. En 1830, avec une population globale de 645000 habitants, les grandes villes représentaient 24,7 p. 100 du total du royaume : en 1859, cette proportion était à peu près la même (23,7 p. 100); mais en 1889, elle est de 31,3 p. 100 et la population globale des villes est de plus de 1400000 habitants.

La concentration urbaine est surtout sensible depuis 1869; depuis cette époque, les villes ont plus augmenté que dans les quarante années précédentes et sur l'accroissement total de royaume, elles ont une part de plus de moitié.

Les agglomérations urbaines sont surtout groupées dans la région de la Hollande proprement dite : sur vingt-quatre villes de plus de 20000 âmes comptées dans les Pays-Bas, il y en a douze dans les deux provinces de Hollande et leur population équivaut à 72 p. 100 de la population totale des villes de cette catégorie. Là, en effet, se trouvent les trois villes de plus de 100000 âmes; leur population globale, qui n'avait augmenté que de 30 p. 100, de 1830 à 1859, a gagné 77 p. 100, de 1859 à 1889, et forme plus du sixième de la population du royaume (1).

Mais il y a de notables différences dans l'accroissement de ces métropoles. En effet, parmi les grandes villes de l'Europe, Amsterdam est une de celles qui ont le moins augmenté. Au début du siècle, grâce au développement commercial de la Hollande, elle était une des plus grandes cités de l'Europe et

(1) **Population des grandes villes des Pays-Bas (en milliers).**

VILLES	1801	1830	1840	1849	1859	1869	1879	1889
Amsterdam........	215	202	211	220	243	264	317	408
Rotterdam........	50	72	78	90	106	116	148	201
La Haye..........	38	56	63	72	78	90	113	156
Utrecht..........	»	43	48	47	52	59	67	84

n'était dépassée que par Londres, Paris et Vienne. Rotterdam et La Haye n'étaient que des villes secondaires. Sa population demeura longtemps stationnaire, tandis que les deux autres métropoles commençaient à grandir : de 1801 à 1849, elle n'avait gagné que 4,2 p. 100. Mais depuis 1859 et surtout depuis 1869, elle augmente de 84 p. 100 et son accroissement représente plus de moitié de celui de la province de Nord-Hollande. Quant aux deux autres villes, La Haye et Rotterdam, elles ont gagné depuis 1869, 73 p. 100, et, depuis cette époque, elles représentent à elles deux 69 p. 100 de l'accroissement total de la Hollande méridionale.

A côté de ces métropoles, Utrecht a un développement moins considérable : sa population n'a fait que doubler dans ce siècle. En dehors de ces villes, il y a encore vingt cités de plus de 20000 âmes; mais sur le nombre, il n'y en a que cinq dans les cinq provinces du Nord et de l'Est (Frise, Groningue, Drenthe, Over-Yssel, Limbourg) : la Drenthe en est même dépourvue. Il y a donc, pour toute cette région, une ville de plus de 20000 âmes par 260000 habitants; tandis que dans le reste du royaume, il y en a une par 168000.

Plus nous allons du reste, plus les deux provinces de Hollande proprement dite voient grandir leur proportion à la population totale du royaume. De 1830 à 1859, le rapport de leur population globale à l'ensemble des Pays-Bas demeurait le même (34,2 et 34,6 p. 100), mais de 1859 à 1889, ce rapport s'élève à 40,1 p. 100. Cette différence n'est due, évidemment, qu'aux progrès plus accusés de leurs grands centres.

L'émigration et l'immigration dans les Pays-Bas (1). — Le mou-

(1) **Population des Pays-Bas, répartie par lieu de naissance (en milliers)**

ANNÉES	HABITANTS NÉS			
	dans la commune de leur résidence	dans une autre commune de la même province	dans une autre province	à l'étranger
1859	2280	681	282	62
1869	2444	757	313	59
1879	2697	854	384	67
1889	2950	977	497	47

vement migratoire est du reste attesté, comme partout, par la diminution de la population originaire de la province de résidence. Sa proportion à la population totale était de 8,5 p. 100 en 1859 et de 11,2 p. 100 en 1889. Si on considérait la population née hors de la commune de résidence, son total atteindrait 1533000 habitants, soit 34 p. 100 de la population du royaume, proportion très peu inférieure à celle que nous avons rencontrée en Belgique.

Immigration et émigration dans les provinces et grandes villes des Pays-Bas (1879-1889).

PROVINCES	POPULATION EN 1879	EXCÉDENT DES NAISSANCES	POPULATION telle qu'elle aurait dû être.	POPULATION RÉELLE	IMMIGRATION (+) OU ÉMIGRATION (—)	p. 100.
Brabant.	466407	56741	523148	509628	— 13520	— 2,9
Gueldre.	466805	65870	532675	512202	— 20473	— 4,4
Sud-Hollande	803530	155750	959280	949641	— 9639	— 1,2
Nord-Hollande.	680000	119250	799250	829500	+ 30250	+ 4,4
Zélande.	188635	32150	210785	199200	— 11585	— 7
Utrecht.	191680	31110	222790	221000	— 1790	— 0,9
Frise.	329800	55450	385250	335550	— 49600	— 15,1
Over-Yssel. . .	274136	24700	298836	295445	— 3391	— 1,2
Groningue. . .	253246	35000	288246	272786	— 15440	— 6
Drenthe.	118645	13350	131995	130704	— 1291	— 1
Limbourg. . . .	239450	20650	260100	255720	— 4380	— 1,8
GRANDES VILLES						
Amsterdam. . .	317000	45700	362700	408000	+ 45300	+ 12
Rotterdam. . .	148000	22628	170628	201000	+ 30372	+ 20,5
La Haye.	113460	20947	135407	156809	+ 21402	+ 19

L'émigration varie beaucoup suivant les provinces, dans la période de 1880 à 1889; elle n'est pas très considérable pour l'ensemble du royaume (2,5 p. 100), mais elle est sensible dans les provinces de Groningue, de Zélande, surtout dans la Frise. Elle est fort peu importante dans certaines provinces de l'Est (Limbourg, Drenthe) ou dans d'autres qui renferment des centres urbains (Utrecht, Nord-Hollande). Mais seule, la province du Sud-Hollande a, dans son ensemble, un excédent d'immigration.

Parmi les grandes villes, c'est Amsterdam qui, par rapport à sa population, a l'immigration la moins considérable (12,5 p. 100) : elle est de 19 à la Haye, de 20,5 p. 100 à Rotterdam. Toutefois, cette immigration est d'autant plus remarquable que ces villes présentent toutes un fort excédent de natalité (1).

(1) Nous avons établi tous ces calculs d'après la *Statistick van den loop der Bevolkning van Nederland* (1880-1889).

CHAPITRE VII

La population urbaine dans l'Empire allemand.

SOMMAIRE. — Développement considérable des centres urbains depuis 1871. — Progrès comparé de la population globale et de la population urbaine dans les grandes régions de l'Empire. — Etude du mouvement de la population par régions. — L'immigration et l'émigration. — La population suivant ses origines.

Développement considérable des centres urbains depuis 1871. — L'Empire allemand vient immédiatement après l'Angleterre, sous le rapport du nombre et de la population des agglomérations urbaines et, dans aucun pays de l'Europe, celles-ci n'ont fait autant de progrès depuis un quart de siècle. L'exploitation de la houille, le développement de l'industrie et du commerce, l'unification économique et politique, œuvre du Zollverein et de l'Empire, toutes ces causes ont contribué à la formation des grandes villes et elles ont agi en même temps à l'époque contemporaine. En 1871, l'Allemagne ne comptait encore que huit villes dépassant 100000 âmes, et leur population globale n'atteignait pas 2000000 (1968000) ; en 1885, ce chiffre était de vingt et un avec 4462000, et en 1895, nous le trouvons à vingt-huit avec 7261000 habitants (voy. le tableau de la page 169). La proportion de la population de ces villes à la population totale était de 5,34 p. 100 seulement en 1871, de 10,42 p. 100 en 1885,

(1) **Population globale des villes de plus de 100000 habitants existant en Allemagne à chaque dénombrement depuis 1871.**

ANNÉES	NOMBRE de CES VILLES	POPULATION TOTALE	PROPORTION p. 100 à la population DE L'EMPIRE	ANNÉES	NOMBRE de CES VILLES	POPULATION TOTALE	PROPORTION p. 100 à la population DE L'EMPIRE
1871	8	1968000	5,34	**1885**	21	4462000	9,51
1875	13	2908000	6,81	**1890**	26	6258000	12,47
1880	15	3580000	7,90	**1895**	28	7261000	13,83

et en 1895, de 13,83 p. 100. — Or, en 1801, il n'y avait pas sur le territoire actuel de l'Empire allemand plus de deux villes de plus de 100000 habitants (Berlin et Hambourg) et le nombre était encore le même vers 1840. — La population des vingt-huit agglomérations de l'Empire qui ont aujourd'hui plus de 100000 âmes était de 3447000 habitants en 1871 ; leur accroissement a donc été de 3814000 ou 110 p. 100.

Population successive des villes de l'Empire allemand ayant plus de 100000 habitants en 1895 (en milliers).

VILLES	1801	1850	1871	1895
Berlin	172	415	826	1677
Hambourg	100	161	240	625
Münich	40	106	169	407
Leipzig	30	66	107	398
Breslau	60	112	208	373
Dresde	60	104	177	334
Cologne	50	100	129	321
Francfort-sur-le-Mein	48	67	91	229
Magdebourg	36	55	115	214
Hanovre	18	50	104	209
Düsseldorf	10	27	69	176
Königsberg	60	75	112	172
Nüremberg	30	53	83	162
Chemnitz	14	31	68	161
Stuttgart	18	50	91	158
Altona	»	30	74	149
Brême	40	54	82	142
Stettin	24	41	76	140
Elberfeld	12 (avec Barmen)	35	71	139
Strasbourg	49	75	85	135
Charlottenbourg	3	10	19	132
Barmen	»	33	74	127
Dantzig	48	66	89	125
Halle	26	34	52	116
Brunschwick	28	45	58	115
Dortmund	»	8	44	111
Aix-la-Chapelle	24	48	74	110
Crefeld	»	28	57	107

Quant aux villes de 20000 à 100000 âmes, il n'y en avait que soixante-quinze en 1871, avec 3147000 habitants; en 1895, ce nombre est de cent quarante-deux avec 5297000 habitants. — Ce qui, joint à la population globale des villes de plus de 100000 habitants, donne un total de 12568000. Ainsi, presque le quart de la population de l'Allemagne (23,8 p. 100), habite les agglomérations de plus de 20000 habitants. — Dans la dernière période quinquennale, sur 2818000 habitants gagnés par l'Empire, 1307000 reviennent aux villes de cette catégorie; leur augmentation a été de 11,60 p. 100, tandis que celle de l'Empire (cependant considérable) a été de 5,55 p. 100.

Dans le total, la population urbaine va constamment en progressant (voy. le tableau suivant et celui de la page 171); de 1871 à 1890, elle s'accroissait de 8453000 habitants, tandis que la population rurale, sans diminuer comme en France, demeurait stationnaire et ne représentait plus que 53 p. 100 de la population totale en 1890, au lieu de 63,9 p. 100 en 1871.

Développement de la population urbaine et rurale en Allemagne.

ANNÉES des dénombrements	POPULATION URBAINE	RAPPORT p. 100 À LA population totale	POPULATION RURALE	RAPPORT p. 100 À LA population totale	POPULATION TOTALE de l'Empire	ACCROISSEMENT p. 100 DE LA population totale
1871	14790798	36,1	26219352	63,9	41058792	»
1875	16657172	39	26070188	61	42727360	4
1880	18720530	41,4	26513531	58,6	45234061	5,70
1885	20478777	43,7	26376927	56,3	46855704	3,50
1890	23243229	47	26185241	53	49428470	5,35
1895	»	»	»	»	52246589	5,55

On remarque que les plus fortes augmentations de la population urbaine coïncident avec les plus sensibles accroissements de la population totale (par exemple, de 1875 à 1880 et de 1885 à 1890) — De 1880 à 1885, il y a un progrès moindre de la population urbaine et c'est dans cette période, en effet, que l'Empire a le moins gagné.

Etat de la population urbaine et rurale en Allemagne 1871 et 1890 (en milliers) (1).

PROVINCES ET ETATS	POPULATION EN 1871		POPULATION EN 1890	
	URBAINE	RURALE	URBAINE	RURALE
Prusse orientale	378	1444	498	1460
Prusse occidentale	331	998	454	980
Brandebourg	1541	1321	2593	1328
Poméranie	448	983	573	947
Posen	330	1253	461	1290
Silésie	1112	2594	1680	2544
Saxe prussienne	837	1265	1291	1289
Schleswig-Holstein	374	671	557	662
Hanovre	484	1478	791	1487
Westphalie	866	908	1538	891
Hesse-Nassau	417	982	686	978
Prusse rhénane	2051	1527	3179	1531
Hohenzollern	6	59	8	58
Royaume de Prusse	9182	15473	14512	15447
Bavière propre	959	3277	1494	3372
Palatinat bavarois	186	428	287	441
Royaume de Bavière	1145	3706	1781	3813
Royaume de Saxe	1265	1291	2203	1300
Wurtemberg	557	1261	790	1246
Bade	474	986	706	951
Hesse	306	546	443	549
Mecklembourg-Schwerin	207	349	246	332
Saxe-Weimar	79	206	120	206
Mecklembourg-Strelitz	31	65	38	59
Oldenbourg	49	262	83	271
Brunschwick	110	201	184	219
Saxe-Meiningen	47	140	76	147
Saxe-Altenbourg	49	93	73	98
Saxe-Cobourg-Gotha	59	115	87	118
Anhalt	99	104	168	103
Schwarzbourg-Sondershausen	19	47	30	45
Schwarzbourg-Rudolstadt	17	58	27	58
Waldek	7	49	7	49
Reuss 1	18	26	38	24
Reuss 2	32	57	63	56
Schaumbourg-Lippe	7	25	10	28
Lippe-Detmold	17	93	32	95
Lübeck	39	12	63	12
Brême	100	22	166	14
Hambourg	309	29	600	22
Alsace-Lorraine	555	994	690	912
	14790	26219	23243	26185

(1) D'après la *Volkszählung* de 1890.

Progrès comparé de la population globale et de la population

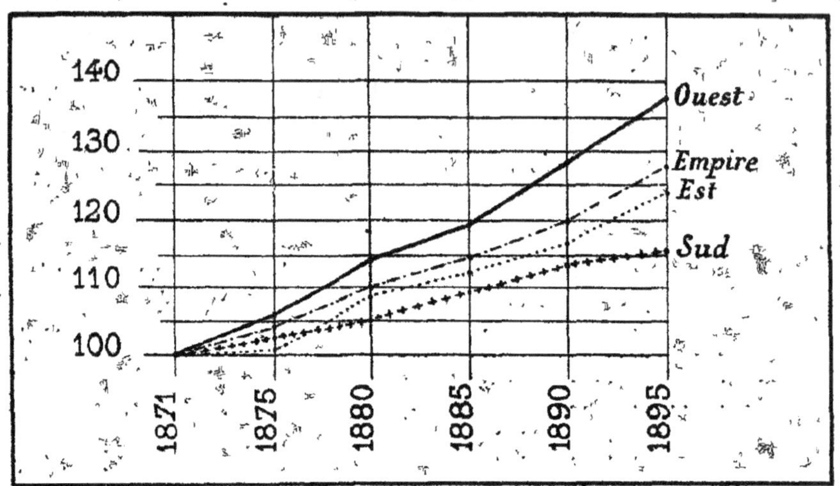

Fig. 29. — Développement de la population totale dans les grandes régions de l'Empire allemand, de 1871 à 1895 (la population, en 1871, étant réduite à 100.

urbaine dans les différentes régions de l'Empire. — Cette corré-

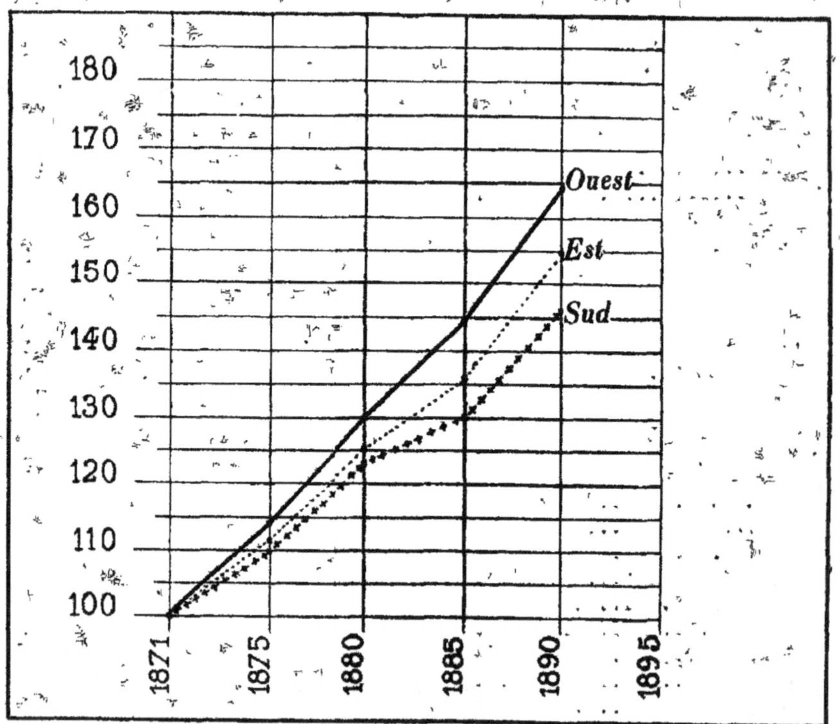

Fig. 30. — Développement de la population urbaine dans les grandes régions de l'Empire allemand, de 1871 à 1890 (la population, en 1871, étant réduite à 100.

lation entre le développement de la population urbaine et celui de la population totale peut se vérifier d'une manière encore plus frappante, si nous considérons les grandes régions de l'Allemagne. A cet objet, nous avons, d'après la Statistique de l'Empire, partagé l'Allemagne en trois régions : l'Est, l'Ouest et le Sud, et établi (voy. les *fig.* 29 et 30) le développement de leur population totale et de leur population urbaine depuis 1871. C'est dans l'Ouest que nous trouvons le plus grand accroissement des groupements urbains et, en même temps, le plus sensible progrès de la population totale. De 1871 à 1895, cette région a augmenté de 43,9 p. 100; l'Est, de 26,6 p. 100, et le Sud, de 16,3 p. 100 : or, l'accroissement de la population urbaine était respectivement de 64,4 p. 100, 54 et 44,7 p. 100 de 1871 à 1890; et cette prédominance de l'Ouest est d'autant plus notable, que l'Est renferme les deux agglomérations les plus populeuses de l'Empire, Berlin et Hambourg.

En 1895, sur 12568000 habitants comptés dans les villes de plus de 20000 âmes, 5388000 (42,8 p. 100) se trouvaient dans l'Ouest; 4960000 (39,6 p. 100) dans l'Est, et seulement 2210000 (17,6 p. 100) dans le Sud. Sur les vingt-huit villes de plus de 100000 habitants de l'Empire, l'Ouest, à lui seul, en renfermait seize, tandis que l'Est en avait huit, et le Sud, quatre. — Enfin, tandis que dans ces deux dernières régions, la majorité de la population est rurale, elle est urbaine dans l'Ouest, où 540 habitants sur 1000 se trouvent dans les villes (1890).

Il est curieux de constater que ce mouvement de concentration populeuse vers l'Ouest n'est pas un phénomène permanent dans notre siècle (1). De 1825 à 1849 et de 1850 à 1871, c'est l'inverse qui s'est produit. Dans la première période, l'Ouest augmente de 26,8 p. 100, et l'Est, de 33,3 p. 100; dans la seconde, l'accroissement de l'Est est encore de 24,8 p. 100;

(1) **Population des grandes régions de l'Allemagne (en milliers).**

RÉGIONS	EN 1825	EN 1849	EN 1871
Ouest	10436	13202	15695
Est	8975	11889	14764
Sud	8700	10037	10601
Total de l'Empire	28111	35128	41060

(1) Collection Neumann : *Beiträge zur Geschichte der Bevölkerung in Deutschland seit dem Anfange dieses Jahrhundertes*, III.

Développement de la population dans les grandes régions de l'Empire allemand (en milliers).

RÉGIONS	SUPERFICIE en KILOM. CAR.	DENSITÉ en 1871	POPULATION en 1871	en 1875	en 1880	en 1885	en 1890	en 1895	DENSITÉ en 1895
Ouest.......	169138	92	15 695	16675	17555	18514	19738	21 310	126
Est.........	237562	63	14764	15058	16302	16732	17743	18600	78
Sud........	133819	72	10600	10994	11 377	11609	11940	12332	85
Total...	540519	75	41 060	42727	45234	46855	49421	52242	96

RÉGIONS	Développement de la population urbaine dans les mêmes régions. 1871	1875	1880	1885	1890
Ouest..........................	6619	7555	8532	9498	10943
Est............................	5125	5716	6418	6994	7911
Sud............................	3046	3386	3750	3986	4419

celui de l'Ouest, de 20 p. 100. Quant au Sud, il ne vient que loin (16,2 et 5,7 p. 100). — A ces différentes dates, l'Ouest renferme toujours la plus forte proportion de la population totale, bien qu'en 1871, il ait été serré d'assez près par l'Est. — Sa densité, qui n'était que de 62 en 1825, s'élevait à 92 en 1871, et à 126 en 1895, tandis que celle de l'Est passait de 38 à 63 et 78, et celle du Sud progressait seulement de 65 à 72 et 83. Avec la période contemporaine, la prédominance de l'Ouest s'accuse donc de plus en plus.

Etude du mouvement de la population par régions : 1° l'Est. — La région de l'Allemagne à l'Est de l'Elbe se distingue nettement par son histoire comme par sa géographie. Elle n'a point, en effet, comme les autres, été plus ou moins pénétrée par les influences latines; c'est le pays de la conquête *saxonne* et la vieille base d'opération de la Germanie contre le monde slave. De là procède le régime de la propriété d'un caractère encore féodal, qui, joint aux qualités moindres du sol et au mode de culture, explique, comme nous le verrons ensuite, l'émigration.

Dans ce grand territoire, qui comprend presque 44 p. 100 de la superficie totale de l'Allemagne, il n'y a, en tout, que huit agglomérations de plus de 100000 habitants, soit une par 2300000 habitants et par 30000 kilomètres carrés, tandis que, dans l'Ouest, il y en a une par 1300000 habitants et 10000 kilomètres carrés. Encore faut-il observer que dans l'Est, nous comprenons Berlin avec Charlottenbourg, Hambourg avec Altona, dont la position est presque en dehors de la région ostelbingienne et dont le développement est dû, surtout pour Berlin, à leur situation moyenne entre l'Est et l'Ouest de l'empire. Si l'on faisait abstraction de Berlin et du Brandebourg, il n'y aurait plus qu'une ville de plus de 100000 habitants par 2870000 habitants et par 40000 kilomètres carrés.

D'une façon générale, l'Est de l'Allemagne n'a ni le caractère urbain ni le développement intense de population que nous reverrons dans l'Ouest. Et cependant, dans la première partie du siècle, les provinces qui augmentent aujourd'hui le plus péniblement étaient celles dont le taux d'accroissement était le plus élevé.

De 1824 à 1849, le groupe d'extrême Est de l'Allemagne (Prusse orientale et occidentale, Posnanie) s'accroissait de

875000 habitants ou 30 p. 100, et cette proportion était sensiblement dépassée par la Prusse occidentale (37 p. 100).

De 1849 à 1871, l'augmentation est encore très forte (927000 ou 24,5 p. 100) et c'est toujours la même province qui l'emporte (25,5 p. 100). Mais de 1871 à 1890, il n'en est plus de même : le progrès n'est que de 423000 habitants (9 p. 100), et la Prusse orientale subit même une légère diminution. Il est vrai que, dans la dernière période quinquennale, l'accroissement a été bien supérieur au chiffre de la période précédente (184000 contre 60000), mais le taux de cet accroissement n'est plus que de 3,6 p. 100. Sur l'ensemble des soixante-dix-sept cercles du royaume de Prusse qui ont diminué de 1890 à 1895, dix seulement appartiennent à la région de l'extrême Est et la Posnanie n'en compte aucun.

Aussi la proportion de cette région à la population totale de l'empire n'a-t-elle pas autant diminué qu'on serait tenté parfois de le croire. En 1871, elle était de 11,5 p. 100 ; en 1895, elle est encore de 10,2 p. 100, ce qui est exactement celle de 1825 (10,3 p. 100).

Partout la population urbaine est en augmentation : de 1871 à 1890, elle dépasse, dans la Prusse occidentale, l'accroissement total de la province et, dans la Prusse orientale, elle lui est égale. En 1871, la population urbaine représentait 26,1 p. 100 du total de la région; en 1890, 28,1 p. 100. De 1871 à 1895, la part de Dantzig dans l'accroissement de la Prusse occidentale n'est encore que de 20 p. 100; mais celle de Königsberg, dans l'accroissement de la Prusse orientale, est de beaucoup plus considérable (72 p. 100).

(1) **Population des provinces et États de l'Est (en milliers).**

PROVINCES ET ÉTATS	1824	1849	1871	1890	1895
Prusse orientale	1151	1450	1822	1958	2005
Prusse occidentale	737	1010	1314	1433	1493
Posen	1031	1333	1583	1752	1828
Poméranie	830	1185	1431	1520	1574
Silésie	2280	3028	3708	4223	4411
Brandebourg	1233	1682	2389	4120	4498
Schleswig-Holstein	747	908	995	1219	1286
Mecklembourg-Schwerin	417	534	557	578	596
Mecklembourg-Strelitz	79	96	97	97	101
Lubeck	38	42	52	76	83
Hambourg	171	220	339	622	681

La Posnanie (1), ne renferme pas de villes de premier ordre, et l'augmentation de la ville militaire de Posen est dépassée par celle du centre commercial de Bromberg. La population urbaine y a sensiblement gagné depuis 1871 : elle ne représente cependant encore guère plus que le quart de la population totale (26,4 p. 100).

Comme la région précédente, les deux provinces de Silésie et Poméranie, les deux grands-duchés de Mecklembourg ont vu surtout leur population augmenter dans la première partie du siècle. De 1824 à 1849, leur accroissement global a été de 34,5 p. 100, s'élevant, dans la Poméranie, jusqu'à 42,7 p. 100; il est encore de 19,8 p. 100, de 1849 à 1871, mais s'affaisse à 10,8 p. 100, de 1871 à 1890 et de 1890 à 1895, à 4,7 p. 100. Dans les Mecklembourg, la population urbaine représentait 34,3 p. 100 en 1871 et 42 p. 100 en 1890 (2). Dans la Poméranie, cette même proportion est de 31,2 à 37 p. 100, et la majeure partie de l'accroissement revient au district plus urbain de Stettin : sur 143000 habitants gagnés par la province de 1871 à 1895, 115000 ou 80 p. 100 appartiennent à ce seul district et plus de 100000 ou 75 p. 100, à la seule ville de Stettin.

Dans la Silésie, la diminution rurale est particulièrement intense : vingt-six cercles sur soixante-cinq y ont diminué de 1890 à 1895. Dans cette province, l'influence de la houille et de l'industrie est évidente : de 1871 à 1895, le district de Oppeln, où se trouvent les mines de Beuthen, Königshütte, augmente de 400000 habitants, soit 57 p. 100 de l'accroissement total de la province (3). Dans le district de Breslau (4), l'accroisse-

(1)

VILLES	1871	1890	1895
Posen	53 000	70 000	73 235
Bromberg	27 700	41 400	46 410

(2) Il faut remarquer que l'accroissement des deux grands-duchés de Mecklembourg porte sur les deux périodes 1875-1880 et 1890-1895; dans les autres, il y a généralement diminution.

(3) De 1890-1895, sur 190000 habitants gagnés par la Silésie, 132000 appartiennent au district d'Oppeln qui n'avait jamais eu pareil accroissement depuis 1871.

(4) **Accroissement de la ville et du district de Breslau.**

1871-1890		1890-1895	
VILLE	DISTRICT (TOTAL)	VILLE	DISTRICT (TOTAL)
128 000	186 000	37 954	38 570

ment de la capitale constitue (1871-1890) 70 p. 100 de celui du district, et de 1890 à 1895, il l'absorbe presque complètement. Quant au district de Liegnitz, il ne gagne que 8,7 p. 100 depuis 1871.

Pour la province de Brandebourg, il est inutile d'insister sur l'influence de Berlin que nous étudierons ailleurs dans le détail. C'est, en effet, le développement de la capitale qui a fait l'importance de la province : en 1824, son rapport à la population totale de l'Allemagne n'était que de 5,3 p. 100; il était, en 1871, de 7,2 p. 100 et il est en 1895, de 8,6 p. 100. Mais, tandis que le district de Francfort-sur-l'Oder n'augmente que de 16,7 p. 100 (1871-1895), le reste de la province (Berlin et Potsdam) gagne 60,3 p. 100.

Dans le Schleswig-Holstein, l'accroissement a été beaucoup plus sensible dans la période 1871-1895 que dans les périodes antérieures (1824-1849, 1850-1871), et dans les vingt-cinq dernières années, les villes principales prennent une part notable de l'accroissement (environ 57 p. 100). Si nous laissons de côté Altona, vrai faubourg de Hambourg, l'augmentation de Kiel n'en est que plus significative : cette ville a presque triplé sa population de 1871 à 1895 et l'achèvement du canal allemand des deux mers contribuera sans nul doute à l'accroître encore (1).

Comparée à Kiel, Lubeck nous paraît augmenter lentement bien qu'elle ait gagné 65 p. 100 depuis 1871. Mais qu'est-ce que cette augmentation auprès de celle de Hambourg? Depuis 1871, l'accroissement de la métropole hanséatique a été de 160 p. 100. Si l'on y joignait sa voisine Altona, on aurait une agglomé[illegible]tion de près de 780000 habitants (776000 en 1895). De plus en plus, Hambourg a empiété sur son territoire : en 1871, la ville contenait 73 p. 100 de la population de l'Etat; aujourd'hui, elle en renferme 91 p. 100.

2. *L'Ouest.* — Dans cette région, le progrès se fait surtout

(1) Population de Kiel, en 1855 : 16 000 habitants.
— 1871 : 31 000 —
— 1895 : 85 000 —

sentir dans la dernière période (1). Nous laissons de côté l'Oldenbourg, où, bien que la population urbaine ait sensiblement augmenté depuis 1871, il n'y a pas de grande ville. Mais Brême s'est accrue de 75 p. 100 depuis 1871 ; de cette date à 1890, la ville représentait 72 p. 100 de l'accroissement total de l'État ; dans la dernière période, elle le dépasse, ce qui indique suffisamment l'émigration rurale. Dans l'ensemble des Etats connus sous le nom d'Etats de Thuringe, une dizaine de villes dépassent 20000 âmes ; mais il n'y a, en somme, qu'une seule grande agglomération, Brunschwick. Son accroissement de 1871 à 1895 équivaut à la moitié de l'accroissement total du duché.

Dans la province de Hanovre, la plus forte augmentation porte sur la dernière période : de 1824 à 1849 et de 1849 à 1871, le taux de l'accroissement n'était que de 8,4 p. 100 et 11,3 p. 100 : il a été de 24,4, de 1871 à 1895. Mais il y a une grande différence entre la région plate du nord et le pays industriel du sud : les deux districts de Hanovre et Hildesheim participent pour 58 p. 100 à l'accroissement, et près du quart de l'augmentation revient à la seule ville de Hanovre. Encore faut-il observer que, dans le Lünebourg, Harbourg ne se développe que grâce à sa proximité de Hambourg.

Dans la Hesse-Nassau, l'accroissement, qui avait été de 25,1 p. 100, de 1824 à 1849, s'était beaucoup ralenti dans la période suivante (4,6 p. 100), mais s'est considérablement relevé de 1871 à 1895 (25,5 p. 100). Ici encore, il faut distinguer : tandis que dans la Hesse proprement dite, le taux de l'augmentation est de 10,7 p. 100 (1871-1895), il atteint 46,2 dans

(1) **Population des provinces et états de l'Ouest (en milliers).**

PROVINCES ET ÉTATS	1824	1849	1871	1890	1895
Hanovre	1 638	1 772	1 964	2 280	2 422
Westphalie	1 177	1 456	1 775	2 429	2 700
Prusse rhénane	2 087	2 778	3 580	4 710	5 105
Hesse-Nassau	1 083	1 343	1 400	1 664	1 756
Saxe prussienne	1 342	1 754	2 103	2 580	2 700
Royaume de Saxe	1 336	1 894	2 556	3 500	3 783
Oldenbourg	255	289	312	355	373
Brunschwick	238	270	311	403	434
Brême	56	80	122	180	196
Autres États	1 181	1 300	1 383	1 807	1 865

le pays rhénan, et cette région renferme maintenant la majeure partie de la population de la province, ce qui était le contraire en 1871. Au Nord, en effet, Cassel est comme isolée; dans le Sud, au contraire, se trouve toute une série de villes (Francfort-sur-le-Mein, Wiesbaden, Offenbach, Hanau, etc.). Les deux villes de Francfort et de Wiesbaden absorbent à elles seules 74 p. 100 de l'accroissement total de leur district, de 1871 à 1895.

C'est également dans la dernière période que les deux provinces de Westphalie et Prusse rhénane ont eu leur plus considérable accroissement, ainsi que la Saxe prussienne et le royaume de Saxe (1). Ces pays prennent, du reste, la part la plus forte dans l'augmentation générale de la région ouest de l'Allemagne (68,7 p. 100), et cela s'explique par l'importance toujours croissante de leurs groupements urbains. Considérons d'abord la Westphalie : de 1871 à 1895, les districts de Minden et de Münster ne progressent que de 24 et 37 p. 100, tandis que celui d'Arnsberg gagne 52,4 p. 100, grâce aux centres houillers et industriels de Bochum, Dortmund, Iserlohn, etc.

Tandis que les cercles de Dortmund (urbain et rural), de Bochum (rural), de Gelsenkirchen s'accroissent de 24 à 30 p. 100 (1890-1895), les cercles agricoles du Nord (Soest, par exemple) ne gagnent guère plus de 2 p. 100 (2,75 de 1890 à 1895 et 2,76 de 1867 à 1885). La ville de Dortmund augmente de 152 p. 100 depuis 1871.

Mais, à part cette ville, il n'y a pas en Westphalie de grandes cités ; il en est autrement dans la Prusse rhénane, où les groupements urbains importants sont nombreux. Elle renferme aujourd'hui six villes de plus de 100000 âmes avec près de 1 million d'habitants (982000 en 1895), soit plus du cinquième de la province totale et, en outre, une vingtaine de plus de

(1) **Population des districts de la Prusse rhénane.**

DISTRICTS	1824	1871	1895
Coblentz	392 573	555 000	650 636
Dusseldorf	652 975	1 328 000	2 191 462
Cologne	363 826	613 000	905 506
Trèves	342 684	591 000	768 537
Aix-la-Chapelle	336 025	490 000	590 038

20000 âmes avec 650000 habitants (1). A elle seule, cette province contient 9,8 p. 100 de la population de l'empire, alors qu'en 1824, elle n'en contenait que 7,4 p. 100. Le développement des villes explique la différence entre l'accroissement de la population dans les différents districts de la province ; la plus grosse part de l'augmentation revient en effet à celui de Düsseldorf. En 1824, ce *bezirk* ne représentait que 31,4 p. 100 du total de la Prusse rhénane, et en 1871, 34,4, il en représente aujourd'hui 43 p. 100. Plus nous avançons dans la période contemporaine, plus la proportion s'accentue, et cela en raison du développement plus considérable des villes. Sur les 1526000 habitants gagnés par la province de 1871 à 1895, 863000 ou 56,5 p. 100 reviennent au seul district de Dusseldorf. Son accroissement depuis 1871 était de 65,6 p. 100, tandis que celui de l'ensemble de la province était de 56,5 p. 100.

Sur le total de la population de ce district (2191000), plus de 1100000 habitants appartiennent aux villes de plus de 20000 âmes et plus des deux tiers de la population est comptée comme urbaine (65,5 p. 100 en 1890). Sur les vingt-quatre villes de plus de 20000 habitants de la Prusse rhénane, il y en a quinze dans le seul district de Dusseldorf. La densité de sa population atteint 401 par kilomètre carré, tandis qu'elle est de 190 dans l'ensemble de la province.

Après Dusseldorf, c'est le district de Cologne qui gagne le plus ; mais la capitale absorbe une bonne partie de son accroissement (65 p. 100 de 1871 à 1895). Quant aux autres districts (Aix-la-Chapelle, Trèves, Coblentz) qui appartiennent à la région de l'Ardenne, leur population augmente beaucoup moins : encore Aix-la-Chapelle et Trèves ont des centres industriels, tandis que Coblentz en est dépourvu. Aussi sa population, qui représentait 19,7 p. 100 du total de la province en 1824, n'en représente-t-elle plus aujourd'hui que 12,9 p. 100.

Dans la Saxe prussienne, les districts de Magdebourg et Mersebourg, où se trouvent les grands centres, ont un accroissement plus grand qu'Erfurth, malgré les richesses de sa culture et l'activité de la petite industrie dans le Thuringer-Wald. Sur treize villes de plus de 20000 âmes comptées dans la province, ce district n'en renferme que trois, et sa proportion à la popula-

(1) Nous comptons parmi ces villes, dans le cercle rural d'Essen, Altendorf, Borbek, Altenessen, qui sont cependant qualifiées officiellement de communes rurales (*Landgemeinden*).

tion totale, qui était de 20 p. 100 en 1824, est aujourd'hui de 17 p. 100. La baisse paraît peu sensible en raison du développement de certaines villes (Erfurth) et de l'accroissement moindre des régions agricoles du nord de la province.

Le royaume de Saxe est, avec la Prusse rhénane, le grand foyer d'accroissement et d'attraction de l'Allemagne. La population de la Saxe a presque triplé depuis 1824 : alors elle ne contenait que 4,7 p. 100 de la population totale de l'Allemagne ; en 1871, cette proportion était de 6,2, et aujourd'hui elle est de 7,2 p. 100 : la densité du royaume est de 252 habitants par kilomètre carré. Le nombre des villes de plus de 20000 âmes est de douze, et leur population globale de 1176000 habitants ou 31,2 p. 100 du royaume. Les villes de plus de 100000 habitants ont augmenté de 158 p. 100 depuis 1871 et, bien entendu, c'est dans leurs régions respectives que la population se développe le plus. Par exemple, le cercle de Bautzen, en Lusace, qui ne possède pas de grande agglomération, ne s'accroît que de 16,4 p. 100 (1871-1895), tandis que l'accroissement des autres (Dresde, Leipzig, Zwickau) est de 54,5 p. 100.

Développement de la population dans les cercles du royaume de Saxe, de 1824 à 1895, la population en 1824 étant réduite à 100.

CERCLES	1824	1849	1871	1895
Dresde........	100	141	198	312
Leipzig........	100	140	193	310
Zwickau........	100	156	217	317
Bautzen........	100	121	139	170

Parmi les différents cercles, c'est celui de Zwickau qui progresse le plus (1); non que ses groupements soient plus im-

(1) **Population des cercles saxons** (*Kreishauptmannschaften*).

CERCLES	1825	1849	1871	1895
Dresde................	343 700	485 540	677 671	1 065 201
Leipzig................	303 851	425 735	589 377	943 600
Zwickau................	443 370	693 107	959 063	1 389 310
Bautzen................	238 867	290 049	330 133	384 904

portants, mais parce qu'ils sont plus nombreux (1). Le tableau précédent permet de juger du développement des cercles saxons depuis 1824.

3. *Le Sud.* — La région du Sud (2) est, comme nous l'avons déjà vu, un pays de moindre accroissement, car elle ne renferme pas de puissants foyers d'attraction comme certaines parties de l'Ouest et même de l'Est de l'Empire. Le nombre et la population des villes de plus de 20000 âmes y ont pourtant sensiblement grandi : en 1871, on en comptait dix-huit avec 930000 habitants ; en 1895, il y en a trente-cinq avec 1970000 habitants ou 16 p. 100 du total (au lieu de 8,8 p. 100 en 1871).

Dans le grand-duché de Hesse-Darmstadt, l'accroissement des villes de cette catégorie, dans la dernière période 1890-1895, équivaut à l'augmentation totale du pays ; la Haute-Hesse, plus pauvre en villes, ne s'accroît que de 9 p. 100 depuis 1871, tandis que le taux moyen d'accroissement est, pour le grand-duché, de 22 p. 100.

L'Alsace-Lorraine n'a même pas gagné 100000 habitants depuis 1871. Elle a toujours été, mais elle est devenue, surtout depuis cette époque, un pays de forte émigration que n'a pas compensée l'immigration des *vieux Allemands*. Ce mouvement d'émigration a affecté aussi bien les villes que les campagnes : ce qui le prouve, c'est que, dans ce pays riche et industriel, le nombre des villes de plus de 20000 habitants est le même qu'il y a vingt-cinq ans (quatre), et leur population n'a gagné que 45 p. 100, proportion relativement faible ; encore faut-il tenir compte de l'augmentation factice due à la population militaire du Reichsland. Seul, Strasbourg a beaucoup pro-

(1) Chemnitz n'est qu'à 30 kilomètres de Glauchau, et celle-ci à 10 kilomètres de Meerane et Zwickau.

(2) **Population des États de l'Allemagne du Sud.**

ÉTATS	1824	1849	1871	1895
Grand-duché de Hesse	665 421	812 092	852 894	1 039 388
Alsace-Lorraine	1 375 481	1 568 806	1 549 587	1 641 220
Bade	1 132 970	1 362 774	1 461 562	1 725 470
Wurtemberg	1 504 963	1 744 595	1 818 539	2 080 898
Bavière	3 938 400	4 481 996	4 852 026	5 797 414
Hohenzollern	57 860	65 612	65 588	65 421

gressé; mais Mulhouse, qui avait, en 1866, la même population que Reims, est distancée par cette ville aujourd'hui, et Metz est toujours demeurée stationnaire depuis qu'elle n'est plus française.

Dans le grand-duché de Bade, l'accroissement a été, depuis 1871, de 264000 habitants ou 19,8 p. 100, tandis qu'il n'était en Alsace que de 6 p. 100 à peine. L'augmentation porte surtout sur les districts qui renferment les grandes villes, Karlsruhe et Mannheim; tandis que les districts de Constance et de Fribourg n'ont augmenté que de 5 et 8,7 p. 100, ceux de Karlsruhe et Mannheim ont gagné 27,8 et 29 p. 100 depuis 1871. Sur les 102000 habitants dont s'est accru le district de Mannheim, plus de 50000 reviennent à cette ville, et sur les 107000 gagnés par le district de Karlsruhe, 48000 appartiennent à la capitale.

La proportion de la population des villes de plus de 20000 âmes à la population totale est de 17,5 p. 100.

Cette proportion est inférieure dans le Wurtemberg (13,3 p. 100), bien que les villes de cette espèce aient augmenté en nombre et en population (cinq avec 277000 habitants en 1895, au lieu de deux avec 116000 en 1871). La population urbaine, qui représentait en 1871 35,3 p. 100, formait, en 1890, 40 p. 100 de la population totale du royaume (1). Mais, à la différence de la plupart des Etats de l'Empire, le Wurtemberg renferme des régions de véritable diminution. Par exemple, le cercle de la Jagst (2), sur le plateau franconien, est en décroissance constante depuis 1875 : en 1871, il contenait 21,1 p. 100 du total; en 1895, il ne renferme plus que 19,5 p. 100; les cercles du Danube et de la Forêt Noire ne s'accroissent respectivement que de 11,8 p. 100 et 9,8 p. 100. Au contraire, celui du Neckar gagne 21,2 p. 100 et près de la moitié de son aug-

(1) **Population des cercles du Wurtemberg.**

CERCLES	1871	1880	1895
Neckar	548750	622912	697291
Forêt Noire	448160	472758	488486
Jagst	384714	407613	398516
Danube	436915	467835	496605

(2) De 1885 à 1890, vingt-sept bailliages (*Oberämter*) avaient diminué dans le royaume, et sur les quatorze de la Jagst, onze avaient décru.

mentation (45 p. 100) revient à la seule ville de Stuttgard. Ce cercle, à lui seul renfermait, en 1890, 47 p. 100 de la population urbaine du royaume, tandis que le cercle de la Jagst n'en contenait que 11,7 p. 100.

La Bavière nous présente aussi des différences très nettes, sous le rapport de l'accroissement, entre les diverses régions du royaume. Sur 945000 habitants dont s'est augmenté le royaume depuis 1871, 346000 ou 36 p. 100 reviennent à la seule province de Haute-Bavière (Munich) (1), 153000 à la Moyenne-Franconie (Nuremberg), 150000 au Palatinat rhénan, qui possède un assez grand nombre de villes secondaires, et 105000 à la Souabe (Augsbourg). Les autres provinces ne s'accroissent que lentement et quelques-unes ont été, à différentes périodes, affectées de diminution.

La population urbaine du royaume a suivi une progression marquée : elle n'était que de 611000 en 1852, ou 13,5 p. 100; mais elle atteignait 804000, ou 17 p. 100, en 1871 et 1287000, ou 22,8 p. 100, en 1890. Les villes de plus de 10000 âmes avec 1127000 habitants y représentaient 89 p. 100 du total : les petits groupements ont donc relativement peu d'importance, et, par contre, la population a encore un caractère très rural : en 1890, 2094000 habitants se trouvaient dans les communes de moins de 2000 habitants.

Sur les 483000 habitants gagnés par la population urbaine depuis 1871, 310000 reviennent aux deux villes de Munich et Nuremberg. Sur l'augmentation totale de la Haute-Bavière (1871-1895), Munich a une part de 70 p. 100 et sur celle de la Moyenne-Franconie, la part de Nuremberg est de 48 p. 100.

L'immigration et l'émigration dans les différentes parties de l'Allemagne. — Il y a donc, entre chaque région et entre les divers Etats de l'Empire, de grandes différences au point de

(1) **Population des provinces de la Bavière (en milliers).**

PROVINCES	1840	1871	1895	PROVINCES	1840	1871	1895
Haute-Bavière...	690	841	1185	Haute-Franconie...	486	541	585
Basse-Bavière...	522	603	655	Moyenne-Franconie.	511	583	736
Palatinat	579	615	765	Basse-Franconie...	579	586	632
Haut-Palatinat...	457	497	546	Souabe..........	544	582	687

vue du développement de la population. Mais quelle est, dans ce mouvement général, la part de l'immigration et de l'émigration? Les documents publiés par M. Markow (1) nous permettent de faire, à ce sujet, des comparaisons intéressantes. Considérons d'abord les trois groupes formés par les anciennes provinces du royaume de Prusse (avant 1866) : nous voyons de suite quelles vicissitudes a subies le mouvement migratoire suivant différentes périodes.

Immigration (+) et émigration (—) dans les anciennes provinces de la Prusse (1824-1890) (2).

GROUPES	1824-1848		1849-1866		1867-1885		1886-1890	
	TOTAL	p. 100	TOTAL	p. 100	TOTAL	p. 100	TOTAL	p. 100
Est (Prusse occid^le et orient^le, Posen, Silésie).	+ 438 600	+ 8,4	— 85 800	— 1,3	— 952 377	— 11,6	— 485 000	— 5,2
Milieu (Saxe, Poméranie, Brandebourg avec Berlin).	+ 416 100	+ 30	+ 88 300	+ 3,6	+ 311 150	+ 12	+ 128 800	+ 3,5
Ouest (Westphalie, Prusse rhénane)	+ 85 700	+ 2,7	— 42 600	— 1	— 4 256	— 0,08	+ 81 000	+ 1,25
Total.......	+ 940 700		— 40 100		— 645 483		— 275 200	

Ainsi, dans la première période, l'immigration est générale dans le royaume de Prusse. A quoi attribuer ce phénomène? On l'a expliqué par l'établissement du Zollverein, qui favorisa l'essor de l'industrie prussienne et attira dans le royaume de Prusse beaucoup d'Allemands des autres Etats de la confédération, tandis que se produisait dans l'Est l'immigration polonaise. De là l'accroissement considérable de cette région orientale, phénomène en opposition complète avec la situation actuelle. Même, dans la période 1849-1866, tandis que l'émigration se manifestait dans la Posnanie et la Silésie, les deux provinces

(1) Dans la collection précédemment citée des *Beiträge zur Geschichte der Bevölkerung in Deutschland*, etc. de Neumann, t. III. L'étude de M. Markow est intitulée : *Das Wachsthum der Bevölkerung und die Entwickelung der Aus- und Einwanderungen, Ab- und Zuzüge in Preussen*, etc. (1824-1885).

(2) Pour la période 1886-1890, nous nous sommes servi des documents publiés par le *Dénombrement de l'Empire en* 1890, par les divers *Annuaires des Etats de l'Empire* et une *Etude de M. von Mayr*, traduite en français, par M. Liégeard et parue dans le *Journal de la Société de statistique de Paris*, 1894. C'est à cette étude qu'est empruntée la carte que nous publions pages 188, 189.

de Prusse avaient encore un excédent d'immigration, dont bénéficiaient seuls les districts de Königsberg et Dantzig.

Mais, dans les deux dernières périodes, l'émigration est générale dans toute la région de l'Est : même en Silésie, le district industriel d'Oppeln n'est pas épargné.

Dans le Centre comme dans l'Est, l'immigration a été générale dans la première période ; mais, si l'on exceptait Berlin, elle serait moins forte que dans l'Est (7 p. 100 contre 8,4 p. 100), et la Poméranie a relativement une immigration plus considérable que le Brandebourg (sans Berlin). Mais dans toutes les autres périodes, l'émigration se produit partout, sauf à Berlin ; dans la dernière période, le district de Potsdam en est également indemne, car il bénéficie de l'accroissement des localités suburbaines de la capitale. Il faut aussi faire exception pour le district de Magdebourg, dans la Saxe.

Dans l'Ouest, comme dans le Centre, l'excédent d'immigration que l'on constatait pour la première période se retrouve à la fin. De 1824 à 1848 et de 1849 à 1866, il y a immigration dans la Prusse rhénane ; mais, dans la deuxième période, elle est compensée par l'émigration de la Westphalie : de là l'excédent d'émigration pour l'ensemble de la région de 1849 à 1866. Dans les deux provinces, l'immigration porte surtout sur les districts de Dusseldorf et Cologne, d'une part, et d'autre part, de Arnsberg, tandis que les districts de Coblentz et Trèves, de Minden et Munster voient partir une notable portion de leur population. Le même phénomène se reproduit depuis 1867, sauf que, dans la dernière période (1886-1890), il y a excédent d'immigration dans le district de Minden en Westphalie.

Quant aux autres provinces du royaume de Prusse, Schleswig-Holstein, Hanovre, Hesse-Cassel, nous ne pouvons établir leur mouvement migratoire que pour la période contemporaine. Toutes trois ont un excédent d'émigration, mais il n'est que de 1,09 dans le Hanovre, de 0,48 dans la Hesse et de 0,32 dans le Schleswig.

Dans le Hanovre, en effet, il y a immigration dans les districts de Hanovre et de Lunebourg (en raison du voisinage de Hambourg). Dans le Schleswig, des centres tels que Kiel et Altona retiennent une bonne partie de la population, et dans la Hesse l'émigration assez forte du district de Cassel est compensée par l'immigration de celui de Wiesbaden-Francfort.

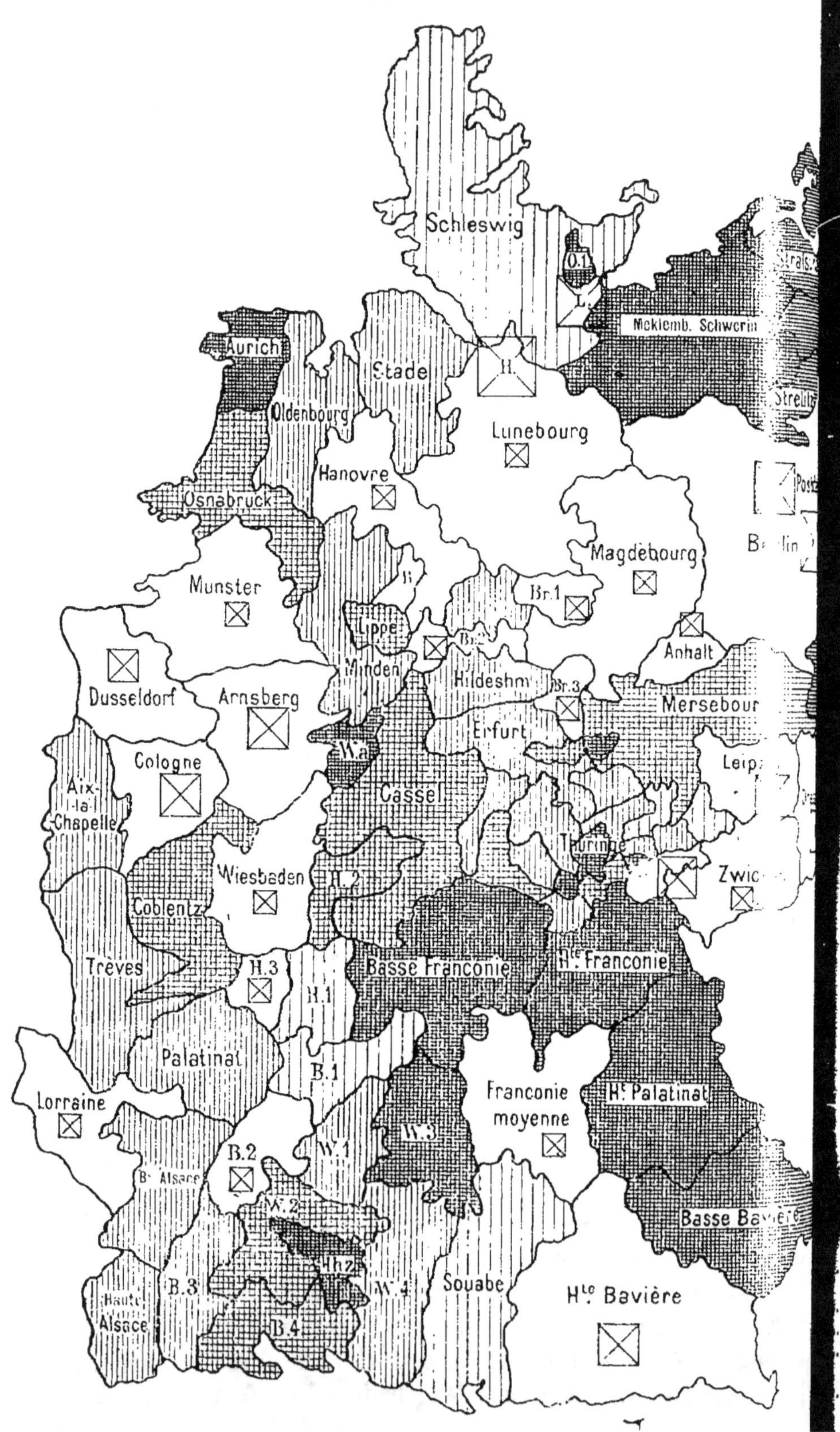
Schleswig
O.1
Mcklemb. Schwerin
Aurich
Stade
H.
Oldenbourg
Lunebourg
Hanovre
Osnabruck
Magdebourg
Munster
Br.1
Lippe
Anhalt
Minden
Hildeshm
Br.3
Dusseldorf
Arnsberg
Merseboug
Erfurt
Cologne
Aix-la-Chapelle
Cassel
Wiesbaden
H.2
Coblentz
Basse Franconie
Hte Franconie
Treves
H.3
H.1
Palatinat
B.1
Lorraine
Franconie moyenne
Ht Palatinat
W.3
W.1
B.2
W.2
Basse
Hhz
B.3
W.4
Souabe
Hte Bavière
Haute Alsace
B.4

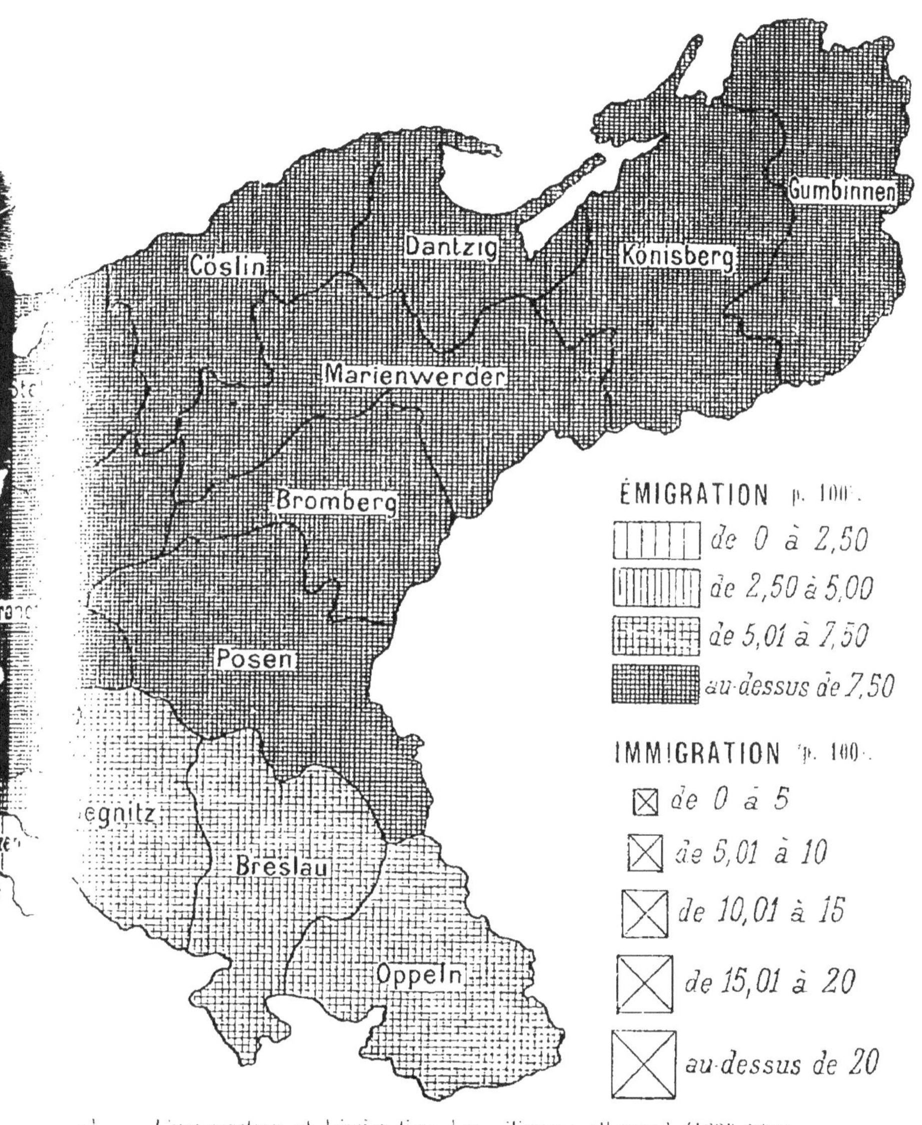

L'immigration et l'émigration dans l'Empire allemand (1885-1890).

ABRÉVIATIONS

1 district Mannheim.	H. 1.... Hesse 1 district Starkenbourg.
2 d° Carlsruhe.	H. 2.... d° 2 d° Hesse rhénane.
3 d° Fribourg.	H. 3.... d° 3 d° Haute-Hesse.
4 d° Constance.	Hhz.... Hohenzollern.
	L...... Lubeck.
…schwick 1.	O. 1.... Oldenbourg 1.
d° 2.	W. 1.... Wurtemberg 1 district Neckar.
d° 3.	W. 2.... d° 2 d° Forêt Noire.
…bourg.	W. 3.... d° 3 d° Jagst.
	W. 4.... d° 4 d° Danube.

Pour quelques autres Etats de l'Empire, nous pouvons comparer le mouvement migratoire à différentes périodes (1). Parmi ces Etats (Bavière, Saxe, Wurtemberg, Bade), seul le royaume de Saxe présente, depuis 1841, un excédent constant d'immigration, et cet excédent a toujours été s'accroissant. Son taux annuel était de 1750 de 1841 à 1848, de 3100 de 1849 à 1866, de 4700 de 1867 à 1885, et enfin, de 15800 de 1886 à 1890. L'émigration était, dans la dernière période, de 1 p. 100 en Bavière, de 1,07 p. 100 à Bade et de 3 p. 100 en Wurtemberg.

Dans la Saxe, il n'y a émigration que dans le district de Bautzen, dépourvu de grands centres et dont nous avons constaté la lente augmentation : encore était-elle très faible (0,9 p. 100) de 1886 à 1890. Par contre, tous les districts du Wurtemberg (même celui du Neckar) avaient un excédent d'émigration, et, dans le grand-duché de Bade, seul le district de Karlsruhe n'en était pas affecté. Dans la Bavière, l'émigration l'emportait partout sauf dans la Haute-Bavière (Munich) et la Moyenne-Franconie (Nuremberg).

Les autres Etats de l'Empire étaient plutôt (notamment le Mecklembourg) affectés par l'émigration, sauf quelques pays du Centre (Brunschwick, Anhalt, etc.) et les villes hanséatiques.

Les habitants des régions et des principales villes nés hors de leur lieu de résidence. — Pour résumer ce que nous venons de dire, nous donnons un tableau des migrations intérieures de l'Allemagne avec la carte correspondante (*fig.* 31), ainsi que le tableau (pages 188 et 192) de la population née hors de la province ou l'Etat de résidence. Tandis que la région de l'Ouest gagne par immigration près de 100000 habitants (97000) ou 0,5 p. 100, l'Est perd par émigration 265000 ou 1,8 p. 100

(1) **Immigration (+) et émigration (—) de quelques Etats allemands autres que la Prusse.**

ÉTATS	1841-1848	MOYENNE annuelle	1849-1866	MOYENNE annuelle	1867-1885	MOYENNE annuelle	1886-1890	MOYENNE annuelle
Bavière.....	— 78701	— 9840	— 208630	— 11500	— 260390	— 14400	— 54942	— 19900
Saxe	+ 14202	+ 1750	+ 57452	+ 3100	+ 83103	+ 4700	+ 80000	+ 15800
Wurtemberg.	— 18282	— 2200	— 207625	— 11400	— 176597	— 9000	— 56331	— 11200
Bade.......	— 41319	— 5100	— 137132	— 7000	— 130178	— 6500	— 17250	— 3700

(malgré l'immigration à Berlin et Hambourg), et le Sud perd également 153000 ou 1,2 p. 100. C'est donc l'Ouest qui renferme la plus forte proportion d'habitants nés hors du terri-

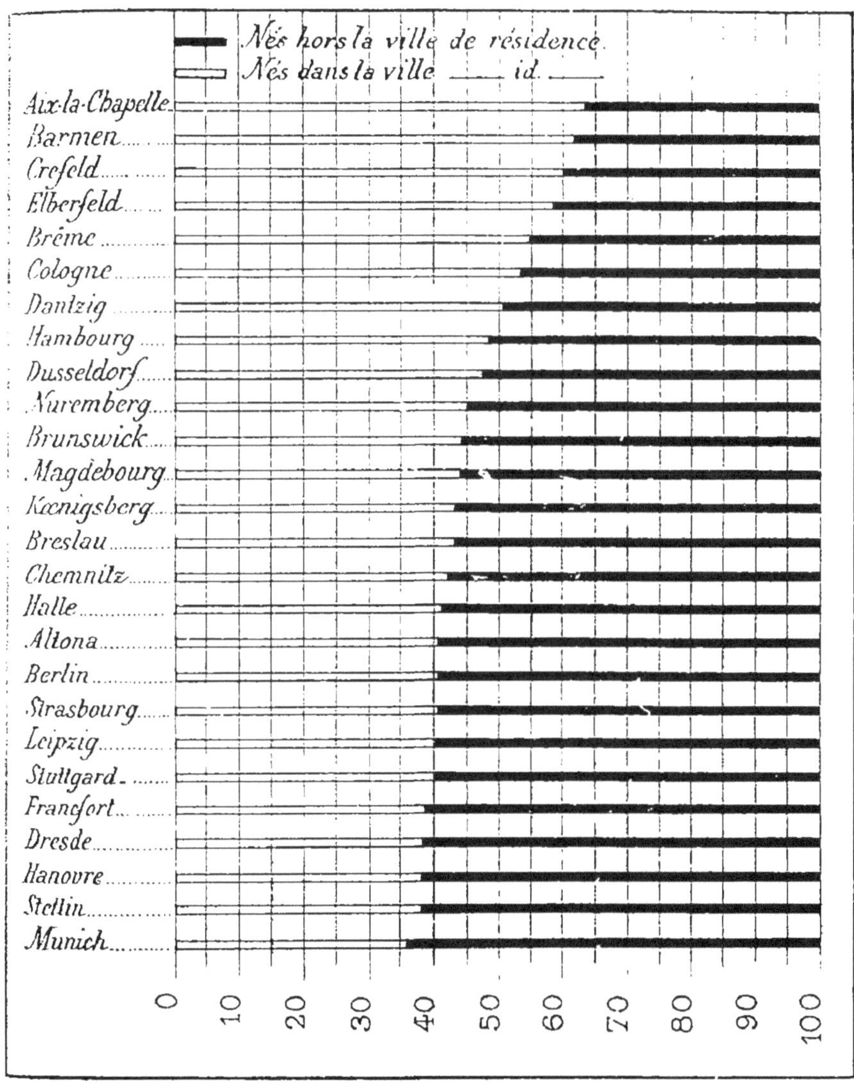

Fig. 32. — Proportion (p. 100 hab.) de la population née à l'intérieur et en dehors des grandes villes allemandes, en 1890.

toire (1). Malgré les puissants foyers d'attraction de l'Est, une partie de la population de l'Allemagne orientale émigre toujours vers l'Ouest. La région de l'Est, même y compris Berlin,

(1) En 1880, l'Ouest renfermait 484000 immigrés des autres régions de l'Empire, l'Est 366000, et le Sud, 197000.

Tableau de l'immigration et de l'émigration allemande (1886-1890) par régions et par provinces ou Etats avec la population née hors de la province ou Etat de résidence en 1890.

PROVINCES ET ÉTATS	IMMIGRATION (+) OU ÉMIGRATION (—)		HABITANTS NÉS HORS DE LA PROVINCE ou de l'ÉTAT DE RÉSIDENCE	
	TOTAL	Proportion p. 100 HAB. en 1885	TOTAL	Proportion p. 100 HAB. en 1890
A. — Région de l'Est.				
Prusse orientale	—131733	— 6,8	53510	2,7
Prusse occidentale	— 98450	— 7	141700	10
Posen	—119271	— 7	135518	8
Silésie	—125517	— 3,2	143275	3,4
Poméranie	— 91304	— 6,1	118956	7,7
Mecklembourg (les deux duchés)	— 29769	— 4,7	67873	10
Schleswig-Holstein	— 3717	— 0,32	157862	13
Lubeck	+ 4932	+ 8	30702	40
Hambourg	+ 76202	+14,8	294174	47
Brandebourg avec Berlin	+246110	+ 9,5	1370833	33,5
B. — Région du Sud.				
Hesse	— 8883	— 0,9	101693	10
Alsace-Lorraine	— 13232	— 0,9	169774	10
Bade	— 17250	— 1,07	120512	7
Wurtemberg	— 56331	— 3,8	62106	3
Hohenzollern	— 2848	— 4,6	6993	10
Bavière	— 54942	— 1	151340	2,7
C. — Région de l'Ouest.				
Hanovre et Lippe	— 25350	— 1,09	257620	11,2
Oldenbourg	— 7267	— 2,1	49093	14,5
Brême	+ 6051	+ 4	70890	39
Saxe prussienne	— 25972	— 1	331436	12,6
Anhalt-Brunschwick	+ 12180	+ 2	162120	22,5
États de Thuringe	— 19250	— 1,8	180600	18
Hesse-Nassau	— 7700	— 0,5	205220	12,5
Westphalie	+ 38468	+ 1,7	307110	12,5
Prusse rhénane	+ 46785	+ 1,09	386730	8
Saxe royale	+ 80074	+ 2,6	348750	9

ne compte que 490000 habitants nés dans l'Ouest (1890), tandis que l'Ouest en compte 630000 nés dans la région de l'Est. Au total, l'Ouest compte 867000 Allemands nés hors son territoire, ou 4,3 p. 100; l'Est, 530000, ou 3 p. 100, et le Sud, 272000, ou 2,3 p. 100 seulement de la population totale.

Mais, quelle que soit la région, toutes les grandes villes bénéficient de l'immigration. En 1890, sur 6242000 habitants comptés dans les villes de plus de 100000 âmes, 3513000 ou 56,2 p. 100 étaient des immigrés (1). Mais leur proportion à la population totale varie beaucoup avec les villes (*fig.* 32). Berlin, malgré son chiffre énorme d'immigrés, ne tenait pas le premier rang sous ce rapport : la proportion de sa population immigrée n'était que de 59,3 p. 100, et elle était de 61,6 p. 100 à Francfort, de 62,4 p. 100 à Hanovre et à Stettin, de 64 p. 100 à Munich. Les villes où la proportion était la plus faible étaient surtout celles de l'Ouest : par exemple, dans les cinq grandes villes de la Prusse rhénane, on ne comptait pas globalement plus de 43 p. 100 d'immigrés, et cette proportion, forte à Dusseldorf, s'abaissait beaucoup à Barmen (38,6 p. 100) et à Aix-la-Chapelle (37,5 p. 100). Tel est, en effet, l'excédent de natalité dans ces villes, qu'elles tirent, en quelque sorte, de leur propre fonds la majeure partie de leur augmentation.

(1) D'après le *Volkszählung* de 1890, p. 71*.

CHAPITRE VIII

La population urbaine en Autriche-Hongrie (1).

SOMMAIRE. — Progrès comparés des villes et des différentes provinces de l'Autriche. — L'émigration et l'immigration en Autriche. — La population considérée suivant ses origines. — La population urbaine en Hongrie. — La population hongroise répartie suivant l'origine. — Du mouvement migratoire en Hongrie.

Progrès comparés des villes et des différentes provinces de l'Autriche. — A côté de l'Allemagne, le développement urbain de l'Autriche-Hongrie est certainement modeste, mais pourtant sensible, dans les deux parties de la monarchie, surtout en Autriche. Sur six villes de plus de 100000 habitants, l'Autriche en possède cinq ; la Transleithanie n'en a qu'une, sa capitale, dont l'accroissement, il est vrai, est considérable. En 1830, ces cinq grandes villes de la Cisleithanie (2) n'avaient que 560000 habitants au total ; seules, Vienne et Prague dépassaient 100000 âmes. En 1850, cette population globale n'est encore que de 744000 habitants, soit un accroissement de 28,1 p. 100. Mais en 1869, ces villes arrivent au total de 1280000 habitants, et enfin, en 1890, à 2067000 habitants, soit une augmentation de 64,7 p. 100, tandis que l'Autriche, dans l'ensemble, gagnait

(1) Outre les divers dénombrements de l'Autriche, nous avons beaucoup utilisé pour ce chapitre les documents publiés par par M. Rauchberg, dans son grand ouvrage : *Die Bevölkerung Oesterreichs*, 1890.

(2) **Population des principales villes de l'Autriche.**

VILLES	1801	1830	1850	1869	1890
Vienne....	231000	317700	431000	834000	1341000 pop. civile.
Prague....	70000	106600	124100	157000 206000 avec faubourgs	172500 327000 avec faubourgs
Trieste....	32000	42600	64000	144800	158000
Gratz.....	»	37700	55400	98000	113800
Lemberg...	48000	55600	68300	109700	128400

18,2 p. 100. En 1869, le nombre des villes de plus de 20000 habitants était en Autriche de dix, avec 1490000 habitants ; il était, en 1890, de vingt-huit, avec 2906000 habitants ; leur proportion à la population totale s'élevait de 7,3 à 12,2 p. 100, ce qui est encore peu auprès des autres grands Etats de l'Europe.

La population de l'Autriche est, en grande majorité, rurale ; toutefois, la proportion des habitants des communes inférieures à 2000 âmes descendait (1), de 1880 à 1890, de 703,7 à 675 pour 1000, et les grandes villes exercent visiblement leur influence sur le développement de leurs régions respectives.

D'après les divers dénombrements effectués depuis 1857, aucune province de l'Autriche (sauf la Carniole, de 1857 à 1869) n'a diminué. Dans l'Autriche propre, l'influence de Vienne est évidente pour la Basse-Autriche ; dans les trois périodes : 1857-1869, 1869-1880, 1880-1890, cette province augmente de 18,1, 20, 14 p. 100, tandis que la Haute-Autriche ne gagne que 3,4, 4, 3,7 p. 100. Mais, de 1869 à 1890, Vienne absorbe 75 p. 100 de l'accroissement de la Basse-Autriche.

La Haute-Autriche et les autres provinces alpestres ne renferment pas de grands centres (sauf la Styrie) et toute cette région a une faible densité. Elle renferme les provinces qui augmentent le moins : le Tyrol (1 p. 100 de 1880 à 1890), la Carinthie (3,4 p. 100), la Carniole (3,6 p. 100). Cependant, cette proportion s'élève à 6,3 p. 100 dans le pays de Salzbourg, même à 8,2 p. 100 dans le Vorarlberg, qui est devenu aujourd'hui un seuil de pénétration, à l'Ouest, de la monarchie autrichienne (2). Dans la Styrie, nous avons un centre important, Grätz, la grande ville du Sud-Est ; de 1869 à 1890, la Styrie a augmenté de 13,5 p. 100, et la part de Grätz, dans son accroissement, est de 22 p. 100.

Sur le littoral, l'accroissement est assez notable (10,4 p. 100 en Dalmatie, de 1880 à 1890). La grande ville de la région, Trieste, avait d'abord peu gagné (11 p. 100 de 1850 à 1870) ; mais, depuis, son augmentation a été considérable (106 p. 100 de 1870 à 1890). Cependant, dans la dernière période (1880-1890), son accroissement a été moindre que de 1870 à 1880 : Fiume,

(1) Nous avons dit combien cette limite de 2000 habitants était insuffisante, en Autriche, pour distinguer les populations rurales et urbaines (voy. pages 51-52).

(2) Depuis le percement du tunnel de l'Arlberg, en 1884.

le port de la Hongrie, fait nécessairement concurrence à Trieste.

Les provinces septentrionales de la Cisleithanie sont les plus peuplées; sur les vingt-huit cités de plus de 20 000 âmes que compte l'Autriche, quinze sont dans ces provinces qui, du reste, avec une population globale de 15980000 habitants, contiennent 67 p. 100 du total. La Bohême, avec ses centres industriels, est au premier rang par le nombre de ses villes; Prague, qui n'a jamais cessé d'être la deuxième ville de l'Autriche, a beaucoup augmenté depuis 1869 (60 p. 100). Son accroissement ne représente, toutefois, que 17 p. 100 de celui de la Bohême, durant la même période; c'est que de nombreux centres d'attraction existent dans la province, par exemple. Pilsen, Reichenberg, Aussig, etc.

La population de l'Autriche par provinces, 1857-1869-1880-1890 (en milliers).

PROVINCES	1857	1869	1880	1890
Basse-Autriche	1 671	1 954	2 330	2 661
Haute-Autriche	707	731	760	785
Salzbourg	136	151	163	173
Styrie	1 056	1 131	1 213	1 282
Carinthie	332	336	348	361
Carniole	472	463	481	498
Istrie	521	582	648	695
Tyrol	851	878	805	812
Vorarlberg			107	116
Bohême	4 705	5 106	5 560	5 843
Moravie	1 866	1 997	2 153	2 276
Silésie	444	511	564	605
Galicie	4 597	5 418	5 958	6 607
Bukowine	456	512	571	646
Dalmatie	404	442	475	527
	18 224	20 217	22 144	23 895

La Moravie et la Silésie ont augmenté dans des proportions encore plus fortes que la Bohême (de 1880 à 1890); mais si Brunn, avec près de 100 000 habitants, a vu doubler sa population depuis 1850, elle ne représente, dans la dernière période, qu'une faible part de l'augmentation de la Moravie (8 p. 100).

La Galicie et la Bukowine ont un développement très marqué : de 1869 à 1890, leur accroissement équivaut au tiers de l'accroissement total de l'Autriche. Mais dans cette région éminemment rurale, les villes ne jouent qu'un rôle fort secondaire dans l'augmentation de la population. La Bukowine n'a vraiment comme ville que sa capitale, Csernowitz ; mais la Galicie renferme sept cités de plus de 20000 âmes. C'est peu, sans doute, si on considère que la population de la Galicie dépasse celle de la Belgique ; mais il y a cependant un réel progrès, car ces villes ont augmenté de 75 p. 100 depuis 1869, et plus du quart de cet accroissement revient à la seule ville de Lemberg.

L'émigration et l'immigration en Autriche. — Il y a, pour l'ensemble de l'Autriche, un excédent d'émigration qui va s'accroissant : au lieu de 68000 de 1869 à 1880, il s'est élevé à 200000 de 1880 à 1890 (voy. le tableau de la page 198). Il n'y a immigration totale que dans quatre provinces : Basse-Autriche, Salzbourg, Vorarlberg, Styrie. Dans la Basse-Autriche, l'immigration a été moins forte dans la dernière période que dans la première (7,3 au lieu de 8,8 p. 100) : toutefois, sa part dans l'accroissement de la population demeure la même (52 p. 100 environ). A Salzbourg et en Styrie, l'immigration est également moindre dans la deuxième période : elle passe, pour Salzbourg, de 3,8 à 3,2 p. 100 ; pour la Styrie, de 1,9 à 0,8 p. 100. Quant au Vorarlberg, son immigration tient à la cause que nous avons déjà donnée de son accroissement total ; tandis, en effet, que le Tyrol a une émigration de 2,4 p. 100, il y a dans le Vorarlberg une immigration de 3,7 p. 100.

Dans toutes les autres provinces, il y a excédent d'émigration, quoique, dans l'ensemble, toutes voient leur population augmenter. Ce mouvement atteint aussi bien des provinces alpestres où l'accroissement est lent, comme la Carniole et la Carinthie, que le littoral, où il est plus accéléré ; même Goritz-Gradiska a une émigration (— 6 p. 100) supérieure à celle de la Carniole (— 4,2 p. 100) : dans ces deux provinces (Carniole et Carinthie), il y a augmentation sur la période précédente.

Ce qui peut sembler étrange, c'est la forte émigration de la Moravie et de la Bohême (2,5 et 3,5 p. 100), bien qu'en Moravie elle ait diminué sur la période antérieure. C'est qu'à côté de certains centres d'attraction, les deux provinces ont également leurs districts d'émigration. Il en est de même en Silésie. La Galicie, qui avait eu un excédent d'immigration de 1869 à 1880, est aussi atteinte par le mouvement d'émigration qui n'affecte que d'une manière très peu sensible encore la Bukowine, où l'accroissement total correspond presque à l'accroissement naturel (13,10, 13,24 p. 100). Mais ces résultats par grandes provinces ne donnent qu'une image imparfaite du mouvement migratoire ; en réalité, il y a dans chacune d'elles une immigration, mais elle porte surtout sur les villes. Par exemple, Vienne (sans les faubourgs) absorbe 27 p. 100

Immigration et émigration des provinces de l'Autriche, (1869-1880 et 1880-1890).

PROVINCES	de 1869 à 1880		de 1880 à 1890	
	IMMIGRATION ou ÉMIGRATION (—)	PROPORTION p. 100 HAB. en 1870	IMMIGRATION ou ÉMIGRATION (—)	PROPORTION p. 100 HAB. en 1880
Basse-Autriche	194441	—8,88	170829	7,33
Haute-Autriche	—1680	—0,21	—1326	—0,17
Salzbourg	6484	3,85	5276	3,23
Styrie	24791	1,98	9734	0,80
Carinthie	—314	—0,09	—6608	—1,89
Carniole	—16062	—3,13	—20590	—4,28
Trieste	3450 (Trieste, Goritz-Gradiska, Istrie)	0,58 (Trieste, Goritz-Gradiska, Istrie)	8178	5,65
Goritz-Gradiska			—12667	—6
Istrie			—3656	—1,25
Tyrol	—13696 (Tyrol, Vorarlberg)	—1,41 (Tyrol, Vorarlberg)	—19996	—2,48
Vorarlberg			4056	3,78
Bohême	—175893	—3,11	—191378	—3,52
Moravie	—84151	—3,79	—53421	—2,51
Silésie	—7196	—1,27	—6927	—1,22
Galicie	4065	0,07	—67461	—1,03
Bukowine	13019	2,31	—784	—0,14
Dalmatie	—15995	—3,18	—13845	—2,91
Total	—68737		—200585	

de l'immigration de la Basse-Autriche ; Salzbourg, 62 p. 100 de celle de la province ; l'immigration de la seule ville de Grätz est bien supérieure à celle de la Styrie (15,180 pour

9,730). Dans les régions à émigration, le phénomène est le même ; dans la Haute-Autriche et l'Istrie, Linz et Trieste ont une forte immigration ; de même, Laybach, en Carniole ; Innsbruck, dans le Tyrol ; Lemberg et Cracovie, en Galicie, etc. Grätz doit tout son accroissement à l'immigration : elle est de 86 p. 100 de l'augmentation totale à Cracovie, de 84 p. 100 à Lemberg, de 63 p. 100 à Trieste.

La population considérée suivant ses origines. — La conséquence de ce mouvement migratoire, c'est la diminution constante, comme partout, de la population originaire du pays où elle demeure. Voici quelle a été la répartition de la population autrichienne en 1869, 1880, 1890 (1), non suivant le lieu de naissance, mais — ce qui est à peu près identique — la possession de droit du cité (*Heimatsberechtigkeit*).

HABITANTS POSSÉDANT LE DROIT DE CITÉ	1869		1880		1890	
	TOTAL	p. 100	TOTAL	p. 100	TOTAL	p. 100
Dans la commune de résidence.	15 925 924	78,7	15 437 343	69,7	15 265 952	63,9
Dans une autre commune du district	3 391 309	16,8	2 552 898	11,5	3 270 253	13,6
Dans un autre district de la même province			2 607 987	11,8	3 380 374	14,2
Dans une autre province	695 332	3,4	1 196 003	5,4	1 556 477	6,5
Hors de la Cisleithanie	204 966	1,1	350 013	1,6	422 357	1,8

La population de la Cisleithanie a donc subi, dans ses origines, de sensibles modifications ; mais il y a, sous ce rapport, de grandes différences entre les provinces. Partout où nous avons constaté immigration, il y a diminution de la population autochtone ; par exemple, dans la Basse-Autriche, elle diminue de 12,3 p. 100 de 1869 à 1890 ; à Salzbourg, de 10,9 p. 100 ; dans le Vorarlberg, de 6,1 p. 100 ; en Styrie, de 5,8 p. 100. Par contre, elle ne diminue que de 3,2 p. 100 en

(1) Le « Heimatsrecht », en Autriche, correspond à la *bourgeoisie* en Suisse : c'est le droit de cité, avec toutes ses conséquences juridiques, dans une commune quelconque : « Heimatsrecht bedeutet im Sinne des österreichischen Verwaltungsrechts das Recht der vollen Zugehörigkeit zu einer Gemeinde. » Nous citons textuellement la définition qu'a bien voulu nous donner M. le Dr von Philippovitch, doyen de la Faculté de droit à l'Université de Vienne.

Carinthie et de 1,5 p. 100 en Carniole. Elle diminue peu aussi dans d'autres provinces qui s'accroissent beaucoup, telles que la Bohême (— 1,1 p. 100), la Bukowine (— 2,9 p. 100), la Dalmatie (— 1,4 p. 100) et enfin est presque stationnaire en Galicie (— 0,6 p. 100).

Pour bien juger ce phénomène, il faudrait considérer des unités plus petites que les provinces, les cercles, par exemple. La statistique autrichienne évalue à 225 p. 1000 la moyenne des personnes nées hors de leurs districts de résidence (*Aufenthaltsbezirk*) : or, cette moyenne n'est dépassée que par un petit nombre de régions. Dans la Bukowine et la Galicie, un seul cercle est au-dessus de cette moyenne et il renferme un centre militaire (Prémysl); tous les autres sont au-dessous de 100. Il en est de même dans la Dalmatie, le Tyrol, l'Istrie (sauf Pola et Trieste); la Carinthie et la Carniole approchent de la moyenne. Mais dans la Silésie, la Bohême, la Moravie, les deux provinces d'Autriche, il y a de nombreux districts où une grande partie de la population est originaire de régions

Proportion (pour 1000 habitants) des personnes nées hors du district de résidence (1890).

PROVINCES	PROPORTION	PROVINCES	PROPORTION	PROVINCES	PROPORTION
Basse-Autriche (avec Vienne)	423	Istrie	125	Bohême S.-E.	162
Haute-Autriche	253	Littoral	176	Bohême S.-O.	158
Salzbourg	272	Tyrol Nord	205	Bohême	226
Haute-Styrie	301	Tyrol Sud	95	Galicie I	108
Moyenne-Styrie	311	Tyrol	157	Galicie II	91
Basse-Styrie	142	Moravie Nord	178	Galicie III	108
Styrie	250	Moravie Sud	192	Galicie IV	90
Carinthie	199	Moravie	175	Galicie	94
Carniole	123	Silésie	183	Bukowine	118
Trieste	390	Bohême Centre	479	Dalmatie	56
Goritz-Gradiska	104	Bohême N.-O.	260		
		Bohême N.-E.	202	Moyenne génale	225

voisines. Le tableau précédent donne la proportion de cette population pour chaque région de l'Autriche. Il donne globalement les provinces où le mouvement d'immigration est peu de chose;

mais pour les autres, nous distinguons différentes parties, suivant que ce mouvement est plus ou moins important. Ainsi, la proportion des personnes nées hors de leur district de résidence est de 250 pour la Styrie; mais elle s'élève à 301 dans la Haute-Styrie et n'atteint que 142 dans la Basse-Styrie. Le contraste le plus frappant est en Bohême, où cette même proportion est élevée au Centre (479) et au Nord-Ouest (260), et très faible au Sud-Est (162), qui envoie vers Vienne, notamment, beaucoup d'émigrants.

Le total des personnes nées hors de la province de leur résidence était en augmentation constante et s'élevait à 1 272 000 (1890), même à 1 683 000 si l'on y ajoutait les personnes nées hors de la Cislethanie. Or, sur ce dernier total, 1 244 000, ou 76 p. 100, appartiennent aux provinces de Styrie, Basse-Autriche, Bohême, Moravie et Silésie, et la Basse-Autriche en compte à elle seule 790 000 (47 p. 100). On peut donc, suivant les origines de la population, répartir la Cisleithanie, en trois grandes régions : 1° le Centre-Nord, où la population de naissance étrangère est assez élevée; 2° le Sud-Ouest, où elle l'est encore; 3° le Nord-Est, où elle est faible (voy. le tableau suivant).

Population née hors de la province de résidence dans les grandes régions de l'Autriche.

RÉGIONS	POPULATION TOTALE	POPULATION NÉE HORS de la province	PROPORTION p. 100
1re Région : Centre et Nord (Styrie, Basse-Autriche, Bohême, Moravie, Silésie). . . .	12669000	1244000	9,8
2e Région : Sud-Ouest (Haute-Autriche, Tyrol, Vorarlberg, Salzbourg, Carinthie, Carniole, Littoral, Dalmatie).	3975000	327000	8
3e Région : Nord-Est (Galicie, Bukowine). .	7251000	112000	1,7

Là, comme partout, l'influence des centres industriels est visible, mais l'Autriche dans son ensemble n'a pas un mouvement migratoire aussi prononcé que les autres grands Etats de l'Occident.

La population urbaine en Hongrie (1). — La Hongrie est, relati-

(1) Nous empruntons les données de ce chapitre aux *Stat. Ungarische Mittheilungen*, 1891.

vement au développement urbain, dans les mêmes conditions que le Danemark.

Une grande partie de la population urbaine est absorbée par la capitale, au-dessous de laquelle n'existe aucune ville considérable (Szegedin n'a pas 100 000 hab.) : même, la population rurale y augmente plus que dans aucun autre Etat de l'Europe (la Russie exceptée). Par ce côté, la Hongrie ressemble à la Russie ou à la Galicie.

D'une manière générale, la population s'accroît sensiblement en Hongrie, malgré la décroissance qui s'y est produite de 1869 à 1880 et qui avait atteint la moitié des comitats (39). Aujourd'hui, il n'y a plus en baisse que quelques districts des régions montagneuses. De 1850 à 1890, la population rurale a plus augmenté — absolument parlant — que la population urbaine (2544 000 contre 1035000) : c'est là une situation particulière à la Hongrie.

Développement de la population urbaine et de la population rurale en Hongrie (1850-1890).

ANNÉES	POPULATION RURALE	ACCROISSEMENT ou DIMINUTION p. 100	POPULATION URBAINE	ACCROISSEMENT p. 100
1850	10140220	»	1414150	»
1857	10434378	3	1632800	15,8
1869	11668928	11,9	1892307	16,1
1880	11607147	— 0,53	2121475	12,1
1890	12684474	9,30	2449380	15,5

Les résultats que nous donnons ci-dessus montrent donc un accroissement continu et notable de la population rurale, sauf pendant la période 1869-1880, où la diminution d'un grand nombre de comitats l'a plus spécialement affectée : aussi la population urbaine, malgré son augmentation plus grande, ne représente-t-elle pas beaucoup plus de la population totale en 1890, qu'en 1850 (16,2 au lieu de 12,2 p. 100). Mais cette population elle-même est loin de se développer également dans ses différents groupes. L'accroissement de la capitale est hors de toute proportion avec le reste de la population urbaine. Au début du siècle (1), Budapest était encore une ville d'ordre secon-

(1) Population de Budapest.

1841 : 107000 habitants.	1880 : 370550 habitants.
1870 : 280000 —	1890 : 506384 —

daire avec 54000 habitants, et en 1841 elle n'avait guère fait que doubler ce chiffre. Elle atteignait en 1890, plus de 500000 âmes, soit un cinquième de la population urbaine totale; son augmentation, de 1870 à 1890, était de près de la moitié de l'accroissement global de la population urbaine et peut valoir à Budapest le surnom que lui donnent les Hongrois, de Chicago de l'Europe. Le reste de la population urbaine s'accroît donc relativement peu : même, plus d'une ville est stationnaire ou diminue (2).

L'augmentation constante de la population rurale produit en Hongrie un phénomène inverse de celui que nous avons constaté en France ; tandis que, chez nous, vu la dépopulation rurale, le nombre des petites communes va en augmentant, il diminue, au contraire, en Hongrie comme en Belgique et les communes moyennes augmentent en nombre et en population. Et l'accroissement de ces communes et d'autres plus importantes encore ne saurait être mis à l'actif de la population urbaine, puisque, comme nous l'avons vu (page 41), la Hongrie possède de grandes agglomérations agricoles auxquelles on ne peut accorder ni le titre ni le caractère de villes.

La population hongroise répartie suivant l'origine. — Cependant, la répartition de la population, suivant le lieu de naissance, fait voir que le mouvement migratoire, pour n'être pas encore très sensible, s'est accentué pendant la période 1880-1890.

Répartition de la population hongroise par lieu d'origine 1880 et 1890 (Croatie-Slavonie exceptée).

HABITANTS NÉS	1880		1890	
	TOTAL	PROPORTION p. 100	TOTAL	PROPORTION p. 100
Dans la commune de résidence.	10219230	74,4	11105917	73,4
Dans une autre commune du comitat.	2204368	16	2427360	16
Dans un autre comitat. .	1086494	7,9	1352562	8,9
Ailleurs.	203070	1,7	234940	1,7

On voit donc que les habitants nés hors du comitat où

(2) Voy. Kőrösi : *Die Haupstadt Budapest im Jahre*, 1891.

ils résident ont augmenté leur nombre, mais, dans l'ensemble, la proportion de la population autochtone est considérable, puisque seulement 10,6 p. 100 des habitants ne sont pas nés dans leur comitat de résidence. D'autre part, si on considère les différentes régions du royaume, on constate que la population originaire du comitat de résidence a universellement diminué.

Proportion p. 100 des habitants nés dans leur comitat de résidence dans les régions de Hongrie (1).

ANNÉES	RIVE GAUCHE DU TICZA	RIVE GAUCHE DU DANUBE	RIVE DROITE DU TICZA	RIVE DROITE DU DANUBE	BASSIN DU TICZA et MAROS	BASSIN DU DANUBE et TICZA	TRANSYLVANIE
En 1880.	91,48	91,14	91,07	90,39	90,46	85,68	94,27
En 1890.	91,23	90,47	90,24	90,07	89,75	82,90	93,26

Partout la population autochtone atteint donc de grandes proportions; elle ne s'abaisse guère que dans le bassin du Danube-Ticza, à cause de l'influence de la capitale. La moyenne n'en reste pas moins fort élevée, 88,3 p. 100, ce qui indique un caractère très stable dans la population.

Du mouvement migratoire en Hongrie. — Examinons maintenant la part du mouvement migratoire dans l'accroissement de la population de 1880 à 1890.

Dans la région de la rive gauche du Danube, tous les comitats augmentent; leur accroissement d'ensemble est de 7,28 p. 100. Mais cette augmentation ne correspond pas à l'excédent des naissances et partout, sauf pour la ville de Presbourg, il y a émigration (voy. *fig.* 33). Le total atteint 2,7 p. 100 sur l'ensemble de la région; elle est particulièrement forte dans les comitats montagneux du Nord (5,5 et 4 p. 100 à Arva et Lipto), mais non moins sensible dans le comitat rural de Presbourg (5,1 p. 100).

(1) Dans la Hongrie propre, la plus forte proportion de la population née dans le comitat de résidence se trouve dans la région montagneuse du Nord : 96,1 p. 100, 97,3 p. 100 à Trentzin et Arva; elle descend, lorsqu'on se rapproche du Danube et de la capitale : 86,8 p. 100 et 85,6 p. 100 à Moson (Wieselbourg) et à Györ (Raab). — Dans la Transylvanie, aucun comitat ne descend au-dessous de 91 p. 100 et celui de Csik atteint 97,6 p. 100.

Sur la rive droite du Danube, tous les comitats sont également

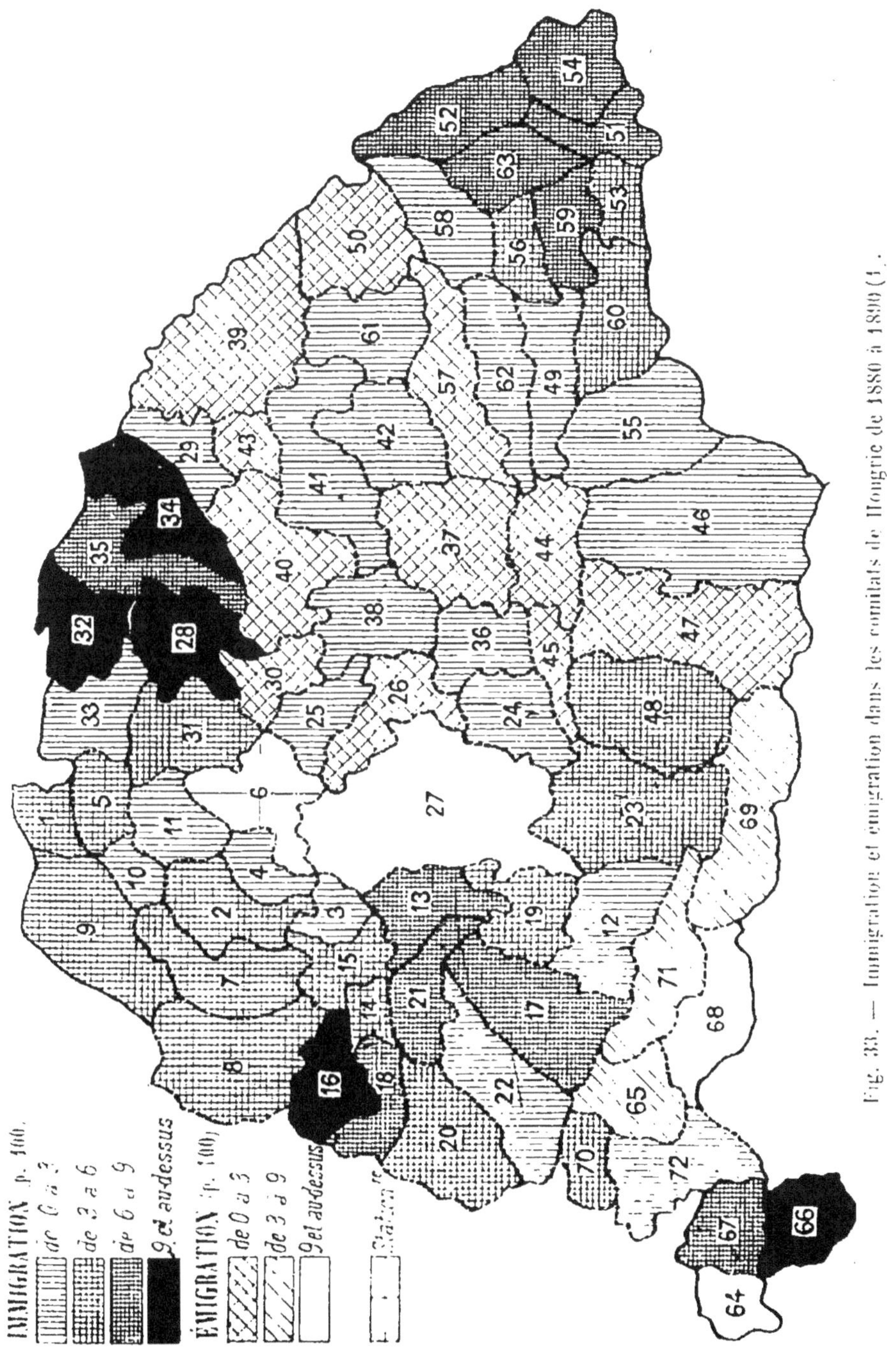

Fig. 33. — Immigration et émigration dans les comitats de Hongrie de 1880 à 1890 (1).

(1) Les numéros d'ordre de la carte correspondent à ceux des comitats donnés ci-après : *Rive gauche du Danube* : 1. Arva ; 2. Bars ; 3. Esztergom (Gran) ; 4. Hont ; 5. Lipto ;

en accroissement (sauf une légère diminution à Moson) et l'augmentation totale est d'environ 8 p. 100. La région perd beaucoup d'habitants par émigration (plus de 4 p. 100), en raison sans doute du voisinage de Budapest et des pays autrichiens. Presque partout la proportion de l'émigration est très forte, notamment dans les comitats de Samogy (6,8 p. 100) et de Moson ou Wieselburg (9,8 p. 100).

Entre Danube et Ticza la situation change, grâce à la capitale; l'accroissement total est de 17 p. 100; mais sur l'ensemble de l'augmentation, 32,5 p. 100 reviennent à Budapest. Cette région ne renferme pas seulement la capitale, mais d'autres villes encore, Szabadka (Maria-Thérésiapel) Zombor, Baja, Szegedin, etc. Aussi est-elle la seule des régions hongroises qui ait une immigration (3,6 p. 100), malgré l'émigration qui se produit dans les comitats ruraux.

Avec la région à droite du Ticza, nous avons un accroissement beaucoup moins sensible (5,4 p. 100) et même, dans la période précédente (1869-1880), tous ses comitats — sauf celui de Borsod — avaient diminué. C'est, du reste, le seul comitat qui échappe à l'émigration forte de cette région (6,8 p. 100), notamment à Saros (13 p. 100), à Abauj-Torna (10), à Ung (9), etc.

La région à gauche du Ticza, qui avait subi une diminution de 1869 à 1880, s'est beaucoup relevée depuis (13,5 p. 100 d'accroissement). Ce n'est pas que les villes aient une forte part à cette augmentation; mais cette région est plus éloignée de la capitale et l'émigration y est presque insensible (0,12 p. 100); même plusieurs comitats (6 sur 8) ont un excédent d'immigration. Même dans les comitats à émigration, elle n'est point considérable (maximum, 2,6 p. 100 à Szathmar).

6. Nograd; 7. Neutra; 8. Presbourg; 9. Trentzen; 10. Turocz; 11. Zolyom. — *Rive droite du Danube :* 12. Baranya; 13. Fejer; 14. Gyor (Raab); 15. Komorn; 16. Moson (Wieselbourg); 17. Somogy; 18. Soprony (Œdenbourg); 19. Tolna; 20. Vasz; 21. Veszprem; 22. Zala.

Entre Danube et Ticza : 23. Bacz-Bodrog; 24. Csongrad; 25. Heves; 26. Jasz; 27. Pest.

Rive droite du Ticza : 28. Abauj-Torna; 29. Bereg; 30. Borsod; 31. Gomor; 32. Saros; 33. Szepes; 34. Ung; 35. Zemplen.

Rive gauche du Ticza : 36. Bekes; 37. Bihar; 38. Haydu; 39. Marmaros; 40. Szabolcz; 41. Szathmar; 42. Szilagy; 43. Ugocza.

Entre Ticza et Maros : 44. Arad; 45. Csanad; 46. Krasso-Szeremy; 47, Temes; 48. Torontal.

Transylvanie : 49. Also-Feher; 50. Nasrod; 51. Brasso (Kronstadt); 52. Csik; 53. Fogaras; 54. Haromszek; 55. Hunjad; 56. Kis-Kukullo; 57. Kolocz; 58. Maros-Torda; 59. Nagy-Kukullo; 60. Szeben; 61. Szolnock; 62. Torda-Aranyos; 63. Udvarhely.

Croatie. Slavonie : 64. Fiume; 65. Belovar; 66. Lika-Herbava; 67. Modras-Fiume 68. Pozsega; 69. Szerem; 70. Varasd; 71. Verocze; 72. Zagreb (Agram).

Entre Ticza et Maros, nous trouvons des conditions analogues ; ici aussi, il y a eu accroissement sensible de la population (12 p. 100), après une baisse de 1869 à 1880, et l'excédent d'émigration est peu de chose (0,72 p. 100). La majorité des comitats (3 sur 5) doit une part de son accroissement à l'immigration qui, il est vrai, porte surtout sur les villes.

Dans la Transylvanie, la population s'est également relevée (8,3 pour 100) après une décroissance (1869-1880). Mais sur l'ensemble, il y a excédent d'émigration (2,6 p. 100). Cette émigration atteint tous les comitats (sauf deux, Nasrod et Kolosvar) et surtout ceux de la frontière roumaine (6 p. 100 à Csik, 7,5 p. 100 à Brasso.

Immigration et émigration dans les grandes régions et villes principales de la Transleithanie de 1880 à 1890.

RÉGIONS	POPULATION en 1880	EXCÉDENT des naissances 1880-1890	POPULATION telle qu'elle aurait dû être	POPULATION RÉELLE en 1890	Immigration + ou Émigration —	p. 100
Rive gauche du Danube.	1 752 049	175 356	1 927 405	1 879 515	— 47 890	— 2,7
Rive droite du Danube.	2 566 946	291 255	2 858 201	2 753 966	— 104 235	— 4
Entre Danube et Ticza.	2 343 384	325 856	2 669 240	2 754 812	+ 85 572	+ 3,6
Rive droite du Ticza..	1 440 028	171 298	1 611 326	1 516 699	— 94 627	— 6,8
Rive gauche du Ticza..	1 820 855	251 017	2 071 872	2 069 690	— 2 182	— 0,12
Entre Ticza et Maros..	1 721 312	198 661	1 919 973	1 907 596	— 12 377	— 0,72
Transylvanie..........	2 084 048	220 958	2 305 006	2 251 216	— 53 790	— 2,6
Croatie-Slavonie (Fiume non comprise)......	1 892 499	247 002	2 166 501	2 186 410	+ 19 091	+ 1,1
PRINCIPALES VILLES						
Budapest (2)..........	360 551	26 923	387 474	491 938	+ 104 464	+ 29
Szegedin.......... ...	73 675	10 144	83 879	85 569	+ 1 750	+ 2,4
Szabadka (Maria-Theresiapel)	61 367	7 674	69 041	72 737	+ 3 696	+ 6
Presbourg......	48 006	— 1 819	46 187	52 411	+ 6 224	+ 13
Debreczin.....	51 122	3 076	54 198	56 940	+ 2 742	+ 5,2
Agram..............	28 388	1 250	29 618	37 529	+ 7 911	+ 28
Fiume..............	20 981	2 060	23 041	29 981	+ 6 940	+ 32,8

(1) Les renseignements concernant le mouvement migratoire des comitats hongrois nous ont été obligeamment communiqués par M. de Jekelfalussy, directeur de la statistique du royaume de Hongrie.

(2) Il ne s'agit ici (1880 et 1890) que de la population civile.

Dans la Croatie-Slavonie, l'accroissement est assez sensible (11 p. 100) et de plus, il y a immigration sur l'ensemble de la région (1,1 p. 100). Elle présente cette particularité que l'immigration et l'émigration y atteignent également des proportions très fortes : tels comitats (Verocze, Belovar, etc.) ont une immigration très notable (de 7 à 9 p. 100) : dans d'autres, la même proportion est donnée par l'émigration (9 p. 100 à Lika). Quant à Fiume, que nous comptons à part, son immigration est considérable (32 p. 100).

En résumé, sur l'ensemble de la Transleithanie, dix-sept comitats seulement ont gagné par immigration, soit dix en Hongrie propre, deux en Transylvanie, le reste en Croatie-Slavonie (Fiume comprise).

Quant aux villes, une grande partie de leur accroissement est dû à l'immigration. Ainsi, pour les vingt-huit villes (1) que la statistique hongroise compte en dehors de leurs comitats, l'immigration a atteint, de 1880 à 1890, 165000 habitants sur un accroissement total de 250000, soit une proportion de 66 p. 100. La seule ville de Budapest compte plus de 104000 immigrants, sur une augmentation de 131300, soit 80 p. 100.

(1) Ces villes sont les suivantes : Selmecz-Belab (Schemnitz), Presbourg ou Posony, Pecz (Fünfkirchen), Szeker-Fejervar (Stuhl-Weissembourg), Gyor (Raab), Komaron (Komorn), Soprou (Œdembourg), Baja, Szabadka (Maria-Theresiopel), Ujvidek (Neusatz), Zombor, Hod Meso Vasarhely, Szegedin, Budapest, Keskemet, Kassa (Kaschau), Nagy-Varad (Gross Wardein), Debreczin, Szathmar-Nemeti, Arad, Temesvar, Verssezs, Pancsova, Kolosvar, Maros-Vasarhely, Fiume, Essek et Zagreb (Agram).

CHAPITRE IX

La population urbaine en Suisse.

Sommaire. — Développement des villes suisses à l'époque actuelle. — Influence du progrès des villes sur la population des cantons. — De l'émigration et de l'immigration en Suisse. — La population répartie par origine.

Développement des villes suisses à l'époque actuelle. — A ne juger que sur l'apparence, la Suisse est pauvre en aggloméra-

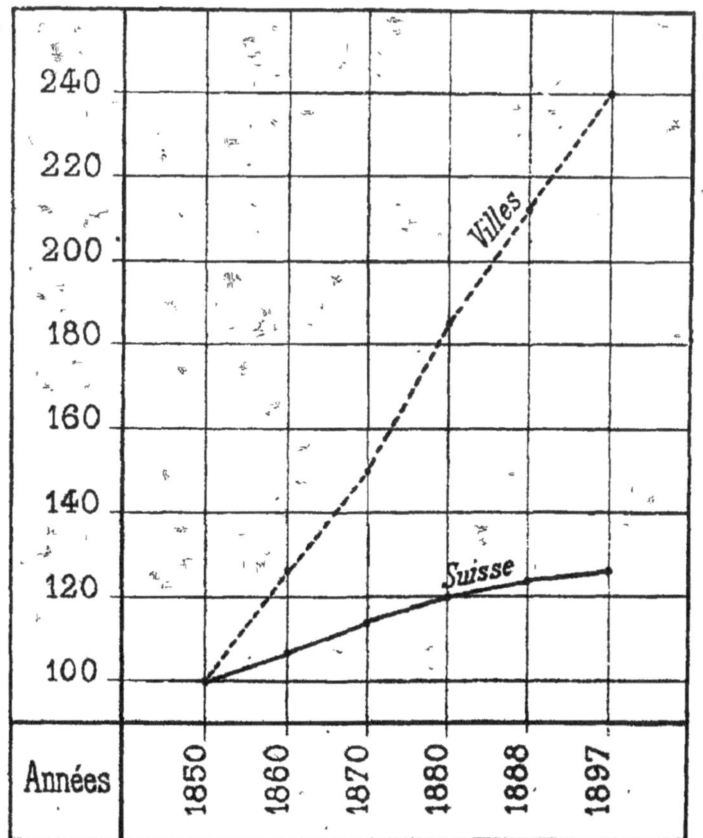

Fig. 34. — Développement de la population totale et de celle des villes principales de la Suisse (1850-1897), la population en 1850 étant réduite à 100.

tions urbaines, puisqu'elle ne compte encore aujourd'hui qu'une seule ville dépassant 100 000 habitants, Zurich (population estimée en 1895 : 106 000). Cependant, la population urbaine se développe d'une manière très sensible dans la Confédération et le progrès des villes principales y est très marqué (1) (voy. *fig.* 34). On sait, d'après ce que nous avons déjà dit, (voy. page 54) que la statistique fédérale ne compte à part que les villes ayant au moins 10 000 âmes. Or, de 1850 à 1888, la Confédération avait augmenté de 541 000 habitants; sur ce total, 254 000 (soit 47 p. 100) revenaient aux villes de cette catégorie. Cette proportion varie avec les périodes : elle était de 51,2 p. 100 de 1850 à 1860; elle tombe à 33,7 p. 100 de 1860 à 1870, se relève dans la période suivante (1870-1880) à 47 p. 100, et finalement atteint, de 1880 à 1888, près de 70 p. 100, la plus forte proportion qu'on ait jamais vue.

Le nombre des villes de plus de 10 000 habitants, qui n'était que de huit en 1850, est de quinze aujourd'hui (2), et leur rapport à la population totale de la Suisse a été constamment en augmentant (voy. le tableau ci-dessous).

Nombre et population des villes de Suisse de plus de 10000 habitants de 1850 à 1888.

DATES DES RECENSEMENTS	NOMBRE DE VILLES DE PLUS de 10 000 habitants	POPULATION TOTALE DE CES VILLES	LEUR RAPPORT A LA population totale
1850	8	176120	7,33
1860	9	246000	9,80
1870	12	313950	11,70
1880	15	421320	14,84
1888	15	480380	16,38

(1) **Population totale de la Suisse comparée avec celle des villes ayant actuellement plus de 10000 habitants.**

	1850	1860	1870	1880	1888
Suisse.	2392700	2507160	2669150	2846000	2933334
Villes de plus de 10 000 hab. . .	226320	286000	341000	421300	480400

Voy. le *Recensement fédéral* de 1888, p. 41*. A toutes les dates, sauf 1850, nous donnons la population de fait.

(2) Ces quinze villes sont : Zurich, Genève, Bâle, Berne, Lausanne, Saint-Gall, Chaux-de-Fonds, Lucerne, Neuchâtel, Winterthur, Bienne, Hérisau, Schaffhouse, Fribourg, le Locle.

En tête de cette classe de villes (1) figurent toujours les quatre mêmes centres : Zurich, Genève, Bâle, Berne, avec une population globale (en 1888) de 277000 âmes, soit 61 p. 100 de la population urbaine totale. A elles seules, elles ont gagné 152000 habitants depuis 1850, ou 121 p. 100, tandis que l'accroissement des autres villes n'était que de 102 p. 100.

Mais le progrès des centres urbains n'a pas suivi une marche parallèle; Berne n'a pas une augmentation comparable à celle des foyers de commerce ou d'industrie comme Zurich, Bâle, Genève. Par exemple, de 1850 à 1888, la capitale fédérale gagne 69 p. 100, tandis que les trois autres villes progressent respectivement de 165, 153, 96 p. 100 (2). Zurich et Bâle se développent surtout dans la deuxième période (1870-1888); Genève, dans la première (1850-1870).

D'autres villes, comme Lausanne et Saint-Gall, ont plus que doublé leur population depuis 1850; même, certains centres industriels, autrefois des villages, ont eu un accroissement extraordinaire (par exemple Bienne (3), qui a gagné 350 p. 100 depuis 1850).

Influence du progrès des villes sur la population des cantons. — Le développement des villes a eu naturellement son influence sur celui des cantons : ceux-ci augmentent en raison directe de leur population urbaine. De 1850 à 1888, l'accroissement moyen annuel de la Suisse a été de 5,1 p. 1000 habitants. Or, les can-

(1) **Population des principales villes de la Suisse (1850-1888).**

VILLES	1850	1860	1870	1880	1888
Zurich	33591	42703	56157	75015	90088
Genève	36618	52192	58145	66892	71807
Bâle	27313	37918	44122	60550	69809
Berne	27558	29016	35452	43197	46009
Lausanne	17108	20515	25845	29356	33340
Saint-Gall	11234	14532	16512	21204	27390
Lucerne	10068	11522	14400	17758	20314

D'après le *Recensement fédéral* de 1888, pages 260 et suivantes.

(2) Dans la population de Genève sont compris les faubourgs de Plainpalais et des Eaux-Vives. — La population de Zurich comprend également 9 communes suburbaines : la plus considérable, Aussersihl, avait, en 1888, 19916 habitants, tandis que Zurich propre ne comptait que 28225 habitants.

(3) Population de Bienne en 1850 : 3462 habitants.
— — 1888 : 15289 habitants.

tons avec villes dépassent plus ou moins cette moyenne. Nous ne parlons pas de Bâle-Ville dont l'augmentation est de 23,8 p. 1000, mais Genève s'accroît de 12,9 p. 1000, Neuchâtel de 11, Saint-Gall et Zurich de 77. Si Berne et Lucerne sont au-dessous de la moyenne, cela tient à la forte émigration rurale de l'un et l'autre canton.

Toutefois, si l'on compare la population des cantons suisses en 1888 à celle de 1850, on n'y constate point, comme dans nos départements, tout un ensemble de diminution. Un seul canton, celui d'Argovie (1), est moins peuplé qu'il y a quarante ans. Mais si on ne considère que la dernière période (1880-1888), on voit que la décroissance atteint sept cantons (Glaris, Schaffouse, Schwitz, Obwalden, Argovie, Tessin, Uri). Ce sont, sauf Schaffhouse, des cantons dépourvus de villes, et tout agricoles ou forestiers. Au contraire, les cantons de Bâle-Ville, Saint-Gall, Zurich, s'accroissent annuellement (de 1880-1888) de 17,5; 10,6 et 8,1 par 1000 habitants, mais ceux de Berne et surtout Lucerne ne gagnent que 1,5 et 0,6, faible accroissement qui ne met que plus en relief l'augmentation de leurs capitales. Bref, la comparaison des cantons avec villes et des autres cantons donne la progression suivante :

Accroissement comparé des cantons suisses (cantons avec villes et cantons ruraux) de 1850 à 1888.

ANNÉES	CANTONS avec villes	ACCROISSEMENT p. 100	CANTONS purement ruraux	ACCROISSEMENT p. 100
1850	1554600		838140	
1860	1658000	6,9	852500	1,7
1870	1766000	6,6	889000	4,3
1880	1898400	7,5	933430	5
1888	1983500	4,6	934250	0,08
1897 (*Population estimée*)	(2050000)		(935000)	
Accroissem^t de 1850 à 1888		28		11,5

Le développement respectif de la population dans ces deux groupes de cantons exprime bien l'influence des villes. Dans

(1) Population du canton d'Argovie en 1850 : 199852 habitants.
— — 1888 : 193580 habitants.

la première période, les cantons ruraux participent pour 12,1 à l'accroissement total de la Suisse ; cette proportion s'élève à 25,5 et 25 p. 100 de 1860 à 1870 et de 1870 à 1880; mais, dans la dernière période, elle s'abaisse à 0,09 p. 100. L'intensité seule de l'émigration peut expliquer une pareille dépression.

Ce phénomène apparaît plus visiblement si, au lieu de considérer les cantons, on examine les districts pour mieux pénétrer le détail des faits. Sur cent quatre-vingt-deux districts de la Confédération, cinquante et un ont diminué depuis 1850 et douze d'une façon constante : ces derniers sont tous agricoles (1). Comme pour les cantons, c'est dans la dernière période que nous trouvons le plus grand nombre de districts en diminution, soixante et onze avec près de 33 000 habitants (2). Seuls, deux cantons urbains ont vu constamment tous leurs districts en progrès depuis 1850 : Bâle-Ville et Genève. Mais il faut dire que ces deux cantons se réduisent, ou à peu près, à la capitale avec ses faubourgs.

La décroissance n'atteint qu'un nombre infime de districts dans des cantons comme Fribourg et Neuchâtel, grâce sans doute aux industries locales.

De l'émigration et de l'immigration en Suisse. — Quelle est maintenant la part de l'émigration et de l'immigration intérieures dans le mouvement général de la population? Nous donnons ci-dessous (voir page 214) le tableau de l'émigration ou de l'immigration pour chaque canton suisse dans les deux périodes 1870-1880 et 1880-1888. On peut voir que dans l'une et l'autre, l'émigration est générale et que seuls, quatre cantons urbains et industriels ont une immigration constante : Zurich, Bâle-Ville, Genève et Saint-Gall. Dans la première période, cette immigration y atteint *in globo* 40 430 personnes sur un total de 51 580, représentant le surplus de l'immigration intérieure en Suisse. Encore faut-il observer que l'immigration des cantons

(1) Ce sont les districts de Dielsdorf et Pfäffikon (Zürich), Entlebuch, Hochdorf, Sursee, Willisau (Lucerne), Schleitheim (Schaffouse), Albula, Glenner, Hinter-Rhein (Grisons), Zursach (Argovie) et Valle-Maggia (Tessin).

(2) De 1850-1860, il y a diminution dans 44 districts avec 15 900 habitants.

1860-1870,	—	29	—	6 400	—
1870-1880,	—	45	—	15 740	—
1880-1888,	—	71	—	32 800	—

tels que le Tessin, Uri, Zug était, dans cette période, tout accidentelle et due à la présence temporaire d'ouvriers employés aux travaux du Saint-Gothard : aussi leur émigration est-

Tableau de l'immigration (+) et de l'émigration (—) dans les cantons de la Suisse de 1870 à 1880 et de 1880 à 1888 (1).

CANTONS	1870-1880		1880-1888	
	TOTAL	PROPORTION P. 1000 HAB.	TOTAL	PROPORTION P. 1000 HAB.
1. Zürich	+14200	+ 4,8	+ 3298	+ 1,3
2. Berne	—28566	— 5,5	—39996	— 9,6
3. Lucerne	— 4852	— 3,6	— 2344	— 2,2
4. Uri	+ 6207	+32,2	— 7700	—41,2
5. Schwitz	— 747	— 1,5	— 3540	— 8,8
6. Obwalden	— 479	— 3,3	— 861	— 7,2
7. Nidwalden	— 608	— 3,9	— 93	— 0,9
8. Glaris	— 3373	— 9,7	— 1675	— 6
9. Zug	+ 766	+ 3,5	— 877	— 4,8
10. Fribourg	— 2897	— 2,4	— 4526	— 4,6
11. Soleure	— 1454	— 1,8	— 921	— 1,4
12. Bâle-Ville	+11494	+20,9	+ 4345	+ 8
13. Bâle-Campagne	— 851	— 1,6	— 2524	— 5,2
14. Schaffhouse	— 3161	— 8,4	— 3124	—10,2
15. Appenzell (extérieur)	— 204	— 0,4	— 2067	— 4,9
16. Appenzell (intérieur)	+ 19	+ 0,2	— 479	— 3,4
17. Saint-Gall	+ 7081	+ 3,6	+ 4753	+ 2,7
18. Grisons	— 1090	— 1,2	— 1724	— 2,4
19. Argovie	—13148	— 6,3	—13424	— 8,7
20. Thurgovie	— 164	— 0,2	— 371	— 0,5
21. Tessin	+ 4158	+ 3,4	— 9304	— 8,9
22. Vaud	— 5250	— 2,2	— 827	— 0,4
23. Valais	— 5393	— 5,5	— 5662	— 6,9
24. Neuchâtel	— 2332	— 2,4	— 3945	— 3,9
25. Genève	+ 7695	+ 7,9	+ 5993	+ 7,3
Suisse entière	—22789	— 0,9	—87143	— 3,1

elle sensible de 1880 à 1888. Dans cette dernière période, l'immigration est, dans l'ensemble, de 18390 personnes pour les cantons de Zurich, Bâle-Ville, Saint-Gall, Genève et ce chiffre

(1) D'après le *Recensement fédéral* de 1888, pages 47* et 193, etc. Les calculs concernant le mouvement migratoire sont établis d'après la population de fait.

représente presque tout le surplus de l'immigration intérieure. Le chiffre global est donc moindre que dans la précédente période : mais il faut remarquer que cette différence tient moins encore à une diminution de l'immigration qu'à un progrès de l'émigration dans les parties rurales de ces cantons.

C'est en considérant les districts que nous pourrons mieux juger de la valeur et de la distribution de l'immigration suisse. D'une façon générale, on peut répartir ce mouvement suivant quatre régions. D'abord, les pays d'industrie métallurgique et textile de l'Est (cantons de Saint-Gall, Appenzell, Zürich), où douze districts voient leur population augmenter par immigration. Sur ce nombre, sept appartiennent au seul canton de Saint-Gall, où, dans le district de Saint-Gall, l'immigration atteint la plus forte proportion de la Suisse (269 p. 1 000 hab.) On peut rattacher à cette région deux districts de Schaffhouse et celui de Lucerne. En résumé, sur trente-quatre districts à immigration, quinze appartiennent à la région Nord-Est.

Le second groupe est à l'Ouest, vers le Jura : mais les districts d'attraction ne forment pas une masse aussi compacte que dans la région précédente. Ils n'y sont qu'au nombre de cinq (deux à Soleure, deux à Neuchâtel, un à Berne) : on peut y rattacher les deux districts de Bâle-Ville. L'immigration la plus forte porte non sur Bâle (8 p. 1000), mais sur le district bernois de Bienne, avec une proportion de 243 p. 1000 habitants.

La troisième région d'immigration est au Sud-Ouest avec Genève (les trois districts) et Vaud (Lausanne et Vevey). L'industrie y est pour quelque chose, mais surtout la villégiature. En effet, le district urbain de Genève a moins d'immigration (3,9 p. 1 000) que les deux district extérieurs (9,6 et 10,9 p. 1000), moins que Lausanne (10,9) et que Vevey (13,8 p. 1 000). On peut donner la même cause à l'immigration de deux districts valaisans (Sion et Mondon).

C'est pour des motifs analogues que nous trouvons une immigration forte dans certains districts des Grisons (10,3 et 15,3 p. 1 000 dans ceux de Maloïa et Ober-Landquart). Avec deux districts tessinois (Bellinzona et Mendrisio), ils constituent la région d'immigration du Sud-Est.

En résumé, l'émigration atteint presque tous les districts de la Suisse du Centre, du Sud, de l'Ouest. Si, pour les raisons que nous avons dites plus haut, on laisse de côté Uri et le

Tessin, on voit que l'émigration est surtout très forte dans

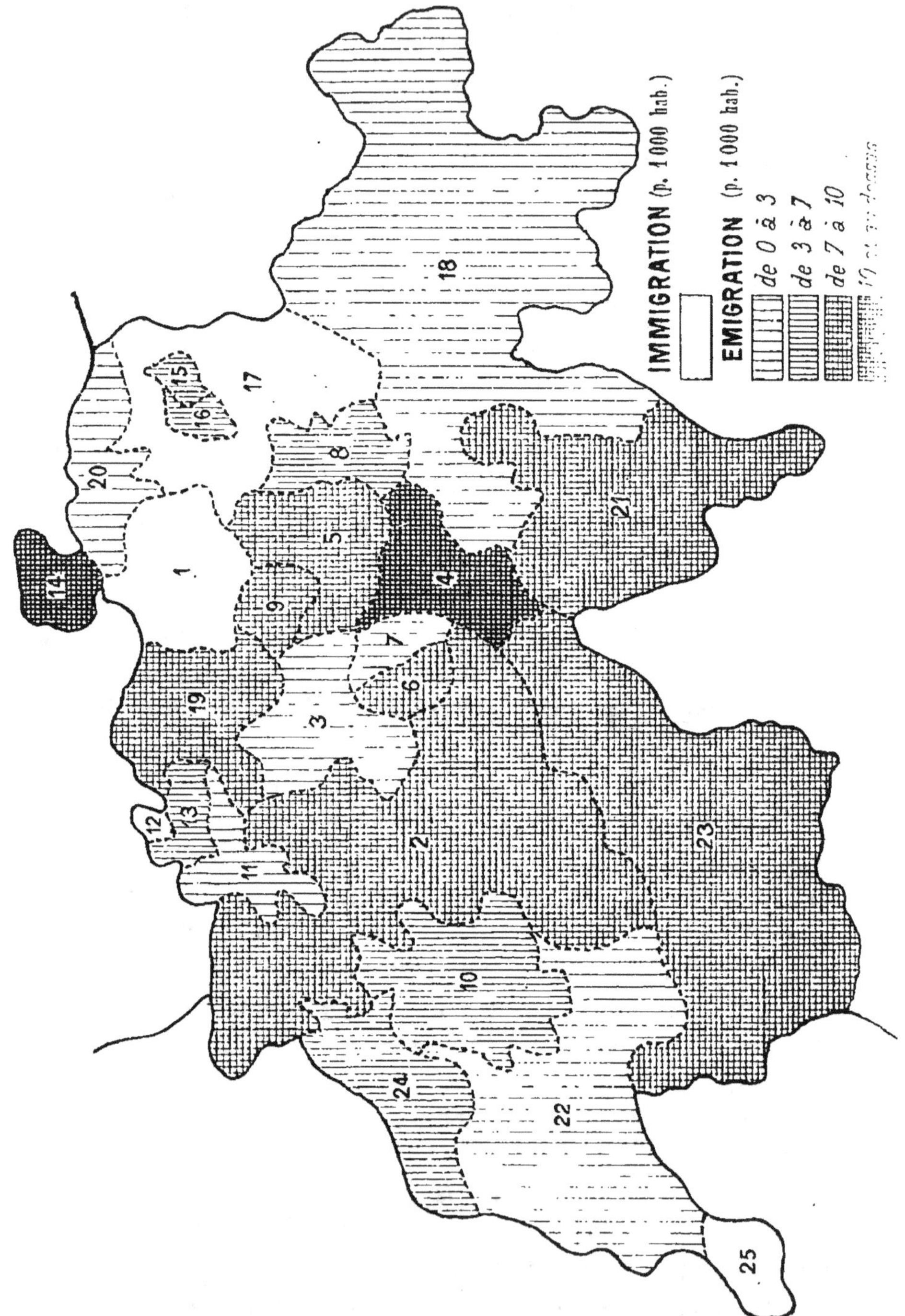

Fig. 35. — Immigration et émigration dans les cantons suisses de 1880 à 1888 (1).

(1) Les numéros de la carte sont ceux du tableau de la page 214.

l'Oberland bernois (21,3 et 23 p. 1.000 à Ober et Nieder-Simmenthal), dans quelques parties de Schaffhouse (Klettgau) et dans le Jura Bernois (le Locle, les Franches-Montagnes).

La carte que nous donnons (voy. *fig.* 35) indique le mouvement d'immigration et d'émigration par cantons pendant la période 1880-1888.

Dans quelle mesure les villes participent-elles à ce mouvement de migration interne? Dire qu'elles y participent est trop peu : en réalité, elles l'absorbent en grande partie. De 1880 à 1888, leur immigration totale a été de 37 246 personnes, soit 63,2 p. 100 de leur augmentation globale. Ce fait est d'autant plus sensible que toutes les villes suisses (Genève exceptée) ont un excédent de natalité ; il y a en a deux toutefois, où se produit un surplus d'émigration (le Locle, Schaffhouse) (1). Mais la moyenne de la proportion de l'immigration dans l'accroissement est dépassée par plusieurs villes, par Genève où toute l'augmentation est due à l'immigration, par Saint-Gall (82 p. 100), par Zurich et Lausanne (75 p. 100) ; elle n'est au contraire que de 31 p. 100 à Berne.

La population répartie par origine. — Tout ce mouvement migratoire dont la Suisse est le théâtre a sa répercussion sur l'origine des habitants de chaque canton. Ainsi en 1860, sur 1 000 habitants, il y en avait 638 nés dans la commune du recensement, 246 dans une autre commune du même canton ; 73 dans un autre canton et 43 à l'étranger. En 1888, cette proportion était respectivement de 564, 257, 115, 64. La population autochtone était en décroissance — relativement — puisque son total absolu avait augmenté.

La catégorie qui augmente le plus est celle des habitants nés en dehors de leur canton de résidence.

(1) **Villes principales de la Suisse (1880-1888).**

VILLES	EXCÉDENT		VILLES	EXCÉDENT	
	de natalité	d'immigration		de natalité	d'immigration
Zurich	4626	10447	Lausanne	982	3002
Genève	— 163	5078	Saint-Gall	1072	5114
Bâle	5088	4171	Chaux-de-Fonds	2317	1013
Berne	1941	871	Lucerne	189	2367

(Voy. le *Recensement fédéral*, page 260 et suiv.).

La population de la Suisse répartie par lieu de naissance (1888).

ANNÉES	Habitants de la Suisse, nés			
	dans la commune où ils ont été recensés	dans une autre commune du même canton	dans un autre canton	à l'étranger
1860	1602228	616993	182722	108541
1888	1646677	748254	336806	186017

La proportion des individus nés hors de leur commune de résidence est à peu près en raison directe du caractère urbain des cantons. La moyenne pour la Suisse est de 436 p. 1 000 habitants ; cette proportion s'élève à 694 p. 1 000 à Genève, à 614 à Bâle-Ville, à 543 à Zurich, à 541 à Neuchâtel, etc.

Plus, en effet, le caractère urbain s'accentue, plus la population immigrée gagne en intensité. Par exemple, la proportion des immigrés était en 1888 (1), de 654 p. 1 000 habitants dans les quinze principales villes, de 457 dans les districts industriels, de 378 dans les districts mixtes et de 286 seulement dans les districts agricoles.

Mais, parmi les villes, cette proportion variait beaucoup; elle atteignait son maximum à Zurich (757 pour 1 000 hab.), à Bienne (716), à Genève (709), et trouvait son minimum au Locle (470) et à Hérisau (382).

Tel est, dans ses lignes générales, le caractère de l'immigration suisse. On voit que l'absence de centres considérables, comme ceux de nos grands Etats de l'Occident, ne l'empêche pas de se développer, et ce phénomène est d'autant plus intéressant que la Suisse fournit un contingent notable à l'émigration extérieure soit pour l'Europe, soit pour les Etats-Unis.

(1)

PRINCIPALES VILLES ET CATÉGORIES DE DISTRICTS	HABITANTS DE LA SUISSE	
	Nés dans leur commune de résidence	IMMIGRÉS
Les quinze principales villes	166374	314014
Districts industriels (sans les villes)	520187	438081
Districts mixtes	646192	393400
Districts agricoles	313924	125582

CHAPITRE X

La population urbaine dans l'Europe méridionale (péninsule Ibérique, Italie, péninsule Balkhanique).

SOMMAIRE. — Développement comparé des villes et des provinces de l'Espagne. — Population urbaine et rurale des grandes régions de l'Espagne. — Les villes portugaises. — Les grandes villes de l'Italie. — Accroissement des villes dans chacune des régions italiennes. — De l'immigration dans les villes italiennes. — Les villes de la péninsule balkhanique.

Développement comparé des villes et des provinces de l'Espagne. — Il y a eu, en Espagne, dans la deuxième partie du siècle, deux dénombrements qui peuvent faire autorité, en 1860 et en 1887. Comparons d'abord leurs résultats pour chacune des grandes régions du royaume.

Population de l'Espagne par régions (1860 et 1887).

RÉGIONS	POPULATION EN 1860	POPULATION EN 1887	ACCROISSEMENT TOTAL	PROPORTION p. 100
Galice-Asturies	2339810	2489978	150168	6,4
Vieille-Castille	2480808	2684530	203722	8,3
Prov^{ces} basques et Navarre	728840	814541	85701	11,7
Aragon	891057	912197	21140	2,4
Catalogne et Baléares	1943660	2156142	212482	11,1
Valence-Murcie	1658543	1950901	292358	18
Andalousie	2976882	3431555	454673	15,4
Estrémadure	697407	821301	123894	17,5
Nouvelle-Castille	1716294	2007582	291288	17,1

Nous pouvons donc juger que les régions qui gagnent le plus — au moins absolument — sont aussi celles qui renferment de grandes villes, telles que l'Andalousie, la Catalogne, etc.

Mais ce n'est là qu'un renseignement imparfait ; car, dans une même région, il y a de grandes différences entre les provinces.

Dans la première région — Asturies et Galice — toutes les provinces sont en augmentation, excepté, à l'intérieur, celle de Lugo. Mais cet accroissement est bien plus le fait de la natalité, comme dans notre Bretagne, que de l'immigration ; sauf dans la province maritime de la Corogne, le nombre des habitants nés hors de leur province de résidence, est faible dans cette région (2,3 p. 100 en moyenne).

Le contraste entre les provinces est plus frappant dans la Vieille-Castille et Léon. Dans tout l'Ouest, à proximité du Portugal et au Nord, sur la côte (province de Santander) l'accroissement est beaucoup plus sensible; mais la zone Nord-Est du plateau (Logrono, Burgos, Soria, Palencia) augmente faiblement : sa proportion n'est que de 5,8 p. 100 dans l'augmentation totale de la région. Toutes ces provinces n'ont, du reste, qu'une densité minime (15 hab. au kilom. carr. à Soria). Cependant, la proportion des habitants nés hors de leur province de résidence est plus forte que dans les Asturies et Galice (6,3 p. 100); elle est surtout très sensible dans les provinces de Valladolid (14 p. 100) et de Santander (9 p. 100). Dans la province de Valladolid, la capitale augmente plus à elle seule que la province entière, de 1860 à 1887 : il y a donc immigration.

Dans l'Aragon et la Catalogne, il y a également des foyers de diminution : les provinces de Huesca, Lérida, Gérone sont toutes en décroissance. Tout l'accroissement se concentre dans les deux provinces où se trouvent de grands centres, Saragosse et Barcelone. Ces deux provinces gagnent plus à elles seules que l'Aragon et la Catalogne prises respectivement. Dans la province de Saragosse, la ville a une augmentation supérieure à celle de la province; dans celle de Barcelone, la capitale absorbe 52 p. 100 de l'augmentation totale. Aussi la population non autochtone a-t-elle une forte proportion dans les provinces de Saragosse (11,7 p. 100) et de Barcelone (27,3 p. 100). Aucune province — même Madrid — ne renferme un nombre d'étrangers aussi considérable que la capitale de la Catalogne : ce qu'explique sa situation maritime et sa proximité de la France. Ce qui fait mieux ressortir le développement de ces deux provinces, c'est qu'en dehors d'elles la Catalogne et l'Aragon ont une densité très faible (16 au kilom. carr. à Teruel, moins que dans notre Lozère).

Dans les royaumes de Valence et de Murcie, les provinces

ont un accroissement assez sensible et il n'y a que celle de Castellon de la Plana où la population immigrée soit vraiment faible. Les villes surtout bénéficient de l'augmentation : Valence prend 70 p. 100 de l'accroissement de sa province.

Avec l'Andalousie et Grenade, nous arrivons à la région qui a le plus augmenté, absolument parlant. Mais, tandis que la province et la ville de Cadix se développent assez peu, il n'en est pas de même de Séville, dont presque tout l'accroissement (62000 sur 70000) appartient à la capitale ; ni des provinces minières de Huelva et de Jaën, dont l'augmentation (45 et 20 p. 100) est encore supérieure à celle de Séville (17 p. 100).

Dans la Nouvelle-Castille, le développement de la population se restreint encore plus aux villes et en particulier à Madrid. La province de Madrid prend 67 p. 100 de l'accroissement total de la région et la seule ville de Madrid augmente plus que sa province, qui se dépeuple ainsi à son profit. Les autres provinces gagnent relativement peu et même une est en décroissance (Guadalajara).

De toutes les provinces de l'Espagne, aucune ne renferme une aussi grande proportion d'habitants nés hors de son territoire que celle de Madrid (44 p. 100).

Quant à l'Estrémadure, son augmentation est sensible, mais elle ne renferme aucune grande agglomération.

En résumé, il y a en Espagne deux grands foyers d'attraction : Madrid et Barcelone. Dans l'une et l'autre ville, mais surtout à Madrid, la proportion des habitants immigrés d'autres provinces est considérable (1).

Pour toute l'Espagne, la population émigrée d'une province

(1) **Répartition, par origine, de la population des principales villes de l'Espagne (1887).**

VILLES	POPULATION totale	HABITANTS nés dans une autre province		ÉTANGERS	
		TOTAL	p. 100	TOTAL	p. 100
Madrid	470283	266669	56,6	5144	1,08
Barcelone	272481	111380	40,7	5330	1,91
Valence	170763	36128	21,1	476	0,34
Séville	143182	36220	25,5	1129	0,80
Malaga	134016	17251	13	634	0,48

(D'après le *Censo de la población* de 1887).

à l'autre forme un ensemble de 1 419 811 personnes ou 1 462 206, si on y joint les étrangers, soit 8,5 p. 100 de la population totale. C'est donc une bien faible proportion, inférieure même à celle de la Hongrie. Sur l'ensemble de cette population, environ un tiers (480 000) réside dans les villes de plus de 100 000 habitants. Ces villes, malgré leur accroissement, ne représentent encore que 24,5 p. 100 de la population urbaine et 7 p. 100 de la population totale de l'Espagne.

Population urbaine et population rurale de l'Espagne. — Cependant la population urbaine ne laisse pas que d'être assez considérable : elle atteint 4 851 000 habitants ou 27,89 p. 100 du total. Cette proportion est donc relativement élevée pour un Etat aussi peu industriel que l'Espagne. Mais nous avons vu (1) que ce phénomène tient en partie au mode d'habitation des populations méridionales : toutefois, il est facile de constater, par le tableau suivant, que la forte proportion de la population urbaine coïncide avec la présence des grands centres.

Répartition de la population urbaine et rurale dans les grandes régions de l'Espagne en 1887 (2).

RÉGIONS	POPULATION URBAINE	p. 100	POPULATION RURALE	p. 100
1. Galice et Asturies	157 408	6,09	2 425 674	93,91
2. Vieille-Castille..........	310 724	11,39	2 418 288	88,61
3. Provinces basques et Navarre.	169 629	20,73	648 559	79,27
4. Aragon	142 156	15,41	780 398	84,59
5. Catalogne et Baléares	763 913	35,54	1 385 706	64,46
6. Valence-Murcie	725 517	37,18	1 225 706	62,82
7. Andalousie	1 548 286	45,62	1 845 395	54,38
8. Estrémadure...........	244 876	30,28	563 809	69,72
9. Nouvelle-Castille.......	789 394	39,29	1 219 834	60,71
Totaux et moyennes.........	4 851 903	27,89	12 713 369	72,11

Quatre régions sont fort au-dessous de la moyenne (Galice et Asturies, Vieille-Castille, Pays basques et Navarre, Aragon),

(1) Voy. pages 46, 47. Nous rappelons que la statistique espagnole compte comme population urbaine celle des communes d'au moins 5 000 habitants.

(2) D'après la *Nomenclator de España*, 1888.

puisque, dans l'ensemble, leur population urbaine n'est que de 11 p. 100. Or, aucune de ces régions ne possède une seule ville de plus de 100000 habitants. Les régions qui, au contraire, dépassent la moyenne sont (à l'exception de l'Estrémadure) celles qui renferment les cités populeuses du royaume.

Les villes portugaises. — Nous pourrions nous dispenser de parler du Portugal étant donné l'absence de renseignements précis pour le sujet qui nous occupe. A vrai dire, la population des villes n'y augmente pas beaucoup et le nombre de celles qui dépassent 10000 habitants est demeuré le même qu'il y a vingt ans (douze).

En dehors de Lisbonne et Porto, il n'y a du reste que des centres sans importance (1) ; même ces deux villes s'accroissent peu et leur population globale ne représente que 1/13 de celle du royaume entier. Mais si ces villes en elles-mêmes augmentent peu, elles ont certainement leur influence sur le développement de leurs provinces respectives. Aucune province du royaume n'a autant augmenté que l'Estrémadure, où se trouve Lisbonne : son accroissement, de 1878 à 1890, a été de 19 p. 100. S'il est beaucoup inférieur dans la province de Minho (Porto), cela tient aux districts montagneux de cette région (2). Bien qu'aucun de ces districts n'ait diminué dans l'ensemble du royaume, il n'en est pas moins intéressant de comparer leur situation à celle des deux districts métropolitains.

(1) Population du Portugal, en 1890 : 4692120 habitants (d'après les *Statistiche Tabellen* de Hübner (1895).
Population de Lisbonne, d° 243000 d°
d° de Porto, d° 106000 d°

(2) **Accroissement ou diminution p. 100 des districts du Portugal (1878-1890).**

PROVINCES	DISTRICTS	Proportion p. 100	PROVINCES	DISTRICTS	Proportion p. 100
Minho	Braga	2,1	Beïra	Coïmbre	4,3
	Porto	17,5		Aveiro	6,3
	Vianna	— 1		Vizeu	1,2
Tras os Montes	Bragance	2,3		Guarda	5,2
	Villa-Réal	2		Castello-Branco	13,3
Estrémadure	Lisbonne	18	Alemtejo	Evora	3,2
	Leiria	8		Portalègre	4,9
	Santarem	13		Beja	6
			Algarve	Faro	11

Tandis que, de 1878 à 1890, la population du Portugal a gagné 8 p. 100, l'ensemble des districts intérieurs (Bragance, Castello-Branco, Evora, Guarda, Portalegre, Villa-Réal, Vizeu) n'a augmenté que de 4,1 p. 100. Au contraire, les deux districts de Lisbonne et Porto s'accroissent de 17,3 p. 100 (1) : leur seule augmentation équivaut à la moitié de l'augmentation totale du royaume. Le mouvement d'immigration vers ces provinces n'est pas douteux, ou au moins il faut reconnaître qu'ils conservent mieux leur population de naissance que le reste du royaume. En effet, l'accroissement total du Portugal (1878-1890) n'équivaut pas à l'excédent de sa natalité. Etant donné l'état économique du pays, l'absence de puissants foyers industriels, c'est moins vers l'intérieur que de l'autre côté de l'Océan que se porte l'émigration.

Les grandes villes de l'Italie. — De tous les Etats européens, c'est l'Italie qui a eu, à la date la plus ancienne, le plus fort contingent de population urbaine. On connaît le rôle de ses villes dans l'antiquité et au moyen âge; encore, au début du siècle, elle comptait cinq villes de plus de 100000 âmes, proportion la plus élevée de l'Europe, et ces cités avaient, à elles seules, près d'un million d'habitants, chiffre que n'atteignaient les villes de cette catégorie dans aucun Etat européen (2). Aujourd'hui, l'Italie compte douze villes de plus de 100000 habitants, autant que la France : de 1871 à 1891, elles ont augmenté,

Population des villes de plus de 100000 habitants (en milliers).

VILLES	1871	1891	VILLES	1871	1891
Rome	224	436	Florence	167	198
Naples	448	518	Venise	129	146
Milan	261	424	Bologne	115	143
Turin	212	334	Messine	111	142
Palerme	219	272	Catane	84	117
Gênes	130	211	Livourne	97	104

(1) De 1878 à 1890, le Portugal a augmenté de 343000 habitants, et les seuls districts de Lisbonne et Porto de 172000.

(2) Ces cinq villes étaient :

Naples,	350000	habitants en 1800.
Rome,	170000	— —
Milan,	170000	— —
Venise,	150000	— —
Palerme,	120000	— —

(D'après l'*Almanach de Gotha* de 1801).

sur l'ensemble, de 36,2 p. 100, tandis que le royaume s'accroissait de 12,5 p. 100 et leur population globale (3000000) représentait près du 1/10 de celle de l'Italie.

Si, d'autre part, à défaut d'un mode précis d'évaluation de la population urbaine, nous considérons la population des chefs-lieux de provinces, nous constatons de sa part un progrès considérable. De 3938000 en 1871, elle s'élève à 4440000 en 1881 et à 5323000 en 1893 : c'est plus du 1/6 de la population totale du royaume et, à de rares exceptions près, ces villes, comme le prouve le tableau suivant, augmentent plus que leurs régions respectives.

Proportion pour 100 de l'accroissement annuel des régions italiennes et des villes chefs-lieux de provinces (1).

GRANDES RÉGIONS	de 1871 à 1881		de 1882 à 1893	
	La Région	Les Chefs-lieux	La Région	Les Chefs-lieux
Piémont	0,58	2,05	0,60	2,34
Ligurie	0,60	1	0,66	1,76
Lombardie	0,68	1,9	0,70	2,25
Vénétie	0,66	0,26	0,67	1,08
Emilie	0,38	0,36	0,36	0,95
Toscane	0,31	0,34	0,33	1,24
Marches	0,33	2,2	0,26	0,90
Ombrie	0,40	0,20	0,40	0,89
Rome	0,80	2	0,91	4,41
Abruzzes	0,27	3,5	0,36	0,60
Naples	0,51	1,09	0,59	0,61
Pouille	1,20	1,39	1,17	1,58
Basilicate	0,28	6,6	0,31	0,82
Calabre	0,42	0,57	0,46	2,58
Sicile	1,31	1,16	1,41	1,33
Sardaigne	0,72	0,94	0,60	1,27
Total	0,62	1,29	0,64	1,66

L'accroissement urbain, même réduit à cette catégorie de

(1) Il n'y a pas eu de dénombrement en Italie en 1891, mais la Statistique du royaume publie chaque année dans la *Gazzetta Ufficiale*, le mouvement des naissances et décès, arrivées et sorties pour chaque province et chaque ville. C'est la population ainsi calculée que nous avons prise pour 1893.

villes, dépasse notablement celui des régions correspondantes, mais il est particulièrement sensible dans l'Italie du Nord : l'augmentation y est annuellement de 1,12 p. 100 dans la première période, et de 2,08 p. 100 dans la seconde, tandis que, dans le reste de la péninsule, cette proportion est de 1,05 et 1,10 p. 100. Cela tient à ce que, dans le Sud, comme nous l'avons vu, il n'y a pas, à proprement parler, de ligne de démarcation entre les populations urbaines et rurales; dans le Nord, au contraire, il y a une population vraiment rurale et celle-ci tend à diminuer au profit des villes.

Accroissement des villes dans chacune des régions italiennes. — D'une façon générale (1), toutes les régions et toutes les provinces de l'Italie sont en augmentation depuis 1871, même depuis 1861. Pour le Piémont, l'accroissement a été depuis 1861, de 0,60 p. 100 par an; dans les deux périodes 1871-1881 et 1882-1893, son augmentation est au-dessous de la moyenne du royaume : ce qui rend plus sensible le développement des principales villes. De 1882 à 1893, les chefs-lieux de provinces participent pour moitié à l'accroissement total du Piémont. Dans la province de Turin, la capitale absorbe 70 p. 100 de l'accroissement total de 1871 à 1881 et, dans la deuxième période, elle augmente plus à elle seule que toute la province.

(1) **Population des grandes régions de l'Italie** (*compartimenti territoriali*) **en 1861, 1871, 1881 et 1893 (en milliers).**

RÉGIONS	1861	1871	1881	1893
Piémont	2 764	2 900	3 070	3 289
Ligurie	771	843	892	964
Lombardie	3 261	3 460	3 630	3 982
Vénétie	2 340	2 642	2 814	3 042
Emilie	2 005	2 113	2 183	2 276
Marches	883	915	939	968
Ombrie	513	549	572	600
Toscane	1 967	2 142	2 208	2 296
Rome ou Latium	750	836	903	1 002
Abruzzes-Molise	1 212	1 282	1 317	1 374
Campanie	2 625	2 754	2 896	3 094
Pouilles	1 315	1 420	1 589	1 815
Basilicate	492	510	524	543
Calabre	1 140	1 206	1 257	1 326
Sicile	2 391	2 584	2 927	3 403
Sardaigne	588	636	682	741
Total	25 023	26 801	28 459	30 723

Dans la Ligurie, une part notable de l'accroissement revient aussi à Gênes; elle est successivement de 47 p. 100 et de 63 p. 100 sur l'augmentation totale de sa province; nous ne tenons pas compte d'autres villes, comme la Spezia, Saint-Pièr-d'Arêna, qui sont aussi des centres d'attraction.

Dans la Lombardie, les villes ont d'abord 40 p. 100, puis 48 p. 100 de l'accroissement total (1882-1893). Dans cette région, ce sont des provinces de plaine, comme Mantoue et surtout Crémone qui progressent le moins, étant donné la prédominance exclusive de la grande propriété; au contraire, des provinces alpestres, où domine la petite propriété, comme Côme et Sondrio (Valteline) augmentent sensiblement. Mais aucune ne s'accroît comme Milan et, sur son augmentation totale, la capitale absorbe successivement 76 p. 100 puis 80 p. 100 (1882-1893).

Nous arrivons à deux régions, la Vénétie et l'Emilie, où l'accroissement des villes est plus faible que celui du reste de la population. Certaines provinces sont presque stationnaires comme celle de Bellune en Vénétie, où l'émigration est très forte ; celles de Ravenne, Parme, Plaisance en Emilie, qui souffrent des mêmes maux que la Basse Lombardie. Dans la Vénétie, l'accroissement urbain n'est sensible qu'à Venise qui, après une période de stagnation, gagne (de 1882 à 1893) les 5/6 de l'augmentation totale de la province. En Emilie, le développement urbain s'accuse surtout dans la deuxième période, et porte principalement sur Bologne.

La Toscane a moins augmenté depuis 1871 (7 p. 100) que de 1861 à 1871 (9,4 p. 100). Mais, tandis que l'accroissement est très sensible dans certaines provinces, Pise, Grosseto, Massa, il l'est très peu dans la montueuse Arezzo et à Sienne. Il y a cependant un progrès incontestable des villes : dans la première période, leur augmentation était insignifiante (24 p. 100 du total); au contraire, de 1882 à 1893, cette proportion est de 80 p. 100. De 1871 à 1882, les grandes villes comme Florence et Livourne n'avaient fait aucun progrès, tandis que de 1882 à 1893 leur augmentation dépasse celle de leur province.

Tel n'est pas le cas de Pérouse, en Ombrie; elle n'a qu'une part modeste dans le développement de la région.

Mais, dans le Latium, l'accroissement est de plus en plus absorbé par Rome. Si l'on faisait abstraction de la capitale, la région serait en diminution depuis 1871 (— 6,3 p. 100). De 1871 à 1881, Rome ne participait encore à l'augmentation du Latium que pour 71 p. 100 : dans la deuxième période, elle la dépasse de plus de moitié. L'attraction de la capitale se fait donc de plus en plus sentir.

Dans les Marches et les Abruzzes, le développement de la population n'est pas très considérable et les deux régions présentent un phénomène analogue : leurs villes, après avoir eu un accroissement assez sensible de 1871 à 1881, ont moins augmenté dans la période suivante que leurs régions respectives.

Le même fait se produit dans la Campanie. L'accroissement n'est guère notable, depuis 1871, que dans la province de Naples, mais la part de la capitale dans l'augmentation de la province a diminué d'une période à l'autre (de 48 p. 100 à 24,1 p. 100) ; nous laissons de côté les villes secondaires (Castellamare, Torre del Greco, Torre dell' Annunziata, etc.) qui ont, il est vrai, leur part dans le progrès général.

Parmi les autres régions de l'ancien royaume de Naples, la Basilicate a le moins gagné depuis 1871 et sa capitale tend à décroître. D'autre part, nous ne pouvons juger de l'accroissement urbain de la Pouille par le développement des seuls chefs-lieux de provinces, car d'autres cités (Barletta, Trani, Otrante, Brindisi, Tarente) ont aussi leur importance. Dans la Calabre, malgré le lent accroissement de la province de Cosenza, la région augmente plus que les villes.

Des deux grandes régions insulaires de l'Italie, Sardaigne et Sicile, c'est la Sicile qui augmente le plus et de beaucoup. Et cette augmentation se produit, malgré la crise agraire que traverse l'île depuis de longues années et malgré l'émigration assez sensible qu'elle provoque.

Quant aux grandes villes, en dépit de leur nombre et de leur population, elles n'ont qu'une part insignifiante dans l'accroissement total de la Sicile. Et en effet, comme nous l'allons voir, l'immigration est fort peu considérable dans la métropole sicilienne, Palerme.

De l'immigration dans les villes italiennes. — Grâce aux documents publiés par les soins de M. Bodio, nous pouvons déterminer le rôle de l'immigration dans l'accroissement des villes les plus importantes du royaume (1) (Livourne et Messine exceptées). Sur l'ensemble de ces villes, le total de l'immigration est de 352000 personnes, ou 75 p. 100. C'est une proportion très forte; mais elle varie beaucoup. Elle est surtout considérable dans les villes du Nord, à Milan, à Bologne, à Venise où tout l'accroissement provient de l'immigration. Même Rome vient après ces villes, bien que son immigration ait été plus considérable de 1882 à 1891 que dans la période précédente, de 1871 à 1881 (108000 au lieu de 70000).

Les villes du Sud, et en particulier Palerme, ont une immigration beaucoup plus faible. (Voy. le tableau suivant.)

Immigration dans les grandes villes d'Italie (1882-1891).

VILLES	POPULATION EN 1881	EXCÉDENT DES Naissances ou des Décès	POPULATION telle qu'elle aurait dû être	POPULATION RÉELLE EN 1891	IMMIGRATION	PROPORTION p. 100 DE L'IMMIGRATION dans l'accroissement
Rome	300467	27638	328105	436179	108074	79
Naples	494314	13843	508157	518110	9953	44,7
Milan	321839	12933	334762	424195	89433	86,8
Turin	252832	16169	269001	331180	62179	78
Palerme	244991	25714	270705	272039	1334	4,8
Gênes	179515	6432	185947	211355	26408	82
Florence	169000	15598	184598	198404	13906	48
Venise	132826	—1022	131804	146415	14611	100
Bologne	123274	822	124096	143471	19375	96,5
Catane	100417	10367	110784	117519	6735	40
Total	2318975	129516	2448491	2798867	350376	75

Les villes de la péninsule balkhanique. — Les documents nous font presque absolument défaut pour les Etats de la péninsule balkhanique; mais, sans préciser d'une manière absolue, on peut toutefois établir le progrès des villes. Vers 1870, cette région ne possédait, dans l'ensemble, que deux agglomérations de plus de 100000 âmes; aujourd'hui, elle en compte cinq. Elle a, au total, trente-trois villes de plus de 20000 habitants avec près de 2400000 habitants, soit 1/8 de la péninsule.

(1) Bodio : *Notizie sulle condizioni demographiche, edilizie ed amministrative di alcune grandi città italiane.* 1891.

En Turquie (1), les chiffres donnés successivement pour la population de Constantinople ne permettent aucune considération à cet égard. Une seule ville a une augmentation évidente, c'est Salonique, dont la population a probablement triplé depuis 1870 et qui est devenue aujourd'hui, comme on sait, un des débouchés de l'Europe centrale sur la mer Intérieure.

En Roumanie, Bukarest, la capitale politique, et Galatz, la capitale commerciale, ont surtout gagné, tandis que Jassy demeure stationnaire. Depuis 1866, ces deux premières villes ont vu doubler leur population; et, comme Bukarest a presque constamment un excédent de mortalité, il est évident que sa population se recrute par immigration. En dehors des trois villes de Bukarest, Jassy, Galatz, la Roumanie n'a que des cités secondaires (huit seulement de plus de 20000 habitants).

En Grèce, étant donné l'existence de dénombrements, on peut juger d'une façon plus sûre du développement urbain. En 1870, le royaume ne comptait que deux villes de plus de 20000 âmes; aujourd'hui, il y en a cinq avec 230000 habitants, soit plus de 1/10 du total. En général, l'accroissement des nomarchies est assez sensible; l'Attique s'accroît notablement et la seule ville d'Athènes participe à cette augmentation pour 53 p. 100. Avec son port, le Pirée qui voit renaître sa prospérité, Athènes est aujourd'hui une des métropoles de la péninsule balkhanique : mais jusqu'ici elle est encore isolée des grandes voies ferrées continentales (2).

La Serbie et la Bulgarie (3) ne comptent pas de villes atteignant

(1) Les *Statistische Tabellen* de Hübner pour 1895 donnent 874000 habitants pour Constantinople. M. Levasseur (*Op. cit.*, II, p. 375) cite une évaluation de M. Yachchich, qui attribue seulement à Constantinople 340000 habitants.

(2) **Population des principales villes de la Turquie, de la Roumanie et de la Grèce (en milliers).**

VILLES	1870	1895	VILLES	1870	1895
Salonique....	50	150	Galatz.......	36	80
Bukarest.....	141	221	Athènes......	44	108
Jassy........	90	90			(avec le Pirée, 143)

(3) Population de Belgrade et Sofia (en milliers) :

	1867	1895		1867	1895
Belgrade.	25	54	Sofia.	22	42

La forte proportion de l'élément masculin à Belgrade (592 hommes et 408 femmes par

100000 âmes ; mais leurs capitales respectives ont plus que doublé leur population depuis trente ans. Ce fait tient non seulement à ce que Belgrade et Sofia sont devenues des métropoles politiques, mais aussi à la construction de la voie ferrée de Paris à Constantinople, dont ces deux villes sont d'importantes étapes. Ces deux causes, qui ont agi sur leur développement dans la période la plus récente, agiront encore plus dans l'avenir.

1000 habitants) indique évidemment une forte immigration, surtout d'étrangers, car l'élément féminin prédomine plutôt dans les immigrations de nationaux, comme nous le verrons plus bas. Le dénombrement de la Serbie en 1895 compte 322000 habitants pour la population urbaine et 1839000 habitants pour la population rurale.

CHAPITRE XI

La population urbaine dans l'Europe septentrionale et orientale (États scandinaves et Russie).

SOMMAIRE. — Les États scandinaves : 1° Le Danemark : population urbaine et rurale. — Copenhague et les villes danoises. — Les migrations internes. — 2° La Suède : développement de la population par régions : population urbaine et rurale. — Immigration et émigration. — 3° La Norvège : ses populations urbaine et rurale. — Immigration et émigration. — Les villes russes.

Les Etats scandinaves. — Après n'avoir eu pendant longtemps que des villes secondaires, les Etats scandinaves possèdent aujourd'hui quatre cités de plus de 100 000 âmes, leurs capitales respectives avec Gothembourg. Elles renferment environ la dixième partie de la population totale des trois royaumes.

1° *Le Danemark ; population urbaine et rurale.* — Dans chacun des royaumes scandinaves, la population totale a beaucoup augmenté dans le cours du siècle, et si l'élément urbain a pris la plus forte part de cet accroissement, l'élément rural cependant n'a jamais cessé de se développer. En premier lieu, le Danemark a plus que doublé sa population depuis 1801, et l'accroissement est particulièrement sensible dans la dernière période : de 1801 à 1840 (1), l'augmentation avait été de 50,5 p. 100, tandis que de 1840 à 1890, elle est de 67,2 p. 100. Cette proportion s'abaisse, il est vrai, pour la dernière période décennale, en raison du

(1) **Population du Danemark, répartie par diocèses ou *stifter* (en milliers).**

DIOCÈSES	1801	1840	1860	1880	1890
Seeland	342,4	463,4	574,6	720,7	832,2
Bornholm	19,5	23,2	29	35	38
Laland-Falster	52	72	86	96	100
Fionie	128	183	217	246	256
Jutland	385	546	700	868	942
Total	929	1 288	1 608	2 044	2 172

développement qu'a pris, dans le Danemark, l'émigration d'outre-mer (1).

Si nous considérons les grandes régions du royaume depuis 1801, nous voyons qu'aucune ne diminue; mais parmi les cinq *stifter*, deux surtout progressent beaucoup, Seeland grâce à Copenhague et le Jutland qui possède, lui, de nombreuses villes secondaires. Dans le cours du siècle, les trois diocèses de Bornholm, Fionie, Laaland-Falster ont vu doubler leur population : elle a gagné 150 p. 100 à Seeland et dans le Jutland. Toutefois, on peut déjà constater un arrêt, même une décroissance de la population dans certains bailliages (*laën*) et dans un assez grand nombre d'arrondissements (*herreds*). Par exemple, de 1880 à 1890, on constate que sur 149 arrondissements, 47 sont en diminution et la majeure partie (20) revient à Seeland, où la capitale exerce tout naturellement une attraction plus forte.

Si nous comparons le développement des populations urbaine et rurale depuis le commencement du siècle, nous voyons combien leur taux d'accroissement a varié (2). De 1801 à 1840, la population rurale accuse une augmentation plus forte que la population urbaine (38 p. 100 contre 37 p. 100). Dans les deux périodes suivantes, de 1840 à 1860 et de 1860 à 1880, la proportion s'établit au profit des villes : elles augmentent successivement de 39 et 43 p. 100 et les campagnes de 21,4 et 18 p. 100. Enfin, de 1880 à 1890, la population urbaine s'accroît de 30 p. 100, tandis que le progrès de la population rurale n'est plus que de 3,07 p. 100.

Aussi le rapport de la population rurale à l'ensemble du

(1) Nous empruntons surtout nos renseignements à la *Danmarks Statistik*, 1890, et à la *Folkmaengden i Kongeriget Danmark*, 1890. Ces deux publications donnent beaucoup de détails sur les dénombrements antérieurs.

(2) **Population urbaine et rurale des diocèses danois depuis 1801 (en milliers).**

DIOCÈSES	POPULATION URBAINE					POPULATION RURALE				
	1801	1840	1860	1880	1890	1801	1840	1860	1880	1890
Seeland	124	156	203	292	380	218,6	307,4	371,5	428,1	453,2
Bornholm.....	6	8,3	10,3	13	16	13,5	16,9	18,9	22,3	22,7
Laaland-Falster	6	9,4	14,1	18,5	21,6	47	62	72,6	78,5	78,9
Fionie.........	17,3	27,8	41	51,6	65,2	111,6	156	176,3	194,8	191,6
Jutland........	39	60	92	139	179.8	346	485.2	608	729,3	762,3
Le royaume...	192	261	360	514	662	738	1027	1248	1463	1508

royaume, après être demeuré sensiblement le même jusqu'en 1860 (79, 80, 78 p. 100 en 1801, 1840, 1860), s'est-il abaissé à 74 et 69,4 p. 100 en 1880 et 1890. Non seulement, en effet, l'accroissement de la population rurale s'est ralenti sur l'ensemble du royaume, mais elle diminue dans plusieurs bailliages, la plupart dans Seeland (4 sur 6), et pour chaque diocèse, le taux d'accroissement de l'ensemble est en raison inverse de la proportion de sa population rurale. (Voy. le tableau suivant.)

Tableau comparé de la proportion de l'accroissement global et de la population rurale dans les diocèses du Danemark.

DIOCÈSES (*Stifter*)	TAUX D'ACCROISSEMENT P. 100 1880-1890	PROPORTION p. 100 DE LA POPULATION RURALE À LA POPULATION TOTALE
Seeland	16	54,5
Bornholm	9,6	60
Jutland	8,5	71,4
Fionie	4,5	75
Laaland-Falster, etc	3	79

Cependant, la population urbaine n'est encore qu'une minorité dans tous les diocèses, sauf Seeland; encore la proportion de cette région n'est-elle due qu'à la capitale. Si on l'excepte, il n'est pas un seul *laën* de Seeland où la population urbaine atteigne seulement la proportion de 20 p. 100 et, en dehors de Seeland, cette proportion n'est dépassée que par trois bailliages : Veile, Aarrhus, Odensee. (Voy. le tableau de la page 235.)

Copenhague et les villes danoises. — Mais, dans cette population urbaine, la part la plus considérable revient à la capitale : à elle seule, elle renferme un peu plus de la moitié de la population urbaine (57 p. 100). C'est que cette ville est à la fois la capitale politique, intellectuelle et économique du royaume : mais elle doit son développement surtout à sa situation sur le Sund et ses progrès coïncident avec l'établissement de la libre navigation du détroit (1).

(1) Population de Copenhague depuis 1801.
1801 : 100975. — **1840** : 120819. — **1860** : 155143. — **1870** : 192000. — **1880** : 273320 (avec les annexes de Frederiksberg, Ultersley dans Seeland et Sundbyerne dans Amager). — **1885** : 328600, — **1890** : 375700. — **1895** : 408191.

En effet, jusqu'en 1860, son accroissement était d'une proportion inférieure à celui des autres villes et de l'ensemble du royaume.

Répartition de la population urbaine et rurale dans les stifter et laën du Danemark (1890).

STIFTER ET LAËN	POPULATION TOTALE	POPULATION URBAINE	POPULATION RURALE	PROPORTION p. 100 de la population urbaine à la population totale	IMMIGRATION (+) ET ÉMIGRATION (—) p. 100 (1881-1890)
1 Copenhague (ville)	312860	312860		100	
1 Copenhague (camp^gne^)	152706	10060	142646	7	+ 14,98
2. Frédériksberg	84684	16635	68047	19	— 12,61
3. Holbaeck	94235	9184	85051	10	— 11,39
4. Praestö	100650	14213	86437	16	— 12,53
5. Sorö	88990	17956	71034	19	— 11,81
Seeland	834125	380908	453217	45,5	
6. *Bornholm*	38761	15998	22763	40	— 11,97
7. *Laaland-Falster*	100552	21647	78905	21	— 12
8. Svendborg	120707	23465	97242	19	— 9,79
9. Odense	136117	41847	94270	30	— 12,55
Fionie	256824	65312	195512	25	
10. Veile	111903	28714	83189	25	— 14,67
11. Aarhus	157191	52950	104241	34	— 10,96
12. Randers	110444	24138	86306	22	— 12,40
13. Aalborg	104790	20003	84787	20	— 11
14. Hiorring	110361	16003	94358	15	— 14,05
15. Thisted	69407	9028	60379	8	— 10,20
16. Ringkioeping	98623	8566	90057	9	— 7,79
17. Ribe	78683	8362	70321	11	— 7,30
18. Viborg	100777	12099	88678	12	— 11,53
Jutland	942120	179804	762316	28,6	
Le Royaume	2172382	663669	1508713	30,6	

Mais à partir de cette date, la capitale prend l'avantage : de 1860 à 1890, elle a plus que doublé et au dernier dénombrement, en 1895, sa population était quatre fois plus grande qu'en 1801 (408000 habitants au lieu de 100000). Tandis que dans la première partie du siècle, sa part dans l'augmentation globale du royaume était insignifiante, elle était de 30 et 39 p. 100 dans les deux périodes 1870-

1880 et 1880-1890. Dans cet accroissement, l'immigration joue un rôle important; de 1880 à 1895, elle contribue pour 57,5 p. 100 à l'augmentation de la capitale; mais tandis que dans les deux premières périodes quinquennales, elle se porte surtout sur la ville, dans la dernière (1890-1895), elle se manifeste plutôt dans les faubourgs.

Les autres villes danoises, vu le grand développement de la capitale, ne sont que des agglomérations secondaires : aucune, même aujourd'hui, n'atteint 50000 âmes. Dans l'archipel danois, aucune cité, à l'exception de Odensee et Elseneur, ne renferme seulement 10000 habitants. C'est dans le Jutland, plus en dehors de la sphère d'influence de Copenhague, que se groupent les villes qui, pour n'être pas considérables, n'en ont pas moins un développement sensible. Même le progrès des villes autres que la capitale est, depuis 1801, supérieur à celui de la capitale elle-même.

Mais Copenhague n'en demeure pas moins dans une situation tout à fait exceptionnelle, puisqu'à elle seule elle contient plus du sixième de la population totale du royaume (1).

Le mouvement migratoire. — C'est aussi la capitale qui bénéficie le plus de l'immigration : de 1880 à 1890, elle a été pour Copenhague de 14,88 p. 100, tandis qu'elle était de 11,50, 10,23, 7,87, 1,58 pour les districts urbains du Jutland, de Fionie, de Bornholm et de Laaland. Cette proportion était également faible dans les villes de Seeland (Copenhague non compris); elle était de 3,71 p. 100.

A l'exception de Copenhague, tous les bailliages danois ont un excédent d'émigration, dans l'ensemble: elle est particulièrement forte dans certains *laën* du Jutland (à Veile) et de Seeland

(1) **Mode d'accroissement de Copenhague (1880-1895).**

	1880-1884 EXCÉDENT		1885-1890 EXCÉDENT		1890-1894 EXCÉDENT	
	des naissances	d'immigration	des naissances	d'immigration	des naissances	d'immigration
Copenhague...	17475	27729	21118	11687	17249	3606
Faubourgs....	2649	7402	3512	10625	3615	8002
Total......	20124	35131	24630	22512	20864	11608

(D'après le *Recensement de Copenhague*, 1895).

Hyörring). A part deux ou trois, tous les bailliages ont une émi-

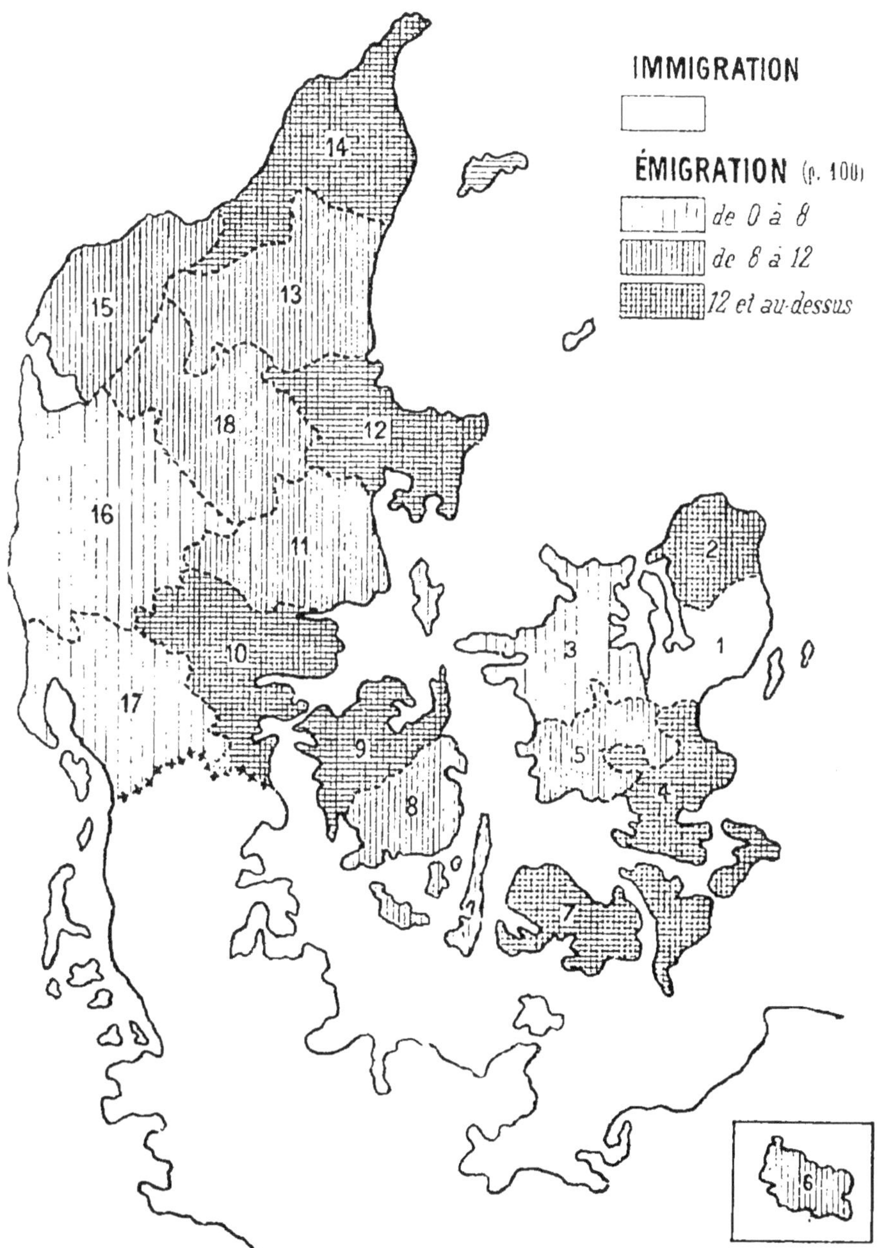

Fig. 36. — Immigration et émigration dans les *laen* de Danemark (1881-1890) (1).

gration variant de 10 à 15 p. 100. (Voy. *fig.* 36.) C'est une propor-

(1) Les numéros de la carte sont ceux du tableau de la page 235.

tion relativement considérable et que nous allons du reste rencontrer dans les autres Etats scandinaves. Il est évident que les villes n'absorbent que la moindre partie de cette masse d'émigrants ruraux : le plus grand nombre se dirige vers les États-Unis (1).

2° *La Suède : développement de la population par région.* — Comme le Danemark, les deux royaumes de Suède et de Norvège ont vu considérablement augmenter leur population dans le cours du siècle (2); la Suède s'est accrue de 104 p. 100, la Norvège, de 125 p. 100 (1801-1890). Dans l'ensemble, l'accroissement de la Norvège est donc supérieur à celui de la Suède et la plus forte augmentation absolue des deux royaumes porte sur la seconde moitié du siècle, de 1845 à 1890 (3).

Dans la Suède, il y a eu accroissement continu de tous les bailliages jusqu'en 1880; mais, dans la dernière période décennale, les effets de l'émigration intérieure ou extérieure se font sentir et déjà plusieurs *laën* (8 sur 25) sont en décroissance; tous sont situés dans la région agricole du Sud. La diminution est particulièrement sensible dans les bailliages de Kalmar, de Kronoberg, du Vermland et de l'île de Gotland (5,1, 5,3, 5,8 et 6,3 p. 100), qui avaient encore un accroissement assez notable dans la précédente période. Au contraire, l'augmentation est surtout forte dans les districts miniers du Nord et dans les districts du Sud qui renferment des villes (Upsal, Gothembourg, par exemple). Si l'on considère non plus les bailliages, mais les grandes régions géographiques de la Suède, on constate que la proportion de l'accroissement est bien plus considérable au Nord que dans le Svealand

(1) De 1871 à 1880, les États-Unis avaient reçu 32000 immigrants danois : leur nombre a été de 88000 de 1881 à 1890.

(2) **Population de la Suède et de la Norvège de 1800 à 1890.**

ANNÉES	SUÈDE	NORVÈGE	ANNÉES	SUÈDE	NORVÈGE
1800	2347000	883000	1855	3641000	1490000
1815	2465000	886000	1860-1865	3860000	1701000
1825	2771000	1051000	1870-1875	4168000	1813000
1835	3025000	1194000	1880	4565000	»
1845	3316000	1328000	1890	4785000	1998000

(3) Nous avons surtout utilisé pour ce chapitre la *Befälknings statistik* de la Suède (1890) et le document du même nom pour la Norvège.

et surtout dans la Gothie : dans les deux dernières périodes décennales (1871-1880, 1881-1890), le taux d'augmentation a été pour le Nord de 17,5 et 18 p. 100; pour le Svealand, au centre, de 10,4 et 8 p. 100 et enfin pour la Gothie de 4 et 0,4 p. 100 seulement. L'équilibre de la population tend ainsi à se déplacer, au détriment du Sud (2). Le Nord, qui bénéficie le plus de ce mouvement, ne possède pas de grandes cités, mais d'abondantes richesses minérales; les villes les plus peuplées sont situées dans le Centre et le Sud et contrastent, par leur développement, avec la diminution de leur voisinage rural.

Population urbaine et rurale. — La population urbaine de la Suède est en progrès constant depuis le commencement du siècle : dans la première période (1816-1840), son développement était un peu inférieur à celui de la population rurale; mais depuis, celle-ci demeure en retard et, dans la dernière période (1881-1890), son augmentation a été presque nulle, comme on peut le voir par le tableau suivant.

Accroissement p. 100 des populations urbaine et rurale de la Suède, depuis 1816.

POPULATION	1816-1840	1841-1850	1851-1860	1861-1870	1871-1880	1881-1890
Urbaine........	9,13	14,68	21,61	21,27	24,40	26,22
Rurale..........	9,63	9,93	9,03	5,68	6,54	0,26

Encore, en 1850, la Suède ne possédait aucune ville de 100000 âmes et seulement cinq dépassait 10000. En 1870, les villes de cette dernière catégorie étaient au nombre de neuf et la capitale dépassait 100000 habitants. Enfin, en 1890, la Suède comptait dix-

(1) **Population des grandes régions de la Suède (en milliers).**

RÉGIONS	1870	1880	1890
Nord......................	539	632	743
Svealand.................	1216	1343	1445
Gothie....................	2494	2590	2595

neuf villes de plus de 10000 âmes dont deux de plus de 100000. La population globale de ces villes avait augmenté de 61,8 p. 100 de 1850 à 1870 (1) et de 80 p. 100, de 1870 à 1890. Elle représente 13,9 p. 100 du total du royaume et si l'on y joint les autres villes, la population urbaine, avec 912000 habitants, forme 19 p. 100 de la Suède. Il s'en faut sans doute que la capitale ait, par rapport à la population totale, une aussi forte proportion que Copenhague; mais son accroissement n'en a pas moins été considérable dans ce siècle. Pendant toute la première partie du siècle (2), Stockholm a fort peu gagné, 16,2 p. 100 de 1800 à 1850; mais depuis, son accroissement a été de 167 p. 100 et elle représente en 1890, 27,6 p. 100 du total de la population urbaine du royaume. (Voy. le tableau de la page 243). Bien plus considérable est encore l'augmentation de Gothembourg, la seconde métropole des détroits après Copenhague; sa population a quadruplé depuis 1850.

Parmi les villes de plus de 10000 âmes, la presque totalité appartient au Centre et au Sud (trois seulement dans le Nord). Dans le Svealand, la population urbaine est à la population totale dans la proportion de 26 p. 100; dans la Gothie, de 17 p. 100; dans le Nord, de 10,5 p. 100 seulement. Ainsi l'industrie du Nord a un caractère éminemment rural : l'absence de la houille empêche le développement de la grande industrie.

Dans cette région, l'accroissement des villes — d'ailleurs secondaires — n'influe que très peu sur l'augmentation totale. Il

(1) **Population des villes de plus de 10000 habitants en 1890.**

ANNÉES	POPULATION TOTALE	PROPORTION p. 100 à la population du royaume	ANNÉES	POPULATION TOTALE	PROPORTION p. 100 à la population du royaume
1850	228800	6,7	1880	479700	10,5
1860	287300	7,4	1890	650400	13,9
1870	369000	8,9			

(2) **Population de Stockholm et Gothembourg.**

ANNÉES	STOCKHOLM	GOTHEMBOURG	ANNÉES	STOCKHOLM	GOTHEMBOURG
1800	80000		1870	136000	56000
1850	93000	26000	1880	168700	76400
1860	112400	37000	1890	246500	104600

n'en est pas de même dans les autres régions : par exemple, dans le Svéaland, les villes de plus de 10000 habitants absorbent 86 p. 100 de l'accroissement total (1880-1890) ; dans la Gothie, ces villes, et en particulier Gothembourg, augmentent beaucoup plus que l'ensemble de la région (70000 contre 5000).

Le développement de la population dans les régions rurales, mais industrielles, du Nord, a pour conséquence que la population dite urbaine ne voit pas augmenter d'une façon fort sensible sa proportion à la population totale. Cette proportion, qui n'était que de 9,8 p. 100 en 1816, s'était élevée lentement jusqu'en 1870 (12,9 p. 100) ; depuis elle a atteint, par une progression rapide, le taux de 18,8 p. 100 ; mais cette proportion est, comme nous l'allons constater, plus faible que celle de la Norvège.

L'émigration et l'immigration. — Le mouvement migratoire existe, et de façon très intense, en Suède, mais il affecte très différemment les régions du royaume.

Tandis que dans le Nord, l'excédent d'émigration est insignifiant (0,14 p. 100), il accuse dans le Svéaland, 4,4 p. 100 et dans la Gothie, 10,4 p. 100 de la population, de 1881 à 1890.

Dans le Svéaland, l'émigration est particulièrement forte dans le Vermland, à l'intérieur, mais en somme, dans cette région, elle ne s'élève au-dessus de 10 p. 100 que dans deux bailliages Au contraire, dans la Gothie, cette proportion est dépassée par neuf *laën* sur les onze qui ont un excédent d'émigration. (Voy. le tableau de la page 243 et la *fig*. 37.)

Dans l'ensemble de la Suède, quatre *laën* seulement ont un excédent d'immigration de 1881 à 1890 et l'ont eu, du reste, presque constamment depuis 1816, deux au Nord, ceux de Jemtland et Westermannland et deux au Sud, ceux de Stockholm et Gothembourg.

Toutes les villes, à l'exception de Lund, doivent une part notable de leur progrès à l'immigration. Dans la dernière période, la part de l'immigration dans l'accroissement des villes de plus de 10 000 âmes était de 60 p. 100 et son taux par rapport à la population globale, de 20,6 p. 100. Il y avait et il y a eu toujours une différence en faveur de la capitale : dans la dernière période, l'immigration de la seule ville de Stockholm dépassait celle de toutes les autres villes réunies (56 000 contre 43 200) et représentait les deux tiers de son accroissement total. — Mais d'autres villes suédoises, telles que Gothembourg, Upsal, Helsingborg, avaient encore un fort contingent d'immigration.

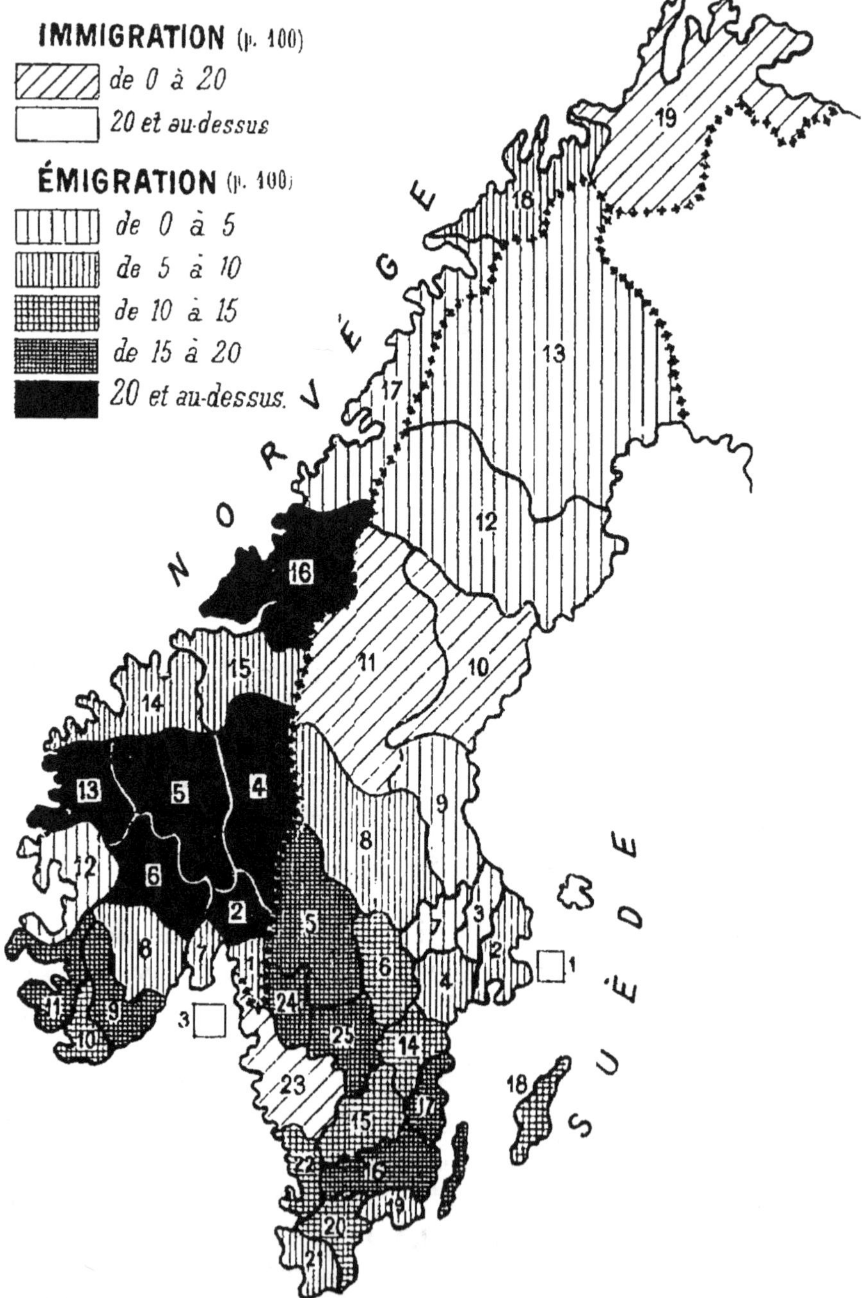

Fig. 37. — L'immigration et l'émigration dans la Suède (1881-1890) et dans la Norvége (1875-1890) (1).

(1) Les numeros de la carte correspondent à ceux des tableaux des pages 243 et 246.

Tableau par provinces de la population urbaine et rurale en 1890 et de l'immigration et émigration en Suède de 1881 à 1890 (en milliers).

LAËN	POPULATION		IMMIGRATION + et ÉMIGRATION —	
	URBAINE	RURALE	TOTALE	P. 100 HAB. (PROP. MOYENNE)
1. Stockholm (ville) . . .	250,5		+ 57	+26,9
2. Stockholm (campagne)	10,9	142,4	— 9,8	— 6,6
3. Upsal	24,8	96,7	— 2	— 1,7
4. Sodermanland	21,7	134	— 9,6	— 6,3
14. Ostergothland	54,4	212,2	— 30	—11,2
15. Jonköping	24,1	169,2	— 28,3	—14,4
16. Kronoberg.	6,6	153,1	— 28,7	—17,2
17. Kalmar.	27,5	203,8	— 16,4	—15,2
18. Gothland.	7,1	44	— 5,8	—10,9
19. Blekingie	31,4	111	— 13	— 9,2
20. Kristianstad.	13,5	207,1	— 30,3	—13,8
21. Malmoë	109,6	261	— 21,3	— 5,9
22. Halland	20,8	115,5	— 15,2	—11,2
23. Gothembourg.	102	178	+ 3,4	+ 1,2
24. Elfsborg.	20,9	253,1	— 43,1	—15,3
25. Skaraborg.	20,8	224,7	— 39,6	—16
5. Vermland	17,9	253,3	— 43,9	—16,9
6. Œrebro	19,2	164,1	— 23,2	—12,7
7. Westmanland.	22,6	115,2	— 15,2	— 4,7
8. Kopparberg	10,2	189,3	— 17,4	— 9
9. Gefleborg.	39	170,4	— 1	— 0,5
10. Westernorrland	19,8	191,9	+ 4,7	+ 2,5
11. Jemtland	5,3	95,7	+ 1,1	+ 0,9
12. Westerbotten.	4,6	120,9	— 4,5	— 3,9
13. Norbotten	9	97,5	— 1,4	— 1,4
Total. . . .	886,2	3904	—566,3	— 7,4

3° *La Norvège : ses populations urbaine et rurale.* — En Norvège, comme en Suède, tous les bailliages ont augmenté d'une façon constante jusqu'au dernier dénombrement; c'est seulement en 1890 que la décroissance apparaît dans certaines régions, Akershuus, Kristians, Lister-Mandal dans les Sondenfields ; Nordre-Trondheim dans les Nordenfields. Cependant, cette dernière région en est plus spécialement affectée, vu son moindre accroissement d'ensemble. En effet, de 1815 à nos jours, cette région n'a guère fait que doubler sa population, tandis que le Finmark a augmenté de 238 p. 100 et les Sondenfields, de 230 p. 100. Cette différence se marque bien nettement dans la dernière période 1875-1891, où l'accroissement n'a été, dans les Nordenfields, que de 3,5 p. 100, tandis qu'il a été dans les deux autres régions de 24,4 et 10 p. 100, malgré la diminution de certains bailliages des Sondenfields. Les bailliages qui décroissent n'ont pas une localisation géographique aussi nette qu'en Suède : ils sont aussi bien intérieurs (Kristians) que maritimes. Il faut cependant remarquer que les deux *laën* où se produit la plus sensible diminution sont tous deux voisins de villes, l'Akershuus près de Kristiania et le Nordre-Trondheim.

La Norvège nous présente, du reste, même phénomène qu'en Suède : le Nord, qui n'a pas de notables cités, garde sa population grâce à l'industrie de la pêche et des branches qui s'y rattachent. Au contraire, il y a diminution dans les régions du Sud et cette décroissance fait mieux ressortir l'augmentation des villes. Dans les Sondenfields, le seul accroissement de Kristiania représente 65 p. 100 de l'accroissement total de la région (1875-1890) et l'augmentation de Bergen égale le progrès total des Nordenfields.

Le développement de villes en Norvège est encore, plus qu'en Suède, quelque chose de tout à fait moderne. Au commencement du siècle, Kristiania n'était guère plus qu'un gros bourg (12 000 hab.) et en 1855, sa population dépassait à peine 40 000 âmes ; tandis qu'en 1890, avec 150 000 habitants, elle constitue 33,5 p. 100 de la population urbaine du royaume. Les autres villes ont grandi, de même, en nombre et en force ; en 1865, la Norvège ne possédait pas plus de six villes dépassant 10 000 âmes et leur population globale (y compris Kristiania) était de 170000 habitants, environ. En 1890, les villes de cette catégorie étaient au nombre de dix avec 326 000 habitants.

Quant à la population urbaine, elle n'atteignait même pas 100 000 habitants en 1801 (93 500) ; en 1855, elle avait déjà plus que doublé ce chiffre (203000) et atteignait en 1890, 467 000 âmes. Sa proportion à la population totale n'avait fait ainsi que s'accroître. (Voy. le tableau de la page 245.)

Population urbaine et rurale de la Norvège (1801-1890).

ANNÉES	POPULATION URBAINE		POPULATION RURALE	
	TOTALE	PROPORTION P. 100 DE LA population totale	TOTALE	PROPORTION P. 100 DE LA population totale
1801	93500	10,6	789000	89,4
1815	94600	10,6	791000	89,4
1825	119000	11,3	932000	88,7
1835	134000	11,2	1060000	88,8
1845	163000	12,6	1164000	87,4
1855	203000	13,6	1286000	86,4
1865	266300	18,6	1435400	81,4
1875	332400	22,5	1481000	77,5
1890	467000	26	1521000	74

La répartition de cette population urbaine est évidemment très inégale : d'une façon générale, elle est plus forte au Sud (28 p. 100), en particulier dans le Jarlsberg, le Stavanger, et déjà plus faible dans les Nordenfields (19 p. 100) où se trouvent des bailliages exclusivement ruraux (Nordre et Sondre Bergenhuus) ; — enfin elle est tout à fait minime dans le Nord (7,6 p. 100) où cependant il y a une proportion relativement élevée dans le Finmark (20 p. 100). Dans cette région, en effet, la population tend naturellement à se concentrer dans les bourgs du littoral.

L'émigration et l'immigration. — L'émigration affecte tous les bailliages de Norvège, à l'exception de deux, le Finmarken et le bailliage urbain de Kristiania. Ce sont surtout les *laën* de Kristians, Akershuus, Nordre-Trondheim qui présentent la plus forte émigration pour la période 1875-1890. Comme en Danemark et en Suède, l'immigration se restreint à quelques régions à peine et c'est la capitale qui en bénéficie le plus : de 1875 à 1890, l'immigration a contribué pour 55 p. 100 à l'accroissement de Kristiania. (Voy. le tableau suivant et la *fig.* 37).

Tableau, par provinces, de la population urbaine et rurale en 1890 (en milliers) et de l'immigration et émigration de 1875 à 1890.

LAËN	POPULATION		IMMIGRATION + et ÉMIGRATION —	
	URBAINE	RURALE	TOTALE	Proportion pour 100 hab. en 1875
1. Smaalene	34,4	86,4	— 8480	— 7,9
2. Akershuus	3,2	97,1	— 32274	— 29
3. Kristiania	148,2		+ 42630	+ 55,5
4. Hedemarken	5,3	115	— 26744	— 22,5
5. Kristians	3,2	105,3	— 30474	— 26
6. Buskerud	27,6	77,5	— 24833	— 24,8
7. Jarlsberg et Larvik	32,1	65,5	— 7850	— 8,7
8. Bratsberg	21,8	69,5	— 7324	— 8,7
9. Nedenes	13,3	64	— 11550	— 15,2
10. Lister-Mandal	19,2	56,9	— 10705	— 14
11. Stavanger	34,7	79,5	— 18375	— 16,1
12. Sondre-Bergen	52,8	127,6	— 5706	— 3
13. Nordre-Bergen	0,6	87,1	— 18306	— 21,1
14. Romsdal	20,1	107,5	— 10992	— 9,6
15. Sondre-Trondheim	28,7	94,5	— 9785	— 8
16. Nordre-Trondheim	4,6	76,9	— 35000	— 34
17. Norrland	4,9	127,5	— 3005	— 3
18. Tromsoë	6	58,9	— 3600	— 6,8
19. Finmarken	6,2	23,1	+ 616	+ 2,8
Total	467	1521	— 221757	— 12,2

L'Europe orientale ; les villes de Russie. — Pour la Russie (1), les documents précis — au moins sur le sujet qui nous occupe — font presque absolument défaut. Si on adopte les évaluations de la statistique russe, on constate un développement sensible de la population des villes, depuis trente ans. Vers 1867, l'Empire russe comptait quatorze villes de plus de 50000 âmes, avec un total de 2420000 habitants et six seulement dépassaient 100000 âmes. En 1890, il y avait en Russie trente-huit villes de plus de 20000 âmes avec 5550000 habitants et treize de ces villes avaient plus de 100000 habitants. Les cités de cette dernière catégorie comptaient, dans leur ensemble, 3930000

(1) Sauf pour certaines villes, il n'y a pas en Russie de recensement, mais de simples évaluations de la population : le premier dénombrement général vient d'avoir lieu en 1897.

habitants et leur accroissement depuis 1867 avait été de 60,13 p. 100, tandis que celui de l'Empire — pourtant considérable — était de 25 p. 100. D'après les résultats provisoires du dénombrement qui vient d'avoir lieu, il y aurait maintenant en Russie seize agglomérations (1) de plus de 100000 habitants avec une population globale de plus de 5200000 âmes. L'accroissement de ces villes sur leur population de 1867 serait de 126 p. 100.

Ces villes ne sont pas groupées exclusivement dans une région de l'Empire, mais on peut distinguer plus particulièrement certains centres d'attraction. C'est d'abord Saint-Pétersbourg, qui, aujourd'hui, dépasse un million et dont l'accroissement porte surtout sur la dernière période. De 1852 à 1869, elle n'avait augmenté que de 26 p. 100, tandis que, depuis 1869, sa population a presque doublé et nous verrons au chapitre suivant combien considérable est la population immigrée dans la capitale russe.

Dans le centre de l'empire, aucune ville n'approche de Moscou qui, aujourd'hui, a près d'un million d'habitants. C'est l'industrie qui a provoqué son développement considérable, comme celui de Kharkof, dont la population a triplé depuis 1867. Il en est de même de Kief, plus à l'Ouest.

Dans le Sud, la métropole est naturellement Odessa : cette ville ne faisait guère que dépasser 100000 habitants, il y a trente ans ; elle en a aujourd'hui presque trois fois plus. C'est un accroissement supérieur à celui de Riga, au Nord, qui est pourtant très sensible (176 p. 100).

(1) **Population des principales villes de la Russie (en milliers)***.

VILLES	1801	1852	1867	1897	VILLES	1867	1897
Saint-Pétersbourg.	400	532	667	1207	Vilna...........	79	159
Moscou..........	300	373	(1869) 612	988	Saratof.........	93	133
					Kasan..........	78	130
Varsovie.........	100	160	(1871) 251	614	Ekaterinoslaf	25	121
Odessa..........	»	»	121	404	Rostof..........	39	119
Lodz............	»	»	34	314	Astrakhan.......	47	113
Riga............	30	»	102	283	Toula	58	111
Kief............	»	»	70	248	Kichenef........	103	108
Kharkof.........	»	»	60	170			

* Pour les années 1801, 1852, 1867, nous donnons les chiffres de l'*Almanach de Gotha*; mais pour les deux premières dates, ils sont fort incertains. Ainsi le *Dictionnaire de géographie et de statistique de l'Empire russe* attribue à Saint-Pétersbourg 220000 habitants en 1800 et 480000 en 1856.

A l'Est, les villes de la Volga, Kasan, Saratof, Samara, n'ont qu'une augmentation relativement médiocre ; mais il n'en est pas de même à l'Ouest, dans la Pologne. Cette région (il s'agit de l'ancien grand-duché de Varsovie) a vu sa population s'accroître d'une façon considérable à l'époque contemporaine (56,1 p. 100 de 1867 à 1891). Mais si les campagnes ont beaucoup progressé grâce à l'amélioration du sort du paysan polonais, les villes ont eu aussi un grand développement, grâce à leur industrie. Varsovie était déjà une ville importante (environ 100 000 âmes) vers 1800 : son accroissement fut retardé par les événements politiques, mais de nos jours ses progrès ont été considérables puisque sa population a plus que doublé depuis 1867. La cité industrielle de Lodz, simple bourgade vers 1830, n'était encore qu'une ville secondaire en 1867 : c'est maintenant une des métropoles de l'Ouest et sa population a presque décuplé depuis 1867. Si ces villes n'ont pas bénéficié de l'émigration rurale, elles ont dû recevoir certainement beaucoup d'étrangers (Allemands, Autrichiens), car l'immigration de ces populations est notable en Russie. De tous les gouvernements de la Pologne, aucun n'a un accroissement comparable à celui de Piotrikof, qui renferme Lodz et un bassin houiller (1).

Quant à la Finlande, elle ne possède que des villes secondaires, sauf le centre politique de Helsingfors (2), dont l'accroissement a été aussi très sensible.

En résumé, malgré ses grandes agglomérations, la Russie n'a encore qu'un développement urbain assez médiocre, si l'on considère l'étendue de son territoire et la masse de sa population. Mais il ne faut pas que cette masse nous fasse illusion ; en réalité, la population est encore clairsemée et le mouvement de migration vers les villes n'est pas encore près de ralentir l'accroissement de la population rurale de la Russie.

(1) Ce gouvernement passe de 635 000 habitants en 1867 à 1 200 000 en 1892. — En 1867, il représentait 10,56 p. 100 de la population totale de la Pologne : en 1892, 13,38 p. 100.

(2) Population de Helsingfors : en 1867 : 32 000 ; en 1892 : 67 000.

CHAPITRE XII

Les métropoles de l'Europe (1).

SOMMAIRE. — Développement comparé de Londres, Paris, Berlin, Vienne, etc. — Que toutes les grandes villes voient diminuer leur centre et augmenter leur périphérie. — De l'immigration dans les métropoles européennes. — La population considérée suivant l'origine. — Densité de la population dans les métropoles européennes. — Le développement des grandes agglomérations se fait-il suivant certaines lois géographiques ?

Développement comparé de Londres, Paris, Berlin et Vienne. — Nous avons tenu à étudier à part les métropoles de l'Europe actuelle, notamment Londres, Paris, Berlin et Vienne pour en mieux montrer l'importance et en comparer le développement avec plus d'intérêt. Ces capitales ont aujourd'hui une population de 10 millions d'âmes, tandis qu'au début du siècle, elles n'en comptaient guère plus de 1900000 : leur accroissement a donc été de 421 p. 100 depuis 1800. Mais il n'a pas été le même pour toutes ces grandes villes. En 1800, Londres et Paris tenaient la tête, la première avec 958000 habitants, l'autre avec 548000 : elles laissaient loin derrière elles Vienne avec 231000 et Berlin avec 172000. Vers 1830, l'ordre est toujours le même ; la capitale anglaise passe à 1654000 tandis que Paris est encore loin d'atteindre le million (785000) ; mais leur accroissement est plus sensible que celui de Vienne (317000) et de Berlin (247000). Après une nouvelle période de 30 ans, vers 1860-1861, nous trouvons Londres à 2803000 et Paris, après l'annexion des communes suburbaines, arrive à 1696000 : les deux capitales allemandes sont bien éloignées, et Berlin, qui s'est adjoint quelques

(1) Pour écrire ce chapitre, nous nous sommes servi surtout des *Recherches statistiques sur la ville de Paris* (documents antérieurs à 1856) et des différents *Dénombrements de Paris;* du travail de M. Price Williams sur la population de Londres (*Journal of the Roy. Stat. Society*, 1885) que nous avons complété par le *Census* de 1891 ; des différents *Stat. Jahrbücher* de Vienne et Berlin et du *Dénombrement de Saint-Pétersbourg* en 1890. Enfin c'est au *Journal of the Roy. Stat. Society* (1896) que nous empruntons les données d'un recensement sommaire de Londres en 1896.

communes voisines a une avance sur Vienne (547000 contre

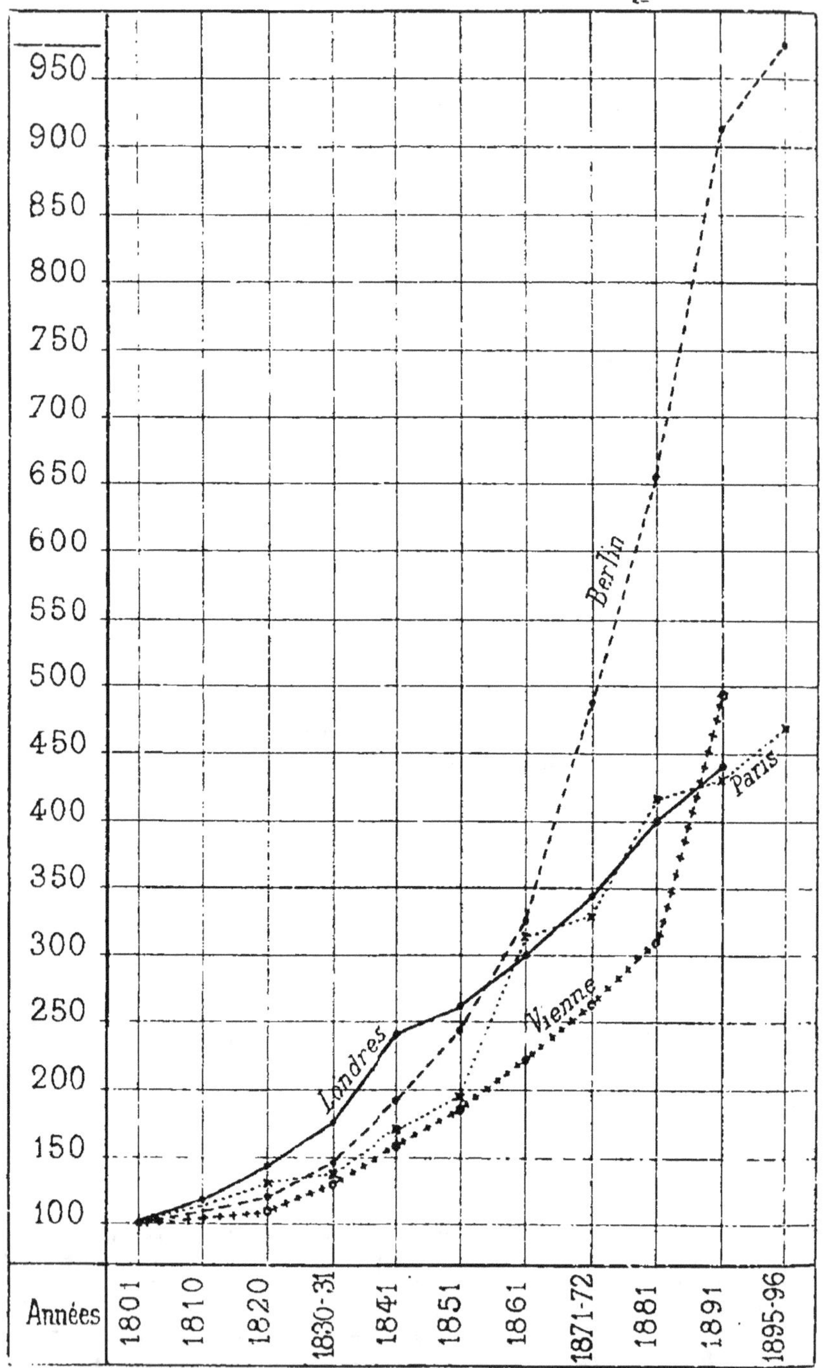

Fig. 38. — Développement comparé de Londres, Paris, Vienne, Berlin, depuis 1801, population à cette date étant réduite à 100.

476000). Enfin vers 1890-1891, Londres atteint 4211000 (4433000 en 1896); Paris, 2447000 (2536000 en 1896); Berlin, avec 1580000 (1677000 en 1895), dépasse définitivement Vienne, qui compte 1364000. Nous donnons ci-dessous le tableau de la population successive des métropoles européennes aux divers dénombrements depuis 1800 et un de nos graphiques (voy. *fig*. 38) permet de suivre le développement progressif de Londres, Paris, Vienne et Berlin.

Développement de la population dans les cinq principales villes de l'Europe au dix-neuvième siècle (en milliers).

ANNÉES	LONDRES	PARIS (1)	BERLIN	VIENNE	St-PÉTERSBOURG (2)
1801	988	548	172	231	220
1810	1138	713 (en 1817)		224 (en 1812)	308 (en 1812)
1821	1378		202	260	424 (en 1825)
1831	1654	785	247	317	
1836		868			468
1841	1948	935	328	356	
1846		1053			481
1851	2362	1053	415	431	
1856		1174			490
1861	2803	1696 (3)	547	517	
1866		1825			
1871-1872	3254	1851	829	608 (en 1869)	668 (en 1869)
1875-1876		1988	966		
1880-1881	3816	2269	1122	704 (1090 avec faubourgs)	861
1885-1886		2344	1315		
1890-1891	4211	2447	1579	1364 (av. faub.)	954
1895-1896	4443	2536	1677	1496 (4)	1207 (en 1897)

L'accroissement, en effet, est loin d'être identique : il est,

(1) M. de Boislisle (*Mémoire sur la généralité de Paris*) cite de nombreuses évaluations de la population de Paris au dix-huitième siècle, qui varient de 600000 à 900000 habitants. M. Levasseur dans la *Population française*, II, 357, et M. Bertillon dans le *Dénombrement de Paris* en 1891 (p. 825), ont résumé les évaluations de la population de Paris antérieures au dix-neuvième siècle.

(2) Pour Saint-Pétersbourg, les estimations antérieures à l'année 1869 sont celles du *Dictionnaire de géographie et de statistique de l'Empire de Russie*.

(3) La population de Paris *intra muros* était en 1856 de 1525942 habitants (garnison comprise). L'augmentation réelle était donc de 171000 habitants de 1856 à 1861. Rappelons que les communes alors annexées à Paris (en vertu de la loi du 16 juin 1859) ont été Auteuil, Batignolles, Belleville, La Chapelle, Charonne, Montmartre, Passy, La Villette dans l'arrondissement de Saint-Denis, Bercy, Grenelle, Vaugirard dans l'arrondissement de Sceaux; enfin des sections de Neuilly, Saint-Ouen, Pantin, Pré-Saint-Gervais, Saint-Mandé, Ivry, Gentilly, Montrouge, Vanves, Issy.

(4) D'après les *Statistische Tabellen* de Hübner (1895).

pour Londres, de 340 p. 100; pour Paris, de 345 p. 100; pour Vienne, de 490 p. 100; et pour Berlin, de 872 p. 100. La moyenne de l'augmentation annuelle de Londres a été de 1,8 p. 100 (1801-1891) : rarement elle a été au-dessous de ce taux et n'a jamais été beaucoup au-dessus. La moyenne la plus faible (1,6 p. 100 a été de 1861 à 1871 ; la plus forte (2,1 p. 100) de 1841 à 1851. Absolument parlant, l'accroissement le plus élevé (562000 hab.) a été de 1871 à 1881.

Pour Paris, nous n'avons pas à discuter ici les différentes évaluations de sa population avant notre siècle. Disons seulement que, de Louis XIV à Napoléon Ier, la population de Paris ne semble pas avoir beaucoup augmenté dans l'ensemble : c'est de notre siècle que date le grand développement de la capitale. Le premier dénombrement rationnel dû à Chaptal en 1817 marquait un progrès énorme sur 1801 (713000 au lieu de 548000) ; aussi croyons-nous que le chiffre de 1801 ne doit être accepté qu'avec réserve. A partir de 1817, sa population va constamment en augmentant : jusqu'en 1856, son accroissement est de 461000 (64,4 p. 100) ; il est surtout sensible de 1831 à 1836, malgré les ravages du choléra de 1832, et il subit seulement un moment d'arrêt de 1846 à 1851, conséquence des événements de cette période. De 1856 à 1861, l'accroissement est de 626000, grâce à l'annexion des communes suburbaines ; en réalité, il ne dépasse pas 170000, si l'on considère la population de Paris et de ces mêmes communes en 1856. Depuis 1861, l'augmentation a été aussi continue avec un ralentissement toutefois de 1866 à 1872, en raison des événements politiques, et le plus fort accroissement constaté a été celui de 1876 à 1881 (281000 hab.). Dans la dernière période (1891-1896), la moyenne de l'augmentation n'a été que de 3,3 p. 100 contre 4,4 p. 100 dans la période précédente.

Vienne a également accru sa population par l'adjonction d'une série de communes suburbaines en 1890. Son développement avait d'abord été assez lent au début du siècle : ce n'est qu'après 1840 que commence vraiment son extension : toutefois elle ne dépassait guère 600000 âmes vers 1870 et, sans les communes annexées, elle n'aurait atteint que 817000 habitants en 1890. Mais, du même coup, l'adjonction des localités suburbaines a porté sa population à 1 364 000, en même temps que sa superficie était plus que doublée (1).

Berlin n'avait, comme Vienne, que doublé sa population de 1800 à 1850, et son accroissement moyen était de 1,4 p. 100 par an. A partir de 1850, l'annexion de nouveaux districts double presque sa superficie, qui depuis a peu changé; sa population augmente de 30 p. 100 de 1850 à 1861 et 1867, et atteint 826 000 habitants en 1871. Depuis, son accroissement dépasse de beaucoup celui des autres capitales : il a été de 103,6 p. 100 à partir de cette époque. Il a été surtout très sensible de 1885 à 1890 (264 000 hab.); mais beaucoup moins dans la dernière période de 1890 à 1895 (98 000).

Que toutes les grandes villes voient diminuer leur centre et augmenter leurs régions excentriques. — Si nos métropoles font toutes des progrès plus ou moins considérables, il s'en faut de beaucoup qu'elles augmentent également dans toutes leurs parties. D'une façon générale (et ceci est une loi sur laquelle nous reviendrons) leurs centres ont une tendance à diminuer au profit des quartiers de la périphérie. Ce développement respectif des diverses parties d'une capitale peut être très bien suivi.

Londres. — A Londres (2), la statistique officielle distingue cinq régions entre lesquelles sont repartis les districts : l'Ouest, le Nord, le Centre, l'Est et le Sud. En 1801, le Centre renfermait

(1) La population civile était de 1 341 000 habitants.

(2) **Développement de la population (en milliers) des régions de Londres de 1801 à 1896.**

ANNÉES	OUEST	NORD	CENTRE	EST	SUD
1801	142	124	301	178	216
1811	165	161	320	222	269
1821	197	222	357	271	333
1831	244	306	364	314	409
1841	291	376	382	391	502
1851	369	490	400	485	617
1861	438	618	383	571	773
1871	561	751	334	639	966
1881	669	905	282	702	1 265
1891	741	993	247	705	1 524
1896	678	1 040	234	817	1 664

301 000 habitants ou 31 p. 100 du total, tandis que l'Ouest avait

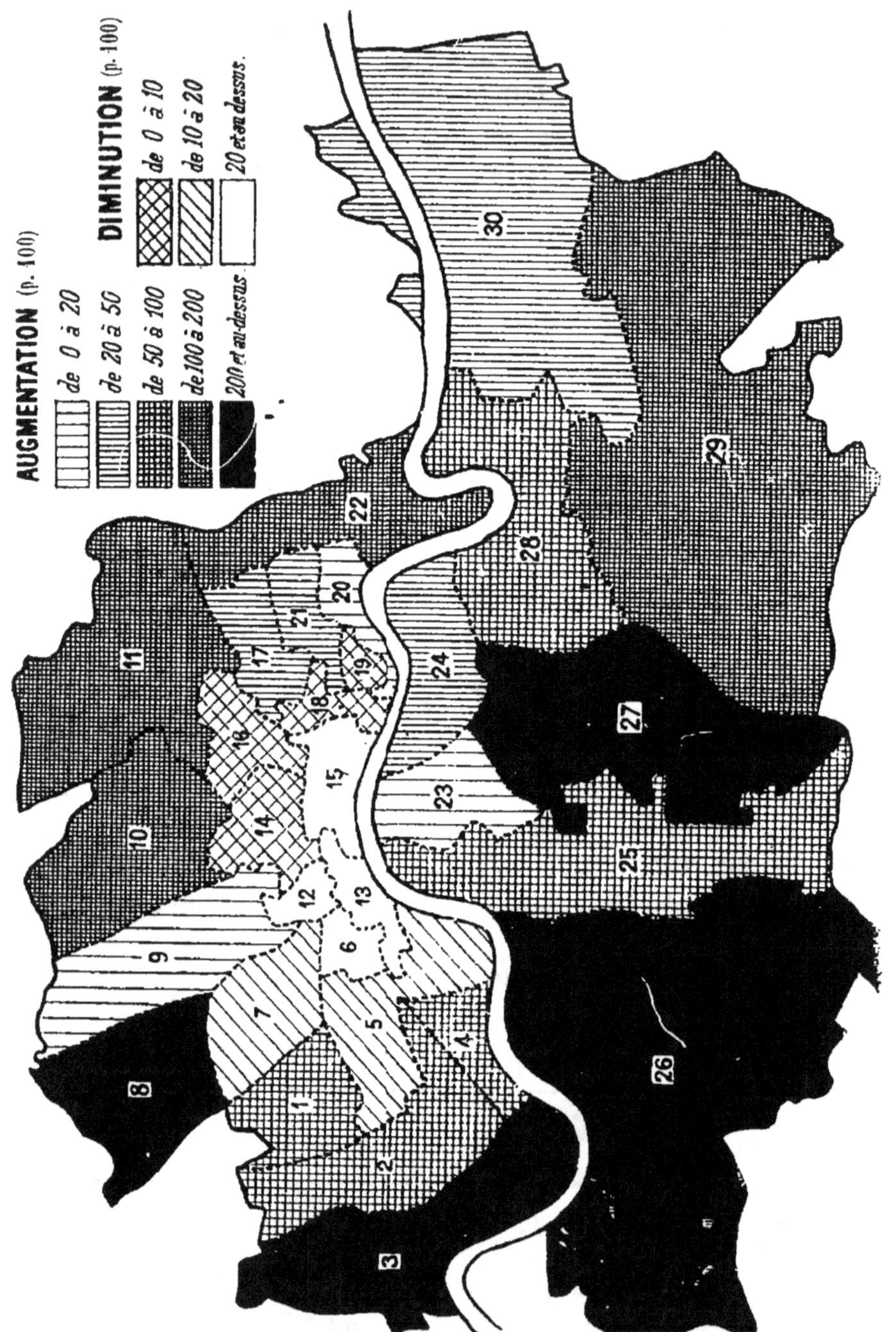

Fig. 39. Mouvement de la population de Londres par *districts* de 1851 à 1891 (1).

(1) *Ouest* : 1. Paddington; 2. Kensington; 3. Fulham. 4. Chelsea; 5. Saint Georges Hanover-Square; 6. Westminster.

15,2 p. 100, le Nord 13 p. 100, l'Est 18,7 p. 100 et le Sud 22 p. 100. Jusqu'en 1851 la population du Centre s'accroît sans cesse (surtout de 1811 à 1821) ; elle gagne 100000 habitants ; mais qu'est-ce que cela sur les 1404000 de l'ensemble? A ce moment déjà, le Centre ne représente plus que 17,2 p. 100 de la population totale ; l'Ouest en renferme 15,6 p. 100 ; le Nord, dont la population a presque quadruplé depuis 1801, 21 p. 100; l'Est, 20,7 p. 100 et le Sud, qui désormais prend la tête, 26,5 p. 100. De 1851 à 1891, le Centre baisse constamment et perd 53000 habitants (19 p. 100) : il ne représente plus que 5,8 p. 100 de l'ensemble, l'Est qui a ralenti ses progrès ne renferme plus que 17 p. 100 ; mais le Nord en contient 23,5 p. 100 ; l'Ouest, 17 p. 100 et le Sud 35,9 p. 100 (37,5 p. 100 en 1896) : c'est de ce côté, c'est-à-dire sur la rive droite de la Tamise, que se masse de préférence la population.

Même si on élargit le Centre, en considérant la *Central Area* qui comprend 11 districts (1), on se trouve en présence du même phénomène. Cet ensemble s'accroît jusqu'en 1861 (de 587000 à 1187000), mais depuis s'abaisse sensiblement (1022500 en 1891, et même 1017000 en 1896). Au contraire, le *Rest of Inner London* passe de 371000, en 1801, à 1616000, en 1861, à 3180000, en 1891, et à 3416000, en 1896. La proportion successive à la population totale a été pour la *Central Area* de 60,7, 42,4 et 24,3 p. 100 ; pour la périphérie, de 39,3, 57,6 et 75,7 p. 100. En 1891, tous les districts du Centre étaient en diminution sur 1881 et quelques-uns avaient commencé leur décroissance depuis longtemps : par exemple, Westminster et le Strand sont moins peuplés qu'en 1801, et la Cité a diminué de 70 p. 100 depuis cette époque. Alors elle comptait 138000 habitants, soit 13,5 p. 100 du total : avec des vicissitudes, elle se maintient à peu près jusqu'en 1851 (129000), mais déjà elle

Nord : 7. Marylebone ; 8. Hampstead ; 9. Pancras ; 10. Islington ; 11. Hackney.
Centre : 12. Saint-Giles ; 13. Strand ; 14. Holborn ; 15. City.
Est : 16. Shoreditch ; 17. Bethnal-Green ; 18. White-Chapel ; 19. Saint-Georges in the East ; 20. Stepney ; 21. Mile End Old town ; 22. Poplar.
Sud : 23. Saint-Saviour Southwark ; 24. Saint-Olave Southwark ; 25. Lambeth ; 26. Wandsworth ; 27. Camberwell ; 28. Greenwich ; 29. Lewisham ; 30. Woolwich.
Nous donnerons en appendice la superficie des districts de Londres avec leur population en 1801, 1851 et 1891.

(1) Les 11 districts de la *Central Area* sont : Saint-Georges Hannover-Square, Westminster, Marylebone, Saint-Pancras, Saint-Giles, Strand, Holborn, City, Shoreditch Saint-Georges in the East, Stepney.

n'a plus que 76000 habitants en 1871. De cette époque à 1891, sa population diminue de moitié et elle ne dépasse guère aujourd'hui 30000 habitants (31560 en 1896) soit 0,7 p. 100 de la population totale. Il est difficile de voir une transformation plus complète.

Au contraire, tous les districts de la périphérie de Londres augmentent, quelques-uns assez peu (Kensington, Bethnal-Green, etc.); mais d'autres ont un accroissement considérable, comme Fulham (75 p. 100) et Hampstead (51 p. 100), au Nord-Ouest, ou Wandsworth (46 p. 100) et Lewisham (38 p. 100) au Sud. (Voy. *fig.* 39.)

La périphérie gagne toutefois moins, de 1881 à 1891 (15,8 p. 100), que dans les périodes précédentes (27,7 p. 100, de 1871 à 1881, 28,4 p. 100, de 1861 à 1871) : elle perd au bénéfice de la banlieue.

Paris (*ancienne périphérie*). — A Paris, nous pouvons constater un phénomène analogue et à l'intérieur des anciennes limites et de la nouvelle enceinte. Considérons donc d'abord l'ancien Paris, celui des douze arrondissements, et formons-y deux groupes : 1° le centre, comprenant les IVe, VIIe et IXe arrondissements et les quartiers intérieurs des autres arrondissements (en tout 32 quartiers) ; 2° la périphérie, comprenant les quartiers contigus aux limites d'alors. En 1817, la région du Centre comptait 457486 habitants, soit 65,1 p. 100 du total ; en 1836, 528340 ou 58,6 p. 100, et en 1856, 541100 ou 46,9 p. 100 ; la périphérie, au contraire, passait de 256490 à 371000 et à 633246 et représentait successivement 34,9, 41,4 et 53,1 p. 100 du total.

De 1817 à 1856, un seul arrondissement, le IVe, avait diminué (de 24 p. 100) : trois de ses quartiers étaient en décroissance et l'un d'eux perdait jusqu'à 54 p. 100 (les Marchés). Les autres quartiers en diminution appartenaient tous au centre (les Tuileries, Saint-Eustache, Lombards, Arcis, Palais-de-Justice). Les autres arrondissements du Centre n'avaient du reste qu'une faible augmentation : le VIIe de 16 p. 100 ; le IXe de 30 p. 100. Par contre, l'accroissement atteignait 139 p. 100 dans le Ier (250 p. 100 dans le quartier des Champs-Elysées) et 126 p. 100 dans le VIIIe (363 p. 100 à Popincourt). (Voy. le tableau de la page 258 et la *fig.* 40.)

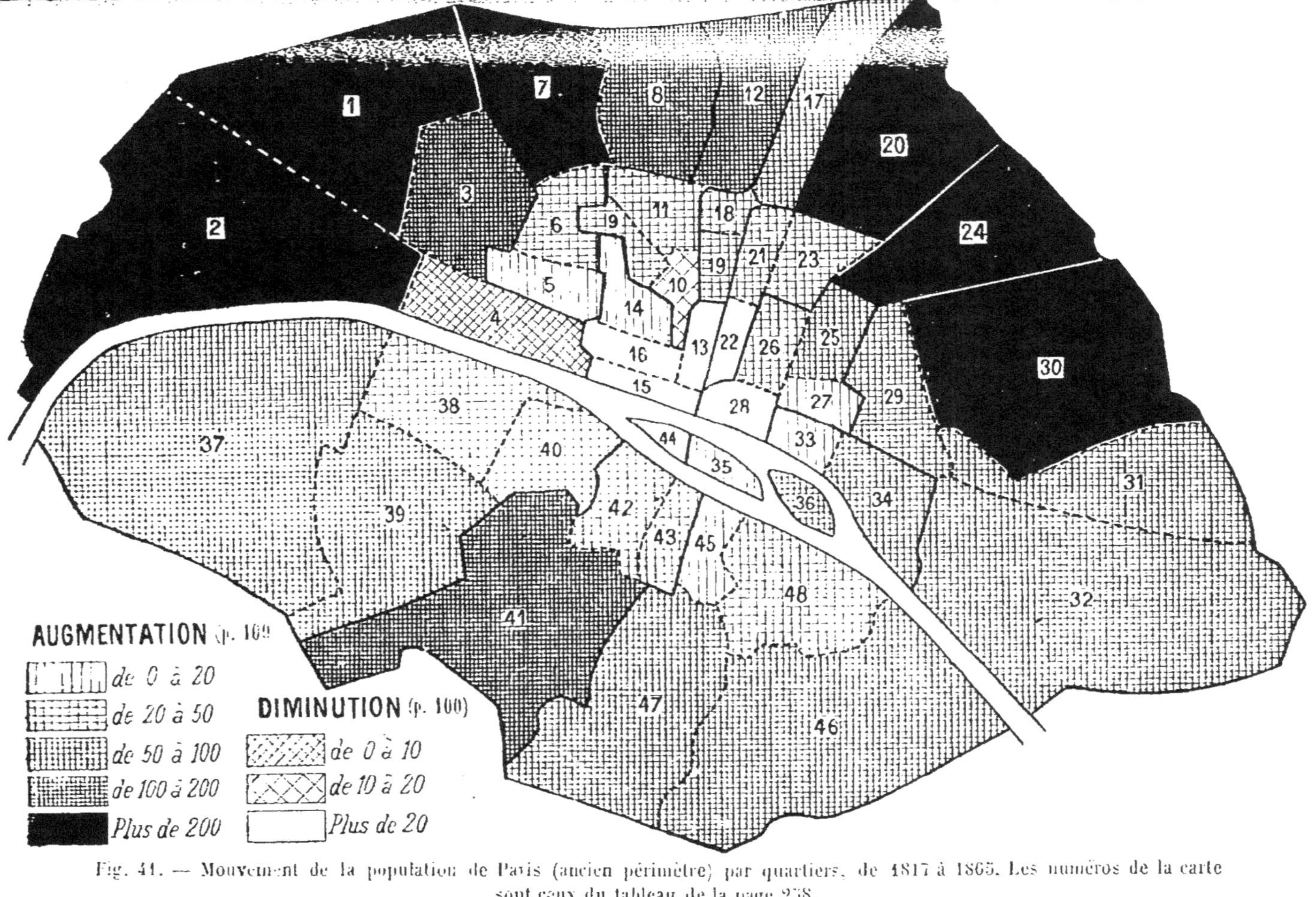

Fig. 41. — Mouvement de la population de Paris (ancien périmètre) par quartiers, de 1817 à 1865. Les numéros de la carte sont ceux du tableau de la page 258.

Population de Paris (ancien périmètre) par arrondissements et quartiers.

NUMÉROS des ARRONDISSEMENTS	ARRONDISSEMENTS ET QUARTIERS	NUMÉROS DES QUARTIERS	SUPERFICIE EN HECTARES	POPULATION		Accroissement ou diminution p. 100 de 1817 à 1856	DENSITÉ PAR HECTARE EN 1856
				EN 1817	EN 1856		
	Roule	1		15657	47243	205	
	Champs-Elysées	2		8410	29491	250	
	Place Vendôme	3		17039	35110	106	
	Tuileries	4		9128	8534	— 6,6	
Ier			569	50234	120378	140	217
	Palais-Royal	5		21654	24324	12,4	
	Feydeau	6		15094	20584	28	
	Chaussée-d'Antin	7		13461	41436	209	
	Faubourg Montmartre	8		14971	40746	173	
IIe			232	65180	127090	94	547
	Mail	9		10763	12892	20	
	Saint-Eustache	10		10746	10055	— 6,5	
	Montmartre	11		9732	14137	45	
	Faubourg Poissonnière	12		12085	33594	179	
IIIe			125	43326	70678	60	565
	Marchés	13		11173	5205	— 54	
	Banque	14		11635	12852	10	
	Louvre	15		12151	9357	— 23	
	Saint-Honoré	16		11665	8076	— 30	
IVe			56	46624	35490	— 24	632
	Faubourg Saint-Denis	17		13068	25955	100	
	Bonne-Nouvelle	18		13501	16333	20	
	Montorgueil	19		14706	18302	24	
	Porte Saint-Martin	20		15316	48509	213	
Ve			235	56591	109099	96	464
	Porte Saint-Denis	21		16911	22390	32	
	Lombards	22		15323	11431	— 32	
	Saint-Martin-des-Champs	23		25568	33865	32	
	Temple	24		14223	47056	231	
VIe			169	82225	114762	39	682

NUMÉROS des ARRONDISSEMENTS	ARRONDISSEMENTS ET QUARTIERS	NUMÉROS DES QUARTIERS	SUPERFICIE EN HECTARES	POPULATION EN 1817	POPULATION EN 1856	Accroissement ou diminution p. 100 de 1817 à 1856	DENSITÉ PAR HECTARE EN 1856
	Mont-de-Piété	25		13179	21328	60	
	Sainte-Avoye	26		17680	25245	43	
	Marché Saint-Jean	27		14063	15294	8	
	Arcis	28		11166	3764	— 66	
VII°			76	56088	65631	16	890
	Marais	29		18254	30723	68	
	Popincourt	30		11051	51235	363	
	Faubourg Saint-Antoine	31		14178	24267	71	
	Quinze-Vingts	32		18353	35246	93	
VIII°			608	61836	141471		231
	Hôtel-de-Ville	33		12587	12288	2	
	Arsenal	34		11163	19667	76	
	Cité	35		12574	13411	7	
	Ile Saint-Louis	36		5778	9739	70	
IX°			87	42102	55105	31	648
	Invalides	37		15841	29945	88	
	Saint-Germain	38		15862	21300	35	
	Saint-Thomas	39		21688	36454	70	
	Monnaie	40		22606	27851	22	
X°			532	75997	115550	51	217
	Luxembourg	41		18120	37206	105	
	Ecole-de-Médecine	42		15391	20268	32	
	Sorbonne	43		13585	16863	25	
	Palais-de-Justice	44		3575	1621	— 57	
XI°			210	50671	75958	50	363
	Saint-Jacques	45		25845	28144	3	
	Saint-Marcel	46		16262	31932	97	
	Observatoire	47		18188	30535	68	
	Jardin-des-Plantes	48		17188	29815	80	
XII°			414	77383	120446	57	290
	Totaux		3330	713200	1174000*	65	352

* La population militaire étant comprise dans le total général.

Paris (nouvelle périphérie). — Pour le Paris actuel, nous groupons dans la région du centre les dix premiers arrondis-

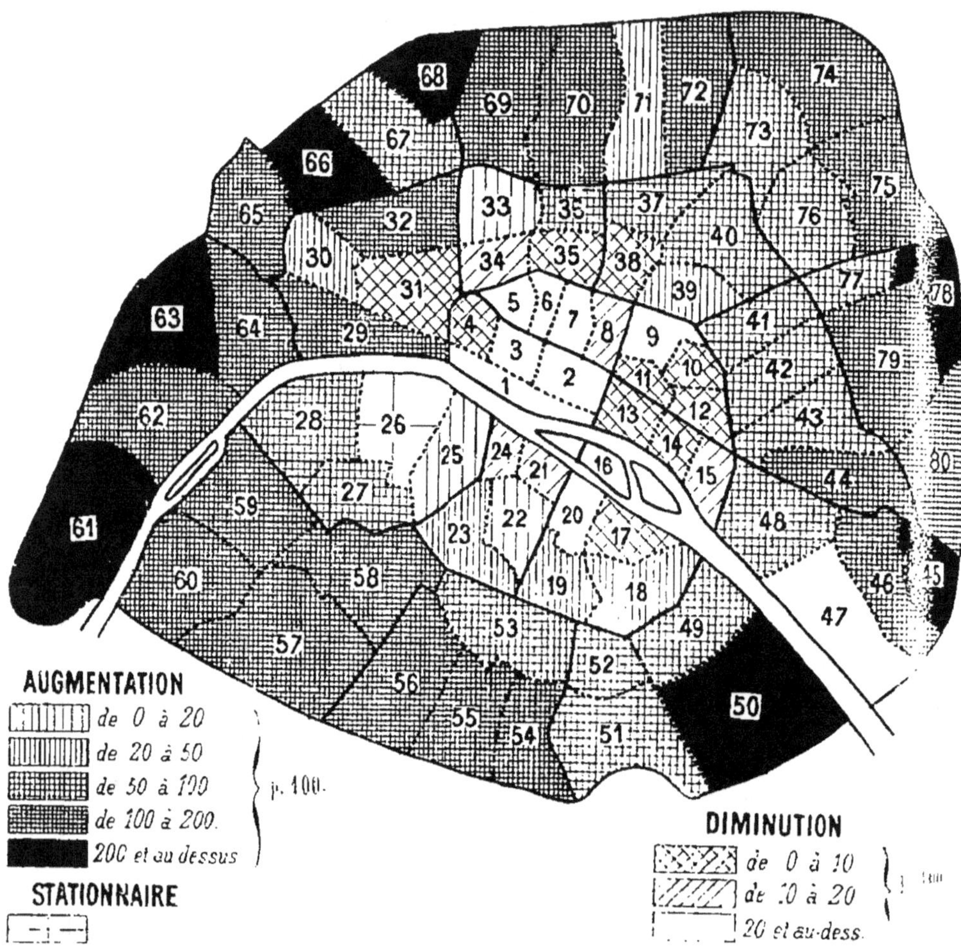

Fig. 41. — Augmentation ou diminution (p. 100) de la population de Paris (nouveau périmètre) par quartiers de 1861 à 1896. Les numéros de la carte sont ceux du tableau de la page 261.

sements et les dix autres constituent la périphérie (1). En 1861, le premier groupe comptait 946125 habitants, ou 57 p. 100 du total; en 1881, 1029286, ou 45,3 p. 100, et enfin en 1896,

(1) A Rome, la diminution des quartiers centraux est également sensible : de 1881 à 1896, cinq des quinze *rioni* de Rome ont décru, ce sont ceux de Parione, Santo-Eustachio, Pigna, Regole (— 11 p. 100) et Santo-Angelo (— 30 p. 100), tous à l'intérieur. — Les plus forts accroissements portaient sur les *rioni* excentriques tels que le Trastevere, Monti, Ripa et surtout Trevi (+ 98 p. 100), Borgo et Prati di Castello (+ 143 p. 100) et Esquilino (+ 284 p. 100). (D'après Bodio : *Notizie sulle condizioni demografiche, edilizie e amministrative di alcune grandi città italiane ed estere*.)

Superficie, population, densité des arrondissements et quartiers de Paris (1861-1896).

Numéros des Arrondissements	Arrondissements et quartiers	Numéros des Quartiers	Superficie en hectares	Population de droit en 1861	Population de droit en 1896	Accroissement + ou diminution — p. 100 de 1861-1896	Densité par hectare en 1861	Densité par hectare en 1896
	St-Germ.-l'Auxerrois	1	93,35	10947	8510	— 22	117	91
	Halles	2	41	42292	30471	— 28	1032	731
	Palais-Royal	3	28,45	22250	13667	— 36	782	500
	Place Vendôme	4	27	14030	12774	— 9	520	500
Ier	*Louvre*		190	89419	65422	— 25	471	347
	Gaillon	5	19,20	11765	7657	— 34	499	437
	Vivienne	6	23,30	14639	11615	— 19	579	513
	Mail	7	27	22757	18195	— 22	767	655
	Bonne-Nouvelle	8	28	32448	29535	— 11	1165	1054
IIe	*Bourse*		97,50	81609	67002	— 18	784	682
	Arts-et-Métiers	9	30,65	31870	24967	— 23	885	810
	Enfants-Rouges	10	27,85	22135	21226	— 5,5	788	743
	Archives	11	36	21686	21056	— 5	610	574
	Sainte-Avoye	12	21,50	23425	21176	— 9,5	1080	1012
III	*Temple*		116	99116	88965	— 12	813	761
	Saint-Merri	13	32	26747	24825	— 8	836	767
	Saint-Gervais	14	40,85	43613	40951	— 7	1068	1016
	Arsenal	15	48,15	16992	19683	— 19	353	403
	Notre-Dame	16	35,50	21168	12745	— 38	596	376
IVe	*Hôtel-de-Ville*		136,50	108520	98204	— 10	693	629
	Saint-Victor	17	59,70	27837	26931	— 3	466	456
	Jardin-des-Plantes	18	80	19049	27909	+ 46	238	348
	Val-de-Grâce	19	67	25993	33453	+ 27	388	493
	Sorbonne	20	42,30	34875	28295	— 20	824	666
Ve	*Panthéon*		249	107754	116588	+ 9	433	465
	Monnaie	21	28,80	21198	18813	— 12	736	640
	Odéon	22	70,20	21595	22010	+ 0,8	308	310
	N.-D.-des-Champs	23	84,40	34518	44522	+ 29	409	529
	St-Germain-des-Prés	24	27,60	18620	16064	— 12	675	606
VIe	*Luxembourg*		211	95931	101409	+ 5	455	476
	St-Thomas-d'Aquin	25	78	26796	28033	+ 4	344	355
	Invalides	26	107	15098	15832		141	140
	École Militaire	27	82	11860	19910	+ 66	145	229
	Gros-Caillou	28	136	19211	36145	+ 83	141	260
VIIe	*Palais-Bourbon*		403	72965	99920	+ 34	181	250

NUMÉROS des Arrondissements	ARRONDISSEMENTS ET QUARTIERS	NUMÉROS des Quartiers	SUPERFICIE EN HECTARES	POPULATION EN 1861	POPULATION EN 1896	Accroissement + ou diminution — p. 100 DE 1861-1896	DENSITÉ par hectare en 1861	DENSITÉ par hectare en 1896
	Champs-Elysées	29	111,60	7179	14948	+ 105	64	131
	Faubourg du Roule	30	75,60	16602	24268	+ 48	220	325
	Madeleine	31	79	28253	26050	— 8	358	314
	Europe	32	114,80	17780	37822	+ 115	155	330
VIIIe	*Élysée*		381	69814	103088	+ 47	183	270
	Saint-Georges	33	71,20	33447	37066	+ 10	470	530
	Chaussée-d'Antin	34	55,30	25110	21979	— 10	454	400
	Faub. Montmartre	35	42,05	25990	23390	— 9	618	560
	Rochechouart	36	44,45	22779	37876	+ 64	512	842
IXe	*Opéra*		213	107326	120311	+ 12,8	504	563
	St-Vincent-de-Paul	37	90,40	22093	40597	+ 85	244	453
	Porte Saint-Denis	38	47,20	29986	28419	— 4	635	609
	Porte Saint-Martin	39	58,20	33073	39230	+ 21	568	695
	Hôpital Saint-Louis	40	90,20	28419	43846	+ 56	315	489
X^e^	*Enclos Saint-Laurent*		286	113571	152092	+ 35,5	397	537
	Folie-Méricourt	41	70,15	36952	56624	+ 52	527	803
	Saint-Ambroise	42	81,75	26931	47108	+ 78	317	588
	Roquette	43	117,20	39677	74227	+ 80	339	620
	Sainte-Marguerite	44	91,90	23158	47714	+ 103	252	510
XIe	*Popincourt*		361	125718	225673	+ 77	348	625
	Bel-Air	45	99	4007	12704	+ 212	40	126
	Picpus	46	183,50	19338	49560	+ 151	105	269
	Bercy	47	165,50	12794	9707	— 25	77	59
	Quinze-Vingts	48	120	29609	47466	+ 58	217	390
XIIe	*Reuilly*		568	65748	119447	+ 79	116	210
	Salpêtrière	49	116,90	15245	23207	+ 54	130	203
	Gare	50	262,20	13542	40948	+ 200	52	153
	Maison-Blanche	51	173,80	18342	35242	+ 90	106	200
	Croulebarbe	52	72,10	9669	15813	+ 68	134	223
XIIIe	*Gobelins*		615	56798	115220	+ 102	91	200
	Montparnasse	53	109	15408	27478	+ 85	141	260
	Santé	54	102,15	4523	10271	+ 124	44	99
	Petit-Montrouge	55	105,40	11293	27166	+ 135	107	255
	Plaisance	56	147,45	21368	57362	+ 169	145	390
XIVe	*Observatoire*		464	52594	122277	+ 133	113	263

NUMÉROS des Arrondissements	ARRONDISSEMENTS ET QUARTIERS	NUMÉROS des Quartiers	SUPERFICIE EN HECTARES	POPULATION		Accroissement + ou diminution — p. 100 DE 1861-1896	DENSITÉ par hectare	
				EN 1861	EN 1896		en 1861	en 1896
	Saint-Lambert	57	239	12867	31090	+138	54	128
	Necker	58	154	20221	44448	+115	131	288
	Grenelle	59	150	16064	39647	+142	107	259
	Javel	60	178	6889	20600	+197	39	114
XVe	*Vaugirard*		721	56041	135785	+137	78	187
	Auteuil	61	249	6545	22327	+238	26	89
	Muette	62	167,35	12848	27679	+109	77	161
	Porte-Dauphine	63	144,45	3771	21679	+464	26	147
	Chaillot	64	148,20	13594	31975	+132	92	213
XVIe	*Passy*		709	36728	103260	+182	52	143
	Ternes	65	109,65	16850	40714	+139	154	369
	Plaine-Monceau	66	121,45	7781	33378	+324	64	269
	Batignolles	67	111,60	33163	56945	+ 70	297	505
	Epinettes	68	102,30	17425	53802	+204	170	528
XVIIe	*Batignolles-Monceau*		445	75228	185111	+142	169	416
	Grandes-Carrières	69	167,35	24738	57214	+128	148	338
	Clignancourt	70	148,45	38846	99920	+154	262	670
	Goutte-d'Or	71	95	30653	46045	+ 49	323	477
	Chapelle	72	108,20	12119	25249	+104	112	228
XVIIIe	*Montmartre*		519	106356	228428	+111	205	448
	Villette	73	125,30	30486	51138	+ 66	243	405
	Pont-de-Flandre	74	170,60	5634	14693	+160	33	87
	Amérique	75	143,70	11716	24634	+110	82	170
	Combat	76	126,40	28589	44800	+ 56	226	350
XIXe	*Buttes-Chaumont*		566	76445	135285	+ 76	135	238
	Belleville	77	82,10	28574	53009	+ 83	348	634
	Saint-Fargeau	78	115,60	3683	12638	+246	32	109
	Père-Lachaise	79	162,20	23585	46402	+100	145	287
	Charonne	80	161,10	14218	41698	+183	88	252
XXe	*Ménilmontant*		521	70060	153347	+115	134	299
	Totaux		7802	1667841 (garnison non comprise)	2536834	+ 48	214	326

1013000, ou 40 p. 100 seulement. La population de la périphérie passait (1861-1896) de 721716 à 1523785, et sa proportion, de 43 p. 100 à 60 p. 100 de l'ensemble. Sur les dix arrondissements du premier groupe, les quatre plus exclusivement centraux sont tous en diminution sur 1861, surtout le Ier (— 25 p. 100), et cette diminution atteint tous leurs quartiers sans exception (— 36 p. 100 et — 38 p. 100 au Palais-Royal et à Notre-Dame).

Quelques arrondissements du centre ont cependant un accroissement assez sensible (34, 35 et 47 p. 100 dans les VIIe, Xe et VIIIe); mais aucun n'arrive même à la moyenne d'augmentation de Paris pendant la même période (48 p. 100).

Dans le second groupe, l'accroissement porte sur tous les arrondissements et même (sauf Bercy) sur tous les quartiers, et leur augmentation dépasse partout l'augmentation moyenne de la capitale : elle est particulièrement forte dans les XIVe et XVe avec 133 et 137 p. 100, dans le XVIIe avec 142 p. 100 (324 dans la Plaine-Monceau) et atteint son maximum dans le XVIe avec 182 p. 100 (464 p. 100 à la Porte-Dauphine). Nous assistons donc dans le nouveau comme dans l'ancien Paris à un peuplement progressif et intense de la périphérie. (Voy. le tableau de la page 261 et la *fig.* 41).

Berlin. — A Berlin, la proportion des quartiers du centre dans la population totale n'a fait que baisser depuis vingt ans. En 1875, l'ensemble des six *Standesamtsbezirke* de l'intérieur constituait 53,4 p. 100 de la population de la capitale; en 1885, ce rapport n'était plus que de 40 p. 100 et, en 1895, de 30 p. 100 seulement. La perte porte presque exclusivement sur les Ier et IIe districts (*Altstadt* et *Friedrichstadt*) au cœur même de Berlin. En 1875, leur part dans la population de Berlin était encore de 17,6 p. 100; aujourd'hui elle n'est plus que de 7,3 p. 100. L'Altstadt a décru de 31,2 p. 100 et la Friedrichstadt, de 16,4 p. 100 : la décroissance atteint son maximum (33 p. 100) dans le ***Stadt theil de Berlin*** (Ier Bezirk).

Au contraire, l'ensemble de la périphérie ne comptait en 1875 que 430000 âmes : il en compte aujourd'hui 1176000, soit un accroissement de 195 p. 100. Six districts absorbent à eux seuls la moitié de cette augmentation (50,8 p. 100); ce sont les IIIe (***Friedrich Vorstadt***), IV*a* et IV*b* (***Tempelhof***), XII*a* et XII*b* (***Friedrich Wilhelmstadt*** et ***Moabit***) et le XIIIe (***Wedding***), c'est-à-dire toute la [illegible]gion Sud et Sud-Ouest. En 1875, leur population globale était

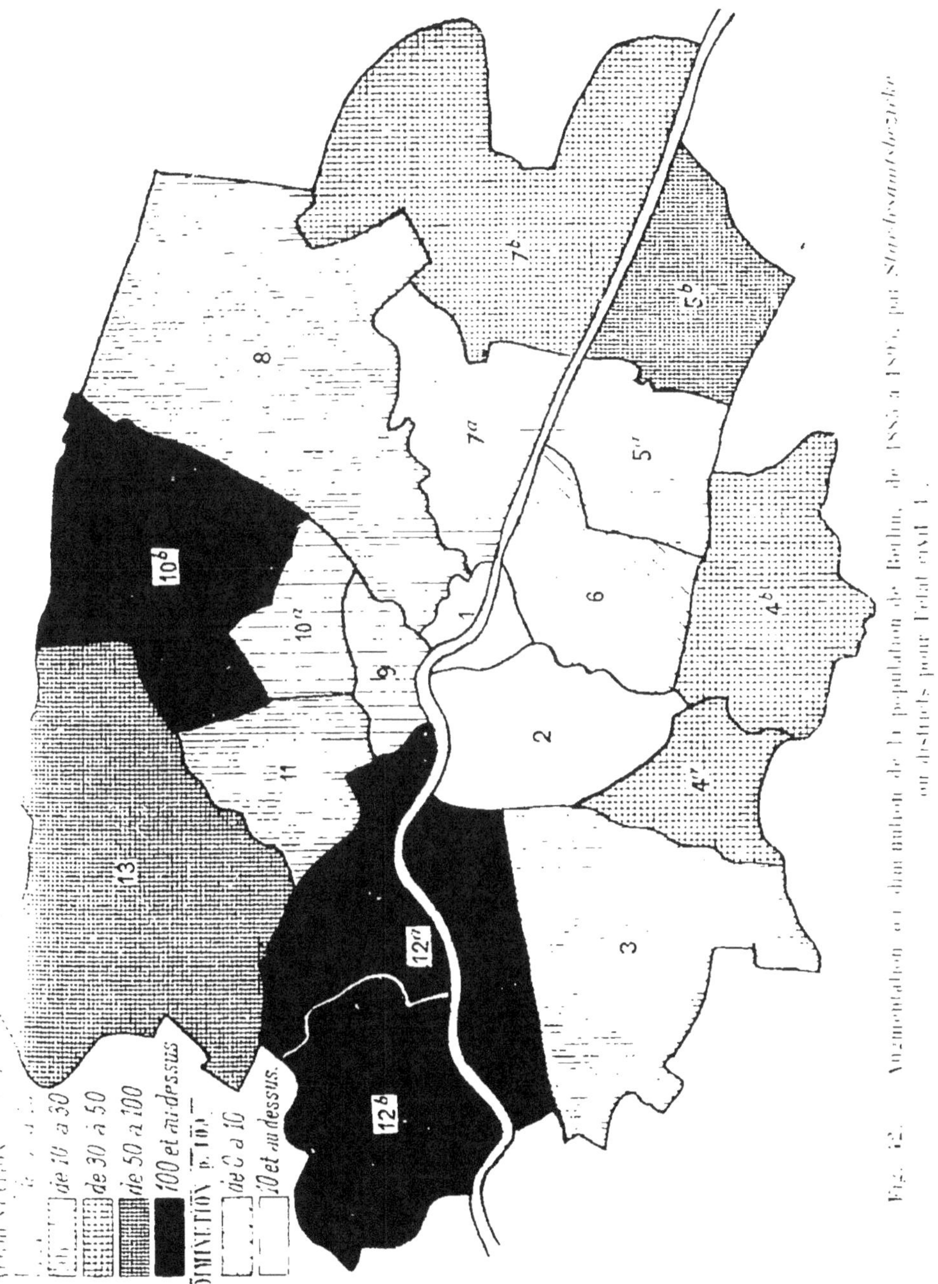

Fig. 42. — Augmentation et diminution de la population de Berlin, de 1885 à 1890, par *Standesamtsbezirke* ou districts pour l'état civil 1.

1. Les numéros de la carte de Berlin [illegible] aux districts suivants : 1. Berlin. 2. Friedrichstadt ; 3. Untere-Friedrichstadt ; 4a. [illegible]-Friedrichstadt ; 4b. Tempelhof ; 5a. Luisenstadt-Centre ; 5b. Luisenstadt-Est ; 6. Luisenstadt-Ouest ; 7a. Stralauer-Viertel Ouest ; 7b. Stralauer-Viertel Est ; 8. Königs-Viertel ; 9. Spandauer-Viertel ; 10a. Rosenthaler-Vorstadt Sud ; 10b. Rosenthaler-Vorstadt Nord ; 11. Oranienburger-[illegible] ; 12a. [illegible] Wedding et Moabit-Est ; 12b. Moabit-Ouest ; 13. Wedding. On trouvera [illegible] population de Berlin par districts

de 194000 âmes, soit 20 p. 100 du total de Berlin ; elle atteignait en 1895, 556000, ou 33 p. 100. L'accroissement était surtout très sensible dans l'ensemble du XIIe district, où il s'élevait jusqu'à 300 p. 100. (Voy. *fig.* 42.)

Vienne. — A Vienne, il faut distinguer entre l'ancien et

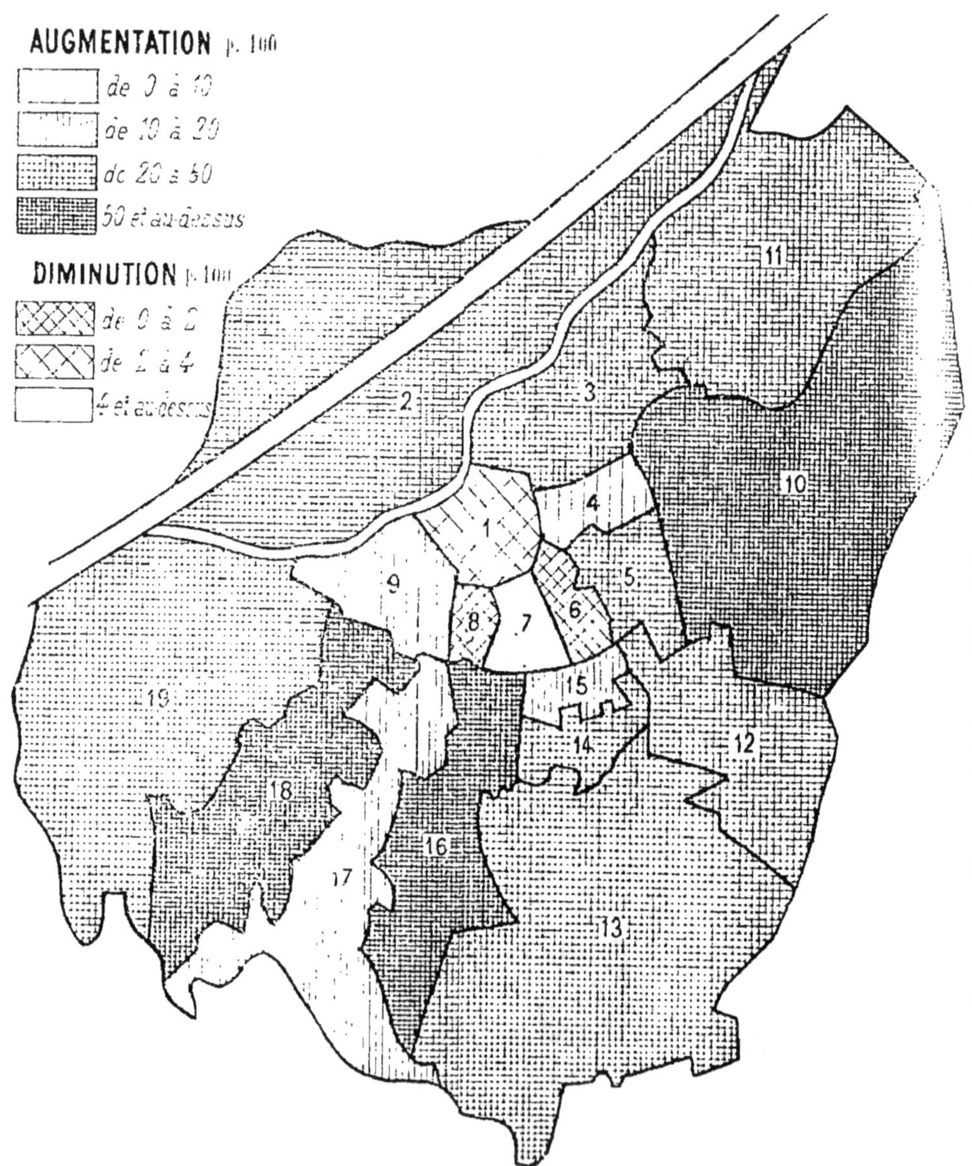

1. Les numéros de la carte de Vienne correspondent aux quartiers suivants : *Ancienne ville* : 1. Innere Stadt ; 2. Leopoldstadt ; 3. Landstrasse ; 4. Wieden ; 5. Margarethen ; 6. Maria

nouveau périmètre. Sur un total de 251778 habitants (population civile) gagnés par la capitale autrichienne depuis 1880, 139235 reviennent aux communes annexées en 1890. Leur ensemble passe de 385363 habitants (1880) à 524598, tandis que l'ancienne ville progresse de 704756 à 817300. Celle-ci représente toujours la majeure partie de la population globale, 60 p. 100; mais en 1880, sa proportion était de 65,4 p. 100. Dans l'ancienne ville, six districts (*Bezirke*) sur dix augmentent, deux surtout, Leopolstadt (33,5 p. 100) et Favoriten (62,6 p. 100), mais tous deux sont excentriques et touchent aux limites de la ville à l'Est, vers le Danube et au Sud-Est. La diminution affecte particulièrement le centre de la ville, l'Innere Stadt (Ier Bezirk) et Neubau (VIIe) avec une perte de 3,7 et 5,4 p. 100; elle est légère dans le VIe et le VIIIe, et, du reste, elle n'atteint pas en totalité 7500 habitants (3 p. 100).

Dans les nouveaux quartiers, l'accroissement est général mais présente de sensibles différences : il n'est que de 10,4 p. 100 à Fünfhaus qui confine au centre et arrive à 55,2 p. 100 à Währing et 69,4 p. 100 à Ottakring. (Voy. *fig.* 43.)

Saint-Pétersbourg. — Saint-Pétersbourg, comme nos capitales de l'Occident, voit diminuer la population de sa région centrale. En 1869, sur un total de 668000 habitants, 300000, ou 45 p. 100 environ, appartenaient aux cinq arrondissements (*tchasti*) plus spécialement centraux de l'Amirauté (Ier) de Kazan (IIe) de Spasskaïa (IIIe) de Kolomna (IVe) et de Liteïnaja (IXe). En 1881, la population globale de cette région ne s'était élevée qu'à 342000 habitants sur un ensemble de 861000; elle ne représentait donc plus que 40 p. 100 du total Enfin, en 1890, sur un total de 954000 habitants, il lui en revient seulement 354000, soit 37,2 p. 100, et sur ces cinq arrondissements, deux sont en diminution sur 1881, ceux de l'Amirauté et de Kazan, qui forment comme le cœur de la métropole russe. Au contraire, les arrondissements plus excentriques, tels que ceux de Pétersbourg (XIe), de Wiborg (XIIe), surtout l'Alexandro-

7. Neubau; 8. Josephstadt; 9. Alsergrund; 10. Favoriten. — *Nouveaux quartiers* : 11. Simmering; 12. Meidling; 13. Hietzing; 14. Rudolfsheim; 15. Fünfhaus; 16. Ottakring, 17. Hernals; 18. Wahring; 19. Dobling. (Voy. aux appendices la population et la superficie de Vienne par Bezirk.)

(1) D'après le dénombrement de Saint-Pétersbourg, en 1890.

Newska (VIIe), ont vu beaucoup s'accroître leur population. (Voy. *fig. 44*).

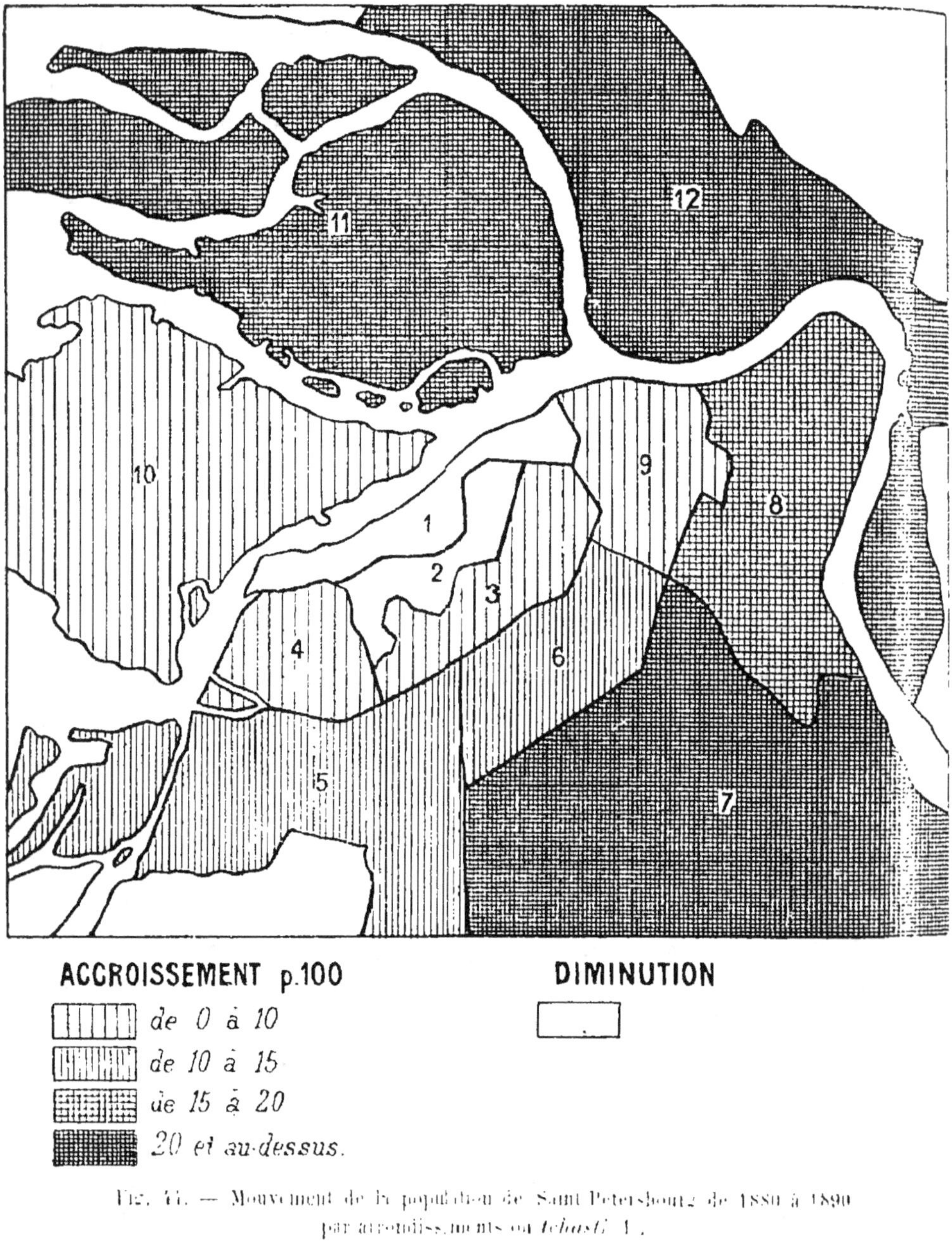

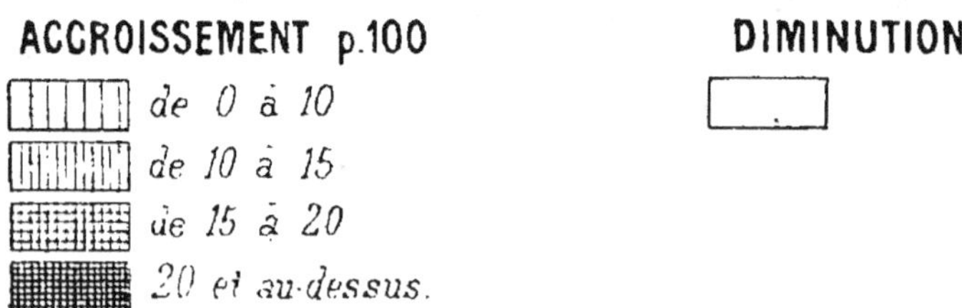

Fig. 44. — Mouvement de la population de Saint-Pétersbourg de 1880 à 1890 par arrondissements ou *tchasti* (1).

1. Numéros correspondants à ceux de la carte de Saint-Pétersbourg : 1. Amirauté ; 2. Kazan ; 3. Spasskaïa ; 4. Kolomna ; 5. Narva ; 6. Moscou ; 7. Alexandro-Newska ; 8. Rodestwenskaïa ; 9. Liteïnaïa ; 10. Wassili ; 11. Vieux-Pétersbourg ; 12. Wyborg. Nous donnerons en appendice la population de Saint-Pétersbourg par arrondissements.

De l'immigration dans les métropoles européennes. — Comment et dans quelle mésure chacune de ces métropoles a-t-elle bénéficié de l'immigration? Ici encore, nous allons rencontrer de grandes dissemblances.

Londres. — Londres s'est accrue autrefois par l'immigration; de 1851 à 1861, sur une augmentation globale de 414000 habitants, il y avait 260000 immigrés, ou 63 p. 100. De 1861 à 1871, l'immigration ne fournit qu'une somme insignifiante de 9000 unités sur un accroissement de 451000, soit 2 p. 100. Elle donne beaucoup plus de 1871 à 1881, 102000 sur 562000 d'augmentation, ou 20 p. 100; mais dans la dernière période, il y a au contraire, une *émigration* de 117800 personnes (3 p. 100); la population, qui s'accroît beaucoup par l'excédent de natalité, est comme refoulée sur la banlieue; de 1881 à 1891, le *greater London* extérieur a eu une immigration de 161500 individus, ou 19 p. 100.

Berlin. — A Berlin, l'immigration a atteint un taux fort élevé depuis 1871; elle a été successivement de 73 p. 100 (1871-75), 60 p. 100 (1876-80), 68 p. 100 (1886-90). Au total, sur 754000 habitants gagnés par Berlin de 1871 à 1890, 506000, ou 67,5 p. 100, étaient fournis par l'immigration.

Sans rien avancer d'une façon absolue, nous pouvons dire que cet excédent a dû se restreindre beaucoup dans la dernière période. En effet, de 1885 à 1890, l'excédent de natalité était, à Berlin, de plus de 78000 têtes. En admettant le même total (ce qui est au-dessous de la vérité), pour la période 1891-1895, il ne resterait, sur une augmentation totale de 98000 âmes, que 20000 pour la part de l'immigration (1). On peut donc affirmer qu'à Berlin l'immigration se réduit, si elle n'a déjà fait place, comme à Londres, au mouvement inverse. Ce qui ne veut pas dire que dans l'une et l'autre capitale, l'immigration disparaisse, mais l'arrivée des nouveaux venus est compensée par l'exode d'une partie de la population vers les localités suburbaines.

Vienne. — A Vienne, l'immigration avait été, de 1880 à 1890,

(1) D'après les documents publiés par le *Stat. Jahrbuch* de Berlin (1895), l'excédent d'immigration l'emporterait de 17000 personnes à peu près sur l'excédent de natalité de 1890 à 1895.

de 66600 habitants, ou 58 p. 100 de l'accroissement, mais ces données ne s'appliquent qu'à l'ancienne ville.

Paris. — A Paris, l'immigration est continue, mais avec une proportion variable. De 1872 à 1876, elle est de 90000 sur un accroissement total de 137000 habitants, ou 61,5 p. 100; de 1876 à 1881, elle atteint le chiffre énorme de 258000 sur 281000, ou 92 p. 100; elle s'abaisse à 48000 sur 75000 de 1881 à 1886, ou 64 p. 100; se relève à 68000 sur 103000 de 1886 à 1891, ou 66 p. 100 et s'abaisse de nouveau à 31000 de 1891 à 1896, sur 88000, ou 35,6 p. 100. En résumé, sur 661000 habitants qui forment l'augmentation de Paris depuis 1872, 495000, ou 75,3 p. 100 sont dus à l'immigration. Dans l'ancien Paris, le même mouvement se produisait; de 1836 à 1846, l'immigration représentait 20 p. 100 de l'accroissement total et de 1846 à 1856, 96,5 p. 100. On remarquera qu'avant 1860 comme après les plus forts excédents d'immigration coïncident avec des périodes où ont eu lieu des Expositions universelles (1851, 1878 et 1889).

Saint-Pétersbourg. — A Saint-Pétersbourg, ville avant tout administrative et militaire, l'immigration atteignait des proportions inouïes; c'est ainsi qu'en 1890, sur une population de 954000 habitants, 650000, soit 68,4 p. 100, étaient nés hors de la ville. En ne considérant que les individus âgés de plus de 16 ans, la proportion était encore plus forte : elle était de 80 p. 100. Le total de la population de cette catégorie née hors de la ville était de 593000 et sur ce nombre les hommes représentaient 57,6 et les femmes seulement 42,4 p. 100. Nous verrons en effet que, à l'encontre de ce qui se passe dans les grandes métropoles de l'Occident, le sexe féminin l'emporte à Saint-Pétersbourg. Nous ne reparlerons pas ici de l'immigration dans les autres capitales de l'Europe, puisque nous l'avons étudiée dans les chapitres précédents. Toutefois, à titre de comparaison, nous avons dressé un graphique (voy. la *fig.* 45) qui permet d'embrasser d'un coup d'œil la part afférente à l'excédent d'immigration et à l'excédent de natalité dans l'accroissement de la plupart des capitales de l'Europe pour la période 1881-1890.

La population des métropoles considérée suivant l'origine. — Par le fait même de leur recrutement, ces métropoles ont une partie plus ou moins considérable de leur population née hors de leur sein, mais ce contingent est fort variable. A Londres, la popula-

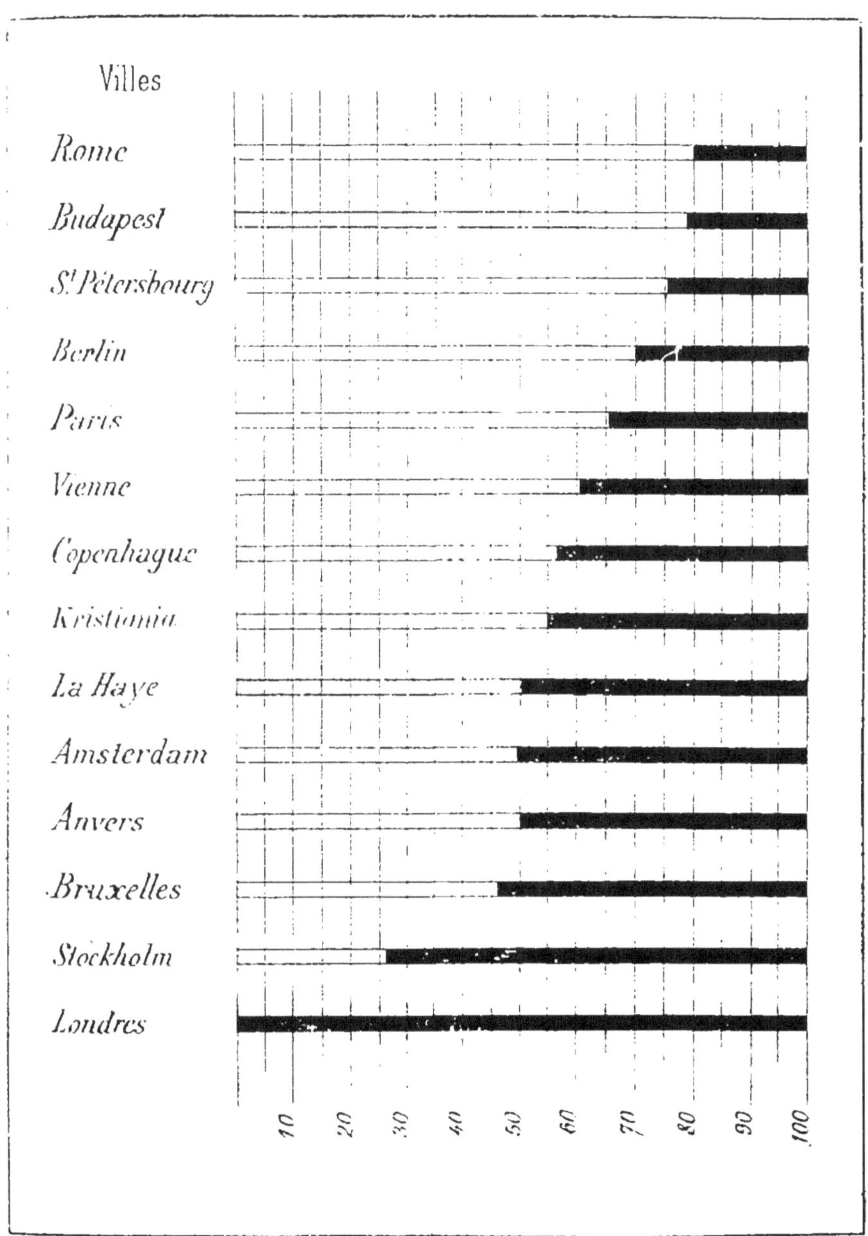

Fig. 45. — Part proportionnelle (p. 100) de l'excédent de natalité (en noir) et de l'excédent d'immigration (en blanc) dans l'accroissement des villes capitales, de 1881 à 1890.

tion originaire de la ville était (1891) de 2759395 habitants, ou 68 p. 100 du total. A Vienne, cette population était de 626768, ou

44,7 p. 100, et si l'on considérait les habitants ayant droit de cité dans la capitale (*heimatsberechtigte*), le taux s'abaisserait à 35 p. 100 (36,1 dans l'ancienne ville et 31,9 dans les nouvelles annexes). En 1830, la proportion était de 69,8 p. 100 et, en 1869, de 44,6 p. 100.

A Berlin, on comptait en 1880, 635546 personnes nées hors de la ville, ou 56,7 p. 100; en 1890, il y en avait 938000, ou 59 p. 100.

A Saint-Pétersbourg, la population autochthone, est encore plus restreinte qu'à Berlin. Sur un total de 954000 habitants, 650000 ou 68,3 p. 100 étaient nés hors de la ville en 1890. Dans ce nombre, il y avait seulement 273000 femmes, soit 42 p. 100. La statistique russe distinguait également parmi les immigrés deux classes principales, les bourgeois (*Miechtnianine*) et les paysans (*Krestnianine*). Sur les 224000 bourgeois recensés, 109000 étaient nés hors de la capitale, soit 48,5 p. 100, sur les 502000 paysans, 414000 étaient des immigrés, c'est-à-dire 82,6 p. 100. L'immigration se recrute donc de préférence dans les masses populaires de l'Empire.

A Paris, on ne comptait, en 1891, que 852796 personnes de nationalité française nées dans la capitale, soit 35,04 p. 100. Paris est donc une des grandes métropoles qui a la population le moins *autochtone*. Si l'on considère les habitants de Paris nés hors de la Seine, on voit que leur proportion n'a pas beaucoup changé depuis 1861; elle était alors de 603 p. 1000 habitants, de 633 en 1866 (taux maximum), de 587 en 1876 et 599 en 1891. D'après le calcul de M. Bertillon, elle aurait été de 587 en 1833, la même que quarante ans plus tard.

Habitants de Paris nés hors de Paris (1891)

ARRONDISSEMENTS	SUR 1000 HABITANTS DU TOTAL Combien nés HORS DE PARIS	ARRONDISSEMENTS	SUR 1000 HABITANTS DU TOTAL Combien nés HORS DE PARIS
Ier	694	XIe	578
IIe	703	XIIe	640
IIIe	594	XIIIe	590
IVe	663	XIVe	600
Ve	684	XVe	604
VIe	682	XVIe	682
VIIe	700	XVIIe	675
VIIIe	748	XVIIIe	653
IXe	694	XIXe	590
Xe	630	XXe	548

Bien entendu, la proportion de la population née hors de Paris varie suivant les régions de la capitale. Elle est plus particulièrement forte dans certains arrondissements du Centre, le Ier et le IIe (694 et 703 p. 1000 habitants) et dans les riches arrondissements de l'Ouest, le VIIe (700 p. 1000), le VIIIe (748 p. 1000 et 782 p. 1000 dans le quartier des Champs-Elysées). Au contraire, la proportion est plus faible dans le IIIe (590 p. 1000 dans le quartier du Marais), et dans les XIe, XIIe et XXe arrondissements. (Voy. le tableau précédent.)

Tout ce que nous venons d'exposer suffit à nous faire voir quelles analogies et aussi quelles différences comporte le développement de nos métropoles européennes. Nous verrons plus bas quelles conséquences en résultent pour la démographie.

Densité de la population dans les métropoles européennes. — Nos métropoles européennes diffèrent beaucoup sous le rapport de la densité de leur population, comme sous celui de leur superficie globale. Les deux d'entre elles qui se ressemblent le plus sont Paris et Berlin. La capitale allemande, qui couvrait 3511 hectares en 1851, a aujourd'hui (depuis les annexions de 1861) une surface de 6452 hectares. Paris et Saint-Pétersbourg ne sont pas sensiblement plus grands; la superficie de Paris, avant 1861, était de 3437 hectares; elle est aujourd'hui de 7802, celle de Saint-Pétersbourg est de 8677 hectares(1). Il en est autrement de Vienne qui, même dans l'ancien périmètre (5534 hectares), dépassait notablement le Paris d'avant 1861; aujourd'hui sa superficie est de près de 16000 hectares. Quant à Londres, elle couvre 31300 hectares, et si l'on considérait le *Greater London* compris dans le *Metropolitan Police district*, on arriverait à 181440. Ainsi le Londres proprement dit est déjà quatre fois plus grand que Paris, près de cinq fois plus grand que Berlin et le double de Vienne même agrandi; à lui seul, il couvre plus de terrains que les trois autres capitales réunies! Mais que dire du *greater London* avec ses 1814 kilom. carr. (la Seine en a 479)? C'est moins alors une ville, a-t-on dit avec raison, « qu'une province couverte de maisons. »

Dans ces conditions, la densité de la population est fort diffé-

(1) La Statistique russe donne la superficie en sagènes carrées comme la Statistique anglaise en acres. Nous avons réduit les deux mesures en hectares.

rente dans nos capitales. A Paris, elle est, en 1896, de 326 par

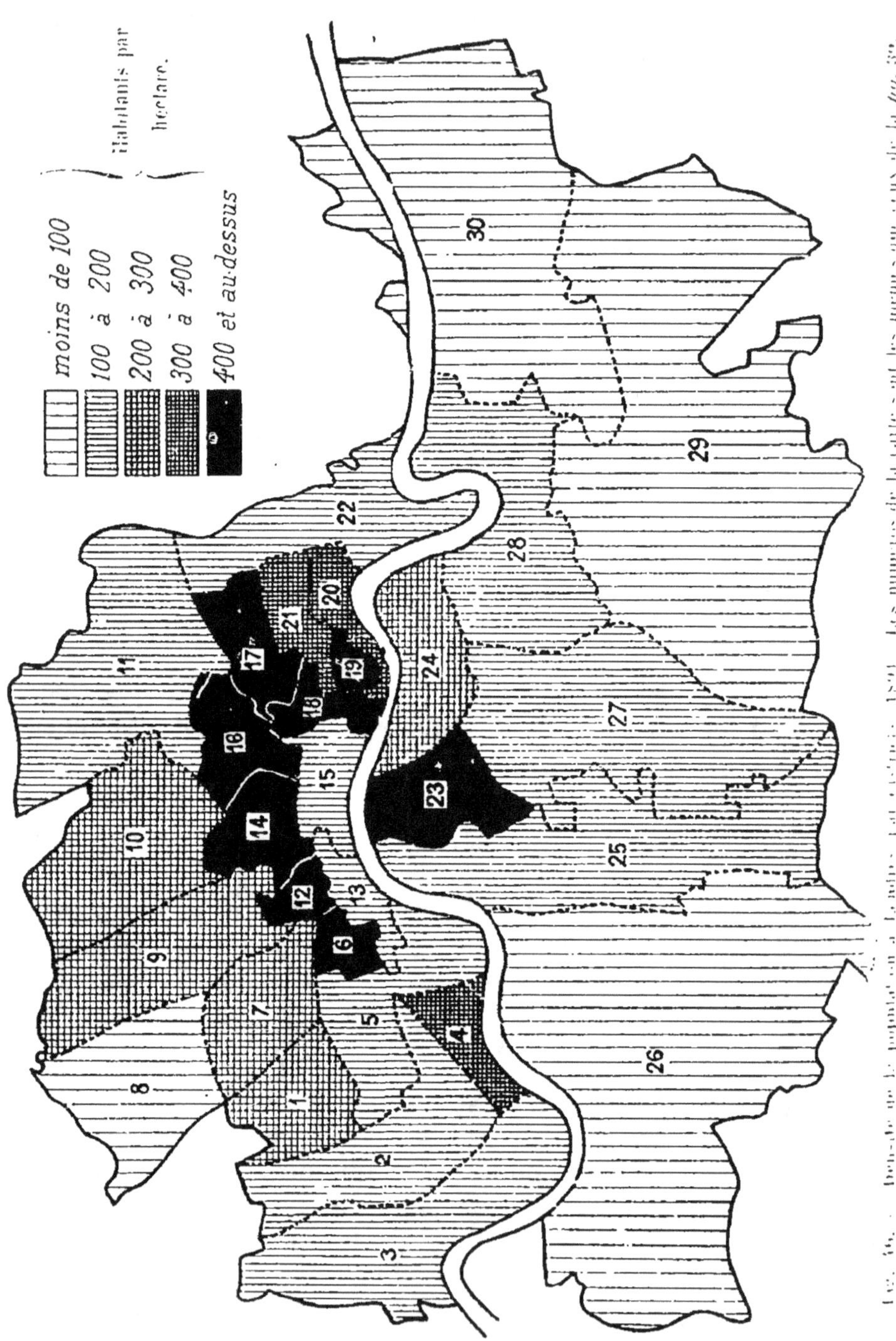

Fig. 46. — Densité de la population à Londres par districts, 1891. Les numéros de la carte sont les mêmes que ceux de la fig. 39.

hectare, encore inférieure à celle du Paris de 1856 (352); à Berlin.

la densité est de 260 ; elle est, à Saint-Pétersbourg, de 140 ; à Londres (*Inner London*), de 136 ; elle n'est plus à Vienne, que de 85.

Mais entre les quartiers d'une même métropole, nous trouvons aussi de très sensibles différences : partout, la densité est forte au centre et s'atténue en allant aux extrémités. A Londres, la *Central Area*, avec 4184 hectares, a une densité de 244 habitants ; le reste, avec 27116 hectares, n'a que 117. Les plus fortes densités sont données dans le Centre par Saint-Georges in the East (434 hab. par hectare) et Shoreditch (477) ; au delà, par Whitechapel (493) ; nous rencontrons le minimum de densité à Woolwich avec 41 et à Lewisham avec 22 habitants par hectare. (Voy. la *fig.* 46.)

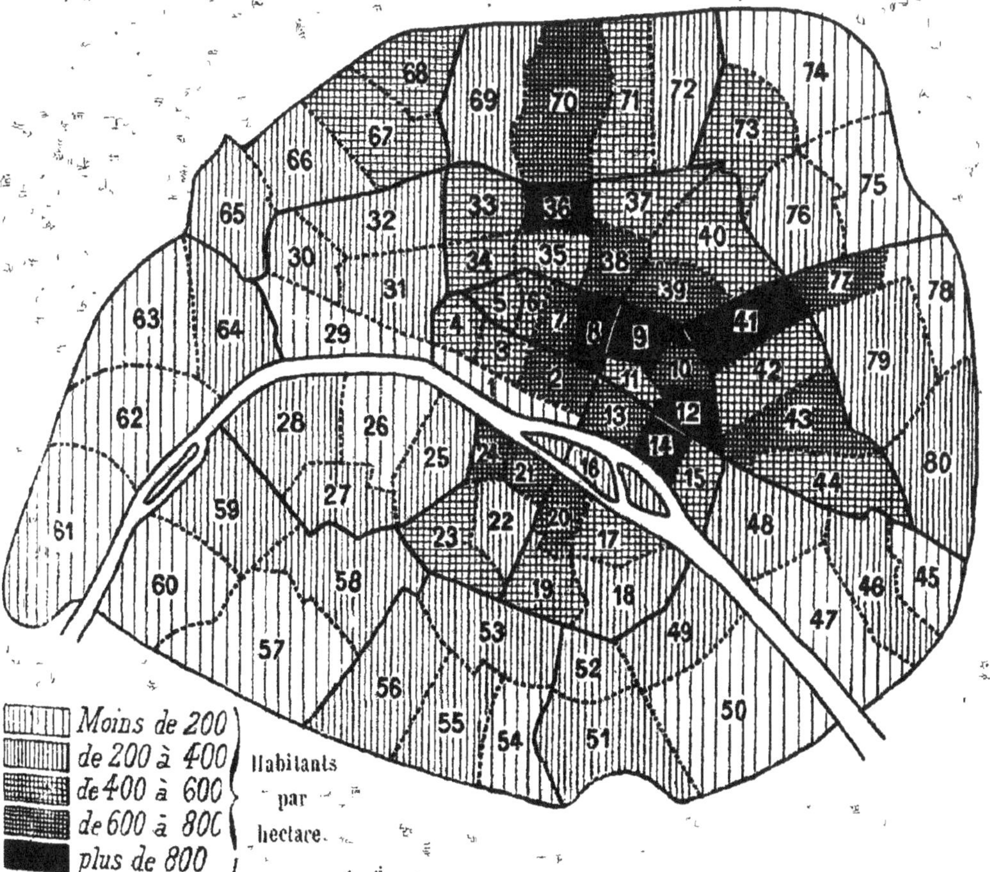

Fig. 47. — Densité de la population de Paris par quartiers en 1896. Les numéros de quartiers sont ceux du tableau de la page 261, etc. (1).

A Paris, les dix arrondissements de l'Intérieur ont une super-

(1) Nous avons calculé la densité d'après la population présente ou *de fait*.

ficie de 2303 hectares et leur densité est de 434, les arrondissements excentriques couvrent 6500 hectares et n'ont qu'une densité de 231 habitants (voy. la *fig.* 48). La population est particulièrement dense dans le IIe arrondissement avec 682 hab. par hectare (1 054 à Bonne-Nouvelle, maximum de la densité parisienne), dans le IIIe avec 772 (1 012 à Sainte-Avoie), dans le IVe avec 626 (1 016 à Saint-Gervais). En revanche, la densité est la plus faible dans le XIIe, le XIIIe avec 206 et 200 habitants par hectare (59 à Bercy), dans le XVe avec 184 et dans le XVIe avec 143 (89 à Auteuil).

En 1856, le même fait se produisait : dans les trois arrondissements exclusivement centraux (IVe, VIIe et IXe), la densité était de 720 par hectare (890 dans le VIIe). Pour le reste de Paris, elle s'abaissait à 300 et trouvait son minimum à l'Est, dans le VIIIe (231) et à l'Ouest, dans le Ier et le VIIe (217).

A Vienne, la densité, qui est de 148 hab. par hectare dans l'ancienne ville, tombe à 51 dans la périphérie. Elle est forte au Centre (maximum, 482 dans le VIIe district, à Neubau), mais s'abaisse à 54 à Leopoldstadt, à 13 à Simmering.

A Berlin, étant donné les édifices consacrés aux services publics dans les deux premiers quartiers, la densité n'a rien d'extrême dans l'Altstadt et la Friedrichstadt (238 et 293 habitants par hectare), mais elle est beaucoup plus forte dans les autres districts intérieurs tels que le VIe (434) et le IXe (548), elle trouve son maximum dans le Ve, district ouvrier, avec 608 habitants par hectare. Le minimum est donné aux deux extrémités Nord-Est et Ouest, d'une part par le VIIIe (120 hab. par hectare) et d'autre part, par les XIIe et XIIIe (215 et 130 hab.) qui renferment l'un et l'autre, soit des parcs (Thiergarten en partie) soit des portions considérables non encore bâties.

A Saint-Pétersbourg, le maximum de densité est aussi donné par les quartiers de l'Intérieur, tels que ceux de Kazan et de Spasskaïa (473 et 476 hab. par hectare) ; au contraire, la population était encore très clairsemée (1890) dans les quartiers extérieurs comme celui d'Alexandre-Newski au Sud (45 hab. par hectare) et ceux de Vieux-Pétersbourg et Wiborg au Nord (55 et 34 hab. par hectare.)

Le développement des grandes agglomérations se fait-il suivant certaines lois géographiques? — Le développement d'une population ne se fait pas au hasard, mais suivant certaines règles géographiques ou économiques; cependant ici, comme partout, il faut se garder de l'absolu. On dit souvent, en effet, que les grandes agglomérations se développent normalement vers l'Ouest. Cela est vrai si on ne considère que les quartiers de plaisance des capitales comme Londres et Paris, surtout, qui ont chacune leur *West-End*, l'une avec les Champs-Elysées, Auteuil, etc., l'autre avec Kensington, Paddington, etc. Dans notre Europe où dominent les vents d'Ouest, le séjour dans la région Ouest des villes est plus agréable, parce que l'air y est plus pur que dans l'Est où il n'arrive que chargé des vapeurs plus ou moins désagréables, conséquence nécessaire de son passage sur la cité. Mais il y aurait quelque témérité à prétendre que nécessairement les agglomérations populeuses doivent s'orienter vers l'Ouest.

A Paris, la région de l'Ouest (VIe, VIIe, VIIIe, XIVe XVe, XVIe, et XVIIe, arrondissements) contenait en 1861, 27,9 p. 100 de la population totale, tandis que la région de l'Est (X^e^, XIe, XIIe, XIIIe, XVIIIe, XIXe XXe arrondissements) en renfermait 36,9 p. 100. Aujourd'hui, la proportion de l'Ouest à la population totale est de 33,6, celle de l'Est, de 44,7 p. 100. On voit que leur rapport respectif est presque le même et que, par conséquent, le centre de gravité de la population parisienne n'a pas dû se déplacer sensiblement. Toutefois si on considère non pas seulement Paris, mais l'agglomération parisienne, il est évident qu'elle se développe de préférence à l'Ouest et au Nord : mais la formation de ses centres industriels est influencée surtout par des causes d'ordre économique, la nécessité d'être plus à proximité des débouchés de la Basse-Seine et des bassins houillers du Nord. A Berlin, les quartiers de l'Ouest (IIIe, XIIe *a* et *b*, XIIIe *bezirke*) ont vu aussi augmenter beaucoup leur part dans le total de la population ; elle est de 22,3 p. 100, au lieu de 14,1 p. 100 en 1875, mais dans le Sud (Tempelhof), dans le Nord (Rosenthaler Vorstadt Nord), il y a aussi un accroissement considérable. Enfin, si dans la banlieue, Charlottenbourg, à l'Ouest, s'agrandit beaucoup, il y a aussi, des agglomérations importantes à l'Est (Rixdorf, Lichtenberg) et au Sud (Schöneberg). A Londres, des districts de l'Ouest tels que Fulham sur la rive gauche de la Tamise et Wandsworth sur la droite ont un accroissement considérable, mais dans l'Est, Poplar et Lewisham ont quadruplé leur population depuis 1851 et ce n'est pas à l'Ouest que se rencontrent les agglomérations les plus populeuses de la banlieue (Croydon, West-Ham, Tottenham, etc.).

A Vienne, les districts échelonnés aujourd'hui à l'Ouest sur les pentes du Kahlenberg (Ottakring, Hernals, Währing Döbling) ont eu aussi un accroissement important puisqu'ils représentaient en 1890, 20,7 p. 100 de la population totale au lieu de 12,1 en 1869. Mais les districts du Sud-Est (Favoriten, Simmering, Meidling) ont vu leur proportion à l'ensemble s'accroître également (de 6,2 à 13 p. 100).

En résumé, s'il est vrai que, dans nos métropoles européennes, les quartiers de l'Ouest bénéficient beaucoup de l'augmentation totale, il serait inexact de faire de cette observation une loi absolue et universelle.

DEUXIÈME PARTIE

Des causes et des modes de migration

CHAPITRE XIII

Des principales causes de l'émigration rurale.

SOMMAIRE. — Le surpeuplement des campagnes. — Le régime de la propriété. — Les modes d'exploitation rurale. — La machinerie agricole. — Les salaires. — Décadence des petites industries. — Développement des moyens de communication. — L'émigration rurale a-t-elle des causes d'ordre moral ?

Nous avons dit quelles causes générales ont contribué à la formation des agglomérations urbaines ; nous voudrions, dans le présent chapitre, rechercher ce qui contribue plus particulièrement à vider les campagnes (d'une manière absolue ou relative) au profit des villes.

Le surpeuplement des campagnes. — La première idée qui se présente à l'esprit pour expliquer l'émigration rurale est celle du surpeuplement ; c'est là, en tout cas, la plus commune explication. Il est certain que, lorsque la population se développe sans que l'industrie crée des ressources nouvelles, l'émigration devient une nécessité pour une partie de la population. Le fonds agricole est, en effet, suivant le mot de M. Levasseur, inextensible ; et si bien cultivé qu'on le suppose (1), il ne saurait nourrir une population toujours grandissante. De là, le phénomène des migrations rurales, qui peut varier d'intensité avec les temps, mais qui, de sa nature, est universel. N'est-ce pas le développement de la population qui,

(1) « Wo nür Ackerbaü getrieben wird, müssen zwar aüch die bessern Gründe eine » Anzichungskraft ausüben, aber selbst der beste Boden verträgt nur eine bestimmte Volks- » dichte und wenn das *maximum* erreicht ist, muss eine Ruckflutung eintreten. Aber die » Grossindustrie ist in der Schaffung immer neuer Werte durch nichts beschränkt, alsdurch » die Bedürfnisse des Weltmarktes, sie besitzt daher inbezug auf die Bevölkerungs-Bewegung » ein gewaltiges Aussaugungsvermogen. »

Voy. Supan : *Die Verschiebung der Bevölkerung in den industriellen Grossstaaten Westeuropas.* Pet. Mith., 1892, III.

joint à un mauvais système de culture et à l'absence de tout autre genre de vie que la vie rurale, explique en partie les invasions germaniques d'autrefois?

Il y a donc une limite à la densité agricole ou rurale; mais quelle est cette limite? En 1846, la densité de la population rurale était en France de 54,4 habitants par kilomètre carré; en 1861, elle n'était plus que de 47,2, proportion que nous retrouvons en 1876, mais qui tombe à 45,5, en 1891 et même à 44,5 en 1896 : la densité rurale s'est donc affaiblie de près d'un cinquième dans l'espace d'un demi-siècle. En Allemagne, cette densité était de 48,5, en 1871; après un léger progrès, en 1880 (49,1), elle revenait, en 1890, à son taux de 1871. En Belgique, si on considère la population des communes de moins de 5000 habitants, on voit que la densité de cette population passe de 91 (1846) à 96 (1866) et s'élève à 106 (1890). Si au contraire on ne considère que les agglomérations de moins de 2000 âmes, on arrive à une densité de 58 par kilomètre carré en 1890, qui se rapproche ainsi de celle de la France et de l'Allemagne. L'Angleterre se trouve dans des conditions presque analogues, avec une densité rurale de 53,6 par kilomètre carré. En Autriche, la population globale des communes de moins de 2000 âmes donne une densité presque semblable (51,8 en 1880 et 53,7 en 1890). Dans le Danemark, pays agricole essentiellement, la densité rurale n'est que de 40.

Ainsi dans aucun des Etats que nous venons de voir, la population purement rurale n'atteint une densité de 60 habitants par kilomètre carré. Et au sein de chaque Etat, cette densité présente de grandes variations. Dans le Danemark, elle s'abaisse jusqu'à 20 dans le Jutland (*laën* de Ringkioeping).

En Allemagne, la densité rurale n'est que de 40 habitants par kilomètre carré dans la Prusse orientale, même de 26 dans le Mecklembourg-Schwerin ; elle s'élève très haut dans la Prusse Rhénane, mais dans cette région se trouvent de fortes communes rurales (*Landgemeinden*) qui ne sont pas autre chose que le prolongement des grandes villes. Il en est de même dans le Brandebourg.

Nous donnons pour la France (voy. page 283) le tableau de la densité de la population rurale en 1846 et en 1891. Sur l'ensemble de nos départements, 16 seulement ont vu cette densité augmenter

Densité de la population rurale de la France en 1846 et en 1891.

DÉPARTEMENTS	Habitants par kil. car. 1846	1891	DÉPARTEMENTS	Habitants par kil. car. 1846	1891
Ain	57	53,5	Loiret	35	37,5
Aisne	63	50	Lot	50	42,5
Allier	39,9	42,4	Lot-et-Garonne	54	42
Basses-Alpes	19	18	Lozère	25,5	23,5
Hautes-Alpes	20	19	Maine-et-Loire	60	56
Alpes-Maritimes (1861)	27	28	Manche	87	70
Ardèche	59	55	Marne	33,2	30
Ardennes	50	43	Haute-Marne	36,6	31
Ariège	47	39	Mayenne	62	51,8
Aube	34,5	32,9	Meurthe et-Moselle	50 (1872)	50,6
Aude	33	32	Meuse	44	37
Aveyron	38	27	Morbihan	59	64
Bouches-du-Rhône	22	20,5	Nièvre	38	39
Calvados	71	54	Nord	118	107,5
Cantal	41,6	35	Oise	58	52
Charente	56,8	47	Orne	63	46
Charente-Inférieure	57	48	Pas-de-Calais	78	81
Cher	32,8	35,7	Puy-de-Dôme	61	54,5
Corrèze	46	45	Basses-Pyrénées	50	42
Corse	21	25	Hautes-Pyrénées	39	31
Côte-d'Or	35,8	30	Pyrénées-Orientales	31	29,6
Côtes-du-Nord	86	82	Haut-Rhin	68 (1872)	71
Creuse	31	45,7	Rhône	95	87
Dordogne	50	44	Haute-Saône	59	45
Doubs	44,7	39,5	Saône-et-Loire	57,8	55,4
Drôme	39	34	Sarthe	64	52
Eure	62	47	Savoie	42	39
Eure-et-Loir	42	38	Haute-Savoie	58	53,8
Finistère	72,5	82	Seine		
Gard	40	36	Seine-Inférieure	77,8	65
Haute-Garonne	53	45,6	Seine-et-Marne	50	48
Gers	44	35	Seine-et-Oise	55	58,5
Gironde	45	44,3	Deux-Sèvres	47	50,8
Hérault	30	30	Somme	73	60,1
Ille-et-Vilaine	70	70	Tarn	50	42
Indre	30	31,5	Tarn-et-Garonne	58	48
Indre-et-Loire	42,1	41,6	Var	28,8	19,8
Isère	51,3	52,5	Vaucluse	39	36,5
Jura	53	42	Vendée	50	57
Landes	30	28,8	Vienne	37	38,7
Loir-et-Cher	33	35	Haute-Vienne	46	47
Loire	70	66	Vosges	64	53
Haute-Loire	54	52	Yonne	42,8	37,3
Loire-Inférieure	58	64	*France*	**54,4**	**45,5**

durant cette période (1). Encore sur ce nombre, les départements du périmètre de Paris, Loiret, Loir-et-Cher, surtout Seine-et-Oise n'ont-ils fait que bénéficier des villégiatures parisiennes. Les autres départements dont la population rurale a gagné en densité sont (à l'exception du Pas-de-Calais) tous au centre (le Berry) et à l'Ouest (Bretagne et Poitou). Tout d'abord, la densité rurale ne semble pas en rapport avec l'émigration, puisque les départements du Massif Central, où on émigre beaucoup, ont plutôt une densité faible; mais nous avons constaté précédemment que le mouvement d'émigration avait fait de grands progrès dans les départements bretons; or, ce sont ceux où la population est arrivée à son point culminant de densité.

Le régime de la propriété. — D'une façon générale, l'extension de la grande propriété provoque l'émigration. On sait comment, en Italie, le progrès des *latifundia* chassa les petits propriétaires libres des campagnes et, devenus prolétaires, les poussa vers Rome. Un phénomène analogue s'est produit dans l'Angleterre moderne. Déjà, au quatorzième siècle, le pamphlet célèbre de Langland (2) signalait la multitude des travailleurs chassés du sol par la transformation des terres à culture en grands parcs : plus tard, au seizième siècle, le ministre Wolsey essayait de restreindre le développement des grands domaines, et Thomas More conseillait l'établissement de manufactures pour occuper les bras laissés libres par cette transformation de l'économie rurale. Néanmoins la classe des propriétaires libres, des *yeomen*, demeure toujours puissante et comme le nerf de l'Etat jusqu'au dix-huitième siècle. Mais alors l'aristocratie et la haute bourgeoisie (3), confondues déjà sous le même nom de *gentry*, étendent leur domaine au moyen des *enclosures* qui font peu à peu disparaître les *common fields*, où paissait le troupeau du *yeomen*. Celui-ci voit du même coup ses serviteurs s'en aller vers les villes où des salaires plus élevés les attirent, et se dépeupler les petits bourgs qui lui servaient de marchés pour l'écoulement de ses produits.

(1) Dans nos calculs, nous ne tenons pas compte de la superficie occupée par les agglomérations urbaines qui, sur l'ensemble, est sans importance.

2. Pierre le Laboureur. — « Etablissez, disait Thomas More, des manufactures de laine » pour que ceux qui sont devenus voleurs ou le deviendront bientôt par nécessité y trouvent » un honnête gagne-pain. » Voy. Green, *histoire du peuple anglais*, I, 371. (Traduction de M. Monod).

3. Voy. Boutmy : *Op. Cit.*, p. 234. — Toynbee : *Industrial Révolution.*

Le yeoman n'a plus d'autre alternative que de mourir de faim ou de s'en aller aussi. Comme le héros de Goldsmith (1), il quitte son cher *Auburn*, car c'en est fait du temps où, dans l'Angleterre, chaque pièce de terre faisait vivre un homme.

> A time there was, ere England's grief began,
> When every rood of ground maintain'd its man.

Tout ce bonheur a disparu depuis qu'un seul maître étend sa main sur tout le village.

> One only master grasps the whole domain.

Et, en effet, les actes d'enclosure qui étaient rares avant le règne de Georges III se multiplient depuis 1760. A partir de cette date jusque vers 1840, M. Boutmy compte que l'enclosure s'est appliquée à 7 millions d'acres ou 2800000 hectares et le nombre des propriétaires s'est restreint en raison de l'agrandissement des propriétés (2) : le *landlordisme* est constitué. Le même auteur estimait que, à l'heure actuelle, les deux tiers de l'Angleterre et Galles appartiennent à 10207 personnes, les deux tiers de l'Ecosse à 330 et les deux tiers de l'Irlande à 1942. En considérant, *in globo*, le nombre des exploitations rurales de l'Angleterre et de la France, comparées à leur superficie, on constate que chaque exploitation est, en France, d'une étendue moyenne de 8 hectares 70, et en Angleterre de 24 hectares, soit le triple. Mais la différence entre l'économie rurale des deux pays s'accuse bien plus encore si l'on regarde seulement la grande propriété.

En France, les exploitations de plus de 40 hectares ont une superficie de 22266000 hectares sur 49300000 de sol cultivé, soit 44,9 p. 100 du total; en Angleterre (3), elles occupent 7420000 hectares sur un total de 10033000, soit 74 p. 100. Mais, comme on peut le voir par le tableau suivant, la proportion de la grande propriété varie avec les régions.

1. Golsdmith : *The deserted village*, v. 51, 58 et 59.

2. Voy. Boutmy : *op. cit*, p. 243, et Brodrick : *English land and landlords*. M. Boutmy compte que du seizième au dix-neuvième siècle, la population des propriétaires s'est réduite dans la proportion de six à un.

3. Nous établissons nos calculs d'après le travail de M. Craigie : *The size and distribution of agricultural holdings in England and Wales*, 1885.

Répartition de la grande propriété (*tenures ou holdings de plus de 40 hectares*) **dans les différentes régions d'Angleterre** (en **hectares**).

RÉGIONS	SUPERFICIE DE LA GRANDE-PROPRIÉTÉ	SUPERFICIE TOTALE DES PROPRIÉTÉS	PROPORTION p. 100 DE LA GRANDE PROPRIÉTÉ A LA SURFACE TOTALE
Sud-Est......	926000	1168800	80,1
Sud-Milieu....	901000	1113000	80,9
Est.........	880800	1100000	80
Sud-Ouest....	1128400	1563000	72,4
Ouest-Milieu...	1012000	1266400	80
Nord-Milieu...	1024000	1395600	73,1
Nord-Ouest...	231200	540000	42,8
York........	727200	1090000	66,7
Nord.........	590400	796400	75

On remarquera que l'on peut diviser à leur tour ces régions en deux grands groupes, le Sud et le Nord. Dans le premier, sauf dans le Sud-Ouest, la proportion des grandes tenures ne descend jamais au-dessous de 80 p. 100 : elle est particulièrement élevée dans les comtés de Bedford (84 p. 100), de Hertford et de Wilts (87 et 88 p. 100. Au contraire, dans le second groupe, la proportion de la grande propriété est plus faible, surtout dans le Nord-Ouest, où elle descend à 36,2 p. 100 dans le Lancastre. La proportion très forte du Northumberland (88,7 p. 100) est ainsi compensée par le phénomène inverse dans les autres comtés. Or, tout le groupe du Nord (Nord-Milieu, Nord-Ouest, York, Nord) a eu de 1881 à 1891 (voy. page 142) un excédent d'immigration de 107000 individus, tandis que le groupe du Sud avait un surplus d'émigration de 924000.

Cependant, dans le Sud, une région fait exception, c'est le Sud-Ouest, région de forte émigration et non de grande propriété. Même le Cornwall, qui donne l'émigration la plus considérable, est un des comtés où la grande propriété a la plus faible proportion (56,3 p. 100) ; cette proportion ne laisse au-dessous d'elle que celle des comtés les plus populeux savoir : le West-Riding, le Chester, le Derby et le Lancastre.

La région du Sud-Ouest, en Angleterre, nous présente le même phénomène que notre Bretagne : l'émigration y tient moins au régime de la propriété qu'au mode de culture (les pâtures) et à l'excédent de natalité.

En Allemagne, on peut, comme en Angleterre, voir l'influence de la grande propriété sur l'émigration. C'est, en effet, dans les régions où elle domine que le mouvement d'émigration acquiert le plus d'intensité. Au point de vue du régime de la propriété, on peut diviser l'Allemagne en deux parties, situées l'une à l'Est l'autre à l'Ouest de l'Elbe. A l'Est domine la grande propriété avec les *Rittergüter* ou *Gutsbezirke* (1) : les domaines de plus de 100 hectares occupent de 55 à 60 p. 100 du sol dans les provinces de Prusse, de Poméranie, de Posen, dans les deux Mecklembourg ; au contraire, dans l'Ouest (si on y comprend le Schleswig-Holstein), ces mêmes domaines n'atteignent pas 30 p. 100 de la superficie totale. Les propriétés de 20 à 100 hectares se trouvent surtout dans l'Oldenbourg, le Brunschwick, le Schleswig-Holstein, le Brandebourg, la Bavière ; et la petite propriété domine dans l'Ouest (Saxe, Bade, Hesse, Prusse Rhénane). En 1882, on comptait en Allemagne environ 25000 domaines (24 992) ayant plus de 100 hectares ; sur ce nombre 17 896, ou 72 p. 100, appartenaient à la région orientale ou ostelbingienne.

Nous avons voulu, au moins pour les provinces du royaume de Prusse, comparer d'une part le groupe de l'Est, d'autre part, celui de l'Ouest, sous le double rapport de la proportion de la grande propriété et de l'excédent d'émigration ou d'immigration. Ces deux groupes dont l'Elbe est, en majeure partie, la limite, ont à peu près la même population dans l'ensemble. On peut voir d'après le tableau suivant que, dans l'Est, où (exception faite du cercle urbain de Berlin) la proportion des grands domaines ne descend pas au-dessous de 36 p. 100, l'émigration globale (même compensée par l'immigration de Berlin) atteint 321 000 habitants. Dans l'Ouest, au contraire, où la proportion des grands domaines est très faible, il y a un excédent d'immigration de 26000 âmes.

(1) En 1895, la population totale des *Gutsbezirke* était pour le royaume de Prusse, de 2031000 habitants. Sur ce nombre, 1851000, ou 90 p. 100, appartenaient aux provinces de l'Est. La population de ces domaines était, par rapport à la population totale de 14,5 et de 16 p. 100 dans la Prusse orientale et dans la Prusse occidentale, de 22,4 et 21,6 dans la Poméranie et la Posnanie : elle tombait à 0,56, 0,49, 0,07 dans le Hanovre, la Hesse-Nassau et la Westphalie ; et à néant, en quelque sorte, dans la Prusse Rhénane.

Proportion des grands domaines et de l'excédent d'immigration (+) ou d'émigration (—) dans le royaume de Prusse (1).

PROVINCES	PROPORTION DES grands domaines A l'étendue totale DU SOL	IMMIGRATION OU ÉMIGRATION TOTALE	PROPORTION P. 100 HAB. EN 1890 DE L'IMMIGRATION + OU DE L'ÉMIGRATION —	SUR 100 GUTSBEZIRKE DU TOTAL combien dans chaque province.
I. — Provinces de l'Est.				
Prusse orientale.	38,60	— 131 733	— 7,2	15,3
Prusse occidentale. . .	47,11	— 98 450	— 7	8
Cercle urbain de Berlin.	16,37	+ 185 858	+ 6,7	»
Brandebourg.	36,64	+ 60 272		12,2
Poméranie.	57,42	— 91 304	— 6	15,3
Posnanie	55,37	— 119 271	— 7	12,2
Silésie.	34,41	— 125 517	— 3,1	23,5
Groupe de l'Est	»	— 321 000	— 2,4	86,54
II. — Provinces de l'Ouest.				
Saxe.	26,95	— 25 972	— 1,05	7,3
Schleswig-Holstein. . .	16,40	— 3 717	— 0,32	2,2
Hanovre.	6,91	— 21 580	— 1	0,12
Westphalie.	4,77	+ 38 468	+ 1,7	1,8
Hesse-Nassau.	6,69	— 7 700	— 0,42	0,04
Prusse Rhénane.	2,66	+ 46 700	+ 1,07	13,36
Groupe de l'Ouest. . .	»	+ 26 000	+ 0,18	13,46

En France, la correspondance n'est pas aussi claire qu'en Allemagne entre le régime de la propriété et l'émigration. Considérons, par exemple, nos différentes régions agricoles sous le rapport de la surface des propriétés : on ne voit pas de relation entre la grande propriété et l'émigration — si l'on se rapporte à ce que nous avons dit du mouvement migratoire pour les départements correspondant à ces régions. — Les pays qui donnent beaucoup d'émigrants tels que le Massif Central et l'Ouest ne sont pas des régions de grande propriété, mais plutôt de moyenne. D'autre part, des régions où la grande propriété domine (Nord, Centre-Nord, Nord-Est) sont des pays

(1) Ce tableau est dressé d'après la *Berufzählung* de 1882 et les *Vorläufige Ergebnisse der Volkszählung ims Konigreich Preussen*, 1895, p. 63.

d'immigration, en général. Il en est de même de la région méditerranéenne. Seules, les régions du Centre-Loire et du Sud-Est sont à la fois des pays d'émigration et de grande propriété. Mais nous avons ici un excédent de natalité joint à l'absence de grands foyers industriels. Il faut aussi remarquer qu'il n'existe pas chez nous, comme en Allemagne, une division très nette, absolue, du sol suivant le régime de la propriété, et que — au moins dans le tableau ci-dessous — nous avons appelé grande propriété celle qui dépasse 40 hectares. Enfin on ne doit pas oublier que, en France, notre législation comme nos mœurs ne favorisent pas le maintien ou le développement de la grande propriété.

Le régime de la propriété suivant les différentes régions de la France (1).

RÉGIONS	SUR 100 HECTARES, COMBIEN APPARTIENNENT A LA		
	PETITE PROPRIÉTÉ (de 1 à 10 hectares)	MOYENNE PROPRIÉTÉ (de 10 à 40 hectares)	GRANDE PROPRIÉTÉ
Ouest	27	47	26
Nord-Ouest	25	31	44
Nord	16,4	28,6	55
Nord-Est	20,4	28,6	51
Centre-Nord	25	23	52
Est	35,4	28,6	36
Sud-Est	28	22	50
Méditerranée	26,5	20	53,5
Sud-Ouest	28	31	41
Centre-Loire	17	20	63
Massif Central	28,8	34	37,2
Poitou-Charentes	28,4	35,6	36
	25,2	29,9	44,9

1. D'après l'*Enquête agricole* de 1882. — L'Ouest comprend : la Bretagne, l'Anjou avec le département de la Mayenne. — Le Nord-Ouest : la Normandie avec les départements de la Sarthe et Eure-et-Loir. — Le Nord : l'Ile-de-France, la Flandre, l'Artois, la Picardie. — Le Nord-Est : la Lorraine avec le département des Ardennes. — Le Centre-Nord : le reste de la Champagne avec une partie de la Bourgogne (Yonne et Côte-d'Or), la Franche-Comté (Haute-Saône et Doubs) et Belfort. — L'Est : le Lyonnais avec les départements de l'Ain et du Jura. — Le Sud-Est : Savoie, Dauphiné, Avignon et Basses-Alpes. — Le Sud : les départements méditerranéens. — Le Sud-Ouest : Foix, Béarn, Guyenne et Gascogne (sauf Aveyron et Lot). — Le Centre-Loire : Bourbonnais, Nivernais, Berry, Orléanais (sauf Eure-et-Loir), Touraine. — Le Massif-Central : Auvergne, Limousin, Marche avec partie de la Guyenne (Lot, Aveyron) et du Languedoc (Haute-Loire, Lozère, Ardèche, Tarn).

En Belgique, nous voyons aussi s'atténuer le nombre des grandes exploitations agricoles. En 1866, sur un total de 104 000 exploitations de plus de 5 hectares, celles de 50 ne représentaient que 5,3 p. 100, et en 1880 cette proportion tombait à 3,8 p. 100. C'était surtout dans les provinces du Sud, dans les régions à émigration du Luxembourg, de Namur, que l'on trouvait le plus de grandes propriétés.

En Italie (1), le régime de *latifundia* n'a pas cessé d'être un fléau, dans la Sicile, le royaume de Naples, même la Lombardie, étant donné surtout le déplorable système d'exploitation. En Autriche (2), M. de Inama-Sternegg a signalé l'influence néfaste de la grande propriété qui domine en particulier en Bohême et en Galicie : la première de ces provinces est une des régions de forte émigration de l'Empire.

Mais il ne faut pas insister outre mesure sur les inconvénients de la grande propriété. La division extrême du sol, la pulvérisation, comme on dit, est tout aussi nuisible à l'entretien de la population, à moins qu'elle ne soit compensée par une culture tout à fait intensive, possible seulement dans le voisinage des grands centres. La grande propriété, du reste, ne produit pas les mêmes résultats suivant que le propriétaire réside sur ses terres ou pratique l'absentéisme, comme en Italie ; elle permet parfois des expériences et des sacrifices qui, autrement, seraient impossibles. Telle a été, par exemple, en Allemagne l'institution des *Rentengüter* où bien concédé à l'ouvrier agricole en échange d'un contrat de travail qui le lie au propriétaire pour un certain temps. Cette institution semble avoir eu d'heureuses conséquences dans l'Est de l'Allemagne, puisque, dans la période 1890-1895, la population rurale y a augmenté.

Il ne faut donc pas, sur ce sujet, se laisser aller à des conclusions trop absolues : le régime de la propriété peut influer sur l'émigration, mais cette cause ne va pas seule et nous allons voir, dans le cours de ce chapitre, celles qui peuvent agir avec elle.

Les modes d'exploitation du sol. — « Les pays de pâturage (3),

(1) Dans beaucoup de régions de l'Italie, le propriétaire livre son domaine à un fermier général. Celui-ci sous-loue à plusieurs habitants qui font travailler l'ouvrier rural à un prix dérisoire (parfois 60 centimes par jour).
(2) *Stat. Monatschrift*, 1885.
(3) *Esprit des lois*, liv. XXIII, ch. XIV.

» a écrit Montesquieu, sont peu peuplés, parce que peu de » gens y trouvent de l'occupation ; les terres à blé occupent » plus d'hommes et les vignobles infiniment davantage. » C'est-à-dire que les modes de culture ont leur influence directe sur le développement de la population, partant sur l'émigration aussi.

Dans la Grande-Bretagne, l'extension des pâtures aux dépens de la culture des céréales se lie à la diminution de la popu-

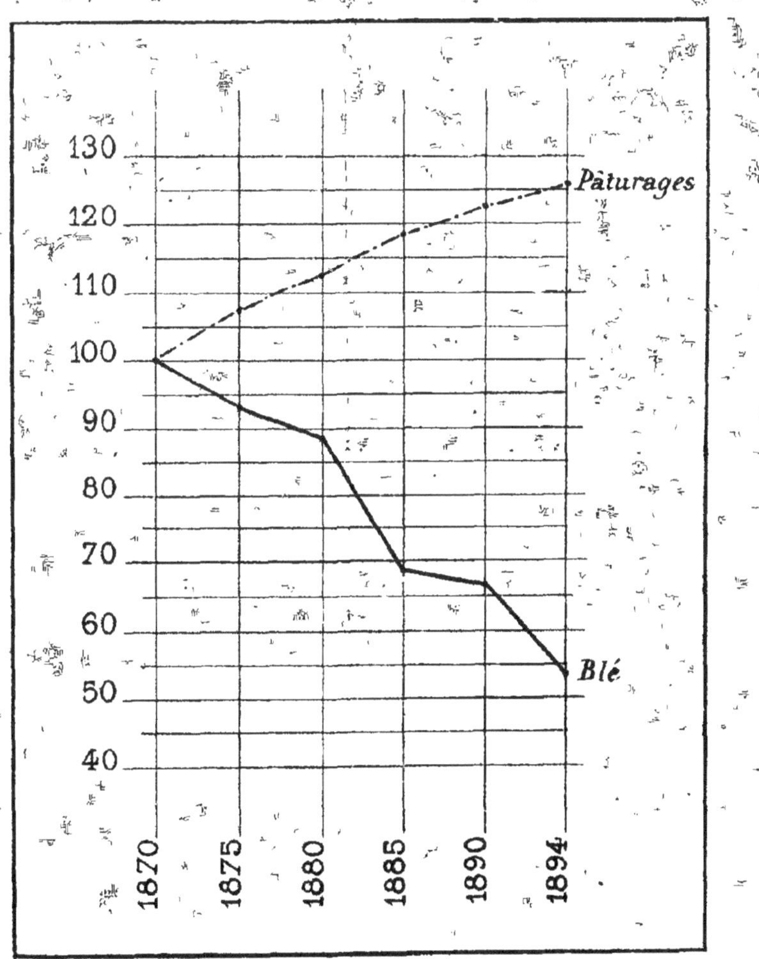

Fig. 48. — Développement de la culture du blé et des pâturages en Angleterre (1870-1894); la superficie en 1870 étant réduite à 100.

lation agricole, j'entends celle des travailleurs ruraux. Dans l'espace de vingt-cinq ans (1870-1894), l'étendue des terres cultivées en céréales a diminué, dans la Grande-Bretagne, de 2 390 000 acres ou 956 000 hectares, dont 1 794 000 acres ou

717600 hectares pour les seules terres à blé (1). La production du froment avait, du reste, diminué de moitié depuis 1871. Au contraire, les terres à pâture ont gagné, depuis 1870, environ 5500000 acres ou 2220000 hectares. Tandis que, en 1870, on comptait dans la Grande-Bretagne 3773663 acres de terre à blé et 22085295 acres de pâture, il y avait respectivement, en 1894, 1980228 et 27578400 acres : la diminution, pour les premières, était de 47,6 p. 100, et l'augmentation des autres était de 25 p. 100. (Voy. la *fig*. 48.)

Dans le même espace de temps, la population des salariés agricoles a sensiblement diminué (2). Dans le pays de Galles, de 55318, en 1871, elle tombe à 47357 (1881), puis à 41468, en 1891 : la diminution était surtout très forte dans les comtés de Breknok (29 p. 100), de Caermarthen (27 p. 100), de Montgomery (24 p. 100). Dans l'Angleterre propre, c'est dans la région des pâtures du Sud-Ouest que le nombre des salariés ruraux a le plus perdu (40000 individus de 1871 à 1891). En Ecosse, la diminution de cette classe de population a été de 45000, soit 28 p. 100. Sur ce chiffre, 36000 appartiennent aux comtés du Nord : leur décroissance est de 32 p. 100, tandis qu'elle n'est que de 17 p. 100 pour les autres : cette proportion atteint son maximum dans le Perth (— 33 p. 100), le Sutherland (— 50 p. 100), le Shetland (— 74 p. 100).

Pour l'Angleterre propre (3), M. Langstaff a étudié l'action respective de la culture des céréales et des pâturages sur le développement de la population. Il considère, d'une part, 56 *registration-districts* des trois comtés à céréales (*corn growing-counties*) d'Essex, Suffolk et Norfolk, et d'autre part, 65 *registrations-districts* des quatre comtés à pâturages (*grazing-counties*) de Dorset, Devon, Wilts, Somerset. Les deux groupes diminuent, celui-ci à partir de 1821, le premier, à partir de 1841 — mais leur décroissance n'est très sensible que depuis 1851. Dans l'ensemble, la diminution est de 83300 habitants pour les comtés à céréales et de 134500 pour les comtés à pâture. Si l'on considérait non la population totale des comtés, mais

(1) D'après le *Financial Reform Almanack* de 1896.
(2) D'après l'*Agricultural-Report*, 1891.
(3) Voy. Langstaff : *Rural Depopulation* dans le *Journal of the R. Stat. Society*. 1893.

Tableau comparé de la population agricole et des modes de culture dans les diverses régions de la France.

RÉGIONS	POPULATION AGRICOLE		RÉGIONS	SURFACES EXPLOITÉES (en milliers d'hectares)			
				PATURAGES		BLÉ	
	1861	1891		1840	1894	1840	1894
Ouest	2270000	2366000	Ouest	644	710	510	744
Nord-Ouest	1670000	1420000	Nord-Ouest	765	1014	596	632
Nord	1856000	1665000	Nord	333	577	640	852
Nord-Est	675000	500000	Nord-Est	275	357	285	257
Centre-Nord	1248000	1032000	Centre-Nord	508	853	547	617
Est	1329000	1085000	Est	394	509	252	398
Sud-Est	1381000	1444000	Sud-Est	315	500	286	421
Sud (Méditerranée)	1014000	992000	Sud	111	156	321	198
Centre-Ouest	1995000	1824000	Centre-Ouest	526	806	660	951
Centre-Loire	1427000	1316000	Centre-Loire	450	740	414	665
Massif Central	2314000	2152000	Massif Central	644	1095	230	393
Sud-Ouest	1957000	1651000	Sud-Ouest	444	662	702	771
France	19136000	17147000	France	5409	7979	5443	6899

celle des districts examinés, la proportion de la décroissance serait de 13,8 p. 100 et 22,3 p. 100 (1).

Pour la France, nous avons dressé le tableau, d'une part, de la population agricole en 1861 et 1891, et d'autre part, celui de l'étendue des pâturages et des terres à blé en 1840 et 1894. Nous avons réparti la France en douze régions, suivant à peu près la division donnée par M. Levasseur (2). On remarquera que dans l'Ouest, où la population agricole augmente, l'étendue des pâtures a relativement peu gagné, mais la culture des céréales a beaucoup progressé. Dans le Nord-Ouest, le Nord-Est et le Centre-Nord, la diminution de la population agricole coïncide avec une extension des terrains de pâture. Il en est de même dans l'Est ; mais pour cette région, la crise viticole a été une autre cause de diminution. Dans le Sud-Est, la crise de la sériciculture a agi dans le même sens et est venue contrebalancer l'influence qu'aurait pu avoir le développement de la culture sur la population.

Nous remarquerons que le vignoble retient mieux la population. Dans le Midi, la diminution de la population agricole est peu considérable. Et, dans l'Est, comment expliquer autrement que par ses vignobles l'accroissement de la population agricole de la Marne? Dans la Côte-d'Or, l'arrondissement de Beaune a moins décru que les autres (Dijon excepté).

Mais aussi les crises de la vigne agissent sur la population (3) : le département de l'Yonne a vu diminuer sa population en même temps que se restreindre l'étendue de son sol cultivé en vignes. Dans l'Aube, trois arrondissements sur cinq sont en décroissance sur 1846, mais celui qui perd le plus est l'arrondissement viticole de Bar-sur-Seine (4). Dans le Midi, le département de l'Hérault avait baissé à partir de 1876 (5), lors de l'émigration des travailleurs vignerons, déterminée par le phylloxera ; mais, depuis 1886, la population se relève avec la reconstitution

(1) En Belgique, il y avait 60 travailleurs agricoles par 100 hectares, en 1880, mais cette moyenne, qui était de 97 dans la Flandre orientale, s'abaissait à 31 à Namur, province où dominent les pâtures.

(2) *Géographie de la France et de ses colonies*, II, p. 25.

(3) La superficie du vignoble était, en 1840, de 26000 hectares dans l'Aube et de 37600 dans l'Yonne ; en 1894, elle n'était plus que de 19000 et 32000.

(4) L'arrondissement de Bar-sur-Seine diminue de 21 p. 100 ; ceux d'Arcis et de Bar-sur-Aube, de 18,5 et 16 p. 100.

(5) L'étendue du vignoble était, dans l'Hérault, de 117000 hectares, en 1840. Elle s'était restreinte à 58000, en 1884, et s'est relevée à 177000, en 1894.

du vignoble, notamment dans les arrondissements qui avaient été surtout atteints, Montpellier et Béziers.

Les pays de forêts sont le contraire des pays viticoles : ce sont ceux où le sol a la plus faible densité de population, à moins que certaines industries ne s'y fixent ; mais nous avons déjà dit que cela devenait de plus en plus rare. La densité rurale, par exemple, qui dans le département de la Haute-Marne est de 34 par kilomètre carré, tombe à 27 dans l'arrondissement forestier de Langres et, dans la Côte-d'Or, où elle est de 39 par kilomètre carré ; elle s'abaisse jusqu'à 18 par kilomètre carré dans l'arrondissement de Châtillon particulièrement boisé.

Pour six provinces de l'Autriche (Haute-Autriche, Salzbourg, Carinthie, Bohême, Silésie, Bukowine), M. Rauchberg trouve une surface boisée de 32,5 p. 100 de la superficie totale. Or, il ne compte sur cette même étendue que 0,80 p. 100 de la population de ces provinces (1).

On voit ainsi combien la population forestière est clairsemée : si l'on tient compte encore des déboisements et aussi de la concurrence faite au bois par le combustible minéral, on ne s'étonnera point que les pays forestiers voient leur population diminuer.

La machinerie agricole (2). — La révolution mécanique, qui a changé les conditions du travail industriel, a changé également celles du travail agricole. Jusqu'à une époque très rapprochée de nous, les procédés et les instruments de culture ne différaient que fort peu de ceux de l'antiquité et du moyen âge. Si les agronomes de jadis étaient revenus au monde, ils auraient pu croire que rien n'avait changé depuis leur temps, et Virgile aurait pu retrouver chez le paysan du siècle passé les instruments aratoires que décrivent les *Géorgiques* (3). Mais, dans notre temps, surtout depuis un demi-siècle, la machine sous ses formes et avec ses applications diverses, a fait son apparition dans les campagnes et son emploi dans l'agriculture a laissé disponibles quantité de bras. De tous les instruments de l'outillage agricole

(1) Rauchberg, *op. cit.*, 283.

(2) Voy. pour le développement historique de l'outillage agricole : *The Evolution of agricultural implement* de Pidgeon, dans le *Journal de la Société royale d'agriculture de Londres*, 1892, I.

(3) *Géorgiques*, I, 160.

aucun n'a peut-être fait plus de concurrence à l'ouvrier rural, que la machine à battre. C'était le battage qui occupait surtout pendant l'hiver le manouvrier agricole et, cette ressource lui manquant, il a dû chercher du travail ailleurs, par conséquent émigrer. Cette constatation est faite par tous les agronomes, et quelques-uns d'entre eux (en Allemagne, par exemple) ont même proposé de proscrire la machine à battre pour retenir le travailleur à la campagne (1).

La France n'est pas le pays où l'outillage agricole s'est le plus développé ; l'Angleterre et les Etats-Unis ont le pas sur nous, et cependant, quel progrès par exemple, dans l'espace de trente ans, de 1852 à 1882 ! A la première date, l'agriculture française n'avait à sa disposition que 60 000 machines à battre et ce nombre s'élevait à plus de 210 000 en 1882, soit une augmentation de 250 p. 100, tandis que la production moyenne des céréales (c'est-à-dire de la matière mise en œuvre par ces machines) ne s'accroissait que de 10 p. 100. Et il ne s'agit pas ici de machines à vapeur : celles-ci faisaient à peine leur apparition au milieu du siècle (1500 en 1852) ; et, en 1882, il y en avait déjà plus de 9 000 (2).

La force déployée par ces moteurs équivalait à 46 600 chevaux-vapeur (3), soit à près de 980 000 hommes. Tel était le supplément de force mis au service de l'agriculture par la machine à vapeur. Nous n'en tirerons pas la conclusion que les campagnes ont dû mathématiquement perdre un même nombre de travailleurs. Un tel calcul serait puéril et il faut aussi ne pas oublier que, grâce aux progrès du bien-être (4), les campagnes connaissent aujourd'hui des professions autrefois presque ignorées d'elles. Mais il n'en est pas moins vrai que le développement de la machinerie agricole, à vapeur ou non, a été un élément instigateur de l'émigration rurale. Le phénomène est particulièrement sensible dans certaines régions du Nord, de l'Est (Aisne, Côte-d'Or, Meuse, Haute-Saône) et de l'Ouest (Finistère, Côtes-du-Nord, etc.).

D'une façon générale, la machinerie à vapeur est plutôt

(1) Voy. Von der Goltz : *Laudliche Arbeiterklassen und der preussische Staat*, p. 145.
(2) Nous citons les données de l'*Enquête agricole* de 1882.
(3) Le cheval-vapeur est compté pour 21 hommes. Cette évaluation qui est celle de l'Administration des Mines, est adoptée par M. de Foville. (*Statistique de la France*, p. 195.)
(4) Par exemple, la boulangerie et la boucherie, etc.

répandue dans les régions de grande culture et elle ne laisse au travailleur agricole que l'alternative de quitter le pays ou de voir beaucoup amoindrir son salaire (1). Ce qui explique sans doute comment dans le Nord, par exemple, le progrès des salaires agricoles depuis 1862 n'a pas été aussi sensible qu'on le pourrait penser d'un aussi riche département : l'excédent de la natalité compense pour les campagnes les vides provoqués par la concurrence de l'industrie et les bras ne se raréfiant pas, le salaire n'augmente que relativement peu.

Le développement de l'outillage agricole a été (2), dans tous nos Etats de l'Occident, contemporain de l'immigration urbaine : ses progrès en Hongrie, dans les temps les plus récents coïncident avec un mouvement d'émigration comme on n'en avait jamais vu jusqu'alors (3). La Russie méridionale demeure, en grande partie, à l'écart de ces progrès ; de là, une des causes de la permanence de sa population rurale. Mais un jour viendra (et prochainement) où une culture plus savante rendra là aussi disponibles des bras qui devront trouver leur emploi dans l'industrie.

Les salaires. — Parmi les causes économiques de l'émigration rurale, il faut citer nécessairement la différence des salaires. D'une façon générale ceux-ci étant plus élevés dans les centres industriels, les travailleurs ruraux s'y sont sentis attirés. Les pays à émigration sont, pour la plupart, ceux où le salaire est le plus faible, parce qu'ils n'ont pas de ressources suffisantes pour occuper d'une manière bien rémunératrice tous les bras que donne l'excédent de natalité.

Cependant les salaires des travailleurs ruraux ont sensiblement augmenté dans notre siècle. En Angleterre et Galles (4), le gain d'un manœuvre rural n'était, vers 1767-70,

(1) En Allemagne, von der Goltz compte que le battage d'un *centner* (quintal) revient à un mark par le fléau, à 0,50 par la machine et à 0,25 pfennigs par la machine à vapeur.

(2) « *Saving in certain portions of Western Europe and in North America, the agricultural machinery in use at the present time is scarcely in advance of that wich was described by Herodotus nearly* 2000 *years ago.* » Pidgeon, art. cit.

(3) On aura une idée des procédés de culture rudimentaire usités même dans le *Tchernozion*, lorsque nous aurons dit que le rendement à l'hectare n'y est que de 10 hectolitres, tandis qu'il est de 17 en France.

(4) Voy. Hasbach : *Die englischen Landarbeiter in den letzten hundert Jahren.* — p. 248.

d'après Young, que de 7 shillings 3 pences (9 fr. 05 c.) par semaine; il était de 9,7 (11 fr. 95 c.) en 1850; de 11,7 (14 fr. 45 c.) en 1860. En Belgique, le salaire quotidien des ouvriers agricoles avait doublé de 1840 à 1880; il s'était élevé d'une moyenne de 1 fr. 14 c. à 2 fr. 40 c. En France, M. de Foville estime que le gain moyen d'une famille de journaliers ruraux s'est élevé de 400 à 720 francs, de 1813 à 1862, et de 1862 à 1882, ce gain a atteint 880 francs (1). En Allemagne, les évaluations de M. Lavollée, de M. Block (2), portent à 50 et 100 p. 100 l'augmentation des salaires agricoles de 1864 à 1884. Même en Italie, avant la crise de ces dernières années, on constatait un progrès sensible dans le gain des journaliers ruraux (60 p. 100, dans la province de Novare, de 1850 à 1875).

Mais ce progrès des salaires n'est pas universellement le même; il est des régions où il est plus lent, d'autres où il y a même recul. En France, la moyenne du salaire agricole s'est élevée successivement à 1 fr. 41 c., 1,85, 2,22, en 1852, 1862, 1882. Mais cette moyenne variait beaucoup suivant les régions : elle était plus faible dans les départements pyrénéens de l'Ouest, ceux des Alpes, de la Bretagne (1,24), elle était plus forte au contraire dans toute la région du bassin de la Seine (4,03, 3,01, 2,93, 2,92, 2,80 dans Seine, Seine-et-Oise, Seine-et-Marne, Aube, Yonne). Nulle part, il n'y avait un taux aussi élevé (3).

En Angleterre (4), le salaire agricole a baissé dans ces dernières années, mais, comme on peut le voir par le tableau suivant, cette dépression n'a pas affecté également toutes les régions; c'est tout le Sud plutôt qui est atteint, et notamment les *Registation Divisions*, où nous avons signalé l'émigration forte et progressive, c'est-à-dire, le Sud-Ouest, le Sud-Est, le Sud-Milieu : la baisse est surtout notable dans les comtés de Cambridge, de Norfolk, de Suffolk, etc.

(1) Voy. de Foville : *La France économique*, p. 99.

(2) Voy. Lavollée : *Les classes ouvrières en Europe*, II, p. 74. — Block : *Revue des Deux-Mondes*, oct. 1884. — Em. Chevalier : *Les salaires au XIXe siècle*.

(3) D'après les enquêtes agricoles de 1862 et 1882.

(4) Dans l'Angleterre du dix-huitième siècle, l'élévation des salaires était en proportion directe de la proximité de Londres, 10 shillings 9 pence dans un rayon de 20 milles; 7,8 dans un rayon de 20 à 60 milles; 6,4 dans un rayon de 60 à 110 milles. (Voy. Young : *A six weeks tour through southern counties of England.*)

Tableau, par régions, des gages des journaliers agricoles en Angleterre (le gage de 1860 étant réduit à 100) (1).

RÉGIONS	NOMBRE DES JOURNALIERS	GAGES EN 1860	EN 1870	EN 1880	EN 1892
Sud-Est	133000	100	103	117	108
Sud-Milieu	121000	100	115	131	127
Est	118000	100	99	111	105
Sud-Ouest	112000	100	103	126	120
Ouest-Milieu	99000	100	113	132	124
Nord-Milieu	83000	100	105	108	116
Nord-Ouest	44000	100	109	119	131
Nord	29000	100	111	118	118
Monmouth	5000	100	110	103	107
York	62000	100	116	129	126
Moyenne générale		100	107	122	118

Mais ce n'est pas seulement le salaire agricole qu'il faut considérer, c'est encore, et surtout, le salaire industriel pour juger de l'influence qu'il a pu exercer sur le mouvement migratoire. Or, ce salaire est bien plus élevé dans les villes : tandis qu'en 1882, la moyenne du salaire rural en France (2), était pour les hommes de 2 fr. 22 c. et pour les femmes de 1,42, ces chiffres étaient, dans la grande industrie de 3,58 et 1,77 pour la France

(1) D'après Little : *General Report on the agricultural labourers*, I, 61, cité par Bowley dans : *Changes in Averege Wages in the United Kingdon*, 1860-1891 (*Journal of the Roy. Stat. Society*, 1895).

(2) D'après M. de Foville : *La France économique*, p. 196, etc. — Les professions considérées dans la petite industrie sont celles des cordiers, chaudronniers, tourneurs sur métaux, sculpteurs ornemanistes. — Voici quel était le détail des salaires pour chacune des industries du bâtiment :

ANNÉES	PARIS Maçons	Charpentiers	Menuisiers	Serruriers	AUTRES CHEFS-LIEUX DES DÉPARTEMENTS Maçons	Charpentiers	Menuisiers	Serruriers
1853	4f,25	5f	4f	4f	2f,07	2f,20	2f,02	2f,16
1885	8f	8f,50	7f,50	7f,50	3f,68	4f	3f,60	3f,55

D'après les renseignements fournis par les établissements hospitaliers, la journée du maçon était, pour les trois périodes : 1824-1833, 1834-1843, 1844-1853, successivement de 2 fr., 2 fr. 07 et 2 fr. 15 pour l'ensemble de la France, et de 2 fr. 98, 3 fr. 38 et 3 fr. 60 pour la Seine.

(sauf la Seine) et pour le département de la Seine, de 5,45 et 2,66 (1885). Nous voyons par les salaires comparés de l'industrie du bâtiment qu'il en était de même avant notre époque : en 1853, les ouvriers du bâtiment (maçons, charpentiers, menuisiers, serruriers) gagnaient à Paris, 4 fr. 30 c. par jour et dans les chefs-lieux de département autres que Paris, 2,12 ; en 1885, leur salaire était respectivement de 7,62 et 3,83. Dans la petite industrie, on constate les mêmes différences ; le salaire était, en 1853, de 2 fr. 48 c. dans les chefs-lieux de département et de 4,12 à Paris ; en 1885, il était de 3,90 et 6 francs. On pouvait faire la même constatation sur les salaires des femmes employées dans l'industrie ou des domestiques particuliers.

Dans le savant ouvrage que nous avons plus d'une fois cité, M. Rauchberg a étudié l'influence des salaires sur les migrations. Il considère, en Bohême, d'une part, 3 districts industriels et d'autre part 4 distrits agricoles. Dans le premier groupe, le salaire varie pour les hommes de 80 kreutzers à 1 florin, pour les femmes de 55 à 60 kreutzers ; l'immigration l'emporte sur l'émigration d'une moyenne de 19 à 26 p. 100. Au contraire, dans le second groupe, le gain des hommes ne va pas au delà de 50, celui des femmes pas au delà de 40 kreutzers, et il y a un excédent d'émigration qui oscille entre 16 et 18 p. 100. L'émigration correspond donc à la dépression des salaires (*Lohndepression*) (1).

En Allemagne (2), plusieurs travaux ont été faits sur cette

(1) **Districts de la Bohême.**

DISTRICTS INDUSTRIELS	SALAIRES (*en kreutzers*)		PROPORTION p. 100	
	Hommes	Femmes	de l'immigration	de l'émigration
Brüx	80	55	46.7	27,1
Teplitz	100	60	43.5	17,3
Aussig	80	55	41.1	18,9
DISTRICTS AGRICOLES				
Chotebor	30	30	13,3	31,7
Böhmish-Brod	50	36	14,5	30,7
Ledec	45	40	17,3	34
Pilgram	45	30	12	29.6

Voy. Rauchberg, *op cit.*, p. 129.

(2) D'après une étude de Meyer dans l'*Allgemeines Statistisches Archiv.* (1891), les salaires moyens étaient de 1 mark 07 dans la Prusse proprement dite, pays d'émigration, et de 1 mark 85 dans la Prusse rhénane, région d'immigration.

question. Le Dr Losch a résumé, à ce sujet, l'enquête effectuée dans

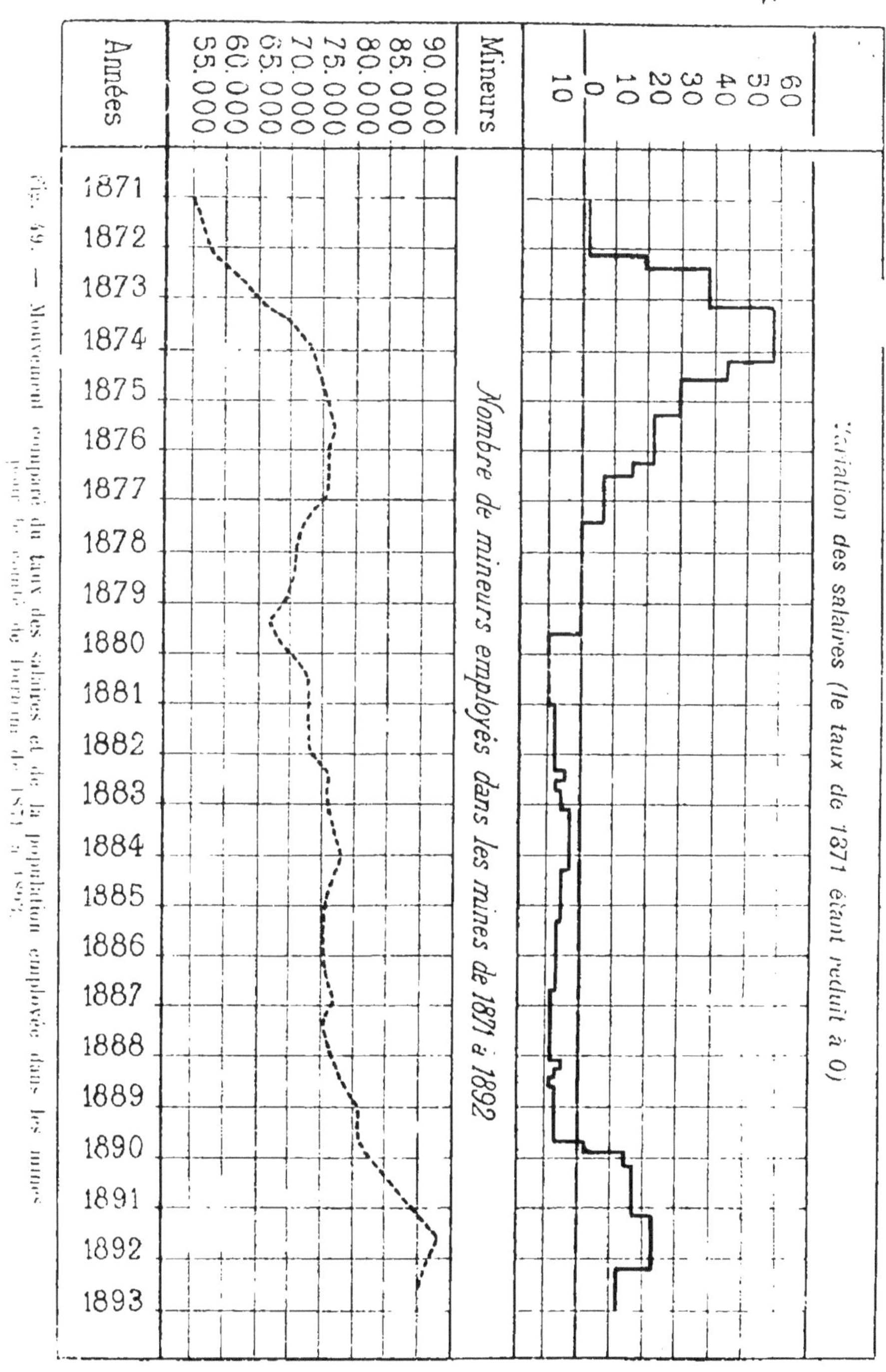

Fig. 49. — Mouvement comparé du taux des salaires et de la population employée dans les mines pour le comté de Durham de 1871 à 1892.

le Wurtemberg. Il considère aussi deux régions du royaume, les districts exclusivement industriels et les districts exclusivement agricoles. Dans le premier groupe, on comptait en 1892, 52605 ouvriers ; dans le second, 882 ; on ne peut donc imaginer une opposition plus complète. De 1883 à 1893, la moyenne du salaire quotidien des ouvriers adultes s'élevait, dans les districts industriels, de 1 mark 79 pfennigs (2 fr. 25) à 1 m. 94 (2,42), soit un gain de 0,15 pfennigs (8,4 p. 100) ; dans les districts agricoles, l'augmentation n'était que de 0,06 pfennigs ou 4 p. 100 (de 1 mark 52 pfennigs à 1,58). Or, presque dans le même espace de temps (1880-1890), le premier groupe gagnait 57177 habitants ou 87,8 p. 100 de l'augmentation totale du royaume, tandis que le second groupe perdait 6392 habitants et voyait tous ses districts (sauf un) diminuer (1).

On peut suivre de même très facilement l'influence des salaires sur la population des mineurs du Durham et de Northumberland, par exemple, de 1873 à 1891. Tout d'abord, dans les deux bassins, le salaire est élevé (il dépasse 7 shillings par jour dans le Durham et même 9 à Newcastle), puis il s'abaisse également des deux côtés vers 1879 (à 4 et 5 shil.), et, en même temps, le nombre des ouvriers mineurs diminue (de 4000 dans le Durham et 6000 dans le Northumberland). Dans la dernière période, le salaire se relève (à 5,11 et 6,2 shil.) et avec lui, la population houillère grandit (de 16000 et 20000 dans chaque comté). Notre graphique (voy. *fig.* 49) permet de suivre, pour le Durham, le rapport des salaires et de la population employée aux mines, qui forme le principal contingent de l'immigration (2).

Décadence des petites industries. — La chute ou la décadence de petites industries locales peut être une cause d'émigration. La grande industrie a créé, en effet, un état de choses absolument nouveau. Dans l'état primitif, l'homme est à lui-même — et pour tout — son propre industriel. Puis la division du travail s'effectue et c'est sur place que nos différents besoins trouvent satisfaction. C'est ainsi que le tisserand était autrefois indispensable au village. Aujourd'hui, la grande industrie, par la multiplicité et le bon marché de sa production, a tué les petits métiers et ceux qui les exerçaient, dans les campagnes, ont dû nécessairement émigrer. M. Anderson Graham pense même que cette catégorie

(1) Voy. la très substantielle monographie du Dr Losch : *Die Entwikelung der Bevölkerung Württembergs*, 1871-1890.
(2) D'après le *Journal of the Roy. Stat. Society*, 1894.

sociale a fourni un plus grand nombre d'émigrants que les classes rurales proprement dites, ce qui est évidemment une exagération. Mais le même auteur nous parle en termes pittoresques de la disparition des petites industries de jadis. Où sont, demande-t-il lors d'une visite au pays natal, les tailleurs, forgerons, menuisiers comme autrefois (1)? Tout ce monde-là a disparu ou va disparaître.

D'autre part, M. Green (2) a fait une enquête fort intéressante sur les conditions de la petite industrie en Angleterre et partout, ou peu s'en faut, il constate sa décadence. Ici, c'est le tressage de la paille (strawplaiting) qui disparaît des comtés de Bedford, Buckingham, Hereford; là, c'est l'industrie des rubans, dans le Berks; celle des toiles dans le Glocester. Le Derby, le Hamps, le Chester ont vu disparaître des campagnes, le tissage des soieries, ainsi que le Norfolk; dans le Dorset, la fabrication des gants a fait son temps et le travail des dentelles est en décadence dans les comtés de Buckingham, Cambridge, Northampton.

Avant M. Green, M. Schmoller (3) avait démontré pour la Prusse la décadence de la petite industrie, à la fois cause et conséquence de l'émigration rurale. En 1849, par exemple, on comptait, dans le royaume de Prusse plus de 84000 tisserands, patrons et ouvriers; en 1861, ce nombre n'était plus que de 14500; mais, tandis que les ouvriers diminuaient dans la proportion de 70 p. 100, la diminution chez les patrons étaient de 90 p. 100. C'était donc bien l'homme isolé, travaillant pour son propre compte qui se trouvait surtout atteint.

On prouverait, du reste, quelle influence la chute de la petite industrie peut exercer sur l'émigration, en montrant comment là où elle existe elle contribue au développement ou au maintien de la population. En France, dans la Champagne et la Picardie (le Santerre), une partie de la population rurale travaille la bonneterie; cela explique comment, dans le département de l'Aube, la densité de la population (4) dans l'arrondissement de Nogent-sur-Seine

(1) M. Graham dit plaisamment que le menuisier du village « *Complains that but for the coffins he would starve.* » (Voy. Anderson Graham : *The rural exodus*, p. 30, 38).

(2) Schmoller : *Zur Geschichte der deutschen Kleingewerbe.* « Der Zug nach den Grossst"dten vernichtet das Kleine Handwerk », p. 195.

(3) Green : *The rural industries in England.*

(4) L'arrondissement de Nogent, grâce à l'industrie de la bonneterie pratiquée dans les campagnes, nourrit une population rurale (27 par kilom. carr.) peu inférieure à celle du riche arrondissement de Provins (32 par kilom. carr.).

est supérieure à celle des autres arrondissements (Troyes excepté). De même, l'industrie métallurgique occupe une partie de la population rurale dans les Ardennes, la Haute-Saône (le nord de l'arrondissement de Lure), dans la Somme. Dans ce dernier département, nous avons pu constater d'une manière évidente, l'influence de l'industrie sur le développement de la population rurale. De 1846 à 1891, la Somme avait vu augmenter 118 communes seulement sur 836, soit une commune sur sept; or, dans le seul canton d'Ault, en Vimeu, centre de l'industrie de la quincaillerie, presque toutes les communes (15 sur 18) avaient augmenté.

C'est également l'industrie qui retient parfois à de hautes altitudes une population que le sol ne pourrait nourrir : Ratzel cite le district de Landshut en Silésie où le tissage à la maison occupe encore 26,6 p. 100 de la population. Dans le Wurtemberg, le *Verein für Social Politik* a fait une enquête en 1890 pour déterminer le revenu des familles de paysans dans le royaume; c'est dans les districts les plus montueux (Forêt-Noire) (1), mais où il y a de l'industrie domestique (ouvrages en bois, etc.), que ce revenu a été trouvé le plus élevé.

En France (2), aussi, l'industrie procure des ressources aux habitants du Jura et, dans le Massif Central, la fabrication de la dentelle occupe une partie de la population féminine de la Haute-Loire. Ce département a une émigration beaucoup moindre que le Cantal ou la Lozère.

Le développement des moyens de communication. — Le progrès des moyens de communication, des voies ferrées en particulier, a eu son influence sur les migrations humaines. On ne peut pas dire absolument que les chemins de fer ont provoqué l'émigration :

(1) Les résultats de cette enquête donnés par M. Losch, sont les suivants :

CERCLES	REVENU (en marks)	CERCLES	REVENU (en marks)
Danube	692,8	Neckar	613,6
Forêt Noire	692	Jagst	612

(2) Comme les industries similaires d'Angleterre, la dentelle rencontre la concurrence de la machine. En 1862, une seule maison, du Velay, occupait, dans les campagnes, 6000 ouvrières et distribuait 600000 francs de salaires. (Voy. l'intéressante monographie de M. Corcelles : *La dentelle dans le Velay*).

lle a des causes économiques et sociales plus profondes. Ce qui le prouve, c'est que déjà, dans la première partie du siècle -- comme du reste auparavant, — il existait un fort courant 'émigration vers Paris. D'autre part, les voies ferrées, en faisant river plus facilement dans les grands centres les produits agri-les, ont pu ainsi activer la production et retenir ainsi à la cam-gne une partie de la population. Tel semble être le cas des partements agricoles du périmètre de Paris, ceux de l'Orléanais, r exemple, et aussi dans le Centre, de la Corrèze et de la Haute-enne, qui ne participent pas à la diminution du Massif Intérieur.

Cependant, c'est avec le développement des voies ferrées e s'accentuent les migrations et que les pays plus exclusi-ment ruraux ont vu leur population décroître d'une manière solue ou relative au bénéfice des centres industriels. Vers 1850, ne comptait en Europe que 23000 kilomètres de voies ferrées, nt près de la moitié pour la seule Grande-Bretagne; et c'était en t l'Etat où la concentration urbaine avait fait les plus grands ogrès. Dans les autres Etats, le total des voies ferrées était inime et se réduisait presque à néant pour la Suisse et les Etats andinaves. (Voy. le tableau suivant). En 1870, il y avait en

Développement des voies ferrées dans les Etats de l'Europe de 1840 à 1895 (en kilomètres)

ÉTATS	1840	1850	1860	1870	1880	1890	1895
France.	493	3075	9509	17897	26166	35264	40000
Grande-Bretagne	2053	10656	16787	24960	28872	31874	33200
Empire allemand	466	5802	11026	18580	33411	40824	45500
Autriche.	143	1501	4452	9401	18476	25731	30500
Belgique.	331	850	1696	2979	4112	4828	5500
Russie	27	498	1581	11178	23857	29410	32000
Pays-Bas	18	178	386	1589	2300	3000	2700
Danemark.	»	21	111	760	1570	1969	2300
Suède	»		528	1723	1761	7527	9000
Norvège	»		67	367	1059	1562	2000
Italie.	»	423	1986	6170	8715	12351	15000
Espagne, Portugal	»	27	1640	6264	8494	12000	13000
Suisse	»	27	1091	1455	2571	2974	3500
Etats Balkhaniq[es]	»			1320	4350	5320	8000
Total (1) . . .	3531	23058	51060	104546	165714	214534	242200

(1) Nous n'avons fait que compléter ici le tableau donné par M. Garnier : *Essai de Géographie générale*, p. 114.

Europe plus de 100000 kilomètres de chemins de fer et, en 1890, le total dépassait 200000 (214000 kil.). En France, en Allemagne, le nombre a plus que doublé depuis vingt-cinq ans et cet accroissement coïncide avec l'augmentation constante des populations urbaines. Cette coïncidence est surtout sensible dans les Etats Scandinaves où les voies ferrées ont quintuplé depuis 1870 et où l'accroissement des capitales a été bien plus considérable qu'il n'avait jamais été auparavant.

Le développement des chemins de fer a, du reste, une double influence sur la population : ils activent le mouvement de migration vers les villes et aussi ils tendent à grouper de plus en plus la population sur le parcours des voies ferrées.

Un statisticien allemand, le Dr Losch, a fait cette démonstration pour le Wurtemberg. En 1861, la population de ce royaume habitant les villes et bourgs desservis par le chemin de fer était 17,7 p. 100 du total; en 1871, elle passait à 30,8 p. 100; en 1890, à 44,5 p. 100. Il ressort également du travail du même auteur que la région qui a le plus vu se développer l'émigration, celle de la Jaxt, est aussi celle où les voies ferrées ont fait le plus de progrès depuis 1861.

Le développement des voies ferrées n'a pas seulement pour conséquence le dépeuplement des campagnes au profit des grandes villes, mais aussi la décadence des petits centres, dont l'influence s'exerçait jadis sur la région voisine. Nous en avons pour preuve la brusque halte survenue dans nos chefs-lieux d'arrondissement de moins de 5000 âmes à partir de 1846 (1).

La population globale des chefs-lieux d'arrondissement ayant moins de 5000 habitants en 1891, s'était élevée de 252000 âmes en 1801, à 305000 en 1846, soit un accroissement de 21 p. 100; au contraire, de 1846 à 1891, leur population n'a gagné que 3 p. 100

(1) **Population à différentes époques, des chefs-lieux d'arrondissement ayant moins de 5000 habitants, en 1891.**

ANNÉES	POPULATION TOTALE	AUGMENTATION ou DIMINUTION p. 100	POPULATION MOYENNE DE chaque chef-lieu	ANNÉES	POPULATION TOTALE	AUGMENTATION ou DIMINUTION p. 100	POPULATION MOYENNE DE chaque chef-lieu
1801	252 000		2 800	1861	310 300	+ 1,6	3 450
1821	268 000	+ 6,3	2 960	1881	320 400	+ 3,3	3 550
1846	305 300	+ 14	3 400	1891	314 800	— 1,8	3 490

et elle était, à cette dernière date, en diminution sur 1881. La population moyenne de chacun de ces petits centres qui avait augmenté de 600 habitants de 1801 à 1846, n'en gagnait même pas une centaine de 1846 à 1891. La décadence des villes de cette catégorie a donc bien été le fait des chemins de fer et il est peu probable que la situation s'améliore pour elles. Il est douteux pourtant qu'elle puisse beaucoup empirer, car ces villes sont des centres administratifs et se maintiendront comme tels à un certain niveau de population. Et, en effet, de 1891 à 1896, elles n'ont augmenté globalement que de 400 unités, total infime et qui suffit à montrer dans ces localités un caractère stationnaire (1).

L'émigration rurale a-t-elle des causes d'ordre moral? — Peut-on assigner encore à l'émigration rurale d'autres causes que celles dont nous venons de parler, des causes d'ordre moral, par exemple? On entend parfois nommer, à ce propos, le développement de l'instruction, le service militaire universel, l'ennui provoqué par la monotonie de la vie rurale.

Il est certain qu'une instruction élémentaire donnée sans aucun souci de l'éducation professionnelle peut dégoûter le rural de sa vie et lui faire entrevoir l'exercice de toute espèce de profession libérale comme bien préférable au travail des champs, dût-elle ne procurer d'autre avantage que le séjour à la ville. Mais ceci ne regarde qu'une fausse conception de l'enseignement élémentaire, non le développement de l'instruction, en général. En effet, on n'aperçoit pas que le mouvement d'émigration des divers Etats de l'Europe soit proportionné à l'extension plus ou moins grande de l'instruction. N'avons-nous pas constaté le phénomène des migrations intérieures aussi bien en Belgique que dans les Etats Scandinaves? Et, en France, l'émigration n'est-elle pas notablement plus forte dans nos départements du Massif Central et même de la Bretagne que dans ceux du bassin de la Seine, où l'instruction est beaucoup plus répandue. Rien ne peut empêcher que, la population rurale devenant trop nombreuse, une partie ne cherche des occupations ailleurs; et si l'instruction est à même d'être utile à l'émigrant des campagnes, qui peut songer à s'en plaindre? Ce n'est pas l'instruction qu'il faut accuser, mais le plus souvent la

(1) Ce fait peut encore confirmer ce que nous avons dit des petites agglomérations urbaines (celles qui sont sur la limite de 2000 âmes), savoir que si elles augmentent peu elles maintiennent au moins ou à peu près leur population. (Voy. page 49.)

vanité de certains parents qui croient s'ennoblir en faisant donner à leurs enfants une éducation sans rapport avec leurs moyens, ni leur destinée. Une chanson anglaise, citée par M. Hasbach (1), fait à ce sujet le procès du fermier de nos jours en l'opposant à celui d'autrefois. « En 1767, nous dit-elle, le fermier est à sa charrue; sa femme trait les vaches; ses fils besognent dans la grange et ses filles filent la laine — tout ce monde est heureux à plaisir; — en 1870, le fermier s'en va voir un spectacle, ses filles sont à leur piano; madame gaiement s'habille de satin et tous les garçons apprennent le latin — et on a pris hypothèque sur la ferme. »

Nous ne croyons pas qu'il soit bien juste de faire du service militaire universel une des causes de l'émigration rurale. On ne manque pas de dire qu'il met le jeune paysan en contact avec une vie plus mouvementée et avec des distractions qui le dégoûtent de la vie des champs. Mais n'est-ce pas compter sans un facteur naturel, très fort, lui aussi, l'amour du pays natal qui fait revoir au libéré — Dieu sait avec quel plaisir! — son clocher tant aimé!

En outre, il faudrait savoir si les jeunes gens qui demeurent à la ville, leur service accompli, auraient trouvé une occupation, de retour à leur village. Enfin le service militaire n'est pas une cause universelle des émigrations rurales puisqu'elles se produisent avec intensité dans les Etats où il n'existe pas d'armée permanente, l'Angleterre, la Suisse et la Belgique.

La monotonie de la vie rurale peut avoir son influence sur l'émigration. De tout temps, elle a été plus ou moins ressentie; peut-être l'est-elle particulièrement de nos jours où la facilité des communications met plus à même le campagnard de voir la vie mouvementée des villes. Ce sentiment semble avoir été surtout très vif chez les travailleurs ruraux d'Angleterre, qui vivent généralement dans des cottages établis près des grands domaines et à l'écart du village (2). Il leur manque cette solidarité qui unit chez nous les différentes familles de nos groupements ruraux.

(1)

1767	1870
The farmer's at the plough His wife milking the cow His boys trashing in the barn His daughters spinning yarn All happy to a charm.	The farmer's gone to see a show His daughters at the piano His Madame gailydressed in satin All the boys learning latin And a mortgage on the farm.

Voy. Hasbach : *Die englischen Landarbeiter in den letzten hundert Iahren*, p. 307.

(2) M. Anderson Graham écrit : « The are very few English men whether living in towns or not, who are unfamiliar with the summer aspects of the English rural scenery. The have sat on some ferny eminence and noted from the isolated smoke wreaths how straggled and distant from each other are the cottages. (Voy. *The rural exodus*, p. 63.)

CHAPITRE XIV

La manière dont s'effectuent principalement les migrations internes.

SOMMAIRE. — Des divers modes de migration. — Les migrations locales. — Des migrations à l'intérieur des villes : Paris (nouveau périmètre), Paris (ancien périmètre), Londres, Berlin. — Des migrations lointaines, et plus spécialement du recrutement de la population des grandes villes de l'Europe. — Que les migrations internes ont surtout un caractère régional.

Des divers modes de migration. — C'est une question de savoir si les mouvements migratoires se font au hasard ou s'ils s'opèrent suivant certaines lois. Cette dernière opinion nous semble plus juste, car, si on ne peut ranger ces phénomènes sous des lois bien précises, il est permis cependant d'en dégager un certain nombre de traits généraux. C'est ce qui a conduit un savant anglais, M. Rawenstein à établir une sorte de classification des émigrants. Il arrive à distinguer les migrations locales, les migrations dans le voisinage et au loin (*short and long journey migration*), les migrations par degrés et temporaires, etc. Ces différents mouvements se réduisent, en somme, à deux : ou bien l'émigration se fait, pour ainsi dire, sur place, ou elle entraîne les hommes plus ou moins loin de leur pays natal.

Les migrations locales. — L'émigration locale comprend les migrations d'un village à un autre de la même région et celles d'un quartier à un autre de la même ville (1). Entre les petites agglomérations rurales d'un même pays, il y a un échange continu de population, qui ne ressemble sans doute en rien aux mouvements que détermine l'attraction des villes, mais qui a son influence

(1) C'est ce dernier genre de migration que M. Rawenstein appelle migration locale : « *The local migrant confines himself to moving from one part of the town or parish in wich he was born to another part of the same town or parish.* » (Voy. Rawenstein : *The laws of Migration.*)

sur la composition d'une population. C'est ainsi que partout où il nous a été possible de faire cette constatation, nous avons vu diminuer le nombre des habitants résidant dans leur commune de naissance, au sein d'un département ou d'une province. C'est ce que nous avons constaté dans les Pays-Bas, en Autriche, en Hongrie. En France, dans la période quinquennale 1886-91, l'ensemble des individus qui avaient quitté leur commune de naissance s'élevait à plus de un million; mais sur ce total, les deux tiers n'avaient pas dépassé la limite de leur département d'origine; leur migration avait donc un caractère local. Il n'y a du reste pas de rapport entre cette migration locale et celle d'un département à un autre : les deux phénomènes procèdent même en sens inverse. Considérons, par exemple, quelques départements où le nombre des individus venus du dehors est fort, et quelques autres, où ce nombre est peu élevé, et nous verrons que l'émigration locale, c'est-à-dire d'une commune à une autre, n'est pas en rapport avec l'émigration venue des départements voisins; or, c'est surtout cette dernière qui mérite, à proprement parler, le nom d'émigration.

Différents genres de migration dans quelques départements français.

DÉPARTEMENTS	HABITANTS	
	Nés dans une autre commune que leur commune de résidence mais dans le même département	NÉS dans un autre département
1° *A forte immigration :*		
Rhône	139562	268877
Gironde	196275	215374
Bouches-du-Rhône	61310	155460
2° *A faible immigration :*		
Finistère	174114	41828
Ardèche	95000	26000
Lozère	28414	6380

Le tableau ci-dessus montre suffisamment que les départements à forte émigration ont un mouvement de migration locale inférieur aux autres ; le Nord fait exception, il est vrai, mais sa forte proportion de migrants locaux est due à l'extrême densité de sa population. Les groupements sont tellement compacts dans une partie du département que l'émigration d'une commune à une autre ressemble plutôt à celle d'un quartier à un autre d'une même ville.

Dans les petites communes, il peut arriver que la population née dans la commune soit moindre que dans les villes, en raison des migrations locales, dont nous venons de parler. Ce phénomène a été très bien mis en lumière par M. Karl Bücher (1), qui a étudié, sous ce rapport, la population du grand duché d'Oldenbourg. Dans cet Etat, la proportion des immigrés était de 33 p. 100 dans les communes de moins de 500 habitants, de 41,7 p. 100 dans celles de 1000 à 1500. Elle s'abaissait à 28,7, 22,2, 20,6 p. 100 dans les communes dépassant 2000, 3000 et 4000 âmes et se relevait à 29,4 p. 100 hab. dans celles qui avaient plus de 5000 habitants (2).

Un autre savant allemand, M. Mayr avait fait la même démonstration pour la Bavière. Il trouvait, d'après les résultats du recensement de 1871, que la proportion des personnes nées hors de leur commune de résidence était de 35,6 p. 100 pour les petites communes rurales et de 33,1 pour les grandes ; de 43,2 dans les petites villes et de 54,5 dans les grandes.

M. Mayr concluait de ces faits à une loi (3), savoir que, dans les villes, la population née dans la commune diminue avec la grandeur des villes ; mais que, dans les communes rurales, elle augmente avec l'importance de celles-ci.

Il y a, en effet, entre les petites communes voisines l'une de l'autre, un échange de population continu, qui ne constitue pas, à vrai dire, une émigration et n'a aucune des conséquences de ce phénomène. Cette émigration a d'ailleurs un caractère tout agricole : en Autriche (4), par exemple, sur 1000 personnes vivant de l'agriculture, 293 ont émigré d'une commune à une autre du même district, et 97 seulement d'un *bezirk* à un autre.

(1) Karl Bücher : *Die Enstehung der Volkswirthschaft*, p. 275.

(2) Bücher montre bien, d'ailleurs, que les immigrés, dans les communes rurales, ne viennent que du voisinage. Dans trois communes rurales qu'il a étudiées, la grande majorité des immigrés (77,3 p. 100) ne venait pas d'une distance supérieure à deux milles. Au contraire, dans la ville d'Oldenbourg, cette catégorie formait la minorité des immigrés (21,8 p. 100).

(3) Mayr : *Die Baierische Bevölkerung nach der Gebürtigkeit*, 1871.

(4) Voy. Rauchberg : *Die Bevölkerung Oesterreich's*, 1890.

Des migrations à l'intérieur des villes. — Pour étudier ce mouvement, nous n'avons qu'à faire voir l'émigration ou l'immigration à l'intérieur de nos métropoles européennes, Paris et Londres, par exemple. Sans doute, parmi ces immigrés, comptés dans tel arrondissement ou district, il y en a qui viennent de l'extérieur. Mais nous avons vu, d'une part, qu'il y a à Londres un excédent d'émigration; d'autre part, que la proportion des individus nés hors de Paris n'a plus tendance à augmenter dans la population de la capitale. On peut donc conclure que les mouvements migratoires de ces deux grandes villes ont également un caractère interne (1).

Paris (nouvelle périphérie). — A Paris (voy. la carte *fig.* 50 et le

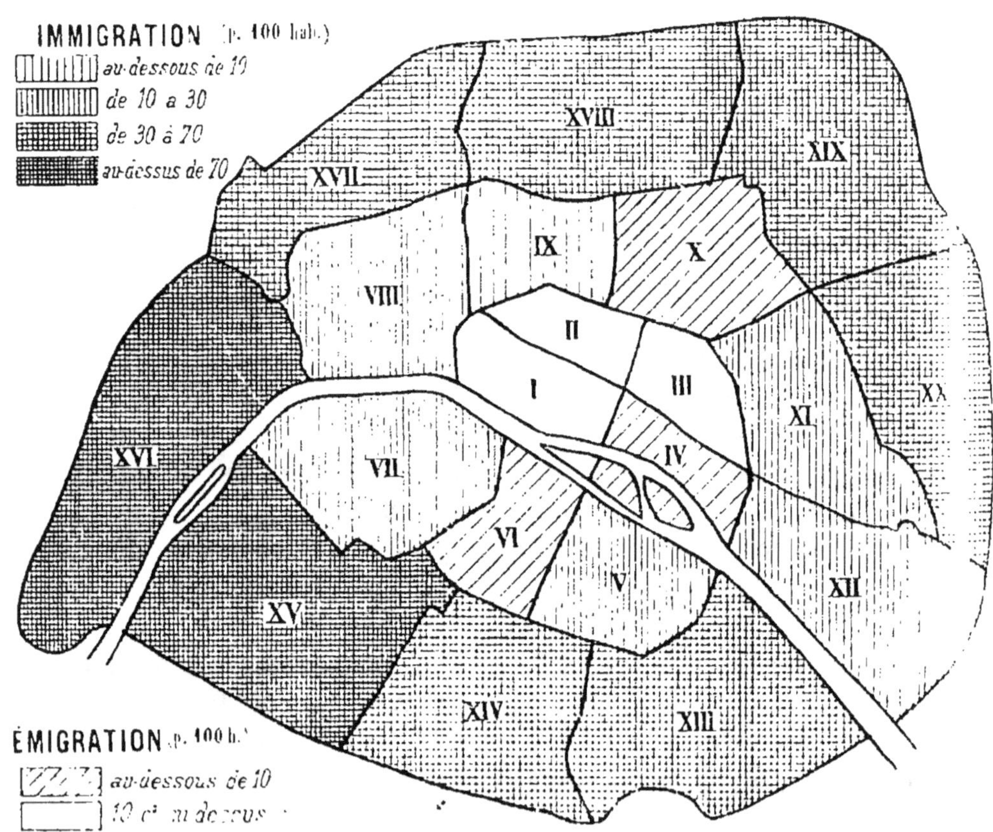

Fig. 50. — Immigration et émigration dans les arrondissements de Paris (1872-1886).

tableau suivant), on peut distinguer sous le rapport des migra-

(1) Ce qui prouve encore que l'immigration des arrondissements parisiens ne provient pas exclusivement du dehors, c'est que le nombre des habitants nés à Paris est relativement plus élevé dans les quartiers du centre, c'est-à-dire dans ceux où il y a le moins d'excédent d'immigration

tions, les 10 arrondissements de l'intérieur et les 10 arrondissements de la périphérie. Pendant la période 1872-1896, il n'y a eu dans le premier groupe qu'un excédent d'immigration de 14509 personnes ou à peine 1,6 p. 100 ; et il ne représente que 15,2 p. 100 de l'accroissement global (1872-96). Parmi les arrondissements intérieurs, deux surtout, les VIIᵉ et VIIIᵉ, l'un et l'autre riches, présentaient un fort excédent d'immigration, et, après eux, venait le Vᵉ (1) ; par contre, l'émigration était surtout sensible dans les arrondissements purement centraux, Iᵉʳ, IIᵉ, IIIᵉ, IVᵉ, et atteignait aussi les quartiers populeux du Xᵉ et légèrement le VIᵉ arrondissement.

Immigration et émigration dans les arrondissements de Paris de 1872 à 1896 (chiffres en milliers) (2).

ARRONDISSEMENTS	POPULATION EN 1872	EXCÉDENT des naissances ou décès 1872-1896	POPULATION		IMMIGRATION + et ÉMIGRATION −	
			CALCULÉE en 1896	RÉELLE en 1896	TOTALE	p. 100 hab.
Iᵉʳ	74,2	+ 3,8	78,1	66.1	− 11,9	− 16.2
IIᵉ	73,5	+ 6,9	80,5	66,7	− 13.7	− 18,5
IIIᵉ	89,6	+ 9,3	99	87.3	− 11,6	− 12,7
IVᵉ	95	+ 8,2	103,2	97,6	− 5,5	− 5,8
Vᵉ	96,6	+ 4,4	101,1	115,9	+ 14,8	+ 15,4
VIᵉ	90,2	+ 10,8	101,1	100.6	− 0,5	− 0,5
VIIᵉ	78,5	− 2,3	76,1	97,8	+ 21.4	+ 27
VIIIᵉ	75.7	+ 4,7	80,5	102	+ 21.4	+ 28,7
IXᵉ	103,7	+ 9,3	113,1	119.9	+ 6.8	+ 6,5
Xᵉ	135,4	+ 25	160,4	153,7	− 6,6	− 4,4
XIᵉ	167,3	+ 19.2	186,6	222	+ 35,4	+ 21,2
XIIᵉ	87,6	+ 6,8	94,5	117,7	+ 23.1	+ 26.3
XIIIᵉ	69,4	− 0,2	69,1	114,7	+ 45,5	+ 6,5
XIVᵉ	69,6	+ 7,7	77,3	122,1	+ 44.7	+ 64
XVᵉ	75,4	+ 4,3	79,8	133,1	+ 53,3	+ 71
XVIᵉ	43,3	+ 1,6	44,9	101,5	+ 56,6	+ 130,7
XVIIᵉ	101,8	+ 12,4	114,2	182	+ 67.8	+ 66,6
XVIIIᵉ	138,1	+ 16.1	154,2	224,4	+ 70,4	+ 58
IXᵉ	93,1	+ 9.6	102,8	134,1	+ 31,3	+ 33,4
XXᵉ	92,7	+ 6 5	99,3	151,7	+ 52,4	+ 57
Total	1851	+ 164,1	2015	2511	+ 496	+ 52

(1) Cette immigration du Vᵉ arrondissement est d'autant plus notable que la construction de la nouvelle Sorbonne en a chassé une assez nombreuse population.

(2) Tous nos calculs pour 1896 se rapportent à la population présente ou de fait.

Dans le groupe de la périphérie, l'immigration est considérable (1); elle dépasse 480000 personnes, ou 52 p. 100 de la population en 1872, et représente 85,3 p. 100 de l'augmentation totale du groupe depuis cette date. Dans tous les arrondissements il y a immigration, mais elle est considérable dans les XIIIe, XIVe, XVe, XVIIe, et surtout dans le XVIe (130,7 p. 100) qui a recruté par immigration 95,5 p. 100 de son accroissement.

L'émigration dans les quartiers du centre, comme l'immigration dans ceux de la périphérie, s'est surtout accentuée à partir de 1881. En effet, dans la période 1872-1881, l'immigration était pour les 10 premiers arrondissements de 102600 personnes ou 11,1 p. 100, et pour les 10 autres, de 273,600, ou 29,2 p. 100. Il s'est donc produit, de 1882 à 1896, dans le premier groupe une émigration globale de 98000 personnes, et dans le second une immigration de 207000. Mais, l'immigration même des quartiers excentriques tend à se réduire, comme à Londres, et cela (comme nous verrons) au bénéfice de la banlieue.

Paris (*ancienne périphérie*). — Ce mouvement de migration du centre à la périphérie que nous constatons dans le Paris actuel, nous pouvons aussi le trouver dans l'ancien Paris, celui d'avant 1861. De 1836 à 1856 (période que nous avons choisie pour cette étude), il y a des différences profondes, sous le rapport des migrations, entre les arrondissements. Nous pouvons ici encore (quoique avec moins de précision que dans le Paris d'aujourd'hui) répartir les arrondissements en deux groupes de six chacun (2). Dans le premier groupe sont les arrondissements du centre ou ceux qui ont, au centre, la majorité de leurs quartiers (Ier, IIe, V[e], VIIIe, X[e], XIIe); dans le second groupe, ceux de la périphérie (IIIe, IVe,

(1) **Immigration et émigration dans les régions de Paris.**

RÉGIONS	1872-1881		1882-1896		Ensemble : 1872-1896	
	TOTAL	p. 100	TOTAL	p. 100	TOTAL	p. 100
Centre........	+ 102600	+ 11,1	— 98100	— 9.6	+ 14500	+ 1,6
Périphérie	+ 273600	+ 29,2	+ 207260	+ 16.8	+ 480869	+ 85,3

(2) Nous établissons nos calculs d'après les *Recherches Statistiques sur la Ville de Paris et le département de la Seine*, qui donnent le total annuel des décès et naissances avant 1856.

VIe, VIIe, IXe, XIe). L'ensemble des six premiers arrondissements donne, à lui seul, une immigration globale de 231000 personnes, ou 49 p. 100, tandis que les six arrondissements de l'intérieur présentent une émigration de 47000, ou 12,7 p. 100. L'immigration est particulièrement forte dans les arrondissements plutôt excentriques (Ier, VIIIe, X[e], XIIe), surtout dans les Xe et VIIIe où elle atteint 71 et 75 p. 100. Au contraire, dans les trois arrondissements tout à fait centraux, IVe, VIIe, IXe, l'émigration s'élève au taux respectif de 51,6; 23,3, et 21,4 p. 100.

Londres. — A Londres, nous rencontrons le même phénomène qu'à Paris : les districts excentriques bénéficient de l'immigration, ce qui est d'autant plus notable que, dans l'ensemble, la métropole présente un excédent d'émigration, de 117,789 personnes (3,06 p. 100) pour la période 1881-1891. Cette émigration atteint trois régions de Londres : le Nord, 30751 ou 3,42 p. 100, l'Est, avec 89789 ou 13 p. 100, et surtout le Centre, avec 55932 ou 19,8 p. 100. Dans le Centre, tous les districts sont affectés par l'émigration qui trouve son maximum à Saint-Giles et à Holborn (22 et 22,2 p. 100). De même, dans l'Est, l'émigration est générale, sauf une légère exception pour White-Chapel (0,13 p. 100). Dans le Nord, il y a à la fois des régions de forte émigration, comme Marylebone (20,2 p. 100) et de notable immigration; comme le district plus excentrique de Hampstead (39 p. 100). Les deux régions à immigration dans Londres sont l'Ouest et le Sud : dans l'Ouest, elle n'est au total que de 9000, ou 1,34 p. 100, car si elle est très sensible dans le district de Fulham (43,5 p. 100), elle est légère à Paddington (2 p. 100) et dans les autres districts il y a émigration, notamment à Westminster, quartier central, qui donne le maximum d'émigration sur l'ensemble de Londres (25 p. 100). Dans le Sud, l'immigration est plus considérable (environ 50000, ou 4 p. 100), grâce au contingent fourni par les districts extérieurs, notamment, à l'ouest, Wandsworth (25 p. 100), car ceux qui touchent au centre comme Saint-Saviour et Saint-Olave Southwark ont un excédent d'émigration (1).

(1) Si, au lieu de considérer les différentes régions de Londres, on ne considérait que le *Central Area* d'une part, et de l'autre le *Rest of Inner London*, on constaterait que, dans le premier groupe, tous les districts sont atteints par l'émigration, que les dix districts à immigration appartiennent au second groupe.

Pour faciliter des comparaisons intéressantes, nous donnons ci-après le tableau des migrations dans chacune des régions de Londres, pour trois périodes différentes.

Immigration et émigration dans les diverses régions de Londres

RÉGIONS	1861-1871		1871-1881		1881-1891	
	Immigration + ou Émigration — TOTALE	PROPORTION p. 100	Immigration + ou Émigration — TOTALE	PROPORTION p. 100	Immigration + ou Émigration — TOTEAL	PROPORTION p. 100
Ouest.	+ 63000	+ 14	+ 49000	8	+ 9000	+ 1,34
Nord...	+ 59000	+ 9,6	+ 51000	6,8	— 30751	— 3,42
Centre.	— 73000	— 16,5	— 76000	— 22,8	— 55932	— 19,8
Est....	— 8000	— 1,4	— 38000	— 6	— 89789	— 13
Sud....	+ 76000	+ 9,9	131000	+ 13,5	+ 50000	+ 4

Dans ces trois périodes, il y a également émigration dans le Centre et l'Est, toujours très forte dans la première région et de plus en plus accusée dans l'Est. Dans le Nord, où il y a maintenant émigration, le phénomène inverse se produit dans les deux périodes précédentes et l'immigration, constante dans l'Ouest et le Sud, a pourtant une tendance à y décroître dans la deuxième période.

Nous avons étudié également le mouvement migratoire dans les *Standesamtsbezirke* de Berlin pour la période 1885-1890, et les résultats sont les mêmes que dans les autres capitales. Dans deux quartiers du Centre seulement, il y a immigration, mais elle est peu importante (+ 1,2 et + 5,6 p. 100 dans le VIIe*a* et le IXe); les autres quartiers intérieurs (Ier, IIe, VIe, X^{e}*a*) sont tous atteints par l'émigration. Au contraire, dans tous les districts de la périphérie, l'immigration est générale : elle atteint son maximum au Nord dans le Xe*b* (+ 54 p. 100), au Nord-Ouest et à l'Ouest dans les IIIe, XIIe et XIIIe (+ 32, + 70, + 30 p. 100). Tandis que la région du Centre (Ier, IIe, VIe, X*a*) perdait par émigration 13300 habitants, le XIIe district à lui seul en gagnait dans l'ensemble 52000 par l'excédent d'immigration.

Des migrations lointaines et plus spécialement du recrutement de la population des métropoles de l'Europe. — Nous venons d'étudier les migrations sur place et en même temps la répartition des migrants dans une localité déterminée. Il nous reste à voir les migrations plus lointaines dans leur mode d'action. Ce mode, du reste, est assez simple et presque universellement déterminé par la géographie : les émigrants se portent en effet vers le centre le plus voisin d'attraction. C'est ce que nous verrons en examinant la répartition par lieu de naissance de la population immigrée dans les métropoles de l'Europe.

Paris. — L'attraction de Paris s'exerce dans un rayon d'environ 250 kilomètres, en laissant de côté le Sud-Ouest. Les départements du voisinage de Paris ont, bien entendu, une proportion très forte de leurs originaires résidant dans la capitale. Par exemple, sur 1000 habitants de l'agglomération parisienne nés hors du département de la Seine, 47 reviennent à Seine-et-Oise, 29,1 à Seine-et-Marne, 20 à l'Aisne.

Nous retrouvons une proportion forte aussi pour le Nord (24,8) et la Seine-Inférieure (20,8), pour la région de l'Est (20,4 dans la Meurthe-et-Moselle), pour le Centre (24 dans l'Yonne et 20,5 dans la Nièvre) et pour quelques départements du Massif Intérieur (14,6 dans le Cantal et 14 dans l'Aveyron). Sur l'ensemble de la population non originaire de Paris, environ un quart venait des départements du bassin de la Seine.

Mais deux régions surtout sont rebelles à l'attraction de Paris, le Sud-Est et le Sud-Ouest. Dans aucun des départements du Bas-Rhône, de la Méditerranée, des Alpes, la proportion des individus originaires de ces départements et demeurant à Paris ne dépasse 6 p. 1000 personnes nées hors Paris. La région de la Savoie fait seule exception, ses habitants étant attirés vers la capitale par l'exercice de certaines professions, comme les Auvergnats, les Limousins, etc.

Dans le Sud-Ouest, des bouches de la Loire aux Pyrénées, cette même proportion de 6 p. 1000 n'est dépassée par aucun département. (Voy. *fig.* 51.)

M. Bertillon (1), au moyen d'un savant calcul, est parvenu à reconstituer la composition de la population de Paris en 1833, et cette évaluation nous permet de faire une comparaison avec la

(1) M. Bertillon a calculé le nombre des individus nés hors Paris d'après les décès. Il ne donne, du reste, les résultats auxquels il est arrivé pour 1833 que comme approximatifs. (Voy. *Dénombrement de 1891 pour la ville de Paris*, p. LXXI.)

Répartition, par province, des Français, non originaires de la Seine, habitants de la Seine en 1891 et habitants de Paris (1833).

PROVINCES	1833		1891	
	TOTAL	Pour 1000 hab. de Paris nés hors de la capital combien de chaque province	TOTAL	Pour 1000 hab. de la Seine nés hors de la Seine combien de chaque province
Alsace	7200	13,4	(Belfort) 4304	2 6
Alsace-Lorraine			114000	67
Anjou	3800	7,1	13364	7
Angoumois	1900	3,5	8749	4,6
Artois	9000	17	30400	15,9
Avignon	800	1,6	4570	2,6
Auvergne	15200	28,6	51534	30,6
Aunis	3200	6	8590	4,5
Béarn	1300	2,5	8500	4,5
Berry	4300	8	42740	25
Bourbonnais	4300	8	14483	7,6
Bourgogne	38300	71,1	110113	66
Bretagne	11500	22	88100	52
Champagne	33300	62	75738	44,7
Corse	400	0,75	4585	2,6
Dauphiné	5900	14	19341	11,8
Foix	500	0,90	3483	2
Flandre	15400	30	47427	28
Franche-Comté	17800	33	65685	39
Guyenne-Gascogne	13200	23,2	78000	47,8
Ile-de-France	116000	217	219525	130
Languedoc	9700	18	51524	30
Limousin	3208	6	31902	19
Lorraine	37100	70	84300	50
Lyonnais	9000	17	32594	20
Maine	9600	18	47250	29
Marche	6100	11,6	28125	17,8
Nice	»		2041	1,2
Nivernais	3600	7	39263	23
Normandie	60100	113	130463	78
Orléanais	20100	37	79871	49
Picardie	15500	29	32139	19
Poitou	3000	6	21465	13
Provence	3600	7	12166	7
Roussillon	500	1	2367	1,3
Savoie	»	»	34804	20,5
Touraine	3900	8	15012	9
Total général	488300	»	1658500	»

composition actuelle. Comme aujourd'hui, la population parisienne

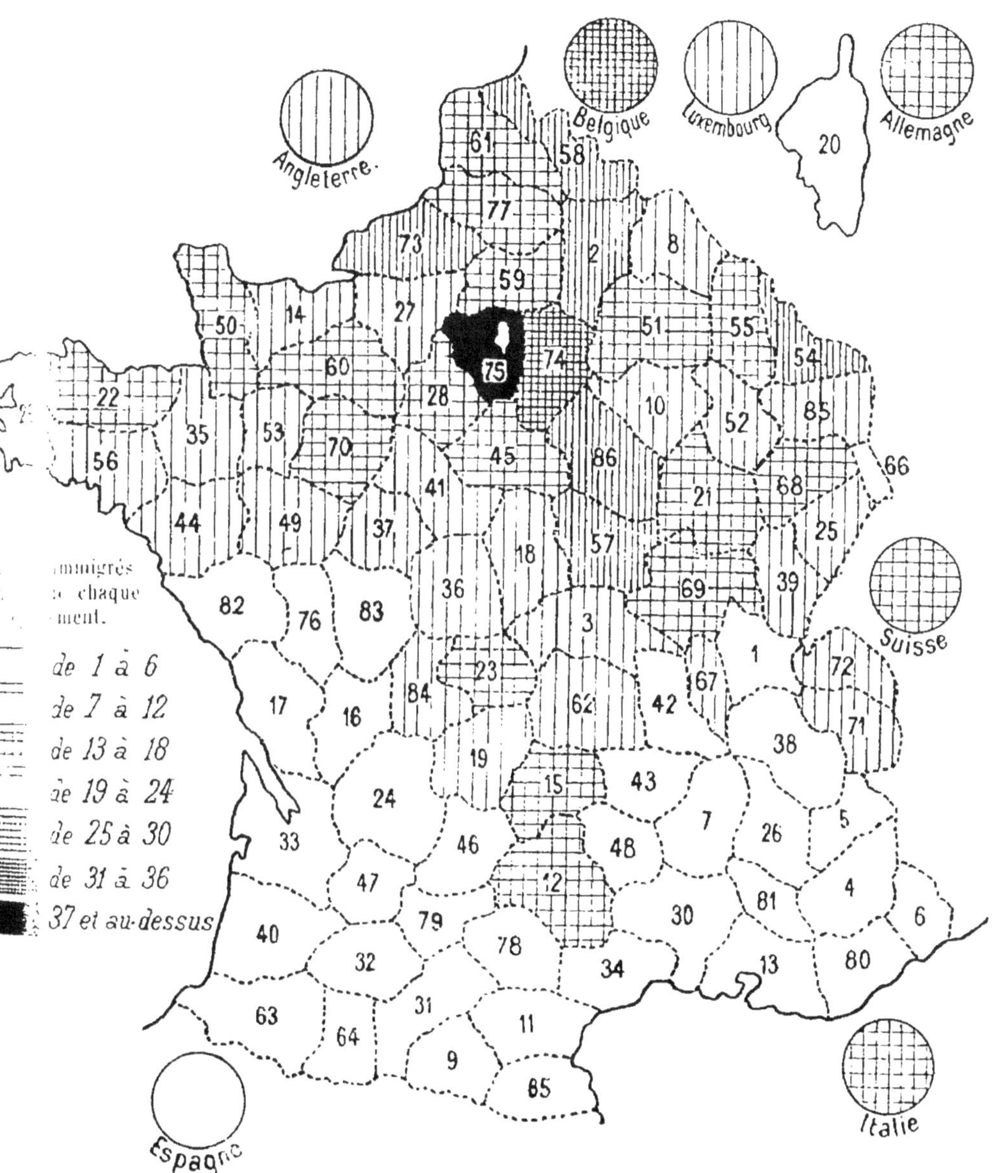

Fig. 51. — Lieu de naissance des immigrés à Paris en 1891 (1).

(1) Numéros d'ordre correspondant à ceux de la carte (fig. 51). — 1. Ain; 2. Aisne; 3. Allier; 4. Alpes (Basses-); 5. Alpes (Hautes-); 6. Alpes-Maritimes; 7. Ardèche; 8. Ardennes; 9. Ariège; 10. Aube; 11. Aude; 12. Aveyron; 13. Bouches-du-Rhône; 14. Calvados; 15. Cantal; 16. Charente; 17. Charente-Inférieure; 18. Cher; 19. Corrèze; 20. Corse; 21. Côte-d'Or; 22. Côtes-du-Nord; 23. Creuse; 24. Dordogne; 25. Doubs; 26. Drôme; 27. Eure; 28. Eure-et-Loir; 29. Finistère; 30. Gard; 31. Garonne (Haute-); 32. Gers; 33. Gironde;

née hors Paris venait surtout des départements voisins : ceux du bassin de la Seine fournissaient un tiers du total. L'immigration du Nord, de l'Aisne, de la Somme était relativement plus grande que de nos jours : le développement de l'industrie dans ces départements y ayant ralenti, au moins relativement, l'émigration. Paris comptait déjà beaucoup d'immigrés de l'Est (notamment de la Moselle) et du Centre (Yonne et Nièvre). Le Massif Intérieur en fournissait moins qu'aujourd'hui, ainsi que le Centre-Loire et l'Ouest, vu la difficulté des communications. Quant au Midi, il était, comme aujourd'hui, en dehors du rayonnement de Paris.

Du tableau que nous donnons de la répartition par province des habitants de la Seine (1891) et de Paris (1833), non originaires de la Seine, il résulte clairement que les régions rapprochées de la capitale, telles que l'Ile-de-France, la Normandie, la Champagne, ont vu diminuer la proportion de leurs natifs dans la population parisienne. Au contraire, cette proportion a augmenté notablement pour les provinces éloignées, Languedoc, Berry, Franche-Comté, Bretagne, etc. La facilité des communications est, à coup sûr, tout le secret de ce changement. (Voy. le tableau de la page 318.)

Londres. — A Londres, la proportion des habitants fournis par chaque région ou comté, est aussi en raison de sa distance avec la métropole. Sur 1442000 habitants nés hors de Londres, 306000 (221 p. 1000) appartiennent aux comtés du Sud-Est, 227400 (155 p. 1000) à ceux du Sud-Milieu et 202000 (138 p. 1000) à ceux de l'Est. Les comtés de Kent, Middlesex, Surrey, Essex, fournissent à eux seuls environ 338000 immigrés, soit 23,4 de l'effectif total. Parmi les comtés du voisinage de Londres, celui de Berks offre la moindre proportion d'immigrés (22 p. 1000). Dans les comtés du Sud-Milieu, la proportion est aussi assez faible à Bedford, Northampton, surtout Huntingdon, sans doute déjà à cause de l'éloignement. (Voy. *fig.* 52). Et puis, plus nous allons au

34. Hérault; 35. Ille-et-Vilaine ; 36. Indre ; 37. Indre-et-Loire; 38. Isère ; 39. Jura; 40. Landes ; 41. Loir-et-Cher ; 42. Loire ; 43. Loire (Haute-) ; 44. Loire-Inférieure ; 45. Loiret ; 46. Lot ; 47. Lot-et-Garonne ; 48. Lozère ; 49. Maine et-Loire ; 50. Manche ; 51. Marne ; 52. Marne (Haute-) ; 53. Mayenne ; 54. Meurthe-et-Moselle ; 55. Meuse ; 56. Morbihan ; 57. Nièvre ; 58. Nord ; 59. Oise ; 60. Orne ; 61. Pas-de-Calais ; 62. Puy-de-Dôme ; 63. Pyrénées (Basses) ; 64. Pyrénées (Hautes-) ; 65. Pyrenées-Orientales ; 66. Rhin (Haut-), Belfort ; 67. Rhône, 68. Saône (Haute-) ; 69. Saône-et-Loire ; 70. Sarthe ; 71. Savoie ; 72. Savoie (Haute-) ; 73. Seine-Inférieure ; 74. Seine-et-Marne ; 75. Seine-et-Oise ; 76. Sèvres (Deux-) ; 77. Somme ; 78. Tarn ; 79. Tarn-et-Garonne ; 80. Var ; 81. Vaucluse ; 82. Vendée ; 83. Vienne ; 84. Vienne (Haute-) ; 85. Vosges ; 86. Yonne.

Nord, plus nous nous rapprochons d'autres foyers industriels qui attirent les émigrants. Ce qui explique pourquoi, à égale distance, les comtés de l'Ouest donnent plus d'immigrants à Londres que

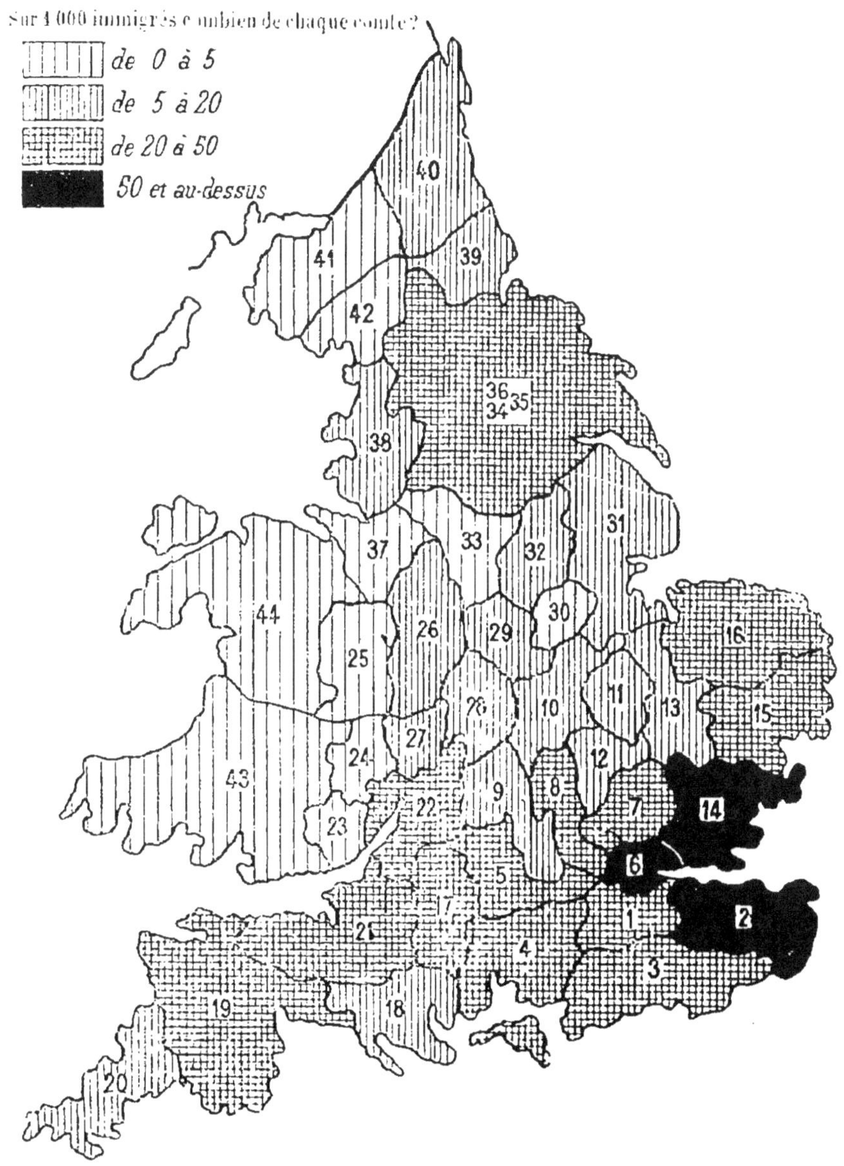

Fig. 52. — Les immigrés à Londres répartis par comté de naissance. Les numéros de la carte sont les mêmes que ceux de la *fig.* 26 (page 143).

ceux du Nord. Aussi la proportion est-elle encore forte pour la région Sud-Ouest (161000 immigrés, ou 110 p. 1000), notamment dans le Wilts et le Somerset. Par contre, elle s'abaisse sensiblement dans l'Ouest-Milieu (70 p. 1000), où se trouvent les comtés industriels de Stafford et Warwick (Birmingham); elle se réduit encore plus dans le Nord-Milieu (27 p. 1000) dans le Nord-Ouest avec le Lancashire (24 p. 1000), dans l'York (23 p. 1000) et surtout dans le Nord (12,8 p. 1000). Ces trois régions du Nord prises respectivement fournissent moins d'immigrés à Londres que le pays de Galles (15,7 p. 1000), que l'Ecosse (37 p. 1000) et que l'Irlande (46 p. 1000).

Nous avons vu qu'à Londres, la proportion de la population de naissance étrangère avait une tendance à baisser (1); aussi presque toutes les régions de l'Angleterre ont-elles relativement un moins grand nombre d'immigrés dans la capitale qu'en 1861, par exemple. Il n'y a guère d'accroissement, et peu sensible, que pour le Sud-Milieu, le Nord-Ouest et Galles. Mais la baisse est assez notable pour l'Est, le Sud-Ouest et l'Irlande.

Berlin. — A Berlin, sur l'énorme chiffre des habitants nés hors la ville (936161 en 1890), la très grande majorité venait des provinces prussiennes du Nord ou du Centre. A lui seul, le Brandebourg donnait 287000 immigrés, ou 306 p. 1000, et la Poméranie 102000, ou 110 p. 1000. Les deux provinces de Prusse donnaient moins l'une et l'autre que Posen et la Saxe prussienne. Mais, en dehors de ces six provinces que nous venons de citer, Berlin comptait relativement peu d'immigrés. Les provinces prussiennes de l'Ouest et du Nord ne fournissaient, dans leur ensemble, que 43200 habitants, ou 46 p. 1000. C'est que les émigrants du Schleswig-Holstein et du Hanovre sont plutôt attirés par Hambourg que par Berlin et que, d'autre part, la Westphalie et la Prusse rhénane ont

(1) **Lieux de naissance des habitants de Londres (la population étant réduite à 100), en 1861 et 1891.**

LIEUX DE NAISSANCE	1861	1891	LIEUX DE NAISSANCE	1861	1891
Londres	62,09	65,7	Nord-Ouest	0,83	0,89
Sud-Est	7,92	7,24	York	0,95	0,83
Sud-Milieu	5,24	5,40	Nord	0,64	0,49
Est	5,58	4,80	Galles	0,70	0,73
Sud-Ouest	4,58	3,80	Ecosse	1,27	1,26
Ouest-Milieu	2,73	3,29	Irlande	3,81	1,58
Nord-Milieu	1,21	1,02	Étranger	1,96	2,24

des foyers industriels qui retiennent la population. (Voy. le tableau suivant.)

La population, née hors de Berlin, par provinces et Etats d'origine (en milliers).

PROVINCES ET ÉTATS	TOTAL DES ORIGINAIRES résidants à Berlin	Sur 1000 personnes nés hors de Berlin combien de la province	PROVINCES ET ÉTATS	TOTAL DES ORIGINAIRES résidants à Berlin	Sur 1000 personnes nés hors de Berlin combien de la province
Prusse orientale......	71,3	76	Saxe................	15,7	16,4
Prusse occidentale....	57,8	62	Wurtemberg.........	2,4	2,6
Brandebourg.........	287,5	306	Bade................	2,4	2,5
Poméranie...........	102	110	Hesse...............	2,2	2,4
Posen...............	76,8	82	Mecklembourg-Schwerin	8	8
Silésie..............	123,5	134	Mecklembourg-Strelitz..	6,6	6,7
Saxe prussienne......	77,2	83	Saxe-Weimar........	3,4	3,9
Schleswig-Holstein....	4,8	5,2	Oldenbourg..........	0,9	1
Hanovre.............	10,5	11,4	Anhalt..............	7	7,3
Westphalie..........	7,7	7,8	Brunschwick.........	2,7	3
Hesse-Nassau........	6,4	6,7	Autres petits États.....	5,6	6,1
Prusse rhénane.......	13,5	14,3	Lubeck..............	0,3	0,5
Hohenzollern.........	0,1	0,1	Brême...............	0,5	0,7
Royaume de Prusse...	839	896	Hambourg...........	2,7	3
Bavière..............	5,3	5,8	Alsace-Lorraine.......	1,6	1,8

Quant aux autres États de l'Empire, ils ne sont représentés dans la population de Berlin que par 91 000 immigrants, ou 97,5 p. 1000 : encore plus de 17000 reviennent-ils aux deux Mecklembourg et au duché d'Anhalt, situés à proximité de Berlin. Les Etats du Sud ne donnent que 13600 immigrants (14,5 p. 1000); le reste représente 65 p. 1000 de la population née hors de la capitale.

L'immigration de Berlin a surtout un caractère prussien et on ne peut pas dire que la capitale allemande exerce une attraction bien sensible sur les Etats de l'Empire en dehors de la Prusse.

Vienne. — A Vienne, la population née hors la ville s'élève à plus de 754000 personnes (1890). Sur ce nombre, la très grande majorité vient des provinces du voisinage immédiat de la capitale; la Basse-Autriche, à elle seule, donne 155000 immigrants, ou 206 p. 1000; la Moravie, près de 140000, ou 184 p. 1000; mais le plus fort contingent des régions cisleithanes est donné par la Bohême avec un ensemble de 206000 immigrés, ou 298 p. 1000. Sur ce total, la majeure partie (220 p. 1000) venait des régions Sud-Est et Sud-Ouest de la Bohême : au Nord, c'est l'attraction de Prague ou des autres foyers industriels (Pilsen, Reichenberg) qui se fait sentir. De même, pour la Moravie, la majorité de ses immigrants à Vienne provient du Sud. (Voy. le tableau suivant et la *fig.* 53.)

La population née hors de Vienne, par provinces (en milliers).

PROVINCES	TOTAL DES ORIGINAIRES de la province RÉSIDANT A VIENNE	Sur 1 000 personnes nées hors de Vienne combien de la province	PROVINCES	TOTAL DES ORIGINAIRES de la province RÉSIDANT A VIENNE	Sur 1 000 personnes nées hors de Vienne combien de la province
1. Basse-Autriche	155,3	206	16. Bohême Nord-Ouest	20,1	26,6
2. Haute-Autriche	21,9	29	17. Bohême Nord-Est	26,9	35,5
3. Salzbourg	2,5	3,5	18. Bohême Sud-Est	79,2	131
4. Styrie (haute)	3,3	4	19. Bohême Sud-Ouest	67,1	89
5. Styrie (moyenne)	8,4	11,4	20. Silésie	23,6	31,4
6. Styrie (basse)	3,5	4,7	21. Moravie Nord	48,5	64,3
7. Carinthie	4,3	5,7	22. Moravie Sud	91,1	120
8. Carniole	4,1	5,5	23. Galicie occidentale	8,7	11,5
9. Trieste	1,1	1,4	24. Galicie centrale	2,5	3,4
10. Goritz	0,7	1	25. Galicie Nord-Est	8,4	11,1
11. Istrie	0,6	0,8	26. Galicie Sud-Est	2,7	3,6
12. Tyrol Sud	1,6	2,2	27. Bukowine	1,7	2,2
13. Tyrol Nord	4	5,3	28. Dalmatie	1,1	1,5
14. Vorarlberg	1	1,3	29. Hongrie	97	128
15. Bohême Centre	12,4	16,6	30. Croatie-Slavonie	3,5	4,5

En dehors de ces trois provinces, Basse-Autriche, Bohême, Moravie, les autres n'ont qu'un contingent faible dans la population immigrée : la Haute-Autriche, malgré sa proximité, n'est représentée que par 29 p. 1000 immigrants; nous avons vu, du reste, qu'elle n'a qu'une faible émigration. Quant aux provinces alpestres, ou elles renferment elles-mêmes des centres d'attraction comme la Styrie, ou elles envoient leurs émigrants vers la Hongrie; (c'est le cas de la Carinthie, de la Carniole) et les provinces méridionales sont dans la sphère d'influence de Trieste : aussi n'ont-elles à Vienne qu'une portion infime de représentants (3,2 et 1,5 p. 1000 immigrants pour le Littoral et la Dalmatie).

Il y a enfin à Vienne un grand nombre de sujets transleithans,

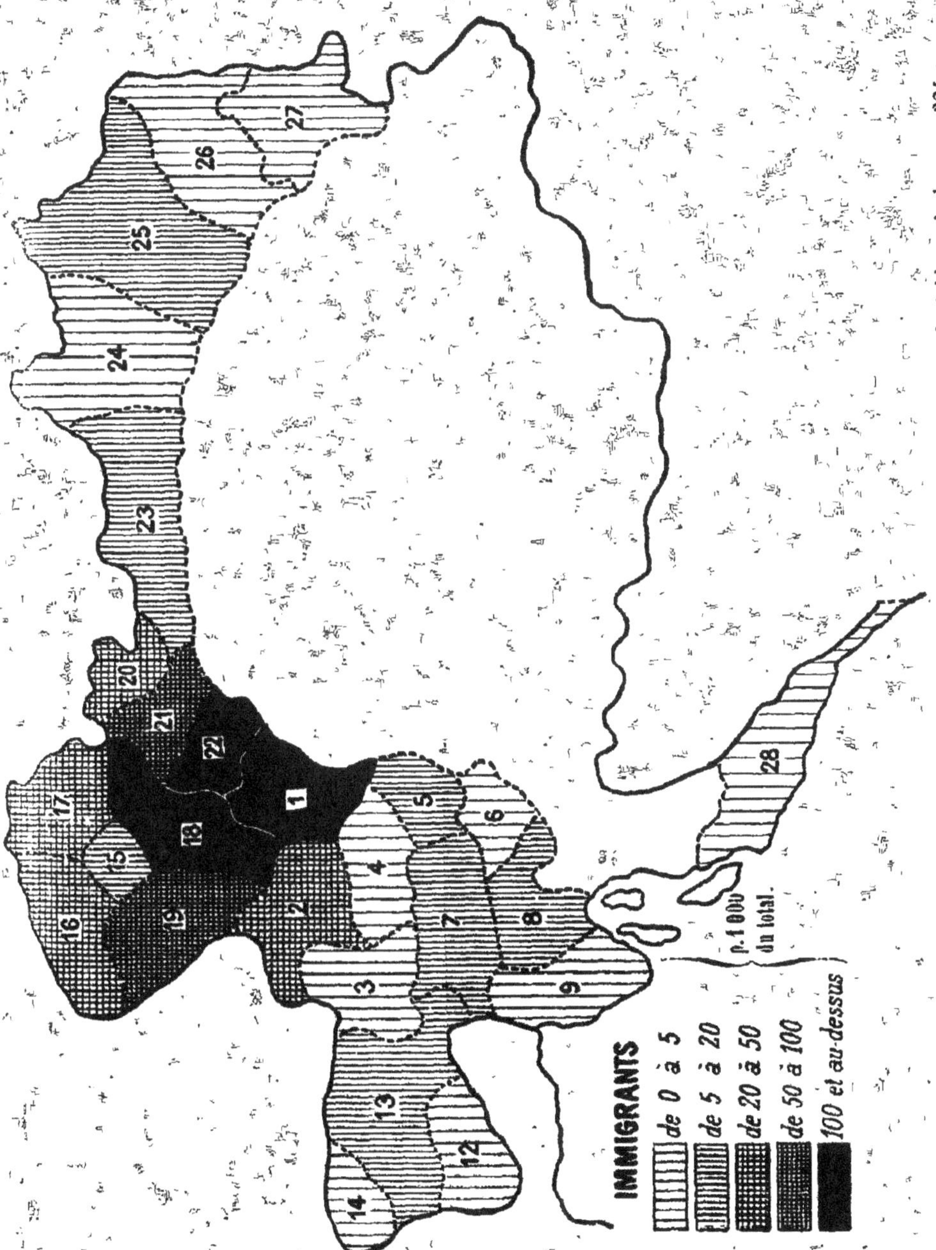

Fig. 53. — Origine des immigrants à Vienne en 1890. Les numéros de la carte sont ceux du tableau de la page 324

presque tous Hongrois proprement dits (97000, ou 128 p. 1000) venus des comitats limitrophes de l'Autriche.

Budapest. — A Budapest, on compte moins de sujets cisleithans parmi les immigrés (120 p. 1000, non compris les étrangers). Environ 214000 habitants de Budapest viennent des différentes régions de Hongrie, mais surtout des plus rapprochées de la capitale. Trois régions ont une proportion très forte d'immigrants, ce sont les régions situées à gauche et à droite du Danube et entre Danube et Ticza, avec respectivement 230, 325 et 233 p. 1000. Le plus notable contingent est fourni par les comitats de Pest-Pilis-Solt (152 p. 1000), et de Szekes-Fejervar ou Stuhlweissenbourg (85 p. 1000), tous deux voisins de la capitale. Les autres régions de Hongrie ne sont représentées au total que par 190 p. 1000 immigrants et la Transylvanie seulement par 22 p. 1000. Néanmoins on peut remarquer que de 1880 à 1890, la proportion des immigrants de chacune des régions a augmenté aussi bien pour les provinces éloignées que pour les plus proches de la capitale (1).

Que les migrations internes ont surtout un caractère régional. — Ce que nous venons de dire de la composition de la population immigrée dans les principales villes de l'Europe nous montre bien que l'attraction exercée par ces métropoles ne peut être contrariée que par l'éloignement ou par la formation d'autres centres d'attraction qui entraînent vers eux l'émigration des régions voisines.

En Allemagne, par exemple, Munich comptait 871 Bavarois; Dresde, 720 Saxons p. 1000 immigrés. A Breslau, sur 1000 immigrés, 842 étaient Silésiens, et à Stettin, 700 étaient de la Poméranie. Le groupe Altona-Hambourg renfermait, sur 363600

(1) **Immigrants des grandes régions de la Hongrie à Budapest.**

RÉGIONS	1880 TOTAL	1880 PROPORTION p. 1000 immig^ts	1890 TOTAL	1890 PROPORTION p. 1000 immig^ts
Rive gauche du Danube	24 703	248	48 848	230
Rive droite du Danube	28 509	287	69 704	325
Entre Danube et Ticza	24 073	241	49 484	233
Rive droite du Ticza	11 031	112	20 289	95
Rive gauche du Ticza	4 913	50	12 360	57
Entre Ticza et Maros	4 063	41	8 638	41
Transylvanie	2 006	20	4 702	19

(d'après les *Ungarische Stat. Mittheilungen*, 1890.)

immigrés, 126000 originaires du Schleswig-Holstein, près de 50000 des deux Mecklembourg et 46000 du Hanovre, soit 347, 140, 128 p. 1000, tandis qu'à Berlin la population de ces mêmes provinces n'était respectivement que de 5,2, 11,4, 14,7 p. 1000. Par contre, les régions de l'Est, qui donnent beaucoup d'immigrants à Berlin, n'étaient que faiblement représentées à Hambourg (1).

En France, l'existence de grands centres agit tout aussi visiblement sur la composition de la population de leurs départements respectifs. Lyon, Marseille, Bordeaux, par exemple, attirent à elles une immigration régionale très notable. Dans les Bouches-du-Rhône, sur 155000 Français nés hors du département, 65000, ou 450 p. 1000, appartenaient à quatre départements voisins (Gard, Basses-Alpes, Var et Corse) : or, ils n'avaient, dans la Seine, que 16700 immigrants (8,7 p. 1000). Dans le Rhône, sur 268000 immigrés, 157000 (600 p. 1000) venaient des départements de l'Ain, Isère, Ardèche, Loire, et Saône-et-Loire. Le nombre de leurs immigrés à Paris n'était que de 54000, ou 33,5 p. 1000.

Ainsi, partout nous pouvons constater le caractère avant tout régional de l'immigration. Paris est le seul grand centre qui fasse sentir son action bien au delà de la région périphérique. Cela résulte non seulement des conditions géographiques de sa situation et de l'histoire même de notre pays, mais aussi, de ce fait que, dans un rayon rapproché de la capitale, il n'existe pas de puissants foyers d'attraction. Mais aujourd'hui, les métropoles de nos provinces prennent de plus en plus d'importance et détournent à leur profit l'émigration de leur région. C'est ce qui explique encore

(1) **Provenance des principaux groupes d'immigrés à Berlin et à Hambourg-Altona.**

GROUPES	BERLIN		HAMBOURG-ALTONA	
	TOTAL	P. 1000	TOTAL	P. 1000
Prusse orientale	71340	76	8080	25
Prusse occidentale	58880	62	5500	16
Posen	76570	82	3900	10,7
Silésie	123510	134	8800	24
Poméranie	102000	110	10400	30
Brandebourg	287600	306	11800	34
Les Mecklembourg	14250	14,7	50000	140
Schleswig-Holstein	4890	5,2	126000	347
Hanovre	10518	11,4	46000	128

comment la population née hors la capitale a une tendance à demeurer stationnaire à Paris et comment à Londres elle diminue. Le même phénomène se produira dans les autres métropoles, à mesure que se développeront des foyers d'immigration régionale.

Le caractère régional des migrations se retrouve jusque dans la façon dont se répartissent les immigrés dans les différents quartiers d'une capitale. Le *Dénombrement de Paris* en 1891 nous donne à ce sujet de curieux renseignements : en effet, nous y trouvons pour chaque arrondissement de Paris le total des immigrés par département d'origine. Il est donc facile de voir vers quelle partie de Paris se portent de préférence les immigrants de telle ou telle province. En général, les immigrants ont une tendance à ne pas trop s'éloigner de leur débarcadère et ainsi même à distance, la migration garde un caractère local. Prenons par exemple les habitants de Paris originaires des provinces du Nord, Picardie, Artois, Flandre : nous les trouvons groupés principalement dans les Xe et XVIIIe arrondissements. C'est dans les mêmes arrondissements et dans le XIe que se rencontrent plutôt les originaires de l'Est, Champenois, Francs-Comtois, Lorrains, Alsaciens-Lorrains. Par contre, les Bourguignons ont leur plus fort contingent dans le XIIe arrondissement, à proximité de la gare de Lyon, leur point d'arrivée. De même, les originaires de l'Orléanais sont relativement nombreux sur la rive gauche et les Normands et les Bretons ont, dans l'Ouest, leurs plus importantes colonies.

Mais cette localisation des immigrants n'a-t-elle que des causes d'ordre topographique ? Nous ne le croyons pas. Nous pensons que des raisons d'ordre économique ou même professionnel influent en l'espèce. Comment ne pas remarquer que le XIIe arrondissement, où dominent les Bourguignons, est précisément celui de Bercy, dont les entrepôts doivent attirer les originaires de notre province viticole par excellence ? D'autre part, si les Normands et les Bretons sont notamment répartis dans certaines régions du Sud et de l'Ouest (XIVe, XVe, XVIIe arrondissements) cela ne tient-il pas à l'industrie maraîchère et surtout laitière que rend possible dans ces quartiers la proportion encore grande de terrains non bâtis ? Nous expliquerons également par la persistance de certaines traditions (institutions de secours, lieux d'embauchage) le fort contingent des Savoisiens dans le III° arrondissement, des Limousins dans le IV°, des Creusois dans le V°. Quant aux Auvergnats, ils sont exceptionnellement nombreux dans le XI° arrondissement si populeux, et où leur industrieuse activité trouve toujours son emploi. Enfin, les originaires des provinces éloignées de la capitale ou qui participent peu à l'immigration (Poitou, Guyenne et Gascogne, Languedoc, Provence, Dauphiné, etc.), se rencontrent plutôt dans les V°, VI° VII° et VIII° arrondissements, quartiers de gens d'études, de fonctionnaires ou rentiers : leurs émigrants ouvriers sont, en majorité, arrêtés par les centres régionaux qui sont plus à leur proximité, Bordeaux, Marseille, Lyon, etc.

TROISIÈME PARTIE

Conséquences du développement des agglomérations urbaines

CHAPITRE XV

Conséquences d'ordre matériel. — Les banlieues.

SOMMAIRE. — Transformation dans le caractère extérieur des villes : les banlieues. — Développement considérable des régions suburbaines à Londres, à Berlin, à Paris. — Population des communes du département actuel de la Seine, à différentes époques.

Transformation dans le caractère extérieur des villes : les banlieues. — Un effet de la formation des grandes agglomérations urbaines a été le changement absolu dans l'aspect et le caractère des villes. Autrefois le terme de *ville* désignait un groupement nettement délimité et on ne concevait pas une ville sans son enceinte de murailles, symbole de sa souveraineté. Il n'est pas une seule de nos anciennes communes ou des villes libres de l'Allemagne qui n'ait été fortifiée. Toutes nos chartes contiennent des articles relatifs aux défenses de la commune et l'enceinte est si bien le caractère d'une ville que le *Sachsenspiegel* en Allemagne définit la ville un *village fortifié* (*ein befestigtes Dorf*) (1). On peut donc dire qu'on ne rencontre pas au moyen âge une seule ville sans murailles. En même temps, ces villes d'autrefois avaient un aspect rural très prononcé comme le prouvent les articles de leurs chartes qui concernent la culture et les pâturages (2). En dépit de leurs rues étroites, de leurs maisons entassées les unes sur les autres, elles gardaient encore à l'intérieur des murs des portions plus ou moins étendues de terrains vagues ou de champs qui, avec le développement des villes, se sont couvertes de constructions.

(1) Voy. Willi Farges : *Zur Entstehung der deutschen Stadteverfassung* dans les *Jahrbücher fur National œconomie und Statistik*, de 1893.

Guy Coquille dit encore au seizième siècle : « Les villes closes, en France, ont corps et communauté approuvée... » (Dans les *Commentaires sur la coutume du Nivernais.*)

(2) La statistique de 1817 compte encore, dans le Paris d'alors, 173 hectares de terres labourables, 33 de vignes, 411 de jardins, 4 de prés, etc.

Toute différente est la situation de nos agglomérations urbaines d'aujourd'hui. Bien que le système de fortification ait totalement changé et puisse s'adapter aux nécessités de l'élargissement croissant de nos villes, le nombre des grandes agglomérations fortifiées est devenu plus rare. Quant aux enceintes proprement dites, elles ont presque partout disparu et les nouveaux quartiers de nos villes se sont élevés sur leur périphérie. Nous avons déjà vu, en étudiant le développement des métropoles de l'Europe, que la population s'accroît d'autant plus que l'on s'éloigne du centre. La conséquence de ce mouvement est l'accroissement de plus en plus grand des régions suburbaines. La population échappe aux limites de la ville et se porte dans la banlieue. Ce phénomène est provoqué par la facilité plus grande des transports, par le moindre prix des logements et l'absence des octrois dans les agglomérations suburbaines. Ajoutons que le percement de nouvelles rues ou leur élargissement, ou la construction d'édifices publics à la place de maisons particulières déterminent l'exode d'une partie de la population de l'intérieur vers l'extérieur. La banlieue voit donc sa population augmenter dans des proportions bien plus grandes que les villes : c'est ce que nous pouvons constater pour Paris, Londres, Berlin, par exemple.

Développement considérable des régions suburbaines : 1° à Londres. — En 1861, l'ensemble des localités qui forment la banlieue

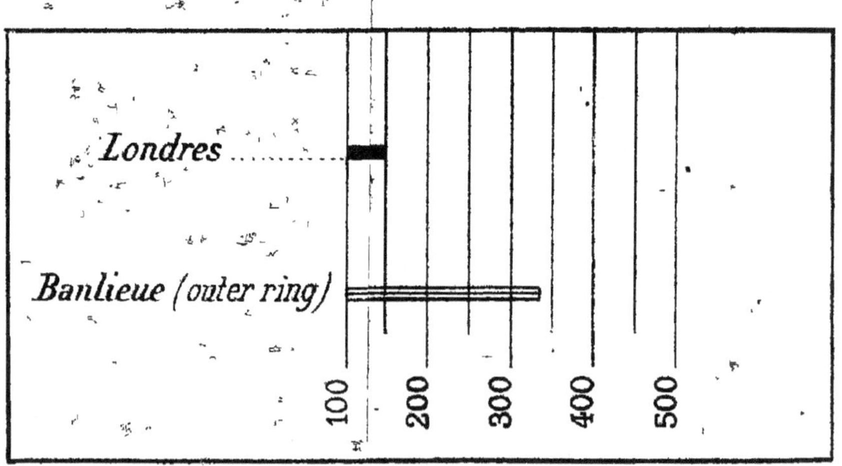

Fig. 54. — Développement comparé de la population de Londres et de sa banlieue de 1861 à 1891, la population en 1861 étant réduite à 100.

de Londres (*outer Ring*) avait 418000 habitants et la métropole

2803000; la part de la banlieue dans la population globale du *Greater London* était donc seulement de 13 p. 100. En 1891, la population de l'*outer Ring* était de 1422000, celle de Londres de 4211000; l'accroissement de la métropole avait donc été, de 1861 à 1891, de 50 p. 100 (ce qui était considérable), mais celui de la banlieue était de 240 p. 100, et sa part, dans la population totale de l'agglomération londonienne, s'élevait à 25 p. 100. (Voy. *fig.* 54). En 1841, aucune localité de la banlieue de Londres n'atteignait 20000 âmes. Aujourd'hui plusieurs dépassent 50000 et deux, Croydon et West-Ham, ont plus de 100000 habitants (1).

2° *A Berlin.* — La banlieue de Berlin (parties des cercles de Teltow et Nieder-Barnim) était, au commencement du siècle, presque déserte : elle ne comptait même pas 10000 âmes (9400) et sa densité n'était même pas de 3 habitants par kilom. carré. Charlottenbourg, devenue aujourd'hui une grande ville, n'était qu'une bourgade avec 3000 habitants. En 1831, la population globale de la banlieue berlinoise n'était encore que de 22000 habitants ; en 1861, de 34000, et en 1871, de 57000. Mais depuis cette dernière date, le développement des districts suburbains a été énorme : leur population atteignait 163000 âmes en 1885, puis 268000 en 1890 et finalement 435000 en 1895. Ainsi, en 1871, la banlieue ne représentait que 6,7 p. 100 de l'agglomération berlinoise ; en 1885, sa proportion était de 11,01 p. 100 ; en 1895, de 20,6 p. 100. (Voy. *fig.* 55).

L'augmentation très forte de la dernière période quinquennale correspond à un moindre accroissement de Berlin : ce qui indique, comme nous l'avons déjà dit, une émigration vers la banlieue.

Mais cet accroissement de la région suburbaine n'est pas le

(1) **Population de quelques villes de la banlieue de Londres.**

VILLES	POPULATION		
	EN 1841	EN 1871	EN 1891
West-Ham	12738	62910	204900
Croydon	16682	30185	102695
Tottenham	6758	18000	71360
Leyton	3515	11602	63056

même sur la rive droite (Nieder-Barnim) et sur la rive gauche de la Sprée (Teltow). C'est surtout sur cette dernière partie que porte l'augmentation absolue : des 378000 habitants gagnés par la banlieue de Berlin, de 1871 à 1895, 275000, ou 73 p. 100, reviennent au cercle de Teltow (1). Celui-ci, qui renferme du reste Charlottenbourg, a augmenté de 687 p. 100 depuis 1871 et le Nieder-Barnim, de 576 p. 100.

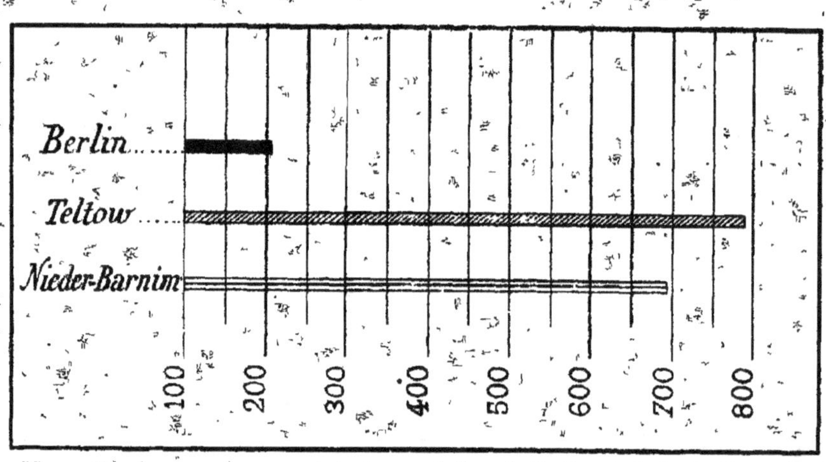

Fig. 55. — Développement comparé de la population de Berlin et de la banlieue (cercles de Teltow et Nieder-Barnim) de 1871 à 1895, la population en 1871 étant réduite à 100.

Charlottenbourg, qui prolonge Berlin à l'ouest, n'avait pas 20000 âmes en 1871 ; sa population n'avait fait encore que doubler en 1885 avec 42000 ; elle a plus que triplé de 1885 à 1895,

(1) **Population successive de quelques villes de la banlieue de Berlin.**

CERCLES	VILLES	POPULATION EN 1801	EN 1858	EN 1871	EN 1885	EN 1895
Teltow	Charlottenbourg	3476	11230	19518	42370	132393
	Schöneberg	524	1887	4555	15872	62677
	Rixdorf	376	3850	8125	22775	59941
	Steglitz	»	716	1900	8501	16522
	Deutsch-Wilmersdorf	285	1027	1662	3616	14350
Nieder-Barnim	Lichtenberg	347	1390	3244	15854	30301
	Neu-Weissensee	»	174	169	7308	25173
	Boxhagen-Rummelsbourg	185	418	1570	6122	16422
	Pankow	286	1603	3019	5061	11930
	Reinickendorf	»	583	1245	7219	10377

puisqu'elle atteint 132000 habitants. Et, dans le même cercle de Teltow, se trouvent des localités encore qualifiées de communes rurales (*Landgemeinden*) telles que Schöneberg, Rixdorf, qui, en 1871, n'avaient que quelques milliers d'habitants et qui, aujourd'hui, atteignent ou dépassent 60000 âmes. Le cercle de Nieder-Barnim ne contient pas de localités aussi peuplées, mais l'accroissement de quelques-unes (Lichtenberg, Pankow, Neu-Weissensee, etc.) est relativement considérable (1).

3° *A Paris : ancien et nouveau périmètre.* — La banlieue de Paris a eu aussi un développement beaucoup plus considérable que la capitale elle-même, qu'il s'agisse de la période antérieure ou postérieure à l'annexion des anciennes communes suburbaines. Considérons donc l'accroissement relatif de Paris et du département de la Seine dans les deux périodes 1801-1856 et 1861-1896. De 1801, ou si l'on veut, de 1817 à 1856, Paris a augmenté de 65 p. 100; la Seine, de 496 p. 100; et plus on s'éloigne du point de départ, plus la banlieue prend l'avantage. De 1817 à 1836, la capitale s'accroissait de 187000 âmes, la Seine, de 108000; au contraire, de 1836 à 1856, Paris augmente bien de 274000 habitants; mais l'accroissement du département est de 353000. En 1817, la banlieue ne contient que 11,5 p. 100 de la population totale du département; en 1856, 32,2 p. 100. Mais cette augmentation de la banlieue était inégalement répartie entre l'arrondissement de Saint-Denis qui comprend plutôt le Nord sur la rive droite de la Seine, et celui de Sceaux, au Sud, sur la gauche. Le premier augmentait (1817-1856) de 662 p. 100; le second, de 322 p. 100. En 1801, le département de la Seine n'avait qu'une seule commune de plus de 5000 âmes, Gentilly (2), et sept seulement dépassaient 2000, c'est-à-dire avaient un caractère réputé aujourd'hui urbain; vingt-trois communes avaient de 1000 à 2000 âmes et, parmi les autres, vingt avaient encore moins de 500 habitants. En somme, sur 100 habitants de la Seine (hormis Paris) 75 revenaient aux communes de

(1) En Belgique, Bruxelles proprement dit avait augmenté de 45 p. 100 de 1846 à 1890, et sa banlieue de 265 p. 100. — L'accroissement des localités de la banlieue était le suivant : 50 p. 100 à Anderlecht, 100 p. 100 à Saint-Josse ten Noode, 215 p. 100 à Ixelles, 300 p. 100 à Molenbeck, 460 p. 100 à Etterbeck, 507 p. 100 à Laeken, 709 p. 100 à Schaerbeck et 900 p. 100 à Saint-Gilles.

(2) Encore cette population de Gentilly était-elle toute factice et due à la prison de Bicêtre, depuis transformée en hôpital.

moins de 2000 habitants. En 1856, au contraire, vingt-trois localités dépassaient 5000 âmes et, parmi celles-ci, dix-sept avaient plus de 10000 : dans l'arrondissement de Saint-Denis, Belleville (57700), les Batignolles (44000), Montmartre (36400), Charonne (33350), la Villette (30300) étaient les plus fortes agglomérations; dans l'arrondissement de Sceaux, la commune la

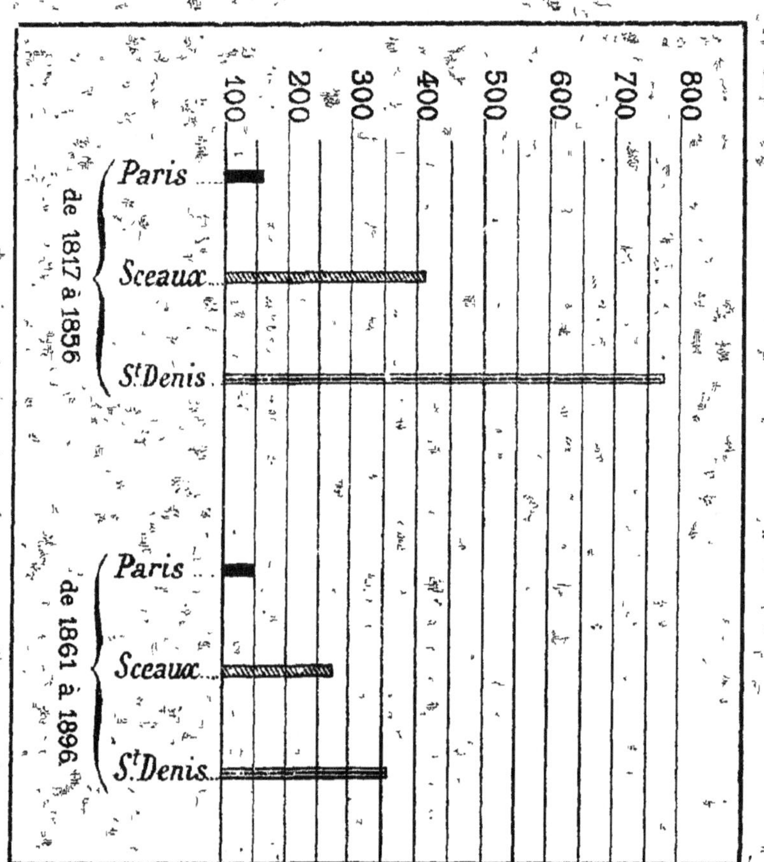

Fig. 56. — Développement comparé de la population de Paris et des arrondissements de Sceaux et Saint-Denis de 1817 à 1856 et de 1861 à 1896, la population en 1817 et en 1861 étant réduite à 100.

lus peuplée, Vaugirard comptait 26200 âmes. Enfin, le nombre des communes de moins de 500 âmes n'était plus que de neuf.

Avec l'annexion des communes suburbaines commence une nouvelle période, à partir de 1861. De cette date à 1896, Paris a augmenté de 50 p. 100; le reste du département, de 203 p. 100. En 1861, la banlieue ne contenait que 257000 habitants, ou 13,3 p. 100 du total de la Seine; en 1896, elle en renferme plus de 800000, ou 24 p. 100. En 1861, le département ne comptait que treize communes de plus de 5000 âmes, dont une seule dépassait 20000 (Saint-Denis avec 22000 hab.), et vingt-neuf localités avaient moins de 2000 habitants. En 1896, il y a quarante-cinq communes de plus de 5000 dont treize dépassent 20000 âmes et le nombre des communes de moins de 2000 habitants est descendu à quatorze. Des deux arrondissements suburbains, c'est

Population de Paris et des arrondissements de Sceaux et de Saint-Denis (1801-1896)

ANNÉES	PARIS	SAINT-DENIS	SCEAUX	DÉPARTEMENT DE LA SEINE SANS PARIS
1801	547756	41344	42708	84052
1817	713976	46968	46088	93056
1831	785930	89026	74911	163937
1836	899340	111582	88974	200556
1841	935300	152094	107248	259344
1846	1053900	187513	123623	311136
1851	1053250	233792	135011	368803
1856	1174350	356034	197037	553071
1861	1696700 (1)	135434	122085	257519
1866	1825274	178359	147283	325642
1872	1851780	206906	161362	369268
1876	1988900	237852	184191	422043
1881	2269000 (2)	307979	222327	530306
1886	2344520	351941	264598	616539
1891	2447000	403956	289682	693638
1896	2536834	475398	328282	803680

encore celui de Saint-Denis qui a le plus gagné depuis 1861; son accroissement est de 251 p. 100, tandis que celui de l'arrondissement de Sceaux n'est que de 166 p. 100. Ce dernier arrondissement n'a que deux agglomérations de plus de 20000 âmes (Ivry et Vincennes); par contre, sur les quatorze communes de moins de 2000 habitants, il en renferme dix, et sur huit localités inférieures à 1000 âmes, sept lui appartiennent. (Voy. *fig*. 56.)

Les agglomérations suburbaines se répartissent principalement

(1) 1667840 non compris la garnison.

(2) Ces chiffres sont ceux de la population de droit : la population de fait a été successivement de 2240000 (1881), 2261000 (1886), 2424000 (1891) et 2511000 (1896).

en trois régions. La première est à l'Ouest, dans la boucle de la Seine, où les communes de Boulogne, Neuilly, Levallois, Clichy, Saint-Ouen, qui avaient, en 1861, 47000 habitants, en comptent aujourd'hui plus de 200000, soit plus du quart de la banlieue. Et cette région est continuée maintenant au delà de la Seine, par toute l'agglomération formée dans la boucle du fleuve (Puteaux, Asnières, Gennevilliers, Colombes, Bois-Colombes, etc.).

La deuxième région est au Nord, celle de la plaine Saint-Denis, avec Saint-Denis, Aubervilliers, Pantin, dont la population globale est de 80000 âmes aujourd'hui, au lieu de 33000 en 1861. Enfin, une troisième région est constituée à l'Est par les groupes qui s'étendent de Montreuil à la Marne (Vincennes, Saint-Mandé, Charenton) et dans la presqu'île de la Marne (Saint-Maur).

Quant au Sud, entre la Seine d'amont et la Seine d'aval, il ne renferme pas de groupement aussi populeux (Ivry seul dépasse 20000 hab.) et la population totale n'est que de 150000 habitants.

En résumé, la densité de la population dans le département de la Seine (hormis Paris) était de 184 habitants par kilomètre carré en 1801 ; elle atteignait 1220 en 1856 pour redescendre à 640 après l'annexion des communes suburbaines en 1861. Elle s'élève aujourd'hui à près de 2000 habitants par kilomètre carré, mais l'arrondissement de Saint-Denis a une densité sensiblement supérieure à celui de Sceaux (2170 contre 1770 hab. par kil. car.).

Population des communes du département de la Seine, à différentes époques. — Le tableau que nous donnons (à la page 341) indique la population des communes du département actuel de la Seine à quatre dates différentes : en 1709 (1), en 1801, en 1856 et 1896.

Une remarque s'impose naturellement, à la lecture de ce tableau, c'est que — sans attribuer aux données de 1709 une valeur précise — il n'y a pas entre elles et le dénombrement de 1801 de différence bien sensible. Devons-nous en conclure pour cela, ou que notre évaluation de 1709 est fausse, ou que la

(1) Les données pour 1709 sont empruntées à l'ouvrage de Saugrain : *Nouveau dénombrement du royaume par généralités, élections*, 1709. Saugrain compte par feux ; nous comptons par habitants en estimant 5 habitants par feu, suivant le calcul de M. Levasseur.

Population des communes de la Seine en 1709, 1801, 1856, 1896.

A. — *Arrondissement de Saint-Denis* (1).

COMMUNES	1709	1801	1856	1896
Asnières	»	326	1822	24317
Aubervilliers	1430	1854	3204	27332
Auteuil	»	1077	6270	»
Bagnolet	600	919	1566	7116
Batignolles (les)	»		44094	»
Belleville	»	1684	57699	»
Bois-Colombes	»	»	»	10501
Bobigny	140	244	363	1678
Bondy	328	581	1189	4457
Boulogne		2481	11378	37418
Bourget (le)	275	435	623	2550
Chapelle (la)	740	788	33355	»
Charonne	710	599	12110	»
Clichy	650	1560	12270	33895
Colombes	2600	2372	1906	16798
Courbevoie		1311	5548	20105
Courneuve (la)	508	473	631	1789
Drancy	136	193	310	1096
Dugny	275	322	533	643
Epinay	275	716	1238	2860
Gennevilliers	806	977	1168	7401
Ile Saint-Denis	450	214	547	2333
Levallois-Perret	»	»	»	47315
Lilas (les)	»	»	»	7438
Montmartre	1000	609	36450	»
Nanterre	1856	2080	2911	11950
Neuilly	»	1560	23584	32730
Noisy-le-Sec	830	1364	2156	8105
Pantin	260	901	3909	25586
Passy	656	1823	17395	»
Pierrefitte	395	684	829	2468
Pré-Saint-Gervais	»	350	1704	9444
Puteaux	666	1100	5403	19965
Romainville	378	885	2083	2402
Rosny	414	922	1018	3245
Saint-Denis	2045	3914	15930	54432
Saint-Ouen	1945	579	2262	30715
Stains	778	958	1038	2723
Suresnes	1350	1349	3216	9033
Villemomble	140	420	764	4900
Villetaneuse	»	277	366	643
Villette (la)	»	1666	30287	»

(1) Les communes dont les noms sont en italique sont celles qui ont été annexées en 1861. Les communes de Levallois-Perret, les Lilas, Bois-Colombes ont été créées après cette date.

B. — *Arrondissement de Sceaux* (1).

COMMUNES	1709	1801	1856	1896
Alfortville	576	»	»	11643
Antony	605	1062	1359	2533
Arcueil	450	1126	2957	7064
Bagneux	»	575	1289	1740
Bercy	120	1055	14239	»
Bonneuil	»	244	315	622
Bourg-la-Reine	396	694	1676	3649
Bry-sur-Marne	»	399	411	1699
Champigny	693	1233	2030	5302
Charenton	518	1126	4258	16811
Chatenay	420	549	686	1561
Châtillon	»	759	1810	3096
Chevilly	212	250	316	757
Choisy	289	982	3907	9909
Clamart	920	729	2149	6279
Créteil	500	945	1733	4208
Fontenay-aux-Roses	585	696	1669	3343
Fontenay-sous-Bois	963	1412	1760	7220
Fresnes	270	311	433	853
Gentilly	513	5129	20721	6153
Grenelle	»	»	14863	»
Hay (l')	283	325	526	816
Issy	513	997	5233	14031
Ivry	800	986	13239	24919
Joinville	»	421	1207	5016
Kremlin-Bicêtre	»	»	»	10804
Maisons-Alfort	450	785	2317	9434
Malakof	»	»	»	11027
Montreuil	2760	3628	4311	27615
Montrouge	166	795	19910	14317
Nogent-sur-Marne	866	1206	2551	9429
Orly	»	488	588	882
Perreux (le)	»	»	»	8390
Plessis-Piquet	»	263	271	475
Rungis	135	153	215	264
Saint-Mandé	»	285	5592	13371
Saint-Maur	504	558	2431	20503
Saint-Maurice	»	394	3160	6927
Sceaux	567	1348	2133	3926
Thiais	550	653	1155	2771
Vanves	820	1256	3783	8741
Vaugirard	518	2000	26225	»
Villejuif	972	1109	1559	5234
Vincennes	»	1952	5834	27450
Vitry	1127	1947	2600	8010

(1) Les communes d'Alfortville, Malakof, le Perreux ont été créées depuis 1861, et en 1896 le Kremlin-Bicêtre a été détaché de Gentilly.

population est demeurée presque stationnaire durant un siècle (1709-1801)? En réalité, le phénomène que nous signalons peut très simplement s'expliquer. Il s'est passé alors ce qui se passe aujourd'hui dans le voisinage de toutes les grandes agglomérations; les localités immédiatement suburbaines se dépeuplent d'abord au bénéfice de la métropole, puis elles bénéficient du trop-plein de la grande ville et s'accroissent plus vite qu'elle. Les communes, si populeuses aujourd'hui de la banlieue de Paris, voyaient autrefois restreindre leur développement, en raison de la migration de leurs habitants vers la capitale : et cela d'autant plus que la difficulté des communications rendait l'émigration vers Paris presque impossible aux habitants des provinces éloignées. Aujourd'hui, c'est le phénomène inverse qui se produit. Mais il faut observer que les localités du département de la Seine non suburbaines sont aujourd'hui dans les mêmes conditions où se trouvaient jadis les communes de la périphérie immédiate. Leur population ne se développe que fort peu. Ainsi, si l'on considère les communes du département de la Seine ayant actuellement moins de 2000 habitants (1) — et qui sont généralement les plus éloignées de la capitale — on constate que leur augmentation a été de 70 p. 100 de 1817 à 1861, et de 100 p. 100 dans la période plus courte, il est vrai, de 1861 à 1896. Même ces localités plus éloignées se ressentent sans doute des progrès de la métropole, mais leur augmentation est relativement faible auprès de celle des communes suburbaines.

(1) Parmi ces communes, cinq sont au Nord (Bobigny, la Courneuve, Drancy, Dugny, Villetaneuse); neuf au Sud (Bagneux, Plessis-Piquet, Chatenay, Fresnes, Orly, Rungis, l'Hay, Châtillon, Bonneuil) et une seule à l'Est (Bry-sur-Marne). Deux communes placées aux extrémités Nord et Sud du département, Dugny et Rungis, sont demeurées stationnaires depuis 1861.

CHAPITRE XVI

Conséquences d'ordre moral.

SOMMAIRE. — Y a-t-il des conséquences religieuses? — Conséquences morales : les grandes villes et la criminalité. — Les naissances illégitimes. — Le suicide. — L'alcoolisme.

Y a-t-il des conséquences religieuses? — Avant que d'arriver aux résultats d'ordre moral il faudrait peut-être parler des conséquences, au point de vue religieux, du développement des populations urbaines. Ces conséquences sont de deux sortes : ou bien elles regardent la pratique de la religion elle-même, ou bien la distribution des différentes confessions par rapport les unes aux autres. La première question est tout particulièrement délicate et ne peut être réellement traitée faute de documents. Il serait nécessaire, en effet, pour apprécier l'influence des migrations urbaines sur le caractère religieux des populations, de déterminer le nombre, non des individus appartenant à telle ou telle confession, mais de ceux qui vraiment « pratiquent ». C'est ce que fait la Statistique des États-Unis; c'est ce qu'a fait M. Taine pour comparer l'état religieux de certaines localités autrefois et aujourd'hui (1). Il faudrait même, dans l'espèce, une investigation plus claire, par exemple prendre un groupe d'hommes émigrés d'une commune rurale dans une agglomération urbaine et voir ainsi quelle action ce changement de vie a pu amener dans leurs habitudes religieuses. Il est incontestable que, dans l'ensemble, les populations rurales plus attachées aux traditions demeurent aussi plus fidèles à leur religion : ce phénomène est de tous les temps. Mais conclure de là, que les villes doivent, en revanche, être une cause de ruine pour la religion serait une erreur. Faut-il rappeler que c'est par les

(1) *Les Stat. Tabellen* de Hubner (1895) donnent pour les principales villes d'Europe la proportion des habitants par église. Nous ne croyons pas que ce procédé puisse apprendre quelque chose de bien précis touchant l'état religieux d'une population.

villes que commença, avec le Christianisme, la régénération religieuse du monde ancien? Les violentes invectives de Salvien (1) contre les villes n'empêchent pas la réalité de ce fait. Et puis, laissant de côté toute question de principe, n'est-ce pas plutôt le milieu familial que le caractère de telle ou telle localité qui agit sur les habitudes des individus? En ce cas, quoi de plus opposé, sous le rapport religieux, que les différents quartiers d'une même ville? Les grandes villes n'ont pas du reste, le monopole de l'indifférence religieuse et plus d'une région rurale leur ressemble beaucoup sous ce rapport (2).

Le mouvement migratoire a ses conséquences sur la répartition des divers cultes. En Allemagne, l'émigration des pays de l'Est affecte surtout les populations protestantes, et cette émigration donne ainsi une proportion plus forte à la population catholique. Par exemple, dans la Prusse orientale et occidentale, la proportion des catholiques était passée (1871-1890) de 128 et 488 à 131 et 500 p. 1000 habitants. De même, dans la Posnanie, la Silésie, le Brandebourg; à Berlin, la proportion des protestants (de 1880 à 1895) baissait de 876 à 847 p. 1000 habitants, tandis que celle des catholiques s'élevait de 71 à 92, et celle des juifs de 48 à 51.

Dans l'Ouest et le Sud de l'Allemagne, c'est le phénomène inverse qui se produit, à cause de l'immigration des éléments protestants venus de l'Est. Dans la Westphalie et la Prusse rhénane, il y avait, en 1890, 475 et 275 protestants par 1000 habitants, au lieu de 454 et 253 en 1871.

En Suisse, de 1850 à 1888, le mouvement migratoire a eu pour conséquence de changer les proportions respectives des confessions religieuses. En 1850, le nombre des districts où les protestants atteignaient 90 p. 100 étaient de 80 (sur 182) et le nombre de ceux où les catholiques avaient la même proportion était de 63 (3). En 1888, les chiffres respectifs sont 64 et 54. En 1850, 21163 protestants (1 p. 100 du total) et 75065 catholiques (8 p. 100 du total) résidaient dans les districts où ils représentaient moins de 30 p. 100 de la popu-

(1) *De Gub. Dei.*, VII.

(2) M. Anderson Graham fait une remarque analogue pour l'Angleterre : « Hodge (le paysan anglais) is not a very religious man, and many of our English villagers are absolute heathens, in some cases living their lives without coming under the shadow of the church walls till they are buried there » (Voy. *Rural Exodus*, p. 50).

(3) D'après le *Recensement fédéral* de 1888, t. Ier, p. 68 et 246, etc.

lation globale; en 1888, cette population était de 61867 pour les protestants (4 p. 100) et 151676 pour les catholiques (13 p. 100) (1). Les catholiques se disséminent donc plus que les protestants et cela tient à ce fait que la plupart des centres d'attraction, c'est-à-dire les villes, sont dans les régions protestantes. Ainsi, en 1880, les villes principales de la Suisse comptaient 80 p. 100 de protestants et en 1888, 71; la population protestante y avait augmenté de 168 p. 100 et la population catholique de 192 p. 100. L'élément protestant avait notamment vu baisser sa proportion à Zurich (de 921 à 750 p. 1000 hab.), à Genève (de 701 à 545), à Bâle (de 801 à 674). Par contre, elle augmentait à Lucerne (de 31 à 136) et à Fribourg (2) de (56 à 132).

En Angleterre, le développement des villes a eu deux conséquences également contraires à l'Eglise officielle. D'une part, en effet, l'extension des agglomérations urbaines (3) en éloignant une partie de la population des temples de l'Eglise établie, a favorisé la propagande du méthodisme et de l'Eglise indépendante. D'autre part, l'immigration a amené dans les grandes villes un grand nombre d'Irlandais catholiques; or, c'est au moment où ce nouvel élément s'introduisait dans la population anglaise que se développait, sous l'influence de Pusey, le mouvement ritualiste qui tendait à rapprocher, comme on sait, l'anglicanisme de l'Eglise catholique. C'est vers le milieu du siècle que cet élément catholique prend une place sensible dans les villes anglaises; c'est aussi à cette époque (1850) que la hiérarchie catholique a été rétablie en Angleterre, fait considérable de l'histoire religieuse de notre temps.

(1) **Accroissement proportionnel des cultes dans les grandes villes principales de la Suisse (leur population en 1850 étant réduite à 100).**

CULTES	1850	1860	1870	1880	1888
Protestant	100	120	145	169	187
Catholique	100	150	198	254	293

(2) Du mélange des confessions résulte la plus grande proportion des mariages mixtes (7 p. 100 en 1888 au lieu de 3 p. 100 en 1870).

(3) Cette remarque est d'Erskine May : *Constitutional history of England*, t. II, p. 436. Chalmer fait une réflexion analogue : « There are many towns, where the Establishment has not provided room in churches for one tenth of the inhabitants. » (*Christian and civic economy of large towns*, t. II, p. 1).

Le développement des éléments dissidents et catholiques, résultat des agglomérations urbaines, doit vraisemblablement diminuer la puissance de l'anglicanisme, d'autant plus que l'Eglise officielle ne peut guère compter sur le prolétariat rural (1), aussi hostile à la grande propriété ecclésiastique qu'au landlordisme laïque.

Conséquences morales : les villes et la criminalité. — Le développement des populations urbaines a-t-il son influence sur la criminalité, ou la fréquence de la criminalité est-elle en raison des agglomérations humaines ? Il y a un demi-siècle, Porter, en Angleterre, niait qu'une diminution dans la moralité accompagnât les fortes populations. Il démontrait que, de 1805 à 1841, l'accroissement du nombre des accusés avait été à peu près le même pour les vingt comtés agricoles et les vingt comtés industriels (2), et il en concluait qu'une moralité supérieure n'était pas l'apanage de la vie rurale. Mais il faut observer qu'à l'époque où écrivait Porter, le grand développement des populations urbaines de l'Angleterre ne faisait guère que commencer. Il y a vingt ans, en effet, cette question des rapports de la criminalité avec les agglomérations humaines a été reprise également par un savant anglais, M. Leone Levi, et il arrivait à des conclusions toutes différentes de celles de Porter. Dans ses études qui portent sur la période 1857-1876, il a établi une comparaison entre la densité de la population et les crimes ou délits : par exemple, les régions plus rurales du Sud-Ouest et de l'Est ont une criminalité beaucoup plus faible que le Nord-Ouest et la région londonienne du Middlesex-Surrey. Dans les deux premières régions la moyenne des crimes

(1) *Agrarian reform and disestablishment are being prosecuted hand in hand*, dit-on du village anglais. (Voy. *Rural Exodus*, p. 57.)

(2) **Personnes accusées en Angleterre par 1000 habitants.**

RÉGIONS	1805	1841	EN PLUS
Dans les 20 comtés agricoles........	446	1 723	1 277
Dans les 20 comtés industriels........	590	1 842	1 252

Voy. *Progress of nation*, p. 646.

(3) Leone Levi. *A survey of indictable and summary jurisdiction offences in England and Wales*, 1857-1876. Voy. *Journal of the Roy. Stat. Society*, 1880.

était 0,59 et 0,64 par 1000 habitants et celle des délits de 12,24 et 9,03, tandis que, dans les deux autres régions essentiellement urbaines, les mêmes moyennes étaient de 1,22 et 1,15, de 23,95 et 34,59.

C'est au travail de M. Levi que nous empruntons le tableau suivant, qui établit la criminalité comparée des régions agricoles et industrielles de l'Angleterre. Nous n'y ajoutons que la proportion de la population urbaine pour chaque comté (d'après le *Census* de 1881).

Proportions des crimes et délits (p. 1000 habitants) pour les régions agricoles et industrielles de l'Angleterre.

COMTÉS AGRICOLES				COMTÉS INDUSTRIELS			
COMTÉS	CRIMES	DÉLITS	Proportion (p. 100 h.) DE LA Population URBAINE	COMTÉS	CRIMES	DÉLITS	Proportion (p. 100 h.) DE LA Population URBAINE
Bedford . . .	0,67	11,19	45	Chester . . .	1,20	25,79	71,8
Berk	0,83	14,53	42	Derby	0,66	19,66	60
Buckingham	0,77	13,47	26	Lancastre. .	1,24	43,40	92
Cambridge .	0,68	12,55	44	Nottingham	0,66	19,34	61,6
Dorset. . . .	0,64	13,22	37	Stafford . . .	0,80	31,92	78,5
Hereford. . .	0,90	21,10	29	Gloucester .	0,90	19,39	66,4
Hertford. . .	0,73	13,47	31	Leicester . .	0,68	16,16	63
Huntingdon	0,54	11.08	36	Warwick . .	1,08	22,63	78.3
Lincoln . . .	0,73	17,63	45	Worcester .	1,03	18,05	57,2
Norfolk . . .	0,69	10,18	42,8	York.	0,79	22,40	84
Total. . .	0,71	13,84	42,9	Total. . .	0,90	23,81	80,4

En France, avec le progrès des populations urbaines, leur part proportionnelle dans la criminalité totale a augmenté : c'est ce que montre le tableau suivant qui a trait à des périodes différentes.

Proportion p. 100 des accusés suivant leur domicile.

DOMICILIÉS	1841-1845	1866-1870	1881-1885
Dans les communes rurales. . .	58	49	44
Dans les communes urbaines. .	38	44	46
Sans domicile	4	7	10

En 1887, on comptait sur 100 accusés, 53 dans les villes et 47 dans les campagnes.

D'après la carte dressée par le ministère de la Justice, on peut suivre la proportion des accusés à la population des départements. La forte criminalité n'est pas nécessairement liée aux plus notables densités, puisque des départements comme la Corse, à cause des mœurs particulières, et l'Eure, le Calvados figurent au premier rang de la criminalité, à côté et à peu de distance de la Seine, Seine-Inférieure, Bouches-du-Rhône, etc. Mais, par contre, les régions qui présentent le taux le plus bas de la criminalité sont en général dépourvues de grandes agglomérations, par exemple, la Haute-Savoie, l'Ain, la Creuse, etc. M. Joly, qui s'est plus particulièment occupé de cette question a démontré que, dans l'intérieur d'un même département, les arrondissements qui renferment de grandes villes sont souvent ceux qui comptent le plus de délits par rapport à leur population (1).

La statistique dont nous venons de nous occuper ne visait que les crimes contre les personnes et contre la propriété. D'autres documents, qui s'occupent à la fois des crimes et des délits, classent au premier rang la Seine et les Bouches-du-Rhône avec une moyenne de 1015 à 961 accusés par 100000 habitants. Puis venaient la Seine-Inférieure, la Seine-et-Oise, l'Hérault, le Haut-Rhin, etc., avec une moyenne de 909 à 751 accusés, tandis que la moyenne de la France était de 517. Les départements ruraux qui avaient une forte moyenne étaient assez rares (Corse, Eure, etc.), tandis que ceux qui avaient un taux plus faible avaient presque tous une population urbaine peu élevée.

D'après les statistiques judiciaires résumées par M. Tarde, il n'est pas douteux que la criminalité des classes urbaines ne l'emporte sur celle des classes rurales. En 1865, le nombre des accusés (pour crime proprement dit) d'origine rurale, c'est-à-dire demeurant dans des communes de moins de 2000 âmes, était de 8 p. 100000 habitants et celui des accusés d'origine urbaine était de 16 par 100000 habitants. En 1892, la proportion était respectivement de 7 et 14,4 par 100000 habitants : elle avait donc peu changé et les populations urbaines continuaient à avoir

(1) Voy. Levasseur : *op. cit.*, t. II., p. 462, et Joly : *la France criminelle*, p. 35.

ainsi une criminalité double de celle des populations rurales.

Remarquons toutefois que, pour les crimes contre les personnes, le contingent des villes et des campagnes est sensiblement le même, 45 accusés ruraux et 47 accusés urbains par 100000 habitants de chaque catégorie ; mais pour les crimes contre les biens, les accusés urbains sont de beaucoup plus nombreux que les ruraux (84 contre 35 p. 100000 hab.). C'est là la criminalité plus particulièrement urbaine, criminalité en quelque sorte objective, résultant de la misère, des tentations plus fortes ou des occasions, etc. (1).

Les naissances illégitimes. — Dans l'illégitimité, les populations urbaines ont une part plus grande que les populations rurales. Dans deux périodes que M. Levasseur a prises comme exemple (1851-1856 et 1879-1883), la proportion des naissances illégitimes était dans la Seine de 26,9 et 24,1 p. 100 naissances, de 12,2 et 10,1 dans la population urbaine et de 4 et 4,2 dans la population rurale. Dans la période 1877-1886, la moyenne de l'illégitimité avait été de 7,6 p. 100 naissances pour l'ensemble de la France. Les départements où la proportion était la plus élevée étaient ceux qui possédaient une forte population urbaine, en général : la Seine, Rhône, Seine-Inférieure, Pas-de-Calais, Nord, Bouches-du-Rhône, etc. La Somme et l'Aisne y figuraient aussi au premier rang ; mais il faut remarquer que si leur population urbaine est moins considérable, ces deux départements renferment des agglomérations industrielles. Au contraire, les départements où l'illégitimité était la moins fréquente étaient pour la plupart des régions de forte population rurale, Finistère, Ardèche, Haute-Loire, Aveyron, Hautes-Alpes, Basses-Alpes, etc.

A Paris (2), en particulier, le taux des naissances illégitimes était (1890-1895) de 28,9 p. 100 naissances ; c'était une proportion inférieure à celle des périodes antérieures, sauf de 1817 à 1830, mais elle est encore bien supérieure à celle de la moyenne de la France (8,4 p. 100 naissances).

Pour avoir une idée plus nette de l'influence des agglomérations urbaines sur l'illégitimité, nous mettons en regard dans le

(1) Tarde : *La Criminalité professionnelle*, p. 8 et suivantes.

(2) M. Levasseur fait observer avec raison qu'un assez grand nombre de naissances illégitimes enregistrées à Paris ne doivent pas revenir à la capitale. (*Op. cit.*, II, p. 33).

tableau suivant d'une part les départements à forte population urbaine et d'autre part ceux où cette population est peu élevée, les uns et les autres avec le taux de leurs naissances illégitimes. Dans tous les départements purement ruraux, cette proportion est beaucoup inférieure à la moyenne de la France, au contraire cette moyenne est dépassée par presque tous les départements plus spécialement urbains.

Tableau comparé des naissances illégitimes et de la population urbaine (1891).

I. — LES DIX DÉPARTEMENTS A FORTE POPULATION URBAINE			II. — LES DIX DÉPARTEMENTS A FAIBLE POPULATION URBAINE		
DÉPARTEMENTS	PROPORTION DE LA Population urbaine P. 100 HABITANTS	Sur 100 Naissances COMBIEN D'ILLÉGITIMES	DÉPARTEMENTS	PROPORTION DE LA Population urbaine P. 100 HABITANTS	Sur 100 Naissances COMBIEN D'ILLÉGITIMES
Seine	»	25,1	Haute-Savoie	8,4	3,5
Bouches-du-Rhône	83,5	12,4	Côtes-du-Nord	10	3,8
Rhône	70	13	Creuse	10,5	3,4
Nord	65	11,4	Cantal	11,7	5,4
Hérault	60	5,1	Lozère	11,8	4
Alpes-Maritimes	59,6	9,6	Landes	12	6,5
Var	58,6	6,1	Lot	12,1	2,1
Seine-Inférieure	54.6	12,2	Hautes-Alpes	12,2	2.4
Loire	48,9	5,4	Vendée	12,6	3,5
Gard	48,9	2,1	Savoie	13,9	5,5
Moyennes	78,2	12,6	Moyennes	12,2	4,1
Moy. de la France	»	8,4	Moy. de la France		8,4

En Belgique (1), c'est également dans les régions populeuses que se rencontre la plus forte proportion de naissances illégitimes. Sur 100 naissances de ce genre, on en compte 28 dans le Brabant, 18 dans le Hainaut, et 14 à Anvers, tandis que la part du Limbourg n'est que de 2,1 et celle du Luxembourg, de 1 à peine.

Dans les Pays-Bas, la moyenne dans l'ensemble du royaume

(1) D'après l'*Annuaire Statistique de la Belgique* (1891).

était de 3,9 naissances illégitimes par 100 naissances; elle n'était que de 2,4 pour les communes de moins de 5000 habitants et, au contraire, atteignait 4,1 et 5,9 p. 100 naissances dans les villes de plus de 20000 et de plus de 100000 âmes (1).

Dans les deux royaumes scandinaves, la proportion était de 10 naissances illégitimes p. 100 naissances en Suède, et 7 p. 100 en Norvège. Mais elle était respectivement de 17,3 et 8,8 p. 100 dans les villes et de 8,5 et 6,2 dans les campagnes (2).

En Suisse, la moyenne de l'illégitimité sur l'ensemble du pays (5 p. 100 naissances) était notablement dépassée à Zurich (6 p. 100), surtout à Bâle et à Genève (8 et 9 p. 100). Elle tombait à 3 p. 100 à Uri et 0,50 p. 100 à Unterwalden-le-Haut, deux cantons absolument ruraux.

Dans leurs ouvrages de statistique comparée, Wappaeus et von Oettingen ont également démontré que les villes l'emportent sur les campagnes par la proportion de leurs naissances illégitimes.

Le suicide. — Le suicide est aussi plus fréquent dans les populations urbaines que dans les populations rurales; les retours de fortune, les désirs inassouvis, etc., tout cela, joint à l'absence du milieu traditionnel, contribue à ce phénomène. Le tableau suivant, emprunté à l'ouvrage de M. Morselli, établit la proportion des suicides dans les villes et les campagnes.

(1) **Naissances illégitimes par 100 naissances.**

La Haye	6,5	Province du Sud-Hollande	3,4
Rotterdam	7,1		
Amsterdam	6,9	Province du Nord-Hollande	4,1

D'après la *Statistik van den loop de bevolkning.* — (1893).

(2) Les travaux de la Statistique suédoise sont particulièrement intéressants sous ce rapport, puisqu'elle a comparé les naissances depuis 1816 et est arrivée pour chaque période à montrer la fréquence de l'illégitimité dans les villes, comme l'indique le tableau suivant.

Naissances illégitimes (*Oäkta födde*) par 1 000 habitants.

PÉRIODES	Campagnes	VILLES (sauf Stockholm)	Stockholm	PÉRIODES	Campagnes	VILLES (sauf Stockholm)	Stockholm
1816-1840	1,69	4,78	12,91	**1861-1870**	2,36	5,56	13,88
1841-1850	2,11	5,47	14,58	**1871-1880**	2,58	5,17	11,28
1851-1860	2,34	5,82	15,40	**1881-1890**	2,42	4,30	9,39

D'après les *Folkmängdens förändringar.* — (1816-1890, p. XV).

Tableau comparé des suicides dans les populations urbaine et rurale.

ÉTATS	NOMBRE DE SUICIDÉS par 1 000 000 d'hab.		ÉTATS	NOMBRE DE SUICIDÉS par 1 000 000 d'hab.	
	DANS LA population urbaine	DANS LA population rurale		DANS LA population urbaine	DANS LA population rurale
France (1885)	263	172	Italie.	66	29
Belgique. . .	64	34	Suède	167	67
Prusse	162	97	Norvège. . .	92	72
Bavière. . . .	118	104	Danemark .	283	257

Parmi les capitales de l'Europe (1), Paris est celle qui fournit le plus grand nombre de suicides ; pour 100 suicides constatés en France, en Angleterre, en Prusse, on en comptait 400 à Paris, 154 à Londres et 140 à Berlin.

Dans le royaume de Prusse on comptait en 1894, pour 100000 habitants, 21 suicides dans les campagnes, 23 dans les villes et 32 à Berlin. De même, en Suède, la moyenne annuelle des suicides (1881-1890) ne dépassait pas 8,74 par 100000 habitants pour les campagnes : elle s'élevait à 16,40 pour les villes et à 31,78 pour Stockholm (2).

L'alcoolisme. — L'alcoolisme fait-il plus de victimes dans les villes que dans les campagnes ? D'une façon générale, on ne peut pas dire que ce fléau soit propre aux agglomérations urbaines, car la consommation de l'alcool est très forte dans certains départements ruraux tels que l'Oise, le Calvados, la Manche. Les populations où l'alcoolisme exerce surtout ses ravages sont celles du Nord, Bretagne, Normandie, Picardie, Ile-de-France, etc. Mais dans la région du Sud de la Loire, le fléau moins sensible dans l'ensemble augmente d'intensité aux environs des grandes villes, Lyon, Marseille, Bordeaux, etc. (3). Et ce qui prouve que

(1) Voy. Morselli : *Il suicidio : Saggio di Statistica morale comparata.* — Wagner : *Gesetzmässigkeit in den scheinbar willkürlichen menschlischen Handlungen*, et Levasseur : *Op. cit.*, II, p. 133.

(2) Voy. *Preussische Statistik : Die Sterblichkeit im preussischen Staate* 1894 et *Folkmängden förändringar.* — 1881, 1890, p. 19.

(3) D'après la Statistique suisse (1892), les décès dus à l'alcoolisme ont été, dans l'ensemble du pays, de 1,4 p. 100 décès, chez les hommes, et de 0,2, chez les femmes. Or, dans les principales villes, cette proportion était de 2,5 et de 0,7.

les agglomérations d'hommes ont bien leur influence sur ce vice, c'est que, quelle que soit la consommation de l'alcool dans un département, forte ou faible, elle est toujours inférieure à celle des grands centres qu'il renferme. Pour rendre ce fait sensible nous avons dressé le tableau comparé de la consommation de l'alcool dans les principales villes de France et dans leurs départements respectifs.

Consommation comparée de l'alcool dans les principales villes de France et leurs départements respectifs, en 1894 (1).

VILLES	LITRES par tête	DÉPARTEMENTS RESPECTIFS	LITRES par tête
Rouen	19,8	Seine-Inférieure	13,2
Le Havre	15,8		
Amiens	11,7	Somme	10
Reims	8	Marne	6
Marseille	7,7	Bouches-du-Rhône	5,4
Paris	7,5	Seine	7,3
Lille	7,2	Nord	4,7
Roubaix	6,6		
Lyon	5,6	Rhône	4
Nantes	4,7	Loire-Inférieure	2,4
Bordeaux	4,6	Gironde	3,2
Saint-Etienne	3,9	Loire	2,9
Toulouse	3,1	Haute-Garonne	2

La moyenne de la consommation par tête est pour la France de 4 lit. 04; elle est donc dépassée de beaucoup, en général, par les grands centres, sauf Toulouse et Saint-Etienne qui tiennent, avec Bordeaux, le premier rang pour la consommation des vins (2).

(1) D'après la *Revue de statistique et de législation comparée* (1895).

(2) Moyenne de la consommation moyenne du vin, en France : 0Hl,86

d°	à St-Etienne :	2Hl,44	*maximum* (par tête).
d°	à Bordeaux :	2Hl,25	
d°	à Toulouse :	2Hl,18	
d°	à Rouen :	0Hl,43	*minimum* (par tête).
d°	au Havre :	0Hl,40	
d°	à Lille :	0Hl,33	
d°	à Roubaix :	0Hl,19	

CHAPITRE XVII

Conséquences démographiques.

SOMMAIRE. — Forte proportion des adultes dans les populations urbaines. — Age comparé de la population des grandes villes de l'Europe et de quelques régions d'émigration. — Influence de l'immigration et de l'émigration sur la répartition des sexes et sur l'état civil. — Natalité, mortalité, nuptialité comparées des agglomérations urbaines et du reste de la population. — Les divorces.

Dans une population qui s'accroît normalement par l'excédent des naissances, la répartition des habitants suivant l'âge, le sexe, l'état civil, demeure à peu près constante. Mais il n'en est pas de même quand l'immigration ou l'émigration agissent sur le développement d'une population.

Forte proportion des adultes dans les populations urbaines. — Comme c'est surtout à l'âge adulte que l'homme se déplace, la prédominance des adultes caractérise nécessairement les foyers d'immigration. Il est aisé de constater l'allure générale de ce phénomène. En Allemagne (1), la proportion des adultes (de 15 à

(1) **Population de l'Allemagne par groupes d'âges.**
(Proportion par 1 000 habitants.)

GROUPES D'AGE	ENSEMBLE DE L'EMPIRE	GRANDES VILLES	VILLES moyennes	PETITES VILLES	LE RESTE DE L'EMPIRE
Au-dessous de 15 ans.	351	292	321	345	371
De 15 à 40 ans......	387	474	450	417	350
De 40 à 60 ans......	182	177	169	170	187
Au-dessus de 60 ans.	80	57	60	68	92

D'après la *Volkszählung de* 1890, p. 38 et suivantes.

40 ans) est de 387 p. 1000 habitants dans l'Empire; elle s'élève à 417 dans les petites villes (de 5000 à 20000), à 450 dans les villes moyennes (de 20000 à 100000) et enfin à 474 dans les grandes villes. Elle s'abaisse, par contre, à 350 p. 1000 habitants pour le reste de la population. Les agglomérations de plus de 100000 âmes contiennent ainsi un tiers de plus d'adultes que la population rurale (villes de 2000 à 5000 hab. comprises).

En Autriche, on compte, pour l'ensemble de la population, 289 adultes (de 20 à 40 ans) par 1000 habitants; dans les villes de plus de 20000 âmes, la proportion est de 365 p. 1000 et elle tombe à 271 dans les communes de moins de 2000 habitants. Les documents autrichiens établissent par province l'état des personnes en état de travailler (*im erwerbfähigen Alter*), c'est-à-dire les adultes; or, tandis que leur proportion générale est de 58,8 sur 100 habitants présents (1), elle s'élève à 63,7 à Trieste, à 63,1 dans la Basse-Autriche, à 61,4 à Salzbourg, à 60,8 dans la Styrie et le Vorarlberg qui sont des régions d'immigration; par contre, elle s'abaisse à 55,3 dans la Carniole, d'où l'on émigre beaucoup.

Groupes d'âge (par 1000 habitants) dans les différentes catégories de villes en France (2).

VILLES	De 0 à 1 an	De 1 à 19 ans	De 20 à 39 ans	De 40 à 59 ans	Au-dessus de 60 ans	AGE INCONNU
Paris	12,4	256	403	240	81	2,0
Villes de plus de 100000 hab.	14,7	299	370	224	88	
Villes de 30 à 100000 hab.	12,9	304	375	209	94	
Villes de 20 à 30000 hab.	15,8	311	363	208	100	2,2
Villes de 10 à 20000 hab.	17	322	347	209	105	
Villes de 5 à 10000 hab.	17,8	342	318	213	108	1,2
Ch.-lieux d'arrond[ts] de moins de 5000 h.	15,1	326	296	228	134	0,9
Moyenne générale des villes	15,3	305	361	219	96	3,7
Moyenne générale de la France	17,6	332	301	224	125	1,5

(1) D'après Rauchberg : *Die Bevölkerung Oesterreich's.*
(2) D'après le *Dénombrement de la France* en 1891.

En Suisse, le rapport des adultes (de 15 à 59 ans) à la population totale était, en 1888, de 584 p. 1000. Ce nombre montait à 654 dans les quinze villes principales, à 583 dans les districts industriels sans les villes, et descendait à 564 dans les districts mixtes et à 556 dans les districts agricoles (1).

En France, si nous partageons, au point de vue de l'âge, la population en cinq grandes catégories, nous voyons également d'après le tableau précédent la proportion des adultes (de 20-39 et 40-59 ans) augmenter avec l'importance des villes. Dans l'ensemble de la France, la proportion des adultes est de 525 p. 1000 habitants; elle s'élève à 580 dans les villes, en général, à 594 dans les villes de plus de 100000 habitants et à 643 à Paris. Dans les villes de moins de 5000 habitants (chefs-lieux d'arrondissement seulement), la proportion n'est plus que de 524, soit à peine la moyenne générale.

Mais entre nos grandes villes (2) il y a de sensibles différences sous le rapport de la population adulte; des villes, plus exclusivement d'industrie et de commerce, Saint-Etienne (660 p. 1000) et Marseille (651 p. 1000), l'emportent sur Paris; d'autres, comme Toulouse (523 p. 1000) et Roubaix (502 p. 1000), ont une population adulte relativement peu considérable, celle-ci sans doute en raison de sa forte natalité, celle-là, à cause de son faible accroissement.

Age comparé de la population des grandes villes de l'Europe et de quelques régions d'émigration. — Nous avons établi (voy. les *fig.* 57, 58, 59 et 60) la situation comparée des métropoles de l'Europe et de leurs Etats respectifs, à la même date, sous le

(1) Les proportions extrêmes étaient données par les cantons de Genève et Bâle-Ville qui comptaient 671 et 649 adultes par 1000 habitants et par le canton d'Uri qui n'en renfermait que 552. (Voy. *Recensement fédéral* de 1888, II, p. 23 et 154 et suiv.).

(2) **Proportion (p. 1000 hab.) des adultes (20-59 ans) dans les grandes villes de France.**

VILLES	Proportion p. 1000	VILLES	Proportion p. 1000	VILLES	Proportion p. 1000	VILLES	Proportion p. 1000
St-Etienne..	660	Lyon......	617	Lille......	584	Nantes.....	556
Marseille...	651	Bordeaux...	615	Le Havre..	565	Toulouse...	523
Paris......	643	Rouen.....	590	Reims.....	562	Roubaix....	502

rapport des âges et des sexes. La proportion des adultes (1) n'est pas la même dans chacune de ces grandes cités; elle est surtout très forte à Paris avec 5488 personnes adultes

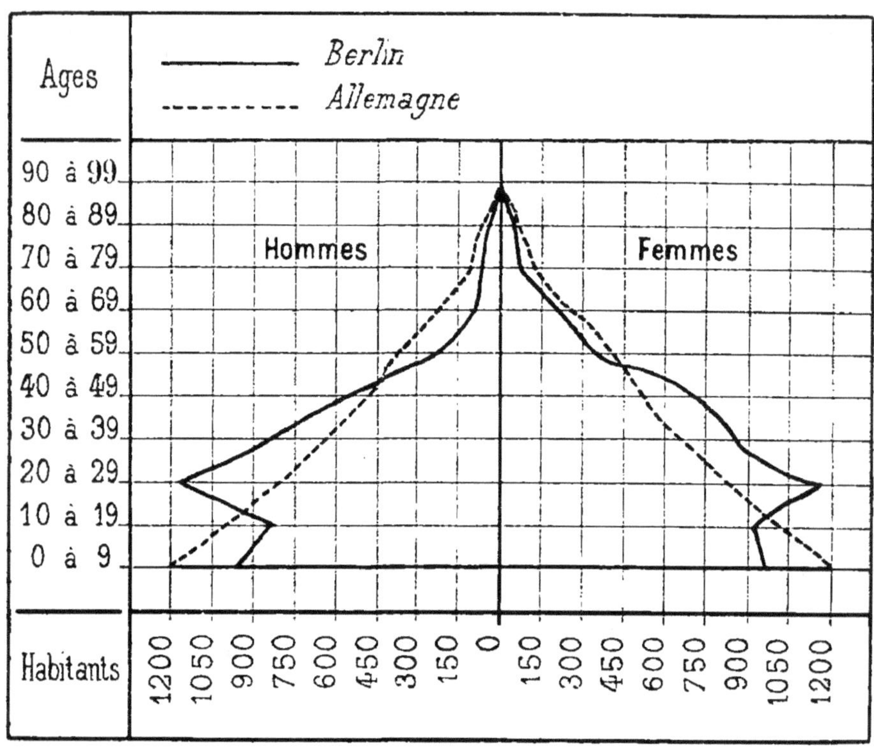

Fig. 57. — Population par âge et par sexe de Berlin et de l'Allemagne en 1890, la population totale étant réduite à 10 000 de part et d'autre.

par 10000 habitants, et encore à Berlin avec 5150. Elle s'abaisse à Vienne (2) avec 4855 et atteint son minimum à Londres avec

(1) **Proportion des adultes (par 1 000 hab.) dans quelques capitales de l'Europe et dans leurs Etats respectifs.**

CAPITALES	Proportion p. 10000	ÉTATS	Proportion p. 10000	CAPITALES	Proportion p. 10000	ÉTATS	Proportion p. 10000
Londres....	4458	Angleterre..	3962	Berlin	5150	Allemagne..	3927
Vienne	4855	Autriche...	4041	Paris......	5488	France.....	4212

(2) A Paris, la proportion de la population adulte semble avoir été plus forte en 1856 (5930 p. 10000) et en 1876 (5752), qu'en 1891. — A Berlin, elle était en 1864, de 5120 et atteignit en 1875, 5320, étant donnée la brusque immigration survenue de 1871 à 1875. — A Londres, la proportion était en 1861, de 4431 par 10000 habitants, c'est-à-dire à peu près le même qu'aujourd'hui.

4458. Il y a donc, en somme, par chaque groupe de 10000 habitants, 1000 adultes (de 20 à 50 ans) de moins à Londres qu'à Paris. Ce qui confirme ce que nous avons déjà dit du caractère

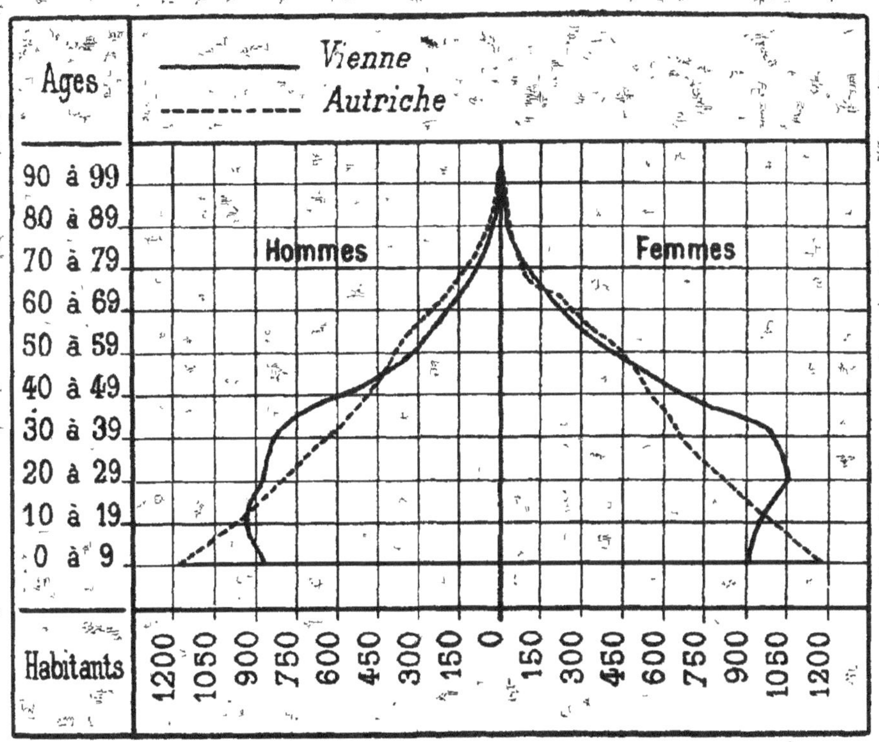

Fig. 58. — Population de Vienne et de l'Autriche par âge et par sexe en 1890, la population totale étant réduite à 10000 habitants de part et d'autre.

plus stable de la population de Londres. C'est aussi à Londres que la proportion des adultes se rapproche le plus de ce qu'elle est dans la population totale du pays. Par chaque série de 10000 habitants, Londres n'a que 496 adultes de plus que l'ensemble de l'Angleterre et Galles, Vienne en a 814, Berlin, 1223, et Paris 1276. C'est dire que dans ces deux dernières capitales la répartition des âges accuse la plus grande différence avec l'ensemble de l'Etat et c'est aussi là que le mouvement d'immigration s'est produit, à l'époque contemporaine, avec le plus d'intensité. A Rome aussi où l'accroissement par l'immigration est considérable, la proportion des adultes est de 5500 par 10000 habitants (un peu plus qu'à Paris) tandis que, elle n'est pour le royaume d'Italie, que de 4074 p. 10000.

D'une façon générale, la population adulte paraît être en plus forte proportion dans les quartiers du centre ou les quartiers riches, surtout parce que le nombre des enfants est supérieur

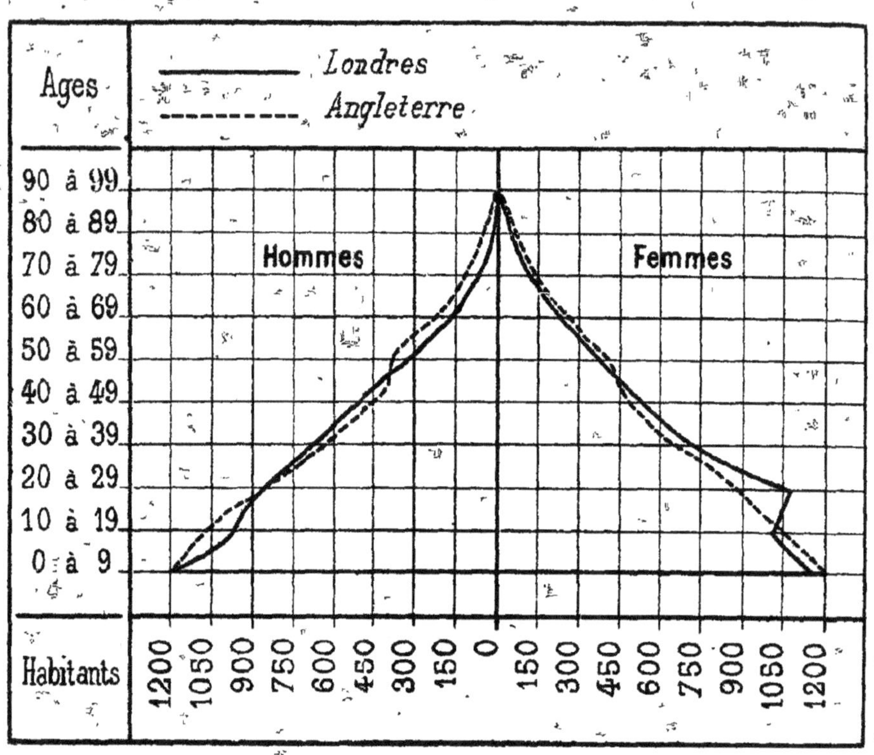

Fig. 59. — Population de Londres et de l'Angleterre (avec Galles) par âge et par sexe en 1891, la population totale étant réduite à 10000 habitants de part et d'autre.

dans les districts ouvriers des périphéries. Par exemple, à Vienne, la moyenne des personnes en état de travailler (69,5 p. 100) s'élève à 79,7 dans le premier *Bezirk*, au cœur de la ville, et descend à 64,8 dans les dixième, onzième et treizième quartiers plutôt ouvriers. A Londres, la proportion des adultes (4458 p. 10000 hab.) atteint son maximum à Paddington et à Kensington (5810 et 5720), quartiers riches de l'Ouest; elle s'abaisse à Whitechapel (5000) et à Saint-Georges in the East (4440) dans la région plus pauvre des *Tower Hamlets*. A Paris, cette proportion varie aussi beaucoup suivant les quartiers; elle est surtout très élevée dans les Ier IIe, VIIIe, arrondissements (6150, 6220, 6200, p. 10000), mais elle est beaucoup au-dessous de la moyenne (5488) dans les XIe, XIIIe et XVIIIe (5190, 4580,

4090) où domine la population ouvrière. A Berlin, les Ier et IIe *Standesamtsbezirke* du centre ont une population adulte (6140 et 6800 p. 10000) fort au-dessus de la moyenne, et cette

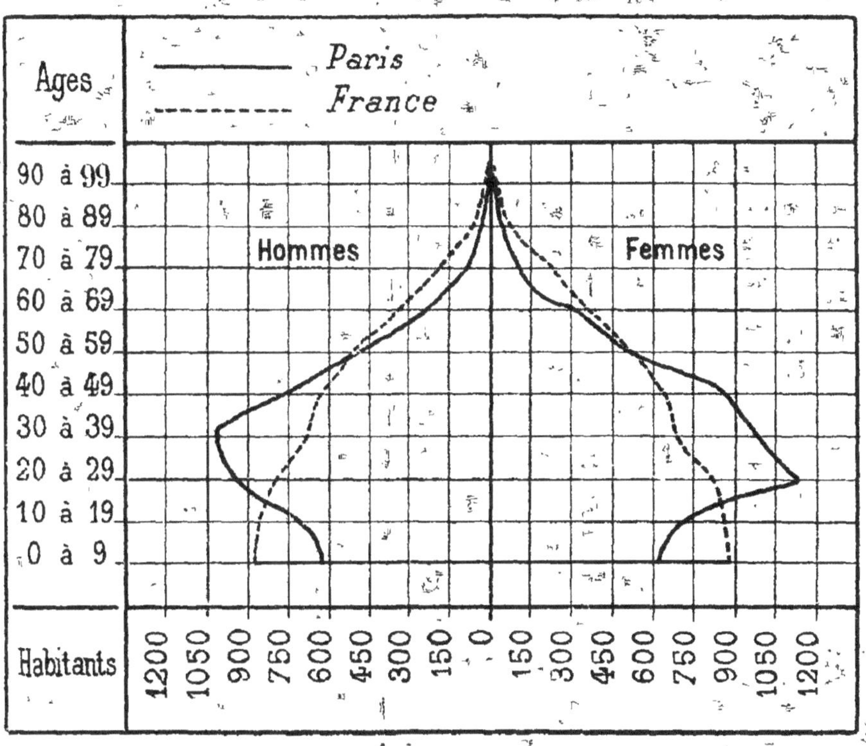

Fig. 60. — Population de Paris et de la France en 1891 (la population totale étant réduite à 10000 habitants de part et d'autre.)

proportion s'abaisse beaucoup dans le XIIIe (4550 p. 10000).

A Saint-Pétersbourg, la proportion des adultes est encore plus forte qu'à Paris : elle était, en 1890, de 5537 p. 10000 habitants. Dans cette population adulte, les hommes étaient en proportion de 52,7 p. 100, les femmes de 47,3 p. 100. Le graphique (voy. *fig.* 61) que nous empruntons au *Dénombrement de Saint-Pétersbourg* (1890) donne une idée de la répartition par âge et par sexe de la population née au dedans et au dehors de la capitale russe et montre clairement l'énorme prépondérance des adultes dans la population immigrée.

Dans les régions d'émigration la population adulte diminue nécessairement. Nous avons choisi comme type (voy. la *fig.* 62) le Mecklembourg-Schwerin en Allemagne et notre département de la Creuse : dans les deux pays, la population adulte est au-dessous de la moyenne générale (1). Dans le Mecklembourg on ne compte que 3854 adultes par 10000 habitants, tandis que la moyenne en Allemagne est de 3927. En France, la proportion sur l'ensemble, est de 4212 ; elle s'abaisse dans la Creuse, à 3699. Et ce taux diminue en raison même du développement de l'émigration : en 1851, en effet, la proportion était pour la Creuse, de 4320 et elle était encore, en 1866, de 4222. Il en est de même dans les Basses-Alpes, par exemple : on y comptait, en 1851, 4270 adultes par

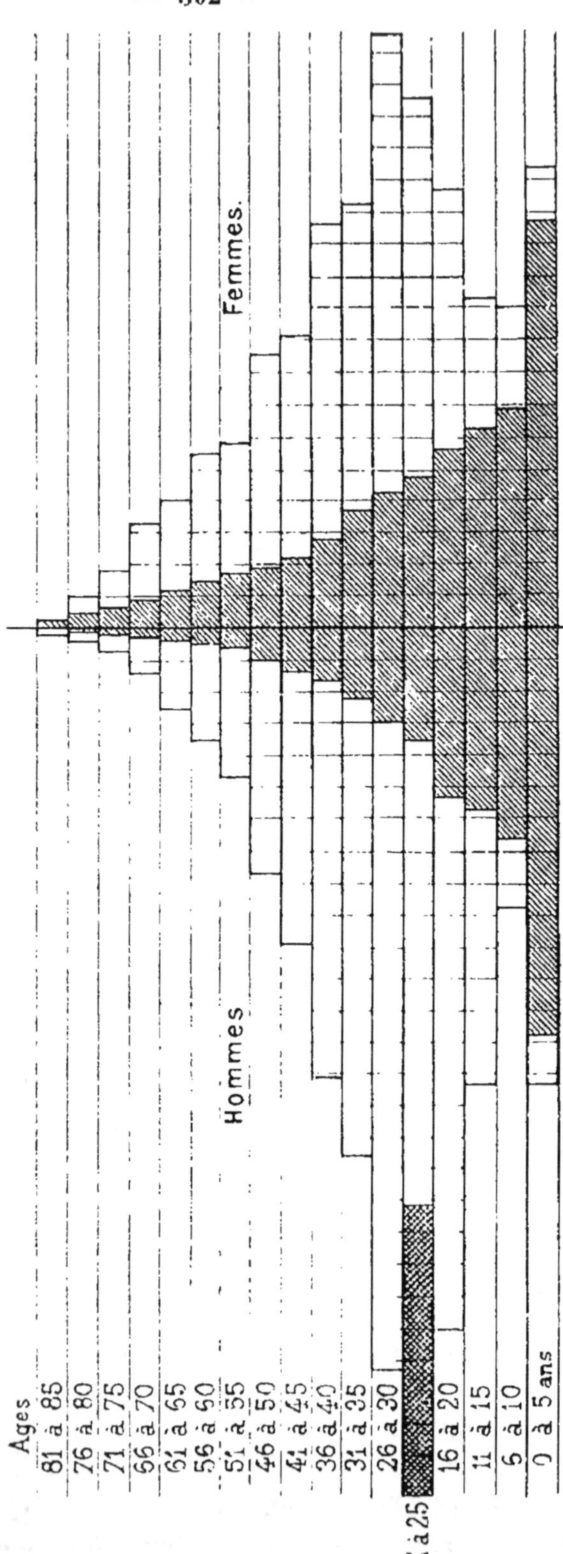

Fig. 61. — Répartition par âge et par sexe de la population de Saint-Pétersbourg, en 1890. La teinte noire du milieu indique la population née dans la ville ; celle de [illegible], la population [illegible] ; la population immigrée est représentée par le blanc.

(1) En Suède, il y a dans les campagnes, 3 800 adultes par 10000 habitants et dans les villes, 4746.)

10000 habitants et aujourd'hui on en compte seulement 3750.

Nous avons vu que, dans la Bretagne, l'émigration a pris son essor à l'époque contemporaine; or, en 1851, il y avait,

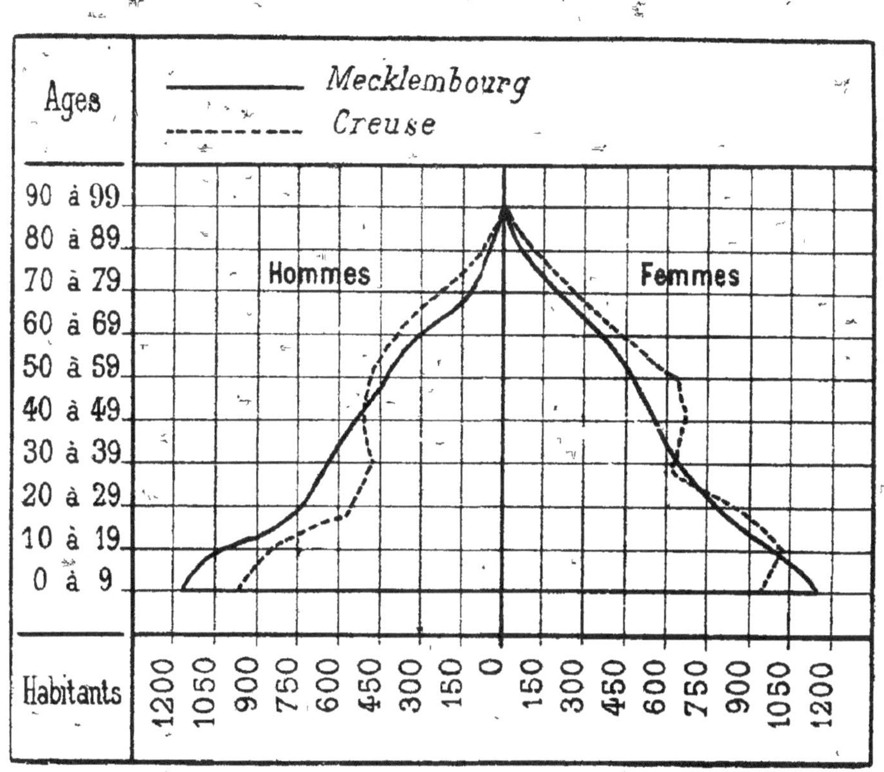

Fig. 62. — Population par âge et par sexe de deux régions d'émigrations (la population totale étant réduite à 10000 hab.)

dans l'ensemble de la province, 4350 adultes par 10000 habitants, en 1891, nous n'en trouvons plus que 4030, soit une diminution de 320 par 10000 habitants, dans l'espace de quarante ans. Cette diminution affectait beaucoup le département des Côtes-du-Nord où le service domestique a attiré au dehors un nombre de plus en plus considérable d'adultes du sexe féminin. Ce département est le seul de ceux de la Bretagne où la population ait une tendance à décroître. Dans le Finistère, il y avait autrefois une immigration assez forte qui a fait place aujourd'hui au phénomène inverse; or, la proportion des adultes qui était de 4155 par 10000 habitants en 1851 s'était réduite à 4070 en 1891.

Influence de l'immigration et de l'émigration sur la répartition des sexes et sur l'état civil. — **1° *Les sexes.*** — Une répartition plus anormale des sexes comme des âges est une conséquence des mouvements migratoires. Comme l'homme, en général, émigre plus, il en résulte que les départements où l'émigration se produit avec plus d'intensité, ont une population surabondante du sexe féminin. Mais le phénomène inverse peut se produire aussi, car la domesticité amène un fort contingent de femmes dans les villes; toutefois cette population féminine se recrute dans un rayon plus rapproché que celle de l'autre sexe. Par exemple, en 1891, on comptait en France, sur 10000 habitants, 4965 hommes et 5035 femmes, ou 1014 femmes pour 1000 hommes. Dans les pays à forte émigration, les femmes l'emportent de beaucoup, notamment dans la Creuse (1190 p. 1000 hommes) les Côtes-du-Nord (1090), les Basses-Pyrénées (1074), le Cantal (1067). Dans la Seine et dans le Rhône, le sexe féminin était également le plus nombreux (1068, 1031 femmes pour 1000 hommes). Par contre, dans les départements voisins de Paris (Seine-et-Oise et Seine-et-Marne) comme dans ceux de la banlieue de Lyon (Ain, Ardèche, Isère, Drôme) la proportion des hommes est supérieure à celle des femmes, à cause de l'émigration de ces dernières vers les grandes villes voisines.

Cette différence dans le mode d'émigration des deux sexes est aussi visible en Autriche. Dans le total des personnes émigrées d'une commune à une autre d'un même district, les femmes prédominent (57 p. 100). Cette proportion s'abaisse déjà à 50,4 p. 100 dans l'ensemble des émigrants d'un district à un autre d'une même province. Mais dans l'émigration d'une province à une autre, l'élément féminin ne représente plus que 47,7 p. 100. Ainsi plus la distance à parcourir est grande, plus s'accuse la supériorité du sexe masculin dans l'émigration.

Toutefois d'une façon générale, le sexe féminin l'emporte plutôt là où il y a émigration. En Allemagne, il y a supériorité du nombre des femmes, dans l'ensemble de l'Empire, et ce phénomène se produit dans toutes les provinces du royaume de Prusse sauf le Schleswig-Holstein et le Hanovre, la Westphalie et la Prusse Rhénane, et cela non en raison de l'immigration, mais parce que les provinces maritimes ou industrielles retiennent mieux leur population masculine. De même, en Autriche, les provinces d'émigration, telles que la Bohême, la Carinthie, la Carniole, ont une prédominance du sexe féminin.

Mais, d'autre part, le même sexe l'emporte aussi là où il y a immigration, en général. Il semble qu'il y ait là une contradiction. Elle s'explique par ce fait, que parmi les émigrants hommes, un grand nombre se rend à l'étranger et laisse ainsi la majorité aux femmes dans l'immigration globale, à l'intérieur. Cette supériorité du sexe féminin dans les foyers d'immigration est, en effet, presque constante (1).

Nos métropoles européennes ont toutes un excédent de population féminine, mais non au même degré. Sur 10000 habitants, on comptait, vers 1890-1891, à Paris, 5148 femmes ; à Berlin, 5187 ; à Vienne, 5236 et à Londres, 5302. L'inégalité de la répartition des sexes est donc particulièrement forte dans la capitale anglaise, à cause de l'importance de la population domestique féminine (2). C'est à Paris et à Berlin que la différence de la répartition des sexes dans les capitales et l'ensemble du pays est la moins accusée. Certaines capitales dépassent la moyenne de nos quatre métropoles ; à Bruxelles, par exemple, la proportion de la population féminine est de 5565 par 10000 habitants, et de 5608 à Stockholm.

Parmi les grandes capitales de l'Europe, Saint-Pétersbourg

(1) En Suisse, sur 37465 personnes ayant immigré dans les principales villes de 1880 à 1888, on comptait 22600 femmes, soit 60,7 p. 100. Dans 15 villes principales il n'y avait que 85 hommes pour 100 femmes, en 1888, au lieu de 92 p. 100, en 1860. Cette proportion s'abaissait à 83 et 82, à Bâle et à Genève et Berne et s'élevait à 88 à Zurich où l'industrie occupe un grand nombre d'hommes.

(2) **Proportion des deux sexes (sur 10000 habitants) dans les quatre métropoles de l'Europe et leurs Etats respectifs.**

	HOMMES	FEMMES		HOMMES	FEMMES
Paris	4852	5148	Vienne	4764	5236
La France	*4965*	*5035*	*L'Autriche*	*4888*	*5112*
Berlin	4813	5187	Londres	4698	5302
L'Allemagne	*4916*	*5084*	*L'Angleterre*	*4831*	*5169*

est la seule où il y ait prédominance du sexe masculin et cela grâce à l'armée et aussi à la nombreuse domesticité mâle au service de la noblesse russe. Cependant l'élément féminin est en progrès; on comptait en 1890, 4642 femmes par 10000 habitants au lieu de 4511 en 1881 (1).

La prépondérance des femmes, comme celle des adultes, varie suivant les quartiers d'une même ville. A Vienne, c'est au Centre (Ier Bezirk) que cette prépondérance est surtout marquée (6017 femmes p. 10000 hab.); elle diminue beaucoup dans les quartiers ouvriers et trouve son minimum dans le XIIe (4930). A Berlin, la proportion moyenne (5187) est de beaucoup dépassée dans le Ier district (6710) et s'abaisse aux environs de 5000 dans les XIIe et XIIIe. A Londres, la moyenne (5302) est notamment dépassée dans l'Ouest (5920, 6054 et 6082, à Paddington, à Kensington et à Hampstead); elle tombe très bas dans le Centre à Whitechapel (4740), dans la Cité (4432) en raison du grand nombre d'employés hommes et pour la même raison, à Woolwich à l'Est (4781). A Paris, malgré son contingent relativement faible dans les Ve et VIe arrondissements, l'élément feminin l'emporte dans toute la région centrale, où sa proportion est de 5300 p. 10000 habitants, tandis qu'elle n'est que de 5145 dans l'ensemble des dix arrondissements de la périphérie. A Paris, comme à Londres, la population féminine est particulièrement nombreuse là où le personnel domestique est en forte proportion, dans le VIIIe arrondissement, par exemple (5660 femmes p. 10000 hab.)

Il y a donc, dans nos grandes cités, une disproportion entre les sexes telle qu'elle n'existe pas dans une population à l'état normal. En présence de cette situation, que devons-nous penser, s'est-on demandé, de l'allégation de Ratzel (2), savoir que l'équilibre des sexes est l'indice d'une civilisation supérieure, que leur disproportion permanente est l'indice du contraire. Mais il faut observer d'abord que s'il y a vraiment disproportion des sexes par le mouve-

(1) A Rome, vu la présence de nombreux ecclésiastiques. la population du sexe féminin n'était que de 4433 p. 10000 en 1881.

(2) Cette remarque est faite par M. le docteur Guillaume, directeur de la Statistique suisse. Le mot de Ratzel est le suivant: « Die Tendenz auf dieses Gleichgewicht (équilibre des » sexes) ist ebenso bezeichnend für die höheren wie die beständige Erschütterung derselben » für die niederen Kulturstufen. » *Anthropogeographie*, II, 319. Nous avons été heureux que le savant professeur de Liepzig à qui nous avons fait part de cette objection ait bien voulu approuver notre discussion.

ment migratoire, cette disproportion n'est nullement assez considérable pour troubler le développement d'une population. De plus, la supériorité d'un sexe sur l'autre ne se produit pas dans toutes les parties d'une agglomération urbaine, mais seulement dans quelques-unes. De même, il peut y avoir compensation, sous ce rapport, entre les différentes régions d'un même Etat. Enfin n'oublions pas que cette distribution des sexes n'est pas l'œuvre de la force, le résultat d'un artifice de la loi, mais le résultat de circonstances économiques et sociales, et de la volonté de l'individu. Or, ou le mot de civilisation (1) n'a aucun sens, ou il implique le libre jeu de ces divers éléments. Et puisque le sexe féminin a la majorité dans nos grands Etats européens, quoi d'étonnant à ce qu'il la conserve et même l'accentue dans nos villes capitales ?

2° *L'État civil.* — Comme l'homme émigre surtout dans la jeunesse et, en général, avant de fonder une famille, il est tout naturel que la proportion des célibataires s'accroisse dans les pays d'immigration.

En France, la moyenne des célibataires majeurs est de 17,4 p. 100 pour les hommes et de 13,7 p. 100 pour les femmes. Dans les départements à émigration ce taux s'abaisse, par exemple, à 9 p. 100 et 10,8 p. 100 dans la Creuse et s'il s'élève au-dessus de la moyenne pour les femmes notamment (17,7 p. 100) dans la Haute-Loire, cela tient à l'influence de la petite industrie dont nous avons parlé. La proportion des célibataires majeurs est également faible dans la Normandie (surtout dans l'Eure), dans les départements voisins de Paris (Seine-et-Marne, Eure-et-Loir, Loiret, etc.), dans la Nièvre, la Saône-et-Loire. Au contraire, la moyenne atteint, pour les hommes, 23,1 p. 100 et pour les femmes, 18,7 p. 100 dans la Seine, 19,3 et 18,2 dans le Rhône, 23,9 et 17 dans les Bouches-du-Rhône. Nous laissons de côté les régions de la frontière où la population militaire donne au sexe masculin une prépondérance évidente.

Plus, du reste, le mouvement migratoire s'est accentué,

(1) Dans l'Inde où, dans la population totale, il y a un plus grand nombre d'hommes (5114 hommes par 10 000 habitants), le sexe masculin l'emporte dans les villes en général (5315 hommes) et surtout à Bombay (6317) et à Calcutta (6513). (D'après le *Census of India*, 1891).

plus s'est élevée la proportion des ménages d'individus isolés; en 1856, elle n'était sur la totalité des ménages que de 10,4 p. 100 et elle atteignait 15,20 p. 100 en 1891; le total était passé de 914788 à 1628753. En général, les départements à émigration sont au-dessous de la moyenne, par exemple, les Hautes-Alpes (11,9 p. 100), le Cantal (11,2 p. 100), l'Ariège (10,7 p. 100), la Corrèze (7 p. 100); la proportion, au contraire, est plus forte dans les régions d'immigration, telles que la Marne, le Rhône (18,3 p. 100), la Seine (28,8 p. 100), etc.

En Allemagne, la proportion des célibataires de plus de 15 ans était, en 1890, de 4092 par 10000 hommes et 3585 par 10000 femmes. Cette moyenne s'abaissait respectivement à 3737 et 3477 dans la Prusse orientale, à 3819 et 3171 dans le Mecklembourg-Schwerin, à 3880 et 3117 dans le Brandebourg (sauf Berlin) toutes régions d'émigration. Elle s'élevait au contraire, à 4510 et 3921 dans la Prusse rhénane, pays d'immigration (1).

A Berlin, la proportion des célibataires (âgés de plus de vingt ans), était, en 1895, de 223 par 1000 hommes et 206 par 1000 femmes. C'est dans les quartiers du centre que cette population est la plus forte (370 hom. et 304 fem. dans le Ier *Bezirk* et 300 hom. et 333 fem. dans le IIe) elle est plus basse dans la périphérie (145 hom. et 114 fem. dans le XIIIe). — A Vienne, en ne comptant que les personnes nubiles (*heiratsfähige*), c'est-à-dire les hommes de plus de 20 ans et les femmes de plus de 15, la proportion des célibataires est de 54 p. 100, dans l'ensemble des deux sexes; elle est de 56 p. 100 pour l'ancien Vienne et de 50,5 p. 100 pour les nouveaux quartiers; dans le Ier *Bezirk*, le taux s'élève jusqu'à 67,7 p. 100 et s'abaisse très sensiblement dans les quartiers ouvriers (47,2 p. 100 dans le XIe et 45,9 p. 100 dans le Xe).

A Londres, les célibataires de plus de 20 ans forment 18 p. 100 à peine, de la population totale; à Paris, leur proportion est de 24,4 p. 100, en raison de la forte immigration;

(1) En Autriche, la moyenne des célibataires est de 608 par 1000 habitants: elle atteint 629 dans les villes de plus de 20000 âmes. En Hongrie, elle est dans les villes, pour les hommes de 34.6 et pour les femmes de 28,1, tandis que dans le reste du pays, le taux est 25,7 et 16,9 p. 100.

mais, tandis qu'à Paris (1), l'élément féminin représente 48,5 p. 100 de l'ensemble, il représente à Londres 55 p. 100. Dans les deux capitales, du reste, c'est dans les quartiers riches, à cause de la domesticité, que la proportion des célibataires est la plus élevée. A Londres, elle atteint 40 p. 100 à Kensington, et tombe à 20 p. 100 à Whitechapel. A Paris, la moyenne est de 30 p. 100 dans le XVIe arrondissement et 40 p. 100 dans le VIIe; elle n'est plus que de 18 p. 100 et 17 p. 100 dans le XXe et le XVIIe.

Dans les quartiers riches, dominent également les célibataires femmes amenées par la domesticité; dans les quartiers commerçants et industriels, les hommes. A Londres, l'élément féminin forme 76 p. 100 de la population des célibataires à Kensington et seulement 33 p. 100 à Whitechapel; A Paris, cette proportion est de 55,2 p. 100 dans l'ensemble des VIIe, VIIIe et IXe arrondissements, tandis qu'elle tombe à 47 p. 100 dans l'ensemble de la périphérie (sauf les XVIe et XVIIe) et à 41 p. 100 dans les quartiers commerçants du centre (du Ier au Ve arrondissement).

Natalité, mortalité, nuptialité comparées des agglomérations urbaines et du reste de la population. — 1° *Natalité.* — Le mouvement migratoire, qui influe dans l'un ou l'autre sens sur le développement des populations, exerce-t-il son action sur le mouvement même de ces populations considérées sous le triple rapport de la natalité, de la mortalité et de la nuptialité?

En apparence, beaucoup de grandes villes ont une natalité supérieure à celle de leurs pays respectifs. A Paris, on comptait, de 1886 à 1890, une naissance par 38 habitants; tandis que, dans l'ensemble de la France, il y en avait une par 41. A Berlin,

(1) **Tableau comparé de la proportion des célibataires (par 1000 habitants de chaque catégorie d'âge) pour Paris et la France.**

	HOMMES		FEMMES	
	PARIS	LA FRANCE	PARIS	LA FRANCE
De 25 à 29 ans...........	593	505	659	620
De 30 à 33 ans...........	351	274	419	320
De 35 à 39 ans...........	254	189	289	214
De 40 à 45 ans...........	212	154	231	171

comme à Hambourg et à Breslau, la proportion des naissances dépasse légèrement celle de l'Allemagne. Il en est de même à Londres. Cet avantage s'explique par la présence dans les villes d'un nombre plus considérable d'adultes, cause d'un nombre plus élevé de mariages et aussi, par ce fait, que beaucoup de gens âgés abandonnent le séjour des grandes cités. Néanmoins, ce fait n'est pas assez général, ni assez net, pour qu'on puisse le considérer comme une loi démographique.

Et si, au lieu de considérer le nombre brut des enfants par rapport à la population totale (1), on le considère par rapport au nombre des ménages, on constate l'infériorité des grandes villes. Le total des ménages sans enfants est beaucoup plus élevé à Paris que dans l'ensemble de la France et il y a toujours, dans la capitale, une proportion moindre d'enfants par ménage (2)

En 1891 (3), le nombre moyen des enfants par famille était, en France, de 2,10. D'une façon générale, cette moyenne était dépassée dans les régions à forte population rurale et elle demeurait plus faible dans les départements qui renferment de nombreuses populations urbaines. Par exemple, la proportion la plus élevée se rencontrait dans la Savoie et la Haute-Savoie (2,86 et 2,76), dans le Morbihan (2,81), les Côtes-du-Nord (2,72) et la Creuse (2,61); elle était beaucoup moindre dans le Rhône (1,91), les Bouches-du-Rhône (1,63), la Seine (1,45). L'agglomération parisienne venait ainsi au dernier rang, même après les départements normands connus pourtant par leur *oligan-thropie* infantile (taux minimum dans l'Eure, 1,66). Parmi les régions de population urbaine, le département du Nord était

(1) On comptait (1886) par 1 000 familles :

NOMBRE D'ENFANTS	DÉPARTEMENT DE LA SEINE	LA FRANCE	NOMBRE D'ENFANTS	DÉPARTEMENT DE LA SEINE	LA FRANCE
0	323	200	3	105	145
1	276	244	4	53	90
2	201	218	5 et plus	42	103

Voy. Levasseur. *Op. cit.*, II, 398.

(2) En Suède, si l'on compare la natalité à la population totale, il y a avantage de Stockholm sur la campagne (32,3 naissances contre 28.6 par 1 000 habitants). Mais si l'on considère la natalité par rapport au nombre des femmes de 15 à 45 ans, il y a infériorité de la capitale (258,5 naissances par 1 000 femmes mariées au lieu de 278,5 dans la campagne).

(3) D'après le *Dénombrement de la France* en 1891.

le seul qui eût une population infantile au-dessus de la moyenne (2,71) en raison de sa forte natalité.

Parmi les grandes villes de l'Europe, Paris a la plus faible natalité, comme la France parmi les autres Etats. Il n'y a à Paris que 26,3 naissances par 1000 habitants, tandis que cette proportion est de 28,5 à Vienne, de 33 à Londres et de 33,3 à Berlin.

La proportion de la natalité varie suivant les différents quartiers d'une ville. Elle est plus faible dans les quartiers riches, non seulement parce qu'il y a moins d'enfants (absolument parlant), mais aussi parce que la proportion des célibataires et des vieillards y est plus élevée. A Paris, aucun des arrondissements du centre n'arrive à la moyenne; elle est particulièrement basse dans le VIIIe (13,26 p. 1000 hab.). Au contraire, tous les arrondissements de la périphérie, sauf le XVIe et le XVIIe, dépassent la moyenne, et le taux de natalité trouve son maximum dans le XXe (31,64 p. 1000). Le tableau suivant permet de comparer le taux de la natalité et de la mortalité dans tous les arrondissements de Paris durant la période 1890-1895.

Taux de natalité et de mortalité des arrondissements de Paris par 1000 habitants.

ARRONDISSEMENTS	NAISSANCES	DÉCÈS	ARRONDISSEMENTS	NAISSANCES	DÉCÈS
Ier	18,33	17,08	XIe.	27,95	24,74
IIe	22,24	17,33	XIIe	27,11	25,13
IIIe.	23,60	19,80	XIIIe.	31,12	33,11
IVe.	24,05	24,80	XIVe.	28,17	31,97
V[e]	23,37	18,82	XVe	28,48	26,99
VIe.	22,39	18,56	XVIe.	20,89	19,54
VIIe	18,61	14,92	XVIIe	25,37	21,34
VIIIe.	13,26	12,71	XVIIIe.	28,74	24,64
IXe.	18,18	15,25	XIXe.	30,67	27,79
X[e]	23,06	20,28	XXe	31,64	28,89
			Moyenne	26,30	23,80

A Londres, le chiffre moyen des naissances (33 p. 1000 hab.) est surtout dépassé dans les régions populeuses du Sud (38) et de l'Est (38,7) où il a son maximum, de part et d'autre, à Wandsworth et à Poplar avec 41 et 40 naissances p. 1000 habitants (1); il est plus faible dans le Centre (29) et dans l'Ouest (27), où nous trouvons le minimum à la Cité (17) et à Westminster (22,1).

A Vienne, la moyenne des naissances était en 1890, de 20,3 p. 1000 habitants pour les dix bezirke compris dans l'ancien périmètre de la capitale, cette proportion tombait à 8,8 dans l'Innere Stadt, mais s'élevait à 27,3 p. 1000 habitants dans la populeuse Leopoldstadt.

2. *La mortalité.* — Généralement, la mortalité des villes est supérieure à celle de l'ensemble du pays. De 1882 à 1891, le taux de la mortalité a été de 22,50 par 1000 habitants dans la France totale, et de 23,80 à Paris; de 22 en Allemagne et de 23,09 à Berlin ; de 20 en Angleterre et de 20,3 à Londres (2).

Parmi nos grandes capitales, c'est Londres qui a la mortalité la plus faible, tandis que sa natalité est des plus élevées. L'excédent de natalité (1882-1891) y a été de 12,64 par 1000 habitants, tandis qu'il était à Berlin, de 10,29 ; à Vienne, de 7,03, et à Paris de 2,50 seulement (3).

C'est dans les quartiers où la natalité est la plus forte que nous trouvons aussi le maximum de la mortalité. A Paris, dans aucun

(1) Dans les cinq districts des *Tower Hamlets*, réputés très pauvres (Whitechapel, Saint-Georges in the East, Stepney, Mile End Old Town et Poplar) la natalité varie de 37 à 40 par 1000 habitants (1881-1891).

(2) **Natalité et mortalités comparée (par 1000 hab.) de certaines grandes villes de l'Europe (1882-1891).**

VILLES	NATALITÉ	MORTALITÉ	VILLES	NATALITÉ	MORTALITÉ
Rome	29,51	25,58	Berlin	33,38	23,09
Naples	33,58	30.08	Hambourg	35,08	24,78
Milan	32,72	28,06	Breslau	35,25	29,22
Turin	29,44	26,17	Dresde	31,13	21,87
Palerme	35.21	25,27	Vienne	28,56	21,53
Florence	26,13	26.47	Budapest	36.01	30,90
Paris	26,30	23,80	Londres	33,01	20,37
Bruxelles	31	24,39			

D'après Bodio : *Notizie sulle condizioni demographiche, edilizie ed amministrative di alcune grande citta italiane ed estere.*

(3) Il peut arriver pourtant que grâce au progrès de l'hygiène, la mortalité d'une grande ville soit moindre que celle du reste du pays. Aussi, en 1894, la statistique de la Prusse accusait une mortalité de 21,8 p. 1000 habitants dans l'ensemble du royaume et seulement de 18,9 à Berlin.

des arrondissements du Centre, sauf le IVe, le taux moyen (23,80) n'est atteint, et il est le plus faible dans le VIIIe (12,71) où se trouve le minimum de la natalité. Au contraire, dans la périphérie, deux arrondissements seulement (les XVIe et XVIIe) sont au-dessous de la moyenne : le maximum est donné par le XIIIe (33,2). A Londres, les quartiers de l'Ouest, le riche « West-End », fournissent le minimum de mortalité (18,6) tandis qu'elle est plus forte dans l'Est (22,1) où elle rencontre son maximum à Whitechapel avec 32 p. 1000 hab.

Afin de mieux faire ressortir la différence entre le taux de natalité et de mortalité des villes et celui du reste de la population, nous donnons la moyenne comparée des deux phénomènes dans les principales villes de France (sauf Paris) et dans leurs départements respectifs. On remarquera que si pour la natalité, il n'y a pas une différence toujours bien nette entre les deux éléments de population, en revanche, les villes l'emportent toujours par le taux de leur mortalité (1).

Tableau de la natalité et de la mortalité comparées (par 1000 hab.) des principales villes de France et de leurs départements respectifs (en 1890-91).

VILLES	NAISSANCES	DÉCÈS	DÉPARTEMENTS	NAISSANCES	DÉCÈS
Lyon	19,2	20,2	Rhône	20,8	20
Marseille	27,7	26,8	Bouches-du-Rhône	27,9	26,3
Bordeaux	21,3	21,3	Gironde	20	19
Lille	30,7	23,9	Nord	30,4	20,6
Roubaix	31,7	20	d°		
Toulouse	18,6	22	Haute-Garonne	18,7	20
Nantes	21,6	21,6	Loire-Inférieure	24,8	18
Saint-Etienne	27,1	24,3	Loire	24,9	20
Le Havre	32,4	27,3	Seine-Inférieure	30,4	26,3
Rouen	26,4	29,1	d°		
Reims	28,5	23,6	Marne	23	20,9
Nice	25,9	24,8	Alpes-Maritimes	28,2	26
Nancy	22,9	21,9	Meurthe-et-Moselle	23,1	20,4
Amiens	24	22,1	Somme	23,1	22

(1) De 1881 à 1890, la mortalité a été, en Suède, de 22,6 par 1000 habitants à Stockholm ; de 18,7 dans les autres villes et de 16,3 dans la campagne.

3. *La nuptialité.* — Les migrations ont leur influence sur la nuptialité, en ce qui concerne, soit la fréquence des mariages, soit l'âge des contractants. Il arrive, en effet, que, dans les régions à émigration, les hommes ou les femmes deviennent plus rares, et par conséquent les unions sont moins fréquentes. Par exemple, dans la statistique des mariages en France, dressée par M. Turquan (1), on peut constater, d'une façon générale, que les départements où la moyenne matrimoniale est la plus faible (5,9 à 6,8 par 1000 habitants) sont des régions d'émigration, telles que les Basses et Hautes-Pyrénées, les départements de la Savoie, les Hautes-Alpes, la Haute-Saône, la Meuse, etc.

Au contraire, la plus forte proportion des mariages (de 7,9 à 8,8 p. 1000 habitants) se rencontre dans la Seine, la Gironde, régions d'immigration, ou dans des départements à émigration médiocre, comme la Corrèze, le Finistère. Dans la Bretagne, le département des Côtes-du-Nord, qui perd beaucoup par émigration, présente aussi la nuptialité la plus faible.

Mais ces données ne doivent pas nous faire illusion (2). La plus grande fréquence des mariages dans les villes résulte du nombre plus grand des adultes qu'elles renferment. En réalité, si l'on compare, de part et d'autre, le chiffre des mariages, non à la population totale, mais au nombre des personnes aptes au mariage, la supériorité de Paris disparaît. En effet, sur 1000 célibataires hommes de plus de 20 ans, et 1000 célibataires femmes de plus de 15 ans, il y avait (1886) 61,7 et 66 mariages pour la France, et seulement 59,4 et 58,6 à Paris. C'est que pour toute une catégorie de gens, domestiques ou employés, etc., le séjour à Paris n'est qu'une période transitoire, pendant laquelle on ne songe pas à s'établir. En outre, les difficultés et les exigences plus grandes de la vie font que l'âge du mariage est plus tardif à

(1) D'après M. Levasseur, *op. cit*, t. II, p. 76, etc.

(2) De 1886 à 1890, on a compté dans la Seine 1 mariage par 118 habitants, dans le reste de la population urbaine, 1 par 143 et 1 par 153 dans la population rurale. Mais la différence entre la nuptialité de la Seine et du reste de la population, tend à s'atténuer comme le prouve le tableau suivant :

Mariages par 1000 habitants.

ANNÉES	SEINE	POPULATION URBAINE	POPULATION RURALE
1860	9,9	8,2	7,7
1885	8,3	7,4	7,3

Paris qu'ailleurs. Ainsi, sur 100 individus mariés, on n'en compte à Paris que 36 de moins de 25 ans, tandis que dans le reste de la population urbaine, cette proportion est de 45,5 et de 47,6 dans la population rurale (1).

Sous le rapport de la nuptialité, il y a des différences notables entre les arrondissements de Paris. C'est dans les quartiers ouvriers où la composition de la population est plus normale que les mariages sont les plus nombreux : dans les XIIe, XIIIe, XVIIIe et XIXe arrondissements, on compte près de 8 mariages par 100 femmes de plus de 15 ans : cette proportion s'abaisse à 4 ou 5 du VIe au Xe arrondissement.

Dans un travail qui se rapporte à la période 1876-1885, un savant anglais M. Ogle a étudié la fréquence des mariages chez les hommes de 20 à 45 ans en la comparant à la proportion des femmes de 15 à 25 ans occupées dans l'industrie petite ou grande. On ne voit pas, d'après cette étude, une différence de nuptialité suivant les régions d'immigration ou d'émigration. Car, à côté de comtés industriels qui tiennent la tête comme le Nottingham, le Leicester, etc., il y a des comtés agricoles, comme le Norfolk, le Suffolk. Londres vient après les régions d'émigration du Huntingdon et du Devon ; et le Middlesex arrive presque au dernier rang. M. Ogle (2) conclut simplement que la fréquence de la nuptialité vient, non du caractère de la population, mais des ressources que la femme peut se procurer dans l'industrie. Mais ce travail ne s'occupe que des mariages par rapport aux comtés en général, et ne distingue pas les populations urbaine et rurale.

Les divorces. — Si, comme nous l'avons vu plus haut, les mariages sont moins fréquents dans les grandes agglomérations que dans les campagnes, par rapport à la population nubile de l'un et l'autre sexe, en revanche, les villes l'emportent par le nombre des divorces. En France, de 1884 à 1892, on a compté sur l'ensemble de la population 67 divorces par 100000 habitants : cette moyenne descendait à 27 seulement pour la population rurale, mais montait à 104 pour la population urbaine et à 252

(1) De même, la statistique suédoise compte, à Stockholm, 8,86 mariages par 1000 habitants, et dans le royaume 6,26, tandis que, pour 1000 hommes de 20 à 50 ans et 1000 femmes de 20 à 45 ans, cette proportion est de 39,8 et 37 à Stockholm et de 68,9 et 75,8 dans le royaume.

(2) « Marriage is, on the whole, most common, where then is the largest amount of employment for women. » (V. *Journal of the Roy. Stat. Society*, 1890.)

pour le département de la Seine. En Belgique, on peut constater le même phénomène : la seule province du Brabant avec Bruxelles compte, à elle seule, 45,4 p. 100 du total des divorces, tandis que les trois provinces plus rurales (Limbourg, Luxembourg, Namur) n'arrivent ensemble qu'à 6 p. 100.

En Suisse également, le taux moyen des divorces (1,86 par 1000 mariages) est notablement dépassé à Zurich (2,61) et à Genève (3,84) ; il est très faible à Lucerne (0,61) et atteint son minimum à Schwitz (0,25), canton absolument rural (1).

(1) D'après l'*Annuaire statistique de la Belgique* (1893) et le *Mouvement de la population de la Suisse* (1893).

CHAPITRE XVIII

Conséquences hygiéniques, anthropologiques et linguistiques.

SOMMAIRE. — Le surpeuplement dans les grandes villes de l'Europe. — Les maladies épidémiques dans les agglomérations urbaines. — La mortalité infantile. — La morti-natalité. — Les villes modifient-elles la constitution physique de leurs habitants? — Conséquences linguistiques.

Le surpeuplement (1) *dans les grandes villes de l'Europe.* — Il est naturel que l'accroissement rapide des populations urbaines ait amené l'entassement des habitants dans les maisons et logements, ce qu'on appelle le surpeuplement. A Paris, le nombre des maisons n'avait pas beaucoup augmenté de 1817 à 1856; aussi la moyenne des habitants par maison passait-elle de 26,5 (1817) à 39 (1856). De 1861 à 1886, le total des maisons s'est élevé dans la proportion de 32,8 p. 100; mais depuis, il a une tendance à demeurer stationnaire, non à coup sûr parce qu'on construit moins, mais parce que le percement de rues nouvelles, par exemple, fait disparaître un grand nombre de maisons. Les dix arrondissements du centre ne possèdent guère que 37,8 p. 100 du total des maisons (26700 sur 73300), mais l'infériorité de leur nombre est largement compensée par leur dimension en hauteur et l'ampleur des appartements. Aussi le surpeuplement y est-il beaucoup moindre que dans les dix arrondissements de la périphérie. Si, suivant la méthode adoptée par M. Bertillon, on considère comme surpeuplé tout logement où habitent plus de deux personnes par pièce, on compte que les logements de ce genre contiennent à Paris 72705 ménages et 332000 personnes environ. Et, malgré leur forte densité, les arrondissements du centre ne renferment pas le dixième de la population comptée comme vivant dans des logements surpeuplés.

(1) On peut voir, pour la question du surpeuplement, le travail très intéressant et les graphiques de M. Bertillon. (*Dénombrement de la ville de Paris, en 1891.*)

Dans la périphérie, le surpeuplement est surtout très sensible dans les XIe et XIIe arrondissements (Popincourt et Reuilly), ainsi que dans les XIXe et XXe (Buttes-Chaumont et Belleville). La carte (voy. *fig.* 63) que nous empruntons à M. Bertillon

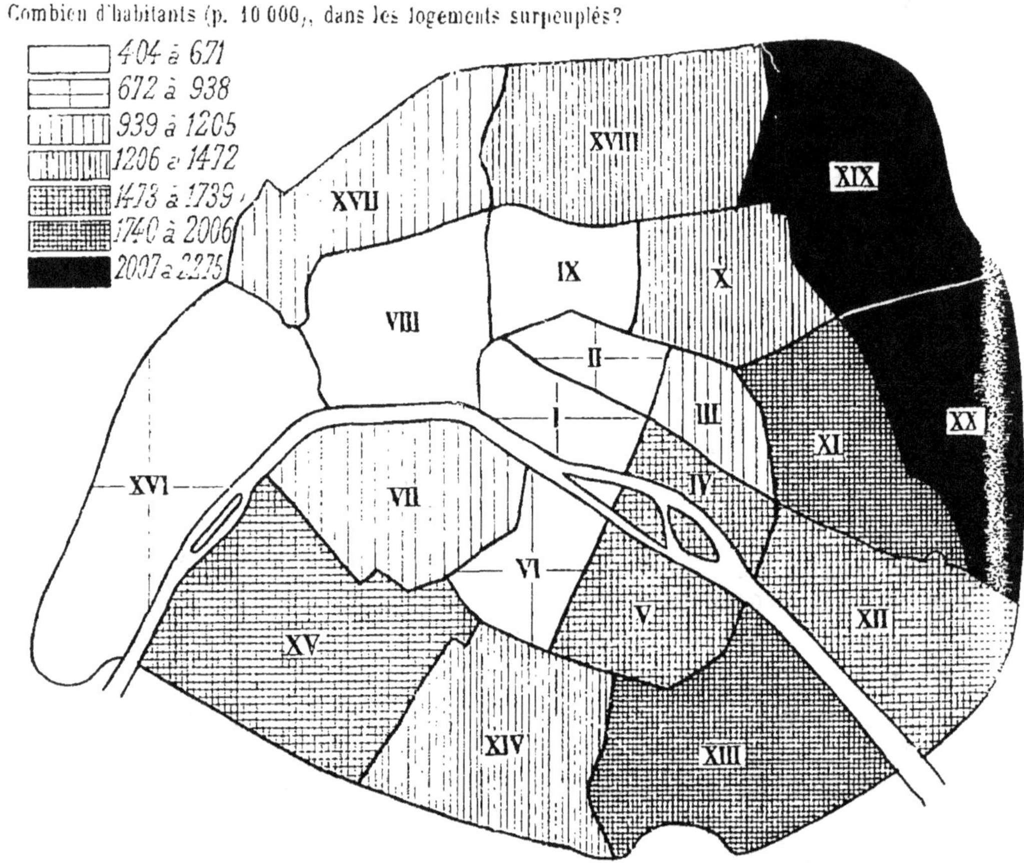

Fig. 63. — Le surpeuplement dans les arrondissements de Paris.

peut donner une idée de la répartition du surpeuplement dans les divers arrondissements de la capitale. Dans l'ensemble, la moyenne des individus habitant des logements surpeuplés est évaluée pour Paris à 14 p. 100 habitants : c'est encore la plus faible moyenne parmi les métropoles de l'Europe.

A Londres, on compte, dans l'ensemble, 7.7 habitants par maison habitée et 4.4 par appartement (*tenement*). Mais cette proportion varie suivant les régions : la proportion des personnes par maison est respectivement de 9,8 dans le Centre, de 8,3 dans le Nord et l'Est, de 7.7 dans l'Ouest et de 7 dans le Sud. Si l'on ne considère que les *tenements* à une seule pièce, leur population totale était, en 1891, de 214000 habitants soit 5,09 p. 100 de la population de Londres. Mais ici encore la proportion diffère beaucoup avec les régions : elle est de 10,1 p. 100 au Centre, de 7,8 dans l'Est, de 5,2 dans le Nord, de 4 et 3,2 p. 100 dans l'Ouest et le Sud. Dans l'ensemble, la proportion de la population habitant des logements surpeuplés est, à Londres (1), de 19,71 p. 100.

A Vienne, il y avait au total, en 1890, 29322 maisons au lieu de 24490 en 1880 ; l'accroissement de ce nombre avait été de 15,8 p. 100 dans l'ancien Vienne et de 23,7 p. 100 dans les nouveaux quartiers. Dans les régions excentriques, comme le Xe bezirk, par exemple, l'augmentation était de 100 p. 100. Elle n'était, par contre, que de 2,3 p. 100 dans l'Innere-Stadt (1) et nulle dans les VIIe et VIIIe districts. Il semblerait qu'il y eût plus de surpeuplement dans l'ensemble de l'ancien Vienne, puisque on compte du Ier au Xe bezirk, 58,6 personnes en moyenne par maison, tandis qu'au contraire, elle est de 36,2 du XIe au XIXe bezirk. Mais la moyenne des pièces par appartement est de 3,5 dans la première région et de 2,5 dans la seconde. Et, tandis que dans l'ancienne ville, 73,1 personnes sur 100 habitent des appartements de plus de trois pièces, cette moyenne n'est que de 49,2 p. 100 dans l'ensemble des nouveaux quartiers. C'est aussi, en général, dans les quartiers excentriques que se trouve la plus forte proportion de maisons (2) peu élevées et qu'un plus grand nombre d'habitants demeurent dans les logements souterrains (1,7 p. 100 dans les nouveaux bezirke et 0,9 dans les anciens).

Parmi les villes d'Autriche, Vienne est loin d'être celle où le surpeuplement soit le plus grand : la proportion des individus confinés dans des logements souterrains est de 4,1 p. 100

(1) D'après le *Financial Reform Almanak* (1896), la proportion de la population vivant à l'état de surpeuplement est de 13,33 p. 100 dans les trente-deux villes principales d'Angleterre. Cette moyenne est notablement dépassée par Londres (19,71), par Bradford (20,61), surtout par Newcastle et Gateshead (35,08 et 40.78). Mais le taux est très bas (moins de 3 p. 100) dans d'autres villes telles que Leicester, Derby, Croydon et le minimum est donné par Portsmouth (1,74).

(2) Sur 100 maisons :

	N'ont qu'un rez-de-chaussée.	Ont plus de deux étages.
Du Ier au Xe bezirk.	12,1	50,5
Du XIe au XIXe bezirk.	36,8	12,7

habitants dans les faubourgs de Prague, de 5,3 à Graetz, de 2,8 et 2,4 à Lemberg et à Cracovie.

A Budapest, le surpeuplement est bien supérieur à celui de Vienne : on comptait qu'en 1891, près de 200000 habitants demeuraient dans des logements où il y avait au moins cinq individus par pièce. Si l'on y ajoute le total de ceux qui demeurent dans des habitations souterraines, on constate que 74 p. 100 de la population habite des logements surpeuplés.

A Berlin, le nombre des habitants par maison qui était de 44 en 1861 (2), s'élevait à 74 en 1890 pour descendre à 72 en 1895; mais la moyenne des personnes par logement ne semble pas avoir augmenté. Il y a surtout surpeuplement dans les quartiers excentriques, où se presse la misérable population de *Aftermiethe*, *Schafleute*, *Bettgeher*, etc. Par exemple, le Dénombrement de Berlin en 1895 constate que 479000 personnes habitent les appartements composés de quatre pièces et au delà. Or, sur ce total, environ 110000 personnes soit 23 p. 100 sont comptées dans les 3 premiers *Standesamtsbezirke*, qui ne comprennent ensemble que 13 p. 100 de la population totale (1). La proportion des habitants logés dans les appartements de cette catégorie atteint 41,7 et 44,5 p. 100 dans le IIe et le Ier arrondissements et jusqu'à 51,6 p. 100 dans le IIIe. Par contre, ce rapport s'abaisse à 16,5 et 13,6 p. 100 dans le Xe *b* et le XIIIe *f* (Rosenthaler-Vorstadt-Nord et Wedding) et descend même jusqu'à 7,4 p. 100 dans le Ve *b* (partie de Luisenstadt).

A Saint-Pétersbourg, les conditions de logement de la population ont fait l'objet d'une étude très détaillée lors du dénombrement de 1890. Le total des appartements destinés à l'habition (*Kvartirouï dlia jitelgnestva*) était d'environ 100000, soit une moyenne de 9,5 personnes par appartement, cette moyenne était sans doute plus élevée dans le centre (10,8 et 10,4 dans les arrondissements de l'Amirauté et de Kazan) que dans la périphérie, cependant c'est là surtout qu'est le surpeuplement. En effet, dans l'intérieur et notamment dans les deux arrondissements que nous venons de citer, il n'y a en moyenne qu'un habitant par pièce. Le taux de deux habitants par pièce que nous considérons comme la limite du surpeuplement n'est guère dépassé

(1) On comptait à Berlin, en 1861, 11600 maisons et en 1895, 23200.
(2) D'après les *Einstweilige Ergebnisse der Volkszählung*, v. 2 déc. 1895.

que dans quelques portions des arrondissements de Narva et Alexandro-Newska au Sud et Wiborg au Nord (1). Mais le surpeuplement atteint parfois des proportions extrêmes : par exemple, les logements ayant plus de dix habitants par chambre représentent dans ces mêmes régions une moyenne de 5,9 à 7,7 p. 100, tandis que dans les deux arrondissements du centre, elle varie de 0,2 à 0,7 p. 100 seulement.

Il ne faudrait pas croire toutefois que le surpeuplement fût uniquement le fait des grandes villes : il peut y avoir une accumulation d'habitants tout aussi et même plus considérable dans les régions rurales, au moins dans quelques-unes. Dans le travail que nous avons cité souvent de M. Rauchberg (2), celui-ci a établi que si la proportion des appartements et des habitants par maison est supérieure dans les villes, la proportion des personnes par appartement ou logement est plus grande dans les groupements purement ruraux. Et il arrive souvent que les conditions hygiéniques s'améliorent plus difficilement et plus lentement dans les campagnes que dans les centres urbains. Mais l'atmosphère est aussi moins vicié et l'habitude de vivre au grand air, la plupart du temps, remédie pour le campagnard aux défauts de son habitation.

Il n'apparaît pas du reste que la plus ou moins grande proportion des populations urbaines ait son influence sur la durée moyenne de la vie. En France, par exemple, la vie moyenne est de 32 ans et 4 mois pour l'ensemble : et cette moyenne est dépassée par des départements populeux tels que le Rhône, la Seine la Gironde, les Bouches-du-Rhône, et cela en raison du grand nombre des adultes qui y demeurent. Par le motif contraire, il

(1) Cependant le maximum de cette catégorie de logement (10,4 p. 100) est donné par un des quartiers d'un arrondissement presque central, celui de *Spasskaïa*.

(2)

CATÉGORIES DE COMMUNES	POUR UNE MAISON HABITÉE		COMBIEN DE PERSONNES par logement
	combien d'appartements	combien d'habitants	
Au-dessous de 500 habitants.	1,29	6,31	4,87
De 500 à 2 000 habitants....	1,37	6,45	4,69
De 2 000 à 5 000 habitants...	1.63	7,39	4,53
De 5 000 à 10 000 habitants..	2,24	10,38	4,63
De 10 000 hab. et au-dessus.	5,07	24,50	4,84
Moyenne...............	1,58	7.51	4,75

arrive que des départements plus ruraux ont une moyenne inférieure, ce qui est le cas des départements de la Bretagne et du Massif Central.

Les maladies épidémiques. — Ce qui affecte principalement les villes, ce sont les décès par suite de maladies infectieuses, résultat de l'air vicié et de la mauvaise qualité de l'eau. M. Bodio a donné la proportion des décès causés par les maladies infectieuses dans les principales villes d'Italie et quelques grandes villes de l'Europe. On peut voir par ce tableau combien ces agglomérations diffèrent sous le rapport hygiénique : des quatre métropoles de l'Europe, Paris et Vienne sont les moins favorisées avec 6,36 et 6,55 décès par 1000 habitants, tandis que cette proportion n'est que de 4,77 à Berlin et de 3,75 à Londres. Dans les grandes villes de l'Allemagne, la variole a, pour ainsi dire, disparu, et la phtisie est, de toutes les affections, celle qui enlève le plus d'individus. Pour la France, par exemple, son contingent est à Paris de 4,5 décès par 1000 habitants ; dans les villes de plus de 100000 âmes, cette moyenne est de 3,6 ; dans celles de moins de 5000, elle n'est que de 1,8 (1).

Décès (p. 1000 hab.) causés par les maladies infectieuses dans quelques grandes villes de l'Europe (1882-1891).

VILLES	MALADIES				
	VARIOLE	SCARLATINE	DIPHTÉRIE	FIÈVRE TYPHOÏDE	TUBERCULOSE OU PHTISIE
Londres	0,06	0,29	0,28	0,18	2,94
Paris	0,11	0,09	1,05	0,60	4,51
Berlin	0,004	0,26	1,27	0,16	3,08
Vienne	0,27	0,20	0,54	0,10	5,34
Bruxelles	0,32	0,07	0,47	0,26	3,45
Budapest	0,60	0,44	1,17	0,43	6,33
Hambourg	0,005	0,30	0,85	0,40	3
Rome	0,40	0,06	0,50	0,43	3,49
Naples	0,22	0,32	0,38	0,46	2,50
Milan	0,48	0,15	0,72	0,75	3,53

(1) Voy. les communications faites, par M. le Dr Lagneau, à l'Académie de Médecine (1893).

La mortalité infantile. — La mortalité infantile sévit particulièrement dans les villes (1). Ainsi sur 1000 individus décédés on compte que les enfants jusqu'à l'âge de cinq ans représentent 288,2 à Paris et 198 dans la France et la comparaison sous ce rapport est d'autant plus nette que cette catégorie de population peut être considérée comme stationnaire. Mais la proportion diffère beaucoup suivant les quartiers, riches et pauvres : par exemple, la proportion des décès d'enfants de moins d'un an ne s'élève pas à 200 par 1000 naissances dans les trois premiers arrondissements de Paris et dans les VIIe, VIIIe et IXe (voy. le tableau suivant) ; son minimum se trouve dans le Ier (130) et les VIIIe et IXe (125, 124); au contraire, dans tous les arrondissements de la périphérie, cette proportion est dépassée (sauf dans le XVIe et le XVIIe, plus riches) et atteint son maximum dans le XXe (290) et le XIVe (327).

Mortalité infantile dans les différents arrondissements de Paris (par 1000 naissances combien de décès d'enfants de 0 à 1 an).

ARRONDISSEMENTS	DÉCÈS	ARRONDISSEMENTS	DÉCÈS
Ier.	130	XIe	217
IIe.	143	XIIe.	222
IIIe	179	XIIIe	253
IVe.	239	XIVe	327
Ve.	253	XVe.	229
VIe	219	XVIe	139
VIIe.	170	XVIIe.	187
VIIIe	125	XVIIIe	214
IXe	124	XIXe.	235
Xe.	224	XXe.	290

(1) D'après les documents de la statistique suédoise, on peut suivre la mortalité infantile à différentes périodes :

Décès d'enfants de moins d'un an, par 1000 naissances.

PÉRIODES	STOCKHOLM	AUTRES VILLES	CAMPAGNES	PÉRIODES	STOCKHOLM	AUTRES VILLES	CAMPAGNES
1816-1840	307,5	192	162,7	1861-1870	266,7	169,4	130,6
1841-1850	311,7	182,3	146,2	1871-1880	274,5	166,2	118,8
1851-1860	318,5	180,7	137,5	1881-1890	193,6	131,4	102

La statistique du Royaume-Uni (1) a démontré d'une façon évidente la fréquence de la mortalité infantile dans les populations urbaines en prenant comme type de comparaison trois comtés ruraux (Hertford, Wilts, Dorset), cinq comtés industriels (Stafford, Leicester, Lancastre, West-Riding, Durham) et trois grandes villes (Preston, Leicester, Blackburn).

Mortalité infantile en Angleterre.

CATÉGORIE D'ENFANTS	COMTÉS RURAUX	COMTÉS INDUSTRIELS	VILLES
Nombre d'enfants. . . .	100000	100000	100000
Survivants à 3 mois. .	94820	92051	90874
Survivants à 6 mois. .	93068	88574	85574
Survivants à 12 mois. .	90285	83081	78197

Ainsi, la population infantile (0 à 1 an) diminuait de 22 p. 100 dans les villes, et de 17 p. 100 et 10 p. 100 seulement dans les autres groupes de population.

Il peut cependant arriver, par exception (2), que dans des populations rurales où l'hygiène fait défaut, la mortalité de l'enfance soit supérieure à celle des villes. En Italie, la mortalité des enfants au-dessous de 5 ans était de 35,8 et 37,6 p. 100 dans les chefs-lieux de province (1893-1894), tandis qu'elle ne descendait pas au-dessous de 44,80 p. 100 dans l'ensemble du royaume (1889-1892).

La morti-natalité. — Ce n'est pas seulement la mortalité infantile, mais aussi la morti-natalité qui est plus forte dans les villes que dans les campagnes. En Belgique, les provinces de Brabant et du Hainaut, qui ont de fortes populations urbaines, ont un contingent de mort-nés supérieur aux autres. En Suède, dans la période 1881-1890, le taux de la morti-natalité a été, dans les communes rurales de 2,54 p. 100 naissances, dans les villes, de

(1) D'après l'*Annual Report of births, deaths and marriages*, 1892.

(2) D'après le *Bolletino demographico dei Comuni Capoluoghi di provincia* (1893). Ce document ajoute, avec raison, que le taux de mortalité infantile des campagnes s'augmente du nombre des enfants nés dans la ville et qui décèdent au dehors. « Un certo numero di bambini ati nelle cita sono collocati a bolia in campagna, e se muojono durante il periodo di allettamento sono compresi nella statistica del Comune nel quale avvenne la morte. »

3 et à Stockholm de 3,3. En France, sur 100 naissances, on comptait (1865-1880) 5,2 mort-nés pour la population urbaine et 3,9 pour la population rurale : à Paris, cette proportion a été de 7 p. 100 naissances de 1883 à 1892. En général, la proportion de la morti-natalité est plus forte dans les arrondissements du centre (8 p. 100 naissances) que dans ceux de la périphérie (6,2 p. 100) où la population a, dans l'ensemble, un caractère plus stable. Comme la France, l'Italie, la Suisse, la Prusse, la Hollande, etc., ont une morti-natalité plus grande dans les villes que dans les populations rurales (1).

Les grandes villes modifient-elles la constitution physique de leurs habitants? — Les agglomérations urbaines offrent-elles des particularités intéressantes au point de vue anthropologique? Une chose semble certaine, c'est que le type ne peut s'y conserver aussi net que dans la population rurale, car il est modifié incessamment par l'introduction d'éléments nouveaux. C'est ce que Broca (2) a essayé de démontrer pour la population de Paris, par exemple.

Il n'apparait pas que les villes par elles-mêmes exercent une influence défavorable sur la taille des habitants. Quetelet remarquait autrefois que dans certaines villes, Bruxelles, Louvain, etc., les conscrits étaient plus grands que dans les campagnes environnantes. Dans le royaume de Saxe, où l'on s'occupa de cette question, on n'a relevé qu'un très léger avantage des campagnes sur le rapport de la taille. En France, on sait que les grandes tailles se rencontrent plutôt dans tout le Nord et le Nord-Est; les petites dans l'Ouest et le Sud, sans qu'on constate une différence, de part et d'autre, entre les populations urbaines et rurales (3). Tout ce que l'on peut dire, c'est que le bien-être et l'hygiène exercent ici leur influence visible : par exemple, à Paris, la taille des conscrits est en moyenne plus élevée dans les quartiers de l'ouest (maximum, $1^{m},660$ dans le VIIIe arrondissement)

(1) En Suisse, on comptait en 1892, 40 mort-nés p. 1000 naissances dans les 15 principales villes et 35 p. 1000 dans le reste du pays.

(2) Voy. Broca : *Bulletin de la Société d'Anthropologie* (1863). L'auteur a voulu démontrer le changement survenu dans le type parisien, en comparant 125 crânes d'aujourd'hui à 115 du douzième siècle. Il trouve dans ceux de notre époque, un développement frontal supérieur et un accroissement de la cavité crânienne de 35 centimètres cubes. Mais jusqu'à quel point une telle comparaison peut-elle être concluante?

(3) Levasseur, *op. cit.*, I, p. 377.

que dans ceux de l'est (minimum, $1^{m},637$ dans le XXe arrondissement).

Un anthropologiste allemand, M. Otto Ammon, a étudié tout spécialement la question de l'influence des migrations sur le type des individus (1). Il a comparé, dans ce but, les recrues des districts de Fribourg et Karlsruhe dans le grand-duché de Bade. Sous le rapport de la taille, les conscrits des villes l'emportent sur ceux des campagnes ; les ruraux, par contre, ont l'avantage de la largeur thoracique. D'autre part, tandis que les dolychocéphales sont sensiblement plus nombreux dans les villes, les campagnes, de leur côté, renferment beaucoup plus de brachycéphales. Une remarque analogue a été également faite par MM. Lidi et Guida, d'après leur enquête sur les conditions anthropologiques des conscrits italiens (2). Leurs conclusions toutefois ne sont pas, en l'espèce, aussi rigoureuses que celles de M. Ammon.

On peut dire, d'une façon générale, que les populations de nos grandes agglomérations ont une constitution physique moins forte que celle des campagnes, et que c'est un bien pour elles d'être incessamment renouvelées par des éléments venus du dehors. Le Dr Lagneau a étudié la survie comparée de la France et du département de la Seine : il est facile de voir d'après le tableau ci-dessous combien les individus nés dans l'agglomération parisienne paient une dîme mortuaire beaucoup

Survie comparée des individus originaires de l'ensemble de la France et du département de la Seine.

COMBIEN SURVIVENT AUX âges suivants	SUR 10 000 ENFANTS NÉS		COMBIEN SURVIVENT AUX âges suivants	SUR 10 000 ENFANTS NÉS	
	Dans l'ensemble de la France	Dans la Seine		Dans l'ensemble de la France	Dans la Seine
De 0 à 5 ans.	7035	4897	De 40 à 50 ans.	4227	2288
De 5 à 10 ans.	6620	4675	De 50 à 60 ans	3353	1588
De 10 à 15 ans.	6392	4561	De 60 à 70 ans.	2163	847
De 15 à 20 ans.	6111	4313	De 70 à 80 ans.	714	247
De 20 à 30 ans.	5452	3567	De 80 à 90 ans.	61	22
De 30 à 40 ans.	4880	2918			

(1) Otto Ammon : *Die natürliche Auslese beim Menschen.*

(2) Cette enquête a été analysée avec beaucoup de soin par M. le Dr Cherviu dans le *Journal de la Société de Statistique de Paris.* (Nov. 1896.)

plus forte que les autres, puisque sur chaque groupe de 10000 enfants, 5452 survivent de 20-30 ans dans la France et seulement 3567 dans la Seine.

Le même savant (1) a calculé ce que deviendrait la population de la Seine réduite à ses seules forces : d'une génération à l'autre, elle serait déjà diminuée de moitié à peu près et il faudrait dix-huit générations, soit une durée moyenne de cinq siècles et demi pour l'épuiser totalement.

Conséquences linguistiques. — Le développement des villes n'est pas sans influence sur la distribution des langues. Prenons, par exemple, un pays où plusieurs langues se trouvent en présence, la Suisse. Si nous comparons d'après le tableau suivant, la proportion de chacun des idiomes, nous voyons que cette proportion n'est pas et ne demeure pas identique dans l'ensemble du pays et dans les principales villes.

Répartition des langues en Suisse.

CATÉGORIES de population	ALLEMAND		FRANÇAIS		ITALIEN		ROMANCHE	
	1880	1888	1880	1888	1880	1888	1880	1888
Suisse entière..	2030800	2083000	608000	634000	162000	155000	38700	38350
Villes principales.	291000	328000	127900	141300	4800	6250	260	475
	PROPORTION SUR 1000 HABITANTS							
Suisse entière..	713	714	214	218	57	53	14	13
Villes principales.	681	683	299	294	11	13	1	1

De ce tableau se dégage une première remarque, c'est que la langue française a une proportion notablement plus forte dans les villes que dans l'ensemble du pays, ce qui tient évidemment à l'importance des agglomérations urbaines situées dans le domaine de notre langue en Suisse.

Mais cette proportion des habitants de langue française dans

(1) Un groupe de 10000 natifs de la Seine ne donnerait à la deuxième génération que 5996 descendants et ceux-ci seulement 3593 et ainsi de suite, 2155, 1292, 774, 464, 278, 166, 100, 59, 35, 21, 12, 7, 4, 2, 1 (à la 18e génération). Voy. Lagneau ; *Essai de Statistique anthropologique sur la population parisienne.*

les principales villes diminue de 1880 à 1888, tandis qu'elle augmente dans le pays; pour l'italien, au contraire, se produit le phénomène inverse et pour l'allemand il y a de part et d'autre augmentation. A quoi tient cette différence? C'est que sur les quinze villes principales que nous considérons, neuf sont dans le domaine de l'allemand, six seulement dans celui du français. Or, dans ces six villes, la langue allemande a 66300 représentants sur un total de 328000 comptés dans l'ensemble des villes, soit 20 p. 100, tandis que sur les 141000 individus parlant français, seulement 18300 ou 13 p. 100 sont dans les neuf villes de langue allemande. La conséquence de la migration des individus parlant l'allemand vers les villes françaises est qu'ils risquent davantage de perdre leur idiome, et que le français demeurant plus compact court moins de chances de perte.

A Vienne, si l'on ne tient compte que des langues cisleithanes, il n'apparait pas que l'immigration renforce les idiomes autres que l'allemand. Sur 1214000 habitants originaires des pays autrichiens, 1146000, ou 94,42 p. 100, parlent allemand. Environ 68000 personnes seulement, ou 5,58 p. 100, ne parlent pas cette langue. Et sur ce chiffre, la presque totalité appartient à la langue tchèque : les autres idiomes de la Cisleithanie ne sont presque pas représentés. Or, comme il y a à Vienne 206000 habitants originaires de la Bohême, il suit de là que les immigrants venus de cette région se recrutent plutôt parmi la population allemande. Vienne garde donc son caractère allemand et la distribution des langues n'y est pas aussi diverse qu'on le pourrait croire. Toutefois, c'est dans les quartiers qui s'accroissent le plus (par exemple, Leopoldstadt et Favoriten) que l'on trouve la plus grande proportion d'habitants ne parlant pas l'allemand.

A Trieste, l'immigration semble, au contraire, avoir diminué la prédominance de l'italien; sur 134000 habitants (à l'exclusion des sujets transleithans), 27000 parlent le slovène. L'immigration amène donc un élément slave assez sensible.

A Budapest, encore plus qu'à Vienne, la distribution des langues est un sujet intéressant d'études. En 1881, on comptait dans la métropole hongroise 250000 habitants parlant le hongrois, 264000 l'allemand et 52000 le slovaque; en 1891, les chiffres respectifs étaient 404000, 313000 et 67000. — Ainsi le domaine linguistique du hongrois avait augmenté de 61,4 p. 100, celui de l'allemand de 18,3 p. 100, et celui du slovaque de 27,9.

L'influence de l'immigration hongroise est, à coup sûr, visible dans cette prépondérance de plus en plus marquée de la langue nationale; c'est, en effet, dans la région où se rencontre surtout la population immigrée que l'on trouve la plus forte proportion d'individus de langue hongroise. Par exemple, sur la rive droite du Danube, dans le vieux Bude, sur 100 habitants, 73 parlent le hongrois et 75,3 parlent l'allemand; au contraire, la proportion est de 85,2 et 61,7 sur la rive gauche, à Pest. — Le slovaque est dans le même cas que le hongrois (1).

La majorité de la population (265000 personnes) parle plusieurs langues, mais sur le nombre des « monoglotten » la majorité est de langue hongroise (143000 pour 58000 de langue allemande et 11000 de langue slovaque). C'est que, comme le fait observer M. Kőrosi, les minorités ont une tendance à prendre l'idiome de la majorité. Or, par l'immigration, la prépondérance appartient de plus en plus à l'élément hongrois. Ainsi, par la force des choses — et celle de l'école — la langue madgyare fait la conquête de la capitale du royaume.

Une autre conséquence plus générale des agglomérations urbaines pour les langues est que le mélange des hommes est un obstacle à la survivance des particularités linguistiques ou des patois. Par la force des choses elles contribuent à unifier le langage, comme elles contribuent aussi à le renouveler.

(1) D'après Korosi : *Die Haupstadt Budapest*, 1891.

CHAPITRE XIX

Les conséquences politiques.

SOMMAIRE. — Représentation parlementaire comparée des populations urbaines et du reste de la population. — Italie. — Allemagne. — France. — Belgique. — Angleterre : le Nord et le Sud. — Autres considérations politiques.

Représentation parlementaire comparée des populations urbaines et du reste de la population. — Quelles sont ou quelles ont pu être les conséquences politique de la formation et du développement des agglomérations urbaines? A cet effet, il nous faut voir quelle part leur revient dans l'exercice de la puissance politique, c'est-à-dire dans la représentation parlementaire et comment cette part a pu être modifiée par le progrès des populations urbaines. Nous bornerons cet examen à quelques États de l'Europe.

1. *En Italie.* — En Italie, il n'y a pas de constraste frappant entre la représentation des grands centres et celle du reste de la population. En effet, la population des circonscriptions électorales ne diffère pas très sensiblement et, qu'il s'agisse des villes importantes ou des campagnes, la moyenne des circonscriptions est à peu près la même (aux environs de 57000 hab.). Les plus peuplées d'entre elles ne sont pas nécessairement celles qui appartiennent à de grandes villes (1). Vu cependant les conditions du droit électoral (obligation de savoir lire), les électeurs sont plus nombreux dans les villes. Ainsi dans l'ensemble des chefs-lieux de province, il y a 536000 électeurs sur 5124000 habitants, soit 9,8 p. 100 de la population, tandis que, pour le reste du royaume, cette proportion est de 5,1 p. 100 seulement. Les

(1) Le chiffre total des circonscriptions est de 508. La plus petite (Bobbio) a près de 40000 âmes, la plus grande (Civita-Vecchia). 72000. Si notable que soit l'écart entre ces deux extrêmes, il est bien loin de se comparer à ceux que l'on trouve en France et en Allemagne.

douze villes de plus de 100000 âmes avec une population globale de 3162000 habitants (1894) ont 48 représentants, soit un par 4531 électeurs et 65900 habitants. Pour le reste de l'Italie, on compte un représentant par 4140 électeurs et 59000 habitants. Ces villes, dont la population est 10,5 p. 100 de celle du royaume, n'ont que 9,5 p. 100 de la représentation parlementaire. Il y a donc un avantage pour le reste de la population, mais qui n'est pas comparable à celui qu'on rencontre dans d'autres États.

2. *En Allemagne.* — En Allemagne, le développement des populations urbaines n'a pas donné lieu à une répartition nouvelle des circonscriptions électorales, dont le nombre est demeuré le même qu'en 1871. Les sièges du Reichstag avaient été répartis à raison d'un par 100000 habitants environ, sauf, pour les États particuliers dont la population était inférieure à ce chiffre et qui avaient toujours un représentant (1). Mais la population moyenne des circonscriptions, qui était de 103000 habitants en 1871, dépasse aujourd'hui 131000, et ce grand changement est surtout dû au développement des agglomérations urbaines. Aucune circonscription même toute rurale ne descend au niveau de certains de nos arrondissements français, mais en revanche, dans aucun pays l'accroissement des populations urbaines joint à la permanence des circonscriptions n'a donné à celles-ci un chiffre aussi élevé d'habitants. Berlin (avec 6 députés) avait, en 1871, un siège législatif par 138000 habitants : aujourd'hui, il n'en a plus qu'un par 280000. Et tandis que le premier des six *Reichstags-Wahlkreise* (2), qui avait peu varié depuis 1871, ne représentait plus que 5,8 p. 100 de la population totale de Berlin, le sixième, qui avait beaucoup augmenté, en représentait 30,9 p. 100. Sa population (1890) était plus que le quintuple de celle du premier.

(1) C'est le cas des principautés de Reuss I, Waldeck, Schaumbourg-Lippe et de Hohenzollern. — Le Schaumbourg-Lippe, avec 41224 habitants, est la plus petite circonscription électorale. En dehors des États particuliers formant une circonscription unique, la plus petite était dans le district de Marienwerder (Deutsch-Krone, avec 65000 hab.).

(2) **Population des six** *Reichstags-Walhkreise* **de Berlin (1890).**

Reichstags-Walhkreise	HABITANTS	Reichstags-Walhkreise	HABITANTS	Reichstags-Walhkreise	HABITANTS
Ier............	91666	IIIe	135371	Ve	144626
IIe............	324788	IVe............	395101	VIe............	487242

De même, la population moyenne des circonscriptions (131 000) était dépassée dans des proportions inouïes, par les régions où la population s'est plus particulièrement développée (1) : telles sont les circonscriptions de Teltow-Charlottenbourg, dans la banlieue de Berlin ; de Bochum et Dortmund, en Westphalie ; d'Essen et Duisbourg, dans la Prusse rhénane.

Relativement, le pouvoir politique des agglomérations urbaines a donc dû baisser, puisqu'une augmentation de mandats législatifs n'a pas correspondu à l'accroissement de leur population. En 1871, la population des villes de plus de 100 000 âmes était de 6,9 p. 100 par rapport au total de l'empire, et leur représentation au Reichstag (27 sieges) était de 6,8 par rapport au total des représentants. Aujourd'hui, la proportion de leur population s'est élevée à 13,9 p. 100, tandis que leur représentation n'a pas varié. Il est vrai de dire aussi que la proportion de la représentation des populations urbaines peut s'accroître par le passage de groupements ruraux à la catégorie de groupements urbains.

Par le fait même du développement des grandes villes et des populations urbaines en général, la proportion de chacune des régions de l'empire dans la balance politique a subi des changements intéressants. Dans l'ensemble, l'Est a 152 représentants, l'Ouest 141 et le Sud 104 : donc, la part de ces trois régions dans la représentation au Reichstag est respectivement de 38,2, 35,6 et 26,2 p. 100. Mais le développement plus ou moins sensible de la population suivant la prédominance de l'élément urbain a changé, comme nous l'avons vu, la proportion de ces régions à la population totale. Le Sud représente aujourd'hui (1895) 23,4 p. 100, l'Est 35,5 ; l'Ouest, au contraire, 41,1 p. 100. Tandis que dans le Sud la population moyenne des circonscriptions électorales passe seulement de 102000 habitants à 118000 (1871-1895), dans l'Est, elle s'élève de 105000 à 131 000 et dans l'Ouest, de 102 000 à 140000, ce qui revient à dire que les circonscriptions moyennes de l'Ouest sont 19 p. 100 plus fortes que celles du Sud (V. le tableau de la page 393). La conséquence né-

(1) Population de quelques circonscriptions électorales de l'empire allemand (1895) :

Tellow-Charlottenbourg (10e circonscription de Postdam)	505 000	hab.
Bochum-Gelsenkirchen (5e circonscription d'Arnsberg)	428 000	»
Dortmund (6e circonscription d'Arnsberg)	304 000	»
Essen (5e circonscription de Düsseldorf)	294 000	»
Duisburg-Ruhrort (6e circonscription de Düsseldorf)	284 000	»

Répartition des mandats législatifs suivant les différentes régions de l'Allemagne.

PROVINCES ou ÉTATS	NOMBRE DE mandats	COMBIEN D'HABITANTS PAR MANDAT		PROPORTION p. 100 DE LA population urbaine	
		en 1871	en 1895	en 1871	en 1890
I. — Région de l'Est.					
Prusse orientale	17	107 230	117 650	20,8	25,4
Prusse occidentale	13	101 120	115 000	25,2	31,7
Berlin	6	137 660	279 500		
Brandebourg	20	101 850	141 000	35,1	47,8
Poméranie	14	108 650	112 400	31,3	37,7
Posen	15	105 590	121 800	20,9	26,3
Silésie	35	105 630	126 100	30	39,8
Schleswig-Holstein	10	93 100	128 600	35,8	45,7
Mecklembourg-Schwerin	6	92 980	99 480	37,3	42,5
Mecklembourg-Strelitz	1	96 982	101 313	32,7	39,6
Lubeck	1	52 158	83 324	76,2	83,1
Hambourg	3	112 990	227 200	91,4	95,1
Total	152	105 000	131 000	34,4	45,1
II. — Région de l'Ouest.					
Saxe prussienne	20	105 400	133 900	39,8	50,1
Hanovre	19	103 300	127 500	24,7	34,7
Westphalie	17	104 410	158 800	48,8	63,3
Hesse-Nassau	14	100 000	125 400	29,8	41,2
Prusse rhénane	35	102 500	145 700	57,3	67,5
Royaume de Saxe	23	111 130	164 480	49,5	62,9
Oldenbourg	3	104 000	124 650	16	23,4
Saxe-Weimar	3	95 330	112 608	27,8	36,7
Brunschwick	3	104 000	144 660	35,5	45,6
Anhalt	2	102 000	146 500	48,7	62,1
Saxe-Meiningen	2	94 000	117 000	25,3	34
Saxe-Cobourg-Gotha	2	87 000	108 300	33,8	42,4
Autres petits États (chacun un)	8	82 860	104 130	27,6	36,5
Brême	1	122 402	196 278	82	92
Total	141	102 000	140 000	42,6	54,4
III. — Région du Sud.					
Bavière propre	42	100 860	120 000	22,6	30,7
Palatinat bavarois	6	102 500	127 500	30,3	39,4
Royaume de Bavière	48	101 100	120 800	23,6	31,8
Wurtemberg	17	107 000	122 350	30,7	38,8
Bade	14	104 300	123 210	32,5	42,6
Hesse-Darmstadt	9	94 660	115 440	35,9	44.6
Alsace-Lorraine	15	102 700	109 400	35,8	43,1
Hohenzollern	1	65 558	65 121	10,3	12,2
Total	101	102 000	118 000	28,6	36,7

cessaire, c'est que la région du Sud voit augmenter relativement sa puissance politique dans l'empire.

Or, cela n'est pas sans importance. Plus, en effet, la population urbaine se développe, plus le socialisme, parti réfractaire à l'empire ou réputé comme tel, se développe, et plus, par conséquent, l'ancien parti gouvernemental qui se recrutait surtout dans les régions de l'Est et du Centre voit diminuer son influence politique (1). L'empire est donc obligé pour se refaire des éléments conservateurs de s'appuyer sur le Centre catholique qui se recrute dans l'Ouest et aussi dans le Sud, où se trouvent également les divers particularismes, Wurtembergeois, Bavarois, etc. De cette façon, le progrès des populations urbaines a pour conséquence d'augmenter à la fois les forces politiques du socialisme et du particularisme.

Il est juste aussi d'observer que le mouvement des migrations internes contribue à mêler davantage les populations et peut ainsi consolider l'œuvre unitaire. En 1871, le nombre des sujets allemands demeurant hors de leur État de naissance était de 841000 ; en 1880, ce total n'était encore que de 1132000, et il arrivait en 1890 à 2618000, soit un accroissement de 214 p. 100 en moins de vingt ans. Cette catégorie d'habitants qui, en 1871, représentait 2,08 p. 100 de la population totale, est de 5,30 p. 100 en 1890. Le royaume de Prusse, plus que tous les États confédérés, avait vu augmenter le nombre des nationaux d'autres États de l'empire : il n'était que de 150000 à peine en 1871, tandis qu'il s'élevait à 740000 en 1890.

Ce mélange des populations est un résultat des migrations urbaines qu'il ne faut pas négliger au point de vue politique. Si ce mouvement ne peut avoir aucune influence par rapport au socialisme, il peut contrebalancer les efforts des différents particularismes allemands.

3. *En France.* — En France, la répartition des mandats est en partie proportionnée à la population, mais s'il y a un maximum pour les circonscriptions (100000 habitants) il n'y a point de minimum et les circonscriptions, étant fixées d'après les

(1) Les socialistes qui en 1871 n'avaient qu'un siège dans la représentation parlementaire des grandes villes de l'Empire et qui, en 1881, n'en obtenaient encore que 9, en ont aujourd'hui 23, soit la moitié du total de leurs mandats (1893). Les villes de plus de 100 000 habitants leur donnaient *in globo* 590 000 voix, soit plus de moitié de leurs suffrages exprimés.

arrondissements, peuvent descendre avec ceux-ci à un taux très faible de population (Barcelonnette a moins de 15000 âmes). Si aucune de nos circonscriptions ne peut atteindre des chiffres aussi élevés que certains *Wahlkreise* de l'Allemagne, en revanche d'assez nombreux arrondissements ont une population inférieure aux plus petits districts électoraux de l'empire allemand, et bien peu supérieure aux derniers *bourgs* qui survivent en Angleterre. Toutefois, le nombre des sièges s'accroissant avec la population (à partir de 100000 habitants), la proportion de nos douze principales villes dans la représentation nationale (11,3 p. 100) est à peu près celle de leur proportion dans la population totale (11,9 p. 100). La Seine, qui forme 8,1 p. 100 de la population totale, possède 7,7 p. 100 de la représentation législative. La part des circonscriptions de majorité urbaine (134) n'est que 26 p. 100 de cette même représentation, tandis que la population urbaine forme 39,5 p. 100 du total de la France. Les petits arrondissements tout ruraux ont un avantage évident : il y en a 49 de moins de 50000 habitants qui, avec 1840000 âmes (1891), ne représentent que 4,7 p. 100 de la population totale et dont la part dans la représentation législative est de 8,3 p. 100. L'influence des agglomérations urbaines est donc contrebalancée par celle des districts ruraux : toutefois leur progrès est réel, puisqu'il y a vingt ans la part des villes de plus de 100000 âmes dans la représentation n'était que de 7,5 p. 100 au lieu de 11,3 aujourd'hui.

La proportion des populations urbaines dans la représentation sénatoriale est plus restreinte. Il n'est pas un seul département, sauf la Seine, où la majorité du collège sénatorial appartienne à l'élément urbain ; même dans les départements où la population urbaine est très forte, comme le Nord, le Rhône, la Seine-Inférieure, les Bouches-du-Rhône, la majorité appartient à l'élément rural. Sur le total des électeurs sénatoriaux, 76122, il y en a 13010, soit 14,6 p. 100, qui reviennent à la population urbaine à divers titres (députés, conseillers généraux et d'arrondissements, délégués communaux). Cette proportion n'est encore que de 48, 45, 34 p. 100 dans le Nord, les Bouches-du-Rhône et le Rhône, c'est-à-dire les départements qui (la Seine exceptée) comptent les plus fortes populations urbaines. Quant à la proportion des grandes villes, prises isolément, elle est plus réduite encore : Paris, par exemple, ne compte que pour

20 p. 100 dans le collège sénatorial de la Seine et Lyon, 6,2 p. 100 dans celui du Rhône.

Grâce à l'influence des populations rurales, on ne constate pas en France, comme nous allons le voir en Belgique et en Angleterre, un déplacement de la puissance politique au bénéfice des régions urbaines. Lorsque celles-ci par leur développement gagnent des sièges, ils s'ajoutent au total de la représentation et ne sont pas pris sur le total des petites circonscriptions. Il peut cependant arriver à la longue que les gros arrondissements ruraux (ceux de plus de 100000 âmes) diminuant, la prépondérance des groupes urbains se fasse sentir davantage.

Sous le régime du suffrage censitaire, la part des villes importantes n'était pas aussi restreinte qu'on serait tenté de le croire. Ainsi, vers 1836, sous l'empire de la loi électorale de 1831, la moyenne des électeurs pour chaque mandat était de 367; pour Paris, elle était de 1126. L'ensemble des douze collèges électoraux de Paris qui constituaient 8,09 p. 100 du « pays légal » n'entraient dans la composition de la Chambre que pour 2,60 p. 100 (1). Mais si, au lieu de s'occuper du nombre des électeurs, on considère la population, on voit que la population moyenne des collèges parisiens était inférieure à celle des collèges de l'ensemble de la France. Les villes de plus de 50000 âmes, qui ne formaient que 4,75 p. 100 de la population totale, avaient, dans la représentation législative, une proportion de 6,77 p. 100.

Il est indéniable qu'en France l'influence politique de Paris a baissé. Cela tient, à notre avis, à trois causes : la première est la formation en province de grands centres urbains qui sont des capitales régionales et exercent une action particulariste, tandis que Paris était vraiment alors la seule grande ville de la France. En second lieu, l'absence de relations rapides mettait alors les représentants à la discrétion de l'impulsion de l'opinion parisienne. Enfin l'avènement même du suffrage universel a donné et donne encore, malgré le progrès des populations urbaines, la prépondérance aux masses rurales dans la vie politique de notre pays.

4° *En Belgique.* — En Belgique et surtout en Angleterre, le développement des populations urbaines a affecté d'une façon profonde l'organisation politique du pays. Considérons en Belgique

(1) Le nombre des électeurs était alors de 168700, dont 13636 pour Paris.

Répartition de la représentation sénatoriale et législative des provinces belges en 1845 et en 1895.

PROVINCES	1845				1895					PROPORTION p. 100 de la population urbaine (communes de plus de 5000 hab.) à la population totale	
	NOMBRE DES		Pour un siège législatif, COMBIEN		NOMBRE DES		POUR UN SIÈGE LÉGISLATIF, COMBIEN				
	Sénateurs	Députés	d'électeurs	d'habitants	Sénateurs	Députés	d'électeurs	de votes	d'habitants	EN 1846	EN 1890
Anvers	4	9	455	43100	12	18	7330	12720	39100	45	65,5
Brabant	7	14	557	50000	18	28	8630	13400	39400	40	58,8
Hainaut	7	15	508	47500	17	26	9770	16110	40100	26,3	50,7
Liège	5	9	512	50200	12	19	8880	13260	40000	30,4	50
Flandre-Occidentale	8	15	385	42860	12	18	9120	13310	40800	41,9	47,4
Flandre-Orientale	9	18	455	44000	15	24	9040	13200	39400	40,2	49,5
Limbourg	2	5	410	37000	5	6	8110	12310	37200	15,1	15,9
Luxembourg	2	5	526	37200	5	5	9940	16240	41600	3	4
Namur	3	5	716	52600	6	8	10310	16750	41500	12,8	13,9
Total	47	95	500	45750	(1) 102	152	9016	14000	39820	32,41	47,8

(1) Dans ce nombre sont compris les 26 sénateurs élus par les conseils provinciaux.

d'une part les régions industrielles et urbaines (provinces d'Anvers, du Brabant, Hainaut et Liège) et d'autre part les régions plus agricoles (les deux Flandres, Namur, Luxembourg et Limbourg). En 1846, le premier groupe constituait déjà 47,6 p. 100 de la population totale et renfermait 51,1 p. 100 de la population urbaine, (c'est-à-dire du total des villes de plus de 5000 habitants) et il possédait 52,1 p. 100 du total des électeurs. Or, sa proportion n'était que de moitié dans la représentation sénatoriale et législative. Encore, à la veille de la réforme de 1893, ce premier groupe renfermait 66,5 p. 100 de la population électorale.

Aujourd'hui, l'ensemble des quatre premières provinces renferme 60 p. 100 de la population du royaume et près de 70 p. 100 de la population urbaine totale. Leur proportion est également de 60 p. 100 dans l'ensemble des électeurs et des votes disponibles. et leur représentation atteint la même proportion dans le total des deux Chambres. On se convaincra plus facilement du changement apporté dans la représentation politique de la Belgique par le progrès des agglomérations urbaines, si l'on consulte le tableau de la page 397 qui donne, par provinces et à des époques différentes, la distribution des forces électorales en Belgique. La région industrielle et urbaine voit augmenter sa puissance politique avec sa population. En 1841, elle ne disposait *in globo* que de 24 sièges sur 47 au Sénat et de 47 sur 95 à la Chambre, tandis qu'aujourd'hui elle nomme 59 sénateurs sur 102 et 91 députés sur 152 (1).

5° *En Angleterre : le Nord et le Sud* (2). — En Angleterre, la transformation politique, conséquence du développement des groupements urbains, est plus intéressante encore que partout ailleurs. Au début du siècle. les plus grandes différences existaient entre le Sud et le Nord, sous le rapport de la représentation parlementaire. La distribution des sièges était en effet la

(1) Les plus fortes augmentations dans le nombre des sièges ont porté sur les arrondissements de :

Anvers..........	11 sièges, au lieu de	4
Bruxelles........	18 —	7
Liège...........	11 —	5
Charleroi........	8 —	3

(2) Nous n'avons pas voulu écrire ce chapitre sans prendre conseil de M. Boutmy, directeur de l'Ecole libre des sciences politiques. Nous le prions d'agréer notre respectueuse reconnaissance pour la bienveillance qu'il nous a témoignée à cette occasion.

même qu'au dix-septième siècle (1) et elle avait été précisément fixée au moment où commençait le passage de l'Angleterre de l'état purement rural à la vie industrielle et urbaine. De 5500000 habitants, la population était montée déjà à plus de 13000000 d'habitants vers 1831 et la plus grosse part de cet accroissement revenait aux agglomérations urbaines qui n'avaient ainsi qu'une part minime ou nulle dans la représentation législative. Ainsi, avant la réforme de 1832, toute la région au Nord du Trent, celle où les villes nouvelles s'étaient surtout développées, n'élisait au total que 121 députés, soit 1 par 35000 habitants. (Voir le tableau suivant.) Londres n'avait qu'un siège par 83000 habitants.

Répartition des sièges législatifs (comtés et bourgs) entre les régions de l'Angleterre en 1831 (2).

RÉGIONS	COMTÉS			BOURGS		
	Population	Électeurs	Sièges	Population	Électeurs	Sièges
I. — Au Nord du Trent.						
Nord	466380	28394	14	284137	10871	18
Nord-Ouest	865865	27467	8	805380	36342	28
York	906588	33154	6	465378	22100	31
Nord-Milieu	338213	15970	8	124284	10491	8
	2577046	104985	36	1679179	79804	85
II. — Au Sud du Trent.						
Ouest-Milieu	1091330	55608	25	698709	41238	51
Sud-Milieu	961782	42047	22	144283	13692	26
Est-Milieu	449346	26169	10	85732	7188	11
Est	831884	28679	12	171994	11533	21
Sud-Est	982326	37884	20	365187	21805	49
Sud-Ouest	1172177	49192	19	411829	23334	43
	5488845	239579	108	1877734	118782	220
Londres				1517686	71533	18

(1) « By a strange accident, parliamentary representation was *stereotyped* at the precise moment where the conditions of social life in England were changed. » Voy. Spencer Walpole : *The Electorate and the Legislature*, p. 5.

(2) Nous donnons ce tableau et les suivants d'après l'étude de M. Baines : *Parliamentary Representation in England*. (*Journal of the Roy. Stat. Society*, 1896). — Cf. notre article du *Journal de la Soc. de Stat. de Paris*, 1897.

tandis que le Sud disposait de 338 mandats, ou 1 par 22000 habitants à peine. L'opposition était particulièrement nette entre le comté rural de Cornouailles, par exemple, et le Lancashire : celui-ci, avec 1330000 habitants n'avait que 14 sièges (1 par près de 100000), tandis que le Cornouailles pour 300000 habitants en avait 44 (1 par 7500 habitants). C'étaient surtout les petits *bourgs* (1) qui augmentaient la représentation du Sud puisqu'il en possédait 220 (1 par 8530 habitants et 540 électeurs), tandis qu'il n'y en avait dans le Nord que 85 (1 par 19100 habitants et 930 électeurs).

La réforme de 1832, outre qu'elle élargit le pays électoral, donna satisfaction en partie aux villes les plus peuplées en augmentant, comme on sait, leur représentation, en supprimant ou diminuant celle de nombreux petits *bourgs*. Cette répartition nouvelle donna aux régions de l'Angleterre la représentation qu'elles conservèrent jusqu'à la dernière grande réforme de 1884, abstraction faite des quelques modifications introduites par l'*Act* de 1867. L'influence des populations urbaines sur la distribution des sièges était évidente : tandis, en effet, que le nombre des électeurs augmentait dans les comtés de 150 p. 100, leur accroissement était à Londres de 374 p. 100 et dans les autres bourgs de 192 p. 100. Dans l'augmentation totale du chiffre des électeurs, la proportion de Londres seul était de 15 p. 100, celle du Sud, de 41,8 p. 100 et celle du Nord, de 43,2 p. 100. Londres et le Nord voyaient augmenter leur représentation, respectivement de 4 et 15 sièges, tandis que celle du Sud diminuait de 30 et c'étaient surtout ses *bourgs* pourris qui faisaient les frais de la réforme, puisqu'ils perdaient 48 sièges répartis sur d'autres agglomérations ou comtés. (Voir le tableau de la page 401.)

Mais, même après cette réforme, la balance politique penchait encore en faveur du Sud : sa population (sans Londres) n'était plus que 47 p. 100 de celle de l'Angleterre propre et sa proportion dans la représentation parlementaire était de 65,4 p. 100. Dans l'ensemble, Londres n'avait qu'un siège par 15350 électeurs et 157000 habitants, le Nord n'en avait qu'un par 7100 électeurs et 68800 habitants, tandis que le Sud en comptait 1 par 3600 électeurs et 39300 habitants.

En d'autres termes, la représentation du Sud était le double

(1) Pour la représentation de ces « *rotten boroughs* », voy. Aschenbach : *Brit. Annalen*, v.

de celle du Nord, le triple de celle de Londres. Sur les 86 *bourgs* de moins de 20000 habitants qui avaient conservé une représentation particulière, le Nord n'en avait que 15 et seulement 17 sièges sur les 109 de l'ensemble. Par contre, un grand nombre de localités qui s'étaient beaucoup développées depuis 1831,

Répartition des sièges législatifs (comtés et bourgs) entre les régions de l'Angleterre avant la réforme de 1884.

RÉGIONS	COMTÉS			BOURGS		
	Population	Électeurs	Sièges	Population	Électeurs	Sièges
	I. — *Au Nord du Trent.*					
Nord	915297	59482	14	711950	108650	20
Nord-Ouest	1930494	113487	14	2169060	285670	32
York	1465717	102597	10	1409760	221860	28
Nord-Milieu	600000	34803	10	254320	41100	8
	4911508	310369	48	4545090	657280	88
	II. — *Au Sud du Trent.*					
Ouest-Milieu	1616600	123900	27	1672800	247627	46
Sud-Milieu	1344750	92800	22	270980	39090	19
Est-Milieu	563600	49300	12	250240	38862	10
Est	1154800	62600	16	222917	35185	13
Sud-Est	1945100	134150	24	836613	102657	41
Sud-Ouest	1286200	89800	23	529005	64516	43
	7911000	552000	124	3782555	528937	172
Londres				3452000	337592	22

demeuraient sans représentants (1). On comptait dans ce cas 160 agglomérations de plus de 10000 âmes en 1884, avec un total de 3297000 habitants, ou 13.2 p. 100 de l'Angleterre ; sur ce nombre, il y en avait 37 dans la périphérie de Londres et dans Londres même, et 74 dans l'ensemble des comtés de Chester,

(1) Les plus peuplées de ces agglomérations, en 1881, étaient, dans Londres, Battersea (107000 hab.), Hampstead (45000), au dehors, West-Ham (128000), Croydon (79000) et au Nord, St-Helens (57000). — Sur les 160 localités en question, 38 étaient dans le Lancashire.

Lancastre, York et Durham. Il n'en restait donc que 40 à peine pour le Sud proprement dit, qui bénéficiait ainsi de la non-représentation de ces groupements populeux du Nord et de l'agglomération londonienne.

Avec la réforme de 1884, la situation politique respective du Nord et du Sud a été encore modifiée. Cette réforme, en étendant le droit de suffrage dans les campagnes, a donné une représentation plus forte aux comtés ; mais dans les comtés, les populations urbaines forment un élément considérable depuis que les bourgs de moins de 20000 habitants (1) ont presque tous cessé d'avoir une

Répartition des sièges législatifs (comtés et bourgs) en Angleterre, à l'époque contemporaine.

RÉGIONS	COMTÉS			BOURGS		
	Population	Électeurs	Sièges	Population	Électeurs	Sièges
	I. — Au Nord du Trent.					
Nord.	1043896	194390	18	824483	133700	14
Nord-Ouest.	2136573	351711	31	2521181	353830	26
York.	1580730	313538	26	1613446	256326	39
Nord-Milieu	667634	126249	11	305851	51379	5
	5428833	985888	86	5264961	795234	84
	II. — Au Sud du Trent.					
Ouest-Milieu.	1665280	326375	30	1892773	255340	32
Sud-Milieu.	1649706	301329	28	215487	34575	6
Est-Milieu	586376	123464	12	280754	46390	6
Est.	1129220	203170	19	277102	44439	8
Sud-Est.	1857814	331973	29	847494	115843	18
Sud-Ouest	1531141	288701	30	315586	43068	10
	8419537	1569012	148	3829196	539655	80
Londres.				4538460	588496	62

(1) Il n'y a plus en Angleterre que 12 bourgs de moins de 20000 habitants qui aient gardé une députation particulière. Ce sont : Boston, St-Edmund's-Bury, Penryn-Falmouth, Pontefract, Salisbury, Taunton, Winchester, Windsor, Grantham, King's Lynn, Whitehaven et Durham. Ces deux derniers seuls appartiennent au Nord. Il ne serait pas exact d'ajouter à cette liste la Cité de Londres qui a deux députés pour 37000 habitants, car le chiffre des électeurs de la Cité est considérable (33340 en 1895).

représentation propre. Aussi, le Sud a-t-il vu encore diminuer son influence politique au bénéfice de Londres et du Nord : le total de ses sièges s'est réduit de 298 à 228, tandis que celui du Nord passait de 136 à 170 et celui de Londres, de 22 à 62. De plus, la proportion des sièges par rapport au total des habitants et des électeurs tendait à s'équilibrer : il y a aujourd'hui, par chaque mandat législatif au Nord, 63000 habitants et 10500 électeurs, à Londres, 73000 habitants et 9500 électeurs, et au Sud, 52000 habitants et 9100 électeurs. (Voy. le tableau, page 402.)

Il y a donc encore dans l'ensemble un léger avantage pour la région du Sud ; ajoutons que l'ensemble des villes de plus de 100000 habitants avec leurs annexes, qui représente 35,2 p. 100 de la population totale, n'a qu'une proportion de 29 p. 100 à peine dans la représentation parlementaire.

Mais il n'en reste pas moins ce fait certain que, plus nous allons, plus la balance politique, avec le progrès de la population (1), penche en faveur du Nord et de l'agglomération londonienne. Avant 1832, la proportion du Sud, du Nord et de Londres, dans la représentation législative était de 68,2, 28,05 et 3,8 p. 100 ; avant 1884, elle était de 65,4, 29,7 et 4,9 p. 100 ; elle est aujourd'hui de 49,5, 37 et 13,5 p. 100. Si l'on compare (2) la représen-

Représentation parlementaire des régions de l'Angleterre en 1831 et 1895.

RÉGIONS	I. — AU NORD DU TRENT total des sièges 1831	1895	RÉGIONS	II. — AU SUD DU TRENT total des sièges 1831	1895	III. — LONDRES 1831	1895
Nord	32	32	Sud-Ouest . .	81	40	18	62
Nord-Ouest .	36	57	Sud-Est. . . .	69	47		
York	37	65	Est.	33	27		
Nord-Milieu.	16	16	Ouest-Milieu.	76	62		
			Sud-Milieu . .	48	34		
	121	170	Est-Milieu . .	21	18		
				328	238		

(1) « The balance of political power was slowly moving northwards. » Spencer Walpole, *op. cit.*, p. 67.

(2) En 1831, les 6 comtés du Sud (Cornouailles, Devon, Dorset, Hamps, Sussex, Kent) avaient 155 députés et les 6 du Nord (Northumberland, Durham, Cumberland, Westmoreland, Lancastre, York) en avaient seulement 68. Aujourd'hui, les chiffres respectifs sont 63 et 142.

lation des régions de l'Angleterre en 1831 et aujourd'hui, on peut voir, comme l'indique le tableau de la page précédente, que

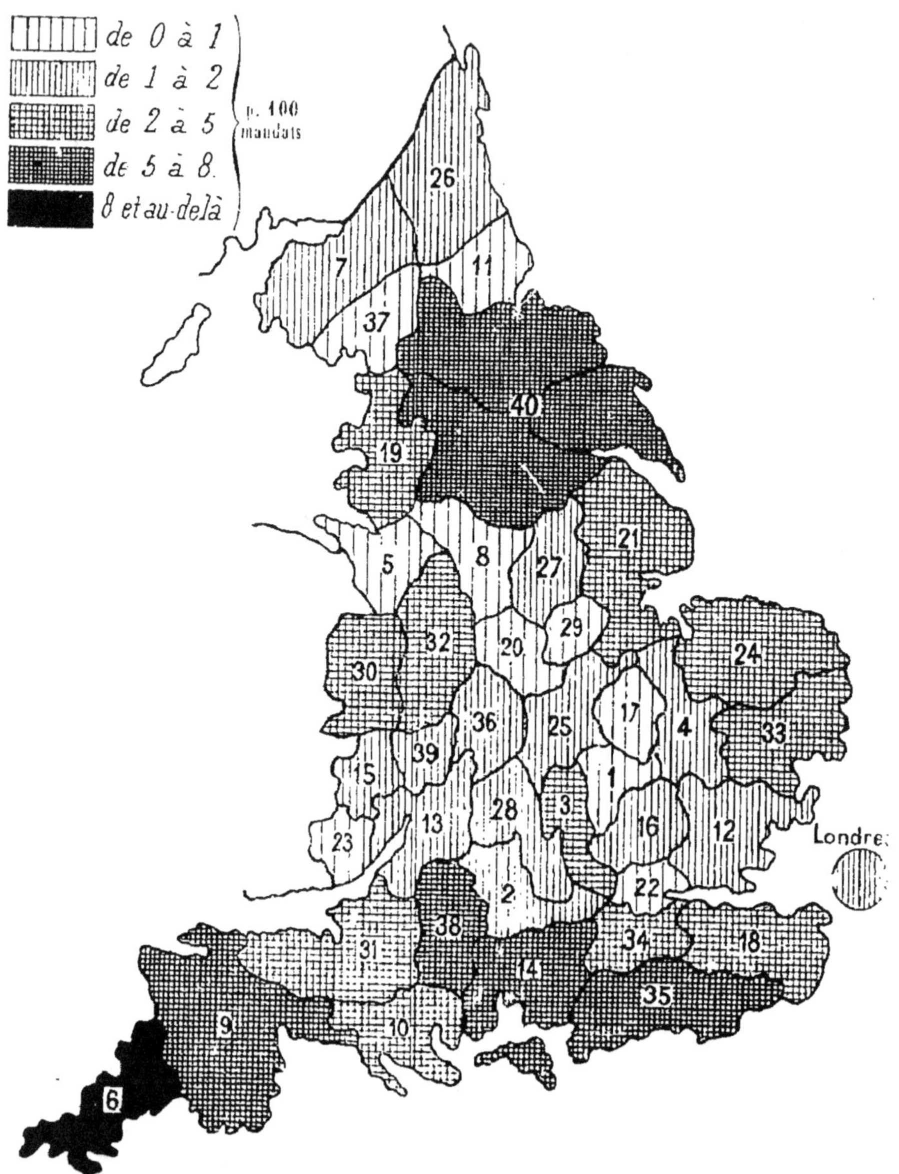

Fig. 64. — Part proportionnelle des comtés anglais dans la représentation parlementaire avant 1832 (1).

(1) Les numéros d'ordre des comtés (*fig.* 64 et 65) sont les suivants :
1. Bedford ; 2. Berks ; 3. Buckingham ; 4. Cambridge ; 5. Chester ; 6. Cornwall ; 7. Cumberland ; 8. Derby ; 9. Devon ; 10. Dorset ; 11. Durham ; 12. Essex ; 13. Gloucester ; 14. Hamps ; 15. Hereford ; 16. Hertford ; 17. Huntingdon ; 18. Kent ; 19. Lancastre ; 20. Leicester ; 21. Lincoln ; 22. Middlesex ; 23. Monmouth ; 24. Norfolk ; 25. Northampton ; 26. Northumberland ; 27. Nottingham ; 28. Oxford ; 29. Rutland ; 30. Shrop ; 31. Somerset ; 32. Stafford ; 33. Suffolk ; 34. Surrey ; 35. Sussex ; 36. Warwick ; 37. Westmoreland ; 38. Wilts ; 39. Worcester ; 40. York.

celles du Sud ont vu diminuer leur puissance politique, tandis que celles du Nord et Londres l'ont conservée ou accrue.

Pour rendre plus sensible le déplacement de l'influence produite par le développement de la population en Angleterre, nous

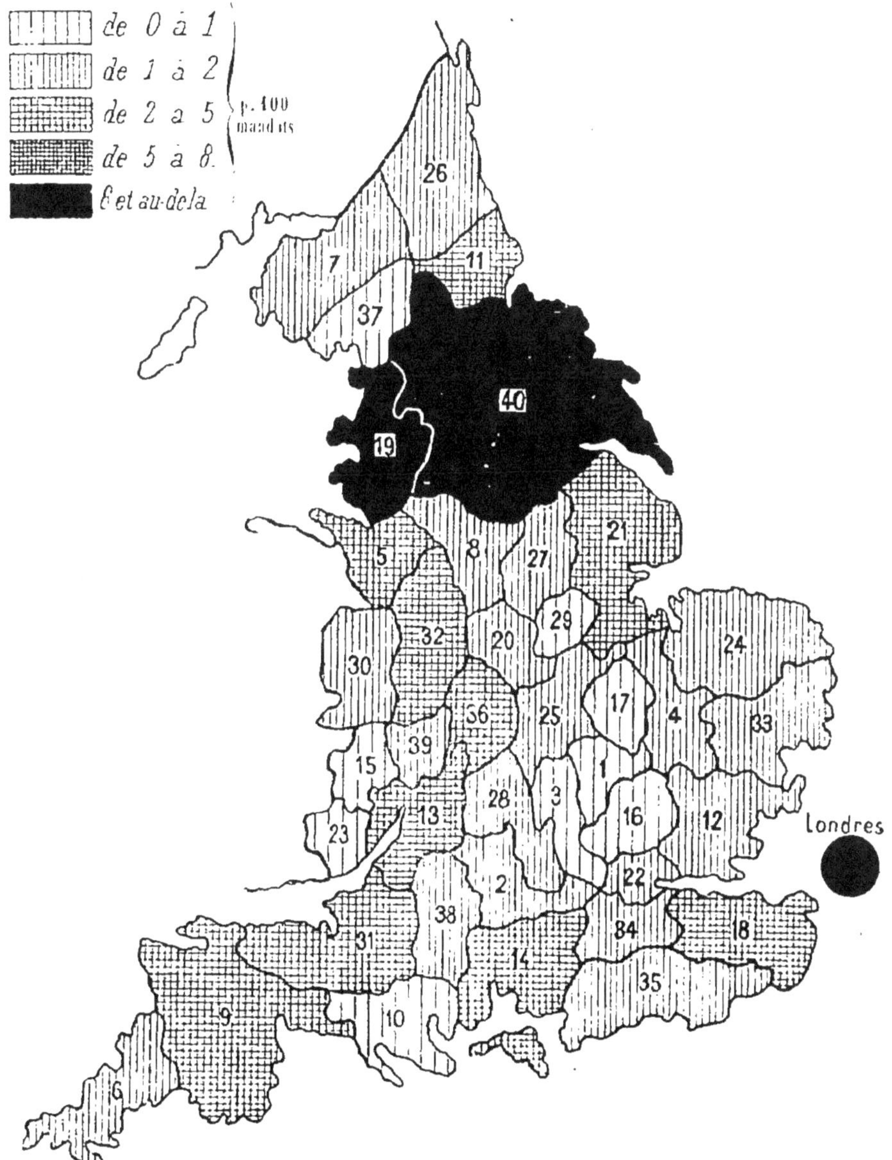

Fig. 65. — Part des comtés anglais dans la représentation parlementaire, en 1895.

avons dressé deux cartes (1) représentant la part proportionnelle

(1) Nos cartes sont dressées d'après les données de Aschenholz (*Brit'sche Annalen*, t. V) et du *Financial Reform Almanak* (1895).

des comtés à la Chambre des Communes, avant la réforme de 1832 et après la réforme de 1884. (Voy. les *fig*. 64 et 65.) Le simple examen de ces deux cartes rend évidente la part de plus en plus grande prise par le Nord dans la vie politique de l'Angleterre. Par exemple, dans le Nord, les comtés de Durham, Lancastre, York, passent des proportions 0,8, 3 et 6,2 p. 100 à 3,4, 12,1 et 9,8 p. 100. Dans le Sud, au contraire, les comtés de Dorset, Devon, Wilts, Cornwall, descendent de 4,3, 5,3, 7 et 9 p. 100 à 0,9, 2,8, 1,2 et 1,5 p. 100.

Telle a été l'influence de la transformation politique provoquée par le développement de la population. A coup sûr, la proportion des électeurs urbains n'a pas gagné à la réforme de 1884 qui a fait entrer dans le pays légal les travailleurs agricoles. Mais cette démocratie rurale n'est pas, chez nos voisins, comme chez nous, une masse de petits propriétaires, mais bien des salariés : aussi, le programme du parti radical, surtout la nationalisation du sol, y trouve-t-il de nombreux partisans. C'est ce qui explique pourquoi le torysme voudrait prévenir une telle éventualité par une double réforme, d'une part, en facilitant l'acquisition de la petite propriété au paysan, d'autre part, en élevant les droits de douane de façon à déterminer une hausse des produits agricoles du pays et rémunérer davantage le propriétaire foncier. Quel sera dans l'avenir le sort de ces réformes? Nous ne saurions le prédire, mais ce qui est certain, c'est que ces problèmes politiques et sociaux sont posés par le fait même du développement des agglomérations urbaines et de l'émigration rurale.

Autres conséquences politiques. — A un point de vue plus général, on peut se demander si les agglomérations urbaines exercent une influence politique heureuse ou néfaste. Charles-Quint disait, paraît-il, que les monarchies ne peuvent s'accommoder de grandes villes. Une telle assertion n'est-elle pas au moins hasardée? Sans rien préjuger de l'avenir, où voit-on aujourd'hui qu'il y ait antinomie entre telle monarchie et telle grande ville, sa capitale? Est-ce que le plus souvent celle-ci n'a pas grandi avec et par la dynastie nationale? En France, il a été fatal à la monarchie de s'isoler de Paris, « la grand'ville » pour aller chercher à Versailles un fastueux et mortel sanctuaire. Cela dit, il est incontestable que les mœurs politiques sont plus changeantes dans les grandes agglomérations d'hommes. *Urbica turba strepit*, disait jadis Guibert de Nogent. On peut dire de même en tout temps, que les masses urbaines ont toujours un caractère plus tumultueux que les autres. D'abord, dans toute agglomération d'hommes, les passions fermentent toujours davantage ; puis, la population des grandes cités se renouvelle plus vite, et la tradition a moins de prise sur ces éléments nouveaux. En réalité, la tendance politique générale des groupements urbains et des populations rurales répond aux deux instincts éternels de l'âme humaine : celui du désir et celui de la conservation. Autant la prédominance exclusive de l'un ou l'autre élément peut être un inconvénient (1), autant leur équilibre est utile au progrès général. L'esprit des populations urbaines peut être un danger dans un état démocratique où les éléments étrangers sont nombreux et où le caractère électif des fonctions n'est pas contre-balancé par une forte centralisation. C'est le cas de la Suisse et des États-Unis où, comme on sait, les villes principales ne sont presque jamais capitales d'État. En effet, « ce n'est ni la situation, ni la grandeur, ni la richesse des capitales qui causent leur prépondérance politique sur le reste de l'empire, mais la nature du gouvernement » (2).

Ce qui est vrai, c'est que la vie urbaine provoque le progrès de l'égalité politique. Il est plus difficile et presque impossible de maintenir l'inégalité quand les hommes ne sentent plus l'action des influences traditionnelles : en Angleterre, c'est dans les centres urbains que s'est manifestée l'agitation des *Chartistes* en faveur du suffrage universel et, vers la même époque, un mouvement analogue se produisait chez nous. En Allemagne, la Prusse, qui proclama le suffrage universel en 1866, était aussi l'État où les grandes villes avaient le plus d'importance. En un mot, le développement de l'égalité politique est presque partout, dans les grands États, une conséquence de développement des agglomérations urbaines.

(1) Prévost-Paradol proclamait le vote des grandes villes plus indépendant, par suite, plus éclairé que celui du reste de la nation. N'y aurait-il pas bien des réserves à faire sur une telle allégation? (Voy. *la France nouvelle*, p. 53.)

(2) De Tocqueville : *l'Ancien Régime et la Revolution*, c. VII. Proudhon comprenait parfaitement comment notre centralisation contre-balançait l'influence politique des villes lors qu'il écrivait : « Tant que Paris restera ce que l'ont fait la politique et l'histoire, le foyer de notre agglomération nationale, etc. Paris ne peut s'appartenir. Une semblable possession de lui-même serait une véritable usurpation : le gouvernement y consentirait que les départements ne le pourraient permettre. » (*De la capacité politique des classes ouvrières*, p. 234-235.)

CHAPITRE XX

Conséquences économiques et sociales.

SOMMAIRE. — Les populations urbaines et la législation douanière. — Rôle des villes comme centres de consommation. — L'émigration et les salaires agricoles. — Rapport des villes avec la richesse publique et avec l'impôt. — Diminution constante de la population agricole et en particulier des ouvriers ruraux. — Des classes sociales des agglomérations urbaines.

Les populations urbaines et la législation douanière. — Il est évident que la transformation survenue dans les États par le développement des populations urbaines a eu ses conséquences économiques. Mais quelles sont-elles? On a parfois rapproché (le fait est assez commun aux statisticiens anglais) le mouvement du commerce (importations et exportations) du progrès des agglomérations urbaines pour en faire voir la simultanéité. On ne peut guère douter que ce développement n'ait influé d'abord sur la politique économique, au moins de certains États. En Angleterre, les grandes villes furent, au début du siècle, le principal foyer d'agitation contre les *corn-laws* et leur progrès le plus sensible (relativement parlant) coïncide avec la période (1841-1851) qui a vu l'abolition des droits sur les céréales et celle de l'Act de Navigation, mesures qui ont marqué le triomphe définitif du libre-échange en Angleterre. Et ces conséquences deviennent des causes à leur tour, car les réformes de ce genre ont puissamment contribué à attirer dans les villes une partie de la population rurale, en provoquant dans l'agriculture anglaise la transformation générale que nous avons déjà signalée. De même en Allemagne, ce fut la Prusse, où le développement urbain était déjà le plus marqué, qui prit l'initiative du *Zollverein*, dont les conséquences économiques et politiques ont été également capitales, et, de nos jours (1), n'est-ce pas le progrès considérable des groupements industriels qui a déterminé l'abaissement des droits sur les céréales, malgré l'opposition du parti agrarien? La Bel-

(1) Il n'est pas inutile de rappeler que ce fut l'appoint des voix socialistes, c'est-à-dire des représentants des grandes villes, qui permit au gouvernement de triompher de l'opposition faite par les *agrariens* aux tarifs de 1893, et en particulier au traité de commerce avec la Russie.

gique, également, est devenue libre-échangiste, par suite du développement de sa population industrielle et urbaine. En France, les résultats n'ont pas été les mêmes, à cause de la forte proportion et de l'influence de la population rurale : toutefois, l'augmentation successive des droits protecteurs n'a pas enrayé la désertion des campagnes.

Rôle des villes comme centres de consommation. — Une autre conséquence des agglomérations urbaines, c'est qu'elles sont des centres de consommation considérable. Robert Peel disait que les progrès de la mécanique avaient créé « une race d'hommes supplémentaire »; on peut dire, en effet, que nos grandes agglomérations, issues du développement de l'industrie, sont en quelque sorte des mondes nouveaux qui couvrent parfois un sol jadis désert ou à peine peuplé. Autrefois, en effet, l'accroissement des villes était subordonné à leur plus ou moins de facilité de se procurer leurs subsistances; il y avait là une raison objective de leur plus ou moins grand développement. Ce fut le cas des cités de l'antiquité, du moyen âge et même de la période moderne (1), jusqu'à l'époque presque récente des progrès dans les voies de communication.

Alors, les seules villes qui pussent avoir un développement considérable, devaient presque nécessairement se trouver sur la mer ou sur un fleuve, de façon à pouvoir s'approvisionner plus aisément. Dans l'intérieur des terres, les grandes villes devenaient fort rares. Il n'en est plus de même aujourd'hui, où toute cité a, à sa disposition, pour s'alimenter, non plus seulement la région du voisinage, mais tout l'État et au besoin, le monde entier.

Les campagnes ont nécessairement bénéficié de l'ouverture de ces marchés nouveaux et, on peut dire que si les villes leur enlèvent une partie de leur population, elles leur rendent bien l'intérêt de ce capital. La seule consommation en blé d'une agglomération comme Paris nécessite l'ensemencement d'une superficie de 360000 hectares, soit la vingtième partie du sol de la France cultivé en froment. On sait que partout, et notamment en Angleterre, les progrès de l'élevage datent du développement des populations urbaines et les centres urbains ont contribué beaucoup à renchérir les différents produits agricoles.

(1) « Die Städtebildung musste in alterer Zeit stets in engen Grenzen sich bewegen, weil die Herbeischaffung der Nahrungsmittel zu grosse Schwierigkeiten bereitete. » Voy. Schmoller : *Die Epochen der Getreidehandelsverfassung und politik*, p. 6.

Plus nos villes se développent, plus elles achètent aux campagnes, et plus celles-ci, enrichies par le commerce, achètent aussi de produits manufacturés dans les villes. Il se fait ainsi entre les deux éléments de la population un échange perpétuel et de plus en plus intense de richesse. Et c'est en effet là ce qui, suivant la juste opinion d'Adam Smith, caractérise toute société civilisée (1).

« Comparez, dit encore l'auteur de *la Richesse des Nations,* la » culture des terres situées dans le voisinage d'une ville considé- » rable avec celle des terres qui en sont à quelque distance et » vous pourrez aisément vous convaincre de l'avantage que les » campagnes tirent de leur commerce avec les villes. » Il est certain, en effet, que la proximité d'une grande cité donne au sol agricole une plus-value considérable, et permet de faire certaines cultures maraîchères, d'autant plus rémunératrices qu'on en a, pour ainsi dire, le débouché sous la main. C'est ce qui explique l'extension de ces cultures aux environs de Paris, dont elles ont transformé le sol assez ingrat, et aussi leur développement dans la province, soit dans le voisinage des grandes cités, soit dans les régions rurales qui sont facilement en relation avec elles.

L'émigration rurale et les salaires agricoles. — Nous avons déjà dit que, dans les villes, les salaires étaient plus élevés qu'ailleurs et signalé cette différence parmi les causes d'émigration rurale. (Voy. page 297.) Mais le salaire rural, lui-même, reçoit le contre-coup de l'immigration urbaine. Celle-ci, en effet, raréfie la main-d'œuvre dans les campagnes et partout contribue à y faire hausser le salaire des bras qui y demeurent disponibles. La formation de nos grandes villes améliore donc la condition de l'ouvrier rural, et partout, en effet, son salaire a augmenté. D'après nos enquêtes agricoles de 1862 à 1882 (2), on constatait que les salaires de nos domestiques et ouvriers agricoles avaient augmenté dans une proportion très forte. D'une façon générale, l'accroissement des salaires était très sensible dans les départements du périmètre de Paris, ou dans ceux où la concurrence de l'industrie enlève des bras à l'agriculture. Et, malgré cette augmentation, comme la

(1) « Le grand commerce de toute société civilisée est celui qui s'établit entre les habitants des villes et ceux de la campagne. » *Richesse des Nations*, III, I.

(2) Dans l'ensemble, les salaires des valets de ferme, servantes, laboureurs, charretiers avaient augmenté de 34,5 p. 100. — L'accroissement le plus notable portait sur les gages des servantes de ferme (80 p. 100), et c'est, en effet, cette classe qui a vu le plus diminuer son contingent par l'émigration.

quantité de salaires était moindre et que la machine remplaçait le travail humain, on calculait qu'il y avait en somme une économie de 250 millions environ pour l'agriculture française en général. C'était un capital d'autant qui pouvait être employé à l'amélioration du sol, des modes de culture, etc.

Dans la Grande-Bretagne aussi, le nombre des salariés ruraux a beaucoup diminué, de 1871 à 1891. Le total des employés et ouvriers agricoles était estimé à 1671000 en 1871, à 1376000 en 1881 et à 1199000 en 1891. L'économie des salaires revenait à une somme de 345 millions environ (1).

Rapport des villes avec la richesse publique et avec l'impôt. — Les agglomérations urbaines ont également contribué à accroître la valeur vénale du sol, soit dans les villes elles-mêmes par la cherté plus grande des terrains, soit dans les campagnes par le développement de l'économie rurale qu'elles ont provoqué. Le progrès de la valeur vénale du sol était, de 1851 à 1884, pour l'ensemble de la France, de 39,9 p. 100 ; pour la Seine, il était de 14,12 p. 100, et les départements qui bénéficiaient le plus étaient ensuite ceux où l'élevage s'est le plus développé (Vienne, Finistère, Cher, etc.). La valeur vénale du sol était de 1785 francs par hectare : elle atteignait à Paris 192000 francs et le taux moyen le plus fort se rencontrait ensuite dans les régions à population urbaine, tels que le Nord, la Seine-Inférieure, le Rhône ; le minimum était donné par la Lozère.

On peut voir encore une preuve de la puissance économique ou de la richesse d'une région (2) par le total des valeurs transmises

(1) D'après le *Report of agricultural labour* (1891).

(2) **Total des valeurs transmises par héritage (en millions).**

LES DIX PREMIERS DÉPARTEMENTS	VALEURS	LES DIX DERNIERS DÉPARTEMENTS	VALEURS
Seine	1,470	Landes	19
Nord	230	Hautes-Pyrénées	19
Seine-Inférieure	225	Corrèze	17
Seine-et-Oise	192	Savoie	17
Rhône	173	Lot	17
Gironde	139	Creuse	17
Pas-de-Calais	135	Ariège	13,8
Bouches-du-Rhône	122	Hautes-Alpes	7,9
Calvados	111	Lozère	7
Aisne	110	Corse	3

Nous empruntons ces renseignements à l'*Album de statistique financière* (1887).

par héritage. Les dix départements qui occupent le premier rang sous ce rapport sont presque tous des régions d'agglomérations urbaines : sur 6410 millions de valeurs ainsi transmises (moyenne de la période triennale 1885-87), 1470 millions reviennent à la Seine, ou 21,7 p. 100 du total. Au contraire, les départements où ces mêmes valeurs atteignent un total très faible sont presque exclusivement ruraux.

Comme les agglomérations urbaines ont plus de richesse, elles supportent aussi une part plus grande des charges publiques. En Angleterre, les impôts (il ne s'agit que de la *local taxation*) avaient augmenté, de 1818 à 1868, de 8 millions de livres, dont 6 millions et demi revenaient aux districts urbains. De 1868 à 1892, l'accroissement a été de 12 millions de livres, dont seulement 394000 pour les districts ruraux (1). En France, le revenu global des impôts de toute espèce avait donné, en 1887, 3874 millions. Or, sur ce chiffre, la Seine payait 1331 millions, ou 32,3 p. 100, et les départements qui venaient ensuite étaient : la Loire-Inférieure, le Nord, la Gironde, les Bouches-du-Rhône, le Rhône, etc. Par contre, les départements purement ruraux, tels que la Corrèze, la Lozère, l'Ariège, etc., occupaient le dernier rang.

On arriverait aux mêmes résultats si on examinait le rendement différent des contributions directes et indirectes. En 1893, par exemple, les divers droits perçus par l'État sur les boissons (circulation, entrée, détail, etc.) étaient de 451896000 francs : sur ce total, 93369000 francs, ou 20,8 p. 100, étaient payés par le département de la Seine. Rien que pour les vins, Paris payait à lui seul 27 p. 100 des droits perçus par le fisc.

Pour les contributions directes, l'ensemble des différentes taxes s'élevait en 1896 à 366 millions environ (en principal). Sur ce total, 72 millions, ou 20 p. 100 en principal (16 p. 100 si l'on comprend les centimes additionnels), reviennent au département de la Seine. Nous donnons ci-après le tableau comparé des con-

(1) **Impôts** (*Rates*) **payés en Angleterre (en livres).**

CATÉGORIE DE DISTRICTS	EN 1868	EN 1892	AUGMENTATION ou DIMINUTION
Districts urbains	6730000	18495000	+ 11765000
Districts mixtes	8357000	8203000	— 154000
Districts ruraux	1416000	1800000	+ 394000
			+ 12004000

D'après le *Financal Reform Almanack* (1896).

tributions directes payées par le département de la Seine et l'ensemble de la France, en 1895.

Détail des contributions directes (en millions) payées par l'ensemble de la France et le département de la Seine (1).

CONTRIBUTIONS DIRECTES	En principal		Avec centimes addition[ls]	
	FRANCE	SEINE	FRANCE	SEINE
Contribution foncière (prop[té] non bâtie).	103,2	0,282	247,7	0,690
Contribution foncière (propriété bâtie).	68,6	21,8	151,8	48,4
Contribution personnelle-mobilière. . .	67,9	15,3	161,2	36,1
Portes et fenêtres	44,7	8,1	91,3	15,5
Patentes	82,9	27,3	180	55,7

Diminution constante de la population agricole et, en particulier, des ouvriers ruraux. — Avant l'époque contemporaine, l'agriculture était encore la principale occupation de la population de nos Etats européens et elle est encore l'occupation première et unique des pays demeurés à l'état rural. Mais les agglomérations urbaines sont, non la cause, mais l'indice de la transformation de la population agricole en population industrielle ou commerciale, en un mot, d'un changement dans l'ordre des classes de la population par rapport aux professions. Et cela non seulement parce que l'industrie attire les travailleurs des campagnes et est le facteur capital des migrations, mais aussi parce que toute agglomération d'hommes provoque de multiples besoins et suscite ainsi des sources nouvelles d'activité.

Même dans les régions où la vie rurale est plus générale, le déplacement des professions s'est opéré au détriment de la classe agricole. En Suisse (2), la population agricole a baissé

(1) D'après le *Bulletin de statistique et de législation comparée* (1895).

(2) **Population de la Suisse (par professions).**

ANNÉES	POPULATION	
	AGRICOLE	NON AGRICOLE
1870	1 111 491	1 543 510
1888	1 092 827	1 482 927
	En moins : 81 664	En plus : 281 217

de 1,71 p. 100, de 1870 à 1888, tandis que dans le même laps de temps, la population non agricole augmentait de 18,45 p. 100. Il en est de même dans le Danemark et aussi en Suède, où le nombre des ouvriers agricoles avait baissé de 13 p. 100, de 1860 à 1880.

En France, la population vivant de l'agriculture avait diminué de 1851 à 1866, de 10,5 p. 100 et de 1872 à 1891; la décroissance a été de 5,7 p. 100. Par contre, le total des personnes vivant de l'industrie et du commerce avait augmenté de 18,2 et de 13,1 p. 100 dans ces deux périodes successives. La diminution de la population agricole (1) est constante, sauf de 1856 à 1861 et de 1872 à 1876; ces deux périodes correspondent en effet, comme nous l'avons vu, à un relèvement de la population rurale. La proportion des personnes vivant de l'agriculture, qui était de 56 p. 100 en 1851, n'était plus que de

Départements qui ont la plus forte et la plus faible proportion de population agricole.

I. — LA PLUS FORTE PROPORTION		II. — LA PLUS FAIBLE PROPORTION	
DÉPARTEMENTS	PROPORTION p. 100	DÉPARTEMENTS	PROPORTION p. 100
Lozère	77,5	Seine	1,6
Lot	77	Bouches-du-Rhône	20,1
Cantal	74	Rhône	21
Basses-Alpes	72,7	Nord	22,9
Hautes-Alpes	72,5	Seine-Inférieure	24,6
Gers	71,5	Belfort	26
Côtes-du-Nord	71	Meurthe-et-Moselle	28,2
Ardèche	70	Ardennes	29

(1) **Population agricole absolue de la France (en millions).**

ANNÉES	POPULATION AGRICOLE	ANNÉES	POPULATION AGRICOLE	ANNÉES	POPULATION AGRICOLE
1851	21,9	1866	19,6	1881	18,2
1856	19	1872	18,5	1886	17,7
1861	19,8	1876	18·9	1891	17,4

53 en 1876, et de 47,3 p. 100 en 1891. Si l'on compare les départements qui ont la plus forte proportion de population agricole et ceux qui ont la plus faible, on voit que la première catégorie correspond aux régions d'émigration, la seconde aux régions d'immigration. (Voy. le tableau de la page 414.)

En Angleterre, la décroissance de la population agricole a été plus considérable que chez nous; en 1851, elle comptait 2084000 personnes et en 1891 seulement 1311000, soit une décroissance 37,2 p. 100, dans l'espace de quarante ans. Déjà, en 1841, Porter signalait la diminution de la classe agricole depuis le commencement du siècle. Elle atteignait alors son maximum dans le Rutland (41,3 p. 100 hab.), le Cambridge (39,3 p. 100), l'Essex (39 p. 100), le Suffolk (44 p. 100), et déjà elle s'était abaissée à 10,7 p. 100 dans le West-Riding, à 6,7 p. 100 dans le Lancashire et à 2,5 p. 100 dans le Middlesex. Aujourd'hui, en restreignant la comparaison aux salariés agricoles sans leurs familles, on voit que leur proportion à la population totale est encore de 13 et 10 p. 100 dans le Cambridge et le Rutland, et tombe à 1,1 p. 100 dans le West-Riding, à 0,6 et 0,2 dans le Lancashire et le Middlesex (1).

Mais, dans l'ensemble de la classe agricole, il importe de signaler les catégories qui ont surtout diminué. En Autriche, la classe des cultivateurs propriétaires avait décru; en 1890, elle ne formait plus que 84,7 p. 1000 personnes, tandis qu'en 1869 cette proportion était de 91,6; ce qui n'a rien d'étonnant pour un pays où la grande propriété s'est beaucoup étendue. En France, il semblerait à première vue, d'après nos enquêtes agricoles, que le nombre des propriétaires eût aussi diminué; mais dans le même temps, le total des propriétaires exploitant eux-mêmes leur propre bien avait augmenté dans des proportions supérieures. Chez nous, comme en Angleterre, la classe qui a le plus diminué à notre époque est celle des ouvriers ruraux. Leur total, en 1862, était estimé à 4097000 et en 1882, à 3425000, soit une décroissance de 13,7 p. 100. Défalcation faite du contingent revenant à l'Alsace-Lorraine, la diminution était encore de près de 550000 journaliers. En 1891, la population des ouvriers agricoles avait encore diminué de 15 p. 100 sur le total de 1882, sans

(1) D'après le *Report on Agricultural labourer* (1891).

toutefois que ce résultat ait un caractère d'absolue précision.

Dans la Grande-Bretagne, nous avons vu que la population des ouvriers ruraux avait égalcment beaucoup diminué; de 1871 à 1891, la décroissance était de près de 200000 pour l'Angleterre et Galles (20 p. 100), de 45000 pour l'Écosse (28 p. 100) et de 230000 pour l'Irlande (39 p. 100). Il y a à ce sujet des différences sensibles entre les différentes régions de l'Angleterre; la décroissance des ouvriers agricoles atteint son maximum dans le Sud-Ouest, région d'émigration et est plus faible dans l'York et le Nord-Ouest. (Voy. le tableau suivant.)

Les ouvriers agricoles en Angleterre (1871-1891).

RÉGIONS	1871	1891	DIMINUTION TOTALE	DIMINUTION proportionnelle p. 100
Sud-Est	152,8	123,4	19,4	20
Sud-Milieu	142,4	113,9	28,5	21,6
Est	135,2	115,1	20,1	15
Sud-Ouest	136	99,3	36,7	27,2
Ouest-Milieu	114,6	88,5	26,1	22,7
Nord-Milieu	92,9	78,1	14,8	14,2
Nord-Ouest	50,5	43	7,5	14
York	67,3	56	11,7	13,5
Nord	39,8	30,6	8,2	23
Galles-Monmouth	61,3	49	12,3	20
TOTAL	922,8	796,9	195,9	19,9

En Belgique, dans la seule période 1880-1890, le nombre des ouvriers agricoles avait diminué de 32,5 p. 100, celui des ouvriers industriels avait augmenté de 14,8 p. 100.

En Allemagne (1), enfin, la proportion respective des personnes vivant de l'agriculture ou de l'industrie était, en 1882, par 100 personnes, de 48,3 pour l'agriculture et 51,7 pour l'industrie, le commerce, etc.; aujourd'hui la proportion est de 41,4 et 58,6. De 1882 à 1895, la population agricole de

(1) Voy. *Hauptergebnisse der Berufszählung vom 14 Juni 1895, im deutschen Reich.* (Voy. *Vierteljahreshefte zur Stat. d. d. Reichs. — Ergunzungsheft.* 1896), et Sering : *Die innere Kolonisation im östlichen Deutschland*, in fine.

l'empire a baissé de 19225000 à 18501000, soit de 3,7 p. 100, et cette diminution atteignait 12,5 p. 100 dans la catégorie des domestiques. Au contraire, la population industrielle proprement dite passait de 16058000 à 20253000, soit une augmentation de 26,2 p. 100.

Des classes sociales des agglomérations urbaines. — Le développement des populations urbaines a donc changé la proportion respective des classes professionnelles de nos Etats, mais il a encore eu d'autres résultats sociaux. Autrefois il existait un prolétariat rural nombreux et la masse des prolétaires urbains était peu considérable. Aujourd'hui, c'est le phénomène contraire. Plus nos villes grandissent, plus s'accroît leur population ouvrière, car elles doivent la plus grande partie de leur développement à l'industrie. Il se forme ainsi une nouvelle classe d'hommes, en face des classes plus anciennes et plus aisées. Ce sont les deux mondes si distincts, par exemple en Angleterre, et que Disraëli a opposés dans le roman de *Sybil* (1), le monde de la richesse et celui du paupérisme. Et cette différence a été encore accusée par les changements qu'a subis la physionomie de nos villes, par leurs propres embellissements. Dans nos villes de jadis, étant donné le peu de place qu'occupait l'outillage industriel, patrons et ouvriers vivaient les uns à côté des autres : la différence sociale était atténuée par un fait matériel, la vie en commun de chaque jour. Aujourd'hui, il y a dans nos métropoles des quartiers riches exclusivement, et des régions plus industrielles et ouvrières. A Paris, entre l'Ouest (VIIIe et XVIe arrondissements) et l'Est (XXe) ; à Londres, entre le *West-End* et les *Tower hamlets*, le contraste est complet. Nos travaux édilitaires ont ainsi eu leur conséquence sociale : les diverses classes de la population sont plus isolées les unes des autres, et cet isolement n'a peut-être pas peu contribué à faire sentir aux masses ouvrières leur solidarité.

Ajoutons que cette classe de la population urbaine est celle qui s'accroît le plus : il en résulte que dans un pays de suffrage universel (et lorsque l'exercice de ce suffrage n'est point subordonné à une longue résidence), les masses ouvrières peuvent

(1) Two nations, between whom there is no intercourse and no sympathy: who are ignorant of each other's habits, thoughts and feelings as is they were dwellers in different zones orin habitants of different planets ; the rich and the poor. — (*Sybil.*, p. 76-77.)

devenir les maîtresses des villes et sont appelées à le devenir de plus en plus.

Quelle sera donc la situation créée par cette nouveauté sociale? De la part de la bourgeoisie urbaine, ce sera et c'est déjà une crise singulièrement pénible dans plus d'un endroit d'être dépossédée des charges municipales, au bénéfice de la classe plus nombreuse des prolétaires urbains. Et ce serait de sa part perdre son temps que de se laisser aller aux récriminations. Elle a mieux à faire que de se bercer de l'illusion de voir un jour restreindre les droits politiques des masses urbaines : son rôle est là où c'est possible de se faire l'éducatrice politique des nouvelles classes sociales et de les amener avec elle et par elle à la vie publique.

Là est le devoir de la bourgeoisie, et là où il s'arrête commence la responsabilité des masses ouvrières. Celles-ci tiennent leur sort entre leurs mains : ou bien, par l'exercice de leurs droits civiques, par la gestion des charges elles prendront de plus en plus conscience de leurs devoirs et mettront leur situation en harmonie avec certaines traditions qu'il importe de respecter. Alors l'élite sociale se trouvera élargie et qui pourrait s'en plaindre?

Ou bien, ces masses voudront demeurer à l'état de classe dans la société et, maîtresses du pouvoir dans nos grands centres, faire par une entente commune une sorte de catégorie politique à part dans l'Etat. Dans ce cas, le devoir de l'Etat ne serait-il pas de se souvenir que ses intérêts sont d'ordre public et que les volontés locales ne sauraient prévaloir contre eux? Si forte que puisse être la part de l'élément urbain dans le total des suffrages populaires, il risquerait fort à engager une semblable partie.

Du reste, la puissance politique des masses urbaines n'est pas partout la même. Dans les pays où, pour des raisons d'ordre social la propriété est peu divisée, la puissance du prolétariat urbain n'est pas contre-balancée par la masse des propriétaires ruraux. C'est le cas en Angleterre où le prolétariat rural est peut-être plus radical que les électeurs des villes. En France, c'est le contraire. L'émigration rurale a eu, à notre avis, de grandes conséquences sous ce rapport. En diminuant le nombre des travailleurs agricoles, elle a fait hausser leurs salaires et leur a permis de devenir propriétaires à leur tour; en même temps la consommation des agglomérations urbaines a augmenté le prix des produits agricoles, dont la vente constitue le plus clair bénéfice du paysan. Le progrès de cette petite propriété coïncidant avec la pratique du suffrage universel a été le plus grand phénomène peut-être de notre histoire au dix-neuvième siècle. L'une a donné au paysan la liberté politique dans sa plénitude, l'autre l'indépendance sociale, que ne peut avoir le prolétariat rural en face de la grande propriété : toutes deux ont fait du paysan le maître des destinées politiques de la France et lui ont permis de faire prévaloir au besoin sa volonté sur les éléments urbains.

CHAPITRE XXI

Rapports de l'immigration étrangère dans les Etats européens avec les migrations à l'intérieur du même Etat.

SOMMAIRE. — La population étrangère dans les Etats de l'Europe. — La population étrangère et la population urbaine : leur développement comparé. — France. — Belgique et Pays-Bas. — Empire allemand. — Autriche-Hongrie. — Suisse. — Angleterre. — Espagne et Italie. — Russie. — L'immigration étrangère dans les grandes villes de l'Europe. — Comparaison de l'émigration inter-européenne avec les migrations intérieures sous le rapport des sexes, de l'état civil, de l'âge, des professions.

La population étrangère dans les Etats de l'Europe. — Nous n'avons pas l'intention d'étudier l'immigration étrangère, non plus que l'émigration hors d'Europe ; mais il n'est pas sans intérêt de rechercher quels rapports ces deux phénomènes peuvent avoir avec le mouvement des migrations intérieures. D'abord établissons l'état de la population étrangère dans certains pays d'Europe.

Les étrangers dans quelques Etats de l'Europe.

ÉTATS	TOTAL DES ÉTRANGERS	LEUR RAPPORT P. 100 à la population TOTALE	ÉTATS	TOTAL DES ÉTRANGERS	LEUR RAPPORT P. 100 à la population TOTALE
Suisse. . . .	229000	7,7	Pays-Bas. .	47800	1,04
France . . .	1130000	2,97	Allemagne.	512800	1,03
Belgique . .	171200	2,80	Angleterre.	198000	0,68
Autriche . .	422000	1,72	Espagne . .	42400	0,30
Hongrie . .	179800	1,04			

On voit donc que, pour ces Etats, le taux de la population étrangère est fort variable et qu'il ne répond pas, au moins en apparence, à l'importance de leurs populations urbaines. Les deux pays qui tiennent la tête, la Suisse et même la France, n'ont pas un développement urbain aussi grand que celui de l'Allemagne ou de l'Angleterre. Ces deux Etats doivent ce rang l'un, à sa faible natalité, l'autre à son émigration ; dans les deux cas, il se produit des vides que l'afflux des étrangers vient combler.

La population étrangère et la population urbaine; leur développement comparé. — France. — D'une manière générale, on peut affirmer que l'accroissement de la population étrangère d'un pays coïncide toujours avec celui de la population urbaine et que cette population, par conséquent, renferme la majorité de l'élément étranger d'un pays. Pour la France, il est facile (voy. le tableau suivant) de suivre le développement parallèle des populations urbaine et étrangère, depuis le dénombrement de 1851, qui, le premier à distingué les étrangers du reste de la population (1).

On remarque que les plus fortes augmentations de la population urbaine et de la population étrangère se trouvent dans

La population étrangère en France, de 1851 à 1891.

ANNÉES	POPULATION ÉTRANGÈRE TOTALE	ACCROISSEMENT (la population en 1851 réduite à 100) DE LA POPULATION ÉTRANGÈRE	DE LA POPULATION URBAINE
1851	379300	100	100
1861	506300	133	117
1866	655000	172	127
1872	740600	195	123
1876	801700	211	131
1881	1001000	263	143
1886	1126500	296	150
(2) 1891	1130200 (ou 1300000 avec les naturalisés).	297 (ou 345 avec les naturalisés).	158

(1) **Principaux groupes d'étrangers en France à divers dénombrements.**

NATIONALITÉS	1856	1872	1891
Anglais	20350	26000	39690
Allemands	57000	104160	83330
Austro-Hongrois	»	5110	11900
Belges	128000	347550	465860
Hollandais-Luxembourgeois	»	17000	40320
Italiens	63300	112580	286000
Espagnols	29736	52950	77730
Suisses	25500	42800	83110
Russes	9300	9311	14300
Scandinaves	»	1050	2820
Américains	»	6850	11850

(2) Le chiffre des naturalisés était de 170704 en 1891. Sa forte augmentation était due a la loi du 26 juin 1889.

Tableau comparé de l'immigration étrangère et de la population urbaine de la France par régions (1891).

I. — RÉGIONS A FORTE IMMIGRATION ÉTRANGÈRE			
RÉGIONS	POPULATION ÉTRANGÈRE — TOTALE	POPULATION ÉTRANGÈRE — PROPORTION p. 1 000 hab.	SUR 1 000 HAB. combien reviennent A LA POPULATION URBAINE
1. Nord (Flandre, Artois, Picardie, Ardennes, Aisne, Seine-Inférieure)...............	378 100	80	473
2. Est (Lorraine, Belfort, Franche-Comté, Aube, Marne, Haute-Marne)............	95 130	32	315
3. Lyonnais (avec l'Ain).......	26 250	15	517
4. Alpes (Savoie, Dauphiné, Basses-Alpes, Vaucluse)......	37 100	24,2	231
5. Méditerranée (départements côtiers, la Corse exceptée).	226 000	164	726
6. Sud-Ouest (Haute-Garonne, Gers, Gironde, Lot-et-Garonne, Tarn, Tarn-et-Garonne, Basses-Pyrénées, Hautes-Pyrénées, Ariège).	53 600	19	356
7. Agglomération parisienne...	218 800	67	»
8. Périmètre de Paris (Seine-et-Oise, Seine-et-Marne, Oise).	45 200	47	305
Total...............	1 080 180	46,5	494

II. — RÉGIONS A FAIBLE IMMIGRATION ÉTRANGÈRE			
RÉGIONS	POPULATION ÉTRANGÈRE — TOTALE	POPULATION ÉTRANGÈRE — PROPORTION p. 1 000 hab.	SUR 1 000 hab. combien reviennent A LA POPULATION URBAINE
1. Normandie (sauf la Seine-Inférieure)...............	5 640	3,5	237
2. Anjou-Maine...............	2 100	1,5	219
4. Bretagne...............	4 440	1,7	222
4. Poitou-Charentes..........	2 920	1,5	200
5. Touraine-Orléanais-Bourgogne (Ain excepté)........	8 900	5,6	220
6. Berry-Nivernais-Bourbonnais.	2 724		
7. Massif central (Auvergne, Limousin, Marche, Ardèche, Haute-Loire, Lozère, Aveyron, Lot, Dordogne)..	5 350	1,4	181
Total...............	32 070	2,05	254

les mêmes périodes (1861-1866, 1876-1881). Mais nous rencontrons une analogie plus frappante si nous considérons d'une part les départements (1) qui comptent le plus d'étrangers et, d'autre part, ceux qui en comptent le moins. Dans les départements de la première catégorie, le nombre des étrangers a augmenté de 80 p. 100 de 1872 à 1891 (de 403000 à 724000); la population urbaine y augmentait de 32 p. 100, et son rapport à la population totale y était de 61,5 p. 100 (1891). Au contraire, dans les départements de la seconde catégorie, le nombre des étrangers demeurait stationnaire (2255 en 1872 et 2306 en 1891); la population urbaine s'y accroissait seulement de 15 p. 100 et ne représentait que 17,06 p. 100 de la population totale. Si on laisse de côté les départements des frontières, c'est dans les régions où prédomine la population rurale, le Massif Central et l'Ouest que les étrangers sont le moins nombreux. C'est ce qu'indique suffisamment le tableau de la page 422, où nous avons divisé la France en deux groupes ; d'un côté, les régions où le contingent des étrangers est important; de l'autre, celles où ils sont en petit nombre. On remarque que, sauf exception de la région frontière des Alpes, toutes les régions de la première catégorie ont une proportion de population urbaine notablement supérieure à celle de la seconde.

Belgique et Pays-Bas. — En Belgique, la population étrangère a été longtemps stationnaire; on peut dire que de 1846 à 1866, son progrès a été insensible (3,4 p. 100) (2). Mais de 1866 à 1880 et de 1880 à 1890, elle a augmenté successive-

(1) Les départements qui comptent le plus d'étrangers sont (la Seine excepté) : le Nord, les Bouches-du-Rhône, les Alpes-Maritimes, les Ardennes, la Meurthe-et-Moselle, le Var, le Pas-de-Calais, les Basses-Pyrénées, Seine-et-Oise et Rhône. Ceux qui en comptent le moins sont: la Lozère, le Cantal, la Creuse, la Vendée, la Haute-Loire, le Lot, le Morbihan, le Finistère et la Mayenne.

(2) **Population étrangère en Belgique (en milliers).**

ÉTRANGERS	1846	1856	1866	1880	1890
Allemands	12,8	15,2	20,7	34,2	38,3
Français	34,6	31,4	32	51,1	64.8
Anglais	3,9	4,1	3	3,8	4,1
Luxembourgeois	7,7	6,2	5,6	7,7	9,3
Hollandais	31.2	33	33,9	41,4	47,5
Divers	4,6	4,8	2,9	5	7,5
	94,8	94,7	98	143,2	171,5

ment de 46 et de 20 p. 100. Or, ce progrès coïncide avec celui de la population urbaine (villes de plus de 5000 hab.). De 1846 à 1866, ces villes ne gagnaient que 18 p. 100; leur accroissement a été, depuis, de 48 p. 100.

Ce sont surtout les Allemands, les Français et les Hollandais qui constituent le principal contingent de la population étrangère en Belgique. Les premiers immigrent surtout dans les provinces d'Anvers, Brabant, Liège(1); les Français, dans le Hainaut et le Brabant; les Hollandais à Anvers et Liège. Les trois provinces d'Anvers, Brabant et Liège, où nous avons constaté l'immigration intérieure, sont celles qui possèdent le plus grand nombre d'étrangers. Par exemple, ces provinces à elles seules comptent 120000 étrangers sur 171000 demeurant dans le royaume, ou 70 p. 100, tandis que les cinq provinces plutôt agricoles et ayant moins de population urbaine (les deux Flandres, Namur, Luxembourg, Limbourg) ne comptent que 31000 étrangers, ou 18 p. 100 du total.

Dans le Hainaut, la proportion est relativement faible pour une région aussi populeuse; mais nous avons vu que cette province n'avait pas d'excédent d'immigration, en raison de sa forte natalité.

Sur le total de la population étrangère (171400), 116000 (62,8 p. 100) reviennent aux villes de plus de 5000 âmes et 75000, ou 44,1 p. 100, aux villes de plus de 100000 habitants, et le taux de la population étrangère correspond au degré d'intensité de l'immigration dans chacune de ces grandes villes (2).

(1) **Les étrangers en Belgique répartis par provinces (1890).**

PROVINCES	ÉTRANGERS	PROVINCES	ÉTRANGERS	PROVINCES	ÉTRANGERS
Anvers	28706	Flandre orientale	11089	Limbourg	4776
Brabant	36976	Hainaut	25886	Luxembourg	8210
Flandre occidentale	12773	Liège	38175	Namur	4892

(2) **Les étrangers dans les grandes villes de Belgique.**

VILLES	TOTAL	RAPPORT p. 100 à la population TOTALE	PROPORTION p. 100 de l'immigration 1880-1890	VILLES	TOTAL	RAPPORT p. 100 à la population TOTALE	PROPORTION p. 100 de l'immigration 1880-1890
Bruxelles	35200	7,8	7,4	Gand	2714	1,9	5,9
Anvers	22730	10,1	23	Liège	14460	9,8	14

Dans les Pays-Bas, la population étrangère est en décroissance; de 1869 à 1889, elle a diminué de 38 p. 100 (1). Ce fait ne doit pas nous surprendre, puisque nous avons constaté que dans ce pays la population urbaine n'a point, par rapport à la population totale, une proportion bien élevée.

Allemagne. — L'Empire allemand est, après la France, l'Etat européen qui — absolument parlant — renferme le plus grand nombre d'étrangers (512800 en 1890). Mais leur rapport à la population totale était assez faible (1,04 p. 100). Depuis 1871 il est vrai, le nombre des étrangers a beaucoup augmenté dans l'Empire; il ne dépassait guère, à cette date, 200000 (207000) et ne représentait que 0,5 p. 100 de la population totale. La population étrangère a donc grandi avec la population urbaine (2).

Si l'on considère la répartition des étrangers suivant les trois grandes régions de l'Empire, on voit qu'il y en a 158000 dans l'Est, 155000 dans le Sud et près de 200000 dans l'Ouest, c'est-à-dire dans la région où se trouve la plus forte proportion de la population urbaine. Et ce fait est d'autant plus sensible que l'Est possède les deux plus grandes agglomérations de l'Empire (Berlin et Hambourg) et que les États du Sud sont presque tous des pays de frontière. Pour plus de précision, nous pouvons, comme nous l'avons fait pour la France, distinguer quelques régions suivant la force numérique de leur population étrangère, et nous constaterons (voy. le tableau suivant) que celle-ci est en raison directe de la population urbaine.

Sur le total des étrangers, il y en avait 126000, ou 24,7 p. 100, dans les villes de plus de 100000 habitants, tandis que la

(1) Etrangers dans les Pays-Bas en 1869 : 52200
— — 1889 : 47800

(2) **Les étrangers en Allemagne, classés par nationalité (en milliers).**

ÉTRANGERS	1871	1890	ÉTRANGERS	1871	1890
Austro-Hongrois..	75,7	207,1	Anglais.........	10,1	6,7
Suisses.........	24,5	41,6	Belges..........	5	10,2
Hollandais.......	22	56,4	Luxembourgeois..	4,8	12,7
Danois..........	15,1	23,3	Français........	4,6	32,1
Russes..........	14,5	33,2	Italiens.........	4	13
Suédo-Norwégiens	12,3	14,6	Divers..........		
			Total.......	206,9	512

population de ces villes n'était que 12,2 p. 100 de celle de l'Empire. Il y a donc évidemment une concentration des étran-

Etat comparé de la population étrangère et de la population urbaine dans quelques régions de l'Allemagne.

RÉGIONS où la population URBAINE EST SUPÉRIEURE à 40 p. 100	TOTAL DES étrangers	PROPORTION p. 100 HAB.	PROPORTION p. 100 de la population URBAINE	RÉGIONS où la population URBAINE EST INFÉRIEURE à 40 p. 100	TOTAL DES étrangers	PROPORTION p. 100 HAB.	PROPORTION p. 100 de la population URBAINE
Saxe Royale..	70000	2	62,9	Hanovre......	13500	0,6	34,7
Prusse rhénane	65250	1,36	67,5	Prusse orient[le]	9500	0,5	25,4
Brandebourg..	35709	0,9	67,8	Prusse occid[le]	8100	0,7	31,7
Westphalie...	15460	0,6	63,3	Posen........	8500	0,5	26,8
				Poméranie....	3280	0,21	37,7

gers dans les villes, bien que le phénomène ne soit pas aussi sensible qu'en Belgique, par exemple.

Autriche-Hongrie. — En Autriche ou, si l'on veut, dans la Cisleithanie, la population d'origine étrangère est en augmentation sensible (1) : elle a plus que doublé de 1869 à 1890, et sa proportion à la population totale (1,72 p. 100) est plus forte que dans l'empire allemand. Mais il faut tenir compte de ce fait que les sujets hongrois en Autriche, et les sujets cisleithans en Hongrie sont considérés comme étrangers, alors qu'en réalité tous ces sujets devraient rentrer dans la catégorie des immigrés à l'intérieur d'un même Etat. Or, sur 422000 étrangers, il y a en Autriche, 228000 Hongrois, ou 54,03 p. 100, et en Hongrie, les Autrichiens représentent encore une bien plus forte proportion, 88,6 p. 100

(1) **Population étrangère en Autriche, en 1869, 1880 et 1890.**

ÉTRANGERS	1869	1880	1890	ÉTRANGERS	1869	1880	1890
Hongrois............	91,1	183,4	228,6	Suisses..............	4,5	5,8	6,7
Allemands...........	61,4	93,4	103,4	Roumains.............	1,6	2,6	2,3
Italiens............	29,5	40,1	43,3	Grecs, Serbes, Turcs, etc.	3	5,4	6,1
Russes..............	4,1	11,6	18,1	Anglais..............	1,5	1 9	2,2
Français............	2,1	2,2	2,7	Divers...............	2,2	3,8	4,6
				Total.....	201,9	305	422,3

(159600 sur 180000). Les nationaux d'Autriche et de Hongrie contribuent de part et d'autre, pour la majorité, à l'accroissement de la population dite étrangère, de 1869 à 1890 : cette part est de 65 p. 100 pour les Hongrois en Autriche, de 90 p. 100 pour les Autrichiens en Hongrie.

Dans les deux pays de la monarchie, les étrangers sont inégalement répartis. Tandis que dans l'ensemble la proportion de la population étrangère en Autriche est de 1,72 p. 100, elle s'élève à 6,62 dans le Vorarlberg, à 7,49 dans la Basse-Autriche, à 2,63 à Salzbourg et à 2,55 dans la Syrie, qui sont, comme nous savons, des régions d'immigration. Par contre, le taux s'abaisse beaucoup dans les provinces à émigration, telles que le Tyrol (1,77 p. 100), la Carinthie (1,40 p. 100), la Haute-Autriche (1,77 p. 100), la Bohême et la Carniole (0,67 et 0,66 p. 100) (1).

Sur les 422000 étrangers que renferme la Cisleithanie, il y en a près de 200000 (47,1 p. 100) dans la seule province de Basse-Autriche.

L'attraction de Vienne est donc évidente ; mais le tableau suivant, dressé d'après les documents de la statistique autrichienne,

Population étrangère de l'Autriche répartie par catégories de communes.

CATÉGORIES DE COMMUNES	COMBIEN D'ÉTRANGERS par 1000 HABITANTS	CATÉGORIES DE COMMUNES	COMBIEN D'ÉTRANGERS par 1000 HABITANTS
De moins de 500 habitants	6	De 5000 à 10000 habit[ts]	25
De 500 à 2000 —	8	De 10000 à 20000 —	27
De 2000 à 5000 —	14	Au-dessus de 20000 —	72

(1) **Répartition des étrangers, par provinces, en Autriche (en milliers).**

PROVINCES	ÉTRANGERS	PROVINCES	ÉTRANGERS	PROVINCES	ÉTRANGERS
Basse-Autriche....	199.2	Trieste (Ville).....	22	Moravie..........	15,6
Haute-Autriche....	9.1	Goritz. Gradisca...	6,4	Silésie..........	16
Salzbourg........	4.5	Istrie..........	7,6	Galicie..........	29
Styrie..........	32,7	Tyrol..........	14,4	Bukowini.........	4
Carinthie........	3	Vorarlberg.......	7.7	Dalmatie.........	6,3
Carniole.........	3,3	Bohême..........	39		

nous permet de montrer d'une façon très précise comment la population étrangère s'accroît en raison directe de l'importance des villes.

Mais, même parmi les villes importantes il y a de notables différences pour la proportion de la population étrangère : elle est élevée à Trieste et à Vienne (140 et 110 p. 1000) plus basse à Gratz et à Cracovie (92 et 57), et faible à Prague, Brunn (20), et surtout à Lemberg (18).

En Hongrie (1), l'immigration étrangère est surtout sensible dans les comitats et les villes de l'Ouest, ou dans les ports. Les émigrés de Cisleithanie viennent surtout des provinces peu éloignés de la Hongrie, (Bohême, Moravie, Basse-Autriche, Galice, Styrie). La proportion des étrangers est bien moins forte à Budapest qu'à Vienne (70 p. 1000); elle est très élevée à Agram (120), et surtout à Fiume (240); mais il ne faut pas oublier que la plus grande part dans ces contingents est formée par des sujets autrichiens.

Suisse. — La Suisse compte plus d'étrangers qu'aucun pays de l'Europe, et cela tient non seulement à la situation géographique de la Suisse, et aux attractions de son séjour, mais aussi au développement très sensible de l'industrie suisse depuis une trentaine d'années. Déjà, en 1850, la proportion des étrangers en Suisse était la même que dans la France actuelle (3 p. 100 hab.); mais en 1870, cette proportion était passée à 5,7 p. 100, et enfin, en 1888, s'élevait à 7,9 p. 100 avec un total de 229650 individus, au lieu de 71570 en 1850. La population étrangère avait donc plus que triplé dans l'espace de moins de quarante ans. Il y a entre l'élément étranger en Suisse et en France un trait commun, c'est le nombre relativement grand des sujets étrangers nés dans l'un et l'autre pays : en France, la proportion est de 37,3 p. 100; en Suisse, elle est de 38.8 p. 100. Dans l'un et l'autre État, l'immigration étrangère a donc un caractère de fixité qu'on ne retrouve pas ailleurs (2).

L'accroissement de la population étrangère se manifeste là

(1) Le nombre des étrangers, non Autrichiens, n'avait augmenté que de 4000, de 1880 à 1890 (de 16000 à 20172). Les plus nombreux étaient les Allemands (6600) et les Italiens (2000).

(2) Les Allemands forment presque la moitié du contingent étranger avec 112300 sujets; seuls ils sont en progrès tandis que les Français (53600) et les Italiens (41900) sont demeurés stationnaires.

aussi dans les villes : en 1850, les quinze principales villes de la Confédération ne renfermaient que 12,4 p. 100 d'étrangers (1) (ce qui déjà était considérable) : en 1888, cette proportion était de 21,4 p. 100 (103473 sur 480388, au lieu de 27181 sur 226324 hab.) (2). Par un curieux phénomène, les étrangers étaient plus nombreux dans ces villes que leurs propres bourgeois (91031).

Dans trois villes, les étrangers constituent plus du quart de la population totale : à Genève (37,6 p. 100), à Bâle (34,2 et à Schaffhouse (26,1 p. 100). Ce taux est encore très élevé à Saint-Gall (24,2) et à Zurich (22,7 p. 100); en revanche, il est très faible à Berne (7,3 p. 100), où, comme nous l'avons vu, l'immigration n'atteint pas d'aussi fortes proportions que dans d'autres villes. Les villes où l'immigration étrangère avait le plus gagné depuis 1850 sont Zurich, Genève, Bâle, Saint-Gall; ce sont celles en effet qui augmentent le plus par excédent d'immigration. A Berne, la population étrangère n'a que peu progressé (3).

En résumé, l'élément étranger a, en Suisse, un rôle qu'il n'a dans aucun autre pays. Cependant cette immigration a une tendance à la stagnation : dans la dernière période, elle a moins augmenté que dans les périodes précédentes.

Angleterre. — En Angleterre, la population étrangère ne joue qu'un rôle insignifiant, étant donné l'excédent de la natalité dans la population nationale. L'élément étranger a sans doute fait des

(1) Parmi les 103473 étrangers résidant dans les villes de plus de 10000 habitants, il y avait 59836 Allemands (53,5 p. 100 de leur contingent) et 27263 Français (51 p. 100), tandis que les Italiens n'étaient que 7000 (17 p. 100). — Genève, à elle seule, comptait 19110 Français (36 p. 100), il y avait 16175 Allemands à Zurich (16 p. 100) et 21000 à Bâle (20 p. 100).

(2) **Population étrangère en Suisse (Confédération et villes principales).**

ANNÉES	TOTAL	PROPORTION p. 100 hab. DE LA POPULATION TOTALE	ÉTRANGERS DANS LES PRINCIPALES VILLES	PROPORTION p. 100 hab. DE LA POPULATION DES VILLES
1850	71570	3	27181	12
1860	114983	4,6	49786	17,5
1870	150907	5,7	68701	19,7
1880	211035	7,4	89298	20,9
1888	229650	7,9	103473	21,6

(3) Les cantons où il y avait le plus d'étrangers étaient Genève (37,8 p. 100), Bâle-Ville (34,2 p. 100), le Tessin (14,4), Schaffhouse (13,2), Zurich (10,1). Ceux qui en comptaient le moins étaient : Berne (2,8), Argovie (2,8), Rhodes Intres (2,3), Lucerne (2,3) et Fribourg (1,9).

progrès, mais moins sensibles qu'ailleurs. En 1861, on comptait en Angleterre et Galles 84000 étrangers et en 1871, 139400, soit une augmentation de 66 p. 100. Mais depuis, l'accroissement a été moins accentué. En 1881, sur 203000 étrangers comptés dans les trois royaumes (1), l'Angleterre en possédait 175000, ou 86,4 p. 100, c'est-à-dire la presque totalité et le taux de leur augmentation avait été de 26,5 p. 100 (1871-1881). Enfin en 1891, il y avait en Angleterre 198000 étrangers, soit un accroissement de 13.5 p. 100 seulement depuis 1881, et ils ne représentent que 0,6 p. 100 de la population totale. C'est cinq fois moins qu'en France.

Mais si minime que soit la population étrangère en Angleterre, c'est encore dans les villes que nous la trouvons particulièrement groupée. En 1881, sur 349000 individus nés dans les colonies ou à l'étranger, il y en avait 196000 dans les vingt-cinq principales villes de l'Angleterre et Écosse (56 p. 100), et sur ce dernier chiffre, 116000, 60 p. 100) demeuraient à Londres. En 1891, sur 198000 personnes de naissance purement étrangère, il y en avait, dans la capitale, 95000 (48 p. 100) ; mais, malgré cela, l'élément étranger n'a qu'une proportion peu élevée par rapport à la population totale de la métropole.

Espagne et Italie. — En Espagne et en Italie, la population étrangère n'a qu'une proportion très faible : elle n'est en Espagne que de 0,3 p. 100 ; en Italie, de 0,2 p. 100 (2). Mais de part et d'autre (exception faite des provinces frontières), ce sont les grandes villes qui renferment le principal contingent des étrangers. En Espagne, sur 42400 personnes de naissance étrangère (en 1887) 12600 (30 p. 100) résidaient dans les villes de plus de 100000 habitants : leur proportion n'y était encore que de 1,07 à la population totale. Mais cette proportion ne répond pas à la réalité, car les documents espagnols ne tiennent pas compte des étrangers nés dans la péninsule, mais qui conservent leur nationalité. Or, leur nombre est assez élevé, en particulier à Barcelone (3), dans la population française, qui forme la portion principale de l'immigration.

(1) Les plus nombreux parmi les étrangers étaient alors les Allemands (plus de 40000) puis les Français (30000). Aujourd'hui, une des colonies les plus fortes est celle des juifs russes et polonais.

(2) Les plus forts contingents d'étrangers en Espagne étaient notamment les Français (18301) : les Portugais (6700) ; les Anglais (6700), etc.

(3) Par exemple, la statistique ne compte ainsi que 5330 étrangers à Barcelone. Or, la colonie française, à elle seule, dépasse de beaucoup ce chiffre.

En Italie, la proportion des étrangers est encore plus faible qu'en Espagne ; mais la plupart résidant dans le royaume pour des raisons d'agrément ou d'instruction, n'y étaient pas établis à demeure : ils ne constituaient donc pas, au vrai sens du mot, une immigration. En 1881 (date du dernier dénombrement en Italie), le royaume renfermait environ 60000 étrangers, dont les plus forts contingents se trouvaient en Lombardie, Vénétie, Piémont, Ligurie, Toscane, Rome. Sur ce total, la moitié demeurait dans les onze plus grandes villes du royaume : les deux plus nombreuses colonies étrangères étaient celles de Milan et de Rome (1). La proportion des étrangers dans l'ensemble des grandes villes était de 1,30 p. 100 habitants (au lieu de 0,20 dans le royaume) : elle s'élevait à 1,70, à Milan, à 2 et 2,1 p. 100 à Venise et à Rome.

Russie. — Il serait intéressant d'étudier l'immigration étrangère en Russie, où elle contribue, pour une bonne part, à l'accroissement de certaines villes ; mais les documents précis font défaut. L'office de statistique de l'Empire publie, depuis 1857, les chiffres des étrangers entrés ou sortis de Russie, mais ces renseignements n'ont qu'une valeur relative. En défalquant les sorties des entrées, l'administration russe a cru pouvoir déterminer que, de 1857 à 1890, 2304000 étrangers s'étaient fixés dans l'Empire, que, même en tenant compte des pertes causées par

Tableau de l'immigration étrangère en Russie.

ANNÉES	TOTAL	MOYENNE ANNUELLE	ANNÉES	TOTAL	MOYENNE ANNUELLE
1857-1861	131361	26272	1877-1881	343035	68601
1862-1866	256424	51284	1882-1885	554472	110894
1867-1871	204017	40893	1886-1890	470661	94132
1872-1876	344747	68949			

l'émigration, il y aurait encore un bénéfice de 1200000 immigrés. On peut, par le tableau ci-dessus, suivre les variations de l'immigration en Russie. On constatera que dans la deuxième

(1) Les plus nombreuses colonies étrangères en Italie étaient les Autrichiens (15800) ; les Suisses (12100) ; les Français (10800) ; les Anglais (7300) ; les Allemands (5300), etc.

période (1862-1866) elle est le double que dans la première (1857-1861) ; elle s'abaisse dans la période correspondant à la guerre franco-allemande, puis se relève et atteint son maximum de 1882 à 1885 et diminue de nouveau de 1886 à 1890, sans doute devant certaines mesures prises par le gouvernement russe pour empêcher l'établissement des étrangers dans l'Empire.

Cette immigration est le fait presque exclusif des Allemands et des Autrichiens ; les autres nationalités n'ont qu'un contingent insignifiant (1).

Sans qu'on le puisse absolument déterminer, il est certain qu'une grande partie de cette immigration est absorbée par les villes. La forte immigration étrangère de la période contemporaine a eu son influence sur le développement de la Pologne et des villes de Varsovie, et de Lodz (2) surtout. De même, la population étrangère est assez considérable à Saint-Pétersbourg (3), à Moscou, à Odessa ; mais, peut-être, la proportion de cet élément étranger se restreindra-t-elle à l'avenir. Les communications devenant plus faciles, l'émigration gagnera aussi les populations rurales de la Russie et il est probable que cette immigration de l'intérieur fera refluer celle du dehors.

L'immigration étrangère dans les grandes villes de l'Europe. — Dans les différents États que nous venons de voir, nous avons uniformément constaté que la population étrangère est surtout groupée dans les grandes villes. Il est intéressant de comparer l'état de cette population dans les métropoles de l'Europe, que nous avons déjà étudiées à part.

Sous le rapport de la population étrangère, Paris est au premier rang, et de beaucoup. Les étrangers y sont au nombre de 180962, ou 75 p. 1000 habitants. Londres avec 95000, Vienne avec 34954 (non compris les Hongrois) arrivent ensuite avec une proportion identique (22 p. 1000 hab.) ; Berlin compte beau-

(1) De 1871 à 1885, sur 1 212 000 étrangers immigrés en Russie, il y avait 563 000 Allemands et 448 000 Autrichiens. Bien loin après venaient les Anglais, 9 400, et les Français, 4 700, (1877-1886).

(2) En 1885, les Allemands possédaient 300 usines sur 1 200 dans les gouvernements de Varsovie, Kalisch, Plock, Piotrikov.

(3) On comptait au moins 60 000 Allemands à Saint-Pétersbourg en 1885. Cependant, en 1890, la population de langue allemande n'était que de 44 000 habitants.

coup moins d'étrangers 17800, soit 11 pour 1000 habitants (1).

A Paris, la population étrangère a eu, dans notre siècle, un développement considérable. Vers 1833, on l'estimait à 47000 et elle avait peu varié jusqu'en 1851 (53000) ; mais elle passe en 1861, à 87244; en 1872, à 104586; en 1881, à 162000, et enfin elle était, en 1891, de 180962. Elle ne semble pas avoir progressé sur le total de 1886 (180253) ; mais ceci n'est qu'apparent. Ce fait s'explique, comme pour la France en général, par le nombre croissant des naturalisés (47116 en 1891, au lieu de 22793 en 1886). Avec les naturalisés, le taux de la population étrangère serait, à Paris, de près de 100 p. 1000 (98 exactement).

En réalité, la population étrangère de Paris ne cesse de s'accroître, et cela est d'autant plus significatif que le nombre de Français habitant Paris, mais nés hors la capitale, tend à demeurer stationnaire. De plus, sur le total des étrangers résidant à Paris, près du quart (24,4 p. 100) étaient nés en France et 17 p. 100 à Paris même ; ce qui indiquerait dans la population

(1) **Répartition comparée des étrangers, par nationalité, à Paris, Londres, Vienne et Berlin.**

NATIONALITÉS	PARIS (1891)		LONDRES (1891)		VIENNE (1890)		BERLIN (1890)	
	TOTAL	PROPORTION PAR 1 000 étrangers	TOTAL	PROPORTION PAR 1 000 étrangers	TOTAL	PROPORTION PAR 1 000 étrangers	TOTAL	PROPORTION PAR 1 000 étrangers
Français	»		9966	105	1263	36	773	43
Anglais	12727	70	»	26	869	25	1336	79
Austro-Hongrois	5670	32	2512	280	»		10680	600
Allemands	26803	148	26920	34	23680	676	»	
Italiens	21125	117	3148	34	1725	50	605	35
Suisses	24786	137	3295	24	1524	44	1086	66
Belges	44817	248	2044	43	»	- - -	289	
Hollandais	4205	13	1289	278	»		483	1,8
Russes-Polonais	9284	51	26742	25,7	1322	38	5450	2,7
Suédo-Norvégiens	828	4.6	2443	8	»		949	306
Danois	432	2,3	827	6,8	»		822	53
Espagnols	4115	12.5	650	2	»		»	46
Portugais	383	2.1	177	11	»		87	
Grecs, Turcs, Roumains.	2006	6	1030		2990	86	483	
Luxembourgeois	13157	72	»	34	»		168	25
Etats-Unis	4357	13	4903		»		1728	9
Autres	»		»		»		»	91
	180962		95053		34954		17866	

étrangère de Paris, comme dans celle de l'ensemble de la France, une certaine fixité.

La carte (voy. la *fig.* 66) indique la répartition des étrangers à

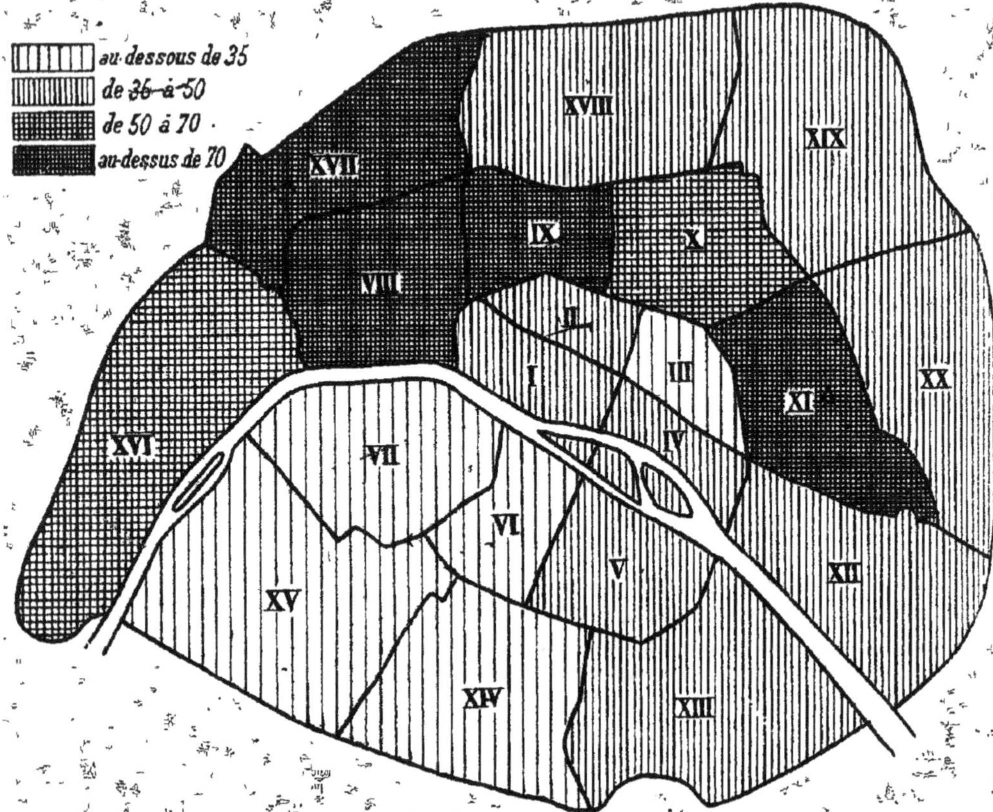

Fig. 66. — Sur 1 000 étrangers, demeurant à Paris, combien dans chaque arrondissement.

Paris (1). Dans les arrondissements purement centraux (du Ier au IVe) la proportion est assez faible: elle ne s'accuse que dans

(1) **Population étrangère dans les arrondissements de Paris (1891).**

Arrondissements	ÉTRANGERS	Arrondissements	ÉTRANGERS	Arrondissements	ÉTRANGERS	Arrondissements	ÉTRANGERS
Ier	7 084	VIe	5 686	XIe	14 013	XVIe	11 146
IIe	6 675	VIIe	5 165	XIIe	7 380	XVIIe	15 681
IIIe	4 436	VIIIe	14 092	XIIIe	4 666	XVIIIe	14 230
IVe	7 941	IXe	12 760	XIVe	5 409	XIXe	12 163
Ve	6 841	Xe	10 895	XVe	5 479	XXe	9 203

le IVe qui a reçu un assez grand nombre de Juifs russes et polonais. Il en est de même dans les arrondissements de la rive gauche qui, globalement, ne renferment que 232 étrangers pour 1000 demeurant à Paris. Mais, au contraire, un fort contingent de la population étrangère réside dans les arrondissements riches de l'ouest (VIIe, IXe et XVIe) et dans les arrondissements ouvriers et populeux du centre (Xe et XIe) ou de la périphérie (XVIIe, XIXe, XXe). Le XVIIIe fait exception : il contient relativement peu d'étrangers. Dans les quartiers riches dominent les Anglais et Américains ; ailleurs, ce sont d'autres nationalités : les Belges, dans le XIe et le XVIIIe ; les Italiens, dans le XIe et le XIXe ; les Allemands, dans le XVIIe ; les Suisses, dans les IXe, Xe et XVIIIe. Mais ce qui caractérise à Paris la répartition de la population étrangère, c'est qu'elle n'est pas exclusivement groupée dans tels ou tels quartiers, mais éparse par toute la ville.

Il en est diversement dans les autres capitales : à Londres, la répartition est fort inégale ; elle est très élevée dans l'Est, qui renferme 410 étrangers sur 1000 demeurant dans la métropole, et en particulier dans les districts de Whitechapel qui, à lui seul, contient presque le cinquième de la population étrangère totale (190 p. 1000). Il y a encore un certain nombre d'étrangers dans le Nord (200 p. 1000) et dans l'Ouest (184) ; mais leur nombre est plus faible dans le Sud (125) et surtout dans le Centre (88). La forte proportion de Whitechapel est provoquée, comme à Paris, dans le IVe arrondissement, par l'immigration des Juifs de Pologne. Dans deux districts des *Tower-Hamlets* (Whitechapel et Saint-George in the East) l'élément russe-polonais forme 68 p. 100 de la population étrangère (17300 sur 25400).

A Vienne, comme à Londres, la répartition des étrangers est aussi fort inégale, suivant les *bezirke*. Il y a, sous ce rapport, une opposition complète entre l'ancien Vienne et les nouveaux quartiers. Sur 1000 étrangers, 759 appartiennent aux 10 *bezirke*, contenus dans l'ancienne ville et seulement 241 aux 9 *bezirke*, annexés en 1890. La proportion est surtout très forte au cœur de la ville dans l'*Innere Stadt* (113), et dans le *bezirk* assez excentrique de *Leopoldstadt* (132), mais contrairement à ce qui se produit à Paris, cette proportion s'abaisse généralement dans les quartiers de la périphérie.

A Berlin, où l'immigration des étrangers est fort peu importante, comme nous l'avons dit plus haut, on les trouve aussi de préférence dans le Centre et dans l'Ouest.

On pourrait encore signaler une différence entre la population étrangère des grandes capitales (1) : c'est que la proportion des sexes y est chose très variable. A Paris, parmi les étrangers, les deux sexes ont le même contingent, ce qui est une nouvelle preuve de la fixité de la population étrangère. A Vienne, il y a prédominance de l'élément féminin (526 femmes par 1000 étrangers). A Berlin, au contraire, les hommes l'emportent (575 p. 1000), et leur prédominance est encore un peu plus sensible à Londres (578 p. 1000).

Comparaison de l'émigration inter-européenne avec les migrations intérieures sous le rapport des sexes, état civil, âge, profession. — Sous le rapport des sexes, de l'état civil, de l'âge, des professions, l'immigration des étrangers offre des analogies ou des dissemblances avec celle des nationaux. Pour l'état civil, l'âge et la profession il y a analogie par ce fait que, dans la population étrangère prédominent les célibataires, les adultes et les personnes vivant de l'industrie ou du commerce. Au contraire, pour les sexes, il y a en général, dans l'immigration étrangère, prédominance des hommes ou tendance à l'équilibre entre les deux sexes, ce qui n'existe pas parmi les immigrés intérieurs, chez lesquels domine plutôt le sexe féminin.

En France, en Allemagne, en Autriche, les hommes sont le plus fort contingent des colonies étrangères (2) : leur proportion est en Allemagne de 545 pour 1000 étrangers ; en France,

(1) **Répartition des étrangers, par sexes, dans les grandes capitales.**

CAPITALES	HOMMES	FEMMES	CAPITALES	HOMMES	FEMMES
Paris............	90 806	90 156	Vienne.........	16 602	18 328
Londres.........	55 084	39 969	Berlin...........	14 380	11 348

(2) **La population étrangère par sexe.**

SEXES	FRANCE	ALLEMAGNE	AUTRICHE	SUISSE
Hommes..............	598 698	278 189	217 660	114 610
Femmes..............	531 413	234 479	204 697	115 040

de 530; en Autriche, de 514. En Suisse, il y a une légère prédominance de l'élément féminin (502 femmes p. 1000). On remarque, comme nous venons de le faire pour les capitales, que les sexes tendent à s'équilibrer dans les pays où l'immigration étrangère a plus de fixité. Ce phénomène est très sensible en France et en Suisse : en France, la proportion des hommes s'est abaissée de 546 p. 1000 en 1872, à 530 en 1891. En Suisse, où l'élément féminin l'emporte légèrement aujourd'hui, on comptait, en 1860, 561 hommes pour 1000 étrangers.

En France, parmi les principales colonies étrangères, les femmes ont la majorité chez les Anglais et les Allemands, qui fournissent un grand nombre de domestiques; les hommes l'emportent parmi les étrangers où se recrutent surtout des ouvriers, les Belges, les Suisses, et par-dessus tout les Italiens (1). En Allemagne, c'est aussi parmi les Italiens que l'élément masculin a l'avantage le plus marqué.

Pour l'état civil, qu'il s'agisse de l'un ou l'autre sexe, les célibataires ont une proportion bien plus forte que dans le reste de la population totale. La proportion des célibataires étrangers était de 59,1 p. 100 pour les hommes et 55,6 p. 100 pour les femmes, tandis que, dans l'ensemble de la France, elle n'était respectivement que de 54,1 et 49,3. A Paris, la proportion des célibataires étrangers était de 55,5 p. 100 (les deux sexes réunis), tandis que dans la population totale elle était de 50,6 p. 100.

La ressemblance entre l'immigration interne et étrangère est plus frappante, si on examine les âges. Dans toute population qui se recrute par immigration il y a, comme nous l'avons vu, prédominance des adultes; ce fait est encore plus manifeste dans la population étrangère. Si l'on ne considère que la population âgée de 20 à 39 ans, sa proportion, dans l'ensemble de la France, est de 29,3 p. 100, et à Paris, de 40,4 p. 100.

(1) **Répartition des sexes dans les principales colonies étrangères en France.**

ÉTRANGERS	HOMMES	FEMMES	ÉTRANGERS	HOMMES	FEMMES
Belges...........	240 400	225 460	Suisses..........	45 416	37 701
Italiens..........	167 745	118 291	Espagnols........	41 266	36 470
Allemands.......	36 307	47 026	Anglais..........	17 361	22 326

Parmi les étrangers la proportion est de 37,3 pour la France totale et de 45,5 p. 100 pour la population étrangère de Paris. Il y a donc une différence marquée en faveur des adultes étrangers et elle apparaîtrait encore mieux si, au lieu de considérer la population totale, on n'envisageait que la population d'origine française : la proportion des adultes tomberait pour Paris, à 37,5 p. 100. Le graphique que nous donnons (voy. *fig.* 67) représente par sexe et par âge la population étrangère de Paris et montre clairement combien les adultes prédominent parmi elle.

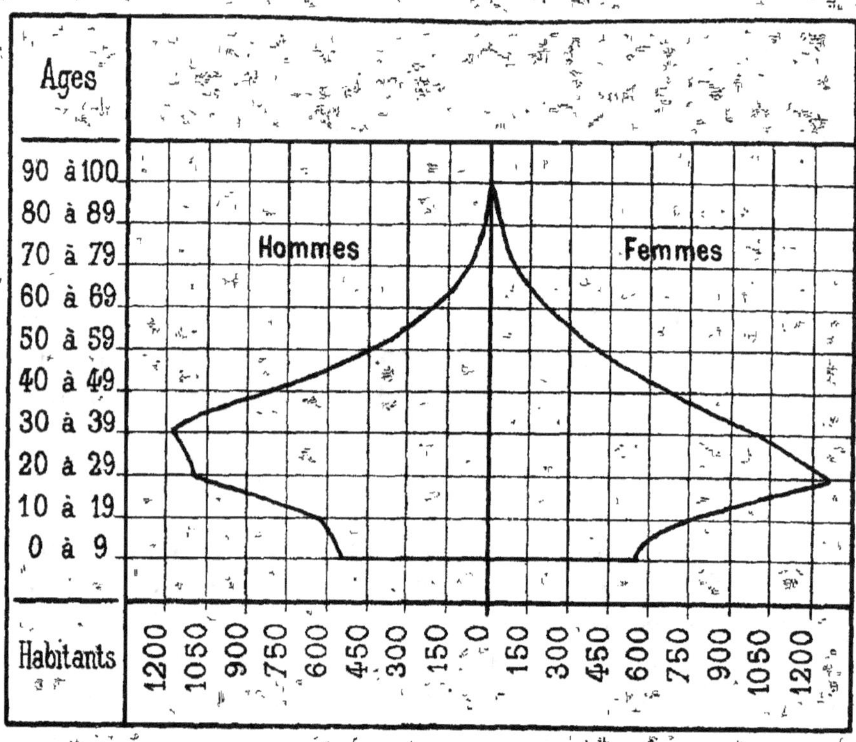

Fig. 67. — La population étrangère de Paris répartie par sexe et par âge (la population totale des étrangers étant réduite à 10 000 hab.).

Au point de vue professionnel, il y a encore analogie entre l'immigration du dehors et celle de l'intérieur : c'est surtout l'industrie qui bénéficie des éléments apportés par l'une et l'autre. La répartition des étrangers par profession, pour la France, en est un exemple évident comme l'indique le tableau suivant.

Répartition, par profession, des étrangers résidant en France (1891) (1).

PROFESSIONS	EN VIVANT directement ou INDIRECTEMENT	PROPORTION p. 100 DE LA population étrangère	PROPORTION p. 100 DE LA population française VIVANT des mêmes professions
Agriculture	236080	22	47
Industrie, comm[ce], etc.	787953	68,4	40,2
Professions libérales	40493	3,4	6,6
Rentiers	65664	6,2	6,2

La population ouvrière étrangère était considérable, puisqu'elle comptait 340000 individus (2). Sur ce nombre, il y en avait 67 p. 100 dans l'industrie proprement dite, alors que sur le total des ouvriers français, cette proportion est de 45 p. 100. Les ouvriers agricoles étrangers représentent 20 p. 100 de la population ouvrière étrangère : en France, la proportion est de 41 p. 100.

En Autriche (3), la distribution des étrangers par profession fait voir aussi leur prédominance dans l'industrie. Sur 1000 étrangers exerçant une profession, on en comptait : 124 dans l'agriculture, 341 dans l'industrie, 295 dans le commerce et 240 dans les professions libérales. La très grande majorité étaient des employés, ouvriers, journaliers, etc. ; les patrons ou maîtres (*Selbtständige*) ne représentaient que 33 p. 100 de la population étrangère.

(1) Voy. *Dénombrement des étrangers en France* (1891).

(2) Les industries dans lesquelles la proportion des étrangers est la plus élevée sont notamment les produits chimiques, les mines, la métallurgie, le bâtiment.

(3) Voy. Rauchberg : *Die Bevölkerung Oesterreich's*, 1890.

CHAPITRE XXII

Rapport de l'émigration hors d'Europe avec les migrations inter-européennes et les migrations à l'intérieur du même Etat.

SOMMAIRE. — Mouvement comparé de la population urbaine et de l'émigration d'outre-mer dans quelques Etats de l'Europe. — Développement de la population urbaine dans les pays d'émigration : le Canada et l'Australie. — Les Etats-Unis. — Analogies de l'émigration hors d'Europe avec les autres mouvements migratoires, sous le rapport des sexes, de l'état civil, de l'âge, des professions.

Mouvement comparé de la population urbaine et de l'émigration d'outre-mer dans quelques Etats de l'Europe. — Quels sont maintenant les rapports entre le mouvement des migrations internes ou le développement des populations urbaines d'une part, et d'autre part, l'émigration d'outre-mer? Un premier point s'impose à notre attention, c'est que les nations qui fournissent le plus fort contingent à l'émigration extra-européenne sont aussi celles où, en général, les grandes agglomérations augmentent le plus, l'Angleterre et l'Allemagne, par exemple. Dans d'autres pays, comme l'Autriche-Hongrie, la Russie, les États Scandinaves, le développement de l'émigration hors d'Europe coïncide avec un progrès marqué des villes. Mais les deux phénomènes qui procèdent en somme des mêmes causes ne suivent pas nécessairement une marche parallèle. Considérons, par exemple, le total de l'émigration extra-européenne en Allemagne et l'augmentation de la population urbaine, dans l'intervalle de chaque dénombrement, depuis 1871. On peut remarquer d'après le tableau suivant une curieuse alternance des deux mouvements : à une augmentation plus faible des villes correspond une émigration extérieure plus forte, et inversement. Il semble que le flux des migrations ne se porte vers l'extérieur que si le débouché vient à lui manquer au dedans.

Tableau comparé de l'émigration d'outre-mer et de l'accroissement de la population urbaine dans l'Empire allemand (1870-1890).

ANNÉES	ÉMIGRATION TOTALE	Accroissement DE LA POPULATION URBAINE	ANNÉES	ÉMIGRATION TOTALE	Accroissement DE LA POPULATION URBAINE
1871-1875	303000	1867000	1881-1885 (1)	837000	1758200
1876-1880	213000	2063400	1886-1890 (2)	479000	2764400

Les provinces qui fournissent le plus à l'émigration d'outre-mer, sont celles qui voient le moins se développer leur population urbaine. De 1871 à 1890, la proportion de cette population s'élevait seulement de 20,8 à 23,4 p. 100 dans la Prusse orientale, de 25,2 à 31,7 p. 100 dans la Prusse occidentale, de 20.9 à 26,3 à Posen, toutes régions d'émigration, tandis qu'elle passait de 53,8 à 67,8 dans le Brandebourg, de 48,8 à 63,3 en Westphalie, de 57,3 à 67,3 dans la Prusse rhénane, provinces où se recrutent peu d'émigrés.

Dans les autres États de l'Europe, on ne voit pas aussi clairement d'action réciproque entre les deux mouvements de migration. En Angleterre et en Écosse (3), l'émigration augmente certainement durant les trois périodes 1861-1870, 1871-1880, 1881-1890. Dans les deux premières, il y a accroissement progressif des villes; dans la dernière (1881-1890), les grandes villes ont une augmentation relativement moindre que précédemment et cette diminution dans l'accroissement coïncide avec une émigration plus forte pour les pays extra-européens.

Dans la plupart des autres États d'Europe, on ne voit

(1) Les chiffres les plus élevés ont été : en 1881, 220902 émigrants; en 1882, 203585. Les plus faibles : en 1876, 28000 et 1877, 21000.

(2) Dans la période 1891-1895, il y a eu, dans l'Empire, 400500 émigrés : après avoir été assez élevé en 1891 (120000), le nombre s'est beaucoup abaissé en 1895 (33630). (Voy. *Viertel Jahreshefte zur Statistik des deutschen Reichs*, 1896, n° 1).

(3) **L'émigration d'outre-mer et l'accroissement des grandes villes en Angleterre et Ecosse (1861-1891).**

ANNÉES	ÉMIGRATION anglaise TOTALE	Accroissement des villes de plus de 100000 hab.	ÉMIGRATION écossaise TOTALE	Accroissement des villes de plus de 100000 hab.
1861-1870	605100	887000	148000	181000
1871-1880	970500	1188000	166000	201000
1881-1890	1548800	977000	274800	100000

pas d'action réflexe de l'un et l'autre mode de migration. En France, l'émigration, quoique peu considérable, varie beaucoup d'une période à l'autre (1); mais ses variations n'ont aucun rapport avec celles des populations urbaines et du reste l'insuffisance de données exactes concernant l'émigration française d'outre-mer ne permet pas de tirer des conclusions précises à ce sujet.

En Italie, en Suisse, dans les États scandinaves, le mouvement d'émigration extra-européenne a coïncidé avec un plus grand progrès de la population urbaine et en général les émigrants se recrutent là où les groupements urbains sont plus rares.

Enfin, il ne faut pas oublier que des considérations d'ordre géographique tout autant qu'économique peuvent dicter à l'émigrant le choix de sa destination. Dans l'étude de M. Rawenstein (*Laws of Migration*) (2) on voit très clairement pour l'Irlande, par exemple, l'influence des causes géographiques sur la direction du mouvement migratoire. Dans tous les comtés de l'Est, faisant face à la Grande-Bretagne, c'est vers celle-ci que se portent les émigrants, ceux du Nord (de la région de l'Ulster) se rendant dans les villes d'Ecosse, ceux du Sud (Dublin, Wexford, Cork) allant dans les villes d'Angleterre ou Galles. Au contraire, dans l'Ouest de l'Irlande, la majorité des émigrants va en Amérique ou ailleurs, mais non dans la Grande-Bretagne.

Développement de la population urbaine dans les pays d'immigration. — Le Canada et l'Australie. — L'émigration hors d'Europe produit, dans les colonies ou ailleurs, les mêmes effets que les émigrations intérieures au sein de chaque État; elle a son action sur le développement des villes. L'accroissement des groupes urbains est en raison directe de l'immigration européenne.

Au Canada, par exemple, l'immigration a augmenté de 1881-1890, de 160 p. 100 sur la période précédente (1871-1880); les villes principales (Toronto, Montréal, Québec) ont vu leur population s'accroître de 170 p. 100. En Australie, le contingent des immigrés avait été moindre de 1881 à 1890 que de 1871 à 1880; mais l'accroissement des principales villes n'en a pas été pour

(1) L'émigration française était de 47800 (1856-1861); de 30300 (1862-1866); 52300 (1867-1872); 22000 (1873-1876); 18000 (1877-1881); 28000 (1882-1886); 92000 (1887-1891). M. Leroy-Beaulieu pense que ces chiffres sont inférieurs à la réalité.

(2) M. Rawenstein s'occupe de la période 1876-1881. Sur un total de 242000 émigrants d'outre-mer, la région occidentale en fournissait 134000 (55 p. 100). Sur 53000 émigrants pour l'Angleterre et Galles, le comté de Cork en donnait 17300 (32 p. 100). Sur 42300 émigrants pour l'Écosse, celui d'Antrim en donnait 11800 (28,2 p. 100).

cela moins sensible. La population globale de Melbourne, Sydney, Adélaïde (1) avait augmenté de 54,2 p. 100 de 1871 à 1880, et de 85,5 p. 100 de 1881 à 1890. Elles contiennent, à elles seules, près du tiers de la population de l'Australie proprement dite. Dans la colonie de Victoria, la proportion de Melbourne, par rapport à la population totale, a constamment augmenté : elle n'était, en 1861, que de 25,8 p. 100 : elle passe à 28,8, en 1871 ; 32,8 en 1881, et atteint 43,05, en 1891. Sur 234000 habitants, gagnés par cette colonie de 1881 à 1891, 167000 (71,3 p. 100) l'avaient été par les villes.

On pourrait, de même, par l'exemple de la région du Cap, ou encore de l'Algérie, montrer quelle contribution l'immigration d'outre-mer apporte à l'accroissement des villes.

Les États-Unis. — Mais le phénomène est encore très remarquable aux États-Unis. Par le tableau qui suit, nous pouvons comparer d'une part le développement de l'immigration et d'autre part celui de la population urbaine dans l'Union.

Développement de l'immigration et de la population urbaine aux États-Unis.

PÉRIODES	IMMIGRATION TOTALE	DATES DES « Census »	POPULATION URBAINE	ACCROISSEMENT DE LA POPULATION URBAINE	SA PROPORTION p. 100 à la population TOTALE
1790-1821	250000	1790	131470		3.35
		1800	210900	79430	3,97
		1810	356900	146000	4,93
		1820	475000	118100	4,93
1821-1830	143440	1830	864500	389500	6,72
1831-1840	599130	1840	1454000	589500	8,52
1841-1850	1713250	1850	2897600	1443600	12,49
1851-1860	2598752	1860	5072200	2974600	16,13
1861-1870	2466752	1870	8071800	2999600	20,93
1871-1880	2944695	1880	11318500	3246700	22,57
1881-1890	5197083	1890	18235600	6917100	29,12

(1) **Population des grandes villes d'Australie.**

VILLES	EN 1871	EN 1891
Melbourne	193700	489000
Sydney	134750	386000
Adélaïde	27200	133000

Il est facile de constater que plus l'immigration augmente, plus s'accuse le progrès de la population urbaine : les deux mouvements sont d'abord assez faibles jusqu'en 1840 ; mais à partir de cette date, ils prennent tous deux le même essor. Ils subissent, dans leur progression, un temps d'arrêt de 1861 à 1870, période correspondant à la guerre de Sécession ; puis ils se relèvent d'abord lentement de 1871 à 1880, et, dans une proportion également considérable dans la dernière période (1881-1890).

Nous avons dit plus haut (voy. page 56) qu'aux États-Unis, une agglomération n'était considérée comme urbaine qu'à partir de 8000 habitants. Or, en 1800, il n'y avait dans l'Union que 6 villes de cette catégorie, et 2 seulement dépassaient 40000 âmes. En 1850, il y en avait 85, dont 15 de plus de 40000 habitants. En 1870, leur nombre était 226, dont 32 comptaient plus de 40000 habitants. Enfin, en 1890, le total des groupements urbains était de 443, dont 83 de plus de 40000 âmes et, parmi ceux-ci 26 de plus de 100000 (au lieu de 13, en 1870). En 1870, la population globale des villes de plus de 40000 habitants était de 5220000 ; en 1890, elle était de 12026000, dont 9673000 pour les villes de plus de 100000 habitants (au lieu de 4220000 en 1870). Les grandes villes formaient donc plus de moitié de la population urbaine et le cinquième de la population totale des États-Unis.

Dans les grandes régions de l'Union comme dans les Etats en général la population urbaine est en proportion directe de l'immigration. Celle-ci se porte moins vers le Sud-Atlantique et le Sud, que vers le Nord-Atlantique, le Nord-Centre et l'Ouest. Aussi, tandis que dans ces dernières régions la proportion de la population urbaine était (1890) de 51,5, 26 et 29,7 p. 100, elle s'abaissait respectivement dans les deux premières à 16,4 et 10,1 p. 100. Même dans certains États de la Nouvelle-Angleterre notamment et du Centre, il y avait diminution de la population rurale au bénéfice des villes (1).

Comme l'immigration exerce une influence directe sur le développement urbain, il en résulte qu'une grande partie de la population des villes est d'origine étrangère. Par exemple,

(1) Il y avait émigration rurale notamment dans le Maine, le Vermont, le New-York. l'Ohio, l'Illinois, etc.

en 1885, dans le Massachussetts (1), 59,6 p. 100 de la population des villes descendait de parents étrangers et cette proportion était de 68,7 à Boston; en 1890, il n'y avait à Chicago que 24,3 p. 100 de personnes issues de parents américains (1).

Analogies de l'émigration hors d'Europe avec les autres mouvements migratoires sous le rapport des sexes, de l'état civil, de l'âge, des professions. — L'émigration d'outre-mer présente avec l'émigration inter-européenne des analogies sous le rapport des sexes, de l'état civil, de l'âge, des professions des émigrants. Dans l'une et l'autre, les hommes ont la plus large part, ce qui n'arrive pas, en général, dans les immigrations à l'intérieur de chaque État. Que l'on considère le chiffre des immigrants à telle ou telle date, aux États-Unis, le sexe masculin est prédominant : par exemple, de 1881 à 1890, il était arrivé 3205911 hommes, ou 61,10 p. 100, et 2040702 femmes, ou 38,90 p. 100. Mais cette proportion varie beaucoup suivant la nationalité : les hommes l'emportent, surtout parmi les Italiens (79,4 p. 100), les Hongrois (73,8 p. 100), les Russes ou Polonais (65,8 p. 100). Il y a plus d'équilibre entre les deux sexes chez les Anglais, Ecossais, Allemands (57,6 p. 100 d'hommes et 42,4 de femmes) et surtout chez les Irlandais où la part de l'un et l'autre sexe est presque égale (hommes : 51, femmes : 49). Cela témoigne du caractère familial de l'émigration d'Irlande. Il est même arrivé parfois qu'en raison des nombreuses domestiques femmes, le sexe féminin l'a emporté dans l'émigration irlandaise.

Comme, parmi les émigrants aux Etats-Unis, la majorité se rend de plus en plus dans l'Ouest, les États de cette région

(1) Voici quelle était, en 1890, la composition de la population de Chicago :

NATIONALITÉS	POPULATION	PROPORTION p. 100	NATIONALITÉS	POPULATION	PROPORTION p. 100
Américains	292500	24,3	Norvégiens	44610	3,4
Allemands	384950	32.1	Anglais	33800	2,7
Irlandais	215530	17.9	Français	12970	1,1
Bohémiens	54200	4,7	Écossais	11930	1
Polonais	52750	4,4	Autres, etc.	59500	5
Suédois	45860	3,4	Population totale	1208000	

ont, en général, une prédominance marquée du sexe masculin.

Quant à l'état civil, bien qu'il y ait, à ce sujet, de grandes différences suivant les nationalités, le plus grand nombre des immigrés est célibataire : leur proportion est de 83,4 p. 100 chez les Suédois, de 79 p. 100 chez les Suisses, et de 60 p. 100 chez les Allemands. Les Allemands, comme les Irlandais, émigrent donc plutôt en famille qu'isolément.

La distribution des émigrants par âge présente le phénomène que nous avons constaté dans toute espèce de migration, savoir la prédominance très grande des adultes. Ainsi, sur 7332645 immigrés aux États-Unis, de 1873 à 1890, il y en avait 1531625 au-dessous de 15 ans (20,9 p. 100); 4983437 de 15 à 40 ans (68 p. 100); et 817586 de plus de 40 ans (11,1 p. 100). Cette proportion des adultes est naturellement variable suivant la nationalité (1) ; mais elle ne descend nulle part au-dessous de 53 p. 100 (53,4 pour les Hollandais) et s'élève très haut chez les Portugais (79,3 p. 100), les Irlandais (77,4), les Hongrois (74,2 p. 100).

Le graphique que nous donnons (voy la *fig.* 68) et qui représente par âge et par sexe l'émigration allemande (1895) et suédoise (1890), montre assez par le renflement de la pyramide, la forte proportion des adultes chez les émigrés des deux pays. On peut le comparer à ceux que nous avons donnés, concernant les immigrations intérieures et étrangères (voy. pages 358 et 438) et constater ainsi partout la forte proportion des adultes.

Sous le rapport des professions, la minorité seulement des

(1) **Proportion des adultes chez les différents groupes d'immigrés aux États-Unis (1873-1890).**

NATIONALITÉS	PROPORTION p. 100 IMMIGRÉS	NATIONALITÉS	PROPORTION p. 100 IMMIGRÉS	NATIONALITÉS	PROPORTION p. 100 IMMIGRÉS
Anglais	65	Danois	70,3	Russes-Polonais	63,8
Écossais	64,6	Français	70,3	Espagnols	70,9
Irlandais	77,4	Allemands	62,3	Portugais	79,3
Autrichiens	64,2	Italiens	69	Suédois	73,6
Hongrois	74,2	Hollandais	53,4	Suisses	68,4
Belges	62,7	Norvégiens	67,9		

(D'après le *Quaterly Report*, 1890-1891 (n° 3).

immigrés aux États-Unis a une occupation déterminée, soit libérale, soit industrielle (*professional and skillled occupations*). Ceux qui appartiennent à ces professions ne représentent que 10,35 p. 100 du total de l'immigration de 1881 à 1890. Le reste (exclusion faite des enfants) était des manœuvres et domestiques de toute espèce, mais sans éducation professionnelle déterminée (*unskilled labour*).

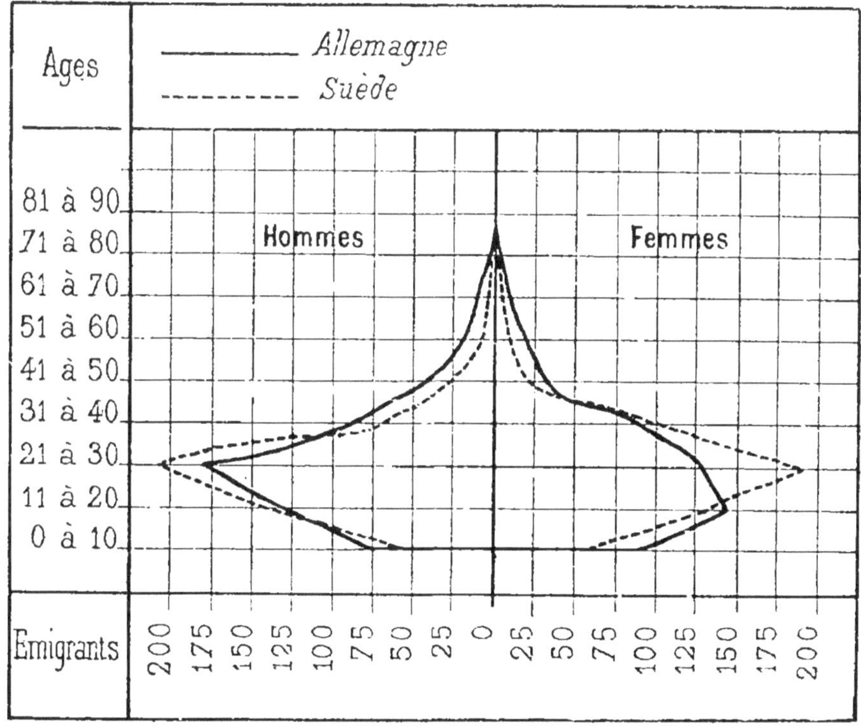

Fig. 68. — Les émigrants d'outre-mer (Allemagne et Suède) répartis par sexe et par âge, le nombre total étant réduit à 1000.

Bien qu'il y ait, parmi les immigrants, un grand nombre de travailleurs ruraux (*laborers*), c'est plutôt dans l'industrie ou le commerce que l'on trouve les étrangers. Ainsi, tandis que l'agriculture aux États-Unis ne comptait que 10,7 p. 100 d'individus nés hors de l'Amérique, il y en avait 25,3 dans le commerce et 31,9 p. 100 dans les mines et la métallurgie.

En réalité, l'émigration d'outre-mer, comme les émigrations inter-européenne et intérieure, fournit surtout un grand nombre de sujets à l'industrie et à la domesticité.

Ainsi s'affirme le caractère commun de tous ces différents mouvements migratoires. Que l'émigrant aille dans une ville de son pays, dans un État voisin ou hors d'Europe, il obéit, en somme, au même mobile réel ou imaginaire, celui d'améliorer les conditions de son existence. Il n'existe entre les diverses migrations qu'une différence de mode, non de cause, ni de but, et leurs conséquences, au point de vue démographique et social sont le plus souvent identiques.

CONCLUSION

La formation des agglomérations urbaines n'est pas due au hasard, ni même à des causes locales : elle procède, comme nous l'avons vu, d'un phénomène d'ordre général ou plutôt elle est un des côtés de ce phénomène, c'est-à-dire de la mise en mouvement des populations d'une part par la création de nouveaux foyers de travail, et d'autre part, par la facilité infinie des moyens de locomotion. Plus ces causes agissent, plus le développement des agglomérations continue, et, dans l'état actuel de notre civilisation, il est impossible d'en prévoir l'arrêt. Ce fait, du reste, est lié à l'état même d'une civilisation avancée et on sait que, dans l'antiquité romaine, on s'en inquiétait déjà. Cicéron se défie des mœurs et des agitations des grandes cités, maritimes, il est vrai, sans doute en raison du mélange plus facile des populations. Salluste (1) signale l'abandon des campagnes comme une des causes de la ruine de l'ancienne constitution romaine et le mot célèbre de Pline (2) sur les *latifundia*, complété par les doléances de Sénèque, a traversé l'histoire.

A dix-huit siècles de distance, les mêmes plaintes se font entendre (nous ne parlons pas des cas isolés) lorsque le développement des villes recommence à s'accentuer dans l'Europe moderne. Au dix-huitième siècle (3), Rousseau condamne cette concentration des hommes, sous prétexte « qu'ils ne sont pas faits pour vivre en fourmilière, mais épars sur la terre qu'ils cultivent ». On reconnaît là un écho de ses déclamations contre la

(1) *De Republica*, II. Salluste, *Catilina*, ch. XXXVII. Si Aristote condamne les grandes villes, c'est non seulement parce qu'elles lui semblent incompatibles avec l'ordre public, mais parce quelles fournissent trop d'artisans et pas assez d'hommes d'armes. (*Politique*, VII, IV.)

(2) Pline, XVIII, VII, 3 : « Latifundia perdidere Italiam, jam vero et provincias. » — Sénèque écrit, de son côté : « Aspice agedum hanc frequentiam cui vix urbis immensæ tecta sufficiunt : maxima pars illius turbæ patria caret; ex municipiis et colonis suis, ex toto denique orbe terrarum confluxerunt. » (*Consol. ad. Helviam*, VI.)

(3) Voy. l'*Emile*, liv. Ier.

civilisation en général. Il est plus juste lorsqu'il se plaint de ce que les races dégénèrent dans les villes et que les campagnes doivent les renouveler incessamment. L'*Encyclopédie* suit l'opinion de Sully et se plaint que les manufactures et le commerce amènent la désertion des campagnes; « les villes sont des espèces de colonies que les campagnes sont obligées de repeupler tous les ans » (1). On trouve des plaintes semblables dans l'*Ami des hommes*, du marquis de Mirabeau, mais il ne pense pas, quant à lui, que les villes soient une inutilité dangereuse : il demande simplement qu'on ne fasse rien pour encourager leur développement.

En Allemagne, un des fondateurs de la science statistique, Sussmilch (2), n'était pas plus favorable aux grandes villes. « Ce sont, écrivait-il, des ornements de l'Etat, mais aussi des monstruosités très dangereuses. »

En Angleterre, des économistes, tels que Forster, Nathaniel Kent (3), se prononcent, au dix-huitième siècle, contre le système des enclosures et l'extension des centres urbains. Cette révolution, au contraire, a pour défenseurs Adam Smith et Arthur Young (4); celui-ci explique comment les villes emploient utilement les bras laissés libres par l'extension de la grande propriété dans les campagnes. Il admettait comme un principe que, dans un État florissant, la moitié de la population doit habiter les villes.

Dans notre siècle, plus d'un économiste, depuis J.-B. Say (5), s'est occupé de cette question des agglomérations urbaines, et dès 1850, Aug. Blanqui écrivait que le mouvement de migration vers les villes ne pouvait durer. Or, il a duré, et les écrivains contemporains (6), soit qu'ils déplorent le fait ou se bornent à le constater, n'indiquent pas de solution ou problème. C'est qu'en effet, comme nous le disions plus haut, ce phénomène tient à des causes d'ordre général, et on ne peut pas sans erreur le comparer à ce qui se passa dans le monde ancien. L'antiquité ne connais-

(1) Voy. art. *Population*.

(2) « Die grossen Städte sind Zierden des Staats, aber auch zugleich höchst gefährliche Ungeheuer. » (*Göttliche Ordnung*, I, 21.)

(3) « Great towns are destructive both to morals and health and the greatest drains we have. » Nathaniel Kent, cité par Hasbach : *Die englischen Landarbeiter*, etc.

(4) Voy. *Arithmétique politique* et *Voyage en France*, II, p. 317.

(5) Voy. *Cours d'économie politique*, II, ch. IX-X.

(6) Nous faisons allusion à des articles de MM. Baudrillart, Leroy-Beaulieu, Levasseur, etc.

sait ni le travail libre, ni la grande industrie : l'homme des campagnes transporté à la ville y devenait fatalement un mendiant à la charge de l'Etat. En est-il de même aujourd'hui? Ce n'est pas le caprice de grands propriétaires, ni même l'appât d'un spectacle quelconque qui pousse une partie des populations rurales vers les villes, mais bien une révolution économique, la plus profonde que le monde ait jamais vue, c'est-à-dire la transformation complète des modes du travail industriel et rural. Lorsque, autrefois, les travailleurs des campagnes émigraient vers les villes, c'était une perte absolue pour le travail des champs : la machine supplée aujourd'hui au manque de bras, et, avec un nombre d'ouvriers agricoles bien inférieur à celui de jadis, les campagnes sont mieux cultivées. Et les agglomérations urbaines, comme nous l'avons montré, n'appauvrissent pas les populatious rurales : elles ont leur profit des richesses produites par les villes. Celles-ci, d'autre part, jouent dans l'économie générale un rôle parfois plus conservateur qu'on ne pense communément; supposons, en effet, une population rurale forcée d'émigrer par le surpeuplement ou une autre raison, ne serait-il pas à craindre, si des centres industriels n'existaient pas, que cette population ne se dirigeât vers l'étranger? Les foyers urbains retiennent un contingent plus ou moins notable d'émigrants et les fixent au sol national. En Angleterre, en Allemagne, par exemple, le courant d'émigration extérieure est contre-balancé par l'attraction des grands centres.

En France, l'émigration rurale ne paraît considérable qu'à cause de notre faible natalité; c'est elle qui laisse l'élément étranger s'introduire dans nos agglomérations urbaines en proportion plus considérable qu'ailleurs (sauf en Suisse).

Sans doute, les grands centres enlèvent une partie de la population des campagnes, mais c'est une erreur de dire qu'ils les dépeuplent. En réalité, ces migrations internes sont non une dépopulation, mais plutôt une transformation dans le mode de peuplement d'un pays; or, l'essentiel pour un État est de conserver et d'augmenter son capital humain, d'abord, que ce capital, suivant les temps, vive plus ou moins de la vie rurale ou urbaine. Tous nos États de l'Europe voient augmenter leur population dans l'ensemble, et il ne semble pas du tout, au contraire, que les migrations urbaines aient eu sur ce point un effet restrictif. En France, seulement, il y a vraiment une dépopulation rurale générale, qui s'accuse depuis un demi-siècle, et ce fait provient ou de l'excédent de la mortalité ou de l'insuffiance de la natalité à combler les vides faits par l'émigration.

Les villes ne sont pas une cause de dépopulation et, en même temps qu'à des nécessités économiques, le développement de quelques-unes répond à des nécessités politiques. Plus les Etats augmentent leur population ou leur puissance (dans un ordre quelconque), plus leur capitale grandit aussi : c'est, en quelque sorte, le *sensorium commune* du pays. En elle se résume l'esprit d'une nation ou d'une race, comme aussi de grands centres locaux peuvent synthétiser l'esprit d'une province.

Ces grandes cités, une fois qu'elles ont déjà un certain passé, sont en général des centres intellectuels plus ou moins influents : les richesses scientifiques et artistiques qui, nécessairement, s'y amassent servent à l'éducation de l'esprit. Les grandes époques de l'esprit humain ont été contemporaines du développement des villes, et l'Italie de la Renaissance avait une civilisation essentiellement urbaine.

Mais, à côté de ces avantages, les villes ont leurs inconvénients : nous ne les avons pas dissimulés en étudiant les conséquences des agglomérations urbaines. Nous n'avons pas à redire ici leurs effets parfois funestes sur la démographie, l'ordre moral, social, politique, etc. Aussi, si le rôle des pouvoirs publics à leur égard est d'améliorer leur condition matérielle et morale, ne doivent-ils rien faire qui puisse provoquer un développement exagéré des grands centres : leur force d'attraction suffit aujourd'hui et suffira encore demain.

Il n'est pas du reste à souhaiter que les villes traversent une période de décadence (1) ; outre que ce serait un symptôme d'arrêt ou de recul dans la civilisation générale, les populations rurales n'auraient rien à gagner à un semblable état de choses : il y a entre elles et les villes une solidarité économique étroite, en France plus peut-être que partout ailleurs, comme nous l'avons montré.

Tout ce que l'on peut désirer, c'est un changement dans l'organisation du travail qui modifie les conditions de la vie pour les masses urbaines. Déjà la facilité des transports, chose inconnue de nos devanciers, permet de dégager en partie les villes d'une population trop dense; mais une autre innovation, la trans-

(1) Levasseur : *Op. cit.*, II, p. 413 et suivantes.

mission de la force par l'électricité, peut donner de tout autres résultats. Le premier serait de rendre le travailleur industriel à lui-même et de supprimer ces agglomérations d'hommes dont l'outillage moderne fait une nécessité, et qui sait alors quelles pourraient être les conséquences d'une telle transformation? En un mot, c'est surtout d'une révolution scientifique qu'est né le développement extrême des centres urbains : c'est également d'une révolution scientifique que peut venir le remède aux maux que cette extrémité comporte.

Vu et Lu,

EN SORBONNE, LE 28 JANVIER 1897,

Par le Doyen de la Faculté des Lettres de l'Université de Paris.

A. HIMLY.

Vu

ET PERMIS D'IMPRIMER.

Le Vice-Recteur de l'Académie de Paris,

GRÉARD.

APPENDICES

I. — Population urbaine et rurale de la France en 1846 et en 1896 (population en milliers).

DÉPARTEMENTS	POPULATION en 1846		POPULATION en 1896		AUGMENTATION ou DIMINUTION p. 100 (1846-1896) de la population	
	URBAINE	RURALE	URBAINE	RURALE	URBAINE	RURALE
Ain	40,3	327	51,6	300	+ 28,2	— 8,9
Aisne	97,8	460,4	160,6	381	+ 65	— 18
Allier	40,3	289,2	117,4	307	+ 181	— 6
Alpes (Basses-)	21	136	19,4	98,7	— 7,2	— 27,7
Alpes (Hautes-)	13,1	120	14,8	98,4	+ 13	— 17,5
Alpes-Maritimes (1)	93,6	101	173,3	91,9	+ 86,4	— 9
Ardèche	52,6	327	61	302,5	+ 15,2	— 7,6
Ardennes	60	264,8	98	220,8	+ 63,2	— 17
Ariège	37,2	233,3	33,2	186,4	— 12,1	— 20
Aube	52,4	209,6	83,3	168	+ 60	— 19,6
Aude	70	219,6	98,1	212,3	+ 40	— 3,2
Aveyron	51,4	337,7	86,5	303	+ 70	— 10
Bouches-du-Rhône	301,7	112,1	566,2	107,5	+ 88	— 5
Calvados	104,5	393,8	118	299,1	+ 13,5	— 24,2
Cantal	22,7	237,7	29,4	205	+ 30	— 14,7
Charente	39,5	339,5	86,5	279,7	+ 120	— 18,3
Charente-Inférieure	79,8	388,3	134,5	318,9	+ 70	— 18,6
Cher	59	235,5	97,5	250,2	+ 97,4	+ 6,4
Corrèze	37,4	280.1	51,4	225,5	+ 38	— 3,2
Corse	47,3	182,9	64,5	225,5	+ 36	+ 24
Côte-d'Or	80,4	316.1	116.5	251,6	+ 45	— 20,5
Côtes-du-Nord	46,2	582,3	70	546	+ 50,2	— 6,2
Creuse	17,6	168	28,8	250,5	+ 62,8	+ 49,5
Dordogne	37	466.4	70,6	394,2	+ 89,1	— 15,5
Doubs	58,8	233,5	101,9	201,1	+ 94,2	— 14
Drôme	66,5	253,6	89,4	214	+ 34,5	— 16
Eure	55,2	368	68,8	271,7	+ 23,8	— 26,6
Eure-et-Loir	43	249,3	58	222,5	+ 30,2	— 10,9
Finistère	125,5	486.6	180	559,6	+ 44	+ 15
Gard	162,1	238,2	203,1	212,9	+ 25,6	— 10,9

(1) Pour les Alpes-Maritimes, la Savoie et la Haute-Savoie, les chiffres des deux premières colonnes sont ceux de 1861.

DÉPARTEMENTS	POPULATION en 1846		POPULATION en 1896		AUGMENTATION ou DIMINUTION p. 100 (1846-1896) de la population	
	URBAINE	RURALE	URBAINE	RURALE	URBAINE	RURALE
Haute-Garonne	147	335	182,8	276,5	+ 24	— 17,6
Gers	40,4	275	44,4	208	+ 5	— 24,4
Gironde	172,4	430	383,5	426,4	+ 127	— 0,7
Hérault	190,8	185,2	279,4	180,4	+ 31,8	— 2,7
Ille-et-Villaine	92	471	162,5	459,5	+ 75,4	— 2,1
Indre	65,6	198,3	79,7	209,5	+ 21,5	+ 5,5
Indre-et-Loire	55,6	257,8	85,9	251	+ 53,8	— 2,3
Isère	89,4	509	138,3	430,6	+ 56	— 15,6
Jura	51,3	264,8	62,5	204,4	+ 21,6	— 22,7
Landes	23	275,1	36,1	256,7	+ 56,4	— 7,8
Loir-et-Cher	48	208,8	59,8	218,3	+ 23	— 4,9
Loire	116,5	337,2	303	322,3	+ 170	— 4,8
Loire (Haute-)	38,4	270	59	257,6	+ 55,8	— 4,9
Loire-Inférieure	120,2	397	207,2	439	+ 72,5	+ 10,3
Loiret	84,3	247,3	118	253	+ 40	+ 2,4
Lot	32,9	261,7	31,7	208,6	— 1	— 20
Lot-et-Garonne	58,8	288,4	67	219,3	+ 15,3	— 26,1
Lozère	13,4	130	15,1	117	+ 16	— 9,2
Maine-et-Loire	91,8	413,1	142,2	372,6	+ 56	— 10
Manche	89,1	516	121,7	378,3	+ 32,6	— 27,3
Marne	96,1	271,1	209,2	230,3	+ 118	— 15,1
Marne (Haute-)	38,6	223,5	55	177	+ 42,4	— 20,6
Mayenne	48,2	320,2	64,5	256,6	+ 33	— 25
Meurthe	108,8	337,1	»	»	»	»
Meurthe-et-Mos^lle (1)	99,4	265,6	201,1	265,3	+ 101	»
Meuse	50,6	275	73,1	217,2	+ 46	— 21
Morbihan	67,1	405,5	104,8	447,2	+ 55	+ 10,3
Moselle	93,7	353,3	»	»	»	»
Nièvre	61,7	260,5	74,3	259,6	+ 21,3	— 0,4
Nord	485,2	647,8	1 221,8	590	+ 151,4	— 9
Oise	63,6	342,3	106,9	257,6	+ 68	— 19,2
Orne	58,3	383,8	74,7	264,4	+ 29	— 30
Pas-de-Calais	184	511,8	389,7	516,5	+ 110,8	+ 1
Puy-de-Dôme	111,4	490,1	130,5	424,5	+ 26,9	— 15,7
Pyrénées (Basses-)	74,8	383	110,2	313,4	+ 48	— 18,5
Pyrénées (Hautes-)	41,2	210	50	169	+ 20	— 19
Pyrénées-Orientales	51,3	129,4	82,8	125,5	+ 60,8	— 3
Rhin (Bas-)	217,6	362,7	»	»	»	»
Rhin (Haut-)	157,6	329,6	»	»	»	»
Rhin (Haut-) Belfort	15,3	41,4	44	44	+ 193	+ 10
Rhône	280,1	265,5	601,3	238	+ 115	+ 10,2
Saône (Haute-)	35,6	312,4	47,1	225,7	+ 34,3	— 28,3

(1) Pour la Meurthe-et-Moselle et le Haut-Rhin (Belfort), les chiffres donnés dans les deux premières colonnes se rapportent à l'année 1872.

DÉPARTEMENTS	POPULATION en 1846		POPULATION en 1896		AUGMENTATION ou DIMINUTION p. 100 (1846-1896) de la population	
	URBAINE	RURALE	URBAINE	RURALE	URBAINE	RURALE
Saône-et-Loire....	78,1	486,8	188,2	433	+ 140	— 11
Sarthe............	71,8	403	110	315,1	+ 53,7	— 22
Savoie............	31,4	243,5	39,7	220	+ 26	— 9,8
Savoie (Haute-)...	20,2	247,3	25,4	240,4	+ 25	— 2,9
Seine	1 302,6	61,8	3 324,5	15,9	+ 155	— 75
Seine-Inférieure...	291,6	466,4	467,8	370	+ 61	— 20,7
Seine-et-Marne	60,2	280	90,4	368,6	+ 50	— 4
Seine-et-Oise......	114,1	360,8	304,6	364,5	+ 167	+ 1,1
Sèvres (Deux-)	38,1	282,5	48,3	298,3	+ 27,8	+ 5,8
Somme............	122,2	448,3	176,4	366,8	+ 45	— 22,3
Tarn.............	76	285	102,7	237,1	+ 35,2	— 17
Tarn-et-Garonne...	60,3	182,2	57,4	142,9	— 5	— 24,4
Var..............	177,4	172,5	189,3	119,8	+ 12,3	— 30,2
Vaucluse.........	126,1	133	120,2	116	— 4,8	— 12,8
Vendée...........	37	339,2	51,9	389,8	+ 40	+ 14,8
Vienne...........	52,6	255,7	76,9	261,2	+ 45,8	+ 2,4
Vienne (Haute-)....	61,3	253,2	114,5	261,2	+ 86,5	+ 3,2
Vosges...........	51,5	376,3	118,8	302,5	+ 130	— 20
Yonne............	57,2	317,6	68,8	263,7	+ 19	— 17,3
	8 647,7	26 753,7	15 030,3	23 487,6	+ 73,8	— 12,2

II. — **Superficie et population des départements et arrondissements français, en 1801, 1846 et 1896, avec leur densité, en 1846 et 1896, et l'indication et la date de leur maximum de population depuis 1801** (1).

ARRONDISSEMENTS ET DÉPARTEMENTS	SUPERFICIE EN KIL. CAR.	POPULATION			DENSITÉ PAR KIL. CAR.		MAXIMUM DE POPULATION	
		en 1801 en milliers	en 1846 en milliers	en 1896	en 1846	en 1896	TOTAL	DATE
Bourg	1659	108,6	124	120954	75	73	126105	1881
Belley	1310	75	83,1	78034	63	60	83620	1851
Gex	414	17,5	22,5	22043	54	48	23040	1841
Nantua	933	50,9	53,3	47858	57	51	53759	1851
Trévoux	1483	62,5	84,4	82680	57	56	93638	1866
1. *Ain*	5799	314,5	367,5	351569	63	61	372939	1851
Laon	2456	135,5	171,3	160558	70	66	»	1846
Château-Thierry	1186	55,7	64,5	56018	54	47	64489	1851
Saint-Quentin	1073	83,3	127,8	145989	119	137	149108	1881
Soissons	1241	60,4	73,6	71055	59	57	»	1846
Vervins	1396	91	120,2	107993	86	74	121634	1851
2. *Aisne*	7352	425,9	557,4	541613	76	74	565025	1866
Moulins	2578	76,5	95,2	121320	37	47	123418	1891
Gannat	1021	53,6	68,7	62331	67	61	»	1846
La Palisse	1620	61,1	78,7	97212	49	61	»	1896
Montluçon	2089	57,6	86,9	143515	42	69	»	1896
3. *Allier*	7308	248,8	329,5	424378	45	56	424582	1886
Digne	2391	43,5	52,2	40345	22	17	55032	1836
Barcelonnette	1151	18	18,3	14132	16	12	18783	1831
Castellane	1295	20	23,8	16148	18	12	»	1846
Forcalquier	1072	29,3	36,2	29068	34	27	»	1846
Sisteron	1045	23,2	26,1	18449	25	18	26643	1836
4. *Alpes (Basses-)*	6954	134	156,6	118142	23	17	159045	1836
Gap	2495	60,4	69,8	60452	28	20	»	1846
Briançon	1640	26	30,9	27340	18	17	31000	1841
Embrun	1455	26,1	32,4	25437	22	18	32441	1841
5. *Alpes (Hautes-)*	5590	112,5	133,1	113229	24	20	»	1846
Nice	1048	100,2	103,6	153448	99	150	»	1896
Grasse	1232	55,3	66,1	90838	30	75	»	1896
Puget-Théniers	1463	20,8	24,2	20869	17	15	24010	1866
6. *Alpes-Maritimes* (2)	3743	176,3	193,9	265155	51	71	»	1896
Privas	1744	81,4	123,5	120761	71	70	128580	1876
Largentière	1927	77	112,7	94416	58	49	114530	1851
Tournon	1856	108,2	143,4	148324	77	74	154303	1866
7. *Ardèche*	5527	266,6	379,6	363501	69	63	387174	1866

(1) Nous avons dressé ce tableau d'apres les données de l'*Annuaire statistique de la France*, en 1886, et les *Dénombrements* de 1891 et 1896. La superficie est celle de l'*Annuaire du Bureau des longitudes*. Nous avons emprunté la forme générale de notre cadre à M. Levasseur (*La population française*, I, 400); nous renvoyons au même ouvrage pour l'indication des changements territoriaux survenus depuis 1801.

(2) En 1861, époque de l'annexion du comté de Nice à la France, l'arrondissement de Nice avait 102568 habitants et celui de Puget-Théniers, 23956.

ARRONDISSEMENTS ET DÉPARTEMENTS	SUPERFICIE EN KIL. CAR.	POPULATION			DENSITÉ PAR KIL. CAR.		MAXIMUM DE POPULATION	
		en 1801 en milliers	en 1846 en milliers	en 1896	en 1846	en 1896	TOTAL	DATE
Mézières	985	51,6	75,3	95653	76	96	96128	1886
Rethel	1223	54,4	70,6	51241	58	42	71000	1851
Rocroi	836	50,6	51,4	51757	61	50	54880	1886
Sedan	798	51	67,2	70764	84	86	74765	1881
Vouziers	1391	52,3	62,3	49450	45	35	»	1846
8. *Ardennes*	5233	259,9	326,8	318865	63	60	333675	1881
Foix	2105	66,1	94,4	73735	45	35	»	1846
Pamiers	1288	60,4	80,8	70110	63	53	82197	1851
Saint-Girons	1501	69,9	95,3	75793	63	50	»	1846
9. *Ariège*	4894	196,4	270,5	219641	55	44	»	1846
Troyes	1569	84,8	93,7	111760	60	75	»	1896
Arcis-sur-Aube	1258	32	36,6	28260	29	22	»	1846
Bar-sur-Aube	1045	36,1	43,6	35154	42	34	44347	1851
Bar-sur-Seine	1231	48,8	52,6	39849	43	32	»	1846
Nogent-sur-Seine	898	29,7	35,3	36413	39	40	36452	1866
10. *Aube*	6001	231,4	261,8	251435	44	43	265247	1851
Carcassonne	2025	78,3	95,7	99456	47	50	106525	1886
Castelnaudary	898	45,7	54,7	42510	61	47	55148	1851
Limoux	1820	60	76,1	61567	42	34	»	1846
Narbonne	1570	41,2	63,1	106980	40	67	114662	1886
11. *Aude*	6313	225,2	289,6	310513	46	50	332080	1886
Rodez	2270	80	107,5	111436	47	50	115803	1886
Espalion	1539	59	67,1	57595	44	37	67800	1851
Millau	1930	56,1	66	64896	34	33	68900	1876
Saint-Affrique	1713	49	59,8	54117	35	32	60665	1886
Villefranche	1291	82.2	88,7	101420	69	80	108790	1886
12. *Aveyron*	8743	326,3	389,1	389464	45	45	415826	1886
Marseille	658	126,4	216,4	484948	329	737	»	1896
Aix	2153	90	112,2	106294	52	50	114770	1861
Arles	2294	68,6	85,3	82578	37	35	93085	1861
13. *Bouches-du-Rhône*	5105	285	413,9	673820	81	131	»	1896
Caen	1082	112,5	140	116841	129	108	140435	1836
Bayeux	949	73	80,8	66412	85	70	81244	1836
Falaise	871	63.2	61,6	46285	71	53	68050	1806
Lisieux	890	68,4	68,6	60084	77	67	75250	1806
Pont-l'Evèque	773	54,9	58,3	59216	75	76	62790	1826
Vire	956	79,8	89	67638	93	70	90395	1831
14. *Calvados*	5521	451,8	498,3	417176	90	76	505200	1806
Aurillac	1942	81,4	96,6	91076	50	48	98092	1836
Mauriac	1282	50,6	65,5	58911	51	46	»	1846
Murat	853	29,5	36,5	33279	43	39	»	1846
Saint-Flour	1664	58,8	61,5	51116	37	30	67032	1826
15. *Cantal*	5741	220,3	260,4	235382	45	40	262117	1836

ARRONDISSEMENTS ET DÉPARTEMENTS	SUPERFICIE EN KIL. CAR.	POPULATION			DENSITÉ PAR KIL. CAR.		MAXIMUM DE POPULATION	
		en 1801 en milliers	en 1846 en milliers	en 1896	en 1864	en 1896	TOTAL	DATE
Angoulême	1954	95,2	136,6	136055	70	70	140109	1881
Barbezieux	988	46,6	57,4	43797	58	44	58040	1831
Cognac	715	45	54,9	66038	77	93	67330	1876
Confolens	1415	60	70,8	66240	50	47	71440	1851
Ruffec	870	52,2	59,3	44106	68	50	59260	1851
16. *Charente*	5942	299	379	356236	64	60	382812	1851
La Rochelle	813	70,3	83,1	83056	102	102	83469	1861
Jonzac	1521	76,2	84	69881	55	47	»	1846
Marennes	701	46	51,3	58044	73	83	»	1896
Rochefort	742	43,4	58,7	70706	79	100	»	1896
Saintes	1551	95,1	107,9	102277	70	54	83930	1866
Saint-Jean-d'Angély	1402	68,1	83,1	69491	53	73	»	1846
17. *Charente-Inférieure*	6826	399,1	468,1	453455	69	69	481060	1861
Bourges	2459	83,4	115,7	151471	47	62	155195	1891
Saint-Amand	2656	74,7	103,7	114070	39	43	119388	1866
Sancerre	2084	59,6	75,1	82184	36	40	87430	1891
18. *Cher*	7199	217,7	294,5	347725	41	48	359276	1891
Tulle	2567	106	137	137991	53	55	141062	1891
Brives	1524	47,2	115,7	117974	76	77	120168	1886
Ussel	1775	90,5	64,8	66428	37	35	68036	1886
19. *Corrèze*	5866	243,7	317,5	322393	54	55	328119	1891
Ajaccio	2054	38,9	53,4	78640	26	39	»	1896
Bastia	1362	51,4	68,6	80454	50	59	81600	1891
Calvi	1003	19,1	24,3	26502	24	26	»	1896
Corte	2485	33	54,6	59504	22	24	61776	1891
Sartène	1843	21,5	29,3	45068	16	25	»	1896
20. *Corse*	8747	163,9	230,2	290168	26	33	»	1896
Dijon	3013	121,1	146,7	162110	49	54	162800	1891
Beaune	2142	104,6	125,3	110600	58	51	»	1846
Châtillon-sur-Seine	1975	48,1	54,2	38291	27	18	»	1846
Semur	1631	66,7	70,3	57168	43	34	71140	1841
21. *Côte-d'Or*	8761	340,5	396,5	368169	45	42	400300	1851
Saint-Brieuc	1472	146	177,8	176409	121	120	183457	1866
Dinan	1411	96,2	116,6	120868	83	82	123000	1881
Guingamp	1730	89,6	125,5	127985	73	72	128709	1876
Lannion	906	85,4	114,4	102660	126	113	118090	1866
Loudéac	1367	87,1	94,2	88152	69	64	96604	1831
22. *Côtes-du-Nord*	6886	504,3	628,5	616074	91	89	641210	1866
Guéret	1667	75,3	97,7	97910	59	59	100080	1891
Aubusson	2040	81,7	105,8	98438	52	51	»	1846
Bourganeuf	906	31,3	42,3	42830	47	47	43471	1886
Boussac	955	29,7	38,8	40188	41	43	40974	1886
23. *Creuse*	5568	218	285,6	279366	51	50	287075	1851

ARRONDISSEMENTS ET DÉPARTEMENTS	SUPERFICIE EN KIL. CAR.	POPULATION			DENSITÉ PAR KIL. CAR.		MAXIMUM DE POPULATION	
		en 1801 en milliers	en 1846 en milliers	en 1896	en 1846	en 1896	TOTAL	DATE
Périgueux	1917	82,8	108,9	116774	57	61	121521	1886
Bergerac	2197	104	119,3	102800	54	46	»	1846
Nontron	1660	67,8	86,2	83113	52	52	86710	1886
Ribérac	1465	61,6	73,2	64855	50	44	73482	1856
Sarlat	1944	93,3	115,9	97280	60	51	117026	1856
24. *Dordogne*	9183	409,5	503,5	464822	55	51	504651	1856
Besançon	1393	88,8	109,1	111790	78	79	117270	1881
Baume-les-Dames	1474	56,4	67,8	54162	46	37	68357	1841
Montbéliard	1078	28	63.8	85045	59	81	»	1896
Pontarlier	1283	43	51,6	51049	40	40	53216	1886
25. *Doubs*	5228	216,2	292,3	302046	56	58	310963	1886
Valence	1880	101,1	149,3	160457	79	85	»	1896
Dié	2350	57,1	66,6	53340	29	24	66787	1836
Montélimar	1132	46,9	67,9	62073	60	54	71374	1861
Nyons	1160	30,2	36,3	27622	31	23	36405	1851
26. *Drôme*	6522	235,3	320.1	303492	49	47	326846	1851
Evreux	2109	115,5	121,8	110349	58	53	123256	1841
Les Andelys	1044	61,2	64,9	57082	59	52	65348	1841
Bernay	1091	76,3	80	56910	77	54	84667	1826
Louviers	785	64	69.4	55767	88	75	»	1846
Pont-Audemer	929	85,8	87,1	60544	94	81	89704	1831
27. *Eure*	5958	402,8	423,2	340652	71	56	425780	1841
Chartres	2092	95.9	109,8	112577	52	53	113673	1891
Châteaudun	1446	52,5	64.5	63019	44	43	65570	1866
Dreux	1306	69	71,4	63961	47	42	71650	1836
Nogent-le-Rotrou	827	40.4	46,9	40912	57	50	46920	1851
28. *Eure-et-Loir*	5874	257.8	292,6	280469	50	48	»	1846
Quimper	1400	81.5	115.6	182354	83	130	»	1896
Brest	1414	128,1	202,6	235249	143	168	236060	1891
Châteaulin	1832	82.7	104	120308	57	66	»	1896
Morlaix	1325	102.3	143,9	140745	109	107	143300	1876
Quimperlé	751	44.4	46	60992	61	80	»	1896
29. *Finistère*	6722	439	612,1	739648	91	108	»	1896
Nîmes	1657	112,5	146	162723	89	98	»	1896
Alais	1311	62	98.1	129089	75	98	130716	1881
Uzès	1486	70	89,5	69697	60	48	67250	1851
Le Vigan	1402	55,3	66,7	54527	48	40	90010	1851
30. *Gard*	5836	300,1	400,3	416036	69	72	429717	1866
Toulouse	1593	117.7	177	221300	111	137	223940	1886
Muret	1638	71,7	91,8	76838	56	47	93293	1856
Saint-Gaudens	2128	103,7	147,8	113783	69	54	»	1846
Villefranche	936	52	65	47456	69	51	»	1846
31. *Garonne (Haute-)*	6290	345.3	481,9	459377	76	72	493770	1866

ARRONDISSEMENTS ET DÉPARTEMENTS	SUPERFICIE EN KIL. CAR.	POPULATION en 1801 en milliers	POPULATION en 1846 en milliers	POPULATION en 1896	DENSITÉ PAR KIL. CAR. en 1846	DENSITÉ PAR KIL. CAR. en 1896	MAXIMUM DE POPULATION TOTAL	MAXIMUM DE POPULATION DATE
Auch	1305	51,4	62,9	53648	48	40	»	1846
Condom	1500	62,7	72,9	60853	48	40	»	1846
Lectoure	985	54,7	52,9	37940	53	39	53640	1831
Lombez	797	35,9	42,1	32749	53	40	»	1846
Mirande	1693	65,9	85,3	65282	50	37	85385	1836
32. *Gers*	6288	270,6	314,8	250472	50	39	»	1846
Bordeaux	4235	219,3	285,9	492979	67	117	»	1896
Bazas	1484	46,4	55,5	51529	38	39	56380	1866
Blaye	717	51,5	58,7	56704	82	80	59460	1851
Lesparre	1204	30	38,9	45545	32	38	45970	1881
Libourne	1290	101,4	110,1	114389	85	88	117697	1886
La Réole	810	54,1	53,3	48666	66	60	54380	1866
33. *Gironde*	9740	502,7	602,4	809902	62	85	»	1896
Montpellier	1997	94	147,1	199339	74	100	»	1896
Béziers	1786	99,5	133,4	179230	75	100	»	1896
Lodève	1198	45,9	56	50051	48	43	59090	1856
Saint-Pons	1217	36	49,5	40955	41	34	»	1846
34. *Hérault*	6198	275,4	386	469575	62	76	»	1896
Rennes	1376	113,3	137,6	166783	100	121	168268	1891
Fougères	996	76	84,4	90504	85	91	»	1896
Montfort	946	55,9	59	63037	62	66	63600	1891
Redon	1330	66,7	79	92931	59	69	93440	1891
Saint-Malo	929	101,1	120,9	131901	130	142	133732	1881
Vitré	1149	75,8	82	76885	71	66	87710	1826
35. *Ille-et-Vilaine*	6726	488,8	562,9	622040	84	93	626785	1891
Châteauroux	2455	74,7	98,7	115736	40	50	116620	1891
Le Blanc	1840	49,4	59,8	59635	33	38	63010	1881
La Châtre	1321	42,1	49,2	64217	37	42	64821	1891
Issoudun	1179	39,4	56,2	49618	32	47	53058	1886
36. *Indre*	6791	205,6	263,9	289206	37	45	296140	1886
Tours	2623	123,1	157,1	192977	60	73	»	1896
Chinon	1693	89,3	91,2	80880	54	55	93190	1821
Loches	1798	56,5	64,1	63207	36	41	65108	1866
37. *Indre-et-Loire*	6114	268,9	312,4	337064	51	55	340920	1886
Grenoble	4111	164,3	219	230748	53	56	»	1896
Saint-Marcellin	1071	68,6	88	76288	82	70	»	1846
La Tour-du-Pin	1332	98,3	136,6	124476	103	94	»	1846
Vienne	1775	104,7	154,8	137421	87	78	159910	1851
38. *Isère*	8289	435,9	598,4	568933	72	68	603500	1851
Lons-le-Saunier	1544	105,7	108,8	89659	70	58	109230	1841
Dôle	1179	64,4	75,7	68077	64	58	75940	1841
Poligny	1233	69	79,5	58376	64	48	80745	1841
Saint-Claude	1038	49,1	52,1	50031	50	48	53163	1826
39. *Jura*	4994	288,2	316,1	266143	63	53	316900	1841

ARRONDISSEMENTS ET DÉPARTEMENTS	SUPERFICIE EN KIL. CAR.	POPULATION			DENSITÉ PAR KIL. CAR.		MAXIMUM DE POPULATION	
		en 1801 en milliers	en 1846 en milliers	en 1896	en 1846	en 1896	TOTAL	DATE
Mont-de-Marsan....	5299	71,7	99,3	107177	19	20	110910	1866
Dax..............	2311	75,1	108,4	107458	47	47	113794	1856
Saint-Sever........	1711	77,5	90,5	78249	53	46	»	1846
40. *Landes*..........	9321	224,3	298,2	292884	32	31	309832	1856
Blois.............	2532	103,2	128,6	138502	51	55	141435	1891
Romorantin.........	2102	38,7	49,2	62281	23	29	»	1896
Vendôme..........	1717	68	79	77370	46	45	80460	1866
41. *Loir-et-Cher*.......	6351	209,9	256,8	278153	40	43	280358	1891
Saint-Etienne	1034	97,6	188,4	318655	182	300	»	1896
Montbrison	1941	97,6	131,3	142227	67	72	143270	1886
Roanne..........	1785	95,7	134	164454	75	91	»	1896
42. *Loire*............	4760	290,9	453,7	625336	95	132	»	1896
Le Puy...........	2236	94	135,7	147969	60	65	148058	1886
Brioude	1571	71,3	84,3	76602	54	49	84330	1886
Yssingeaux.........	1155	64,5	87,1	92128	76	70	»	1896
43. *Loire (Haute-)*......	4962	229,8	307,1	316699	62	64	320063	1886
Nantes	1740	160,7	233,7	286200	134	164	288056	1886
Ancenis	791	38	47,4	50280	59	62	59890	1866
Châteaubriant......	1396	47,2	67,5	81458	48	58	82490	1891
Paimbœuf.........	769	32,2	45,2	49398	59	64	»	1896
Saint-Nazaire......	2179	91,2	123,4	178836	57	81	»	1896
44. *Loire-Inférieure*.....	6875	369,3	517,2	646172	75	94	»	1896
Orléans...........	2421	131,4	150,7	173594	62	71	174320	1891
Gien..............	1472	37,4	46,5	60536	32	41	62650	1891
Montargis.........	1677	62	74,3	80060	44	48	82700	1891
Pithiviers.........	1201	55,3	60,1	56820	49	46	61776	1866
45. *Loiret*..........	6771	286,1	331,6	371019	49	55	377718	1891
Cahors	2164	106,7	118,8	95018	55	44	»	1846
Figeac	1562	80,1	93	77745	60	50	94345	1851
Gourdon..........	1486	75,2	82,7	67640	56	46	83264	1851
46. *Lot*	5212	262	294,5	240403	56	46	296224	1851
Agen.............	1012	98,4	85,1	73185	84	72	»	1846
Marmande	1409	101,7	103	82705	73	69	104170	1836
Nérac	1388	40,2	61,7	53422	44	35	»	1846
Villeneuve........	1545	83,6	97	77065	63	50	»	1846
47. *Lot-et-Garonne*.....	5354	323,9	346,8	286377	65	54	344070	1841
Mende	1777	45,5	47,9	50696	27	29	53065	1886
Florac...........	1689	39,5	40,8	31525	24	19	41520	1831
Marvéjols.........	1704	41,5	54,6	49930	32	29	56060	1881
48. *Lozère*..........	5170	126,5	143,3	132151	28	26	144700	1851
Angers	1546	91,9	152,4	172937	98	111	174764	1886
Baugé...........	1406	60,7	80,3	70607	57	50	81690	1831
Cholet..........	1618	74,6	117,1	120310	72	70	129284	1866
Saumur	1389	90,1	94,9	90286	68	65	97637	1856
Segré	1162	58,2	60,2	60730	51	51	65100	1866
49. *Maine-et-Loire*.....	7121	375,5	504,9	514870	72	73	532325	1866

ARRONDISSEMENTS ET DÉPARTEMENTS	SUPERFICIE EN KIL. CAR.	POPULATION			DENSITÉ PAR KIL. CAR.		MAXIMUM DE POPULATION	
		en 1801 en milliers	en 1846 en milliers	en 1896	en 1846	en 1896	TOTAL	DATE
Saint-Lô	1126	90,3	100,2	83217	80	75	100710	1836
Avranches	973	96	117,9	93522	121	96	»	1846
Cherbourg	599	70	83,3	93503	139	156	98606	1861
Coutances	1319	130,4	132,8	97170	101	74	145048	1826
Mortain	874	69,6	75,9	60640	87	70	76640	1851
Valognes	1037	73,8	93,9	72000	90	70	101635	1826
50. *Manche*	5929	530,6	604	500052	102	84	611206	1826
Châlons-sur-Marne	1653	36,9	52,5	64998	32	40	»	1896
Epernay	2151	83,8	91,4	99132	42	47	99690	1886
Reims	1704	104,6	134,9	202812	79	118	»	1896
Sainte-Menehould	1134	31	36,4	28085	32	26	»	1846
Vitry-le-François	1538	48,4	52,1	44550	34	29	53373	1851
51. *Marne*	8180	304,7	367,3	439577	45	70	»	1896
Chaumont	2449	76	87,4	76246	35	31	88570	1851
Langres	2203	89,9	103,2	84184	47	38	106424	1851
Vassy	1568	60,8	7,14	71628	45	45	77480	1876
52. *Marne (Haute-)*	6220	226,7	262	232058	42	38	268400	1851
Laval	1811	96,4	127,7	113683	70	62	133770	1861
Château-Gonthier	1268	61	77,6	71695	61	60	78862	1851
Mayenne	2092	148,3	163,1	135809	78	67	166208	1826
53. *Mayenne*	5171	305,7	368,4	321187	71	62	375160	1861
Nancy (1)	1481	89,4	144,5	228733	99	154	»	1896
Briey	1135	48,8	65,5	73600	55	62	»	1896
Lunéville	1448	85,7	88,2	97182	70	76	98980	1886
Toul	1168	58,3	65,5	66902	56	57	68166	1851
54. *Meurthe-et-Moselle* (2)	5232	282,2	363,8	466417	70	90	»	1896
Bar-le-Duc	1419	71,6	83,8	76141	59	54	86360	1856
Commercy	1968	74,3	87,4	79370	44	40	88208	1841
Montmédy	1351	55,4	68,9	52288	51	39	69660	1841
Verdun	1490	68,2	85,5	82585	57	55	86390	1841
55. *Meuse*	6228	269,5	325,7	290384	52	47	328650	1851
Vannes	1984	115,2	120,8	145163	65	73	»	1896
Lorient	1474	113,6	146,2	198469	99	128	»	1896
Ploërmel	1740	89,5	106,4	95367	61	55	»	1896
Pontivy	1600	82,9	90,3	113029	56	70	»	1896
56. *Morbihan*	6798	401,2	472,7	552028	69	81	»	1896

(1) En 1866, année du recensement qui précéda la guerre franco-allemande, la population de la Meurthe était de 428000 habitants; celle de la Moselle, de 452000.

(2) Population de la Meurthe-et-Moselle en 1872 :

Arrondissement de	Nancy,	167941	habitants.
—	Briey,	58058	—
—	Lunéville,	80770	—
—	Toul,	58368	—
	Le département,	365137	—

ARRONDISSEMENTS ET DÉPARTEMENTS	SUPERFICIE EN KIL. CAR.	POPULATION			DENSITÉ PAR KIL. CAR.		MAXIMUM DE POPULATION	
		en 1801 en milliers	en 1846 en milliers	en 1896	en 1846	en 1896	TOTAL	DATE
Nevers	2270	72,1	102,6	128 209	45	57	129 160	1891
Château-Chinon	1 676	48,5	68,1	70 288	41	42	73 208	1881
Clamecy	1 469	59,6	78,1	63 429	53	43	»	1846
Cosne	1 402	52,4	73,4	71 973	52	51	77 858	1866
57. *Nièvre*	6 817	232,6	322,2	333 899	47	48	347 640	1886
Lille	874	223	356,8	785 066	408	898	»	1896
Avesnes	1 397	91,8	142,2	210 053	102	150	»	1896
Cambrai	893	108,6	174,1	198 603	195	222	»	1896
Douai	472	69,9	99,9	137 445	212	290	»	1896
Dunkerque	722	80,2	104,6	143 771	145	199	»	1896
Hazebrouck	693	96,2	104,6	113 006	151	164	»	1896
Valenciennes	630	95,2	150,7	223 924	239	354	»	1896
58. *Nord*	5 681	765	1 132,9	1 811 868	199	320	»	1896
Beauvais	1 939	122,1	133,8	125 149	69	65	»	1846
Clermont	1 300	79,8	90,8	82 546	70	64	»	1846
Compiègne	1 288	79,9	98,8	95 009	77	74	»	1846
Senlis	1 328	69,1	82,6	101 807	62	76	»	1896
59. *Oise*	5 855	350,9	406	404 511	69	69	404 555	1881
Alençon	1 033	67	72,8	59 127	70	57	73 230	1826
Argentan	1 870	104,6	110,1	77 730	59	42	114 342	1826
Domfront	1 234	110,5	135,3	112 874	110	91	138 657	1851
Mortagne	1 960	113,6	123,9	89 431	63	46	126 460	1826
60. *Orne*	6 097	395,7	442,1	339 162	72	56	443 690	1836
Arras	1 378	131,3	171,9	178 948	125	130	»	1896
Béthune	940	110,5	136,1	271 357	146	287	»	1896
Boulogne	942	66,6	117,9	185 396	125	196	186 180	1886
Montreuil	1 125	67,7	78,9	78 531	70	70	79 710	1841
Saint-Omer	1 083	87,5	109,6	117 103	101	108	117 756	1891
Saint-Pol	1 138	42	81,3	74 914	71	64	81 800	1851
61. *Pas-de-Calais*	6 606	505,6	695,7	906 249	106	137	»	1896
Clermont-Ferrand	1 776	157,1	176,5	175 032	99	98	177 834	1856
Ambert	1 185	73,5	92,9	72 716	78	60	»	1846
Issoire	1 829	88,3	101,1	92 212	55	46	»	1846
Riom	2 298	126,6	156,5	140 251	68	61	»	1846
Thiers	862	61,6	74,5	74 867	86	86	77 972	1876
62. *Puy-de-Dôme*	7 950	507,1	601,5	555 078	76	70	»	1846
Pau	1 607	93,3	128,2	127 698	80	80	129 902	1881
Bayonne	1 035	68	89,9	109 556	87	107	»	1896
Mauléon	1 935	58,6	76,2	59 065	39	30	»	1846
Oloron	1 864	63,7	77,6	60 597	42	33	»	1846
Orthez	1 182	72	85,9	66 656	73	57	87 460	1836
63. *Pyrénées (Basses-)*	7 623	355,6	437,8	423 572	60	55	»	1846
Tarbes	1 307	76,7	112,5	103 486	86	79	112 963	1851
Argelès	1 312	32	42,9	40 215	33	31	»	1846
Bagnères-de-Bigorre	1 910	63	95,8	75 272	50	40	»	1846
64. *Pyrénées (Hautes-)*	4 529	174,7	251,2	218 973	55	48	»	1846

ARRONDISSEMENTS ET DÉPARTEMENTS	SUPERFICIE EN KIL. CAR.	POPULATION			DENSITÉ PAR KIL. CAR.		MAXIMUM DE POPULATION	
		en 1801 en milliers	en 1846 en milliers	en 1896	en 1846	en 1896	TOTAL	DATE
Perpignan	1371	48,5	86,8	117995	63	86	»	1896
Céret	924	23,8	41,7	46659	45	50	49910	1891
Prades	1827	38,4	52,2	43733	29	24	»	1846
65. *Pyrénées-Orientales*	4122	110,7	180,7	208387	44	51	211187	1886
Rhin (Haut-) Belfort (1)	610	47,6	65,1	88047	106	145	»	1896
Lyon	1292	199,3	384,2	673600	297	523	»	1896
Villefranche	1498	100,1	161,4	165729	108	111	175847	1866
67. *Rhône*	2790	299,4	545,6	839329	196	300	»	1896
Vesoul	1900	104,8	114,5	85203	60	44	115410	1841
Gray	1591	82,7	89,2	62801	56	40	90796	1841
Lure	1849	104,1	143,3	124887	77	67	144372	1851
68. *Saône (Haute-)*	5340	291,6	347	272891	65	51	347627	1841
Mâcon	1197	102	119,9	106105	100	89	122400	1851
Autun	1909	66,8	97,1	132514	51	69	»	1896
Chalon-sur-Saône	1721	105,1	131,3	162308	76	94	»	1896
Charolles	2496	104,[illegible]	128,3	134840	51	53	136561	1886
Louhans	1229	74,8	88,4	85461	72	70	88556	1851
69. *Saône-et-Loire*	8552	452,7	565	621237	66	60	625885	1886
Le Mans	1889	128,6	171,9	174736	91	89	176748	1866
La Flèche	1602	82,9	101,9	89874	64	56	103170	1851
Mamers	1617	113,6	131,4	98289	81	61	133440	1836
Saint-Calais	1099	63	69,6	62178	63	56	72834	1826
70. *Sarthe*	6207	388,1	474,8	425077	76	68	»	1846
Chambéry	1488	138,9	145,2	137583	98	93	147350	1861
Albertville	676	30,8	36,8	35669	54	50	36517	1886
Moutiers	1629	29,5	36,9	33745	22	20	38910	1861
St-Jean-de-Maurienne	1967	48,7	53,5	52793	27	26	54440	1886
71. *Savoie*(2)	5760	247,9	272,4	259790	47	45	275041	1861
Annecy	1219	80,8	85,6	82313	70	68	87112	1866
Bonneville	1436	64,7	67	68869	47	48	70215	1876
Saint-Julien	745	51,7	53,3	52482	71	70	54904	1886
Thonon	915	58,1	61,8	62208	67	67	64860	1886
72. *Savoie (Haute-)*	4315	255,3	267,7	265872	62	62	274080	1881
Paris	78	547,8	1053,9	2536834	13512	32513	»	1896
Saint-Denis	218	40,2	187,5	475398	860	2185	»	1896
Sceaux	183	43,6	123,5	328282	675	1794	»	1896
73. *Seine*	479	631,6	1364,9	3340514	2830	6960	»	1896

(1) En 1872, le territoire de Belfort avait 56781 habitants. En 1866, la population du Haut-Rhin était de 530000 habitants; celle du Bas-Rhin de 588000.

(2) Population des départements de la Savoie en 1861, date de l'annexion.

Arrondissements de Chambéry	147351	Arrondissements de Annecy	84966
— Albertville	35408	— Bonneville	68716
— Moutiers	38900	— Saint-Julien	53447
— St-Jean-de-Maurienne	53370	— Thonon	60367
Département de la Savoie	275039	Département de la Haute-Savoie	267496

ARRONDISSEMENTS ET DÉPARTEMENTS	SUPERFICIE EN KIL. CAR.	POPULATION en 1801 en milliers	en 1846 en milliers	en 1896	DENSITÉ PAR KIL. CAR. en 1846	en 1896	MAXIMUM DE POPULATION TOTAL	DATE
Rouen	1284	194,3	256,6	304506	200	231	»	1896
Dieppe	1172	100,7	112,7	105855	96	90	113990	1861
Le Havre	878	112,8	163,6	252322	186	287	274277	1891
Neufchâtel	1545	78,6	84,6	74976	55	49	85236	1841
Yvetot	1156	123,4	141,4	100165	122	89	142680	1836
74. *Seine-Inférieure*	6035	609,8	758,8	837824	126	139	839876	1891
Melun	1085	55,1	60,7	69250	56	65	»	1896
Coulommiers	944	49,4	54,3	51049	58	55	56142	1861
Fontainebleau	1226	60,5	76,8	86920	63	71	»	1896
Meaux	1257	88,1	94,3	100426	75	82	»	1896
Provins	1224	46	54,1	51390	44	42	56300	1861
75. *Seine-et-Marne*	5736	299,1	340,2	359044	59	62	»	1896
Versailles	848	121,2	150,8	249643	178	294	»	1896
Corbeil	640	52,2	60,2	101755	94	160	»	1896
Etampes	800	39,2	41,4	42414	52	53	»	1846
Mantes	877	58,9	60,4	58013	69	67	60800	1841
Pontoise	1113	88,3	94,1	146885	85	132	»	1896
Rambouillet	1326	61,5	68	70385	51	53	»	1896
76. *Seine-et-Oise*	5604	421,5	474,9	669098	85	117	»	1896
Niort	1414	84,7	105,3	109033	74	77	112147	1886
Bressuire	1633	43,5	67,7	86189	41	53	86406	1886
Melle	1373	60,7	79,1	68791	57	50	»	1846
Parthenay	1580	53	69,5	82681	44	52	84230	1891
77. *Sèvres (Deux-)*	6000	241,9	321,6	346694	53	57	354282	1891
Amiens	1799	148	188,2	200889	105	112	»	1896
Abbeville	1585	113	137,1	131572	86	82	141625	1866
Doullens	659	46,7	60,4	48752	92	74	»	1846
Montdidier	915	62,3	71,4	60999	78	67	»	1846
Péronne	1203	89,5	113,4	101067	94	84	»	1846
78. *Somme*	6161	459,5	570,5	543279	93	89	572646	1861
Albi	1429	62,6	91,2	100546	64	70	102334	1886
Castres	2230	106,6	143,7	135930	64	60	146657	1881
Gaillac	1272	59,7	72,4	56312	57	44	»	1846
Lavaur	811	42	53,3	47039	66	59	54000	1851
79. *Tarn*	5742	270,9	360,6	339827	63	60	363073	1851
Montauban	1599	115	107,9	94496	68	60	»	1846
Castelsarrasin	1215	60,5	72,4	60379	60	50	72650	1831
Moissac	906	50,1	62,1	45515	69	50	»	1846
80. *Tarn-et-Garonne* (1)	3720	225,6	242,4	200390	65	53	»	1846
Draguignan	2763	73,2	87	79951	31	28	88730	1866
Brignoles	1974	65,2	61,8	49932	35	25	71170	1826
Toulon	1291	78	127,8	179308	99	137	»	1896
81. *Var*	6018	216,4	283,7	309191	47	51	315526	1861

(1) On sait que ce département fut créé en 1808 aux dépens des départements du Lot, Aveyron, Haute-Garonne et Lot-et-Garonne.

ARRONDISSEMENTS ET DÉPARTEMENTS	SUPERFICIE EN KIL. CAR.	POPULATION			DENSITÉ PAR KIL. CAR.		MAXIMUM DE POPULATION	
		en 1801 en milliers	en 1846 en milliers	en 1896	en 1846	en 1896	TOTAL	DATE
Avignon...........	497	48,6	76,5	86109	154	172	»	1896
Apt...............	1224	48,8	55,4	43791	45	35	56100	1836
Carpentras.........	850	39,7	55,7	44690	66	52	57030	1851
Orange............	977	54,3	71,5	61723	73	63	75260	1856
82. *Vaucluse*..........	3548	191,4	259,1	236313	73	67	268990	1856
La Roche-sur-Yon...	2369	54,7	135,5	167248	57	71	168410	1891
Fontenay-le-Comte..	2105	109,3	132,6	142034	63	68	144238	1886
Les Sables-d'Olonne.	2229	79,4	108,1	132453	49	60	130368	1891
83. *Vendée*............	6703	243,4	376,2	441735	56	65	442355	1891
Poitiers...........	1911	82,1	106,2	123218	56	65	126750	1886
Chatellerault.......	1125	41,5	57,3	65476	51	58	68330	1891
Civray.............	1156	36,6	49,4	49685	43	43	51230	1886
Loudun............	899	32,1	35,8	34856	40	39	36000	1856
Montmorillon.......	1879	45,7	59,7	64879	32	35	65894	1886
84. *Vienne*............	6970	241	308,4	338114	46	50	344355	1891
Limoges...........	2002	88,7	134,2	186477	64	89	»	1896
Bellac.............	1809	76,4	84,3	83376	47	47	85010	1891
Rochechouart......	799	43,4	51,5	56472	64	57	»	1896
Saint-Yrieix........	907	36,6	44,7	49199	49	44	50065	1891
85. *Vienne (Haute-)*.....	5517	245,1	314,7	375724	57	69	»	1896
Epinal.............	1470	62,4	99,3	114449	67	77	»	1896
Mirecourt..........	1125	66,7	74,2	58731	66	51	»	1846
Neufchâteau........	1228	55,3	65,7	50794	54	42	»	1846
Remiremont........	876	48,3	71,2	82907	81	94	»	1896
Saint-Dié..........	1134	76,2	117,5	114531	102	100	»	1896
86. *Vosges*............	5833	308,9	427,9	421412	73	72	»	1896
Auxerre...........	2027	99,9	119	108095	59	54	121530	1851
Avallon...........	1000	39,8	47,6	40338	48	41	»	1846
Joigny............	1967	79,6	97,7	86188	50	44	99440	1851
Sens..............	1222	55,1	65,5	61328	51	47	67310	1866
Tonnerre..........	1212	46,2	45	36706	37	30	46327	1831
87. *Yonne*............	7428	320,6	374,8	332656	50	45	381133	1851
TOTAUX.........	528400	26,930,7	34,547	38517975	65	73		

III. — Population de Londres (par districts) en 1801, 1851 et 1891.

DISTRICTS ET RÉGIONS	SUPERFICIE EN HECTARES	POPULATION 1801	POPULATION 1851	POPULATION 1891	DENSITÉ PAR HECTARE EN 1891
1. Paddington	504	10400	90300	117846	232
2. Kensington	876			166308	185
3. Fulham	1602	10000	29600	188878	119
4. Chelsea	318	11600	56500	96253	302
5. St-Georges-Hannover-Square	777	64300	138800	134138	172
6. Westminster	86	46100	53700	37212	421
Ouest	4163	142600	368900	740735	178
7. Marylebone	602	64000	157700	142404	235
8. Hampstead	1000	4300	12000	68416	68
9. Pancras	1068	31800	167000	234379	219
10. Islington	1242	10200	95300	319143	257
11. Hackney	1574	14200	58400	229542	146
Nord	5486	124500	490400	993884	180
12. Saint-Giles	98	36500	54200	39782	412
13. Strand	161	50800	51700	27516	170
14. Holborn	326	84900	165400	141920	434
15. City	267	128800	129100	38320	143
Centre	852	301000	350400	247538	291
16. Shoreditch	260	34800	109200	124009	477
17. Bethnal-Green	302	22300	90200	129132	427
18. White-Chapel	151	57200	79800	74462	493
19. Saint-Georges in the East	98	21100	48300	45795	454
20. Stepney	185	25000	54100	57376	311
21. Mile End Old town	272	9800	56600	107592	392
22. Poplar	934	8200	47100	166748	114
Est	2202	178400	485300	705114	320
23. Saint-Saviour-Southwark	446	62700	152300	202693	454
24. Saint-Olave Southwark	603	46200	85300	136660	226
25. Lambeth	1577	28000	139300	275203	177
26. Wandworth	4582	17600	50700	307500	68
27. Camberwell	1780	7000	54600	235344	132
28. Greenwich	1371	32600	67000	165413	122
29. Lewisham	4318	6000	21100	94335	22
30. Woolwich	2600	11800	46000	107324	41
Sud	17277	211900	716300	1524472	90
Londres	29980	958800	2362200	4211743	141

IV. — Superficie, population, densité des quartiers (*Standesamtsbezirke*) de Berlin en 1885 et en 1895.

NUMÉROS	NOMS DES QUARTIERS (*Standesamtsbezirke.*)	SUPERFICIE EN hectares.	POPULATION		ACCROISSEMENT p. 100 de 1885 à 1895	DENSITÉ p. hect. EN 1895
			en 1885	en 1895		
I	Altstadt.................	209,5	62132	50100	— 19,3	240
II	Friedrichstadt...........	243,7	69026	62052	— 10,1	285
III	Friedrich-Vorstadt........	309,8	87925	99139	+ 12,7	320
IV *a.*	Untere-Friedrich-Vorstadt..	522,7	117668	59759	+ 45	328
IV *b.*	Tempelhof...............			110141		
V *a.*	Luisenstadt-j.-d.-k.-West..	295	97695	99940	+ 2,3	613
V *b.*	Luisenstadt-j.-d.-k.-Ost....		45428	81507	+ 80	
VI	Luisenstadt-Neukoln	276	130441	120409	+ 8	437
VII *a.*	Stralauer-Viertel-West....	640	101631	107431	+ 6	316
VII *b.*	Stralauer-Viertel-Ost......		66413	95826	+ 43,8	
VIII	Königstadt...............	789	76521	95335	+ 25,2	125
IX	Spandauer-Viertel.........	135	73124	74397	+ 1,9	552
X *a.*	Rosenthaler-Vorstadt-Sud ..	661	88710	86779	— 2,2	323
X *b.*	Rosenthaler-Vorstadt-Nord.		50895	126779	+ 150	
XI	Oranienbourg............	328	102251	127752	+ 24,5	570
XII *a.*	Friedrich-Wilhemstadt....	770	73360	78711	+ 127	214
XII *b.*	Moabit..................			86532		
XIII	Wedding.................	876	69526	114526	+ 70	131
	Total.......	6203,27	1315287	1677135	+ 27,6	237

V. — **Population de Vienne par districts** (*bezirke*), **1880-1890.**

NUMÉROS	DISTRICTS	POPULATION en 1880	POPULATION en 1890	ACCROISSEMENT ou DIMINUTION TOTAL	ACCROISSEMENT ou DIMINUTION p. 100	SUPERFICIE EN HECTARES	DENSITÉ PAR HECTARE en 1890
I	Innere-Stadt.	69635	67029	— 2206	— 3,74	282	237
II	Leopoldstadt.	118577	158374	+ 39795	+ 33,79	2939,7	54
III	Landstrasse..	90382	110279	+ 19897	+ 22,01	603	183
IV	Wieden......	57989	59135	+ 1146	+ 1,97	179	331
V	Margarethen.	66977	84031	+ 17054	+ 25,46	254	331
VI	Mariahilf....	63948	63901	— 47	— 0,07	139	460
VII	Neubau......	73916	69859	— 4057	— 5,44	143	482
VIII	Josephstadt..	49749	48976	— 773	— 1,55	104	471
IX	Alsergrund..	67818	81170	+ 13352	+ 19,68	264	308
X	Favoriten ...	52136	84813	+ 32677	+ 62,57	626	135
	Ancien Vienne...	704756	817299	+ 112543	+ 15,96	5540	148
XI	Simmering..	21921	28685	+ 6764	+ 30,85	2214	13
XII	Meidling....	50449	60866	+ 10417	+ 20,64	752	81
XIII	Hietzing....	31509	44006	+ 12497	+ 39,66	2387	19
XIV	Rudolfsheim.	41565	54341	+ 12776	+ 37,07	207	263
XV	Fünfhaus....	39967	44162	+ 4195	+ 10,49	127	349
XVI	Ottakring....	63055	106861	+ 43806	+ 69,47	875	123
XVII	Hernals.....	62998	74657	+ 11659	+ 18,50	968	78
XVIII	Währing....	44354	68862	+ 24508	+ 55,25	854	81
XIX	Döbling.....	23174	31890	+ 8716	+ 37,60	2175	15
Total général.....		1090119	1341897 (Popⁿ civile)	+ 251778	+ 23,09	16096	84

VI. — Population de Saint-Pétersbourg, par arrondissements (*tchasti*) (1869, 1890).

ARRONDISSEMENTS	1869	1890	ACCROISSEMENT ou DIMINUTION pour 100 habitants en 1869
Amirauté	41 940	39 216	— 3,1
Kazan	51 237	53 612	+ 5
Spasskaïa	87 524	104 313	+ 46,8
Kolomna	42 892	56 287	+ 102
Narva	52 361	88 897	+ 19
Moskva	88 900	130 532	+ 30
Alexandro-Nevska	39 000	79 187	+ 69
Rojdestvenskaïa	46 615	76 536	+ 46,8
Liteinaja	76 815	101 103	+ 65,6
Wassiliostrow	65 918	91 393	+ 39,3
Vieux Pétersbourg	42 611	76 288	+ 78
Wiborg	32 140	56 336	+ 74,6
Total	667 963	954 400	+ 43,8

TABLE DES MATIÈRES

PREMIÈRE PARTIE

Les faits

DEUXIÈME PARTIE

Des causes et des modes de migrations

TROISIÈME PARTIE

Conséquences du développement des agglomérations urbaines.

SAINT-CLOUD. — IMPRIMERIE BELIN FRÈRES.

www.ingramcontent.com/pod-product-compliance
Lightning Source LLC
Chambersburg PA
CBHW052233220526
45471CB00001B/26

* 9 7 8 2 0 1 1 8 9 3 9 3 2 *